Nimtz/Thiel • Eingriffsrecht NRW

Eingriffsrecht Nordrhein-Westfalen

Polizeiliche Maßnahmen, Prüfungsschemata, Definitionen

von

Dr. Holger Nimtz
Leitender Regierungsdirektor

und

Dr. Dr. Markus Thiel
Universitätsprofessor für Öffentliches Recht
mit Schwerpunkt Polizeirecht

Bibliografische Information der Deutschen Nationalbibliothek

Die Deutsche Nationalbibliothek verzeichnet diese Publikation in der Deutschen Nationalbibliografie; detaillierte bibliografische Daten sind im Internet über http://dnb.d-nb.de abrufbar.

www.vdpolizei.de

2. Auflage 2020
© VERLAG DEUTSCHE POLIZEILITERATUR GMBH Buchvertrieb; Hilden/Rhld., 2020
Alle Rechte vorbehalten
Satz: VDP GMBH Buchvertrieb, Hilden
Druck und Bindung: D+L PRINTPARTNER, Bocholt
Printed in Germany
ISBN 978-3-8011-0835-9

Vorwort zur zweiten Auflage

Das vorliegende, nunmehr in zweiter, aktualisierter und überarbeiteter Auflage erschienene Lehrbuch basiert auf dem ebenfalls beim VDP erschienenen Buch „Strafprozessrecht für Polizeibeamte" von Holger Nimtz. Dieses haben die Autoren neu konzipiert und inhaltlich erweitert. Es deckt nun das gesamte Eingriffsrecht ab und orientiert sich dabei im Wesentlichen an der Rechtslage in Nordrhein-Westfalen. Das Buch stellt damit eine Arbeitshilfe für die Studierenden im Grund- und Hauptstudium im Studiengang Polizeivollzugsdienst der Hochschule für Polizei und öffentliche Verwaltung NRW dar. Doch auch darüber hinaus eignet es sich als Lehrbuch für jeden, der sich mit dem Eingriffsrecht und seinen repressiven und präventiven Ermächtigungsnormen befassen möchte.

Die Autoren haben den Band gezielt auf die Bedürfnisse der Studierenden zugeschnitten. Die Darstellung ist – nach allgemeinen Einführungen zum präventiven und zum repressiven Handlungsfeld der Polizei – nach eingriffsrechtlichen Maßnahmen gegliedert und bietet Prüfungsschemata, Definitionen und Beispielfälle sowie weiterführende Literaturhinweise. Dargestellt sind die Standardmaßnahmen der StPO und des PolG NRW, aber auch Grundzüge des Versammlungs-, Waffen- und Straßenverkehrsrechts.

Aus Gründen der besseren Lesbarkeit ist auf die durchgängige Verwendung beider Geschlechter verzichtet worden. Die Verwendung männlicher Formen für personenbezogene Bezeichnungen bezieht sich in gleicher Weise auf die weiblichen Entsprechungen (und umgekehrt).

Anregungen und kritische Hinweise nehmen die Autoren sehr gern entgegen. Dem Verlag Deutsche Polizeiliteratur danken wir herzlich für die Gelegenheit, das Werk nunmehr in zweiter Auflage präsentieren zu können, und für die sorgfältige Betreuung und Lektorierung.

Köln, im Juni 2020

Dr. Holger Nimtz   *Univ.-Prof. Dr. Dr. Markus Thiel*

Inhaltsübersicht

Vorwort zur zweiten Auflage 5
Abkürzungen/Literatur 29

1. Teil   Grundlagen 41
    A. Eingriffsrecht als Teil der Rechtswissenschaft 41
        I.   Die Gesetzmäßigkeit der Verwaltung 41
        II. Rechtsquellen 43
    B. Grundlagen repressiven Handelns 45
        I.   Polizeiliche Aufgaben im repressiven Bereich 45
        II. Stellung der Staatsanwaltschaft 45
        III. Verdachtsgrade 47
        IV. Adressaten repressiver Maßnahmen 48
            1. Verdächtiger 48
            2. Beschuldigter 48
        V. Das Strafverfahren 50
            1. Ermittlungsverfahren 50
            2. Zwischenverfahren 54
            3. Hauptverfahren 56
                a) Die Grundsätze der Hauptverhandlung 56
                b) Die Beweisaufnahme 58
                      aa) Personalbeweis: Zeugen und Sachverständige 59
                      bb) Sachbeweis: Augenschein und Urkunden 66
                      cc) Beweisverbote 67
            4. Vollstreckungsverfahren 70
        VI. Ordnungswidrigkeitenverfahren 71
            1. Überblick 71
            2. Zuständigkeit zur Verfolgung und Ahndung 72
            3. Zuständigkeit zur Ermittlung 72
            4. Opportunitätsprinzip 73
            5. Verfahrensrecht 73
                a) Einleitung und Verlauf 73
                b) Verwarnungsverfahren 73
                c) Bußgeldbescheid 74
    C. Grundlagen präventiven Handelns 74
        I.   Polizeiliche Aufgaben im präventiven Bereich 74
            1. Gefahrenabwehr 74
            2. Verhütung von Straftaten 75
            3. Vorbeugende Bekämpfung von Straftaten 75
            4. Vorbereitung für die Hilfeleistung und das Handeln
                in Gefahrenfällen 75
            5. Schutz privater Rechte 76
            6. Spezialgesetzlich normierte präventivpolizeiliche Aufgaben 76
            7. Vollzugshilfe 76

Inhaltsübersicht

      II. Der Gefahrenbegriff des präventiven Polizeirechts 77
           1. Bedeutung und Funktion des Gefahrenbegriffs 77
           2. Gefahrenlage 77
           3. Öffentliche Sicherheit 78
               a) Objektive Rechtsordnung 78
               b) Bestand und Funktionsfähigkeit von Hoheitsträgern 79
               c) Individualrechtsgüter, Kollektivrechtsgüter 79
           4. Öffentliche Ordnung 80
           5. Hinreichende Wahrscheinlichkeit eines Schadenseintritts 80
           6. Anscheinsgefahr und Scheingefahr 81
           7. Gefahrenverdacht 82
           8. Besondere Gefahrenlagen 82
      III. Gefahrenabwehrrechtliche Verantwortlichkeit:
          Der Adressat 84
           1. Bedeutung der gefahrenabwehrrechtlichen Verantwortlichkeit 84
           2. Verhaltensverantwortlichkeit 84
           3. Zustandsverantwortlichkeit 85
           4. Inanspruchnahme Nichtverantwortlicher 86
      IV. Ermessen bei präventivpolizeilichen Maßnahmen 87
  D. Abgrenzungsproblematik: Doppelfunktionale Maßnahmen
     und Gemengelagen 88
  E. Verhältnismäßigkeit 89

2. Teil   Die eingriffsrechtliche Prüfung 95
      I. Rechtsgrundlage 95
           1. Grundrechtseingriffe 95
           2. Zielrichtung 95
           3. Ermächtigungsgrundlage 96
      II. Formelle Rechtmäßigkeit 96
           1. Sachliche Zuständigkeit 96
           2. Örtliche Zuständigkeit 97
           3. Instanzielle Zuständigkeit 97
           4. Allgemeine Verfahrens- und Formvorschriften 98
      III. Materielle Rechtmäßigkeit 99
           1. Tatbestandsvoraussetzungen der Ermächtigungsgrundlage 99
           2. Maßnahmenspezifische Verfahrensvorschriften 99
           3. Adressat 101
           4. Rechtsfolgen 101
           5. Ermessen 101
           6. Verhältnismäßigkeit 102
      IV. Prüfungsschema 102

3. Teil   Eingriffsbefugnisse 107
  A. Generalklauseln 107
      I. Ermittlungsgeneralklausel
         (§§ 161 Abs. 1, 163 Abs. 1 Satz 2 StPO) 107

    1. Überblick 108
    2. Grundrechtseingriffe 108
    3. Tatbestandsvoraussetzungen 108
    4. Maßnahmenspezifische Verfahrensvorschriften 108
    5. Adressat 108
    6. Rechtsfolgen 109
  II. Gefahrenabwehrrechtliche Generalklausel (§ 8 PolG) 110
    1. Überblick 111
    2. Grundrechtseingriffe 111
    3. Tatbestandsvoraussetzungen 111
    4. Adressat 111
    5. Rechtsfolgen 111
    6. Ermessen und Verhältnismäßigkeit 112
B. Datenerhebung 113
  I. Offene Datenerhebung 113
    1. Identitätsfeststellung beim Verdächtigen
       (§ 163b Abs. 1 StPO) 114
       a) Überblick 115
       b) Grundrechtseingriffe 115
       c) Tatbestandsvoraussetzungen/Adressat 115
       d) Maßnahmenspezifische Verfahrensvorschriften .. 115
       e) Rechtsfolgen 117
    2. Identitätsfeststellung beim Unverdächtigen
       (§ 163b Abs. 2 StPO) 118
       a) Überblick 119
       b) Grundrechtseingriffe 119
       c) Tatbestandsvoraussetzung 119
       d) Maßnahmenspezifische Verfahrensvorschriften .. 119
       e) Adressat 119
       f) Rechtsfolgen 120
    3. Kontrollstelle (§ 111 StPO) 120
       a) Überblick 121
       b) Grundrechtseingriffe 121
       c) Tatbestandsvoraussetzungen 121
       d) Maßnahmenspezifische Verfahrensvorschriften .. 121
       e) Adressat 122
       f) Rechtsfolgen 122
    4. Identitätsfeststellung zur Gefahrenabwehr (§ 12 PolG) ... 122
       a) Überblick 124
       b) Grundrechtseingriffe 124
       c) Tatbestandsvoraussetzungen 124
       d) Maßnahmenspezifische Verfahrensvorschriften .. 126
       e) Adressat 127
       f) Rechtsfolgen 127

Inhaltsübersicht

5. Polizeiliche Anhalte- und Sichtkontrollen
   (strategische Fahndung) (§ 12a PolG) 128
   a) Überblick 129
   b) Grundrechtseingriffe 129
   c) Tatbestandsvoraussetzungen 130
   d) Maßnahmenspezifische Verfahrensvorschriften 130
   e) Adressat 131
   f) Rechtsfolgen 131
6. Beschuldigtenvernehmung (§ 163a Abs. 1, 4 i.V.m. § 136 StPO) .. 132
   a) Überblick 133
   b) Grundrechtseingriffe 133
   c) Tatbestandsvoraussetzung/Adressat 133
   d) Maßnahmenspezifische Verfahrensvorschriften 134
      aa) Informationspflicht 134
      bb) Belehrungspflichten 134
      cc) Verbotene Vernehmungsmethoden 136
   e) Rechtsfolgen 137
      aa) Vernehmung 137
      bb) Bild- und Tonaufzeichnungen (§ 136 Abs. 4 StPO) 137
      cc) Beweisverwertung 138
7. Zeugenvernehmung (§ 163 Abs. 3 StPO) 139
   a) Überblick 140
   b) Grundrechtseingriffe 140
   c) Tatbestandsvoraussetzung/Adressat 140
   d) Maßnahmenspezifische Verfahrensvorschriften 141
      aa) Informationspflicht 141
      bb) Belehrungspflichten 141
      cc) Einzelne Vernehmung, Gegenüberstellung (§ 58 StPO) .. 142
      dd) Aufzeichnung auf Bild-Ton-Träger (§ 58a StPO) 142
      ee) Zeugenbeistand (§ 68b StPO) 143
      ff) Minderjährige als Zeugen 143
      gg) Aussagegenehmigungspflicht (§ 54 StPO) 143
      hh) Dolmetscherpflicht (§ 163 Abs. 7 StPO i.V.m. § 185 Abs. 1 StPO) 144
   e) Rechtsfolgen 144
      aa) Vernehmung 144
      bb) Vorladung 144
      cc) Beweisverwertung 145
8. Befragung (§ 9 PolG) 145
   a) Überblick 145
   b) Grundrechtseingriffe 146
   c) Tatbestandsvoraussetzungen 146
   d) Maßnahmenspezifische Verfahrensvorschriften 146
   e) Adressat 146
   f) Rechtsfolgen 147

Inhaltsübersicht

9. Prüfen von Berechtigungsscheinen (§ 13 PolG) 147
    a) Überblick 147
    b) Grundrechtseingriffe 147
    c) Tatbestandsvoraussetzungen 147
    d) Maßnahmenspezifische Verfahrensvorschriften 148
    e) Adressat 148
    f) Rechtsfolgen 148
10. Erkennungsdienstliche Behandlung (§ 81b StPO) 148
    a) Überblick 149
    b) Grundrechtseingriffe 149
    c) Tatbestandsvoraussetzungen/Adressat 149
        aa) § 81b Alt. 1 StPO 150
        bb) § 81b Alt. 2 StPO 150
    d) Maßnahmenspezifische Verfahrensvorschriften 150
    e) Rechtsfolgen 150
11. Erkennungsdienstliche Maßnahmen (§ 14 PolG) 153
    a) Überblick 153
    b) Grundrechtseingriffe 154
    c) Tatbestandsvoraussetzungen 154
    d) Maßnahmenspezifische Verfahrensvorschriften 155
    e) Adressat 155
    f) Rechtsfolgen 155
12. Datenerhebung bei öffentlichen Veranstaltungen und Ansammlungen (§ 15 PolG) 156
    a) Überblick 156
    b) Grundrechtseingriffe 157
    c) Tatbestandsvoraussetzungen 157
    d) Maßnahmenspezifische Verfahrensvorschriften 157
    e) Adressat 158
    f) Rechtsfolgen 158
13. Datenerhebung durch den offenen Einsatz optisch-technischer Mittel (§ 15a PolG) 159
    a) Überblick 160
    b) Grundrechtseingriffe 160
    c) Tatbestandsvoraussetzungen 160
    d) Maßnahmenspezifische Verfahrensvorschriften 161
    e) Adressat 161
    f) Rechtsfolgen 161
14. Datenerhebung zur Eigensicherung (§ 15b PolG) 162
    a) Überblick 162
    b) Grundrechtseingriffe 162
    c) Tatbestandsvoraussetzungen 162
    d) Maßnahmenspezifische Verfahrensvorschriften 163
    e) Adressat 163
    f) Rechtsfolgen 163

Inhaltsübersicht

    15. Datenerhebung durch den Einsatz körpernah getragener Aufnahmegeräte („Body-Cam") (§ 15c PolG) 164
        a) Überblick 165
        b) Grundrechtseingriffe 165
        c) Tatbestandsvoraussetzungen 165
        d) Maßnahmenspezifische Verfahrensvorschriften 166
        e) Adressat 166
        f) Rechtsfolgen 166

II. Verdeckte Datenerhebung 167
    1. Akustische Wohnraumüberwachung (§§ 100c, 100e StPO) 169
        a) Überblick 170
        b) Grundrechtseingriffe 170
        c) Tatbestandsvoraussetzungen 170
            aa) Konkretisierter Tatverdacht einer schwerwiegenden Katalogstraftat 170
            bb) Im Einzelfall besonders schwerwiegend 171
            cc) Subsidiaritätsklausel 171
        d) Maßnahmenspezifische Verfahrensvorschriften 171
            aa) Anordnungskompetenz (§ 100e Abs. 2 StPO) 171
            bb) Schutz des Kernbereichs privater Lebensführung (§ 100d Abs. 1, 4 StPO) 171
            cc) Schutz von Berufsgeheimnisträgern (§ 100d Abs. 5 StPO) 172
            dd) Unterrichtungs- und Löschungspflichten (§ 101 StPO) ... 172
            ee) Berichtspflichten (§ 101b StPO) 172
        e) Adressaten 172
            aa) Beschuldigter 172
            bb) Kontaktpersonen 172
        f) Rechtsfolgen 173
            aa) Aufzeichnen und Abhören des nichtöffentlich gesprochenen Wortes 173
            bb) Beweisverwertung 173
    2. Verdeckter Einsatz technischer Mittel in oder aus Wohnungen (§ 18 PolG) 174
        a) Überblick 174
        b) Grundrechtseingriffe 174
        c) Tatbestandsvoraussetzungen 175
        d) Maßnahmenspezifische Verfahrensvorschriften 175
            aa) Anordnungskompetenz 175
            bb) Weitere Verfahrensvorschriften 175
        e) Adressat 176
        f) Rechtsfolgen 176
    3. Akustische Überwachung außerhalb von Wohnungen (§ 100f StPO) 177

a) Überblick 177
b) Grundrechtseingriffe 177
c) Tatbestandsvoraussetzungen 178
   aa) Konkretisierter Tatverdacht einer Katalogstraftat nach § 100a Abs. 2 StPO 178
   bb) Subsidiaritätsklausel 178
d) Adressaten 178
   aa) Beschuldigter 178
   bb) Kontaktpersonen 179
e) Maßnahmenspezifische Verfahrensvorschriften 179
   aa) Anordnungskompetenz 179
   bb) Schutz des Kernbereichs privater Lebensführung (§ 100f Abs. 4 i.V.m. § 100d StPO) 179
   cc) Schutz von Berufsgeheimnisträgern (§ 160a StPO) 180
   dd) Unterrichtungs- und Löschungspflichten (§ 101 StPO) ... 180
f) Rechtsfolgen 180
   aa) Aufzeichnen und Abhören des nichtöffentlich gesprochenen Wortes außerhalb von Wohnungen 180
   bb) Beweisverwertung 180

4. Verdeckter Einsatz technischer Mittel (§ 17 PolG) 181
   a) Überblick 182
   b) Grundrechtseingriffe 182
   c) Tatbestandsvoraussetzungen 182
   d) Maßnahmenspezifische Verfahrensvorschriften 182
   e) Adressat 183
   f) Rechtsfolgen 183

5. Telekommunikationsüberwachung (§§ 100a, 100e StPO) 184
   a) Überblick 185
   b) Grundrechtseingriffe 185
   c) Tatbestandsvoraussetzungen 185
      aa) Konkretisierter Tatverdacht einer Katalogstraftat nach § 100a Abs. 2 StPO 185
      bb) Im Einzelfall schwerwiegend 186
      cc) Subsidiaritätsklausel 186
   d) Maßnahmenspezifische Verfahrensvorschriften 186
      aa) Anordnungskompetenz 186
      bb) Schutz des Kernbereichs privater Lebensführung (§ 100d StPO) 187
      cc) Schutz von Berufsgeheimnisträgern (§ 160a StPO) 187
      dd) Unterrichtungs- und Löschungspflichten (§ 101 StPO) ... 187
      ee) Berichtspflichten (§ 101b StPO) 188
   e) Adressaten 188
      aa) Beschuldigte 188
      bb) Nachrichtenmittler 188

Inhaltsübersicht

    cc) Personen, deren Anschluss vom Beschuldigten genutzt wird 188
  f) Rechtsfolgen 188
    aa) Telekommunikationsüberwachung 188
    bb) Beweisverwertung 190
6. Datenerhebung durch die Überwachung der laufenden Telekommunikation (§ 20c PolG) 191
  a) Überblick 192
  b) Grundrechtseingriffe 192
  c) Tatbestandsvoraussetzungen 192
  d) Maßnahmenspezifische Verfahrensvorschriften 193
  e) Adressat 193
  f) Rechtsfolgen 193
7. Einsatz technischer Mittel bei Mobilfunkendgeräten (§ 20b PolG) 194
  a) Überblick 194
  b) Grundrechtseingriffe 194
  c) Tatbestandsvoraussetzungen 195
  d) Maßnahmenspezifische Verfahrensvorschriften 195
  e) Adressat 195
  f) Rechtsfolgen 195
8. Erhebung von Verkehrsdaten (§ 100g StPO) 196
  a) Überblick 197
  b) Grundrechtseingriffe 198
  c) Tatbestandsvoraussetzungen 198
    aa) Konkretisierter Tatverdacht einer Straftat von erheblicher Bedeutung 198
    bb) Subsidiaritätsklausel 199
  d) Maßnahmenspezifische Verfahrensvorschriften 199
    aa) Anordnungskompetenz 199
    bb) Schutz von Berufsgeheimnisträgern (§ 160a StPO) 199
    cc) Unterrichtungs- und Löschungspflichten (§ 101 StPO) ... 199
    ee) Berichtspflichten (§101b StPO) 199
  e) Adressaten 200
    aa) Beschuldigter 200
    bb) Nachrichtenmittler 200
    cc) Personen, deren Anschluss vom Beschuldigten genutzt wird 200
  f) Rechtsfolgen 201
    aa) Erhebung von Verkehrsdaten 201
    bb) Beweisverwertung 201
9. Abfrage von Telekommunikations- und Telemediendaten (§ 20a PolG) 202
  a) Überblick 203
  b) Grundrechtseingriffe 203

Inhaltsübersicht

    c) Tatbestandsvoraussetzungen 203
    d) Maßnahmenspezifische Verfahrensvorschriften 203
    e) Adressat 203
    f) Rechtsfolgen 204
10. Technische Ermittlungsmaßnahmen bei Mobilfunkendgeräten (100i StPO) 205
    a) Überblick 205
    b) Grundrechtseingriffe 206
    c) Tatbestandsvoraussetzungen 206
    d) Maßnahmenspezifische Verfahrensvorschriften 206
    e) Adressaten 207
        aa) Beschuldigter 207
        bb) Nachrichtenmittler und Personen, deren Anschluss vom Beschuldigten genutzt wird 208
    f) Rechtsfolgen 208
        aa) Technische Ermittlungsmaßnahmen 208
        bb) Beweisverwertung 209
11. Polizeiliche Beobachtung (§ 163e StPO) 209
    a) Überblick 209
    b) Grundrechtseingriffe 210
    c) Tatbestandsvoraussetzungen 210
    d) Maßnahmenspezifische Verfahrensvorschriften 210
    e) Adressat 211
    f) Rechtsfolgen 211
12. Polizeiliche Beobachtung (§ 21 PolG) 212
    a) Überblick 212
    b) Grundrechtseingriffe 212
    c) Tatbestandsvoraussetzungen 213
    d) Maßnahmenspezifische Verfahrensvorschriften 213
    e) Adressat 213
    f) Rechtsfolgen 213
13. Rasterfahndung (§§ 98a, 98b StPO) 214
    a) Überblick 214
    b) Grundrechtseingriffe 214
    c) Tatbestandsvoraussetzungen 214
    d) Maßnahmenspezifische Verfahrensvorschriften 215
    e) Adressat 216
    f) Rechtsfolgen 216
        aa) Automatisierter Datenabgleich 216
        bb) Beweisverwertung 216
14. Rasterfahndung (§ 31 PolG) 217
    a) Überblick 217
    b) Grundrechtseingriffe 218
    c) Tatbestandsvoraussetzungen 218
    d) Maßnahmenspezifische Verfahrensvorschriften 218

Inhaltsübersicht

  e) Adressat 219
  f) Rechtsfolgen 219
 15. Netzfahndung (§ 163d StPO) 220
  a) Überblick 220
  b) Grundrechtseingriffe 221
  c) Tatbestandsvoraussetzungen 221
   aa) Anlasstat i.S.v. § 111 StPO oder Katalogstraftat
    nach § 100a Abs. 2 Nr. 6–9und 11 StPO 221
   bb) Erfolgsaussicht 222
   cc) Verhältnismäßigkeit 222
  d) Maßnahmenspezifische Verfahrensvorschriften 222
  e) Adressat 223
  f) Rechtsfolgen 223
   aa) Datenspeicherung und -auswertung bei
    grenzpolizeilichen Kontrollen 223
   bb) Personenkontrollen nach § 111 StPO 223
   cc) Beweisverwertung 223
 16. Einsatz verdeckter Ermittler (§§ 110a–110c StPO) 223
  a) Überblick 225
  b) Grundrechtseingriffe 227
  c) Tatbestandsvoraussetzungen 227
   aa) Variante 1: § 110a Abs. 1 Satz 1 StPO 227
   bb) Variante 2: § 110a Abs. 1 Satz 2 StPO 227
   cc) Variante 3: § 110a Abs. 1 Satz 4 StPO 227
  d) Maßnahmenspezifische Verfahrensvorschriften 228
   aa) Anordnungskompetenz 228
   bb) Schutz von Berufsgeheimnisträgern (§ 160a StPO) 228
   cc) Unterrichtungs- und Löschungspflichten (§ 101 StPO) ... 228
   dd) Schutz des Kernbereichs privater Lebensführung
    (§ 110a i.V.m. § 100d StPO) 228
  e) Adressat 229
  f) Rechtsfolgen 229
   aa) Einsatz verdeckter Ermittler 229
   bb) Beweisverwertung 229
 17. Einsatz verdeckter Ermittler (§ 20 PolG) 230
  a) Überblick 231
  b) Grundrechtseingriffe 231
  c) Tatbestandsvoraussetzungen 231
  d) Maßnahmenspezifische Verfahrensvorschriften 231
  e) Adressat 231
  f) Rechtsfolgen 231
 18. Einsatz von V-Personen (§ 19 PolG) 233
  a) Überblick 233
  b) Grundrechtseingriffe 234
  c) Tatbestandsvoraussetzungen 234

		d) Maßnahmenspezifische Verfahrensvorschriften 234
		e) Adressat 234
		f) Rechtsfolgen 235
III.	Offene oder verdeckte Datenerhebung 238
	1.	Kurzfristige Observation (§ 16a Abs. 4 PolG) 238
		a) Überblick 239
		b) Grundrechtseingriffe 239
		c) Tatbestandsvoraussetzungen 239
		d) Maßnahmenspezifische Verfahrensvorschriften 240
		e) Adressat 240
		f) Rechtsfolgen 240
	2.	Längerfristige Observation (§ 163f StPO) 241
		a) Überblick 242
		b) Grundrechtseingriffe 242
		c) Tatbestandsvoraussetzungen 242
		aa) Anfangsverdacht einer Straftat von erheblicher Bedeutung 242
		bb) Subsidiaritätsklausel 242
		d) Maßnahmenspezifische Verfahrensvorschriften 243
		aa) Anordnungskompetenz 243
		bb) Unterrichtungs- und Löschungspflichten (§ 101 StPO) ... 243
		cc) Schutz von Berufsgeheimnisträgern (§ 160a StPO) 243
		dd) Schutz des Kernbereichs privater Lebensgestaltung (§ 100d Abs. 1 und 2 StPO) 243
		e) Adressaten 244
		aa) Beschuldigter 244
		bb) Kontakt- und Begleitpersonen 244
		f) Rechtsfolgen 244
		aa) Längerfristige Observation 244
		bb) Beweisverwertung 245
	3.	Einsatz technischer Mittel zu Observationszwecken (§ 100h StPO) 246
		a) Übersicht 247
		b) Grundrechtseingriffe 247
		c) Tatbestandsvoraussetzung 247
		aa) Herstellung von Bildaufnahmen: Subsidiaritätsklausel (§ 100h Abs. 1 Nr. 1 StPO) 247
		bb) Verwendung sonstiger besonderer für Observationszwecke bestimmter technischer Mittel (§ 100h Abs. 1 Nr. 2 StPO) 247
		d) Maßnahmenspezifische Verfahrensvorschriften 247
		e) Adressaten 248
		aa) Beschuldigter 248
		bb) Kontakt- und Begleitpersonen 248
		cc) Sonstige andere Personen 248

Inhaltsübersicht

    f) Rechtsfolgen 248
      aa) Bildaufnahmen (§ 100h Nr. 1 StPO) und sonstige besondere für Observationszwecke bestimmte technische Mittel (§ 100h Nr. 1 StPO) 248
      bb) Beweisverwertung 249
   4. Längerfristige Observation (§ 16a Abs. 1–3 PolG) 250
    a) Überblick 251
    b) Grundrechtseingriffe 251
    c) Tatbestandsvoraussetzungen 251
    d) Maßnahmenspezifische Verfahrensvorschriften 251
    e) Adressat 251
    f) Rechtsfolgen 252
C. Datenverarbeitung (Speicherung, Veränderung, Nutzung) 253
 I. Datenabgleich (§ 98c StPO) 253
  1. Überblick 253
  2. Grundrechtseingriffe 253
  3. Tatbestandsvoraussetzungen 253
  4. Maßnahmenspezifische Verfahrensvorschriften 254
  5. Adressat 254
  6. Rechtsfolgen 254
 II. Datenabgleich (§ 25 PolG) 254
  1. Überblick 254
  2. Grundrechtseingriffe 255
  3. Tatbestandsvoraussetzungen 255
  4. Maßnahmenspezifische Verfahrensvorschriften 255
  5. Adressat 255
  6. Rechtsfolgen 255
 III. Allgemeine Regeln 256
  1. Allgemeine strafprozessuale Regelungen (§§ 161, 474 ff. StPO) .. 256
  2. Allgemeine gefahrenabwehrrechtliche Regelungen (§§ 22–24a PolG) 256
D. Vorladung und Vorführung (§ 10 PolG) 258
 I. Überblick 259
 II. Grundrechtseingriffe 259
 III. Tatbestandsvoraussetzungen 259
 IV. Maßnahmenspezifische Verfahrensvorschriften 260
 V. Adressat 260
 VI. Rechtsfolgen 260
E. Platzverweis, Aufenthaltsverbot, Aufenthaltsvorgabe, Kontaktverbot 261
 I. Platzverweis (§ 34 Abs. 1 PolG) 261
  1. Überblick 262
  2. Grundrechtseingriffe 262
  3. Tatbestandsvoraussetzungen 262
  4. Maßnahmenspezifische Verfahrensvorschriften 263

Inhaltsübersicht

		5. Adressat	263
		6. Rechtsfolgen	263
	II.	Aufenthaltsverbot (§ 34 Abs. 2 PolG)	264
		1. Überblick	264
		2. Grundrechtseingriffe	265
		3. Tatbestandsvoraussetzungen	265
		4. Maßnahmenspezifische Anforderungen	266
		5. Adressat	266
		6. Rechtsfolgen	266
	III.	Aufenthaltsvorgabe (§ 34b Abs. 1 Satz 1 PolG)	267
		1. Überblick	267
		2. Grundrechtseingriffe	267
		3. Tatbestandsvoraussetzungen	268
		4. Maßnahmenspezifische Verfahrensvorschriften	268
		5. Adressat	268
		6. Rechtsfolgen	268
	IV.	Kontaktverbot (§ 34b Abs. 1 Satz 2 PolG)	269
		1. Überblick	269
		2. Grundrechtseingriffe	269
		3. Tatbestandsvoraussetzungen	269
		4. Maßnahmenspezifische Verfahrensvorschriften	270
		5. Adressat	270
		6. Rechtsfolgen	270
F.	Wohnungsverweisung und Rückkehrverbot (§ 34a PolG)		271
	I.	Überblick	272
	II.	Grundrechtseingriffe	272
	III.	Tatbestandsvoraussetzungen	273
	IV.	Maßnahmenspezifische Verfahrensvorschriften	275
	V.	Adressat	275
	VI.	Rechtsfolgen	276
G.	Elektronische Aufenthaltsüberwachung (§ 34c PolG)		277
	I.	Überblick	278
	II.	Grundrechtseingriffe	278
	III.	Tatbestandsvoraussetzungen	278
	IV.	Maßnahmenspezifische Verfahrensvorschriften	279
	V.	Adressat	279
	VI.	Rechtsfolgen	280
H.	Durchsuchung		281
	I.	Durchsuchung beim Verdächtigen (§§ 102, 105 StPO)	281
		1. Überblick	283
		2. Grundrechtseingriffe	283
		3. Tatbestandsvoraussetzungen	283
		4. Maßnahmenspezifische Verfahrensvorschriften	283

Inhaltsübersicht

        a) Anordnungskompetenz 283
        b) Schriftliche Mitteilung (§ 107 StPO) 284
        c) Beschlagnahme von Zufallsfunden (§ 108 StPO) 284
        d) Durchsicht von Papieren (§ 110 StPO) 284
        e) Gleichgeschlechtliche/ärztliche Durchsuchung
           (§ 81d StPO analog) 285
        f) Nachtzeitschranke (§ 104 StPO) 285
        g) Zuziehung von Durchsuchungszeugen (§ 105 Abs. 2 StPO) 285
        h) Zuziehung des Inhabers (§ 106 StPO) 285
    5. Adressat 285
    6. Rechtsfolgen 286
        a) Durchsuchung 286
        b) Beweisverwertung 286
II. Durchsuchung beim Unverdächtigen (§§ 103, 105 StPO) 287
    1. Überblick 287
    2. Grundrechtseingriffe 288
    3. Tatbestandsvoraussetzungen 288
    4. Maßnahmenspezifische Verfahrensvorschriften 289
    5. Adressat 289
    6. Rechtsfolgen 290
III. Durchsuchung von Personen (§ 39 PolG) 291
    1. Überblick 292
    2. Grundrechtseingriffe 292
    3. Tatbestandsvoraussetzungen 293
        a) Durchsuchung von Personen, die festgehalten
           werden können(§ 39 Abs. 1 Nr. 1 PolG) 293
        b) Durchsuchung von Personen, die möglicherweise
           der Sicherstellung unterliegende Sachen mit sich führen
           (§ 39 Abs. 1 Nr. 2 PolG) 293
        c) Durchsuchung von Personen in hilfloser Lage
           (§ 39 Abs. 1 Nr. 3 PolG) 293
        d) Durchsuchung von Personen an gefährlichen Orten
           (§ 39 Abs. 1 Nr. 4 PolG) 294
        e) Durchsuchung von Personen an gefährdeten Objekten
           (§ 39 Abs. 1 Nr. 5 PolG) 294
        f) Durchsuchung von Personen nach § 39 Abs. 2 PolG 294
    4. Maßnahmenspezifische Verfahrensvorschriften 295
    5. Adressat 295
    6. Rechtsfolgen 295
IV. Durchsuchung von Sachen (§ 40 PolG) 296
    1. Überblick 297
    2. Grundrechtseingriffe 297
    3. Tatbestandsvoraussetzungen 297

Inhaltsübersicht

- a) Durchsuchung von Sachen bei Personen, die nach § 39 durchsucht werden dürfen (§ 40 Abs. 1 Nr. 1 PolG) 298
- b) Durchsuchung von Sachen zur Auffindung einer Person (§ 40 Abs. 1 Nr. 2 PolG) 298
- c) Durchsuchung von Sachen zur Auffindung von Sachen, die sichergestellt werden dürfen (§ 40 Abs. 1 Nr. 3 PolG) 298
- d) Durchsuchung von Sachen an gefährlichen Orten (§ 40 Abs. 1 Nr. 4 PolG) 299
- e) Durchsuchung von Sachen an gefährdeten Objekten (§ 40 Abs. 1 Nr. 5 PolG) 299
- f) Durchsuchung von Land-, Wasser- oder Luftfahrzeugen und darin befindlichen Sachen (§ 40 Abs. 1 Nr. 6 PolG) 299
- 4. Maßnahmenspezifische Verfahrensvorschriften 299
- 5. Adressat 300
- 6. Rechtsfolgen 300
- V. Betreten und Durchsuchung von Wohnungen (§§ 41 ff. PolG) 301
  - 1. Überblick 302
  - 2. Grundrechtseingriffe 303
  - 3. Tatbestandsvoraussetzungen 303
    - a) Person, die nach § 10 Abs. 3 PolG vorgeführt oder nach § 35 PolG in Gewahrsam genommen werden darf (§ 41 Abs. 1 Satz 1 Nr. 1 PolG) 303
    - b) Sache, die nach § 43 Nr. 1 PolG sichergestellt werden darf (§ 41 Abs. 1 Satz 1 Nr. 2 PolG) 303
    - c) Von der Wohnung ausgehende Immissionen (§ 41 Abs. 1 Satz 1 Nr. 3 PolG) 304
    - d) Abwehr einer gegenwärtigen Gefahr für Leib, Leben oder Freiheit einer Person oder für Sachen von bedeutendem Wert (§ 41 Abs. 1 Satz 1 Nr. 4 PolG) 304
    - e) Betreten zur Abwehr einer dringenden Gefahr (§ 41 Abs. 3 PolG) 304
    - f) Betreten von Arbeits-, Betriebs- und Geschäftsräumen und anderer öffentlich zugänglicher Orte (§ 41 Abs. 4 PolG) 305
  - 4. Maßnahmenspezifische Verfahrensvorschriften 305
    - a) Anordnungskompetenz 305
    - b) Weitere verfahrensrechtliche Vorschriften nach § 42 PolG 306
    - c) Nachtzeitbeschränkung (§ 41 Abs. 2 PolG) 306
  - 5. Adressat 307
  - 6. Rechtsfolgen 307
- I. Körperliche Untersuchung 309
  - I. Körperliche Untersuchung des Beschuldigten (§ 81a StPO) 310
    - 1. Überblick 311
    - 2. Grundrechtseingriffe 311
    - 3. Tatbestandsvoraussetzungen 311
    - 4. Maßnahmenspezifische Verfahrensvorschriften 311

Inhaltsübersicht

       5. Adressat 313
       6. Rechtsfolgen 313
          a) Körperliche Untersuchungen 313
          b) Beweisverwertung 314
       7. Verhältnismäßigkeit 314
   II. Körperliche Untersuchung anderer Personen (§ 81c StPO) 315
       1. Überblick 316
       2. Grundrechtseingriffe 316
       3. Tatbestandsvoraussetzungen 316
       4. Maßnahmenspezifische Verfahrensvorschriften 316
       5. Adressat 317
       6. Rechtsfolgen 317
          a) Körperliche Untersuchung 317
          b) Beweisverwertung 317
J. Molekulargenetische Untersuchung 319
   I. DNA-Untersuchung (§§ 81e, 81f StPO) 320
       1. Überblick 320
       2. Grundrechtseingriffe 321
       3. Tatbestandsvoraussetzungen 321
          a) Untersuchungen von Material von Personen
             (§ 81e Abs. 1 StPO) 321
          b) Untersuchung von aufgefundenem Material
             (§ 81e Abs. 1, 2 StPO) 321
       4. Maßnahmenspezifische Verfahrensvorschriften 321
       5. Adressat 322
       6. Rechtsfolgen 322
          a) Molekulargenetische Analyse des erlangten Materials 322
          b) Beweisverwertung 322
   II. DNA-Untersuchung zu erkennungsdienstlichen Zwecken
     (§ 81g StPO) 323
       1. Überblick 324
       2. Grundrechtseingriffe 324
       3. Tatbestandsvoraussetzungen 324
       4. Maßnahmenspezifische Verfahrensvorschriften 324
       5. Adressat 325
       6. Rechtsfolgen 325
          a) Entnahme, Untersuchung von Körperzellen und
             Speicherung des DNA-Musters zur Identitätsfeststellung 325
          b) Beweisverwertung 325
   III. DNA-Reihenuntersuchung (§ 81h StPO) 326
       1. Überblick 327
       2. Grundrechtseingriffe 327
       3. Tatbestandsvoraussetzungen 327
       4. Maßnahmenspezifische Verfahrensvorschriften 328
       5. Adressat 328

		6.	Rechtsfolgen 328

      6. Rechtsfolgen 328
         a) Entnahme und Untersuchung von Körperzellen zur Feststellung des DNA-Identifizierungsmusters und des Geschlechts 328
         b) Beweisverwertung 328
   IV. DNA-Untersuchung zur Identitätsfeststellung (§ 14a PolG) 330
      1. Überblick 331
      2. Grundrechtseingriffe 331
      3. Tatbestandsvoraussetzungen 331
      4. Maßnahmenspezifische Verfahrensvorschriften 332
      5. Adressat 333
      6. Rechtsfolgen 333

K. Sicherstellung und Beschlagnahme 334
   I. Sicherstellung und Beschlagnahme von Beweismitteln (§ 94 Abs. 1, 2, § 98 StPO) 335
      1. Überblick 336
      2. Grundrechtseingriffe 336
      3. Tatbestandsvoraussetzungen 337
         a) Tatbestandsvoraussetzungen des § 94 StPO 337
         b) Beschlagnahmeverbote aus §§ 96, 97 StPO 337
      4. Maßnahmenspezifische Verfahrensvorschriften 338
         a) Anordnungskompetenz 338
         b) Verzeichnis und Kenntlichmachung (§§ 107, 109 StPO) 338
         c) Herausgabe (§§ 98 Abs. 4, 111n, 111o StPO) 338
         d) Weitere Verfahrensvorschriften 338
      5. Adressat 339
      6. Rechtsfolgen 339
         a) Sicherstellung und Beschlagnahme 339
         b) Beweisverwertung 340
   II. Sicherstellung und Beschlagnahme von Führerscheinen (§ 94 Abs. 3, § 111a StPO) 341
      1. Überblick 342
      2. Grundrechtseingriffe 342
      3. Tatbestandsvoraussetzungen 342
         a) Führerschein 342
         b) Rechtswidrige Tat 343
         c) Bei oder im Zusammenhang mit dem Führen eine Kraftfahrzeuges 343
         d) Ungeeignetheit zum Führen eines Kraftfahrzeuges 343
      4. Maßnahmenspezifische Verfahrensvorschriften 344
      5. Adressat 345
      6. Rechtsfolgen 345
   III. Beschlagnahme von Einziehungsgegenständen (§§ 111b, 111j StPO) 345
      1. Überblick 347
      2. Grundrechtseingriffe 348

Inhaltsübersicht

   3. Tatbestandsvoraussetzungen 348
    a) Beschlagnahme von Tatobjekten
     (Beziehungsgegenständen) 348
    b) Beschlagnahme von Tatprodukten und Tatmitteln
     (§ 111b StPO i.V.m. § 74 StGB) 349
     aa) Vorsätzliche Tat 349
     bb) Tatprodukt oder Tatmittel 349
     cc) Gegenstand gehört dem Täter oder steht ihm zu 350
    c) Beschlagnahme von Taterträgen
     (§§ 111b, j StPO i.V.m. § 73 ff. StGB) 351
     aa) Rechtswidrige Tat 351
     bb) „Etwas erlangt" 351
   4. Maßnahmenspezifische Verfahrensvorschriften 354
    a) Anordnungskompetenz 354
    b) Weitere Verfahrensvorschriften 354
   5. Adressat 355
   6. Rechtsfolgen 355
  IV. Sicherstellung (§ 43 PolG) 357
   1. Überblick 358
   2. Grundrechtseingriffe 358
   3. Tatbestandsvoraussetzungen 359
    a) Abwehr einer gegenwärtigen Gefahr
     (§ 43 Abs. 1 Nr. 1 PolG) 359
    b) Schutz des Eigentümers bzw. des rechtmäßigen
     Inhabers der tatsächlichen Gewalt vor Verlust oder
     Beschädigung der Sache (§ 43 Abs. 1 Nr. 2 PolG) 359
    c) Schutz vor einer missbräuchlichen Verwendung
     mitgeführter Sachen (§ 43 Abs. 1 Nr. 3 PolG) 360
   4. Maßnahmenspezifische Verfahrensvorschriften 360
   5. Adressat 361
   6. Rechtsfolgen 361
L. Festnahme und Vollstreckung von Haftbefehlen, Ingewahrsamnahme 362
  I. Vorläufige Festnahme durch jedermann
   (§ 127 Abs. 1 StPO) 364
   1. Überblick 364
   2. Grundrechtseingriffe 365
   3. Tatbestandsvoraussetzungen 365
    a) Auf frischer Tat betroffen oder verfolgt 365
    b) Fluchtverdacht 365
   4. Maßnahmenspezifische Verfahrensvorschriften 366
   5. Adressat 366
   6. Rechtsfolgen 366
  II. Vorläufige Festnahme zur Untersuchungshaft
   (§ 127 Abs. 2 i.V.m. §§ 112, 112a StPO) 367
   1. Überblick 368
   2. Grundrechtseingriff 368

Inhaltsübersicht

    3. Tatbestandsvoraussetzungen 368
        a) Dringender Tatverdacht 368
        b) Haftgründe (§§ 112, 112a StPO) 368
        c) Verhältnismäßigkeit 370
    4. Maßnahmenspezifische Verfahrensvorschriften 370
    5. Adressat 371
    6. Rechtsfolgen 371
III. Vorläufige Festnahme zur einstweiligen Unterbringung
    (§ 127 Abs. 2 i.V.m. § 126a StPO) 372
    1. Überblick 373
    2. Grundrechtseingriffe 373
    3. Tatbestandsvoraussetzung 373
    4. Maßnahmenspezifische Verfahrensvorschriften, Rechtsfolge 373
    5. Adressat 373
IV. Vorläufige Festnahme zur Hauptverhandlungshaft (§ 127b StPO) 374
    1. Überblick 374
    2. Grundrechtseingriff 375
    3. Tatbestandsvoraussetzungen 375
        a) Auf frischer Tat betroffen oder verfolgt 375
        b) Entscheidung im beschleunigen Verfahren zu erwarten 375
        c) Befürchtung des Fernbleibens von der Hauptverhandlung 375
    4. Maßnahmenspezifische Verfahrensvorschriften 375
    5. Adressat 375
    6. Rechtsfolgen 376
V. Festnahme bei Störung einer Amtshandlung
    (§ 164 StPO) 376
    1. Überblick 376
    2. Grundrechtseingriffe 377
    3. Tatbestandsvoraussetzungen 377
    4. Maßnahmenspezifische Verfahrensvorschriften 377
    5. Adressat 377
    6. Rechtsfolgen 377
VI. Vollstreckung von Haftbefehlen
    (§ 36 Abs. 2 i.V.m. §§ 161, 457 StPO) 378
    1. Überblick 378
    2. Grundrechtseingriffe 379
    3. Tatbestandsvoraussetzungen 379
    4. Maßnahmenspezifische Verfahrensvorschriften 379
    5. Adressat 380
    6. Rechtsfolgen 380
VII. Ingewahrsamnahme (§ 35 PolG) 380
    1. Überblick 383
    2. Grundrechtseingriffe 383
    3. Tatbestandsvoraussetzungen 383

Inhaltsübersicht

        a) Schutz- oder Sicherungsgewahrsam
           (§ 35 Abs. 1 Nr. 1 PolG) 383
        b) Unterbindungs- bzw. Präventivgewahrsam
           (§ 35 Abs. 1 Nr. 2 PolG) 383
        c) Durchsetzungsgewahrsam zur Durchsetzung eines Platzverweises (§ 35 Abs. 1 Nr. 3 PolG) 384
        d) Durchsetzungsgewahrsam zur Durchsetzung einer Wohnungsverweisung und eines Rückkehrverbots (§ 35 Abs. 1 Nr. 4 PolG) 385
        e) Ingewahrsamnahme zum Schutz privater Rechte (§ 35 Abs. 1 Nr. 5 PolG) 385
        f) Durchsetzungsgewahrsam zur Durchsetzung einer Aufenthaltsanordnung, eines Kontaktverbots oder der Anordnung einer elektronischen Aufenthaltsüberwachung (§ 35 Abs. 1 Nr. 6 PolG) 385
        g) Ingewahrsamnahme Minderjähriger zum Zweck der Zuführung an Sorgeberechtigte (Obhutsgewahrsam, § 35 Abs. 2 PolG) 385
        h) Ingewahrsamnahme entwichener Personen (Anstaltsgewahrsam, § 35 Abs. 3 PolG) 386
        i) Gewahrsamsfähigkeit 386
    4. Maßnahmenspezifische Verfahrensvorschriften 386
    5. Adressat 388
    6. Rechtsfolgen 388
M. Sicherheitsleistung 390
  I. Allgemeine Sicherheitsleistung (§ 132 StPO) 391
    1. Überblick 392
    2. Grundrechtseingriffe 392
    3. Tatbestandsvoraussetzungen und Adressat 392
        a) Beschuldigter ohne festen Wohnsitz in Deutschland 392
        b) Dringender Tatverdacht 392
        c) Voraussetzungen eines Haftbefehls liegen nicht vor, lediglich Geldstrafe ist zu erwarten 392
        d) Zusätzliche Voraussetzungen bei Beschlagnahme (§ 132 Abs. 3 StPO) 393
    4. Maßnahmenspezifische Verfahrensvorschriften 393
        a) Anordnungskompetenz 393
        b) Weitere Verfahrensvorschriften 393
    5. Rechtsfolgen 394
  II. Sicherheitsleistung zur Abwendung der Festnahme (§ 127a StPO) 395
    1. Überblick 395
    2. Grundrechtseingriffe 396
    3. Tatbestandsvoraussetzungen und Adressat 396

		a) Beschuldigter ohne festen Wohnsitz in Deutschland 396	
		b) Voraussetzungen eines Haftbefehls wegen Fluchtverdachts 396	
		c) Freiheitsstrafe nicht zu erwarten 396	
	4.	Maßnahmenspezifische Verfahrensvorschriften 397	
		a) Anordnungskompetenz 397	
		b) Weitere Verfahrensvorschriften 397	
	5.	Rechtsfolgen 397	

4. Teil Zwangsweise Durchsetzung von Maßnahmen 401
    A. Zwangsanwendung bei gefahrenabwehrrechtlichen Maßnahmen 401
        I. Einführung 401
        II. Zwangsmittel 402
            1. Ersatzvornahme (§ 51 Abs. 1 Nr. 1, § 52 PolG) 403
            2. Zwangsgeld mit Ersatzzwangshaft (§ 51 Abs. 1 Nr. 2, §§ 53, 54 PolG) 404
            3. Unmittelbarer Zwang (§ 51 Abs. 1 Nr. 3, §§ 55, 57, 58 ff. PolG) 406
        III. Anwendungsvarianten des polizeilichen Zwangs 408
            1. Gestrecktes Verfahren (§ 50 Abs. 1 PolG) 408
            2. Sofortiger Vollzug (§ 50 Abs. 2 PolG) 410
            3. Ordnungsgemäße Anwendung des Zwangsmittels (Verfahrensbestimmungen), insbesondere Androhung 412
        IV. Sonderfälle des unmittelbaren Zwangs 412
            1. Fesselung (§ 62 PolG) 412
            2. Polizeilicher Schusswaffengebrauch (§§ 63 ff. PolG) 415
                a) Schusswaffengebrauch gegen Sachen (§ 63 Abs. 1 Satz 1, Abs. 4 PolG) 416
                b) Schusswaffengebrauch gegen Personen (§§ 63, 64 PolG) 418
                c) Finaler Rettungsschuss (§ 63 Abs. 2 Satz 2 PolG) 420
                d) Schusswaffengebrauch gegen Personen in einer Menschenmenge (§ 65 PolG) 421
        V. Polizeiliches Abschleppen von Kraftfahrzeugen 422
    B. Handeln auf Anordnung (§ 59 PolG) 423
    C. Zwangsanwendung bei strafprozessualen Maßnahmen 424

5. Teil Spezialgesetzliche Eingriffsbefugnisse 429
    A. Versammlungsrechtliche Eingriffsbefugnisse 429
        I. Einführung 429
            1. Versammlungsfreiheit 430
            2. Versammlungsbegriff 430
            3. Abgrenzung von der Ansammlung 430
            4. Öffentliche und nichtöffentliche Versammlungen 432
            5. Versammlungen unter freiem Himmel und in geschlossenen Räumen, Aufzüge 432
            6. Anmeldepflicht 433

Inhaltsübersicht

    7. Spontan- und Eilversammlungen 433
    8. Eingriffsbefugnisse 434
      a) Versammlungen unter freiem Himmel/Aufzüge 434
      b) Versammlungen in geschlossenen Räumen 435
      c) Polizeifestigkeit der Versammlung 435
  II. Verbot und Auflösung einer Versammlung
    unter freiem Himmel bzw. eines Aufzugs
    (§ 15 Abs. 1 und 3 VersammlG) 437
 B. Waffenrechtliche Eingriffsbefugnisse 438
  I. Einführung 438
    1. Waffenbegriff 438
    2. Waffenrechtliche Vorgaben zum Umgang mit Waffen 440
      a) Verbotene Waffen (§ 2 Abs. 3 WaffG) 440
      b) Erlaubnispflichtige Waffen (§ 10 WaffG) 440
      c) Ausnahmen von den Erlaubnispflichten (§ 12 WaffG) 441
      d) Verbot des Führens von Waffen bei öffentlichen
        Versammlungen (§ 42 WaffG) 441
      e) Verbot des Führens von Anscheinswaffen und
        bestimmten tragbaren Gegenständen (§ 42a WaffG) 442
    3. Praktisch bedeutsame Ermächtigungsgrundlagen 442
      a) Standard-Ermächtigungsgrundlagen nach dem WaffG 442
      b) Beschlagnahme von Waffen nach § 111b StPO,
        §§ 73, 74 StGB, § 54 WaffG 443
  II. Aufforderung zur Aushändigung waffenrechtlicher
    Erlaubnisse (§ 38 Abs. 2 WaffG) 444
 C. Verkehrsrechtliche Eingriffsbefugnisse 444
  I. Einführung 445
  II. Anhalten zur Verkehrskontrolle und
    Verkehrserhebung (§ 36 Abs. 5 StVO) 446
    1. Überblick 446
    2. Grundrechtseingriffe 447
    3. Tatbestandsvoraussetzungen 447
    4. Maßnahmenspezifische Verfahrensvorschriften 447
    5. Adressat 447
    6. Rechtsfolgen 447

Abbildungsverzeichnis 449

Stichwortverzeichnis 455

Abkürzungen/Literatur*

a.A.	andere Ansicht
a.a.O.	am angegebenen Ort
Abk.	Abkürzung
abl.	ablehnend
Abs.	Absatz
abw.	abweichend
Ackermann/Clages/Roll	Ackermann, Rolf/Clages, Horst/Roll, Holger, Handbuch der Kriminalistik, 5. Aufl., Stuttgart/München 2019
AG	Amtsgericht
Alt.	Alternative(n)
Anl.	Anlage(n)
AO	Abgabenordnung
AöR	Archiv des öffentlichen Rechts, Zeitschrift
Artkämper/Jakobs	Artkämper, Heiko/Jakobs, Carola, Polizeibeamte als Zeugen vor Gericht, Hilden 2017
Aufl.	Auflage
AV	Allgemeinverfügung
AWaffV	Allgemeine Waffengesetz-Verordnung
BAK	Blutalkoholkonzentration
BayObLG	Bayerisches Oberstes Landesgericht
BayVBl	Bayerische Verwaltungsblätter, Zeitschrift
BayVGH	Bayerischer Verwaltungsgerichtshof
BB	Betriebsberater, Zeitschrift
BBG	Bundesbeamtengesetz
Bd.	Band
BeamtStG	Gesetz zur Regelung des Statusrechts der Beamtinnen und Beamten in den Ländern (Beamtenstatusgesetz)
Benfer/Bialon	Benfer, Josef/Bialon, Jörg, Rechtseingriffe von Polizei und Staatsanwaltschaft, 4. Aufl., München 2010
BerlVerfGH	Verfassungsgerichtshof des Landes Berlin
BeschG	Gesetz über die Prüfung und Zulassung von Feuerwaffen, Böllern, Geräten, bei denen zum Antrieb Munition verwendet wird, sowie Munition und sonstigen Waffen (Beschussgesetz)
Beulke/Swoboda	Beulke, Werner/Swoboda, Sabine, Strafprozessrecht, 14. Aufl., Heidelberg 2018

---

* Aufgeführt sind nur Abkürzungen und abgekürzt zitierte Literatur.

Abkürzungen/Literatur

BFStrMG	Gesetz über die Erhebung von streckenbezogenen Gebühren für die Benutzung von Bundesautobahnen und Bundesstraßen (Bundesfernstraßenmautgesetz)
BGB	Bürgerliches Gesetzbuch
BGBl.	Bundesgesetzblatt
BGH	Bundesgerichtshof
BGHSt	Entscheidungen des Bundesgerichtshofs in Strafsachen (zitiert nach Band und Seite)
Bialon/Springer	Bialon, Jörg/Springer, Uwe, Eingriffsrecht, 5. Aufl., München 2019
BJagdG	Bundesjagdgesetz
BPolG	Gesetz über die Bundespolizei (Bundespolizeigesetz)
BRAO	Bundesrechtsanwaltsordnung
BR-Drs.	Bundesratsdrucksache
BT-Drs.	Bundestagsdrucksache
BtM	Betäubungsmittel
BtMG	Gesetz über den Verkehr mit Betäubungsmitteln (Betäubungsmittelgesetz)
Burmann u.a.	Burmann, Michael/Heß, Rainer/Hühnermann, Katrin/Jahnke, Jürgen/Janker, Helmut, Straßenverkehrsrecht: StVR, Kommentar, 26. Aufl., München 2020 (zitiert mit Bearbeiter)
BVerfG	Bundesverfassungsgericht
BVerfGE	Entscheidungen des Bundesverfassungsgerichts (zitiert nach Band und Seite)
BVerfGK	Kammerentscheidungen des Bundesverfassungsgerichts (zitiert nach Band und Seite)
BVerwG	Bundesverwaltungsgericht
BZRG	Gesetz über das Zentralregister und das Erziehungsregister (Bundeszentralregistergesetz)
CR	Computer und Recht, Zeitschrift
d.	des/der
Dietlein/Hellermann	Dietlein, Johannes/Hellermann, Johannes, Öffentliches Recht in Nordrhein-Westfalen. Verfassungsrecht, Kommunalrecht, Polizei- und Ordnungsrecht, Öffentliches Baurecht, 7. Aufl., München 2019.
DJZ	Deutsche Juristenzeitung, Zeitschrift
DNA	Desoxyribonukleinsäure

Abkürzungen/Literatur

DÖV	Die Öffentliche Verwaltung, Zeitschrift
DPolBl	Deutsches Polizeiblatt, Zeitschrift
DRiG	Deutsches Richtergesetz
DRiZ	Deutsche Richterzeitung, Zeitschrift
DuD	Datenschutz und Datensicherheit, Zeitschrift
DVBl	Deutsches Verwaltungsblatt, Zeitschrift
DVO WaffG NRW	Verordnung zur Durchführung des Waffengesetzes des Landes Nordrhein-Westfalen
DVP	Deutsche Verwaltungspraxis, Zeitschrift
Einl.	Einleitung
EG	Europäische Gemeinschaft
EGGVG	Einführungsgesetz zum Gerichtsverfassungsgesetz
EGMR	Europäischer Gerichtshof für Menschenrechte
EMRK	Konvention zum Schutze der Menschenrechte und Grundfreiheiten (Europäische Menschenrechtskonvention)
ErmPers.	Ermittlungsperson
EU	Europäische Union
EuGRZ	Europäische Grundrechte-Zeitschrift
f., ff.	folgende Seite(n)
FamFG	Gesetz über das Verfahren in Familiensachen und in den Angelegenheiten der freiwilligen Gerichtsbarkeit
FeV	Verordnung über die Zulassung von Personen zum Straßenverkehr (Fahrerlaubnis-Verordnung)
Fischer	Fischer, Thomas, Strafgesetzbuch und Nebengesetze, Kommentar, 67. Aufl., München 2020
Fn.	Fußnote
FPersG	Gesetz über das Fahrpersonal von Kraftfahrzeugen und Straßenbahnen (Fahrpersonalgesetz)
FZV	Verordnung über die Zulassung von Fahrzeugen zum Straßenverkehr (Fahrzeug-Zulassungsverordnung)
G 10	Gesetz zur Beschränkung des Brief-, Post- und Fernmeldegeheimnisses (Artikel 10-Gesetz)
GA	Goltdammers Archiv für Strafrecht, Zeitschrift
GewA	Gewerbearchiv, Zeitschrift
GewSchG	Gesetz zum zivilrechtlichen Schutz vor Gewalttaten und Nachstellungen (Gewaltschutzgesetz)

Abkürzungen/Literatur

GG	Grundgesetz für die Bundesrepublik Deutschland
GiV	Gefahr im Verzug
Götz/Geis	Götz, Volkmar/Geis, Max-Emanuel Allgemeines Polizei- und Ordnungsrecht, 16. Aufl., München 2017
GPS	Global Positioning System
GS	Großer Senat
GüKG	Güterkraftverkehrsgesetz
GVG	Gerichtsverfassungsgesetz
HB	Haftbefehl
HdP	Lisken, Hans/Denninger, Erhard, Handbuch des Polizeirechts, 6. Aufl., München 2019 (zitiert mit Kapitel und Bearbeiter)
Hentschel/König/Dauer	Hentschel, Peter/König, Peter/Dauer, Peter, Straßenverkehrsrecht, Kommentar, 45. Aufl., München 2019
h.M.	herrschende Meinung
HRRS	Onlinezeitschrift für Höchstrichterliche Rechtsprechung zum Strafrecht
IPBPR	Internationaler Pakt über bürgerliche und politische Rechte
i.d.F.	in der Fassung
IDF	Identitätsfeststellung
IM	Innenministerium
IMEI	International Mobile Equipment Identity
IMSI	International Mobile Subscriber Identity
IP	Internet Protocol
IRG	Gesetz über die internationale Rechtshilfe in Strafsachen
i.S.d.; i.S.v.	im Sinne des; im Sinne von
i.V.m.	in Verbindung mit
JA	Juristische Arbeitsblätter, Zeitschrift
Jarass/Pieroth	Jarass, Hans, D./Pieroth, Bodo, Grundgesetz für die Bundesrepublik Deutschland, Kommentar, 15. Aufl., München 2018
JGG	Jugendgerichtsgesetz
JM	Justizminister
JMBl.	Mitteilungsblatt der Justiz
Joecks	Joecks, Wolfgang, Studienkommentar StPO, 4. Aufl., München 2015
JR	Juristische Rundschau, Zeitschrift
JURA	Juristische Ausbildung, Zeitschrift

Abkürzungen/Literatur

JuS	Juristische Schulung, Zeitschrift
JuSchG	Jugendschutzgesetz
JVEG	Gesetz über die Vergütung von Sachverständigen, Dolmetscherinnen, Dolmetschern, Übersetzerinnen und Übersetzern sowie die Entschädigung von ehrenamtlichen Richterinnen, ehrenamtlichen Richtern, Zeuginnen, Zeugen und Dritten (Justizvergütungs- und -entschädigungsgesetz)
JZ	Juristenzeitung, Zeitschrift
KG	Kammergericht
Kirkpatrick	Kirkpatrick, David Ryan, Der Einsatz von Verdeckten Ermittlern, Hilden 2011
KJ	Kritische Justiz, Zeitschrift
KK	Karlsruher Kommentar zur StPO (Hrsg. Hannich, Rolf), 7. Aufl., München 2013 (zitiert mit Bearbeiter)
K&R	Kommunikation & Recht, Zeitschrift
Kramer	Kramer, Bernhard, Grundbegriffe des Strafverfahrensrechts, 7. Aufl., Stuttgart 2009
Krey/Heinrich	Krey, Volker/Hellmann, Uwe/Heinrich, Manfred, Strafrecht, Band 1, 16. Aufl., Stuttgart 2015
KriPoZ	Kriminalpolitische Zeitschrift
Kühne	Kühne, Hans-Heiner, Strafprozessrecht, 9. Aufl., Heidelberg 2015
KUG	Kunsturhebergesetz
Kugelmann	Kugelmann, Dieter, Polizei- und Ordnungsrecht, 2. Aufl., Heidelberg u.a. 2012
KV	Körperverletzung
LG	Landgericht
LKV	Landes- und Kommunalverwaltung, Zeitschrift
LR	Löwe, Ewald/Rosenberg, Werner (Begr.), StPO, Kommentar, 26. Aufl., Berlin, 2006–2014 (zitiert mit Bearbeiter)
MDR	Monatsschrift für deutsches Recht, Zeitschrift
Meyer-Goßner/Schmitt	Meyer-Goßner, Lutz/Schmitt, Bertram, Strafprozessordnung, Kommentar, 62. Aufl., München 2019
MMS	Multimedia Messaging Service
MMR	Multimedia und Recht, Zeitschrift
v. Münch/Kunig	v. Münch, Ingo/Kunig, Philipp, GG, Kommentar, 6. Aufl., München 2012

Abkürzungen/Literatur

m.w.N.	mit weiteren Nachweisen
NdsVBl	Niedersächsische Verwaltungsblätter, Zeitschrift
Nimtz	Nimtz, Holger, Die strafprozessuale Observation nach dem Strafverfahrensänderungsgesetz 1999, Berlin, 2002
NJ	Neue Justiz, Zeitschrift
NJW	Neue Juristische Wochenschrift, Zeitschrift
NoeP	Nicht offen ermittelnder Polizeibeamter
NordÖR	Zeitschrift für Öffentliches Recht in Norddeutschland
Nr.	Nummer
NRW	Nordrhein-Westfalen
NStZ	Neue Zeitschrift für Strafrecht
NStZ-RR	NStZ-Rechtsprechungsreport
NVwZ	Neue Zeitschrift für Verwaltungsrecht
NVwZ-RR	NVwZ-Rechtsprechung-Report, Zeitschrift
NZV	Neue Zeitschrift für Verkehrsrecht
obj.	objektiv(e)
OLG	Oberlandesgericht
OrgStA	Anordnung über Organisation und Dienstbetrieb der Staatsanwaltschaft (in NRW)
OVG	Oberverwaltungsgericht
OWi	Ordnungswidrigkeit
OWiG	Gesetz über Ordnungswidrigkeiten (Ordnungswidrigkeitengesetz)
PDV	Polizeidienstvorschrift
Pfeiffer	Pfeiffer, Gerd, Kommentar zur StPO, 5. Aufl., München 2005
PflVersG	Gesetz über die Pflichtversicherung für Kraftfahrzeughalter (Pflichtversicherungsgesetz)
PIN	Persönliche Identifikationsnummer
PK	Polizeikommissar
PKW	Personenkraftwagen
POG	Gesetz über die Organisation und die Zuständigkeit der Polizei im Lande Nordrhein-Westfalen (Polizeiorganisationsgesetz)
PolG	Polizeigesetz des Landes Nordrhein-Westfalen
PolGewO NRW	Polizeigewahrsamsordnung des Landes Nordrhein-Westfalen, RdErl. d. Innenministeriums – 43.57.01.08 v. 20.3.2009, MBl. NRW 2009 Nr. 15, S. 253–262

Abkürzungen/Literatur

Polizeiinfo	Polizei Info Report, Zeitschrift
PSP	Polizei, Studium, Praxis, Zeitschrift
PsychKG NRW	Gesetz über Hilfen und Schutzmaßnahmen bei psychischen Krankheiten
PUK	Personal Unblocking Key
RdErl.	Runderlass
RG	Reichsgericht
RGSt	Entscheidungen des Reichsgerichts in Strafsachen
RiStBV	Richtlinien für das Strafverfahren und das Bußgeldverfahren
Rn.	Randnummer(n)
Roxin/Schünemann	Roxin, Claus/Schünemann, Bernd, Strafverfahrensrecht, 29. Aufl., München 2017
RpflStud	Rechtspfleger Studienhefte, Zeitschrift
Rspr.	Rechtsprechung
s.	siehe
S.	Seite(n)
SächsVBl	Sächsische Verwaltungsblätter, Zeitschrift
SchAG NRW	Gesetz über das Schiedsamt in den Gemeinden des Landes Nordrhein-Westfalen (Schiedsamtsgesetz)
SIM	Subscriber Identity Module
SK	Wolter, Jürgen (Hrsg.), Systematischer Kommentar zur Strafprozessordnung, Bände 1 und 2, 5. Aufl., Köln 2016 (zitiert mit Bearbeiter)
SMS	Short Message Service
SGB	Sozialgesetzbuch
SprengG	Sprengstoffgesetz
StA	Staatsanwaltschaft
StGB	Strafgesetzbuch
StPO	Strafprozessordnung
str.	streitig
StraFO	Strafverteidigerforum, Zeitschrift
StrEG	Gesetz über die Entschädigung für Strafverfolgungsmaßnahmen
StV	Strafverteidiger, Zeitschrift
StVG	Straßenverkehrsgesetz
StVO	Straßenverkehrsordnung

Abkürzungen/Literatur

StVollzG	Gesetz über den Vollzug der Freiheitsstrafe und freiheitsentziehenden Maßregeln der Besserung und Sicherung (Strafvollzugsgesetz)
SVR	Straßenverkehrsrecht, Zeitschrift
Tegtmeyer/Vahle	Tegtmeyer, Henning/Vahle, Jürgen, Polizeigesetz Nordrhein-Westfalen (PolG NRW), 12. Aufl., Stuttgart u.a. 2018
Tetsch	Tetsch, Lambert Josef, Eingriffsrecht, Hilden 2012
Theisen/Vesper	Theisen, Rolf-Dieter/Vesper, Christel, Ordnungswidrigkeitenrecht, 12. Aufl., Witten 2016
Thiel	Thiel, Markus, Polizei- und Ordnungsrecht, 4. Aufl., Baden-Baden 2020
ThürVBl	Thüringer Verwaltungsblätter, Zeitschrift
TK	Telekommunikation
TKG	Telekommunikationsgesetz
TKÜ	Telekommunikationsüberwachung
v.	von, vom
Var.	Variante
VBlBW	Verwaltungsblätter für Baden-Württemberg, Zeitschrift
VD	Verkehrsdienst, Zeitschrift
VE	verdeckter Ermittler
VersammlG	Gesetz über Versammlungen und Aufzüge (Versammlungsgesetz)
VerwArch	Verwaltungsarchiv, Zeitschrift
vgl.	vergleiche
Vorbem.	Vorbemerkungen
VP	Vertrauensperson
VR	Verwaltungsrundschau, Zeitschrift
VSG NRW	Gesetz über den Verfassungsschutz in Nordrhein-Westfalen (Verfassungsschutzgesetz NRW)
VV PolG NRW	Verwaltungsvorschrift zum Polizeigesetz des Landes Nordrhein-Westfalen, RdErl. d Innenministeriums v. 19.12.2003, MBl. NRW 2004, S. 82
VwGO	Verwaltungsgerichtsordnung
VwVfG	Verwaltungsverfahrensgesetz
WaffG	Waffengesetz
Weihmann/de Vries	Weihmann, Robert/de Vries, Hinrich, Kriminalistik, 13. Aufl., Hilden 2014

Abkürzungen/Literatur

Wessels/Beulke/Satzger	Wessels, Johannes/Beulke, Werner/Satzger, Helmut, Strafrecht Allgemeiner Teil, 49. Aufl., Heidelberg 2019
wistra	Zeitschrift für Wirtschaft, Steuer, Strafrecht
W-LAN	Wireless Local Area Network
www	World Wide Web
ZD	Zeitschrift für Datenschutz
ZIS	Zeitschrift für Internationale Strafrechtsdogmatik
ZPO	Zivilprozessordnung
ZRP	Zeitschrift für Rechtspolitik
zust.	zustimmend
ZStW	Zeitschrift für die gesamte Strafrechtswissenschaft (zitiert nach Band [Jahr] und Seite)

1. Teil

Grundlagen

1. Teil Grundlagen

A. Eingriffsrecht als Teil der Rechtswissenschaft

I. Die Gesetzmäßigkeit der Verwaltung

- *Aufsatz-Literatur: Jahn, NStZ 2007, 255 (Strafprozessuale Eingriffsmaßnahmen im Lichte der aktuellen Rechtsprechung des BVerfG); Nolte, Kriminalistik 2007, 343 (Doppelfunktionale Maßnahmen in der polizeilichen Praxis); Voßkuhle, JuS 2007, 429 (Grundwissen – Öffentliches Recht: Der Grundsatz der Verhältnismäßigkeit); Brenneisen/Staack/Martins, Kriminalistik 2005, 436 (Das strafprozessuale Eingriffshandeln der Polizei); Schulenburg, JuS 2004, 765 (Legalitäts- und Opportunitätsprinzip im Strafverfahren).*

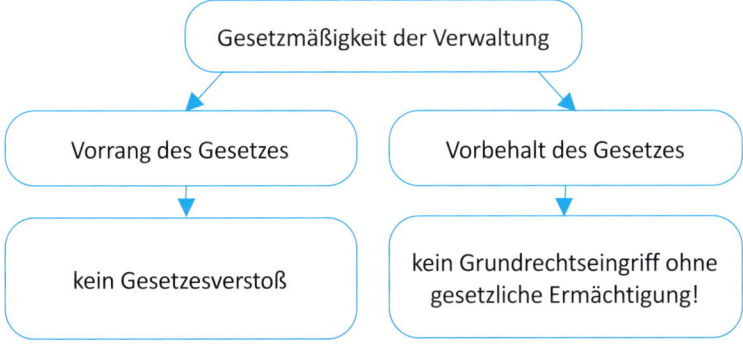

Abbildung 1.1: Übersicht zur Gesetzmäßigkeit der Verwaltung

1 Eingriffsrechtliche Regelungen umfassen die Vorschriften, die für Hoheitsträger Eingriffe in Grundrechte zulassen. Insofern stellt Eingriffsrecht ein Sonderrecht insbesondere für Polizeibeamte dar. Gemäß Art. 20 Abs. 3 GG sind die vollziehende Gewalt und die Rechtsprechung, somit Gerichte, Staatsanwaltschaften und die Polizei, an Gesetz und Recht gebunden. Dies ist fundamentaler Stützpfeiler der Rechtsstaatlichkeit: Öffentlich-rechtliche Tätigkeiten sind an förmliche Gesetze, aber auch an andere Rechtsvorschriften, insbesondere an Rechtsverordnungen und Satzungen, gebunden.[1]

2 Diese Gesetzmäßigkeit der Verwaltung hat insbesondere zwei Ausprägungen: Zum einen darf die Staatsverwaltung nicht gegen die bestehenden Gesetze, Rechtsverordnungen usw. verstoßen, das Gesetz hat Vorrang vor den von der Verwaltung selbst gesetzten Regeln (= Vorrang des Gesetzes).

> **Beispiel**
> Der Polizeibeamte P ordnet eine Blutprobe gemäß § 81a StPO an, obwohl Gefahr im Verzuge nicht besteht. Er begründet das mit der Schwierigkeit und Mühe, einen Richter zu erreichen. Er verstößt gegen § 81a Abs. 2 StPO und damit gegen den Verfassungsgrundsatz „Vorrang des Gesetzes".

3 Zum anderen sind nach dem Grundsatz der Gesetzmäßigkeit der Verwaltung Grundrechtseingriffe nur mit gesetzlicher Ermächtigung zulässig.[2] Das Recht, Grundrechtseingriffe zuzu-

---
[1] Jarass/Pieroth-Jarass, GG, Art. 20 Rn. 38.
[2] BVerfGE 77, 170.

lassen, steht nur dem Parlament im Rahmen der Gesetzgebung zu. Es ist vorrangige Pflicht des demokratisch legitimierten Gesetzgebers, die grundrechtlich geschützten Rechtspositionen in ihrem Verhältnis zu ordnen und für eine verträgliche Konkordanz bei der Ausübung dieser Rechte zu sorgen.[3] Somit ist die Ermächtigung zum Grundrechtseingriff dem Gesetz vorbehalten (= Vorbehalt des Gesetzes). Maßnahmen, die ohne die erforderliche gesetzliche Ermächtigung ergehen, sind rechtswidrig.[4]

Beispiel
Polizeibeamte beobachten gezielt eine Person über mehrere Tage. Dies stellt einen Eingriff in das Grundrecht auf informationelle Selbstbestimmung (Art. 2 Abs. 1 i.V.m. Art. 1 Abs. 1 GG) dar und bedarf daher einer gesetzlichen Grundlage (§ 163f StPO). Vor der Anerkennung des entsprechenden Grundrechtes durch das BVerfG war eine gesetzliche Grundlage entbehrlich, daher nicht vorhanden.

4   Das Gesetzmäßigkeitsprinzip erfordert also, dass Eingriffe in Grundrechte einer Person immer auf einer Rechtgrundlage erfolgen müssen; der eingreifende Akt muss formell und materiell rechtmäßig sein.

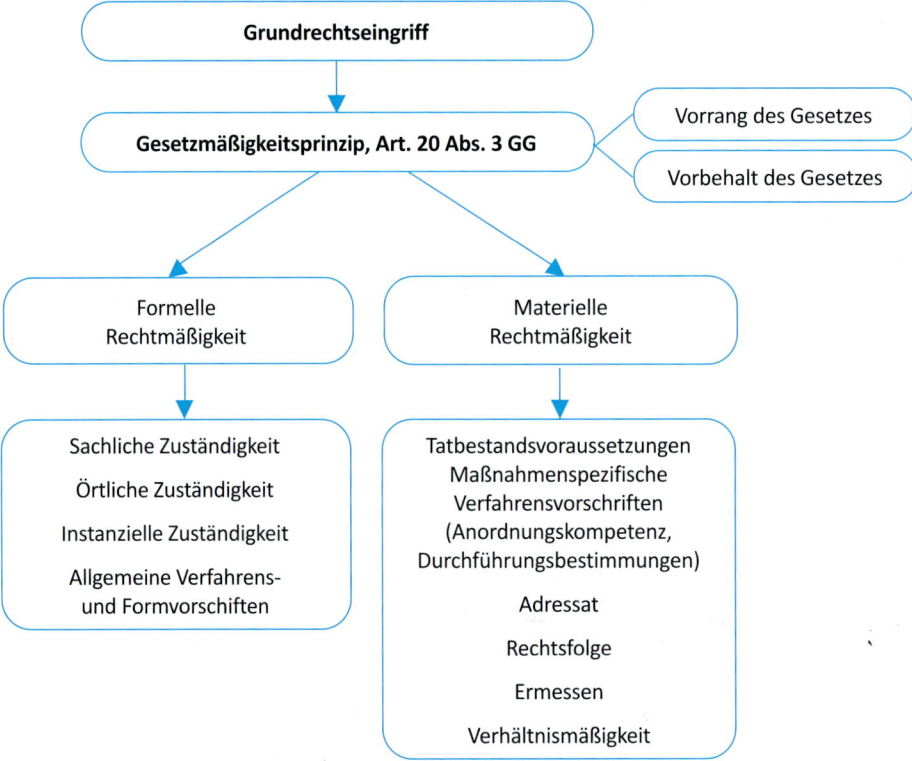

Abbildung 1.2:   Übersicht zum Grundrechtseingriff

---

3   Vgl. HdP-Denninger, Kap. B Rn. 9 ff.
4   Jarass/Pieroth-Jarass, GG, Art. 20 Rn. 56.

II. Rechtsquellen

Entsprechend der Aufgabenbereiche Gefahrenabwehr und Strafverfolgung sind eingriffsrechtliche Regelungen in unterschiedlichen Rechtsgebieten verortet: Zum einen im Gefahrenabwehrrecht, zum anderen in strafprozessualen Vorschriften. Dies führt zu einer fast unüberschaubaren Anzahl an Gesetzen, aus denen sich eingriffsrechtliche Regelungen ergeben. Die wichtigsten sind aber das Polizeigesetz NRW für das Gefahrenabwehrrecht und die Strafprozessordnung für die Aufgabe der Strafverfolgung.

Strafprozessordnung

Das Strafprozessrecht ist primär in der Strafprozessordnung geregelt. Darüber hinaus bestehen Regeln über Aufbau und Zuständigkeiten der Gerichte und der Staatsanwaltschaft im Gerichtsverfassungsgesetz (GVG). Für das Strafverfahren gegen Jugendliche (14–18 Jahre) und Heranwachsende (18–21 Jahre) gilt grundsätzlich auch das allgemeine Strafprozessrecht. Es wird durch das Jugendgerichtsgesetz (JGG) als spezielle Regelung ergänzt.

Europäische Menschenrechtskonvention (EMRK)

Die Europäische Menschenrechtskonvention des Europarates vom 4.11.1950 hat in Deutschland den Rang eines Bundesgesetzes. Sie enthält einen Katalog von Grundrechten und Menschenrechten. Dazu sind eine Reihe von verfahrensrechtlichen Regelungen, wie der Grundsatz „in dubio pro reo" (Art. 2 Abs. 2 EMRK), verankert. Seit 1998 kann jeder Einzelne gegen eine Verletzung seiner Rechte aus der Konvention Beschwerde führen. Materiellrechtliche Regelungen enthält die Menschenrechtskonvention nicht.

Internationaler Pakt über bürgerliche und politische Rechte (IPBPR)

Im Internationalen Pakt über bürgerliche und politische Rechte sind Regelungen mit Bezug zum Strafverfahren enthalten. Insbesondere ist dort der in Deutschland nicht explizit geregelte Nemo-tenetur-Grundsatz in Art. 14 Abs. 3 IPBPR normiert, wonach kein Angeklagter gezwungen werden darf, gegen sich selbst als Zeuge auszusagen oder sich schuldig zu bekennen.

Recht der Europäischen Union

Soweit transnationales Recht – wie etwa das Recht der Europäischen Union – strafrechtliche Belange regelt, geht es bundesdeutschen Regelungen vor, sobald es vom nationalen Gesetzgeber in nationales Recht umgesetzt ist. Die Europäische Union hat selbst bisher keine ausdrückliche Befugnis, Strafgesetze zu erlassen.[5] Jedoch sind seit dem Vertrag vom Amsterdam im Jahre 1999 verstärkt Bemühungen um ein europäisches Strafrecht festzustellen. Strafrecht steht mitten in einem „dynamischen Prozess der Europäisierung".[6]

Strafverfahrensrechtliche Regelungen sind allerdings bereits seit 1990 enthalten im Schengener Durchführungsübereinkommen (SDÜ), das vorrangig den schrittweisen Abbau von Grenzkontrollen durch das Schengener Übereinkommen von 1985 regelt. Im Titel III des SDÜ („Polizei und Sicherheit") ist die polizeiliche Zusammenarbeit normiert. Neben präventivpolizeilichen Regelungen finden sich in Art. 40 und 41 SDÜ auch strafprozessuale Vorschriften.

---
5 Wessels/Beulke/Satzger, Rn. 77a.
6 Wessels/Beulke/Satzger, Rn. 77b m.w.N.

- Gemäß Art. 40 SDÜ wird der Polizei eines Vertragsstaates erlaubt, eine im Rahmen eines Ermittlungsverfahrens observierte Person, die in einen anderen Vertragsstaat einreist, auch nach dem Grenzübertritt weiter zu beobachten.[7] Dieses Ermittlungsverfahren muss von besonderer Qualität sein, es müsste auch die Auslieferung des Beschuldigten zulassen.
- Nach Art. 41 SDÜ ist die Nacheile einer Person, die sich der Festnahme durch Flucht entziehen will, zulässig. Während § 167 GVG die Nacheile innerhalb Deutschlands bundeslandübergreifend zulässt, regelt Art. 41 SDÜ die Verfolgung über Deutschlands Außengrenzen hinaus in die Vertragsstaaten. Vorausgesetzt wird bei einer Verfolgung nach Dänemark, Frankreich und der Schweiz, dass der Nacheile der Verdacht einer in Art. 41 Abs. 4 lit. a SDÜ abschließend aufgezählten, schweren Katalogstraftat zugrunde liegt. Demgegenüber ist eine Nacheile nach Belgien, Niederlande und Österreich immer dann möglich, wenn wegen der Tat auch ausgeliefert werden könnte.

Grundgesetz

11 Fundament des Strafverfahrens sind die im Grundgesetz niedergelegten Grundrechte und das Rechtsstaatsprinzip (Art. 1–20 GG). Sie sind Grundlage insbesondere für den Verhältnismäßigkeitsgrundsatz. Des Weiteren sind wichtige Justizgrundrechte in den Art. 101, 103, 104 GG normiert.

Polizeigesetz

12 Die wichtigsten Regelungen für das präventive Handeln der Polizei in Nordrhein-Westfalen enthält das Polizeigesetz des Landes Nordrhein-Westfalen (PolG). Im ersten Abschnitt regelt es die Aufgaben der Polizei sowie einige grundsätzliche rechtliche Fragen, wie etwa den Grundsatz der Verhältnismäßigkeit, das Ermessen und die Verantwortlichkeit von Personen. § 8 enthält die sog. Generalklausel, in den §§ 9 ff. sind sog. Standardmaßnahmen normiert. Breiten Raum nehmen dabei vor allem die Bestimmungen über den polizeilichen Umgang mit Daten ein, die namentlich unter dem Einfluss des neuen europarechtlichen Datenschutzregimes aus Datenschutz-Grundverordnung und sog. JI-Richtlinie jüngst erhebliche Anpassungen erfahren haben. Weitere Regelungen finden sich im PolG zu den verschiedenen Ausübungsvarianten polizeilichen Zwangs (etwa zum Schusswaffengebrauch) und zu Entschädigungsansprüchen. Die meisten präventiven Eingriffsmaßnahmen lassen sich auf Ermächtigungsgrundlagen aus dem PolG stützen.

Polizeiorganisationsgesetz

13 Weitere wesentliche Bestimmungen finden sich im Gesetz über die Organisation und die Zuständigkeit der Polizei im Lande Nordrhein-Westfalen (Polizeiorganisationsgesetz – POG). Dort ist die polizeiliche Organisation geregelt, insbesondere werden die Polizeibehörden mit ihren sachlichen Zuständigkeiten aufgeführt. Das Gesetz enthält darüber hinaus Normen, die unter bestimmten Anforderungen den Einsatz von Polizeibeamtinnen und -beamten außerhalb ihres Polizeibezirks gestatten.

---

7 Instruktiv dazu HdP-Aden, Kap. N Rn. 332 ff.

Spezialgesetzliche Regelungen

Polizeiliche Aufgaben und Befugnisse sind ferner in Spezialgesetzen normiert, die besondere Tätigkeitsfelder rechtlich steuern. Zu nennen sind etwa das Waffengesetz, das Versammlungsgesetz und die Straßenverkehrsordnung.

B. Grundlagen repressiven Handelns

I. Polizeiliche Aufgaben im repressiven Bereich

Gemäß §§ 161, 163 Abs. 1 Satz 1 StPO unterliegen Staatsanwaltschaft und Polizei dem Legalitätsprinzip. Danach besteht die Pflicht zur Verfolgung von Straftaten, wenn zureichende tatsächliche Anhaltspunkte dafür vorliegen, dass eine Straftat geschehen ist. Bei Vorliegen dieses Anfangsverdachts beginnt die Strafverfolgungspflicht, ein Ermittlungsverfahren ist einzuleiten.

Die Polizei hat gemäß § 53 Abs. 1 Satz 1 OWiG zudem die Aufgaben, nach pflichtgemäßem Ermessen Ordnungswidrigkeiten zu erforschen und alle unaufschiebbaren Anordnungen zu treffen, um deren Verdunkelung zu verhüten. In dieser Hinsicht hat die Polizei grundsätzlich dieselben Rechte und Pflichten wie bei der Verfolgung von Straftaten. Wird die Polizei also nicht bereits als Verwaltungsbehörde tätig, so ist sie nach der generellen Vorschrift des § 53 Abs. 1 OWiG als Ermittlungsbehörde zuständig.

> **Beispiel**
> Polizeibeamte werden bei einem Einsatz „Ruhestörung" tätig, da die zuständige Ordnungsbehörde nicht erreichbar ist. Zur Verfolgung der Ordnungswidrigkeit nach dem Landesimmissionsschutzgesetz stellen sie gemäß § 163b StPO die Identität der Verursacher fest.

II. Stellung der Staatsanwaltschaft

Mit Abschaffung des Inquisitionsprozesses, bei dem Ermittlung und Gerichtsverfahren in der Hand des Richters lagen, wurden zum Zwecke der justiziellen Gewaltenteilung Staatsanwaltschaften geschaffen. Die Idee beruht auf der Erkenntnis, dass eine unvoreingenommenere Beschäftigung mit der Sache durch Gerichte erfolgt, die das Ermittlungsverfahren nicht geführt haben. Da die Staatsanwaltschaft nicht Recht sprechen kann und keine richterliche Unabhängigkeit genießt, gehört sie zur Exekutive.[8] Andererseits übt sie keine bloßen Verwaltungstätigkeiten aus, sondern arbeitet auf Rechtsprechung hin, sie ist daher selbstständiges Organ der Rechtspflege sui generis (eigener Art).[9]

Es schließt sich daran aber die Frage an, ob die Staatsanwaltschaft ein gänzlich von den Gerichten unabhängiges Organ der Rechtspflege oder doch an die höchstrichterliche Rechtsprechung gebunden ist.

> **Beispiel**
> B blockiert mit Freunden im Rahmen einer Protestkundgebung den Autobahnverkehr durch eine Sitzblockade. Dadurch kommt es zu einem 10 km langen, ca. eine Stunde andauernden Stau. Staatsanwalt S will dieses Verhalten nicht zur Anklage bringen, da er die „Zweite-Reihe-Rechtsprechung" des Bundesgerichtshofes,[10] nach der eine Nötigung durch Gewalt jedenfalls für die Autofahrer hinter der ersten Reihe zu bejahen ist, für falsch hält.

---

8 BVerfGE 103, 142 (156).
9 Meyer-Goßner/Schmitt, StPO, Vor § 141 GVG Rn. 6.
10 BGHSt 41, 182.

19 Einerseits könnte man mit Hinweis auf § 150 GVG, nachdem die Staatsanwaltschaft in ihren amtlichen Verrichtungen von den Gerichten unabhängig ist, eine Bindung an die höchstrichterliche Rechtsprechung ablehnen. Nach der herrschenden Meinung ist jedoch eine Bindungswirkung zu bejahen.[11] Denn die rechtsprechende Gewalt ist gemäß Art. 92 GG den Gerichten übertragen. Diese Aufgabe wäre ihnen genommen, wenn die Staatsanwaltschaft Verfahren, die eigentlich zur Verurteilung führten, erst gar nicht anklagen dürfte. Zudem ist die Staatsanwaltschaft gemäß § 170 Abs. 1 StPO grundsätzlich (mit Ausnahme von Opportunitätsgründen) gehalten, öffentliche Klage zu erheben, wenn Anlass dazu besteht. Dies ist der Fall, wenn die Wahrscheinlichkeit einer Verurteilung besteht. Schließlich gebietet es auch die Rechtssicherheit, eine Bindungswirkung zu bejahen.

20 Die §§ 141 ff. GVG enthalten Regelungen über Organisation und Zuständigkeiten der Staatsanwaltschaft. Sie ist eine hierarchisch aufgebaute Behörde, an deren Spitze beim Bundesgerichtshof der Generalbundesanwalt, beim Oberlandesgericht der Generalstaatsanwalt und am Landgericht der jeweilige Leitende Oberstaatsanwalt stehen. Gegliedert ist die Staatsanwaltschaft in Abteilungen, die von Oberstaatsanwälten geleitet werden. In den Abteilungen sind Dezernate, die von den Dezernenten geführt werden. Zum Teil werden mehrere Dezernate zu Gruppen zusammengefasst, die von Gruppenleitern geführt werden. Die Staatsanwaltschaften an den Landgerichten unterstehen der Dienstaufsicht der Generalstaatsanwaltschaften, diese wiederum der Landesjustizverwaltung; Staatsanwälte sind im Gegensatz zu Richtern weisungsgebunden (§ 146 GVG). In der Praxis handeln die Dezernenten der Staatsanwaltschaft jedoch weitgehend selbstständig.

21 Amtsanwälte sind Beamte des gehobenen Dienstes, die bei der Staatsanwaltschaft durch landesrechtliche Regelungen festgelegte Strafsachen der leichten und mittleren Kriminalität und Ordnungswidrigkeiten einschließlich des Einspruchsverfahrens bearbeiten.[12]

22 Die Staatsanwaltschaft hat im Wesentlichen die Aufgabe, als „Herrin des Ermittlungsverfahrens" dieses zu führen, die Anklage vor Gericht zu vertreten und als Vollstreckungsbehörde (§ 451 StPO) die Strafvollstreckung zu betreiben. Die Aufgabe der Ermittlungsführung nimmt sie intensiv insbesondere in Fällen herausragender Art wahr.

23 Staatsanwälte unterliegen gemäß § 152 Abs. 2 StPO dem Legalitätsprinzip, sie sind verpflichtet, bei einem Anfangsverdacht den Sachverhalt zu erforschen (§ 160 Abs. 1 StPO). Nach § 160 Abs. 2 StPO hat die Staatsanwaltschaft nicht nur die belastenden, sondern auch die entlastenden Umstände zu ermitteln. Sie ist zur Objektivität verpflichtet. Nach einem Zitat von Franz von Liszt bezeichnet man sie auch als „objektivste Behörde der Welt".[13]

24 Nach Nr. 127 RiStBV wirkt der Staatsanwalt in der Hauptverhandlung darauf hin, dass das Gesetz beachtet wird. Er soll durch geeignete Anträge, Fragen oder Anregungen dafür sorgen, dass nicht nur die Tat in ihren Einzelheiten, sondern auch die persönlichen und wirtschaftlichen Verhältnisse des Angeklagten und alle Umstände erörtert werden, die für die Sanktion bedeutsam sein können. Er wirkt gemäß § 128 RiStBV darauf hin, dass die Hauptverhandlung geordnet abläuft.

---

11 BGHSt 15, 155; Beulke, Rn. 90.
12 Nach der bundeseinheitlichen Regelung, vgl. für NRW: Nr. 19, 20 und 24 OrgStA.
13 von Liszt, DJZ 1901, 179 (180), der dies jedoch kritisch sah, in: Max-Planck-Institut für europäische Rechtsgeschichte, Digitale Bibliothek: http://dlib-zs.mpier.mpg.de/mj/kleioc/0010/exec/bigpage/%222173669_06%2b1901_0199%22.

Die Anklage vor Gericht vertritt der Sitzungsvertreter der Staatsanwaltschaft. Dies ist in der Regel ein Staatsanwalt. Vor dem Straf- oder Jugendrichter am Amtsgericht tritt in der Regel der Amtsanwalt auf.[14] Sitzungsvertreter bei Sachen des Amtsanwaltes kann gemäß § 142 Abs. 3 GVG auch ein Rechtsreferendar (in der praktischen Ausbildung [Vorbereitungsdienst] befindlicher Jurist) sein.

Die Sitzungsvertreter sind regelmäßig nicht zugleich auch Sachbearbeiter der angeklagten Verfahren. Lediglich in Fällen, in denen besondere Sach- und Verfahrenskenntnisse erforderlich sind, wird der Anklageverfasser selbst seine Anklage vor Gericht vertreten. Die Organisation der Staatsanwaltschaften mit der Zuständigkeit für verschiedene Gerichte lässt eine andere Verfahrensweise nicht zu.

Die Strafvollstreckung ist gemäß § 31 Abs. 2 RPflG funktional weitestgehend den Rechtspflegern übertragen. Sie erledigen auch notwendige Mitteilungs- und Berichtspflichten.

Die Polizei hat eine Doppelrolle: Einerseits hat sie nach den Polizeigesetzen die Aufgabe, Gefahren abzuwehren (präventive Aufgabe), andererseits hat sie gemäß § 163 Abs. 1 StPO die Pflicht, Straftaten zu verfolgen (repressive Aufgabe). Strafprozessuale Ermittlungen kann die Staatsanwaltschaft gemäß § 161 StPO selbst vornehmen oder durch Beamte des Polizeidienstes vornehmen lassen. Insofern ist die Polizei Ermittlungsorgan der Staatsanwaltschaft. Die Polizei ist in dieser Funktion verpflichtet, dem Ersuchen oder Auftrag der Staatsanwaltschaft nachzukommen, die Staatsanwaltschaft hat gemäß § 161 StPO ein Weisungsrecht.

Die Polizei hat aber nicht nur aufgrund von Weisungen der Staatsanwaltschaft tätig zu werden. Sie hat gemäß § 163 Abs. 1 StPO vielmehr auch die Pflicht zum ersten Zugriff. Sie hat also von sich aus tätig zu werden und Ermittlungen jeder Art vorzunehmen, um eine Verdunkelung der Sache zu verhüten. Auch die Polizei unterliegt damit dem Legalitätsprinzip. Damit die Staatsanwaltschaft ihre Aufgabe der Gestaltung des Ermittlungsverfahrens wahrnehmen kann, hat die Polizei gemäß § 163 Abs. 2 StPO die Unterlagen ohne Verzug an die Staatsanwaltschaft zu übersenden. In der Praxis handelt die Polizei in Fällen der kleineren und mittleren Kriminalität jedoch weitgehend selbstständig und verfügt erst an die Staatsanwaltschaft ab, wenn der Sachverhalt aus ihrer Sicht ausermittelt ist.

Beispiel
A hat im Verlaufe eines Streites den B mit einem „Totschläger" am Kopf verletzt. Die Streifenwagenbesatzung nimmt die Anzeige auf, die vom Kriminalkommissariat bearbeitet wird. Es werden die entsprechenden Ermittlungen vorgenommen: Beschuldigtenvernehmung, Zeugenvernehmungen, Beweismittelsicherungen, Beschlagnahme von Einziehungsgegenständen, Erhebung der Verletzungen. Anschließend wird der Vorgang an die Staatsanwaltschaft verfügt.

III. Verdachtsgrade

Das Gesetz unterscheidet verschiedene Verdachtsgrade. Damit wird ein unterschiedliches Wahrscheinlichkeitsmaß hinsichtlich eines Geschehens in der Vergangenheit, nämlich der strafbaren Handlung, gefordert. Abgrenzungen sind schwierig, unterliegen die Beurteilungen doch ähnlichen Unsicherheiten wie bei der Prognose, nur mit dem Unterschied, dass sie in die Vergangenheit gerichtet sind. Man kann daher bei der Verdachtsschöpfung von retroperspektiver Prognose sprechen:[15]

---
14   von Liszt, DJZ 1901, 179 (180).
15   Kühne, Rn. 327.

Anfangsverdacht, (einfacher) Tatverdacht	zureichende tatsächliche Anhaltspunkte liegen dafür vor, dass eine Straftat passiert ist (vgl. § 152 Abs. 2 StPO)	Voraussetzung für den Beginn des Ermittlungsverfahrens (§ 152 StPO); Voraussetzung z.B. für Datenabgleich (§ 98c), und für polizeiliche Beobachtung (§ 163e StPO); Durchsuchung (§ 102 StPO)
konkretisierter Tatverdacht	deutliche konkrete Anhaltspunkte liegen dafür vor, dass eine Straftat passiert ist	Voraussetzung z.B.: für verdeckte Eingriffsmaßnahmen nach §§ 100a, 100c, 100f, 100g, 100i StPO
hinreichender Tatverdacht	am Ende des Ermittlungsverfahrens: nach der Beweissituation ist eine Verurteilung wahrscheinlich	Voraussetzung für die Eröffnung des Hauptverfahrens (§ 230 StPO) bzw. den Erlass eines Strafbefehls (§ 170 Abs. 1 StPO)
dringender Tatverdacht	im laufenden Ermittlungsverfahren: hohe Wahrscheinlichkeit, dass der Beschuldigte Täter oder Teilnehmer einer Straftat ist	Voraussetzung für den Erlass eines Haftbefehls (§ 112 StPO)

Abbildung 1.3: Übersicht Tatverdachtsgrade

31 Dringender Tatverdacht ist der stärkste Verdachtsgrad, da er die **hohe** Wahrscheinlichkeit beinhaltet, dass der Beschuldigte die Tat begangen hat. Der hinreichende Tatverdacht ist als einziger für strafprozessuale Maßnahmen nicht von Belang, da er die gesamte Beweisführung betrifft. Hinreichender Tatverdacht ist für die Eröffnung des Hauptverfahrens relevant.

IV. Adressaten repressiver Maßnahmen

32 Adressaten repressiver Maßnahmen können in erster Linie Verdächtige und Beschuldigte sein.

1. Verdächtiger

33 Verdächtig ist eine Person, wenn zureichende tatsächliche Anhaltspunkte dafür vorliegen, dass sie Täterin oder Teilnehmerin einer Straftat ist. Der in § 152 Abs. 2 StPO konkretisierte Anfangsverdacht muss sich also auf eine Person beziehen. Als Verdächtiger wird eine Person bezeichnet, wenn ein Anfangsverdacht gegen sie besteht, aber noch kein Ermittlungsverfahren eingeleitet ist.

2. Beschuldigter

34 Der Begriff des Beschuldigten ist in der Strafprozessordnung nicht definiert, vielmehr sind in § 157 StPO Ausprägungen der Beschuldigteneigenschaft nach Verfahrensstand normiert.

35 • **Beschuldigter im Ermittlungsverfahren**
    Beschuldigter ist jede Person, gegen die sich das Strafverfahren richtet.[16] Sie wird schon zum Beschuldigten, wenn die Strafverfolgungsbehörden Ermittlungsmaßnahmen ergreifen, die erkennbar darauf abzielen, gegen sie wegen einer Straftat strafrechtlich

---
16 BGHSt 10, 8 (12).

Adressaten repressiver Maßnahmen

vorzugehen (vgl. dazu auch § 397 Abs. 1 AO für Steuerstrafverfahren: Ein Strafverfahren ist eingeleitet, wenn „die Polizei eine Maßnahme trifft, die erkennbar darauf abzielt, gegen jemanden wegen einer Steuerstraftat strafrechtlich vorzugehen"). Insofern ist der Beschuldigtenbegriff formell zu verstehen: Eine Person wird erst durch entsprechenden Willensakt der Strafverfolgungsbehörde zum Beschuldigten.[17] Die Stärke des Tatverdachtes ist dabei grundsätzlich nicht relevant. Auch werden keine besonderen Anforderungen an den nach außen tretenden Willensakt gestellt, es reicht bereits jede konkrete Ermittlungshandlung gegen eine Person mit dem Willen der konkreten Strafverfolgung.

Somit ist auch ohne Einleitung eines förmlichen Ermittlungsverfahrens die konkludente Zuweisung der Rolle als Beschuldigter möglich. Dies richtet sich danach, wie sich das Verhalten des ermittelnden Beamten bei seinen Aufklärungsmaßnahmen nach außen darstellt. Ist eine Ermittlungshandlung darauf gerichtet, den Vernommenen als Täter einer Straftat zu überführen, kommt es daher nicht mehr darauf an, wie der Ermittlungsbeamte sein Verhalten rechtlich bewertet.[18]

Es darf folglich nicht zu Rollenmanipulationen kommen, indem trotz hohen Tatverdachtes eine Zeugenvernehmung durchgeführt wird. Je stärker der Tatverdacht, desto geringere Anforderungen sind an den Willensakt der Behörde zu stellen.[19]

- **Beschuldigter im Zwischenverfahren**
  Angeschuldigter ist gemäß § 157 StPO der Beschuldigte, gegen den die öffentliche Klage erhoben ist.
- **Beschuldigter im Hauptverfahren**
  Angeklagter ist gemäß § 157 StPO der Beschuldigte, gegen den die Eröffnung des Hauptverfahrens beschlossen ist.
- **Verurteilter**
  Nach Urteilsverkündung heißt der Beschuldigte nunmehr formell Verurteilter. Im Übrigen endet die Beschuldigteneigenschaft erst mit Freispruch oder Einstellung des Verfahrens.

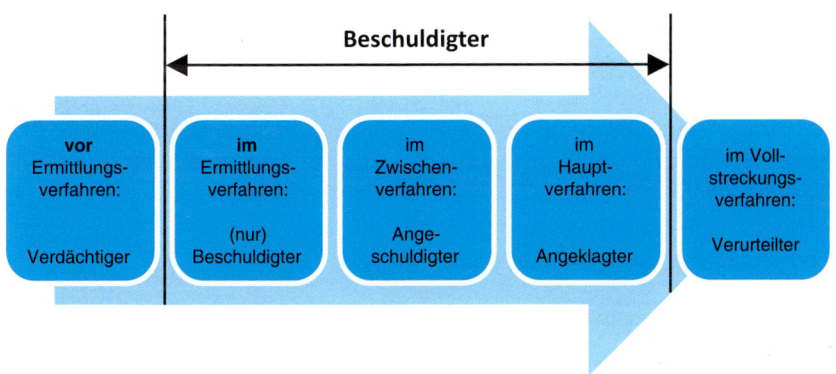

Abbildung 1.4: Übersicht zum Beschuldigtenbegriff

---
17 BGHSt 34, 138 (140).
18 BGH NStZ 2015, 291.
19 BGHSt 37, 48 (52).

36 Der Beschuldigte ist nicht Objekt im Strafverfahren, sondern mit Rechten und Pflichten ausgestatteter Mitwirkender. Daher stehen ihm wesentliche Verfahrensrechte zu:
- Schweigerecht, Recht auf Verweigerung der Mitwirkung (Nemo-tenetur-Grundsatz, § 136 Abs. 1 Satz 2 StPO)
- Beweisantragsrecht im Ermittlungsverfahren (§ 136 Abs. 1 Satz 3 StPO)
- Recht auf Verteidigerkonsultation (§ 136 Abs. 1 Satz 2 StPO)
- Informationsrechte über die Beschuldigung (§ 163a Abs. 4 Satz 1 StPO)
- Anspruch auf rechtliches Gehör vor Gericht (Art. 101 GG)
- Beweisantrags- und Fragerecht in der Hauptverhandlung (§§ 219, 244, 240 Abs. 2 StPO)
- Recht auf Anwesenheit in der Hauptverhandlung (§ 230 Abs. 1 StPO)

37 Eine wesentliche Pflicht ist die Erscheinungspflicht bei Staatsanwaltschaft und Gericht, nicht jedoch bei der Polizei.

38 Bei der Verfolgung von Ordnungswidrigkeiten wird durchgängig vom Betroffenen gesprochen.

V. Das Strafverfahren

1. Ermittlungsverfahren

39 Das Ermittlungsverfahren kann im Wesentlichen in zweierlei Weise beginnen: entweder durch Anzeigenerstattung oder durch amtliche Wahrnehmung. Die Anzeige kann gemäß §§ 158, 160 StPO mündlich oder schriftlich sowohl bei der Polizei als auch bei der Staatsanwaltschaft oder dem Amtsgericht erfolgen. Zulässig sind auch telefonische Anzeigenerstattung oder eine solche per E-Mail. Ebenso zulässig und entgegenzunehmen sind Anzeigen, die anonym oder pseudonym (unter falscher Namensangabe) erstattet werden. Fehlende örtliche oder funktionale Zuständigkeit von Staatsanwaltschaft und Polizei steht der Pflicht, die Anzeige entgegenzunehmen, nicht entgegen. Die Unkenntnis des anzeigenden Bürgers über die zum Teil komplizierten Zuständigkeitsregeln darf nicht dazu führen, dass dem Bürger ein zusätzlicher Aufwand für eine Handlung zugemutet wird, die einfacher und schneller innerhalb der Strafverfolgungsbehörden getätigt werden kann.[20]

40 Anzeigenaufnahme hat unstreitig bei Offizialdelikten, aber auch bei Antrags- und Privatklagedelikten zu erfolgen. Offizialdelikte sind solche, die von Amts wegen verfolgt werden, ohne dass es eines Strafantrages bedarf. Dies ist der Regelfall. Bei wenigen Straftaten bedarf es zur Verfolgung eines Strafantrages, sogenannte Antragsdelikte. Der Strafantrag muss gemäß § 152 Abs. 2 StPO schriftlich erfolgen. Gründe dafür, die Strafverfolgung von einem Antrag abhängig zu machen, sind insbesondere:
- Persönliche Beziehung zwischen Täter und Verletztem

  Beispiele

  § 247 StGB (Haus- und Familiendiebstahl); § 194 StGB (Beleidigung); § 230 StGB (einfache Körperverletzung).
- Bagatelle

  Beispiele

  § 123 StGB (Hausfriedensbruch); Diebstahl geringwertiger Sache (§ 248a StGB).

---

20 Kühne, Rn. 342.

Das Strafverfahren

Gemäß § 77 Abs. 1 StGB ist grundsätzlich der Verletzte antragsberechtigt. Der Antrag ist gemäß § 77b StGB innerhalb von drei Monaten zu stellen. Die Frist beginnt mit Ablauf des Tages, an dem der Berechtigte von der Tat und der Person des Täters Kenntnis erlangt. Der Antrag kann zurückgenommen, dann aber nicht mehr gestellt werden (§ 77d StGB).

Zu unterscheiden sind absolute und relative Antragsdelikte. Absolute Antragsdelikte sind solche, bei denen eine Verfolgung ohne Antrag nicht erfolgen darf. Relative Antragsdelikte sind solche, bei denen eine Verfolgung auch ohne Antrag erfolgen kann, wenn ein besonderes öffentliches Interesse daran besteht.

> **Beispiele**
> Relative Antragsdelikte: § 248a StGB (Diebstahl und Unterschlagung geringwertiger Sachen); § 230 StGB (einfache Körperverletzung).
> Absolute Antragsdelikte: § 247 StGB (Haus- und Familiendiebstahl); § 248b StGB (unbefugter Gebrauch eines Kraftfahrzeugs).

Antragsdelikte sind Straftaten, bei denen grundsätzlich die Stellung eines Strafantrages Voraussetzung für die Strafverfolgung ist. Privatklagedelikte sind solche, die grundsätzlich nur im Rahmen der privaten Strafanklage vor dem Strafrichter verhandelt werden. Privatklagedelikte sind enumerativ in § 374 StPO aufgeführt. Es handelt sich dabei um Vergehen mit geringerem Unrechtsgehalt. Bei Privatklagedelikten darf die Staatsanwaltschaft gemäß § 376 StPO nur Klage erheben, wenn dies im öffentlichen Interesse liegt. Besteht kein öffentliches Interesse, so ist das Strafverfahren einzustellen, und der Verletzte wird auf den Privatklageweg verwiesen. Dies bedeutet, dass der Verletzte anstelle der Staatsanwaltschaft Klage vor dem Amtsgericht erheben kann bzw. muss. Er hat damit auch das Kostenrisiko zu tragen.

Die Notwendigkeit der Zahlung von Sicherheitsleistung (§ 379 StPO), Gebührenvorschuss (§ 379a StPO), Kostenvorschuss für das Sühneverfahren (§ 380 StPO) und des in der Regel notwendigen Rechtsanwaltshonorars machen die Privatklage in der justiziellen Praxis bedeutungslos.

Fraglich und umstritten ist, inwieweit Staatsanwälte und Polizeibeamte bei außerhalb des Dienstes erlangten Erkenntnissen dem Strafverfolgungszwang aus § 163 Abs. 1 Satz 1 StPO unterliegen und somit verpflichtet sind, ein Strafverfahren einzuleiten. Es schließt sich die Frage an, ob sie sich bei Nichtbefolgen gemäß §§ 258, 258a, 13 StGB strafbar machen.

> **Beispiele**
> PK C erfährt beim Training in seinem Sportverein, dass ein Vereinsmitglied gestohlene Bekleidungsstücke verkauft hat. PK'in D beobachtet auf einer privaten Feier einen Haschischverkauf. Beide unternehmen nichts.

Bei Beurteilung dieser Fälle sind die besondere Stellung des Polizeibeamten und sein Recht auf Privatsphäre relevant. Daraus folgt jedenfalls, dass die früher vertretene Auffassung, für Polizeibeamte bestehe immer eine Verfolgungspflicht,[21] als unvertretbar abzulehnen ist. Denn dabei wird die soziale Stellung des Beamten gänzlich vernachlässigt.

Zunächst ist festzuhalten, dass eine generelle Bürgerpflicht zur Anzeige von bereits begangenen Straftaten nicht besteht. Für Polizeibeamte wird dies mit Hinweis auf umfassenden Schutz der Privatsphäre zum Teil ebenso nicht verlangt.[22] Nach anderer Meinung wird eine Strafverfolgungspflicht außerhalb des Dienstes aus der besonderen Treuepflicht dem Staat

---
21 So noch OLG Stuttgart NJW 1950, 198.
22 Laubenthal, JuS 1993, 907.

gegenüber hergeleitet,²³ zum Teil wird dies jedenfalls bei bekannt gewordenen Verbrechen bejaht.²⁴

48 Die herrschende Meinung geht von einer eingeschränkten Verfolgungspflicht aus: Der Polizeibeamte soll auch außerhalb des Dienstes zur Verfolgung verpflichtet sein bei schweren, nach Art und Umfang die Belange der Öffentlichkeit in besonderem Maße berührenden Straftaten.²⁵ Dann soll er nach Wiederaufnahme des Dienstes die erforderlichen Verfolgungshandlungen durchführen. Wann eine solche schwere Straftat vorliegt, soll nach der Rechtsprechung im Einzelfall zu bestimmen sein. Jedenfalls die Katalogstraftaten des § 138 StGB sollen grundsätzlich eine Verfolgungspflicht auslösen. Danach besteht eine außerdienstliche Verfolgungspflicht bei Straftaten wie zum Beispiel Totschlag, erpresserischem Menschenraub, Geiselnahme, Raub, räuberischer Erpressung oder auch Brandstiftung.

49 Darüber hinaus bedarf es der Abwägung im Einzelfall, ob das öffentliche Interesse privaten Belangen vorgeht. Hierbei ist von entscheidender Bedeutung, ob durch die Straftat Rechtsgüter der Allgemeinheit oder des Einzelnen betroffen sind, denen jeweils ein besonderes Gewicht zukommt. Dies kann auch außerhalb des Katalogs des § 138 StGB bei schweren Straftaten, wie z.B. schweren Körperverletzungen, erheblichen Straftaten gegen die Umwelt, Delikten mit hohem wirtschaftlichen Schaden oder besonderem Unrechtsgehalt, der Fall sein. So wird ein Polizeibeamter ungeachtet privater Interessen in der Regel zum Einschreiten verpflichtet sein, wenn er von schwerwiegenden Verstößen gegen das Waffengesetz mit Dauercharakter, nicht auf den Einzelfall beschränktem Handel mit harten Drogen oder Schutzgelderpressung erfährt. Gleiches gilt für Straftaten aus dem Bereich der Organisierten Kriminalität, die erfahrungsgemäß auf Wiederholung angelegt sind. Teilt ihm hingegen im Rahmen privater Kontakte ein Bekannter mit, dass er ständig ohne Fahrerlaubnis fahre, so bewirkt dies für den Beamten noch keine Garantenstellung im Sinne des Strafrechts. Nach dem Bundesverfassungsgericht ist diese Auffassung nicht zu unbestimmt.²⁶

50 Für die o.g. Beispiele bedeutet dies, dass für die Polizeibeamten PK C und PK'in D keine Verfolgungspflicht besteht.

51 Im Ermittlungsverfahren ist die Staatsanwaltschaft sachleitungsbefugt, sie ist „Herrin des Ermittlungsverfahrens". Da sie nur begrenzt über sächliche und personelle Ausstattung verfügt, hat auch die Polizei als ihr verlängerter Arm gemäß § 163 StPO die Pflicht, von sich aus Straftaten zu verfolgen. Dies tut sie in Fällen der einfachen und mittleren Kriminalität weitgehend selbstständig. Die Polizei hat gemäß § 163 Abs. 2 StPO die Vorgänge ohne Verzug der Staatsanwaltschaft zuzusenden. Lediglich in Fällen herausragender Kriminalität wird das Ermittlungsverfahren tatsächlich von der Staatsanwaltschaft geführt. In den übrigen Fällen beschränkt sich die Tätigkeit der Staatsanwaltschaft während des Vorverfahrens im Wesentlichen auf die Antragstellung für Ermittlungshandlungen und die Entscheidung am Ende des Ermittlungsverfahrens.

52 Die Staatsanwaltschaft hat mit der Polizei im sogenannten Freibeweisverfahren Beweismittel zu beschaffen, die der Wahrheitsfindung in einer späteren Hauptverhandlung dienen. Als rechtliches Instrumentarium stehen ihnen die strafprozessualen Eingriffsbefugnisse zur

---

23 Rosenau/Witteck, JURA 2002, 785.
24 Krey/Heinrich, Rn. 628b.
25 BGHSt 5, 225.
26 Vgl. BVerfG NJW 2003, 1030 (1031).

Das Strafverfahren

Verfügung (dazu im Einzelnen unten Teil 3). Die Ermittlungen haben sich gemäß § 160 Abs. 3 StPO nicht nur auf die belastenden, sondern auch die zur Entlastung dienenden Umstände zu erstrecken.

Der Abschluss der Ermittlungen wird in den Akten besonders vermerkt (§ 169a StPO). Ab jetzt hat der Verteidiger gemäß § 147 Abs. 4, 5 StPO ein unbeschränktes Akteneinsichtsrecht. Geben die Ermittlungen genügend Anlass zur Erhebung der öffentlichen Klage, so schließt das Ermittlungsverfahren gemäß § 170 Abs. 1 StPO grundsätzlich mit der Einreichung der Anklageschrift ab. Gemäß § 152 Abs. 1 StPO ist allein die Staatsanwaltschaft zur Erhebung der öffentlichen Klage berufen, sie hat das Anklagemonopol. Das Gerichtsverfahren ist nur durch die Erhebung der Klage durch die Staatsanwaltschaft möglich. Es gilt das Akkusationsprinzip: „Wo kein Kläger, da kein Richter." Die Klage kann erhoben werden durch eine Anklageschrift, Antragsschrift, mündlich im beschleunigten Verfahren oder durch Antrag auf Erlass eines Strafbefehls. Der Regelfall ist die Anklageschrift.

Geben die Ermittlungen nicht genügend Anlass zur öffentlichen Klage, so stellt die Staatsanwaltschaft das Verfahren ein. Dies kann sachliche oder rechtliche Gründe haben. Die Strafprozessordnung bietet viele Möglichkeiten der Verfahrenseinstellung, die oftmals der Verfahrensökonomie und Beschleunigung dienen:

- **Einstellung mangels Verfolgbarkeit (§ 170 Abs. 2 StPO)**

  Der Verfolgbarkeitsmangel kann in der Verjährung oder einem fehlenden Strafantrag liegen. Eine Einstellung hat aus Rechtsgründen auch zu erfolgen, wenn das angezeigte Verhalten keinen Straftatbestand erfüllt, ebenso, wenn das Verhalten zwar strafbar ist, aber die Täterschaft nicht bewiesen werden kann. In diesen Fällen ist der Beschuldigte einer Straftat nicht hinreichend verdächtig, das Strafverfahren ist gemäß § 170 Abs. 2 StPO einzustellen. Die Einstellung kann mit der Einstellungsbeschwerde gemäß § 172 Abs. 1 Satz 1 StPO und schließlich im Klageerzwingungsverfahren gemäß § 172 Abs. 2 StPO rechtlich überprüft werden.

- **Einstellung wegen Verweisung auf den Privatklageweg (§ 170 Abs. 2 StPO)**

  Privatklagedelikte sind enumerativ in § 374 StPO aufgeführt. Es handelt sich dabei um Vergehen mit geringerem Unrechtsgehalt. Bei Privatklagedelikten darf die Staatsanwaltschaft gemäß § 376 StPO nur Klage erheben, wenn dies im öffentlichen Interesse liegt. Besteht kein öffentliches Interesse, so ist das Strafverfahren einzustellen, und der Verletzte wird auf den Privatklageweg verwiesen. Dies bedeutet, dass der Verletzte anstelle der Staatsanwaltschaft Klage vor dem Amtsgericht erheben kann bzw. muss.

- **Einstellung wegen Abwesenheit des Beschuldigten (§ 205 StPO analog, § 104 RiStBV)**

  Die vorläufige Einstellung wegen Abwesenheit des Beschuldigten sieht die Strafprozessordnung lediglich beim Zwischenverfahren (§ 205 StPO) vor. Es ist anerkannt, dass die Vorschrift auch im Ermittlungsverfahren gilt. Der Beschuldigte wird im Fahndungssystem ausgeschrieben und das Verfahren wieder aufgenommen, wenn man des Beschuldigten habhaft wird.

- **Einstellung wegen Geringfügigkeit (§§ 153, 153a StPO; § 31a BtMG)**

  §§ 153, 153a StPO und § 31a BtMG sehen Einstellungen von Verfahren wegen Vergehen aus Opportunitätsgründen vor. Voraussetzung ist bei § 153 StPO, dass die Schuld als gering anzusehen ist und kein öffentliches Interesse an der Strafverfolgung besteht. Öffentliches Interesse an der Strafverfolgung besteht nach Nr. 86 Abs. 2 RiStBV in der

Regel, wenn der Rechtsfrieden über den Lebenskreis des Verletzten hinaus gestört und die Strafverfolgung ein gegenwärtiges Anliegen der Allgemeinheit ist, zum Beispiel wegen des Ausmaßes der Rechtsgutverletzung, wegen der Rohheit oder Gefährlichkeit der Tat, der niedrigen Beweggründe des Täters oder der Stellung des Verletzten im öffentlichen Leben.

Die Einstellung nach § 153a StGB setzt die Zustimmung des Gerichts voraus. Dazu werden mit der Einstellung Auflagen verfügt, die der Beschuldigte erbringen muss. Dies können Geld- oder Arbeitsleistungen sein. Die Geldleistungen können der Staatskasse oder gemeinnützigen Organisationen zugutekommen. Die Erfüllung dieser Auflagen muss geeignet sein, das öffentliche Interesse an der Strafverfolgung zu beseitigen. Schließlich darf die Schwere der Schuld der Einstellung nicht entgegenstehen. Es soll hiermit die Möglichkeit gegeben werden, auch Verfahren der mittleren Kriminalität einzustellen.

- **Weitere Möglichkeiten sind:**
  - Einstellung bei Möglichkeit des Absehens von Strafe (§ 153b StPO)
  - Einstellung bei Auslandstaten (§ 153c StPO)
  - Einstellung bei Absehen der Verfolgung aus politischen Gründen (§ 153d StPO)
  - Einstellung bei tätiger Reue (§ 153e StPO)
  - Einstellung bei Taten nach §§ 6–14 Völkerstrafgesetzbuch, § 153f StPO
  - Einstellung bei unwesentlicher Nebenstrafe (§§ 154, 154a StPO)

Die Einstellung nach §§ 154, 154a StPO dient der Verfahrensökonomie. Das Strafverfahren soll konzentriert werden auf den Hauptvorwurf. Im Hinblick auf eine schwerere Straftat kann die Staatsanwaltschaft Strafverfahren einstellen, wenn die einzustellende Straftat im Verhältnis zum Hauptvorwurf nicht beträchtlich ins Gewicht fällt.

Beispiel

Der Beschuldigte hat an jeweils verschiedenen Tagen einen Ladendiebstahl, eine Körperverletzung sowie einen versuchten Totschlag begangen. Im Hinblick auf das versuchte Tötungsdelikt können die beiden erstgenannten Delikte gemäß § 154 StPO eingestellt werden.

  - Einstellung bei Auslieferung und Landesverweisung (§ 154b StPO)
  - Einstellung bei Opfer eine Nötigung oder Erpressung (§ 154c StPO)
  - Einstellung bei Entscheidung einer zivil- oder verwaltungsrechtlichen Vorfrage (§ 154d StPO)

2. Zwischenverfahren

55 Die Erhebung der öffentlichen Klage durch die Staatsanwaltschaft führt nicht zwingend zur Durchführung eines Gerichtsverfahrens. Vielmehr sieht die Strafprozessordnung gemäß § 199 StPO zuvor mit dem Zwischenverfahren eine Prüfphase durch das spätere Gericht der Hauptsache vor. Es hat Filterfunktion: In den Fällen, in denen eine Verurteilung offensichtlich nicht wahrscheinlich ist, soll dem Beschuldigten ein Gerichtsverfahren erspart bleiben. Problematisch ist, dass die Prüffunktion von dem Gericht durchgeführt wird, welches später auch das Gerichtsverfahren durchführt. Dies kann den Eindruck der Befangenheit des Gerichts bewirken, da es ja schon vor Durchführung der Hauptverhandlung den Beschuldigten für hinreichend verdächtig halten muss.[27]

---

27 Vgl. zur Kritik Roxin/Schünemann, § 40 Rn. 3.

Das Strafverfahren

Das Zwischenverfahren beginnt mit Erhebung der Anklage beim zuständigen Gericht. Mit der Anklageschrift sind auch alle (Bei-)Akten und Beweisgegenstände vorzulegen. Die Verfahrensherrschaft geht auf das Gericht über. Gemäß § 157 StPO wird der Beschuldigte formell zum Angeschuldigten. 56

Örtlich zuständig ist bei Strafverfahren gegen Erwachsene grundsätzlich das Gericht des Tatortes, bei Jugendlichen und Heranwachsenden das Gericht des Wohnortes. 57

Die sachliche Zuständigkeit des Gerichts erster Instanz hängt ab von der Art des angeklagten Deliktes bzw. von der zu erwartenden Strafe: 58

- Amtsgericht: Strafrichter, Jugendrichter (Einzelrichter, §§ 24, 25 GVG, §§ 33, 39 JGG): zuständig für Vergehen, bei denen eine Strafwartung von nicht mehr als zwei Jahren besteht, sowie für Privatklageverfahren.
- Amtsgericht: Schöffengericht; Jugendschöffengericht (ein Richter [als erweitertes Schöffengericht zwei Richter], zwei Schöffen, §§ 24, 28 GVG, §§ 33a, 40 JGG): zuständig, wenn zwar die Zuständigkeit des AG besteht, aber der Strafrichter nicht als Einzelrichter zuständig ist. Dies bedeutet, dass das Schöffengericht für die Fälle der mittleren Kriminalität entscheidet, wenn eine höhere Strafe als Freiheitsstrafe von vier Jahren nicht zu erwarten ist und nicht auf die Unterbringung in einem psychiatrischen Krankenhaus und/oder in der Sicherungsverwahrung zu erkennen ist. Gemäß § 29 GVG kann in umfangreichen Sachen das Schöffengericht als erweitertes Schöffengericht mit zwei Berufsrichtern und zwei Schöffen tagen.
- Landgericht: große Strafkammer, Jugendkammer (grundsätzlich drei Richter, zwei Schöffen, § 74 Abs. 1, § 76 Abs. 1 Satz 1 GVG, §§ 33, 41 JGG): zuständig für alle Verfahren, die nicht am AG oder OLG geführt werden. In besonderen Strafverfahren aus dem Deliktkatalog von § 74 Abs. 2 GVG heißt die große Strafkammer Schwurgericht. Zudem ist das Landgericht zuständig, wenn die Staatsanwaltschaft wegen der besonderen Bedeutung des Falls dort anklagt (§ 24 Abs. 1 Nr. 3 GVG).
- Oberlandesgericht, Strafsenat (drei bzw. fünf Richter, § 120 GVG): zuständig für spezielle, in § 120 GVG aufgeführte Delikte, insbesondere aus dem Bereich der Staatsschutzdelikte.
- Bundesgerichtshof (fünf Richter, §§ 124, 135 GVG): zuständig ausschließlich für Revisionsverfahren.

Im nicht öffentlichen Zwischenverfahren prüft das Gericht, ob die Voraussetzungen für die Durchführung eines Hauptverfahrens gegeben sind. Diese Prüfung umfasst zunächst die formalen Aspekte, wie den notwendigen Inhalt der Anklageschrift (§ 200 StPO) und die örtliche und sachliche Zuständigkeit des Gerichts. Dazu umfasst die Prüfung insbesondere das Vorliegen des hinreichenden Tatverdachts als zwingende Voraussetzung für die Eröffnung des Hauptverfahrens (§ 203 StPO). Die Aufklärungspflicht des Gerichts fängt mit dem Zwischenverfahren an. Gemäß § 202 StPO kann das Gericht zur Aufklärung der Sache einzelne Beweiserhebungen anordnen. Bei wesentlichen Lücken der Anklage wird es die Staatsanwaltschaft auffordern, die Anklage zurückzunehmen, oder Nachbesserung einfordern.[28] Dem Angeschuldigten (sowie etwaigen Nebenklägern) wird in dieser Phase des Strafverfahrens gemäß § 201 StPO die Anklageschrift zugestellt mit der Aufforderung, innerhalb einer bestimmten 59

---
28   Vgl. auch Joecks, StPO, § 202 Rn. 1.

Frist zu erklären, ob er die Vornahme einzelner Beweiserhebungen vor der Entscheidung über die Eröffnung des Hauptverfahrens beantragen will. Gemäß Art. 6 Abs. 3 EMRK hat er das Recht, in einer ihm verständlichen Sprache in allen Einzelheiten über Art und Grund der gegen ihn erhobenen Beschuldigung unterrichtet zu werden. In der Regel geschieht das durch Übersetzung der Anklageschrift in die Muttersprache.

60 Die Anklageschrift kann im Zwischenverfahren jederzeit von der Staatsanwaltschaft ohne Begründung zurückgenommen werden. Im Regelfall endet das Zwischenverfahren jedoch gemäß § 203 StPO mit dem Erlass eines Eröffnungsbeschlusses. Damit ist die Anklage zugelassen, das Hauptverfahren kann durchgeführt werden. Liegen nach Auffassung des Gerichts die Voraussetzungen für die Durchführung einer Hauptverhandlung nicht vor, beschließt es die Nichteröffnung (§ 204 StPO). Gegen den Nichteröffnungsbeschluss kann die Staatsanwaltschaft innerhalb einer Woche gemäß § 210 Abs. 2 StPO sofortige Beschwerde einlegen.

3. Hauptverfahren

61 Nach erlassenem Eröffnungsbeschluss folgt das Hauptverfahren. Die Strafprozessordnung gliedert das Hauptverfahren in zwei Abschnitte:
- Vorbereitung der Hauptverhandlung (§§ 213–225 StPO) und
- die Hauptverhandlung selbst (§§ 226–275 StPO), das Kernstück des Strafprozesses.

62 Das Hauptverfahren beginnt mit der Vorbereitung der Hauptverhandlung gemäß §§ 213–225a StPO. Der Angeschuldigte ist gemäß § 157 StPO nunmehr als Angeklagter zu bezeichnen. Durch den Vorsitzenden wird zunächst ein Termin bestimmt (§ 213 StPO). Anschließend werden alle Beteiligten geladen. Dabei ist gemäß § 217 StPO die Ladungsfrist von mindestens einer Woche einzuhalten, worauf der Angeklagte auch verzichten kann. In dieser Phase sind gemäß § 214 Abs. 4, §§ 219, 221 StPO alle Beweismittel herbeizuschaffen, die für das Hauptverfahren benötigt werden.

a) Die Grundsätze der Hauptverhandlung

63 Das Kernstück des gesamten Strafprozesses ist der zweite Teil des Hauptverfahrens, die Hauptverhandlung. In der Hauptverhandlung soll die Wahrheit durch ein förmliches Verfahren festgestellt werden, um so zu einem gerechten Urteil zu kommen. Die Hauptverhandlung orientiert sich an folgenden Grundsätzen:

- **Grundsatz der Unmittelbarkeit (§ 250 Satz 2 StPO)**
  In der Hauptverhandlung ist grundsätzlich das unmittelbare Beweismittel zu würdigen. Ein Zeuge ist zu vernehmen, ein Rückgriff auf vorherige Vermerke, Berichte oder Vernehmungen findet grundsätzlich nicht statt. Dieser Grundsatz verbietet aber nicht den sogenannten Vernehmungsbehelf, bei dem einem Zeugen Teile der im Ermittlungsverfahren gemachten Aussage vorgelesen werden, um ihm die Erinnerung zu erleichtern. Denn Gegenstand der Beweisaufnahme bleibt in diesen Fällen weiterhin die Aussage des unmittelbaren Zeugen.

- **Mündlichkeitsgrundsatz (§§ 261, 264 StPO)**
  Nach § 261 StPO entscheidet das Gericht aus dem „Inbegriff der Hauptverhandlung". Dies bedeutet auch, dass nur der mündlich vorgetragene und erörterte Prozessstoff zum Gegenstand des Urteils gemacht werden kann.

Das Strafverfahren

- **Öffentlichkeitsgrundsatz (§ 169 GVG, Art. 6 Abs. 1 EMRK)**
  Die Hauptverhandlung einschließlich der Verkündung des Urteils ist grundsätzlich öffentlich. Ausnahmen werden nur bei besonders schützenswerten Interessen, etwa bei Strafverfahren gegen Jugendliche (vgl. § 48 Abs. 1, 2 JGG) oder zur Durchsetzung des Hausrechts zugelassen. Seine Grenze findet der Öffentlichkeitsgrundsatz auch in der Raumkapazität. Der Öffentlichkeitsgrundsatz bedeutet aber nicht, dass eine umfassende Öffentlichkeit, etwa durch Fernsehberichterstattung, zulässig ist. Vielmehr sind Ton- und Fernsehrundfunkaufnahmen/Filmaufnahmen gemäß § 169 Satz 2 GVG unzulässig. Das Bundesverfassungsgericht hat die Verfassungsmäßigkeit der Norm bestätigt: „Prozesse finden in der, aber nicht für die Öffentlichkeit statt."[29] Mit der Öffentlichkeit ist also bloß die Saalöffentlichkeit gemeint.
- **Grundsatz des rechtlichen Gehörs (Art. 103 Abs. 1 GG)**
  Gemäß Art. 103 Abs. 1 GG hat jedermann Anspruch auf rechtliches Gehör. Dem Angeklagten muss Gelegenheit gegeben werden, sich zu den Anschuldigungen zu äußern.
- **Recht auf unabhängigen, gesetzlichen Richter (Art. 97, 101 GG)**
  Nach den Grundsätzen der Art. 97, 101 GG ist ein Richter nur dem Gesetz unterworfen, somit persönlich unabhängig. Er ist nicht weisungsgebunden, kann nur unter engen Voraussetzungen versetzt bzw. entlassen werden. Zudem kann die vorher festgelegte richterliche Zuständigkeit im Nachhinein in Bezug auf einen konkreten Einzelfall nicht verändert werden.
- **Grundsatz der freien richterlichen Beweiswürdigung (§ 261 StPO)**
  Es bestehen – im Gegensatz zum mittelalterlichen Prozess – keine Beweisregeln. Das Gericht ist in der Würdigung der Beweise frei, solange keine Denkgesetze der Logik, wissenschaftliche Standards oder rechtliche Bestimmungen verletzt werden.

Verfahrensbeteiligt an der Hauptverhandlung sind in erster Linie der Angeklagte mit seinem Verteidiger sowie die Staatsanwaltschaft und der Verletzte, der als Nebenkläger (§§ 395 ff. StPO) beteiligt sein kann. Die Nebenklage ist keine selbstständige Verfahrensart, sondern hängt dem regulären Verfahren an. Zweck ist es, dem Verletzten durch vielfältige Beteiligungsrechte die Möglichkeit zu eröffnen, aktiv auf das Strafverfahren ab der Anklageerhebung einzuwirken. Dazu kann sich der Nebenkläger eines Rechtsanwaltes als Beistand bedienen, in ausgewählten Fällen wird er als Opferanwalt vom Gericht bestellt (vgl. § 397a StPO). Sitzungsvertreter der Staatsanwaltschaft ist vor dem Straf- oder Jugendrichter am Amtsgericht in der Regel der Amtsanwalt, ansonsten der Staatsanwalt.

Der Beistand (Ehegatte oder Lebenspartner) des Angeklagten ist gemäß § 149 Abs. 1 StPO zur Hauptverhandlung zuzulassen und auf sein Verlangen zu hören. Er ist rechtzeitig zur Hauptverhandlung zu laden.

Amtstracht ist nach landesrechtlichen Regelungen[30] für Richter der ordentlichen Gerichtsbarkeit und Staatsanwälte die schwarze Robe mit Samtbesatz. Dazu ist ein/e weiße/s Hemd/Bluse mit weißer Krawatte/Schal vorgeschrieben. Rechtsanwälte und Verteidiger tragen eine mit Atlasseide besetzte schwarze Robe.[31] Diese nicht in allen Bundesländern geregelte

---

29 BVerfGE 103, 44.
30 Für NRW: Anordnung über die Amtstracht bei den Gericht; AV d. JM vom 8.8.2006, JMBl. NRW S. 193.
31 Ausnahme: An den Gerichten im Bezirk des OLG Stuttgart können auch Rechtsanwälte samtbesetzte Roben tragen, vgl. § 2 Abs. 1 i.V.m. § 1 Abs. 1 Nr. 1 der Verordnung des JM über die Amtstracht bei den ordentlichen Gerichten.

Verpflichtung hat das Bundesverfassungsgericht als Gewohnheitsrecht bestätigt, welches die Berufsfreiheit nicht verletzt.[32] Auch der Rechtsanwalt hat ein weißes Hemd mit weißer Krawatte zu tragen, trägt er lediglich ein weißes T-Shirt, kann er für den Hauptverhandlungstermin zurückgewiesen werden.[33] Die Säume der Amtsanwaltsrobe sind schmal mit Samt bzw. Seide besetzt. Der Urkundsbeamte des Gerichts trägt eine Robe mit Wollstoffbesatz. Am Bundesgerichtshof werden karmesinrote Roben getragen.

67 Das Gericht ist im Zwischen- und Hauptverfahren nicht Beteiligter, da es Träger des gerichtlichen Verfahrens ist. Dies ergibt sich aus verschiedenen Vorschriften der StPO (so z.B. § 33 StPO).

68 Der Gang der Hauptverhandlung ist in den §§ 243, 244 Abs. 1 StPO dezidiert geregelt:
- Aufruf der Sache, Präsenzfeststellung (§ 243 Abs. 1 Sätze 1, 2 StPO)
- Belehrung der Zeugen (§ 57 StPO), anschließend verlassen sie den Saal (§ 243 Abs. 2 StPO)
- Vernehmung des Angeklagten zu seinen persönlichen Verhältnissen (§ 243 Abs. 2 StPO)
- Verlesung des Anklagesatzes (§ 243 Abs. 3 StPO)
- Hinweis auf Aussagefreiheit, Vernehmung des Angeklagten (§ 243 Abs. 4 StPO)
- Beweisaufnahme (§ 244 Abs. 1 StPO)
- Plädoyers (§ 258 Abs. 1, 2 StPO)
- Letztes Wort des Angeklagten (§ 258 Abs. 3 StPO)
- Urteilsberatung (§ 260 StPO, § 43 DRiG)
- Urteilsverkündung und Rechtmittelbelehrung (§§ 260, 268, 35a StPO)

69 Die Hauptverhandlung wird durch den Vorsitzenden geleitet (§ 238 Abs. 1 StPO). Er kann das Fragerecht gewähren (§ 240 StPO) und einzelne Fragen zurückweisen (§ 241 StPO). Ihm obliegt gemäß § 176 GVG auch die Sitzungspolizei. Gemäß § 177 GVG hat er dazu das Recht, Anordnungen zu treffen, ggf. eine Person aus dem Sitzungssaal entfernen zu lassen und unmittelbar Ordnungshaft anzuordnen. Möglich ist auch die Festsetzung eines Ordnungsgeldes (§ 178 GVG). Er leitet die Urteilsberatung und hat das Urteil zu verkünden.

b) Die Beweisaufnahme

70 Kern der Hauptverhandlung ist die Beweisaufnahme. Gemäß § 244 Abs. 2 StPO hat das Gericht von Amts wegen die Beweisaufnahme auf alle Tatsachen und Beweismittel zu erstrecken, die für die Entscheidung von Bedeutung sind. Es gilt – im Gegensatz zum Zivilprozess – der Instruktionsgrundsatz (Untersuchungsgrundsatz).

71 Aufgabe der Strafrechtspflege ist die effektive Strafverfolgung, aber nicht um jeden Preis.[34] Zur rechtsstaatlichen Einschränkung ist die Beweisführung in Art und Inhalt beschränkt. Zugelassene Beweismittel sind im Hauptverfahren nur der Zeugen-, Sachverständigen-, Augenscheins- und der Urkundenbeweis. Mit diesen vier Beweismitteln und der Aussage des Beschuldigten sind die Strafbarkeit (Tatbestand, Rechtswidrigkeit und Schuld) des Angeklagten zu ermitteln und die Strafe festzulegen. Im Ermittlungsverfahren dagegen ist die Beweisführung frei. Da aber mit dem Ermittlungsverfahren die Hauptverhandlung vorbereitet wird, haben sich auch schon die Ermittlungen an den vier Beweismitteln zu orientieren.

---
[32] BVerfGE 28, 21.
[33] OLG München NJW 2006, 3079.
[34] GHSt 14, 358 (365).

Das Strafverfahren

Schließlich dürfen die Beweismittel in der Hauptverhandlung nur in der gesetzlich vorgeschriebenen Form (nach §§ 244 ff. StPO) eingeführt werden.

Beispiel
Der Zeuge ist in der Hauptverhandlung zu vernehmen. Seine Aussage kann grundsätzlich nicht durch Verlesung der Vernehmungsniederschrift ersetzt werden (vgl. § 250 StPO, zu den Ausnahmen § 251 StPO).

Wegen der Begrenzung der Beweismittel und der Regeln zur Einführung der Beweismittel nennt man dieses Verfahren Strengbeweisverfahren.

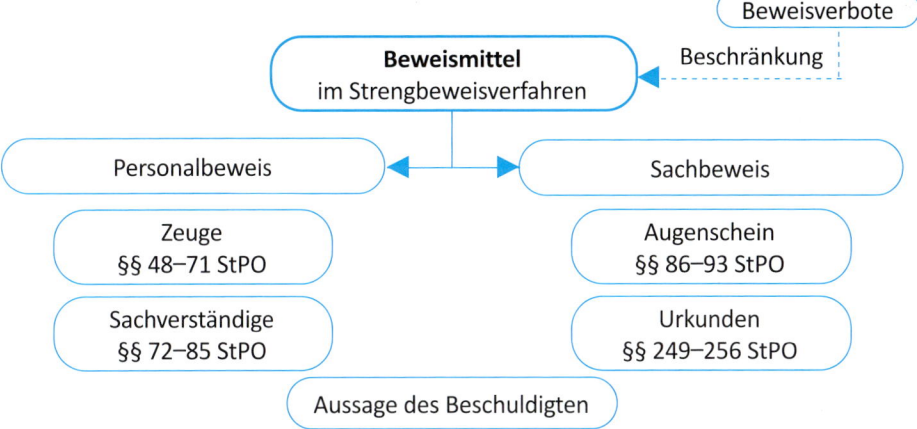

Abbildung 1.5:   Übersicht zu den Beweismitteln

Das Gericht ist in der Würdigung der Beweise frei, es ist nicht an Beweisregeln oder Beweisvermutungen gebunden. Entscheidend ist die aus dem Inbegriff der Verhandlung geschöpfte Überzeugung. Dabei hat das Gericht jedoch „Gesetze des Denkens und der Erfahrung" zu beachten.[35]

Kriminalistisch ist der Personal- vom Sachbeweis zu trennen. Personalbeweise sind der Zeuge und der Sachverständige. Zum Teil wird auch der Beschuldigte dazugerechnet. Personalbeweise werden durch Vernehmung erhoben, sind daher subjektive Beweismittel. Der Personalbeweis ist der wichtigste Beweis für die Urteilsfindung.[36] Sachbeweise sind der Augenschein und die Urkunden. Sie sind objektive Beweismittel, es handelt sich um einen naturwissenschaftlich geführten Beweis.

aa)   Personalbeweis: Zeugen und Sachverständige

(1)   Zeuge

Zeuge ist, wer seine Wahrnehmung über Tatsachen durch Aussage kundgeben soll, ohne Sachverständiger oder Beschuldigter zu sein.[37] Auch Minderjährige und geistig Behinderte können Zeugen sein. Die Zeugenfähigkeit ist abhängig vom geistigen Entwicklungsstand und dem Gegenstand der Aussage. Allgemein ist anzunehmen, dass Kinder unter fünf Jahren nicht als Zeugen in Betracht kommen.

Der Zeugenbeweis ist eines der wichtigsten Beweismittel, das die Strafprozessordnung zur Wahrheitserforschung zur Verfügung stellt. Anders als bei den Mitteln des Sachbeweises

---
35 BGHSt 6, 70.
36 Vgl. BGHSt 32, 115 (127).
37 Kramer, Rn. 121, mit Verweis auf BGH NJW 1993, 2881.

und weitaus stärker als beim Sachverständigenbeweis hängt die Bedeutung des Zeugenbeweises von Umständen ab, die in diesem Beweismittel selbst begründet sind, namentlich die Persönlichkeit des Zeugen, sein Lebenslauf, sein Charakter und seine Beweggründe.[38] Diese besondere Natur des Zeugenbeweises hat schon das Reichsgericht, wenn auch in anderem Zusammenhang, zutreffend charakterisiert: „Der Zeuge hat in der Regel über Vorgänge zu berichten, die abgeschlossen in der Vergangenheit liegen. Er gibt aber nicht die Vorgänge selbst wieder, sondern nur die Wahrnehmungen, die er über sie gemacht hat. Hierbei kommt es ganz wesentlich auf das Auffassungsvermögen, das Urteil und die Gedächtnisstärke des Zeugen an, sowie auf seine Fähigkeit, streng sachlich zu berichten, auf seine persönliche Zuverlässigkeit und Glaubwürdigkeit und dergleichen. Das Ergebnis der Wahrnehmungen und ihre Wiedergabe sind mit anderen Worten regelmäßig durchaus persönlicher Art. Ein Zeuge kann daher in der Regel nicht durch einen anderen Zeugen und zumeist auch nicht durch ein anderes Beweismittel beliebig ersetzt werden, ist in diesem Sinne vielmehr unersetzbar."[39]

77 Auch der Zeuge vom Hörensagen ist Zeuge, da er über eigene Wahrnehmungen berichtet.[40]

Beispiel
A sagt als Zeuge aus, er habe von B gehört, dass C zur Tatzeit mit B in einem Lokal gewesen sei.

78 Zeugen haben im Strafprozess im Wesentlichen folgende Pflichten:

- **Erscheinens- und Aussagepflicht (§§ 48, 161a, 51 StPO)**
  Gemäß §§ 161a, 51 StPO haben sie die Pflicht, bei Staatsanwaltschaft und Gericht zu erscheinen und auszusagen. Bei unentschuldigtem Nichterscheinen besteht die Möglichkeit, ein Ordnungsgeld zu verhängen und die Kosten des Fernbleibens aufzuerlegen. Bei polizeilichen Vernehmungen besteht keine Erscheinenspflicht, jedoch ist dann eine staatsanwaltschaftliche Ladung möglich. Folgt man der Aussageverpflichtung vor der Staatsanwaltschaft nicht, so kann gemäß § 70 Abs. 2 StPO zusätzlich Erzwingungshaft angeordnet werden.
  Sie haben Name, Anschrift, Alter und Beruf anzugeben. Polizeibeamte dürfen, wenn sie Wahrnehmungen in amtlicher Eigenschaft gemacht haben, lediglich ihren Dienstort angeben. Im Übrigen dürfen Zeugen eine andere ladungsfähige Anschrift angeben, wenn begründeter Anlass zur Sorge besteht, dass durch die Angabe des Wohnortes Rechtsgüter des Zeugen oder einer anderen Person gefährdet werden oder dass auf sie in unlauterer Weise eingewirkt wird (§ 68 Abs. 2 StPO).

- **Wahrheitspflicht (§ 57 StPO)**
  Zeugen müssen die Wahrheit sagen. Lügen sie, können sie sich gemäß § 258 StGB der Strafvereitelung oder der falschen Verdächtigung (§ 164 StGB) bzw. des Vortäuschens einer Straftat (§ 145d StGB) strafbar machen. In der Hauptverhandlung kommt noch die Möglichkeit der Begehung von Aussagedelikten (insbesondere uneidliche Falschaussage, § 153 StGB; Meineid, § 154 StGB) hinzu.

- **Pflicht zur Eidesleistung (§§ 59 ff. StPO)**
  Bei ausschlaggebender Bedeutung der Sache oder zum Zwecke der Herbeiführung einer wahren Aussage kann das Gericht die Vereidigung anordnen. Dies wird nur in Ausnahmefällen praktiziert.

---
[38] BGH NJW 1993, 2881.
[39] RGSt 47, 100 (104).
[40] Eingehend und kritisch dazu Seebode/Sydow, JZ 1980, 506.

Das Strafverfahren

- **Aussagegenehmigungspflicht (§ 54 StPO, §§ 67 ff. BBG)**
  Zur Durchsetzung der Verschwiegenheitspflicht benötigen öffentliche Bedienstete eine Aussagegenehmigung des Dienstherrn, wenn sich die Vernehmung auf Umstände der Amtsverschwiegenheit bezieht. Richter, Beamte und andere Personen des öffentlichen Dienstes benötigen zur Aussage über Umstände, auf die sich ihre Pflicht zur Amtsverschwiegenheit bezieht, eine Aussagegenehmigung. Zuständig für die Erteilung ist der gegenwärtige Dienstvorgesetzte, bei Pensionären der letzte.[41] Die Einholung der Aussagegenehmigung obliegt nach RiStBV Nr. 66 Abs. 1 der vernehmenden Stelle (Polizei, Staatsanwaltschaft, Gericht). Dabei ist der Gegenstand der Vernehmung so erschöpfend mitzuteilen, dass eine Prüfung des Dienstvorgesetzten möglich ist. Für die Regelfälle des Polizeidienstes besteht oft eine generelle, formalisierte Aussagegenehmigung.

Folgende Rechte stehen dem Zeugen zu (dazu Rn. 368 ff.): 79

- **Zeugnisverweigerungsrechte aus beruflichen oder familiären Gründen (§§ 52, 53, 53a StPO)**
- **Auskunftsverweigerungsrecht (§ 55 StPO)**
- **Finanzielle Entschädigung (§ 71 StPO i.V.m. §§ 19 ff. JVEG)**
  Entschädigung steht insbesondere für Verdienstausfall (max. 17 €/pro Std., max. 10 Std./Tag), Fahrtkosten, Zeitversäumnis (3 €/Std., wenn kein Verdienstausfall gewährt wird) und sonstige Auslagen zu.
- **Zeugenbeistand (§§ 68b, 406f StPO)**
  Zeugen können sich eines anwaltlichen Beistands bedienen. Ist er Verletzter der Straftat, steht ihm gemäß § 406f StPO ein Zeugenbeistand zu. Er wird als Opferanwalt in den Fällen des § 397a StPO vom Gericht bestellt.
- **Aufzeichnung auf Bild-Ton-Träger (§ 58a StPO)**
  Bei Verletzten unter 18 Jahren soll die Vernehmung zur Wahrung ihrer schutzwürdigen Interessen aufgezeichnet werden. Gleiches gilt, wenn zu besorgen ist, dass der Zeuge in der Hauptverhandlung nicht vernommen werden kann.
- **Getrennte Vernehmung (§ 168e StPO)**
  Gemäß § 168e StPO hat der Zeuge bei dringender Gefahr eines schwerwiegenden Nachteils für sein Wohl das Recht, dass seine Vernehmung getrennt von den Anwesenheitsberechtigten durchgeführt wird. Dabei wird dann die richterliche Vernehmung zeitgleich mit Bild und Ton in einen anderen Raum übertragen

(2) Sachverständige

Der Sachverständige ist Gehilfe des Gerichts, der diesem zur Beurteilung eines Sachverhaltes besondere Sachkunde vermittelt.[42] Er wird vom Gericht bestellt und bekundet Tatsachen, die nur aufgrund seiner Sachkunde feststellbar sind. 80

> **Beispiel**
> Der Verkehrssachverständige gibt Auskunft über die Unfallspuren; der Rechtsmediziner gibt Auskunft über die Verletzungen des Opfers. Eine Psychologin wird beauftragt, zur Glaubwürdigkeit der Aussage des Opfers Stellung zu nehmen.

---
41 Meyer-Goßner/Schmitt, StPO, § 54 Rn. 19.
42 BGHSt 7, 238.

81 Die von ihnen gefertigten Gutachten dienen der Vorbereitung der Aussage vor Gericht. Das Gericht hat im Rahmen der freien richterlichen Beweiswürdigung nach § 261 StPO das Gutachten zu würden, eine inhaltliche Übernahme per se erfolgt nicht.

(3) Sachverständige Zeugen

82 Der sachverständige Zeuge (§ 85 StPO) ist eine Person, die aufgrund ihrer Sachkunde besondere Wahrnehmungen gemacht hat und nicht vom Gericht beauftragt wurde.

Beispiel
Der Verkehrssachverständige hat in seiner Freizeit einen Unfall beobachtet. Er kann besondere Angaben machen zur Geschwindigkeit der Fahrzeuge.

Im Übrigen gelten für Sachverständige und sachverständige Zeugen die gleichen Rechte und Pflichten wie für Zeugen.

(4) Exkurs: Polizeibeamte als Zeugen vor Gericht

83 Polizeibeamte stehen als Zeugen im besonderen Fokus der Verfahrensbeteiligten sowie der Öffentlichkeit. Einerseits gewährleisten sie aufgrund ihrer beruflichen Stellung grundsätzlich zuverlässige, neutrale Aussagen. Andererseits bieten sie durch ihre Funktion als Ermittlungsorgan der Staatsanwaltschaft und der damit einhergehenden Nähe zum Geschehen Angriffsfläche für die Verteidigung. Hinzu kommt, dass im Rahmen der Gerichtsverhandlung regelmäßig nicht nur der engere Gegenstand des Prozesses, sondern damit auch zwangsläufig die Qualität der Ermittlungstätigkeit auf dem Prüfstand steht. Auch dazu muss sich der Polizeibeamte in seiner Aussage verhalten. Schließlich ist der Polizeibeamte vor Gericht immer auch Repräsentant der Polizeibehörde generell. Er hat bei falschen Aussagen nicht nur strafrechtliche, sondern auch dienstrechtliche Konsequenzen zu fürchten. In Betracht kommen insbesondere Straftaten nach § 153 StGB (uneidliche Falschaussage), § 154 StGB (Meineid), § 161 StGB (fahrlässiger Falscheid) sowie § 258a StGB (Strafvereitelung) und § 353b StGB (Verletzung des Dienstgeheimnisses). Die dienstrechtlichen Folgen reichen von Disziplinarmaßnahmen bis hin zur Entfernung aus dem Dienst. Daher muss er der Zeugenaussage vor Gericht besondere Bedeutung beimessen und sie als Abschluss professioneller Polizeiarbeit begreifen.[43]

Rechte und Pflichten von Polizeizeugen

84 Neben den generellen Rechten und Pflichten (dazu Rn. 368 ff.) als Zeuge haben Polizeibeamte im Gegensatz zu anderen Zeugen nach herrschender Meinung eine Vorbereitungspflicht. Sie müssen durch dienstliche Nachforschungen und Erkundigungen oder anhand vorhandener Aufzeichnungen ihre Zeugenvernehmung vorbereiten.[44] Andernfalls besteht die Gefahr, sich des fahrlässigen Falscheides gemäß § 161 StGB strafbar zu machen. Diese Erkundigungspflicht ist jedoch problematisch. Denn dadurch kann nicht nur das Erinnerungsvermögen gestärkt, sondern auch durch Gespräche mit Kollegen beeinflusst werden, sodass letztlich nicht das eigene Erleben geschildert wird, sondern das des Kollegen oder Erkenntnisse aus den Akten. Es ist also immer zu bedenken, dass die Vorbereitung nicht dazu dient, einen Geschehensablauf lückenlos nacherzählen zu können, sondern zur Auffrischung der eigenen Erinnerung. Es muss immer erkennbar sein, was aus eigener Erinnerung und was aus dem

---
43 Zum Ganzen ausführlich Artkämper/Jakobs.
44 Fischer, StGB, § 162 Rn. 6 m.w.N.

Das Strafverfahren

Aktenstudium berichtet wird. Zudem sollte die Erinnerung nicht mithilfe eigener Aufzeichnungen, die in der Hauptverhandlung mitgeführt werden, aufgefrischt werden. Man setzt sich dann dem Vorwurf der mangelhaften Aktenführung wegen Aktenunvollständigkeit aus. Denn das Gericht geht davon aus, dass alle Ermittlungserkenntnisse in den Akten enthalten sind. Aber eine Vorbereitung – insbesondere mit Zweitakten oder mithilfe der automatisierten Vorgangsverwaltung – ist immer geboten.[45]

Aussagegenehmigung

Polizeibeamte benötigen gemäß § 54 StPO zur Aussage eine Aussagegenehmigung des Dienstherrn (dazu Rn. 368 ff.).[46] Bestehen Zweifel, ob die Beantwortung einer konkreten Frage von der Aussagegenehmigung umfasst ist, sind diese dem Gericht mitzuteilen. Das Gericht hat dann die Aufgabe, dies zu klären.[47] Erfolgen Aussagen, die nicht von der Aussagegenehmigung erfasst sind, besteht die Gefahr der Strafbarkeit nach § 353b StGB.

85

Schutz gefährdeter Polizeizeugen

Die Strafprozessordnung sieht als Schutz für gefährdete Polizeizeugen vor:
- den Verzicht auf die Angabe des Wohnortes (§ 68 Abs. 2 StPO),
- das Verschweigen der Identität (§ 68 Abs. 3 StPO),
- die Entfernung des Angeklagten (§ 247 StPO),
- den Ausschluss der Öffentlichkeit (§ 172 Nr. 1a GVG) und der Zeugenvernehmung an einem anderen Ort (§ 247a StPO).[48]

86

Zum Schutz von Polizeibeamten, die gemäß § 110a StPO als Verdeckte Ermittler eingesetzt werden (zur entsprechenden Eingriffsermächtigung Rn. 633 ff.), ist eine Sperrerklärung nach § 110b Abs. 3 i.V.m. § 96 StPO analog möglich.

Ist das Geheimhaltungsinteresse geringer, so ist anerkannt, dass der Polizeizeuge außerhalb der Hauptverhandlung von einem ersuchten Richter im Richterzimmer vernommen werden kann. Als weitere Maßnahmen können Vernehmungsprotokolle verlesen oder eine Videosimultanübertragung durchgeführt werden, wobei der Angeklagte aus dem Sitzungssaal entfernt wird.[49]

87

Umgang mit Verteidigerstrategien

Der Verteidiger ist einerseits Organ der Rechtspflege, steht jedoch andererseits in einer vertraglichen Verpflichtung zum Angeklagten. Sein Ziel ist daher nicht nur die Wahrheitserforschung, sondern auch die bestmögliche Vertretung seines Mandanten. Dafür können ganz unterschiedliche Ziele verfolgt werden: Freispruch, Einstellung, Geld- statt Freiheitsstrafe, Bewährungsstrafe oder eine bestimmte Strafhöhe. Schon die eigenen Interessen an Werbung und guter Presse werden ihn dazu anhalten, für seinen Mandanten erfolgreich zu sein.

88

Zur Erreichung des Verteidigungsziels sind verschiedene Verteidigungsstrategien denkbar. Neben dem Versuch der konsensualen Einigung sind auch Konflikt-/Krawall-/Klamauk- oder Chaosverteidigungen möglich. Die Verteidigung kann sich damit auch darauf konzentrieren,

89

---

45 So auch Artkämper/Jakobs, S. 42.
46 Vgl. Rn. 83.
47 Artkämper/Jakobs, S. 40.
48 Artkämper/Jakobs, S. 53 ff. mit ausführlicher Darstellung der Rechtsprechungsentwicklung zum Schutz von Zeugen in der Hauptverhandlung.
49 Vgl. BGHSt 36, 159, zur Vernehmung der Verhörsperson eines Informanten.

die Revision vorzubereiten. Insbesondere wird das Fragerecht dazu benutzt, den Polizeizeugen durch Suggestiv-, Wiederholungs-, Fang- oder ehrenrührige/provokante Fragen zu verunsichern und zu Widersprüchen zu verleiten. Denn Polizeibeamte stehen im Fokus der Verteidigerstrategie, präjudizieren sie doch durch ihre Ermittlungsarbeit wesentlich das Beweisergebnis.

90 Sind diese Konfliktsituationen auch äußerst selten, sollte sich dennoch jeder Polizeibeamte darauf einstellen. Entscheidend ist dabei, möglichst sachlich und gelassen zu bleiben. Kurze Sätze erleichtern das Ruhigbleiben. Im Zweifelsfall ist eine Entscheidung des Gerichts über die Beantwortung der Frage herbeizuführen. In besonderen Fällen ist auch die Bitte um eine Unterbrechung möglich. Jedenfalls sollte der Polizeibeamte nicht in eine Diskussion mit dem Verteidiger treten, sollte auch keine Gegenfragen stellen und im Rahmen der Aussage keine rechtlichen Wertungen anstellen.

Das Strafverfahren

Polizeibeamte als Zeuge vor Gericht
10 Verhaltensregeln

1. Vorbereitung
Jede Zeugenaussage bedarf gründlicher Vorbereitung. Der Polizeibeamte soll sich seiner Rolle im Verfahren bewusst sein und sich damit identifizieren. Er soll bemüht sein, verfahrensfördernde Aussagen zu machen. Kenntnisse des Strafprozessrechts generell und über das konkrete Verfahren sind Grundvoraussetzung für die Bewältigung der Herausforderung.

2. Aussagegenehmigung
Der Polizeibeamte muss sich über seinen Umfang der Aussagegenehmigung im Klaren sein. Im Zweifelsfall Gericht ersuchen, nachzufragen.

3. Verhinderungen
Verhinderungen und Verspätungen sind rechtzeitig dem Gericht zu melden.

4. Auftreten, Pünktlichkeit
Für den reibungslosen Verfahrensablauf vor Gericht ist pünktliches Erscheinen unerlässlich. Der Beamte sollte angemessene Kleidung tragen und entsprechend höflich auftreten.

5. Aussage
Die Aussage muss objektiv, sachlich und verbindlich erfolgen. Konfrontationen, Meinungen und Werturteile vermeiden. Trennung zwischen Kenntnis aus Akten und eigenen Erinnerungen transparent machen. Vorbereitungen auf die Zeugenvernehmung und Erinnerungslücken darstellen.

6. Kontaktaufnahme mit anderen Verfahrensbeteiligten
Kontakt mit anderen Verfahrensbeteiligten ist vor der Aussage möglichst zu vermeiden, um eine eigene objektive Aussage zu gewährleisten.

7. Umgang mit aggressiven Verteidigerstrategien
Auf wiederholte, unsachliche oder provozierende Fragen und Äußerungen sollte möglichst gelassen reagiert werden. Fragen mit Blick zum Vorsitzenden beantworten. Im Zweifelsfall den verhandlungsleitenden Vorsitzenden um Entscheidung ersuchen.

8. Zeugenbeistand
Bei besonderen Fällen einen Zeugenbeistand beiziehen. Anschluss als Nebenkläger prüfen.

9. Anwesenheit bei Plädoyers und Urteilsverkündung
Nach Möglichkeit sollte der Beamte den Plädoyers und der Urteilsverkündung beiwohnen, um Hinweise zu seinem eigenen Aussageverhalten zu erlangen.

10. Reflexion eigenen Verhalten
Zur professionellen Arbeit gehört die Reflexion eigenen Verhaltens. Sie ist Grundlage eines kontinuierlichen Verbesserungsprozesses.

Abbildung 1.6:   Übersicht Verhaltensregeln für Polizeibeamte als Zeugen vor Gericht

bb) Sachbeweis: Augenschein und Urkunden

(1) Augenscheinsobjekte

91 Augenscheinsobjekte (§§ 86 ff. StPO) sind Gegenstände, die sinnlich wahrnehmbar sind, wobei die Wahrnehmung durch Sehen, Hören, Fühlen, Schmecken oder Riechen geschehen kann.[50]

> **Beispiele**
> Tatmesser, Tatort, Video- und Tonbandaufzeichnungen, Foto einer Radarüberwachungsanlage, Skizzen, Urkunden, allerdings nur dann, wenn es auf die Beschaffenheit ankommt, etwa bei Fälschungen.

92 Die Unmittelbarkeit der Beweisaufnahme ist bei Augenscheinsobjekten – anders als bei Urkunden (§ 250 StGB) – nicht vorgeschrieben. Daher kann die Besichtigung eines Tatortes auch durch eine Zeugenvernehmung ersetzt werden, solange dadurch die Aufklärungspflicht gemäß § 244 Abs. 2 StPO nicht verletzt wird.

(2) Urkunden

93 Im Gegensatz zu Augenscheinsobjekten kommt es bei Urkunden nicht allein auf die sinnliche Wahrnehmung an. Vielmehr ist der Inhalt der Gedankenerklärung entscheidend. Der strafprozessuale geht über den strafrechtlichen Urkundenbegriff deutlich hinaus. Im Sinne der strafrechtlichen Urkundendelikte (§§ 267 ff. StGB) ist eine Urkunde jede verkörperte Gedankenerklärung, die zum Beweis im Rechtsverkehr geeignet ist und ihren Aussteller erkennen lässt. Demgegenüber kommt es auf die Ausstellererkennbarkeit bei einem Schriftstück als Urkunde i. S. d. Strafprozessordnung nicht an. Urkunde ist hier jedes Schriftstück, das verlesbar und geeignet ist, durch ihren Gedankeninhalt Beweis zu erbringen.[51]

> **Beispiel**
> Strafurteile, Auszüge aus dem Bundeszentralregister, Vermerke der Polizei, Vernehmungsprotokolle.

94 Einschränkungen der Einführung von Urkunden als Beweismittel enthalten die §§ 250–254 StPO. Demnach darf grundsätzlich die Zeugenvernehmung nicht durch Verlesung der Vernehmungsniederschrift ersetzt werden. Der Unmittelbarkeitsgrundsatz gebietet, den Beweis mit dem unmittelbaren Beweismittel zu führen.

95 Ebenso darf eine Aussage, die der Zeuge im Ermittlungsverfahren gemacht hat, nicht verlesen werden, wenn er in der Hauptverhandlung von seinem Zeugnisverweigerungsrecht Gebrauch macht (§ 252 StPO). Dann darf auch der Polizeibeamte, der die Vernehmung durchgeführt hat, nicht dazu vernommen werden. Etwas anderes gilt nach ständiger Rechtsprechung des Bundesgerichtshofes lediglich für richterliche Vernehmungen. Wenn der Richter im Ermittlungsverfahren den Zeugen ordnungsgemäß über sein Zeugnisverweigerungsrecht belehrt hat, so kann er im Hauptverfahren als Verhörsperson über den Inhalt der Aussage des Zeugen im Ermittlungsverfahren vernommen werden.[52]

> **Beispiel**
> O wurde von ihrem Ehemann schwer misshandelt und vergewaltigt. Kurz nach der Tat offenbart sie sich der Polizei, die neben der Spurensicherung eine richterliche Vernehmung veranlasst. Dabei belastet O ihren Ehemann schwer. In der späteren Hauptverhandlung macht sie von ihrem Zeugnisverweigerungsrecht Gebrauch.

---

50 BGHSt 18, 51 (53).
51 BGHSt 27, 135.
52 BGHSt 32, 25 (29).

Beweisverbote

O kann in der Hauptverhandlung aufgrund von § 53 Abs. 1 Nr. 2 StPO nicht als Zeugin vernommen werden. Die Verlesung des Vernehmungsprotokolls ist gemäß § 252 StPO ebenso unzulässig. Jedoch kann ihre Aussage nach der Rechtsprechung durch Vernehmung des Ermittlungsrichters als Zeugen ins Verfahren eingeführt werden. Diese Rechtsprechung wird zu Recht kritisiert.[53] Es besteht nämlich kein durchgreifender sachlicher Grund, richterliche Vernehmungen anders zu werten als polizeiliche und staatsanwaltschaftliche Vernehmungen.

cc) Beweisverbote

In einem Rechtsstaat kann es nicht um Strafverfolgung um jeden Preis gehen.[54] Vielmehr ist es geboten, zum Schutz höherrangiger Rechtsgüter das Strafverfolgungsinteresse des Staates einzuschränken. Die Amtsaufklärungspflicht nach § 244 Abs. 2 StPO und damit die Beweisführung sind daher beschränkt durch Beweisverbote. Unterschieden werden Beweiserhebungs- und Beweisverwertungsverbote.

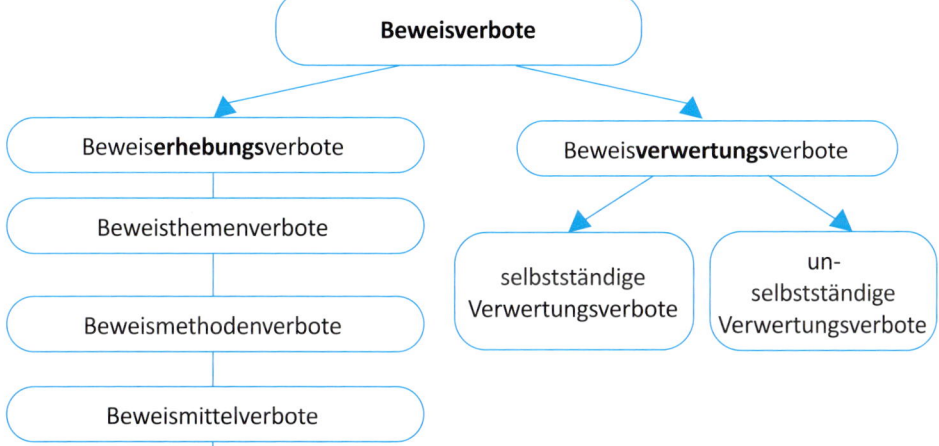

Abbildung 1.7:   Übersicht zu Beweisverboten

(1)   Beweiserhebungsverbote

In einigen Bereichen ist bereits die Gewinnung des Beweises unzulässig. Bei den Beweis**themen**verboten darf über bestimmte sachliche Inhalte kein Beweis erhoben werden.

> **Beispiele**
> Bereits getilgte Vorstrafen (§ 51 BZRG), Erkenntnisse aus dem Kernbereich persönlicher Lebensgestaltung (erlangt durch Telefonüberwachung, § 100a Abs. 4 Satz 2 StPO).

Bei den Beweis**mittel**verboten sind einige nach der Strafprozessordnung grundsätzlich zulässige Beweismittel zur Beweisführung ausgeschlossen.

> **Beispiele**
> Ein Zeugnisverweigerungsberechtigter, der sein Recht in Anspruch nimmt, ist als Zeuge gesperrt. Urkunden, für die eine Sperrerklärung nach § 96 StPO vorliegt, dürfen nicht als Beweismittel verwandt werden.

---

53   Ablehnend z.B.: Beulke, Rn. 420; Roxin/Schünemann, § 44 Rn. 21.
54   BGHSt 14, 358 (365).

Bei den Beweis**methoden**verboten darf ein Beweis nicht auf unzulässige Art gewonnen werden.

Beispiel
Beschuldigtenvernehmung unter Androhung von Folter (§ 136a StPO).

(2) Beweisverwertungsverbote

99 Beweisverwertungsverbot bedeutet, dass der Beweis nicht zum Gegenstand der Beweiswürdigung und Verurteilung gemacht werden darf.[55] Ein Verwertungsverbot kann sich schon aus einem Verstoß gegen die Beweiserhebung ergeben (= unselbstständiges Beweisverwertungsverbot). In einigen Fälle ist dies schon lange gesetzlich vorgeschrieben. Der Gesetzgeber hat darüber hinaus in jüngster Zeit eine Reihe von Verwertungsverboten normiert.

Beispiele
Mit verbotenen Vernehmungsmethoden erlangte Erkenntnisse sind auch dann unverwertbar, wenn der Beschuldigte einwilligt (§ 136a Abs. 3 StPO); getilgte Vorstrafen sind generell nicht verwertbar (§ 51 Abs. 1 BZRG); Erkenntnisse aus Telefonüberwachung oder akustischer Wohnraumüberwachung sind unverwertbar, wenn sie den Kernbereich privater Lebensgestaltung betreffen (§ 100a Abs. 4 Satz 2, § 100c Abs. 5 Satz 3 StPO); Erkenntnisse aus unzulässigen Ermittlungsmaßnahmen gegen zeugnisverweigerungsberechtigte Personen sind nicht verwertbar (§ 160a Abs. 1 Satz 2 StPO); Verwertung eines Geständnisses, wenn das Gericht nicht mehr an Verständigung gebunden ist (§ 257c Abs. 4 Satz 3 StPO), ist unzulässig; Erkenntnisse aus Telefonüberwachung gemäß § 1 G 10 (§§ 6, 7 G 10); Erkenntnisse aus Steuerakten für andere als Steuerstrafverfahren sind unverwertbar (§ 393 Abs. 2 AO).

100 Aber zu beachten ist, dass im Übrigen eine fehlerhafte Beweiserhebung nicht zugleich ein Verbot der Beweisverwertung auslöst.[56] Grundsätzlich darf auch ein durch Verfahrensverstoß gewonnenes Beweismittel verwertet werden; ein Verwertungsverbot stellt vielmehr nach dem Bundesverfassungsgericht eine begründungsbedürftige Ausnahme dar.[57] Für jede Vorschrift muss besonders entschieden werden, ob deren Verletzung zu einem Verwertungsverbot führt.

Beispiel
Die unterlassene Belehrung des Beschuldigten bei seiner Vernehmung hinsichtlich seines Aussageverweigerungsrechtes nach § 136 Abs. 1 Satz 2 StPO führt grundsätzlich zu einem Verwertungsverbot der Aussage. Denn es gehört zu den wesentlichen Rechten des Beschuldigten, nicht an seiner eigenen Strafverfolgung mitwirken, sich nicht selbst belasten zu müssen und ein Schweigerecht zu haben.[58]

101 Die unterlassene Belehrung des Zeugen über sein Auskunftsverweigerungsrecht führt dagegen nicht zu einem Verwertungsverbot im Verfahren, zu dem der Zeuge aussagt.[59] Und zudem kann ein Beweisverwertungsverbot auch bei rechtmäßiger Erhebung des Beweises vorliegen (= selbstständiges Beweisverwertungsverbot).

Beispiel
Ein Tagebuch wird rechtmäßig gemäß §§ 94, 98 StPO beschlagnahmt. Die Verwertung der Erkenntnisse kann im Hinblick auf den Schutz der Intimsphäre aus grundrechtlichen Aspekten unzulässig sein.[60]

102 Einheitliche Kriterien, nach denen – außer in den gesetzlich vorgeschriebenen Fällen – ein Beweisverwertungsverbot anzunehmen ist, wurden bislang nicht aufgestellt.[61] Zunächst hat

---

55 Meyer-Goßner/Schmitt, StPO, Einl. Rn. 55.
56 BVerfG NStZ 2006, 46.
57 BVerfG NJW 2010, 287; BVerfG NJW 2010, 2937 (2938); BGHSt 27, 355.
58 BGHSt 38, 218.
59 OLG Celle NStZ 2002, 386; Meyer-Goßner/Schmitt, StPO, § 55 Rn. 17.
60 Vgl. BGHSt 19, 325, und BGHSt 34, 397: Es kommt letztlich nach der Abwägungslehre auf die Bedeutung des Strafverfahrens an.
61 Siehe auch Mitsch, NJW 2008, 2300, mit Gesetzgebungsvorschlägen.

Fernwirkung der Beweisverbote

die Rechtsprechung maßgeblich auf die Rechtskreistheorie abgestellt. Nach der Rechtskreistheorie führt ein Verfahrensverstoß bei der Beweiserhebung insbesondere dann zu einem Beweisverwertungsverbot, wenn die verletzte Norm gerade den Rechtskreis des Beschuldigten wesentlich berührt oder für ihn nur von untergeordneter oder keiner Bedeutung ist.[62]

Ohne diese Theorie gänzlich aufzugeben, stellt der Bundesgerichtshof mit der herrschenden Meinung heute maßgeblich auf die Abwägungslehre ab. Danach ist ein Verwertungsverbot in Abwägung der Interessen des Beschuldigten und des Strafverfolgungsinteresses des Staates zu bestimmen. Dabei sind das Gewicht des Strafvorwurfes auf der einen und das des Verstoßes der grundrechtlichen Belastung auf der anderen Seite gegenüberzustellen (zu den durch die Rechtsprechung angenommenen Verwertungsverboten bei einzelnen Eingriffsbefugnissen s. Teil 3). 103

(3) Fernwirkung der Beweisverbote

Bei einem rechtswidrig erlangten Beweismittel stellt sich nicht nur die Frage der Verwertbarkeit dieses Beweismittels, sondern auch der Verwertbarkeit der darauffolgend erlangten Beweismittel. 104

> **Beispiel**
> Der Beschuldigte gibt in seiner Vernehmung Hinweise auf das Tatmesser, das in einem Waldstück liegt. Vor dieser Vernehmung wurde er nicht über sein Schweigerecht belehrt, sodass diese Aussage im Strafverfahren nicht verwertbar ist. Das Messer wird mit Blutanhaftungen gefunden.

Nach der im US-amerikanischen Recht bestehenden „fruit-of-the-poisonous-tree"-Doktrin wäre das Messer als Beweismittel nicht zugelassen. Der Bundesgerichtshof lehnt dagegen überwiegend eine Fernwirkung von Beweisverwertungsverboten mit dem Argument ab, dass anderenfalls oftmals die Gefahr des Lahmlegens des gesamten Verfahrens bestünde.[63] Bejaht hat der Bundesgerichtshof dagegen eine Fernwirkung des Beweisverwertungsverbotes bei Verstoß gegen das G 10 (Brief- und Postgeheimnis). Dabei führte die Verfassungsschutzbehörde eine rechtswidrige Telefonüberwachung gemäß § 1 G 10 durch. Schriftstücke, die aufgrund der dort erlangten Erkenntnisse bei einer Durchsuchung beschlagnahmt wurden, seien nicht verwertbar.[64] Daher ist allgemein festzuhalten, dass sich die Fernwirkung eines Beweisverwertungsverbotes nach der Sachlage und der Art des Verbotes richtet. Grundsätzlich besteht nach herrschender Meinung keine Fernwirkung.[65] 105

Die Hauptverhandlung schließt mit der auf die Beratung folgenden Verkündung des Urteils. Anders als im Zivilprozess soll das Urteil unter dem Eindruck der Hauptverhandlung gefällt werden. Die Beratung ist geheim (§ 194 GVG, § 43 DRiG). Den Gang der Beratung regeln die §§ 192 ff. GVG. Das Gericht entscheidet grundsätzlich mit der absoluten Mehrheit der Stimmen, wobei die ehrenamtlichen Richter das gleiche Stimmrecht haben wie die hauptamtlichen Richter. Für die Abstimmungen über Schuldfrage und Sanktion bedarf es gemäß § 263 Abs. 1 StPO zwei Drittel der Stimmen. Die Verkündung des Urteils obliegt dem Vorsitzenden. Die Urteilsformel (Tenor) enthält zumindest die rechtliche Bezeichnung der Tat und die Sanktion bzw. den Freispruch. Im Anschluss werden die wesentlichen Gründe mündlich erläutert. Die Hauptverhandlung schließt mit der Belehrung über die zulässigen Rechtsmittel (§ 35a StPO). 106

---

62 BGHStGS 11, 213.
63 BGHSt 22, 135; BGHSt 27, 355.
64 BGHSt 29, 244.
65 Vgl. Meyer-Goßner/Schmitt, StPO, Einl. Rn. 57.

107 Ist die Rechtsmittelfrist abgelaufen, ohne dass ein Rechtmittel eingelegt wurde, tritt die formelle Rechtskraft des Urteil ein. Gleiches geschieht, wenn das Revisionsgericht entschieden hat (§ 351 StPO). Dann ist die Entscheidung grundsätzlich nicht mehr abzuändern, sie ist endgültig. Das Urteil kann nunmehr vollstreckt werden.

108 Mit der formellen Rechtskraft tritt auch die materielle Rechtskraft ein. Dies bedeutet, dass die Tat, die im strafprozessualen Sinne Gegenstand des Urteils war, nun nicht mehr verfolgt werden kann. Dies konstituiert den Grundsatz des „ne bis in idem" (nicht zweimal in derselben Sache) aus Art. 103 Abs. 3 GG: Niemand darf wegen derselben Tat aufgrund der allgemeinen Strafgesetze mehrmals bestraft werden.

4. Vollstreckungsverfahren

109 Die §§ 449 ff. StPO regeln die Vollstreckung von Strafurteilen. Vollstreckungsbehörde ist grundsätzlich gemäß § 451 StPO die Staatsanwaltschaft. Sie fällt selbst bzw. beantragt bei Gericht die grundsätzlichen Entscheidungen. In Jugendsachen ist Vollstreckungsleiter der Jugendrichter (§ 82 JGG). Der Justizvollzugsanstalt als Vollzugsbehörde obliegt die Gestaltung des Strafvollzugs. Maßgebliche Regelungen sind im Strafvollzugsgesetz normiert. Funktional zuständig für das Vollstreckungsverfahren bei den Staatsanwaltschaften sind gemäß § 31 Abs. 2 RPflG im Wesentlichen die Rechtspfleger.

110 Die Kosten des Strafverfahrens hat gemäß § 465 StPO grundsätzlich der Verurteilte zu tragen. In Jugendstrafverfahren und bei Anwendung von Jugendstrafrecht bei Heranwachsenden kann nach §§ 74, 109 Abs. 2 JGG davon abgesehen werden, die Kosten aufzuerlegen.

111 Mit Kosten sind gemäß § 464a StPO Gebühren und Auslagen der Staatskasse gemeint. Gebühren sind pauschale Kosten für das Gerichtsverfahren, die nach dem Gerichtskostengesetz zu bemessen sind. Auslagen sind die tatsächlich entstandenen Kosten im Gerichtsverfahren, wie etwa Gutachter- oder Zeugenentschädigungsbeträge. Notwendige Auslagen eines Beteiligten sind insbesondere die Verteidigerkosten (§ 464a Abs. 2 Nr. 2 StPO), die sich nach dem Rechtsanwaltsvergütungsgesetz (RVG) richten. Bei Freispruch, Ablehnung der Eröffnung des Hauptverfahrens und Einstellung fallen die Auslagen der Staatskasse und die notwendigen Auslagen des Angeklagten grundsätzlich der Staatskasse zur Last (§ 467 StGB).

112 Besonders hinzuweisen ist auf § 457 StPO. Danach ist die Vollstreckungsbehörde befugt, zur Vollstreckung einer Freiheitsstrafe einen Vorführungs- oder Haftbefehl zu erlassen. Im Übrigen hat sie die gleichen Befugnisse wie bei der Strafverfolgung.

> **Beispiel**
> A wurde vom Amtsgericht zu einer Freiheitsstrafe von zwei Jahren und drei Monaten verurteilt. Durch das Gericht wurde ein Haftbefehl nicht erlassen, A war daher nach der Hauptverhandlung auf freiem Fuß. Er ist der Ladung der Staatsanwaltschaft zum Strafantritt jedoch nicht gefolgt, sondern untergetaucht.

113 Die Staatsanwaltschaft ist nun befugt, ohne Einschaltung des Gerichts einen (Vollstreckungs-)Haftbefehl zu erlassen. Zuständig dafür ist der Rechtspfleger. Gemäß § 457 Abs. 3 i.V.m. § 163f StPO sind eine längerfristige Observation von Kontaktpersonen und eine Telekommunikationsüberwachung sowie sonstige Maßnahmen zur Auffindung von A zulässig.

VI. Ordnungswidrigkeitenverfahren

114

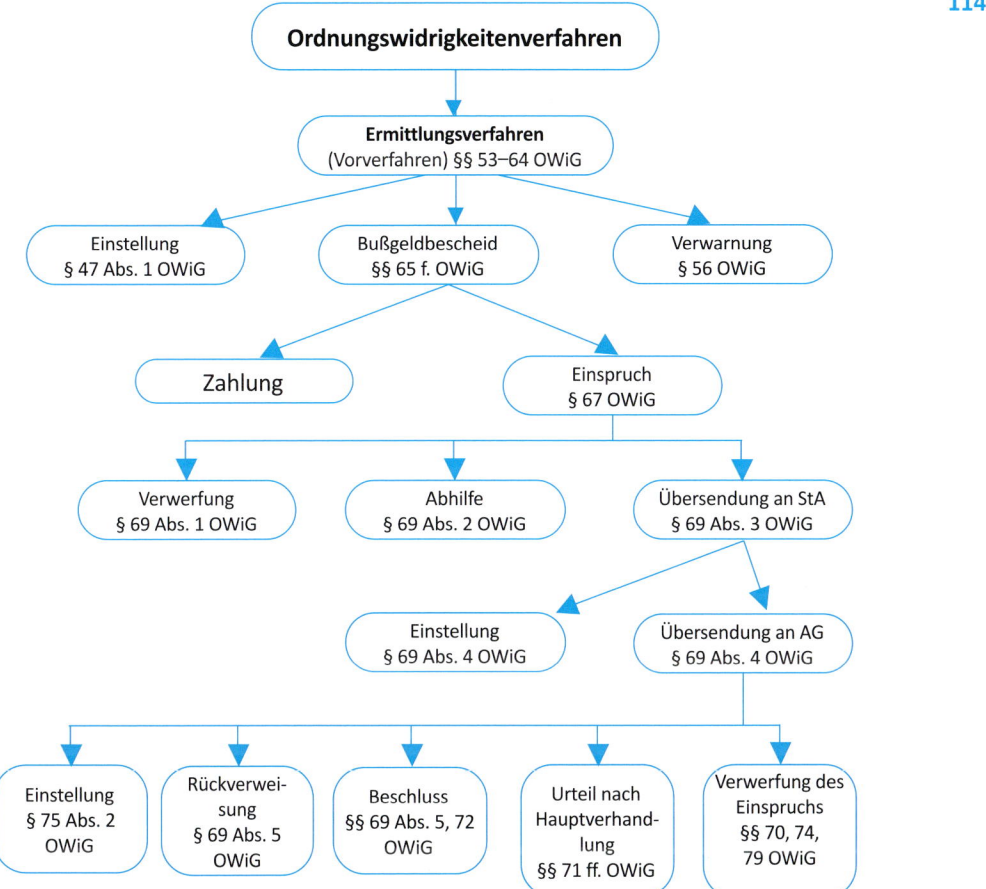

Abbildung 1.8: Übersicht zum Ordnungswidrigkeitenverfahren

1. Überblick

Das Ordnungswidrigkeitenrecht ist ein Teilgebiet des Strafrechts im weiteren Sinne. Es gehört verfassungsrechtlich zum Bereich des Strafrechts (vgl. Art. 74 Abs. 1 Nr. 1 GG – Regelungskompetenz des Bundes). Es hat sich in Deutschland erst nach 1945 entwickelt und ist aus dem Strafrecht heraus entstanden.[66] Durch Ordnungswidrigkeiten soll Ordnungs- und Verwaltungsunrecht bekämpft werden, die Begehung einer Ordnungswidrigkeit stellt kein kriminelles Unrecht dar. Damit werden durchgängig Taten mit geringerem Unrechtsgehalt dem Ordnungswidrigkeitenrecht zugeordnet. Zweck der Ahndung ist nicht Sühne, sondern Mahnung.

115

Eine Ordnungswidrigkeit ist gemäß § 1 Abs. 1 OWiG eine rechtswidrige und vorwerfbare Handlung, die den Tatbestand eines Gesetzes verwirklicht, das die Ahndung mit einer Geld-

116

---

[66] Mitsch, JA 2008, 241.

buße zulässt. Der Gesetzgeber hat hinsichtlich der Qualifizierung eines Regelverstoßes als Straftat oder Ordnungswidrigkeit einen Ermessensspielraum.[67]

117 Gemäß der Transmissionsklausel § 46 Abs. 1 OWiG gelten die Vorschriften der Strafprozessordnung sinngemäß auch für das Ordnungswidrigkeitenverfahren. Eingriffsmaßnahmen zur Verfolgung von Ordnungswidrigkeiten sind dementsprechend der Strafprozessordnung zu entnehmen. Anstaltsunterbringung, Verhaftung und vorläufige Festnahme, Beschlagnahme von Postsendungen und Telegrammen sowie Auskunftsersuchen über Umstände, die dem Post- und Fernmeldegeheimnis unterliegen, sind jedoch gemäß § 46 Abs. 2 OWiG bei der Verfolgung von Ordnungswidrigkeiten unzulässig. Gemäß § 41 Abs. 4 OWiG ist § 81a Abs. 1 Satz 2 StPO mit der Einschränkung anzuwenden, dass nur die Entnahme von Blutproben und andere geringfügige Eingriffe zulässig sind.

2. Zuständigkeit zur Verfolgung und Ahndung

118 Für die Verfolgung und Ahndung von Ordnungswidrigkeiten ist nach § 35 Abs. 1 OWiG die Verwaltungsbehörde zuständig. Zuständige Verwaltungsbehörde ist gemäß § 36 Abs. 1 OWiG diejenige, die durch Gesetz oder durch Landesbehörde dazu bestimmt wurde. Je nach landesrechtlichen Vorschriften ist auch die Polizei zuständige Verwaltungsbehörde.

Beispiele
Gemäß § 1 DVO WaffG sind zuständige Behörden nach dem Waffengesetz und den Verordnungen zum Waffengesetz grundsätzlich die Kreispolizeibehörden.

Gemäß § 1 ZuStVO VersammlG ist die Zuständigkeit für die Verfolgung und Ahndung von Ordnungswidrigkeiten nach § 29 VersammlG den Kreispolizeibehörden übertragen.

119 Im Strafverfahren ist die Staatsanwaltschaft für die Verfolgung der Tat auch unter dem rechtlichen Gesichtspunkt einer Ordnungswidrigkeit zuständig. Gemäß § 41 OWiG hat die Verwaltungsbehörde die Sache an die Staatsanwaltschaft abzugeben, wenn Anhaltspunkte dafür vorhanden sind, dass die Tat eine Straftat ist. Sieht die Staatsanwaltschaft davon ab, ein Strafverfahren einzuleiten, so gibt sie die Sache an die Verwaltungsbehörde zurück. Ist eine Handlung zugleich Ordnungswidrigkeit und Straftat, so wird gemäß § 21 Abs. 1 OWiG nur das Strafgesetz angewendet. Wird eine Strafe nicht verhängt, kann die Handlung aber als Ordnungswidrigkeit geahndet werden. Im Strafverfahren ist die Staatsanwaltschaft für die Verfolgung der Tat auch unter dem rechtlichen Gesichtspunkt einer Ordnungswidrigkeit zuständig, soweit ein Gesetz nichts anderes bestimmt (§ 40 OWiG).

Beispiel
Der 16-jährige A wird mit einer Blutalkoholkonzentration von 0,6 Promille auf einem Mofa angetroffen, das durch technische Veränderungen ca. 40 km/h schnell fahren kann. A ist nicht im Besitz einer Fahrerlaubnis.

120 Durch das Fahren hat sich A gemäß § 21 StVG (Fahren ohne Fahrerlaubnis) strafbar gemacht, zudem beging er eine Ordnungswidrigkeit gemäß § 24a StVG. Wird das Strafverfahren gemäß § 45 JGG von der Staatsanwaltschaft eingestellt, so kann die Ordnungswidrigkeit durch die zuständige Verwaltungsbehörde verfolgt werden.

3. Zuständigkeit zur Ermittlung

121 Die Polizei hat gemäß § 53 Abs. 1 Satz 1 OWiG die Aufgabe, nach pflichtgemäßem Ermessen Ordnungswidrigkeiten zu erforschen und alle unaufschiebbaren Anordnungen zu treffen,

---
67 Theisen/Vesper, Rn. 13.

Ordnungswidrigkeitenverfahren

um die Verdunkelung der Sache zu verhüten. In dieser Hinsicht hat die Polizei grundsätzlich dieselben Rechte und Pflichten wie bei der Verfolgung von Straftaten. Wird die Polizei also nicht bereits als Verwaltungsbehörde tätig, so ist sie nach der generellen Vorschrift des § 53 Abs. 1 OWiG als Ermittlungsbehörde zuständig.

> **Beispiel**
> Polizeibeamte werden bei einem Einsatz „Ruhestörung" tätig, da die zuständige Ordnungsbehörde nicht erreichbar ist. Zur Verfolgung der Ordnungswidrigkeit nach dem Landesimmissionsschutzgesetz stellen sie gemäß § 163b StPO die Identität der Verursacher fest.

4. Opportunitätsprinzip

Gemäß § 47 Abs. 1 OWiG liegt die Verfolgung von Ordnungswidrigkeiten im pflichtgemäßen Ermessen der Verfolgungsbehörde. Gemäß § 53 OWiG hat die Polizei nach pflichtgemäßem Ermessen Ordnungswidrigkeiten zu verfolgen. Es gilt – im Gegensatz zum Strafprozessrecht (§ 152 Abs. 2, § 160 Abs. 1 StPO) – nicht das Legalitäts-, sondern das Opportunitätsprinzip. Die Verfolgung hat nach pflichtgemäßem Ermessen zu erfolgen, d.h. es muss sich insbesondere am Gleichheitsgrundsatz des Art. 3 GG orientieren. **122**

5. Verfahrensrecht

Die §§ 35–110e OWiG regeln das Ordnungswidrigkeitenverfahren, insbesondere das Bußgeldverfahren. Da die Vorschriften der Strafprozessordnung entsprechend Anwendung finden, ist das Bußgeldverfahren strukturell dem Strafprozess angenähert. **123**

a) Einleitung und Verlauf

Besteht ein Anfangsverdacht einer Ordnungswidrigkeit gemäß § 46 Abs. 1 OWiG, § 158 Abs. 2 StPO, so kann die Verwaltungsbehörde/Polizei den Sachverhalt erforschen. Dabei gelten die Regeln der Strafprozessordnung entsprechend (vgl. § 46 Abs. 1 OWiG). Die Verwaltungsbehörde hat dazu die gleichen Rechte und Pflichten wie die Staatsanwaltschaft bei der Verfolgung von Straftaten. Einschränkungen ergeben sich bei Anstaltsunterbringung, Verhaftung und vorläufiger Festnahme, Beschlagnahme von Postsendungen und Telegrammen sowie Auskunftsersuchen über Umstände, die dem Post- und Fernmeldegeheimnis unterliegen. Sie sind gemäß § 46 Abs. 2 OWiG unzulässig. Gemäß § 41 Abs. 4 OWiG ist § 81a Abs. 1 Satz 2 StPO mit der Einschränkung anzuwenden, dass nur die Entnahme von Blutproben und andere geringfügige Eingriffe zulässig sind. **124**

Bei der Anhörung des Betroffenen gilt § 163a Abs. 1 StPO mit der Einschränkung, dass ihm nur die Gelegenheit gegeben werden muss, sich zur Sache zu äußern. Dies geschieht in aller Regel vor Ort oder durch Zusendung eines Anhörungsbogens. Die Belehrung hat nicht den gleichen Umfang wie die der Beschuldigtenvernehmung. Im Ordnungswidrigkeitenverfahren braucht der Betroffene nicht darauf hingewiesen zu werden, dass er auch schon vor seiner Vernehmung einen von ihm zu wählenden Verteidiger befragen und einzelne Beweiserhebungen beantragen kann. Neben der Information über den Vorwurf beschränkt sich die Belehrung also auf den Hinweis, nicht zur Sache aussagen zu müssen. **125**

b) Verwarnungsverfahren

Das Verwarnungsverfahren gemäß §§ 56 ff. OWiG ist ein vereinfachtes Verfahren zur direkten Ahndung geringfügiger Ordnungswidrigkeit. Vorteilhaft ist es für den Betroffenen, da Gebühren und Auslagen gemäß § 56 Abs. 3 Satz 2 OWiG nicht erhoben werden. Direkt vor **126**

Ort kann ein Verwarnungsgeld – in der Regel bargeldlos – von 5 bis 35 Euro erhoben werden. Der Betroffene ist gemäß § 56 Abs. 2 OWiG über sein Weigerungsrecht zu belehren. Zulässig ist auch eine Verwarnung ohne die Erhebung eines Verwarnungsgeldes (§ 56 Abs. 1 Satz 2 OWiG).

c) Bußgeldbescheid

127 Nach Abschluss des Ermittlungsverfahrens ergeht – wenn keine Einstellung gemäß § 47 Abs. 1 OWiG bzw. Ahndung im Verwarnungsverfahren erfolgt – der Bußgeldbescheid durch die Verwaltungsbehörde (§ 65 OWiG). Er muss gemäß § 50 Abs. 1 Satz 2 OWiG zugestellt werden.

128 Gegen den Bußgeldbescheid kann Einspruch bei der Verwaltungsbehörde eingelegt werden (§§ 67 ff. OWiG). Diesem Einspruch kann die Behörde abhelfen oder ihn als unzulässig verwerfen. Wird der Bußgeldbescheid aufrechterhalten, legt sie die Sache der Staatsanwaltschaft vor. Nun gehen die Aufgaben der Verfolgungsbehörde auf sie über. Die Staatsanwaltschaft ist befugt, das Verfahren einzustellen oder weitere Ermittlungen durchzuführen. Hält auch sie den Bußgeldbescheid aufrecht, so beginnt der Ordnungswidrigkeitsprozess durch Übersendung der Sache an das Amtsgericht.

129 Zuständig für den Ordnungswidrigkeitsprozess ist der Straf- bzw. Jugendrichter am Amtsgericht. Das Verfahren richtet sich gemäß § 71 Abs. 1 StPO nach dem Verfahren nach einem zulässigen Einspruch gegen einen Strafbefehl (vgl. §§ 407 ff. StPO). Im Übrigen bestimmt sich die Hauptverhandlung im Wesentlichen nach den Regeln, die auch für den Strafprozess gelten.

130 Gegen die Entscheidung des Amtsgerichts ist Rechtsbeschwerde gemäß §§ 79 f. OWiG möglich. Dabei handelt es sich nicht um eine der Berufung ähnelnde neue Tatsacheninstanz. Vielmehr kommt die Rechtsbeschwerde eher der Revision gleich, da sie die Überprüfung der Rechtsanwendung ermöglicht.

C. Grundlagen präventiven Handelns

I. Polizeiliche Aufgaben im präventiven Bereich

131 Die polizeilichen Aufgaben im präventiven Bereich ergeben sich aus der umfangreichen und komplexen Bestimmung des § 1 PolG.

1. Gefahrenabwehr

132 Gemäß § 1 Abs. 1 Satz 1 PolG ist die Polizei zur Gefahrenabwehr zuständig. Sie hat die Aufgabe, Gefahren für die öffentliche Sicherheit oder Ordnung abzuwehren (dazu Rn. 149 ff.). Zu dieser Aufgabe der Gefahrenabwehr gehören die in Satz 2 genannten drei Teilaufgaben der Straftatenverhütung, der vorbeugenden Bekämpfung von Straftaten und der Vorbereitung für die Hilfeleistung und das Handeln in Gefahrenfällen. Für diese ist die Polizei originär, also unmittelbar und ohne Einschränkung zuständig. Dies schließt freilich nicht aus, dass auch andere Sicherheitsbehörden zur Verhütung von Straftaten tätig werden.

133 Nach § 1 Abs. 1 Satz 3 PolG besteht außer in den Fällen des Satzes 2, also bei der allgemeinen Gefahrenabwehr, eine lediglich subsidiäre Zuständigkeit der Polizei. Die Zuständigkeit der Ordnungsbehörden gemäß § 1 Abs. 1, § 3 Abs. 1 OBG für die Gefahrenabwehr ist vorrangig.

Polizeiliche Aufgaben im präventiven Bereich

Nur wenn die ebenfalls aufgrund gesetzlicher Zuweisung zuständigen Behörden nicht (Notfall) oder nicht rechtzeitig (Eilfall) handeln können, tritt die Aufgabenzuweisung an die Polizei in Kraft. Diese Einschränkung gilt nicht für die der Polizei in § 1 Abs. 1 Satz 2 PolG zugewiesenen Sonderformen der Gefahrenabwehr (Straftatenverhütung, vorbeugende Bekämpfung von Straftaten, Vorbereitung für die Hilfeleistung und das Handeln in Gefahrenfällen).

134

2. Verhütung von Straftaten

Der Polizei kommt die Aufgabe der Verhütung von Straftaten zu. Dies meint die Unterbindung konkret drohenden, unmittelbar bevorstehenden und mit Strafe bedrohten Verhaltens.

135

> **Beispiel**
> Die Polizeibeamten P und Q treffen bei einer nächtlichen Streifenfahrt auf den A, der gerade in dunkler Kleidung mit einer schwarzen Maskierung und einem Rucksack über die Außenmauer eines Grundstücks steigen will. Hier wird bereits die Straftat Hausfriedensbruch (§ 123 Abs. 1 StGB) verhütet, aller Wahrscheinlichkeit nach auch Sachbeschädigung (§ 303 StGB) und Eigentumsdelikte. Dass es sich beim Hausfriedensbruch um ein Antragsdelikt (§ 123 Abs. 2 StGB) handelt, ist für das präventive, dem Rechtsgüterschutz dienende Handeln der Polizei nicht von Bedeutung.

3. Vorbeugende Bekämpfung von Straftaten

Die vorbeugende Bekämpfung von Straftaten setzt demgegenüber zeitlich früher, also im Vorfeld von delinquentem Verhalten an. Die Polizei wird hier tätig, um das Risiko von Straftaten gar nicht erst entstehen zu lassen. Dies kann z.B. durch eine regelmäßige Kontrolle von Kriminalitätsbrennpunkten, intensivierte Streifengänge und -fahrten, aber auch durch Aufklärungsmaßnahmen für die Bevölkerung, etwa zur Sicherung von Wohnungen gegen Einbruch erfolgen.

136

4. Vorbereitung für die Hilfeleistung und das Handeln in Gefahrenfällen

Die Polizei hat ferner die Aufgabe, Vorbereitungen für die Hilfeleistung und das Handeln in Gefahrenfällen zu treffen. Dies bezeichnet Maßnahmen, die eine möglicherweise später erforderlich werdende konkrete Gefahrenabwehr unterstützen und erleichtern sollen. Im Regelfall wird es sich dabei um Maßnahmen zur Informationsgewinnung handeln.

137

> **Beispiel**
> Eine Polizeibehörde lässt sich Lagepläne von Schulen in ihrem örtlichen Zuständigkeitsbereich erstellen, um bei eventuellen Amoktaten die Gefahrenabwehrmaßnahmen besser koordinieren zu können.

Explizite Beispiele nennt § 11 PolG, wie sich schon aus der Überschrift der Norm ergibt. Die Polizei kann über Personen, deren Kenntnisse oder Fähigkeiten zur Gefahrenabwehr benötigt werden, Verantwortliche für Anlagen oder Einrichtungen, von denen eine erhebliche Gefahr ausgehen kann, und Verantwortliche für gefährdete Anlagen oder Einrichtungen Namen, Vornamen, akademische Grade, Anschriften, Telefonnummern und andere Daten über die Erreichbarkeit sowie nähere Angaben über die Zugehörigkeit zu einer der genannten Personengruppen erheben, soweit dies zur Vorbereitung für die Hilfeleistung und das Handeln in Gefahrenfällen erforderlich ist.

138

> **Beispiel**
> Eine Polizeibehörde lässt sich von der Betreibergesellschaft eines im Polizeibezirk gelegenen Kernkraftwerks eine Liste mit den Namen und Kontaktdaten der verantwortlichen Ingenieure erstellen.

5. Schutz privater Rechte

139 Gemäß § 1 Abs. 2 PolG obliegt der Polizei der Schutz privater Rechte nach dem PolG nur dann, wenn gerichtlicher Schutz nicht rechtzeitig zu erlangen ist und wenn ohne polizeiliche Hilfe die Verwirklichung des Rechts vereitelt oder wesentlich erschwert werden würde.[68] Diese Regelung trägt der Tatsache Rechnung, dass zur Sicherung solcher (ausschließlich) privater Rechte nicht die Polizeibehörden, sondern die Gerichte zuständig sind. Unter privaten Rechten versteht man in Abgrenzung zum Schutz der **öffentlichen Sicherheit** und gegebenenfalls der **öffentlichen Ordnung** alle privaten Rechtsgüter, also beispielsweise vermögensrechtliche Forderungen bzw. das Vermögen als solches. Erfasst sind alle Rechte, die eine Privatperson einer anderen gegenüber geltend machen kann.

> **Beispiel**
> In einem Restaurant weigern sich Gäste, die Rechnung zu bezahlen. Das Essen sei ungenießbar, der Wein zu warm gewesen. Der Wirt W ruft die Polizei. Sofern die Gäste nicht von vornherein geplant hatten, nicht zu bezahlen, und damit ein Betrug i.S.v. § 263 StGB vorliegt, der den Anlass zu repressiven Maßnahmen gibt, wird es dem Wirt allein um die Begleichung der Rechnung, also einer Forderung aus dem Bewirtungsvertrag gehen. Dabei handelt es sich um ein privates Recht, für das § 1 Abs. 2 PolG zu beachten ist.

140 Ist in der Beeinträchtigung eines privaten Rechts zugleich eine Straftat oder Ordnungswidrigkeit zu sehen, darf die Polizei präventiv tätig werden. Die Subsidiaritätsklausel in § 1 Abs. 2 PolG greift in diesem Falle nicht. Sie gilt auch nicht, wenn zugleich öffentlich-rechtliche Bestimmungen verletzt werden, sondern nur dann, wenn es **ausschließlich** um private Rechte und Ansprüche geht.

141 Aus Verhältnismäßigkeitsgründen bleibt die Polizei aber auf solche Maßnahmen beschränkt, die der Gewährleistung eines späteren gerichtlichen Schutzes dienen.

> **Beispiel**
> Im vorstehenden Beispiel könnten die eintreffenden Polizeibeamten P und Q die Gäste also nicht dazu zwingen, dem Wirt die Rechnung zu bezahlen. Sie könnten aber im Wege der Identitätsfeststellung nach § 12 Abs. 1 Nr. 1 PolG die Personalien der Gäste ermitteln und dem W aushändigen, damit dieser seine Forderung gerichtlich geltend machen kann.

6. Spezialgesetzlich normierte präventivpolizeiliche Aufgaben

142 Die Polizei hat ferner nach § 1 Abs. 4 PolG die Aufgaben zu erfüllen, die ihr aufgrund anderer gesetzlicher Vorschriften ausdrücklich zugewiesen sind. Dies betrifft die bereits dargestellten Aufgaben im Bereich der Erforschung von Straftaten und Ordnungswidrigkeiten. Es ergeben sich jedoch auch vielfältige weitere polizeiliche Aufgaben aus spezialgesetzlichen Vorschriften, etwa im Bereich des Waffen- und des Versammlungsrechts.

7. Vollzugshilfe

143 Nach § 1 Abs. 3 PolG leistet die Polizei zudem anderen Behörden Vollzugshilfe. Dies bedeutet, dass eine Polizeibehörde (bzw. deren Beamtinnen und Beamte) auf ein schriftlich zu stellendes (bzw. in Eilfällen formlos gestelltes und schriftlich bestätigtes, § 48 Abs. 2 PolG) Ersuchen – also auf Bitten – einer anderen Behörde eine von dieser erlassene Maßnahme vollzieht, insbesondere durch die Anwendung unmittelbaren Zwangs.

---

[68] Bialon/Springer, 4. Kap. Rn. 12 ff.

Beispiele
Eine Behörde lädt eine Person vor. Nachdem die Person nicht zum Vorladungstermin erschienen ist, ersucht die Behörde die Polizei, die Person zwangsweise vorzuführen. – Ein ausländischer Staatsangehöriger soll abgeschoben werden. Da er als renitent bekannt ist, ersucht die zuständige Behörde, die die Abschiebung angeordnet hat, die Polizei um Vollzugshilfe. Die Person kann dann z.B. zum Zwecke des Transports gefesselt werden.

Die polizeiliche Vollzugshilfe ist eine Sonderform der sog. Amtshilfe, die in §§ 5 ff. VwVfG NRW normiert ist und deren Grundsätze nach § 47 Abs. 2 Satz 2 PolG für die Vollzugshilfe entsprechend gelten. Weitere Vorgaben finden sich in den §§ 47–49 PolG. Zu beachten ist, dass die Regelungen über die Vollzugshilfe keine eigenständigen Ermächtigungsgrundlagen für polizeiliches Eingriffshandeln darstellen. Die rechtliche Grundlage für die in der Vollzugshilfe getroffene Maßnahme bilden entweder spezialgesetzliche Vorschriften oder auch landesrechtliche Sonderbestimmungen (vgl. etwa § 65 Abs. 2 Satz 2 PolG).

Vollzugshilfe ist insbesondere nur dann rechtmäßig, wenn die Handlungsgrundlage für die ersuchende Behörde einen (zwangsweisen) Vollzug gestattet. Die ersuchende Behörde darf sich nicht erst durch das Vollzugshilfeersuchen an die Polizei und deren Einschaltung (gewaltsame) Vollzugsmöglichkeiten erschließen. Die Polizei wiederum ist gemäß § 47 Abs. 2 Satz 1 PolG nur „für die Art und Weise der Durchführung" verantwortlich, also insbesondere für die Rechtmäßigkeit eines Zwangsmitteleinsatzes. Die Rechtmäßigkeit der zu vollziehenden Maßnahme hat die um Vollzugshilfe ersuchende Behörde zu verantworten.

II. Der Gefahrenbegriff des präventiven Polizeirechts

1. Bedeutung und Funktion des Gefahrenbegriffs

Im Rahmen der eingriffsrechtlichen Rechtmäßigkeitsprüfung ist zu erörtern, ob im zu untersuchenden Fall die tatbestandlichen Voraussetzungen der gewählten gesetzlichen Ermächtigungsgrundlage vorliegen. In zahlreichen Ermächtigungsnormen für präventive Maßnahmen gehört das Vorliegen einer Gefahr für bestimmte Rechtsgüter zu diesen Voraussetzungen (vgl. z.B. § 8 Abs. 1, § 12 Abs. 1 Nr. 1, § 34 Abs. 1, § 34a Abs. 1, § 35 Abs. 1 Nr. 1, § 41 Abs. 1 Satz 1 Nr. 4, § 43 Nr. 1, § 50 Abs. 2 PolG), teilweise auch als gegenwärtige oder erhebliche Gefahr. Damit ist der Begriff der Gefahr von zentraler Bedeutung für das Polizeirecht.[69]

2. Gefahrenlage

Unter Gefahr versteht man eine Sachlage, in der bei ungehindertem Fortgang der Ereignisse mit hinreichender Wahrscheinlichkeit ein Schaden an einem der durch die Ermächtigungsgrundlage geschützten Rechtsgüter eintreten wird.[70] Ist ein Schaden bereits eingetreten und dauert noch an, liegt ebenfalls eine Gefahr in Form einer sog. Störung vor.

Beispiele
Ist ein Kind entführt worden, so ist der Schaden an dessen Rechtsgut „Freiheit der Person", gegebenenfalls auch an seiner körperlichen Unversehrtheit und Gesundheit bereits eingetreten. Da die schadenstiftende Situation aber noch andauert und zur Rettung des Kindes beseitigt werden muss, liegt polizeirechtlich eine Gefahr vor.

---

69 Zu den Eingriffsschwellen für polizeiliche Maßnahmen vgl. Trurnit, JA 2019, 258.
70 Vgl. z.B. BVerwGE 143, 74 Rn. 27; eingehend Krüger, JuS 2013, 985; Schoch, JA 2003, 472.

1. Teil • Grundlagen

148 Die Gefahr muss für die jeweils von der Ermächtigungsnorm geschützten Rechtsgüter bestehen. Diese können in der Ermächtigungsgrundlage ausdrücklich genannt sein (vgl. etwa § 34a Abs. 1 PolG: „Gefahr für **Leib, Leben oder Freiheit einer anderen Person**"). Fehlt es an einer solchen ausdrücklichen Benennung, steht also schlicht Gefahr in der Norm, so ist – wie sich aus der Formulierung des § 8 Abs. 1 PolG ergibt, in dem das Wort Gefahr in Klammern hinter der ausführlicheren Definition steht – stets eine Gefahr **für die öffentliche Sicherheit** bzw. für die öffentliche Ordnung[71] gemeint.

3. Öffentliche Sicherheit

149 Zur öffentlichen Sicherheit gehören:
- die Unverletzlichkeit der objektiven Rechtsordnung,
- der Bestand und die Funktionsfähigkeit des Staates und anderer Träger hoheitlicher Gewalt, ihrer Einrichtungen und Veranstaltungen sowie
- Individualrechtsgüter und Kollektivrechtsgüter (Letzteres umstr.)

In der eingriffsrechtlichen Rechtmäßigkeitsprüfung sollten alle in Betracht kommenden Aspekte erörtert werden. Häufig verstößt ein Verhalten gegen (mehrere, vollständig zu nennende) Normen der objektiven Rechtsordnung und beeinträchtigt zugleich Individualrechtsgüter.

a) Objektive Rechtsordnung

150 Die objektive Rechtsordnung („objektiv" deshalb, weil es um die Gesamtheit der für die Gesellschaft geltenden Rechtsnormen, nicht um subjektive Recht im Sinne von individuellen Ansprüchen geht; s. zum Schutz privater Rechte Rn. 139 ff.) ist berührt, wenn ein Verstoß gegen eine Rechtsvorschrift droht oder bereits eingetreten ist und noch andauert. Solche Rechtsvorschriften können sich aus Parlamentsgesetzen, aber auch aus Rechtsverordnungen (z.B. gefahrenabwehrrechtliche Verordnungen, die bestimmte Verhaltensweisen untersagen), Satzungen und anderen Rechtsquellen ergeben. Enthalten solche Normen ein konkretes Verbot, Gebot oder sonstige Verhaltensvorgabe, liegt in dessen bzw. deren Verletzung eine Gefahr.

> **Beispiel**
> § 9 Abs. 1 LImSchG untersagt zwischen 22 und 6 Uhr Betätigungen, welche die Nachtruhe zu stören geeignet sind. – Gemäß § 10 Abs. 1 LImSchG dürfen Geräte, die der Schallerzeugung oder Schallwiedergabe dienen (Musikinstrumente, Tonwiedergabegeräte und ähnliche Geräte) nur in solcher Lautstärke benutzt werden, dass unbeteiligte Personen nicht erheblich belästigt werden.

151 Die Polizei hat insbesondere auch die Aufgabe, Straftaten zu verhüten und Ordnungswidrigkeiten zu verhindern. Es geht dabei nicht um eine Sanktion unerwünschten Verhaltens (durch Freiheits- oder Geldstrafe bzw. Buß- oder Verwarnungsgeld), sondern darum, es schon im Vorfeld zu unterbinden. Aus diesem Grund liegt auch dann eine Beeinträchtigung der objektiven Rechtsordnung vor, wenn der objektive Tatbestand von Straf- oder Ordnungswidrigkeitentatbeständen verwirklicht wird.

> **Beispiel**
> Im Beispiel der Kindesentführung (Rn. 147) wird der objektive Tatbestand u.a. des erpresserischen Menschenraubs verwirklicht (§ 239a Abs. 1 StGB). § 117 Abs. 1 OWiG erklärt es als Ordnungswidrigkeit, wenn jemand ohne berechtigten Anlass oder in einem unzulässigen oder nach den Umständen vermeidbaren

---

[71] Allgemein Gusy, Ad Legendum 2016, 173; Erbel, DVBl 2001, 1714.

Der Gefahrenbegriff des präventiven Polizeirechts

Ausmaß Lärm verursacht, der geeignet ist, die Allgemeinheit oder die Nachbarschaft erheblich zu belästigen oder die Gesundheit eines anderen zu schädigen. – Häufig stehen Verbots- und Straf- bzw. Ordnungswidrigkeitennormen in engem Zusammenhang, vgl. etwa die Regelungen zum versammlungsrechtlichen Vermummungsverbot (§ 17a Abs. 2 Nr. 1 und 2, § 27 Abs. 2 Nr. 2, § 29 Abs. 1 Nr. 1a VersammlG).

Auf den subjektiven Tatbestand, Rechtswidrigkeit und Schuld kann es dabei nicht ankommen. 152

> **Beispiel**
> Der sechsjährige J schießt mit seinem Fußball gegen Fensterscheiben von Erdgeschosswohnungen und Geschäften, um diese zu zerstören. Dieses Verhalten stellt eine Verletzung der objektiven Rechtsordnung dar, weil J u. a. den objektiven Tatbestand der Sachbeschädigung gemäß § 303 Abs. 1 StGB erfüllt bzw. zu erfüllen droht. Dass J schuldunfähig ist (§ 19 StGB) und daher nicht bestraft werden kann, ist aus gefahrenabwehrrechtlicher Sicht unerheblich. Deutlicher wird dies, wenn J nicht mit seinem Ball auf Scheiben zielt, sondern mit einer Schusswaffe hantiert und sie auf Menschen richtet.

b) Bestand und Funktionsfähigkeit von Hoheitsträgern

Zur öffentlichen Sicherheit gehören auch Bestand und Funktionsfähigkeit des Staates und anderer Träger hoheitlicher Gewalt, ihrer Einrichtungen und Veranstaltungen. Hintergrund dieser Schutzkomponente ist, dass es unerwünschte Verhaltensweisen gibt, die nicht durch Normen der objektiven Rechtsordnung untersagt sind und auch keine Individualrechtsgüter beeinträchtigen. Der Begriff Staat umfasst Bund und Länder, andere Träger hoheitlicher Gewalt sind etwa die Kommunen und andere Gebietskörperschaften, Anstalten, Stiftungen und Körperschaften des öffentlichen Rechts. Der Bestand ist gefährdet, wenn der Hoheitsträger beseitigt werden soll. Häufiger ist eine Beeinträchtigung der Funktionsfähigkeit, und zwar weniger des Hoheitsträgers selbst als vielmehr seiner Einrichtungen und Veranstaltungen. 153

Einrichtungen sind alle Funktionseinheiten, die eine gewisse Dauerhaftigkeit aufweisen, also insbesondere Gebäude (Gerichts-, Regierungs- und Verwaltungsgebäude). Geschützt sind aber etwa auch die Sicherheit und Leichtigkeit des Straßenverkehrs oder die Funktionsfähigkeit der Polizei. Veranstaltungen sind demgegenüber mehr oder weniger spontan gebildete Phänomene, beispielsweise Staatsbesuche, Gipfeltreffen, Militärparaden und -manöver, Ausstellungen usw. 154

c) Individualrechtsgüter, Kollektivrechtsgüter

Zur öffentlichen Sicherheit gehören schließlich die Individualrechtsgüter. In Gefahrenabwehrkonstellationen am häufigsten bedroht sind das Leben, die Gesundheit (im Sinne der Funktionsfähigkeit des Körpers insgesamt), die körperliche Unversehrtheit (im Sinne der äußeren Integrität des Körpers), die persönliche Freiheit, die persönliche Ehre und das Eigentum. 155

> **Beispiel**
> Die Polizeibeamten P und Q ziehen den Suizidenten S von einer Brücke, von der sich dieser stürzen möchte. In diesem Fall besteht eine Gefahr für das Individualrechtsgut „Leben" bzw. „körperliche Unversehrtheit" des S.

Darüber hinaus sind alle Rechte und Rechtspositionen geschützt, die der Einzelne gegenüber natürlichen und juristischen Personen für sich in Anspruch nehmen bzw. geltend machen kann, beispielsweise vermögensrechtliche Ansprüche, das Namensrecht gemäß § 12 BGB oder das Recht der elterlichen Sorge nach § 1626 BGB. Zu beachten ist jedoch, dass vor allem bei der Schutzkomponente Individualrechtsgüter die eingeschränkte Aufgabenzuweisung der Polizei- und Ordnungsbehörden hinsichtlich des Schutzes privater Rechte (Rn. 139 ff.) 156

Bedeutung erlangt. Die meisten Individualrechtsgüter sind zudem durch Normen der objektiven Rechtsordnung geschützt (Rn. 149 ff.).

157 Ebenfalls von der öffentlichen Sicherheit umfasst sollen nach verbreiteter Auffassung vereinzelte Kollektiv- bzw. Gemeinschaftsrechtsgüter sein (z.B. Volksgesundheit, Natur, Umwelt, Versorgung der Bevölkerung mit sauberem Trinkwasser); dies ist allerdings umstritten.[72] Aufgrund der Tatsache, dass diese Rechtsgüter im Regelfall zugleich Individualrechtsgüter sind oder aber über die objektive Rechtsordnung geschützt werden, erscheint die Einbeziehung der Kollektivrechtsgüter in die öffentliche Sicherheit im Ergebnis als nicht erforderlich.

4. Öffentliche Ordnung

158 Unter der öffentlichen Ordnung versteht man die Gesamtheit der im Rahmen der verfassungsgemäßen Ordnung liegenden ungeschriebenen Regeln für das Verhalten des Einzelnen in der Öffentlichkeit, deren Beachtung nach den jeweils herrschenden Anschauungen als unerlässliche Voraussetzung eines geordneten staatsbürgerlichen Zusammenlebens gilt.

159 In der Geschichte des PolG ist die öffentliche Ordnung mehrfach aus dem Gesetz gestrichen und wieder aufgenommen worden. Die Definition verdeutlicht die praktischen Schwierigkeiten in der Handhabung dieses Schutzgutes. Die Ermittlung konkreter ungeschriebener, also nicht in (Rechts-)Normen niedergelegter Regeln fällt schwer. Auch ist kaum festzustellen, ob diese Regeln von den herrschenden Anschauungen akzeptiert werden; zudem wird die Einstellung gegenüber Verhaltensweisen in der Öffentlichkeit regional stark variieren. Schließlich muss die Einhaltung der Regel von der Mehrheit als unerlässliche Voraussetzung des Zusammenlebens betrachtet werden, was eine Bagatellschwelle darstellt.

160 Die öffentliche Ordnung besitzt aufgrund dieser Schwierigkeiten gegenwärtig nur noch Reservefunktion für neuartige Sachlagen, die nicht durch die Rechtsordnung und die öffentliche Sicherheit allein bewältigt werden können. Nach verbreiteter Auffassung ist die öffentliche Ordnung insoweit subsidiär, als sie nicht mehr zu untersuchen ist, wenn bereits eine Gefahr für die öffentliche Sicherheit vorliegt. In der eingriffsrechtlichen Rechtmäßigkeitsprüfung wird sie damit allenfalls eine sehr untergeordnete Rolle spielen können. Generell ist im Umgang mit der öffentlichen Ordnung Zurückhaltung geboten: Im Versammlungsrecht kann nach der Rechtsprechung des Bundesverfassungsgerichts entgegen dem Wortlaut des § 15 Abs. 1 VersammlG ein Verbot einer Versammlung nicht allein auf eine Gefährdung der öffentlichen Ordnung gestützt werden.

161 Für die öffentliche Ordnung ist typisch, dass es verschiedene Fallgruppen gibt, in denen sie unabhängig von Beeinträchtigungen der öffentlichen Sicherheit berührt sein kann. Es sind dies im Wesentlichen: Fälle mit sittlich-sexuellem Bezug, (aggressives) Betteln und Obdachlosigkeit, störendes Verhalten in der Öffentlichkeit, Sportspiele mit Nachahmung kriegerischer Handlungen und Verhaltensweisen, die den Nationalsozialismus und seine Symbole glorifizieren.

5. Hinreichende Wahrscheinlichkeit eines Schadenseintritts

162 Erforderlich ist schließlich die hinreichende Wahrscheinlichkeit des Schadenseintritts. Ist bereits ein Schaden eingetreten, ist dies nicht mehr zu erörtern. Ist mit Sicherheit von ei-

---

72 Ablehnend etwa Götz/Geis, § 4 Rn. 35, befürwortend („Gemeinschaftsgüter") etwa Dietlein, in: Dietlein/Hellermann, § 3 Rn. 51; zum Streit Thiel, § 8 Rn. 29; Kugelmann, 5. Kap. Rn. 44, hält die Diskussion für „überholt".

Der Gefahrenbegriff des präventiven Polizeirechts

nem Schaden auszugehen, liegt ebenfalls eine Gefahr vor. Dabei gilt: Je höherrangig das möglicherweise geschädigte Rechtsgut ist, desto geringere Anforderungen sind an die Wahrscheinlichkeit des Schadenseintritts zu stellen.[73] Droht der Tod eines oder mehrerer Menschen, sind an die Wahrscheinlichkeit des Schadenseintritts nicht so hohe Anforderungen zu stellen wie bei einer lediglich drohenden Beschädigung oder Zerstörung von Sachen.

Maßgeblich für die Bewertung, ob die hinreichende Wahrscheinlichkeit eines Schadenseintritts besteht, ist der Sachverhalt, wie er sich zum Zeitpunkt vor dem Handeln der Polizeibeamtinnen und -beamten darstellt. Diese haben eine Ex-ante-Prognose anzustellen, auf die auch bei der Bewertung der Rechtmäßigkeit der Maßnahme (Vorliegen einer Gefahr) abzustellen ist. Diese Ex-ante-Situation ist dann allerdings hinsichtlich der Schadenswahrscheinlichkeit am Maßstab eines objektiven, durchschnittlichen Beobachters zu bewerten. 163

6. Anscheinsgefahr und Scheingefahr

Aufgrund der Bewertung des Vorliegens einer Gefahrenlage aus der Ex-ante-Sicht kann es vorkommen, dass sich nach der Maßnahme herausstellt, dass auch ohne ein Eingreifen der Polizeibeamtinnen und -beamten ein Schaden nicht eingetreten wäre. 164

> **Beispiel**
> Die Schreie aus einer Wohnung, die die Polizeibeamten P und Q zum sofortigen Aufbrechen der Wohnungstür veranlasst haben, stellen sich im Nachhinein als von einem Fernsehgerät ausgehend heraus.

Für die Frage, ob eine Gefahrenlage bestanden hat und die Maßnahme jedenfalls im Hinblick auf dieses Erfordernis rechtmäßig gewesen ist, kommt es indes allein darauf an, wie sich die Situation zum Zeitpunkt des polizeilichen Handelns dargestellt hat (ex ante). Eine Gefahr im Sinne des Polizeirechts ist also auch im Beispielfall gegeben, wenn die handelnden Beamten zum Zeitpunkt ihres Einschreitens auch bei verständiger objektiver Würdigung der Umstände davon ausgehen konnten, dass in der Wohnung Verletzungshandlungen begangen werden oder sich ein Mensch in einer sonstigen Notlage befindet. In diesem Fall spricht man von einer Anscheinsgefahr – also einer Situation, die die den Anschein einer hinreichenden Schadenswahrscheinlichkeit erweckt, ohne wirklich zu einem Schaden führen zu können. Die Anscheinsgefahr ist ohne jede Einschränkung Gefahr im Sinne des Polizeirechts.[74] 165

Anders sind dagegen Situationen zu beurteilen, in denen die handelnden Beamtinnen und Beamten bei objektiver Würdigung eine fehlerhafte Prognose abgegeben, also sich etwa geirrt haben. Konnte ein objektiver Beobachter bei der Beurteilung der Situation ex ante nicht davon ausgehen, dass diese mit hinreichender Wahrscheinlichkeit zu einem Schaden führen werde, so liegt eine Scheingefahr vor, die keine Gefahr im Sinne des Polizeirechts darstellt. 166

> **Beispiel**
> Im vorigen Beispiel werden die Schreie von lauter Filmmusik und Gewehrschüssen begleitet. Hier besteht, sofern die Polizeibeamten P und Q davon ausgehen, in der Wohnung komme jemand zu Schaden, lediglich eine Scheingefahr. Bei verständiger Würdigung hätten die Beamten davon ausgehen müssen, dass es sich um ein zu laut eingestelltes Fernsehgerät handelt, und beispielsweise auf andere Weise versuchen müssen, sich Zutritt zu der Wohnung zu verschaffen.

---

73 BVerfG NJW 2005, 2603 (2610); Thiel, § 8 Rn. 53 m.w.N.
74 Zum Ganzen Paeffgen, GA 2014, 638.

7. Gefahrenverdacht

167 Ein Gefahrenverdacht liegt vor, wenn zum Zeitpunkt der polizeilichen Entscheidung noch nicht eindeutig festgestellt werden kann, ob die hinreichende Wahrscheinlichkeit eines Schadenseintritts besteht.[75] Im Regelfall ist die Unvollständigkeit der Entscheidungsgrundlage den handelnden Beamtinnen und Beamten bewusst; zulässig sind in diesem Fall lediglich Maßnahmen zur Gefahrerforschung, nicht zur Gefahrenabwehr. Sofern diese Gefahrerforschungsmaßnahmen ihrerseits Eingriffscharakter haben, stellt sich jeweils im Einzelfall die Frage, auf welche Ermächtigungsnorm sie gestützt werden können. Im Zusammenhang mit polizeilichem Gefahrenabwehrhandeln ist der Gefahrenverdacht allerdings im Regelfall unproblematisch, weil den handelnden Beamtinnen und Beamten genügend Möglichkeiten zur Sachverhaltsermittlung zur Verfügung stehen.

8. Besondere Gefahrenlagen

168 Einige Ermächtigungsgrundlagen (und andere Bestimmungen wie etwa § 6 PolG) enthalten in den tatbestandlichen Voraussetzungen qualifizierte, also mit einem Adjektiv versehene Gefahrenbegriffe. Bekannt sein müssen die gegenwärtige, die erhebliche und die dringende Gefahr.

169 Bei einer **gegenwärtigen Gefahr** besteht eine besondere zeitliche Nähe des Schadenseintritts: Entweder steht der Eintritt des Schadens (nicht: der Gefahr!) unmittelbar bevor, oder der Schaden ist bereits eingetreten und dauert noch an (vgl. § 43 Nr. 1, § 50 Abs. 2, § 6 Abs. 1 Nr. 1 PolG).

> **Beispiel**
> Im Beispiel der Kindesentführung (Rn. 144) liegt eine gegenwärtige Gefahr vor, da der Schaden für das Rechtsgut „Freiheit der Person" bereits eingetreten ist und noch andauert.

170 Bei der **erheblichen Gefahr** ist das Ausmaß des zu erwartenden Schadens besonders groß – entweder, weil ein hochrangiges Rechtsgut verletzt zu werden droht (Leben, Gesundheit, körperliche Unversehrtheit usw.) und/oder weil der Schaden selbst besonders schwerwiegend ist. Meist findet sich diese qualifizierte Gefahr im Gesetz als „gegenwärtige erhebliche Gefahr" (§ 6 Abs. 1 Nr. 1 PolG, s. aber auch § 11 Nr. 2 PolG). Von diesem Begriff zu unterscheiden sind die „Straftaten von erheblicher Bedeutung", für die § 8 Abs. 3 PolG Regelbeispiele aufführt.

> **Beispiel**
> Von einem mit einer Schusswaffe bewaffneten Täter, der mit der Waffe auf die anwesenden Polizeibeamten zielt, geht eine erhebliche Gefahr aus.

171 Die **dringende Gefahr** findet sich im Zusammenhang mit dem Betreten und Durchsuchen von Wohnungen, was an der Verwendung dieses Begriffs in Art. 13 GG liegt (vgl. § 41 Abs. 3 PolG). Die Definition dieses qualifizierten Gefahrenbegriffs ist umstritten.[76] Sachgerecht erscheint es, jedenfalls die Anforderungen an eine gegenwärtige oder an eine erhebliche Gefahr zu stellen, um eine dringende Gefahr annehmen zu können.

---

75 Differenzierend Poscher, NVwZ 2001, 141; Thiel, § 8 Rn. 60 ff.; s. auch Ogorek, JZ 2019, 63.
76 Eingehend Thiel, § 8 Rn. 70.

Der Gefahrenbegriff des präventiven Polizeirechts

Keine Aufnahme in das nordrhein-westfälische Polizeirecht gefunden hat der umstrittene Begriff der **drohenden Gefahr**.[77] Das Bundesverfassungsgericht hat diesen Terminus in verschiedenen Entscheidungen verwendet, namentlich in seinem Urteil zum BKAG vom 20. April 2016.[78] Gegenstand des Verfahrens waren verdeckte Informationsgewinnungseingriffe zur Bekämpfung des Terrorismus. Das Gericht hat erklärt, der Gesetzgeber sei nicht auf die Schaffung von Eingriffstatbeständen beschränkt, die dem tradierten sicherheitsrechtlichen Modell der Abwehr konkreter, unmittelbar bevorstehender oder gegenwärtiger Gefahren entsprächen. Vielmehr könne er die Grenzen für bestimmte Bereiche mit dem Ziel der Straftatenverhütung auch weiter ziehen, indem er die Anforderungen an die Vorhersehbarkeit des Kausalverlaufs reduziere; auch dann sei aber eine hinreichend konkretisierte Gefahr in dem Sinne zu fordern, dass zumindest tatsächliche Anhaltspunkte für die Entstehung einer konkreten Gefahr für die Schutzgüter bestünden. Eine differenzierte dogmatische Einordnung des mit diesen Ausführungen im Kontext stehenden Begriffs der „drohenden Gefahr" fällt schwer; die Bewertungen im Schrifttum fallen daher sehr divergent aus. Im Entwurf zum Sechsten Gesetz zur Änderung des Polizeigesetzes des Landes Nordrhein-Westfalen[79] waren die „drohende" und die „drohende terroristische Gefahr" als zusätzliche „Gefahrenkategorien" und Eingriffsschwellen für bestimmte Standardmaßnahmen noch enthalten; im Zuge der parlamentarischen Beratungen und Anhörungen wurde indes insbesondere aufgrund der begrifflichen Unklarheiten auf ihre weitere Verwendung verzichtet, nicht aber auf das zugrundeliegende Konzept.

172

Keine qualifizierte Gefahrenlage stellt die in zahlreichen Vorschriften enthaltene **Gefahr im Verzug** dar. Diese Formulierung findet sich nahezu ausschließlich in Bestimmungen über das Verfahren und die Form polizeilicher Maßnahmen (vgl. etwa § 10 Abs. 3 Satz 2, § 42 Abs. 1 PolG). Gefahr im Verzug liegt vor, wenn mit hoher Wahrscheinlichkeit davon auszugehen ist, dass sich bei einer Verzögerung der Durchführung der Maßnahme durch die Einhaltung der Verfahrens- bzw. Formvorgaben der Schaden realisieren wird. Es muss also eine (zusätzliche) Gefahr in der Verzögerung der Maßnahmen liegen. Ist diese gegeben, sieht das Gesetz erleichterte Vorgehensweisen bzw. einen Dispens von Form- oder Verfahrensvorgaben vor.

173

> **Beispiel**
> Die Polizeibeamten P und Q halten bei einer nächtlichen Streifenfahrt den offenkundig stark alkoholisierten Autofahrer F an. Einen freiwilligen Atemalkoholtest verweigert F. P versucht noch vor Ort, den zuständigen Richter telefonisch zu erreichen. Als er weder diesen noch die Staatsanwaltschaft erreicht, verbringen P und Q den F zur Wache und ordnen dort eine Blutprobenentnahme durch einen Arzt an. Würde man erst am nächsten Tag, nachdem die richterliche Anordnung eingeholt wurde, eine Blutprobenentnahme vornehmen können, würde dies die beweisfeste Errechnung der Blutalkoholkonzentration am Vortag erheblich erschweren, wenn nicht unmöglich machen.

Bei zahlreichen Maßnahmen mit großer Eingriffsintensität sind an die Gefahr im Verzug hohe Anforderungen zu stellen; sie muss mit Tatsachen begründet werden, die auf den Einzelfall bezogen sind. Reine Spekulationen, hypothetische Erwägungen oder lediglich auf kriminalistische Alltagserfahrung gestützte, fallunabhängige Vermutungen reichen nicht aus.[80]

174

---

77 Dazu etwa Brodmerkel, DPolBl 2019, 1; Enders, DÖV 2019, 205; Leisner-Egensperger, DÖV 2018, 677; Pieroth, GSZ 2018, 133; Shirvani, DVBl. 2018, 1393.
78 BVerfGE 141, 220 ff.
79 Dazu Braun, DPolBl 2019, 14; Thiel, GSZ 2019, 1; von Coelln/Pernice-Warnke/Pützer/Reisch, NWVBl 2019, 89; Zaremba, DÖV 2019, 221.
80 S. etwa BVerfGE 103, 142 ff. zu Art. 13 Abs. 2 GG.

III. Gefahrenabwehrrechtliche Verantwortlichkeit: Der Adressat

1. Bedeutung der gefahrenabwehrrechtlichen Verantwortlichkeit

175 Eine materielle Rechtmäßigkeitsvoraussetzung ist neben dem Vorliegen der ausdrücklich normierten tatbestandlichen Voraussetzungen stets die Frage nach dem richtigen Adressaten der polizeilichen Gefahrenabwehrmaßnahme. Hier geht es ausschließlich um die Frage, ob der tatsächlich mit einer Maßnahme Belegte nach den rechtlichen Vorschriften Adressat der Maßnahme sein durfte bzw. ob derjenige, dem gegenüber man eine gefahrenabwehrrechtliche Verfügung erlassen will, Adressat sein kann. Die davon zu unterscheidende Frage, ob man gegebenenfalls auch oder vorrangig jemand anderen mit der (oder einer anderen) Maßnahme hätte belegen können oder sogar müssen, stellt sich erst im Rahmen des Ermessens (Adressatenauswahlermessen).[81]

176 In einigen Ermächtigungsgrundlagen ergibt sich der Adressat schon zwingend aus der Zielsetzung der Norm bzw. ihrem Wortlaut (z.B. § 9 PolG: „jede Person", § 34a PolG: nur der Täter/die Täterin der häuslichen Gewalt). Bei anderen Ermächtigungsnormen (z.B. in den Generalklauseln, § 8 Abs. 1 PolG) fehlen solche Festlegungen hinsichtlich des Adressaten. Immer dann, wenn die Ermächtigungsnorm nicht explizit oder aus zwingenden Gründen nur bestimmte Adressaten zulässt, ist auf die Vorschriften der Gefahrenabwehrgesetze zu den Störern bzw. über die Voraussetzungen der Inanspruchnahme als Nichtstörer zurückzugreifen (§§ 4, 5, 6 PolG). Diese Bestimmungen sind keine eigenständigen Ermächtigungsgrundlagen, sondern (lediglich) Adressatenregelungen (vgl. auch jeweils Absatz 4 der §§ 4, 5 PolG zur vorrangigen Anwendbarkeit von expliziten Regelungen zum Adressaten).

2. Verhaltensverantwortlichkeit

177 Die Polizei kann ihre Maßnahme zunächst gegen denjenigen richten, der die Gefahr verursacht (§ 4 Abs. 1 PolG). Man spricht von Handlungsstörern oder (genauer, da auch durch Unterlassen Gefahren verursacht werden können) Verhaltensstörern bzw. -verantwortlichen.

178 Für die Beurteilung der Frage, ob eine Person eine Gefahrenlage verursacht, sind unterschiedliche Kriterien entwickelt worden, deren Kenntnis im Einzelnen nicht erwartet wird. Vorzunehmen ist eine wertende Betrachtung, wobei Ausgangspunkt nach herrschender Meinung die sog. Theorie der unmittelbaren Verursachung ist. Danach ist nur dasjenige Verhalten für das Entstehen der Gefahrenlage ursächlich, das selbst unmittelbar die Gefahrenschwelle überschreitet. Es kommt mithin entscheidend darauf an, wer (meist in zeitlicher Hinsicht) das letzte Glied der Kausalkette gesetzt hat, die zu der als Gefahrenlage zu bewertenden Situation geführt hat. Dies kann derjenige sein, der schon von vornherein den wesentlichen tatsächlichen Grund für die Gefahr gesetzt hat, zu dem nur noch unwesentliche Kausalbeiträge hinzutreten. Es kann aber auch derjenige sein, der mit seinem Handeln oder Unterlassen mit Blick auf das Entstehen der Gefahrenlage „das Fass zum Überlaufen" bringt. Der unmittelbar zur Gefahr führende Beitrag muss in einer wertenden Betrachtung ermittelt werden. Im Zusammenhang mit polizeilichen Eingriffsmaßnahmen im präventiven Bereich ist die Frage der Verursachung meist relativ einfach zu beantworten.

---

81 Vgl. eingehend Frenz, Die Polizei 2013, 279.

Gefahrenabwehrrechtliche Verantwortlichkeit: Der Adressat

Beispiel
Dem polizeibekannten Fußball-Hooligan H gegenüber wird eine sog. Meldeauflage erteilt. Er hat sich aufgrund dieser Anordnung 15 Minuten nach Anpfiff von Auswärtsspielen „seiner" Mannschaft auf einer Polizeiwache außerhalb des Austragungsortes zu melden. Diese Meldepflicht soll verhindern, dass er bei Auswärtsspielen Gewalttätigkeiten verübt. Da H selbst die problematischen Handlungen vornehmen könnte, verursacht er die Gefahr und ist damit Verhaltensverantwortlicher.

Besonderheiten ergeben sich beim sog. Zweckveranlasser. Die (im Einzelnen umstrittene) Rechtsfigur erfasst Fälle, in denen die dargestellten Zurechnungskriterien nicht zu zufriedenstellenden Ergebnissen führen: Situationen, in denen eine Person eine andere zur Verursachung einer Gefahr für eines der gefahrenabwehrrechtlich relevanten Schutzgüter veranlasst, also ein Dritter gleichsam dazwischentritt. Es geht also – folgt man der Theorie von der unmittelbaren Verursachung – um eine Zuweisung von (Verhaltens-)Verantwortlichkeiten „über die letzte Ursache hinaus". Zweifelhaft ist jeweils, ob der Hintermann (ebenfalls) als Verhaltensverantwortlicher gefahrenabwehrrechtlich verantwortlich ist und mit behördlichen Verfügungen belegt werden darf. Er dürfte jedenfalls dann verhaltensverantwortlich i.S.v. § 4 Abs. 1 PolG sein, wenn er mit Wissen und Wollen handelt (subjektives Kriterium) bzw. das Geschehen maßgeblich in Händen hält (objektives Kriterium). Details sind sehr umstritten; es genügt in der eingriffsrechtlichen Fallbearbeitung regelmäßig, das Problem zu erkennen und die eigene Lösung argumentativ zu begründen. 179

Beispiel
Ladeninhaber L möchte sein Geschäft beleben und stellt eine mit Wasser gefüllte Badewanne in das Schaufenster seines Ladens, in der eine mit einem Bikini bekleidete Frau liegt. Es bilden sich ständig große Menschenansammlungen vor dem Schaufenster, die den Gehweg und die Straße blockieren. Die Polizei könnte hier zwar gegen die unmittelbaren Verursacher der Gefahr – die die Straße blockierenden Menschen – vorgehen und etwa Platzverweise erteilen. Da aber zu erwarten ist, dass sich binnen kürzester Zeit andere vor dem Schaufenster versammeln, wird die Polizei L dazu auffordern, die Badewanne zu entfernen. L ist bei wertender Betrachtung als Zweckveranlasser Verhaltensverantwortlicher nach § 4 Abs. 1 PolG.

Die Gefahrenabwehrgesetze normieren eine Zusatzverantwortlichkeit bestimmter Personengruppen, denen die Erfüllung einzelner zivilrechtlicher Pflichten obliegt (Aufsichtspflicht für Minderjährige, Aufsichtspflicht für der Betreuung unterliegende Personen, Geschäftsbesorgung des Verrichtungsgehilfen, vgl. § 4 Abs. 2 und 3 PolG). Diese Zustandsverantwortlichkeit ergänzt stets nur eine bereits bestehende Verhaltensverantwortlichkeit, ist also insoweit akzessorisch: Fehlt eine Verantwortlichkeit des Dritten, kann auch die Zusatzverantwortlichkeit nicht greifen; auf der anderen Seite entfällt mit der Zusatzverantwortlichkeit auch nicht die Verhaltensverantwortlichkeit des Dritten. 180

3. Zustandsverantwortlichkeit

Als Zustandsstörer gefahrenabwehrrechtlich verantwortlich und damit tauglicher Adressat ist auch der Inhaber der tatsächlichen Gewalt (vgl. § 5 Abs. 1 PolG) bzw. der Eigentümer von Tieren oder Sachen (vgl. § 5 Abs. 2 PolG) oder ggf. der „andere Berechtigte".[82] Voraussetzung ist, dass von der Sache bzw. dem Tier eine Gefahr ausgeht. Dies kann der Fall sein, wenn die Sache bzw. das Tier selbst gefährlich ist. 181

---

[82] Eingehend Hummel, Die Verwaltung 2010, 521.

> **Beispiel**
> Zustandsverantwortlich und damit Adressat polizeilicher Maßnahmen kann derjenige sein, der im Auftrag des Eigentümers mit dem nicht angeleinten und keinen Maulkorb tragenden bissigen Bullterrier Gassi geht (Inhaber der tatsächlichen Gewalt).

182 Zudem kann sich eine von einer Sache ausgehende Gefahr auch aus deren Lage im Raum ergeben, obwohl die Sache selbst ungefährlich ist.

> **Beispiel**
> Das fahrtüchtige, aber die Zufahrt blockierend vor einer Feuerwehrzufahrt parkende Kraftfahrzeug verursacht durch diese Position eine Gefahr; der Fahrzeugführer bzw. der Halter ist Zustandsverantwortlicher.

183 Inhaber der tatsächlichen Gewalt ist, wer die tatsächliche Sachherrschaft über die Sache ausübt. Die Eigentümerstellung richtet sich jeweils nach den einschlägigen zivilrechtlichen Vorschriften. Der frühere Eigentümer einer nunmehr herrenlosen Sache, der das Eigentum aufgegeben hat, bleibt nach § 5 Abs. 3 PolG weiterhin als Zustandsstörer verantwortlich. Er soll sich nicht durch eine bloße Aufgabe des Eigentums und Entledigung der Sache seiner gefahrenabwehrrechtlichen Verantwortlichkeit entziehen können. Der Eigentümer ist jedoch nicht als Zustandsstörer verantwortlich, wenn der Inhaber der tatsächlichen Gewalt diese gegen den Willen des Eigentümers ausübt (vgl. § 5 Abs. 2 Satz 2 PolG), diesem die Sache also etwa entwendet hat.

4. Inanspruchnahme Nichtverantwortlicher

184 Unter engen Voraussetzungen kann auch eine Person als Adressat von Gefahrenabwehrmaßnahmen in Anspruch genommen werden, die nicht als Zustands-, Verhaltens- oder Zusatzverantwortliche qualifiziert werden kann (§ 6 PolG). Es handelt sich um die Fälle des sog. gefahrenabwehrbehördlichen (auch: polizeilichen) Notstands bzw. der Nichtstörer-Inanspruchnahme.[83] Die in der Norm genannten Voraussetzungen müssen kumulativ vorliegen.

185 Erforderlich ist zunächst eine gegenwärtige erhebliche Gefahr (§ 6 Abs. 1 Nr. 1 PolG). Maßnahmen gegen Verhaltens- oder Zustandsstörer dürfen darüber hinaus nicht oder nicht rechtzeitig möglich sein bzw. keinen Erfolg versprechen (§ 6 Abs. 1 Nr. 2 PolG). Maßnahmen gegenüber Nichtstörern sind mithin gegenüber der Inanspruchnahme von Störern subsidiär. Sie kommen also etwa dann in Betracht, wenn keine Störer greifbar sind oder Maßnahmen ihnen gegenüber nicht zur Gefahrenabwehr beitragen können. Weiterhin ist erforderlich, dass die Gefahrenabwehrbehörde die Gefahr nicht selbst oder durch einen Beauftragten abwenden kann (§ 6 Abs. 1 Nr. 3 PolG). So muss die Polizei etwa erwägen, ob sie beispielsweise durch die Anforderung von Amtshilfe durch andere Behörden, die möglicherweise besser zur Gefahrenabwehr geeignet, befähigt oder ausgestattet sind, die Gefahr beheben kann. Schließlich darf der Nichtstörer nur ohne erhebliche eigene Gefährdung und ohne Verletzung sonstiger bzw. höherrangiger Pflichten in Anspruch genommen werden (§ 6 Abs. 1 Nr. 4 PolG). Dies bedeutet einerseits, dass es dem Nichtverantwortlichen nicht zugemutet werden kann, eigene hochrangige Rechtsgüter zu gefährden. Bei den höherwertigen Pflichten geht es nicht um eigene Rechtsgüter, sondern um Pflichten, die Dritten gegenüber bestehen und die in einer Abwägung gegenüber dem durch die Inanspruchnahme eines Nichtstörers zu schützenden Rechtsgut als höherwertig zu bewerten sind.

---

83 Eingehend Barczak, Die Verwaltung 2016, 157; Kießling, JURA 2016, 483.

IV. Ermessen bei präventivpolizeilichen Maßnahmen

Liegen die tatbestandlichen Voraussetzungen der Ermächtigungsgrundlage vor und ist der richtige Adressat bestimmt, stellt sich die Frage nach den Rechtsfolgen. Die Ermächtigungsgrundlagen benennen meist präzise, welche Konsequenz sich aus dem Vorliegen der Voraussetzungen ergibt: Meist wird der Polizei bzw. Ordnungsbehörde eine bestimmte Maßnahme gestattet, und in der Norm steht das Wort „kann". Die Polizei unterliegt im Zusammenhang mit der Gefahrenabwehr dem sog. Opportunitätsgrundsatz – sie **kann** eine bestimmte Maßnahme ergreifen, muss dies aber nicht; sie kann aufgrund der besonderen Gründe des Einzelfalles etwa von einer Maßnahme absehen. In der Rechtmäßigkeitsprüfung ist die ordnungsgemäße Ermessensausübung der letzte Prüfungspunkt. Es muss untersucht werden, ob die im Sachverhalt handelnden Beamten ihr Ermessen pflichtgemäß ausgeübt haben – die Ermessensausübung wird nur und ausschließlich daraufhin überprüft, ob sie ermessensfehlerfrei erfolgt ist (vgl. § 3 Abs. 1 PolG).

186

Der Polizei kommt Ermessen zunächst in Form des Entschließungsermessens zu; sie kann also entscheiden, ob sie tätig wird. Bei Gefahrenlagen, in denen hochrangige Rechtsgüter geschädigt zu werden drohen, wird man häufig eine „Ermessensreduzierung auf null", also eine Pflicht zum Einschreiten annehmen können – den Staat treffen grundrechtliche Schutzpflichten. Zudem hat die Polizei Auswahlermessen zum einen hinsichtlich des Adressaten (sofern mehrere Störer als Adressaten in Betracht kommen), zum anderen hinsichtlich der zu treffenden Maßnahme.

187

Auf diesen Ermessensebenen können der Polizei Ermessensfehler unterlaufen. Beim Ermessensnichtgebrauch stellt die Polizei keine Ermessenserwägungen an, obwohl sie einen Entscheidungsspielraum hat. Beim Ermessensfehlgebrauch bezieht sie sachfremde Erwägungen in ihre Entscheidung ein. Eine Ermessensüberschreitung liegt vor, wenn die Polizei die gesetzlichen Grenzen des Ermessens überschreitet, also etwa eine Rechtsfolge setzt, die von der Ermächtigungsnorm nicht vorgesehen ist.

188

> **Beispiele**
> Die Polizei richtet ihre Maßnahme gegen einen von zwei potenziellen Adressaten, ohne sich Gedanken über die Auswahl zu machen (Ermessensnichtgebrauch) bzw. weil ihr der eine der beiden unsympathischer ist (Ermessensfehlgebrauch). – Die Polizei ordnet einen Platzverweis mit einer Dauer von drei Tagen an; dies ist – weil nicht vorübergehend – nicht von der Ermächtigungsnorm gedeckt (Ermessensüberschreitung).

In der eingriffsrechtlichen Fallbearbeitung sind Ermessensfehler selten; der Sachverhalt wird – sofern hierzu vertiefte Ausführungen erwartet werden – entsprechend eindeutig auf problematisches Handeln hinweisen. Im Regelfall genügt der Satz: „Ermessensfehler sind nicht ersichtlich."

189

In der Praxis ist häufig die Auswahl des Adressaten problematisch. Bei diesem Adressatenauswahlermessen haben sich die Polizeibeamten von dem Grundsatz leiten zu lassen, dass die Maßnahme demjenigen gegenüber zu treffen bzw. ein bestimmtes Handeln desjenigen anzuordnen ist, der die Gefahr am schnellsten und effektivsten beseitigen kann. Gängige Faustregeln wie „Verhaltensstörer vor Zustandsstörer" können allenfalls dann herangezogen werden, wenn sich angesichts des Ziels der Maßnahme, die Gefahr zu beseitigen, keine klare Entscheidung ergibt. Im Regelfall weist allerdings der Verhaltensstörer auch eine größere zeitliche oder örtliche Nähe zur Gefahrenlage auf; bei mehreren Verhaltensverantwortlichen

190

wird man etwa auch auf den Anteil der Verursachungsbeiträge abstellen können. Auch die wirtschaftliche Leistungsfähigkeit kann eine Rolle spielen, wenn sie für die Effizienz der Gefahrenabwehr bedeutsam ist.[84]

D. Abgrenzungsproblematik: Doppelfunktionale Maßnahmen und Gemengelagen

191 Bei der Entscheidung, einen Grundrechtseingriff vorzunehmen, bedarf es auch der Festlegung, welches Ziel die Maßnahme verfolgt. Denn wenn präventive Zwecke verfolgt werden, sind gefahrenabwehrende Vorschriften einschlägig; werden repressive Zwecke verfolgt, ist die Ermächtigungsgrundlage aus der Strafprozessordnung zu entnehmen. Erst wenn die Zielrichtung festgelegt ist, können die Voraussetzungen des Eingriffes bestimmt werden.

> **Beispiele**
> Bei einer hilflosen Person wird die Identität festgestellt, um sie nach Hause bringen zu können. Zielrichtung ist hier die Gefahrenabwehr, daher ist die Ermächtigung aus einem gefahrenabwehrenden Gesetz, z.B. dem Polizeigesetz, zu nehmen.
> Bei einem Ladendieb wird die Identität festgestellt, um eine Strafanzeige fertigen zu können. Die Maßnahme erfolgt damit zu repressiven Zwecken. Die Ermächtigung ergibt sich daher aus der Strafprozessordnung, hier § 163b Abs. 1 StPO.

192 Die Bestimmung der Zielrichtung ist nicht nur unter dem Aspekt der Bestimmung der Eingriffsvoraussetzungen wichtig, sondern nach der Zielrichtung bestimmt sich auch der Rechtsschutz gegen polizeiliche Maßnahmen. Gegen Maßnahmen aufgrund der Polizei- und Sicherheitsgesetze ist der Verwaltungsrechtsweg nach den §§ 40 ff. VwGO eröffnet, gegen strafprozessuale Maßnahmen der Rechtsweg nach den §§ 23 ff. EGGVG, § 98 Abs. 2 Satz 2, §§ 304 ff. StPO. Zudem ist bei strafprozessualen Maßnahmen die Staatsanwaltschaft weisungsbefugt, bei polizeirechtlichen Maßnahmen der jeweilige polizeiliche Behördenleiter.

193 Werden bei polizeilichen Einsätzen mehrere Maßnahmen getroffen, ist immer für jede einzelne Maßnahme deren Zielrichtung zu bestimmen. Oft wechselt diese innerhalb eines Einsatzes.

> **Beispiel**
> Am Tatort wird eine Person wegen des Verdachts eines Tötungsdelikts vorläufig festgenommen (= repressive Zielrichtung). Vor der Mitnahme zur Wache wird er durchsucht (= präventive Zielrichtung). Auf der Wache wird ihm eine Blutprobe entnommen (= repressive Zielrichtung).

194 Nicht selten dient eine Maßnahme präventiven wie auch repressiven Zwecken. Es handelt sich dann um eine doppelfunktionale Maßnahme.

> **Beispiele**
> Der nach einem Kiosk-Überfall flüchtige Täter wird von den Beamten am Arm gehalten und zu Boden gebracht.
> Ein Geiselnehmer wird überwältigt.
> Bei einem vermutlichen Brandstifter wird eine Videoobservation seiner Wohnungstür durchgeführt.

195 Bei diesen Beispielen dient die Maßnahme sowohl gefahrenabwehrenden Zwecken (Sicherung der Beute für den Geschädigten, Sicherung von Leib und Leben für die Geiseln, Verhinderung weiterer Brandstiftungen) als auch repressiven Zwecken (Festnahme des Täters zur Sicherung des Strafverfahrens).

---

84   S. eingehend Bialon/Springer, 6. Kap. Rn. 3 ff.; Thiel, § 8 Rn. 165 ff.; zum Verhältnismäßigkeitsgrundsatz eingehend unten Rn. 199 ff.

Ein grundsätzlicher Vorrang der Gefahrenabwehr vor Strafverfolgung besteht jedenfalls bei der hier erforderlichen Zuordnung nicht. Denn verfassungsrechtlich stehen gefahrenrechtliche Schutzaufträge gleichrangig mit dem Gebot der effektiven Strafverfolgung. Die Strafverfolgung ist gemäß § 163 Abs. 1 StPO gar explizit gesetzlich verpflichtend.[85] Bei doppelfunktionalen Maßnahmen ist vielmehr die Rechtsgrundlage nach herrschender Meinung anhand des Schwerpunkts zu bestimmen. Liegt er überwiegend im präventiven Bereich, so sind die Polizeigesetze, bei überwiegend strafprozessualem Bereich ist die Strafprozessordnung einschlägig.[86]

196

Schwierigkeiten liegen aber in der Bestimmung dieses Schwerpunktes. Nach herrschender Meinung kommt es dabei darauf an, wie sich der konkrete Lebenssachverhalt einem verständigen Bürger in der Lage des Betroffenen bei natürlicher Betrachtungsweise darstellt. Eine Maßnahme, die nach dem Gesamteindruck darauf gerichtet ist, eine strafbare Handlung zu erforschen oder sonst zu verfolgen, ist der Kontrolle der ordentlichen Gerichte nicht etwa deshalb entzogen, weil durch die polizeilichen Ermittlungen möglicherweise zugleich auch künftigen Verletzungen der öffentlichen Sicherheit vorgebeugt wurde.[87] Maßgeblich für die Bestimmung sind einerseits Art und Höhe des drohenden Schadens und die Bedeutung der bedrohten Rechtsgüter sowie die Gemeinschädlichkeit der Gefahr. Schließlich ist auch die Gegenwärtigkeit der Gefahr zu berücksichtigen. Zudem spielen die Stärke des Tatverdachts und die Schwere der zugrunde liegenden Straftat, die Bedeutung des Strafanspruchs des Staates sowie das Begehungsstadium eine Rolle.[88] Dabei ist nach der „Je-desto-Formel" zu verfahren: Je größer die Gefahr und die bedrohten Rechtsgüter, desto eher ist von Gefahrenabwehr auszugehen. Kann ein Schwerpunkt deshalb nicht festgestellt werden, weil die Maßnahme nach der Vorstellung der handelnden Beamten explizit sowohl präventiven als auch repressiven Zwecken dienen soll, so kann sie auch auf die jeweils einschlägigen Ermächtigungsnormen aus dem PolG und der StPO gestützt werden;[89] es müssen dann jeweils alle Voraussetzungen erfüllt sein, sodass zwei gesonderte Rechtmäßigkeitsprüfungen vorzunehmen sind.

197

Abzugrenzen ist das Problem der doppelfunktionalen Maßnahme im Rahmen von Gemengelagen („Sowohl-als-auch-Fall") von der Aufgabenkollision, wenn also bei polizeilichen Lagen mehrere Aufgaben miteinander kollidieren („Entweder-oder-Fall"). Bei der Aufgabenkollision ist die vorrangig zu erfüllende Aufgabe nach der Güterabwägung zu bestimmen. Wenn hochwertige Rechtsgüter unmittelbar in Gefahr sind, geht die Aufgabe der Gefahrenabwehr der Strafverfolgung vor.

198

Beispiel
Polizeibeamte beobachten beim Eintreffen an einem Brandtatort, wie die Täter flüchten. Sie sehen von einer Verfolgung ab, löschen den Brand und versorgen Verletzte.

E. Verhältnismäßigkeit

Jede Maßnahme muss dem rechtsstaatlichen Gebot der Verhältnismäßigkeit entsprechen. Dieser Grundsatz ergibt sich schon aus dem Wesen der Grundrechte selbst, die als Ausdruck

199

---

85 So auch Nolte, Kriminalistik 2007, 343 (346).
86 BVerwGE 47, 255.
87 BVerwGE 47, 255.
88 Vgl. zur Abwägung Nolte, Kriminalistik 2007, 343.
89 Vgl. BGHSt 62, 123.

des allgemeinen Freiheitsanspruchs des Bürgers gegenüber dem Staat von der öffentlichen Gewalt jeweils nur so weit beschränkt werden dürfen, als es zum Schutz öffentlicher Interessen unerlässlich ist.[90] Der Verhältnismäßigkeitsgrundsatz enthält vier Teilgebote: Staatliche Eingriffe müssen einem legitimen Zweck dienen sowie geeignet, erforderlich und angemessen sein.

200 Bei der Feststellung des legitimen Zwecks ist kurz darauf einzugehen, ob die Maßnahme präventiven oder repressiven Zwecken dient, und was mit der Maßnahme im Einzelfall erreicht werden soll.

201 Geeignet ist die Maßnahme, wenn damit der Zweck – also die Gefahrenabwehr bzw. das Ermittlungsziel – gefördert werden kann. Es genügt ein „Schritt in die richtige Richtung". Entscheidend ist eine Betrachtung ex ante, also die Beurteilung vor Durchführung der Maßnahme. Die Feststellung im Nachhinein (ex post), dass die Gefahrenabwehr bzw. die Ermittlungen nicht gefördert wurden, berührt nicht die grundsätzliche Eignung.

202 Erforderlich ist die Maßnahme, wenn es keine ebenso geeignete, mildere Möglichkeit gibt, den Zweck zu erreichen.

203 Angemessen ist eine Maßnahme, wenn der Eingriff in die Grundrechte des Betroffenen nicht erkennbar außer Verhältnis zu den zu erreichenden Zielen der Maßnahme steht. Bei Gefahrenabwehrmaßnahmen ist mit den Grundrechten, die durch die Maßnahme geschützt werden, abzuwägen. Bei repressiven Maßnahmen ist demgegenüber zu prüfen, ob der Eingriff in die Grundrechte des Betroffenen nicht erkennbar außer Verhältnis zum Strafverfolgungsinteresse der Allgemeinheit steht. Die Angemessenheit wird auch als Verhältnismäßigkeit im engeren Sinne bezeichnet. Maßgebliche Abwägungskriterien für die Verhältnismäßigkeit repressiver Maßnahmen sind die Schwere des Tatvorwurfes und die Stärke des Tatverdachtes auf der einen, die Folgen für den Betroffenen auf der anderen Seite. Besonders zu beachten ist die ebenfalls im Verfassungsrang stehende Unschuldsvermutung, die sich explizit aus Art. 6 Abs. 2 EMRK und Art. 14 Abs. 2 IPBPR ergibt. Dieses Abwägungsgebot ist zunächst an den Gesetzgeber adressiert. Er hat durch die Ausgestaltung der Eingriffsbefugnisse für eine Konkretisierung des Verhältnismäßigkeitsgrundsatzes zu sorgen. Je intensiver der Grundrechtseingriff ist, desto höher sind auch die Tatbestandsvoraussetzungen der Eingriffsbefugnis.

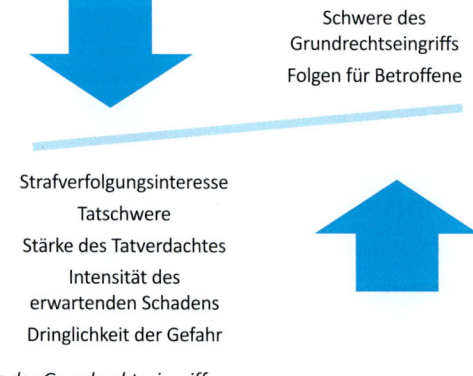

Abbildung 1.9: Schwere des Grundrechtseingriffs

---

90 BVerfGE 19, 342.

Verhältnismäßigkeit

Im PolG ist der Verhältnismäßigkeitsgrundsatz in § 2 normiert. Er ist auch in einige Tatbeständen der StPO aufgenommen worden. So weisen § 112 Abs. 1 StPO (Voraussetzungen der U-Haft), § 163b Abs. 2 Satz 2 StPO (Identitätsfeststellung beim Unverdächtigen) und § 163d Abs. 1 StPO (Netzfahndung) auf das Erfordernis der Verhältnismäßigkeit hin. **204**

Insbesondere die Subsidiaritätsklauseln in den Bestimmungen zu einigen verdeckten Maßnahmen sollen ein abgestuftes Verhältnismäßigkeitssystem darstellen. Sie gibt es dabei in fünf verschiedenen Varianten: Die Eingriffsbefugnis wird davon abhängig gemacht, dass die Erforschung des Sachverhalts oder die Ermittlung des Aufenthaltsortes des Beschuldigten durch andere Maßnahmen „aussichtslos", „unverhältnismäßig erschwert oder aussichtslos", „aussichtslos oder wesentlich erschwert" beziehungsweise „weniger Erfolg versprechend oder erschwert" wäre.[91] Durch eine derart feine Abstimmung ist für den Gesetzesanwender eine exakte Grenzziehung nicht möglich. Daher ist der praktische Wert dieser Subsidiaritätsklauseln eher gering. **205**

---

91   HdP-Frister, Kap. F Rn. 128.

2. Teil
Die eingriffsrechtliche Prüfung

2. Teil Die eingriffsrechtliche Prüfung

Die Prüfung eingriffsrechtlicher Grundrechtseingriffe gestaltet sich im Wesentlichen in drei Schritten: Zunächst wird die mögliche Grundrechtsbeeinträchtigung durch die Maßnahme dargestellt, denn nur im Fall eines Grundrechtseingriffes bedarf es nach dem Vorbehalt des Gesetzes einer Ermächtigungsgrundlage. Dabei wird auch die mögliche Eingriffsermächtigung bereits genannt und damit die Zielrichtung der Maßnahme festgelegt. Sodann folgt zweitens die Prüfung der formellen und drittens der materiellen Rechtmäßigkeit.

206

> I. Rechtsgrundlage
> II. Formelle Rechtmäßigkeit
> III. Materielle Rechtmäßigkeit

Abbildung 2.1:   Übersicht zur Prüfungsreihenfolge

I. Rechtsgrundlage

1. Grundrechtseingriffe

Zunächst ist neben der Person des Grundrechtsträgers insbesondere der Eingriff in den sachlichen Schutzbereich eines oder mehrerer Grundrechte darzustellen. Denn aus dem Grundrechtseingriff erwächst nach dem Grundsatz des Vorbehalts des Gesetzes die Notwendigkeit einer gesetzlichen Ermächtigungsgrundlage.

207

2. Zielrichtung

In Abgrenzung vom Strafprozess- zum Polizeirecht ist nunmehr darzustellen, welcher Zielrichtung die Maßnahme dient. Die Zielrichtung polizeilichen Handelns ist aufgrund der verschiedenen Aufgabenfelder nicht immer offenkundig. Denn die Polizei hat im Wesentlichen zwei große Aufgabenbereiche.

208

Sie hat nach den Polizei- und Sicherheitsgesetzen der Ländern oder spezialgesetzlichen Aufgabenzuweisungen Gefahren abzuwehren, somit hat sie die Aufgabe der Prävention (vgl. § 1 PolG). Andererseits hat sie gemäß § 163 Abs. 1 Satz 1 StPO Straftaten zu erforschen und alle keinen Aufschub gestattenden Anordnungen zu treffen, um die Verdunkelung der Sache zu verhüten. Diese Aufgabe wird gemäß § 53 Abs. 1 Satz 1 StPO entsprechend für Ordnungswidrigkeiten übertragen. Sie handelt in dieser Hinsicht repressiv.

209

Bei der Entscheidung, einen Grundrechtseingriff vorzunehmen, bedarf es auch der Festlegung, welches Ziel die Maßnahme verfolgt. Denn wenn präventive Zwecke verfolgt werden, sind gefahrenabwehrende Vorschriften einschlägig; werden repressive Zwecke verfolgt, ist die Ermächtigungsgrundlage aus der Strafprozessordnung zu entnehmen. Erst wenn die Zielrichtung festgelegt ist, können die Voraussetzungen des Eingriffes bestimmt werden.

210

> **Beispiele**
> Bei einer hilflosen Personen wird die Identität festgestellt, um sie nach Hause bringen zu können. Zielrichtung ist hier die Gefahrenabwehr, daher ist die Ermächtigung aus einem gefahrenabwehrenden Gesetz, z.B. Polizeigesetz, zu nehmen.

Bei einem Ladendieb wird die Identität festgestellt, um eine Strafanzeige fertigen zu können. Die Maßnahme erfolgt damit zu repressiven Zwecken. Die Ermächtigung ergibt sich daher aus der Strafprozessordnung, hier § 163b Abs. 1 StPO.

211 Die Bestimmung der Zielrichtung ist nicht nur unter dem Aspekt der Ermittlung der Eingriffsvoraussetzungen wichtig, sondern nach der Zielrichtung bestimmt sich auch der Rechtsschutz gegen polizeiliche Maßnahmen. Gegen Maßnahmen aufgrund der Polizei- und Sicherheitsgesetze ist der Verwaltungsrechtsweg nach §§ 40 ff. VwGO eröffnet, gegen strafprozessuale Maßnahmen der Rechtsweg nach §§ 23 ff. EGGVG; § 98 Abs. 2 Satz 2, §§ 304 ff. StPO. Zudem ist bei strafprozessualen Maßnahmen die Staatsanwaltschaft weisungsbefugt, bei polizeirechtlichen Maßnahmen der jeweilige polizeiliche Behördenleiter.

212 Werden bei polizeilichen Einsätzen mehrere Maßnahmen getroffen, ist immer für jede einzelne Maßnahme deren Zielrichtung zu bestimmen. Oft wechselt diese innerhalb eines Einsatzes.

Beispiel
Am Tatort wird eine männliche Person wegen des Verdachts eines Tötungsdelikts vorläufig festgenommen (= repressive Zielrichtung). Vor der Mitnahme zur Wache wird er durchsucht (= präventive Zielrichtung). Auf der Wache wird ihm eine Blutprobe entnommen (= repressive Zielrichtung).

213 Nicht selten dient eine Maßnahme präventiven wie auch repressiven Zwecken. Es handelt sich dann um eine sog. doppelfunktionale Maßnahme (vgl. dazu Rn. 191 ff.).

3. Ermächtigungsgrundlage

214 Schließlich ist die in Betracht kommende Ermächtigungsgrundlage möglichst präzise zu nennen. Dies muss vor der weiteren Prüfung erfolgen. Findet sich nämlich keine Befugnisnorm, die in Betracht kommt, ist der Grundrechtseingriff aufgrund des Grundsatzes „Vorbehalt des Gesetzes" rechtswidrig. Dann bedarf es keiner weiteren Prüfungen.

II. Formelle Rechtmäßigkeit

215 Bei der formellen Rechtmäßigkeit staatlicher Eingriffe sind die sachliche und örtliche Zuständigkeit sowie die allgemeinen Verfahrens- und Formvorschriften zu prüfen.

1. Sachliche Zuständigkeit

216 Die sachliche Zuständigkeitsregel schreibt einem staatlichen Organ eine Aufgabe zu. Gemäß § 163 Abs. 1 Satz 1 StPO wird der Polizei die Aufgabe der Strafverfolgung zugewiesen. Demnach haben die Behörden und Beamten des Polizeidienstes Straftaten zu erforschen und alle keinen Aufschub gestattenden Anordnungen zu treffen, um die Verdunkelung der Sache zu verhüten. Diese Verpflichtung nennt man Legalitätsprinzip. Im Gegensatz dazu unterliegt die Ordnungswidrigkeitenverfolgung dem Opportunitätsprinzip. Denn gemäß § 53 Abs. 1 Satz 1 OWiG haben die Beamten des Polizeidienstes lediglich nach pflichtgemäßem Ermessen Ordnungswidrigkeiten zu verfolgen. Welche Behörden und Beamte des Polizeidienstes für die Verfolgung von Straftaten bzw. Ordnungswidrigkeiten zuständig sind, bestimmen landesrechtliche Regelungen (so nach § 11 Abs. 1 Nr. 2 POG die Kreispolizeibehörden).

217 Nach § 1 Abs. 1 PolG obliegt die Aufgabe der Gefahrenabwehr ebenfalls der Polizei (vgl. dazu Rn. 131 ff.).

2. Örtliche Zuständigkeit

Die örtliche Zuständigkeit beschreibt den räumlichen Bereich des zulässigen polizeilichen Handelns. Die Strafprozessordnung enthält in dieser Hinsicht keine Regelungen für polizeiliche Maßnahmen, Bestimmungen dazu enthalten die Polizei(organisations)gesetze der Länder.[92] So ist der räumliche Zuständigkeitsbereich gemäß § 7 POG regelmäßig der Bezirk, in dem die polizeilich zu schützenden Interessen verletzt oder gefährdet werden. Darüber hinaus kann die Polizei grundsätzlich zur Verfolgung von Straftaten auch außerhalb ihres Bezirks tätig werden, unter bestimmten Umständen auch außerhalb Nordrhein-Westfalens (§ 8 PolG).

218

Einen speziellen Fall der örtlichen Zuständigkeit regelt § 167 GVG hinsichtlich der Nacheile von Straftätern. Demnach sind alle Polizeivollzugsbeamten ermächtigt, die Verfolgung eines Flüchtigen auf dem Gebiet eines anderen Bundeslandes fortzusetzen und den Flüchtigen dort zu ergreifen. Weitere Verfolgungszuständigkeiten regeln Art. 40, 41 SDÜ (dazu Rn. 10).

219

3. Instanzielle Zuständigkeit

Im Allgemeinen wird bei verwaltungsrechtlichen Klausuren ferner die instanzielle Zuständigkeit unterschieden. Damit ist die Zuständigkeit innerhalb des Behördenaufbaus nach landesrechtlichen Regelungen gemeint.

220

In Nordrhein-Westfalen bestehen gemäß § 2 Abs. 1 POG mehrere Polizeibehörden: Das Landeskriminalamt, das Landesamt für Ausbildung, Fortbildung und Personalangelegenheiten der Polizei und als Kreispolizeibehörden zum einen die Polizeipräsidien in Polizeibezirken mit mindestens einer kreisfreien Stadt, zum anderen die Landrätinnen und Landräte, soweit das Kreisgebiet zu einem Polizeibezirk bestimmt wird. Die Aufgaben der drei zentralen Polizeibehörden ergeben sich aus §§ 13 ff. POG. Die Kreispolizeibehörden sind gemäß § 10 Satz 1, § 11 Abs. 1 Nr. 1 POG für die Gefahrenabwehr, insbesondere nach dem PolG, zuständig. Die Aufteilung der Kreispolizeibehörden in Polizeipräsidien und Landrätinnen/Landräte ergibt sich aus der kommunalen Gliederung des Landes. Die Landrätinnen und Landräte sind die allgemeinen Verwaltungsbehörden der Kreise, also der kommunalen Ebene oberhalb der Gemeindeebene. Sie nehmen die polizeilichen Aufgaben für das Land wahr. Man spricht hier von einer sog. Organleihe. In Polizeibezirken mit (mindestens) einer kreisfreien Stadt besteht die Besonderheit, dass es in den kreisfreien Städten keine Kreise gibt, die Kreisaufgaben mithin von den Städten wahrgenommen werden. Um zu vermeiden, dass auch die polizeilichen Aufgaben bei den Städten angesiedelt sind, sieht das POG die Einrichtung der Polizeipräsidien als eigenständige Kreispolizeibehörden vor. Die Gliederung der Polizeibezirke deckt sich nicht völlig mit den Kreisgrenzen und den Grenzen der kreisfreien Städte, da in einigen Gebieten zahlreiche kreisfreie Städte liegen.

221

Die Kreispolizeibehörden sind meist in vergleichbarer Weise organisiert. Unterhalb der eigentlichen Leitung (Landrätin/Landrat bzw. Polizeipräsident/in) finden sich vier Direktionen: Zentrale Aufgaben, Gefahrenabwehr/Einsatz, Kriminalität und Verkehr – entsprechend den in § 11 Abs. 1 POG genannten Aufgaben der Kreispolizeibehörden. Die Kreispolizeibehörden können, da es sich nicht um natürliche Personen, also Menschen handelt, selbst keine Maßnahmen durchführen. Für sie werden Polizeivollzugsbeamtinnen und -beamte tätig, die man als sog. Amtswalter der jeweiligen Behörde bezeichnet.

222

---

92   Vgl. für NRW: § 7 Abs. 2 Nr. 1 POG; Thüringen: § 3 POG; für Baden-Württemberg § 75 PolG.

223 Bei repressiven und präventiven Maßnahmen bedarf die instanzielle Zuständigkeit im Regelfall keines gesonderten Prüfungspunktes, sondern kann als Annex in der sachlichen Zuständigkeit erwähnt werden.

> **Beispiel**
> Nach § 11 Abs. 1 Nr. 2 POG sind für die Strafverfolgung die Kreispolizeibehörden zuständig. Gleiches gilt gemäß § 11 Abs. 1 Nr. 1 POG für die Gefahrenabwehr.

4. Allgemeine Verfahrens- und Formvorschriften

224 Weitere Aspekte der formellen Rechtmäßigkeit sind im Verwaltungsrecht Form- und Verfahrensvorschriften. Die Formvorschriften legen fest, in welcher äußeren Form die Maßnahme zu erfolgen hat. In Betracht kommt dabei in erster Linie die mündliche Anordnung, einige Maßnahmen bedürfen aber auch der schriftlichen Anordnung. Verfahrensvorschriften regeln die flankierenden Bestimmungen, die beim Vollzug einer Maßnahme zu beachten sind. Da sich diese Bestimmungen beim Strafprozessrecht immer auf spezielle Ermächtigungsgrundlagen beziehen, ist es zulässig, diese in der materiellen Rechtmäßigkeitsprüfung zu behandeln (dazu Rn. 228 ff.).

225 Bei präventiven Maßnahmen sind, soweit es sich um Verwaltungsakte handelt, die Verfahrens- und Formvorschriften des Verwaltungsverfahrensgesetzes (VwVfG) zu beachten. Für den repressiven Bereich gelten diese Vorgaben nicht. Verwaltungsakte sind dadurch gekennzeichnet, dass sie eine verbindliche Rechtsfolge setzen („Regelung"). Im polizeilichen Handlungsfeld ist dies insbesondere dann der Fall, wenn dem Adressaten ein Handeln, Dulden oder Unterlassen auferlegt wird.

> **Beispiele**
> Der Polizeibeamte P ruft dem mit einem Messer auf ihn zulaufenden A entgegen: „Lassen Sie das Messer fallen!" (Handlungsanordnung).
> Der Polizeibeamte P äußert dem eine Durchsuchung seiner Kleidung ablehnenden B gegenüber: „Sie haben die Durchsuchung zu dulden!" (Duldungsanordnung).
> Der Minderjährige wirft mit Steinen gegen Fensterscheiben eines Geschäftshauses. Der Polizeibeamte P ordnet ihm gegenüber an: „Höre damit auf, Steine gegen die Fensterscheiben zu werfen!" (Unterlassungsanordnung).

226 Liegt ein solcher den Adressaten einschränkender Verwaltungsakt vor, haben die handelnden Beamten diesem gemäß § 28 Abs. 1 VwVfG vor Erlass der Anordnung ausdrücklich Gelegenheit zu geben, sich zu den für die Entscheidung erheblichen Tatsachen zu äußern. Die bloße Befragung zum Sachverhalt reicht nicht; vielmehr muss der geplante Verwaltungsakt mitgeteilt werden. Es genügt, wenn dem Adressaten diese Möglichkeit eingeräumt wird. Ob er von ihr Gebrauch macht, bleibt ihm selbst überlassen. Von der Anhörung kann abgesehen werden, wenn sie nach den Umständen des Einzelfalls nicht geboten ist (§ 28 Abs. 2 VwVfG). Die Vorschrift nennt sodann einige sog. Regelbeispiele, bei deren Vorliegen von einer Anhörung abgesehen werden kann. Für die Polizei werden sehr häufig § 28 Abs. 2 Nr. 1 und Nr. 5 VwVfG einschlägig sein. Gemäß Nr. 1 kann von der Anhörung u. a. abgesehen werden, wenn eine sofortige Entscheidung wegen Gefahr im Verzug notwendig erscheint. Polizeiliche Maßnahmen sind oft in besonderer Eile zu treffen, so dass Gefahr im Verzug angenommen werden kann. Nach Nr. 5 kann zudem von der Anhörung abgesehen werden, wenn Maßnahmen in der Verwaltungsvollstreckung getroffen werden sollen. Dies gilt für Anordnungen im Zusammenhang mit polizeilichem Zwang (dazu Rn. 1343 ff.).

Handelt es sich um einen **präventiven Verwaltungsakt**, so ist dieser – sofern nicht speziellere Regelungen eine bestimmte Form vorschreiben – formfrei. Gemäß § 37 Abs. 2 Satz 1 VwVfG (der für repressive Maßnahmen nicht gilt) kann ein Verwaltungsakt „schriftlich, elektronisch, mündlich oder in anderer Weise" erlassen werden. „In anderer Weise" kann die Polizei etwa Anordnungen durch Handzeichen treffen. In der eingriffsrechtlichen Prüfung genügt meist der Satz: „Polizeiliches Handeln ist formfrei".

III. Materielle Rechtmäßigkeit

Bei der materiellen Rechtmäßigkeit geht es um die Gesetzmäßigkeit der Maßnahme der Sache nach. Es wird geprüft, ob die Voraussetzungen der Norm, die flankierenden Bestimmungen und die Anordnungskompetenz vorlagen. Zudem muss sich die Maßnahme gegen den richtigen Adressaten richten und der rechtsstaatliche Grundsatz der Verhältnismäßigkeit muss beachtet werden.

1. Tatbestandsvoraussetzungen der Ermächtigungsgrundlage

Zunächst müssen die Tatbestandsvoraussetzungen der im Einzelfall gewählten Ermächtigungsgrundlage erfüllt sein. Sie beschreiben die Bedingungen, die gegeben sein müssen, damit eine Rechtsfolge gesetzt werden kann. Es handelt sich um den Kern der Prüfung polizeilicher Maßnahmen; hier ist häufig ein besonderer Aufwand bei der Prüfung und Begründung erforderlich. Wichtig ist eine sachgerechte und nachvollziehbare Reihenfolge bei der Prüfung der einzelnen Tatbestandsmerkmale.

> **Beispiel**
> Eine Beschlagnahme von Beweismitteln darf gemäß § 94 StPO nur bei Tatverdacht, potenzieller Beweismitteleignung und potenzieller Verfahrensbedeutung durchgeführt werden.

2. Maßnahmenspezifische Verfahrensvorschriften

Die meisten Standardmaßnahmen erfordern die Einhaltung spezieller, maßnahmenspezifischer Verfahrensvorschriften. Bei diesem Prüfungspunkt sind zwei Überlegungen anzustellen:
1. Besteht eine besondere Regelung hinsichtlich der Frage, wer die Maßnahme anordnen darf?
2. Bestehen Regelungen, die besondere Anforderungen an die Art und Weise der Durchführung der Maßnahme stellen?

Die erste Frage betrifft die sog. Anordnungskompetenz. Über die Durchführung vieler Maßnahmen dürfen die handelnden Polizeibeamtinnen und -beamten vor Ort selbst entscheiden. Häufig ist aber die Anordnung anderen Personen vorbehalten. In diesen Fällen erfolgt lediglich die Durchführung der Maßnahme durch die Polizeibeamtinnen und -beamten vor Ort.

> **Beispiel**
> Die Durchsuchung einer Wohnung zur Gefahrenabwehr nach § 41 PolG darf außer bei Gefahr im Verzug nur durch den Richter angeordnet werden (§ 42 Abs. 1 PolG). Ebenso verhält es sich bei einer Wohnungsdurchsuchung zur Strafverfolgung (§§ 102, 105 StPO).

Die Anordnungskompetenz ist im Wesentlichen abhängig von der Intensität des Grundrechtseingriffes. In Betracht kommen:

→ Anordnung ausschließlich durch das Gericht
Beispiel: Akustische Wohnraumüberwachung (§§ 100c, 100d StPO), DNA-Reihenuntersuchung (§ 81h StPO)

→ Anordnung grundsätzlich durch das Gericht (bei Gefahr im Verzug auch Staatsanwaltschaft bzw. Ermittlungspersonen der Staatsanwaltschaft oder – sonstige – Polizeibeamte)
Beispiel: Wohnungsdurchsuchung (§ 41 PolG), elektronische Aufenthaltsüberwachung (§ 34c PolG), Telekommunikationsüberwachung
(§§ 100a, 100c StPO), Beschlagnahme (§ 98 StPO),
körperliche Untersuchung (§ 81a StPO),
Durchsuchung beim Verdächtigen (§§ 102, 105 StPO)

→ Anordnung durch die Staatsanwaltschaft oder Polizei
Beispiel: Datenabgleich (§ 98c StPO), Identitätsfeststellung (§ 163c StPO)

→ Anordnung nur durch Polizeibeamte (die die Eigenschaft als Ermittlungsperson der Staatsanwaltschaft nicht besitzen)
Beispiel: Sicherstellung (§ 43 PolG, § 94 StPO), Identitätsfeststellung (§ 12 PolG), Wohnungsverweisung, ggf. Rückkehrverbot (§ 34a PolG), erkennungsdienstliche Behandlung (§ 81b Nr. 2 StPO)

→ Anordnung durch den/die Behördenleiter/-in der Polizei
Beispiel: Längerfristige Observation (§ 16a PolG)

233 Die zweite Frage zielt auf die sog. Durchführungsbestimmungen ab. Das Gesetz regelt also bestimmte einzuhaltende Modalitäten der Maßnahmenanwendung.

Beispiele
Eine weibliche Person soll zur Gefahrenabwehr durchsucht werden. § 39 Abs. 3 Satz 1 PolG schreibt für die Maßnahme der Durchsuchung von Personen vor, dass sie nur von Personen gleichen Geschlechts oder von Ärzten durchsucht werden dürfen. Eine Ausnahme gilt nach Satz 2 nur, wenn die sofortige Durchsuchung zum Schutz gegen eine Gefahr für Leib oder Leben erforderlich ist.
Bei einer nicht auf richterliche Anordnung gründenden Beschlagnahme ist gemäß § 98 Abs. 2 StPO innerhalb von drei Tagen eine richterliche Bestätigung einzuholen.

234 Bei manchen Durchführungsbestimmungen führt die Nichtbeachtung durch die eine Maßnahme vornehmenden Polizeibeamtinnen und -beamten zur Rechtswidrigkeit dieser Maßnahme. Ein Verstoß gegen andere Durchführungsbestimmungen lässt die Rechtmäßigkeit der Eingriffsmaßnahme dagegen unberührt.

Beispiele
Wird im vorigen Beispiel eine weibliche Person von zwei männlichen Beamten durchsucht, ohne dass eine sofortige Durchsuchung zum Schutz gegen eine Gefahr für Leib oder Leben erforderlich ist, so ist die Durchsuchung rechtswidrig.
§ 34a Abs. 4 PolG fordert u. a., dass die Polizei die gefährdete Person bei einer Wohnungsverweisung mit Rückkehrverbot auf die Möglichkeit der Beantragung zivilrechtlichen Schutzes hinweist. Unterlassen die handelnden Beamten diesen Hinweis, führt dies nicht zu einer Rechtswidrigkeit der Wohnungsverweisung und des Rückkehrverbots.
§ 34a Abs. 7 PolG ordnet zudem an, dass die Einhaltung eines Rückkehrverbotes mindestens einmal während seiner Geltung zu überprüfen ist. Bei dieser Regelung ist zweifelhaft, ob sie als Durchführungsbestimmung einzuordnen ist. Denn sie trifft keine Anordnungen hinsichtlich der Maßnahme oder begleitender Handlungen, sondern begründet eine eigenständige Pflicht der Beamtinnen und Beamten, innerhalb der zehntägigen Dauer des Rückkehrverbots (mindestens) einmal nachzusehen, ob der Adressat dem Verbot Folge leistet oder aber anordnungswidrig in die Wohnung zurückgekehrt ist.

Materielle Rechtmäßigkeit

3. Adressat

Die Maßnahme muss sich gegen den richtigen Adressaten richten. Dieser ergibt sich bei strafprozessualen Maßnahmen regelmäßig aus der Ermächtigungsnorm. In Betracht kommen nach der Strafprozessordnung:

- Verdächtiger (z.B. bei der Identitätsfeststellung gemäß § 163b Abs. 1 StPO)
- Beschuldigter (z.B. bei der körperlichen Untersuchung, § 81a StPO)
- Unverdächtiger = Zeuge (z.B. bei der Durchsuchung gemäß § 103 StPO)
- Kontakt-, Begleitpersonen (z.B. bei der längerfristigen Observation, § 163f StPO)
- Jedermann (z.B. bei der Einrichtung einer Kontrollstelle, § 111 StPO)

235

Handelt die Polizei zur Gefahrenabwehr, müssen sich die Maßnahmen ebenfalls gegen den richtigen Adressaten richten. Vereinzelt ergibt sich auch hier der Adressat zweifelsfrei aus der Ermächtigungsgrundlage.

236

> **Beispiel**
> Bei einer Wohnungsverweisung mit Rückkehrverbot gemäß § 34a PolG kann die Polizei „eine Person zur Abwehr einer von ihr ausgehenden Gefahr für Leib, Leben oder Freiheit einer anderen Person" aus einer Wohnung, in der die gefährdete Person wohnt, und aus deren unmittelbaren Umgebung verweisen und ihr die Rückkehr in diesen Bereich untersagen. Hier ist zu prüfen, ob die fragliche Gefahr von der verwiesenen Person ausgeht.

Fehlt es in der Ermächtigungsgrundlage an einer klaren Adressatenregelung, ist auf die allgemeinen Bestimmungen zum Adressaten (= denjenigen, gegen den die Maßnahme zu richten ist), in §§ 4, 5 und 6 PolG zurückzugreifen. Die Vorschriften regeln die Verhaltens- und die Zustandsverantwortlichkeit sowie die Voraussetzungen, unter denen eine Maßnahme auch gegen einen Nichtverantwortlichen (Nichtstörer) gerichtet werden können (sog. polizeilicher Notstand, dazu Rn. 179 f.).

237

4. Rechtsfolgen

Die Rechtsfolgen beschreiben die Maßnahmen, die bei Vorliegen der Voraussetzungen der Ermächtigungsgrundlage durchgeführt werden dürfen. Sie ergeben sich aus der jeweiligen Ermächtigungsnorm.

238

> **Beispiele**
> § 102 StPO erlaubt die Durchsuchung der Wohnung und anderer Räume sowie der Person und der ihr gehörenden Sachen. Gemeint ist also das zielgerichtete Suchen nach Personen bzw. Gegenständen.
> § 34 Abs. 1 PolG ermächtigt die Polizei bei Vorliegen einer Gefahr dazu, eine Person vorübergehend von einem Ort zu verweisen bzw. ihr vorübergehend das Betreten eines Ortes zu verbieten.

5. Ermessen

Bei präventiven Maßnahmen ist kurz festzustellen, ob Ermessensfehler begangen worden sind (dazu Rn. 186 ff.). Im Regelfall genügt der Satz: „Ermessensfehler sind nicht ersichtlich". Bei repressiven Maßnahmen besteht aufgrund des Legalitätsgrundsatzes kein Entschließungsermessen; gleichwohl können die handelnden Beamtinnen und Beamten entscheiden, welche Maßnahme sie welchem Adressaten gegenüber treffen. Ermessensfehler werden hierbei aber ebenfalls nur im Ausnahmefall festzustellen sein.

239

6. Verhältnismäßigkeit

240 Jede Maßnahme muss dem rechtsstaatlichen Gebot der Verhältnismäßigkeit entsprechen. Dieser Grundsatz ergibt sich schon aus dem Wesen der Grundrechte selbst, die als Ausdruck des allgemeinen Freiheitsanspruchs des Bürgers gegenüber dem Staat von der öffentlichen Gewalt jeweils nur so weit beschränkt werden dürfen, als es zum Schutz öffentlicher Interessen unerlässlich ist.[93] Der Verhältnismäßigkeitsgrundsatz enthält vier Teilgebote: Staatliche Eingriffe müssen einem legitimen Zweck dienen sowie geeignet, erforderlich und angemessen sein (eingehend u. Rn. 199 ff.).

IV. Prüfungsschema

241

Prüfungsschema Eingriffsmaßnahme

„Die von PK X durchgeführte ... *Maßnahme nennen* ... könnte gemäß § ... StPO/PolG *(oder Spezialgesetz)* rechtmäßig gewesen sein."
oder
„Zu prüfen ist die Rechtmäßigkeit der von PK X durchgeführten *Maßnahme nennen* ..."

I. Rechtsgrundlage
  1. Grundrechtseingriff
  2. Präventive oder repressive Zielrichtung
  3. Mögliche Ermächtigungsgrundlage

II. Formelle Rechtmäßigkeit
  1. Sachliche Zuständigkeit

   Repressiv:
   → § 163 Abs. 1 Satz 1 StPO i.V.m. § 10 Satz 1, § 11 Abs. 1 Nr. 2 POG
   Präventiv:
   → § 1 Abs. 1 Satz 1 *(je nach Maßnahme Satz 2 oder Satz 3 nennen)*, § 10 Satz 1, § 11 Abs. 1 Nr. 1 POG

  2. Örtliche Zuständigkeit
   → § 7 Abs. 1 POG *(sofern kein Sonderfall)*

III. Materielle Rechtmäßigkeit
  1. Tatbestandsvoraussetzungen der Ermächtigungsgrundlage
  2. Maßnahmenspezifische Verfahrensvorschriften
  3. Adressat
  4. Rechtsfolgen
  5. Ermessen
  6. Verhältnismäßigkeit
     a) Legitimer Zweck
     b) Geeignetheit
     c) Erforderlichkeit
     d) Angemessenheit

IV. Ergebnis

Abbildung 2.2: Prüfungsschema Eingriffsmaßnahme

---

[93] BVerfGE 19, 342.

Prüfungsschema

In den folgenden Kapiteln wird für jede einzelne Eingriffsmaßnahme eine Übersicht dargestellt, die ihrer Struktur nach der Standardübersicht entspricht. Auf die Überschriften I bis III (Rechtsgrundlage, Formelle Rechtmäßigkeit und Materielle Rechtmäßigkeit) sowie auf die Punkte III 5. und 6. (Ermessen und Verhältnismäßigkeit) wurde in der Regel durchgängig verzichtet, da es in erster Linie jeweils auf die Kernpunkte der materiellen Rechtmäßigkeit (1. Tatbestandsvoraussetzungen, 2. Maßnahmenspezifische Verfahrensvorschriften, 3. Adressaten, 4. Rechtsfolgen) ankommt, die auch im Einzelnen im Anschluss an die Übersichten erläutert werden. Zuvor wird jeweils eine kurze Darstellung der Ermächtigungsgrundlage sowie der in Frage kommenden Grundrechtseingriffe gegeben.

242

3. Teil

Eingriffsbefugnisse

3. Teil Eingriffsbefugnisse

A. Generalklauseln

I. Ermittlungsgeneralklausel (§§ 161 Abs. 1, 163 Abs. 1 Satz 2 StPO)

- Aufsatz-Literatur: Müller, Kriminalistik 2005, 295 (Einsatzmöglichkeiten virtueller Vertrauenspersonen, Verdeckter Ermittler und nicht öffentlich ermittelnder Polizeibeamter); Hefendehl, GA 2011, 209 (Die Entfesselung des Strafverfahrens über Methoden der Nachrichtendienste); Jahn, JuS 2009, 664 (Automatisierte Abfrage von Kreditkartendaten im Auftrag der Staatsanwaltschaft); Strauß, NStZ 2006, 556 (Das Ende der Ermittlungsbefugnis der Staatsanwaltschaft); Hilger, NStZ 2000, 561 (Zum Strafverfahrensrechtsänderungsgesetz 1999).
- Leitentscheidungen: BVerfG NJW 2009, 1405 (Abgrenzung zwischen Ermittlungsgeneralklausel und Spezialermächtigung, hier §§ 98a, 98b StPO); BGH NStZ 2010, 527 (Verdeckte Ermittlung in der Strafhaft); LG Köln NStZ 2009, 352 (Auskunft über dynamische IP-Adresse).

Ermittlungsgeneralklausel (§§ 161, 163 Abs. 1 Satz 2 StPO)

1. **Tatbestandsvoraussetzungen**
   - Tatverdacht
   - es droht die Verdunkelung der Sache
   - keine Spezialermächtigung anwendbar
2. **Maßnahmenspezifische Verfahrensvorschriften**
   - Anordnungskompetenz: StA + Polizeibeamte
3. **Adressat**
   - Verdächtige
   - Unverdächtige
   - Behörden
4. **Rechtsfolgen**
   - geringfügige Informationseingriffe jeder Art, insbesondere:
     - Auskunftsverlangen
     - informatorische Befragung
     - kurzfristige Observation
     - Fertigung von Tatortfotos
     - Einsatz von NoeP, V-Person

Tatverdacht ist gegeben, wenn tatsächliche hinreichende Anhaltspunkte für eine verfolgbare Straftat vorliegen.

Verdächtiger ist derjenige, bei dem Anhaltspunkte bestehen, er könne Täter oder Teilnehmer einer verfolgbaren Straftat sein.

Abbildung 3.1: Überblick zur Prüfung der Ermittlungsgeneralklausel

3. Teil • Eingriffsbefugnisse

1. Überblick

243 §§ 161 Abs. 1, 163 Abs. 1 Satz 2 StPO sind eine Generalklausel für nicht schwerwiegende Grundrechtseingriffe. Damit wird der Grundsatz der freien Gestaltung des Ermittlungsverfahrens konstituiert. Demnach sind alle zulässigen Maßnahmen zu ergreifen, die geeignet und erforderlich sind, zur Aufklärung der Straftat beizutragen.[94] Es gilt aber das Subsidiaritätsprinzip: Die Vorschrift ist nur anwendbar, wenn die Rechtsfolge nicht in anderen Vorschriften spezialgesetzlich geregelt ist.

244 Datenschutzrechtliche Vorgaben der EU wurden 2019 in § 161 StPO aufgenommen.[95] Insofern ist die Vorschrift nicht nur eine eingriffsrechtliche Generalklausel, sondern regelt darüber hinaus auch datenschutzrechtliche Verwendungsbeschränkungen, welche bei allen Maßnahmen zu beachten sind.

245 In § 163 StPO sind ebenfalls über die Generalbefugnis hinaus allgemeine Vorschriften zu Zeugen und das Verhältnis von Polizei und Staatsanwaltschaft enthalten, die für die hier betreffende Generalbefugnis nicht näher relevant sind.

2. Grundrechtseingriffe

246 Durch Maßnahmen aufgrund der Ermittlungsgeneralklausel wird regelmäßig in das Recht auf informationelle Selbstbestimmung aus Art. 2 Abs. 1 i.V.m. Art. 1 Abs. 1 GG eingegriffen. Das Grundrecht aus Art. 2 Abs. 1 i.V.m. Art. 1 Abs. 1 GG gewährleistet die Befugnis des Einzelnen, grundsätzlich selbst über die Preisgabe und Verwendung seiner persönlichen Daten zu bestimmen. Es sichert seinen Trägern insbesondere Schutz gegen unbegrenzte Erhebung, Speicherung, Verwendung und Weitergabe der auf sie bezogenen, individualisierten oder individualisierbaren Daten.

3. Tatbestandsvoraussetzungen

247 Durch den Verweis auf § 160 StPO ergibt sich, dass die Maßnahme zum Zwecke der Strafverfolgung erfolgen muss, als Grundvoraussetzung muss daher ein Tatverdacht bestehen. Es müssen also zureichende tatsächliche Anhaltspunkte dafür vorliegen, dass eine verfolgbare Straftat begangen wurde. Zudem ist die Norm nur anwendbar, wenn die beabsichtige Maßnahme nicht spezialgesetzlich geregelt ist. Für polizeiliche Auskunftsverlangen an Behörden muss Gefahr im Verzuge vorliegen. Dies bedeutet, dass der Untersuchungserfolg ohne ein Tätigwerden der Behörden vereitelt oder erschwert werden würde.

4. Maßnahmenspezifische Verfahrensvorschriften

248 Gemäß § 161 StPO ist die Staatsanwaltschaft befugt, die Anordnungen zu treffen. § 163 Abs. 1 Satz 2 StPO regelt die entsprechende Befugnis für die Beamten des Polizeidienstes. Über die – geringen – Tatbestandsvoraussetzungen hinaus bestehen keine besonderen Durchführungsvorschriften.

5. Adressat

249 Maßnahmen können sich gegen Beschuldigte, Verdächtige und Zeugen richten.

---

94 BVerfG NStZ 1996, 45.
95 Gesetz zur Umsetzung der Richtlinie (EU) 2017/680 im Strafverfahren sowie zur Anpassung datenschutzrechtlicher Bestimmungen an die Verordnung (EU) 2016/679.

Ermittlungsgeneralklausel (§§ 161 Abs. 1, 163 Abs. 1 Satz 2 StPO)

6. Rechtsfolgen

§§ 161 Abs. 1, 163 Abs. 1 Satz 2 StPO lassen nach ihrem Wortlaut Auskunftsersuchen/-verlangen und „Ermittlungen jeder Art" zu. Diese Ermittlungsgeneralklausel wurde durch das StVÄG 1999[96] geschaffen. Um Auskünfte kann bei Behörden ersucht werden. Bei Gefahr im Verzuge kann auch die Polizei Auskunft verlangen, die Staatsanwaltschaft kann dagegen diese Auskünfte immer verlangen. Grenzen sind hier doch die gesetzlichen Vorgaben zum Datenschutz. 250

> **Beispiele**
> Das Steuer- (§ 30 AO) und das Sozialgeheimnis (§ 35 SGB I) stehen der Auskunftspflicht entgegen, nicht jedoch das gesetzlich nicht geregelte „Bankgeheimnis".

Bei Privatpersonen kann ebenfalls Auskunft eingeholt werden, jedoch sind hier die Grenzen zur Zeugen- bzw. Beschuldigtenvernehmung zu beachten. 251

> **Beispiel**
> Am Unfallort stellen die Polizeibeamten mehrere verletzte Personen fest. Nach der Erstversorgung fragen sie umherstehende Personen, wer an dem Unfall beteiligt war und wer den Unfallhergang beobachtet hat.

Diese Befragung ist (noch) keine Zeugenvernehmung, da der Status der Personen noch nicht geklärt ist. Es handelt sich um eine informatorische Befragung nach der Generalklausel. 252

Für Auskunftsverlangen hinsichtlich Bestandsdaten an Telekommunikationsdiensteanbieter (Provider) gilt die vorrangige Spezialvorschrift des § 100j StPO. Wenn dort Verkehrsdaten erhoben werden sollen, ist § 100g StGB einschlägig. 253

Weitere zulässige Maßnahmen nach §§ 161, 163 StPO sind insbesondere 254
- offene oder verdeckte kurzfristige Observation,
- Bildaufnahmen vom Tatort,
- Lichtbildvorlage von möglichen Tätern,
- Einsatz von nicht offen ermittelnden Polizeibeamten (NoeP), z.B. als Scheinkäufer, auch über das Internet,
- Einsatz von Informanten und Vertrauenspersonen (VP, dazu Rn. 636), auch für Ermittlungen über das Internet.

> **Beispiel**[97]
> Informant B geht zum Schein unter Überwachung der Ermittlungsbeamten über das soziale Netzwerk Facebook auf ein Drogengeschäft ein.

Hier wird das Fernmeldegeheimnis nicht verletzt, es ist kein richterlicher Beschluss nach § 100e StPO erforderlich. Nach der Hörfallen-Entscheidung[98] des Bundesgerichtshofes ist es ein allgemeines Risiko, aufgrund von Angaben überführt zu werden, die man einem anderen im Vertrauen auf dessen Verschwiegenheit gemacht hat. Zudem sei es nicht zu beanstanden, Privatpersonen zur Strafverfolgung einzusetzen. Da aber ein Eingriff in das Recht auf informationelle Selbstbestimmung vorliegt, bedarf es einer Ermächtigungsgrundlage, die hier mit der Ermittlungsgeneralklausel vorliegt. 255

---

[96] Art. 1 Nr. 8, 9 des Gesetzes zur Änderung und Ergänzung des Strafverfahrensrechts – Strafverfahrensänderungsgesetz 1999 (StVÄG 1999) vom 2.8.2000, BGBl. I, S. 1253, S. 1255.
[97] Nach Müller, Kriminalistik 2012, 295 (297).
[98] BGHSt-GS 42, 139.

II. Gefahrenabwehrrechtliche Generalklausel (§ 8 PolG)

- *Aufsatz-Literatur: Anders, Die Polizei 2016, 139 (Beschlagnahmeverfügung zur Bereitstellung von Wohnraum für Asylbewerber auf Grundlage der polizeilichen Generalklausel?); Neuwald, DPolBl 3/2014, 2 (Die polizeiliche Generalklausel); Rodorf, DPolBl 3/2014, 4 (Bedeutung der Generalklausel der Polizeigesetze für die Polizei); Schütte, DPolBl 3/2014, 7 (Ausgewählte Grenzbereiche zwischen der polizeilichen Generalklausel und den polizeilichen Standardbefugnissen); Vogel, DPolBl 3/2014, 15 (Polizeiliche Gefährderansprache und das Gefährderanschreiben); Kreuter-Kirchhof, AöR 2014, 257 (Die polizeiliche Gefährderansprache); Kießling, DVBl 2012, 1210 (Die dogmatische Einordnung der polizeilichen Gefährderansprache in das allgemeine Polizeirecht – Überlegungen zu einer neuen „Standardmaßnahme"); Reuter, Die Polizei 2019, 237 (Gefährderansprache und Sicherheitsgespräch nach § 8, der Generalklausel des nordrhein-westfälischen Polizeigesetzes); Schucht, NVwZ 2011, 709 (Die polizei- und ordnungsrechtliche Meldeauflage: Standortbestimmung und dogmatische Neuausrichtung).*
- *Leitentscheidungen: OVG Münster NVwZ-RR 2012, 470 (Glasflaschenverbot im Kölner Karneval); VGH Kassel NVwZ-RR 2012, 344 (Gefährderansprache im Zusammenhang mit Inkassounternehmen); OVG Lüneburg NJW 2006, 391 (Gefährderanschreiben auf der Grundlage der Generalklausel); OVG Lüneburg NVwZ-RR 2006, 613 (Meldeauflage gegenüber Hooligan).*
- *Übungsfälle: Braun/Kolpak, PSP 4/2015, 19 (Klausur Eingriffsrecht/Staatsrecht (Grundstudium): Ärger auf dem Bürgerfest); Schneider, ZJS 2008, 281 (Meldeauflagen und „Gefährderanschreiben").*

Gefahrenabwehrrechtliche Generalklausel (§ 8 Abs. 1 PolG)

1. **Tatbestandsvoraussetzungen**
   - konkrete Gefahr für die öffentliche Sicherheit oder Ordnung
2. **Maßnahmenspezifische Verfahrensvorschriften**
   - Durchführung durch jeden Polizeibeamten
3. **Adressat**
   - polizeirechtlich Verantwortlicher (Störer)
   - Nichtstörer
4. **Rechtsfolgen**
   - zur Abwehr der Gefahr notwendige Maßnahmen

Unter **Gefahr** versteht man eine Sachlage, in der bei ungehindertem Fortgang der Ereignisse mit hinreichender Wahrscheinlichkeit ein Schaden an einem der durch die Ermächtigungsgrundlage geschützten Rechtsgüter eintreten wird.

Zur **öffentlichen Sicherheit** gehören die Unverletzlichkeit der objektiven Rechtsordnung, der Bestand und die Funktionsfähigkeit des Staates und anderer Träger hoheitlicher Gewalt, ihrer Einrichtungen und Veranstaltungen, sowie Individualrechtsgüter und Kollektivrechtsgüter.

Unter **öffentlicher Ordnung** versteht man die Gesamtheit der im Rahmen der verfassungsgemäßen Ordnung liegenden ungeschriebenen Regeln für das Verhalten des Einzelnen in der Öffentlichkeit, deren Beachtung nach den jeweils herrschenden Anschauungen als unerlässliche Voraussetzung eines geordneten staatsbürgerlichen Zusammenlebens gilt.

Abbildung 3.2: Schema zur Prüfung der gefahrenabwehrrechtlichen Generalklausel (§ 8 Abs. 1 PolG)

Gefahrenabwehrrechtliche Generalklausel (§ 8 PolG)

1. Überblick

Auf die gefahrenabwehrrechtliche Generalklausel in § 8 Abs. 1 PolG kann die Polizei Maßnahmen nur dann stützen, wenn keine spezialgesetzlichen Ermächtigungsgrundlagen eingreifen (s. auch § 8 Abs. 2 PolG) und auch keine Standardmaßnahmen anwendbar sind („soweit nicht die §§ 9 bis 46 die Befugnisse der Polizei besonders regeln"). Insbesondere kann die Polizei damit Maßnahmen auf der Grundlage der Generalklausel treffen, für die der Gesetzgeber (noch) keine eigenständige Standardmaßnahme normiert hat; allerdings wird kontrovers diskutiert, ob die Polizeibehörden dies auch über einen längeren Zeitraum tun können, oder ob die Maßnahmen ihre Rechtmäßigkeit verlieren, wenn der Gesetzgeber nicht nach einer Übergangszeit eine explizite Regelung trifft. Kann die Polizei auf die Generalklausel zurückgreifen und liegen die tatbestandlichen Voraussetzungen vor, so darf sie alle „notwendigen Maßnahmen" treffen.

256

2. Grundrechtseingriffe

Welche Grundrechte die Polizei mit Maßnahmen auf der Grundlage der Generalklausel beeinträchtigt, ist im Einzelfall zu beurteilen.

257

3. Tatbestandsvoraussetzungen

§ 8 Abs. 1 PolG setzt das Vorliegen einer konkreten Gefahr für die öffentliche Sicherheit oder Ordnung voraus (dazu Rn. 149 ff.). Unter Gefahr versteht man eine Sachlage, in der bei ungehindertem Fortgang der Ereignisse mit hinreichender Wahrscheinlichkeit ein Schaden an einem der durch die Ermächtigungsgrundlage geschützten Rechtsgüter eintreten wird. Zur öffentlichen Sicherheit gehören die Unverletzlichkeit der objektiven Rechtsordnung, der Bestand und die Funktionsfähigkeit des Staates und anderer Träger hoheitlicher Gewalt, ihrer Einrichtungen und Veranstaltungen, sowie Individualrechtsgüter und Kollektivrechtsgüter (Letzteres umstr., vgl. Rn. 155 ff.). Unter der öffentlichen Ordnung versteht man die Gesamtheit der im Rahmen der verfassungsgemäßen Ordnung liegenden ungeschriebenen Regeln für das Verhalten des Einzelnen in der Öffentlichkeit, deren Beachtung nach den jeweils herrschenden Anschauungen als unerlässliche Voraussetzung eines geordneten staatsbürgerlichen Zusammenlebens gilt.

258

4. Adressat

Maßnahmen auf der Grundlage der Generalklausel können nur gegen polizeirechtliche Verantwortliche (sog. Störer) gemäß §§ 4 und 5 PolG gerichtet werden (Verhaltens-, Zusatz- und Zustandsverantwortliche; eingehend Rn. 175 ff.). Unter den engen Voraussetzungen des § 6 PolG kann auch ein Nichtstörer Adressat polizeilicher Maßnahmen sein (oben Rn. 184 f.).

259

5. Rechtsfolgen

§ 8 PolG erlaubt alle „notwendigen Maßnahmen". Die Frage der Notwendigkeit ist im Rahmen der Verhältnismäßigkeitsprüfung zu erörtern. Die Rechtsfolge ist damit entsprechend der Funktion einer Generalklausel weit gefasst. Typische Maßnahmen auf der Grundlage der Generalklausel sind z.B. die Meldeauflage und die Gefährderansprache bzw. das Gefährderanschreiben. Bei der Meldeauflage handelt sich um die Anordnung (Verwaltungsakt), sich zu einem bestimmten Zeitpunkt an einer bestimmten Stelle, meist einer Polizeiwache,

260

zu melden. Durch die Meldepflicht wird der potenzielle Störer also räumlich gebunden. Es handelt sich nicht um eine Vorladung nach § 10 Abs. 1 PolG, so dass auf § 8 Abs. 1 PolG zurückzugreifen ist.

> **Beispiel**
> H, einem polizeibekannten Fußball-Hooligan, der auch in der Datei „Gewalttäter Sport" (Klasse C) eingetragen ist, wird die „Auflage" erteilt, sich jeweils bei Spielbeginn exakt in der Verfügung bestimmter Begegnungen unter Beteiligung „seiner" Mannschaft auf einer näher bezeichneten Polizeiwache (bzw. alternativ auf einer anderen polizeilichen Dienststelle) zu melden.

261 Die Gefährderansprache und das Gefährderanschreiben als schriftliche Variante dienen dazu, einem (potenziellen) Gefahrenverursacher vor Augen zu führen, was die Konsequenzen seines Verhaltens sind, und ihn so von seinen Handlungen abzubringen. Aufgrund ihrer verhaltensleitenden Funktion stellt sie jedenfalls einen Eingriff in die allgemeine Handlungsfreiheit gemäß Art. 2 Abs. 1 GG dar.

> **Beispiel**
> A ist häufiger in gewalttätige Auseinandersetzungen seiner „Gang" verwickelt, die sich vor allem um einen bestimmten Platz in einem Wohnviertel ereignet haben. Nachdem mehrere Strafanzeigen wegen Körperverletzungsdelikten gegen ihn eingetroffen sind, begeben sich die Polizeibeamten P und Q zu A und führen eine Gefährderansprache durch: A solle von weiteren Gewalttätigkeiten absehen, ansonsten könnten zu den Strafanzeigen präventive Maßnahmen wie ein Aufenthaltsverbot oder auch kurzzeitige Ingewahrsamnahmen treten.

6. Ermessen und Verhältnismäßigkeit

262 § 8 Abs. 1 PolG ist eine Ermessensvorschrift. Die Polizei hat also ihr Entschließungs- und Auswahlermessen pflichtgemäß auszuüben (dazu Rn. 186 ff.). Die Maßnahme muss verhältnismäßig sein, also einen legitimen Zweck verfolgen sowie geeignet, erforderlich und angemessen sein (dazu Rn. 199 ff.).

B. Datenerhebung

I. Offene Datenerhebung

- Leitentscheidung: BVerfGE 65, 1 (Volkszählungsurteil, Recht auf informationelle Selbstbestimmung).

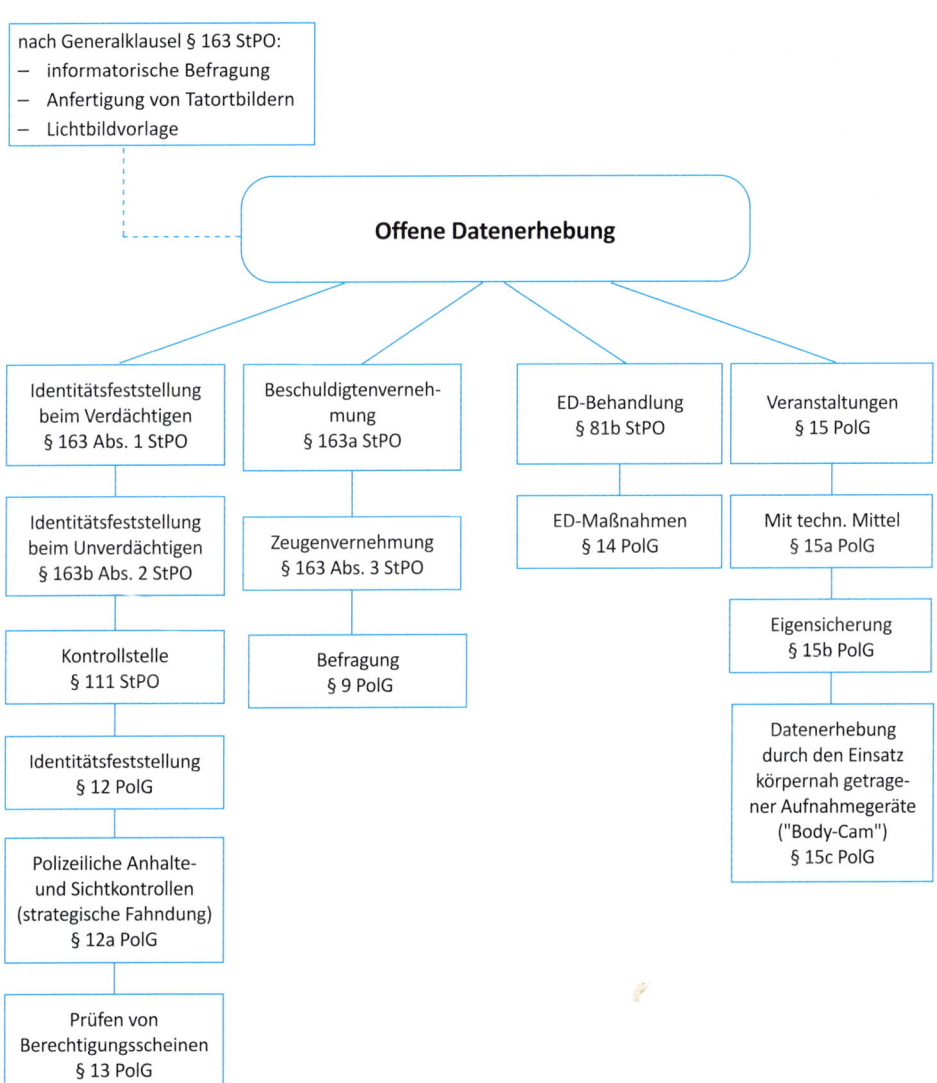

Abbildung 3.3: Übersicht zur offenen Datenerhebung

3. Teil • Eingriffsbefugnisse

1. Identitätsfeststellung beim Verdächtigen (§ 163b Abs. 1 StPO)

- Aufsatz-Literatur: Brenner, VR 2004, 5 (Festnahme und Durchsuchung zur Identitätsfeststellung nach § 163b StPO auch durch Politessen).
- Leitentscheidungen: BVerfG NStZ 2011, 529 (Polizeiliche Ingewahrsamnahme zwecks Identitätsfeststellung und Durchführung erkennungsdienstlicher Maßnahmen).
- Übungsfall: Berning, Kriminalistik 2010, 133 und 199 (Staatsprüfungsklausur mit Lösung im Staatsrecht/Eingriffsrecht).

Identitätsfeststellung beim Verdächtigen (§ 163b Abs. 1 StPO)

1. Tatbestandsvoraussetzungen
- Tatverdacht
- ggf.: IDF sonst nicht oder nur unter erheblichen Schwierigkeiten möglich, siehe unten 4.

2. Maßnahmenspezifische Verfahrensvorschriften
- Anordnungskompetenz: StA + Polizeibeamte

Informationsgebot (§ 163b Abs. 1, § 163a Abs. 4 StPO)
- bei Festhalten:
    - grds. unverzügliche Richtervorführung (§ 163c Abs. 1 StPO)
    - Angehörigenverständigung (§ 114c StPO)
    - Höchstdauer des Festhaltens: 12 Stunden (§ 163c StPO)
    - Belehrungspflichten (§ 114b StPO)
- bei Durchsuchung:
    - gleichgeschlechtliche/ärztliche Durchsuchung (§ 81d StPO analog)
    - Zufallsfunde (§ 108 StPO)

3. Adressat
- Verdächtiger

4. Rechtsfolgen
- erforderliche Maßnahmen:
    - Anhalten
    - Befragen
- wenn IDF sonst nicht oder nur unter erheblichen Schwierigkeiten möglich ist:
    - Festhalten
    - Durchsuchung
    - erkennungsdienstliche Behandlung

Tatverdacht ist gegeben, wenn tatsächliche hinreichende Anhaltspunkte für eine verfolgbare Straftat vorliegen.

Verdächtiger ist derjenige, bei dem Anhaltspunkte bestehen, er könne Täter oder Teilnehmer einer verfolgbaren Straftat sein.

Durchsuchen bedeutet Nachschau halten in der Kleidung und allen ohne Weiteres einsehbaren Körperöffnungen.

Zufallsfunde sind Gegenstände, auf die sich der Durchsuchungszweck nicht bezieht, bei denen aber die Wahrscheinlichkeit besteht, dass sie zum Beweis einer anderen Tat geeignet sind.

Abbildung 3.4: Schema zur Identitätsfeststellung beim Verdächtigen (§ 163b Abs. 1 StPO)

Identitätsfeststellung beim Verdächtigen (§ 163b Abs. 1 StPO)

a) Überblick

Die Identitätsfeststellung beim Verdächtigen ist eine Standardmaßnahme. Während für eine gefahrenabwehrende Identitätsfeststellung nach den Polizeigesetzen der Länder regelmäßig eine konkrete Gefahr gefordert wird, ist hier die Verdächtigeneigenschaft einzige tatbestandliche Zulässigkeitsvoraussetzung. **263**

b) Grundrechtseingriffe

Durch die Identitätsfeststellung wird regelmäßig in das Recht auf informationelle Selbstbestimmung aus Art. 2 Abs. 1 i.V.m. Art. 1 Abs. 1 GG eingegriffen. Zudem liegt durch ein kurzfristiges Anhalten eine Freiheitsbeschränkung i.S.v. Art. 2 Abs. 2 i.V.m. Art. 104 Abs. 1 GG vor. Wird die Person festgehalten, so wird die Freiheit der Person entzogen. Wird sie zum Zwecke der Identitätsfeststellung durchsucht, liegt ein Eingriff in das allgemeine Persönlichkeitsrecht in Form der Intimsphäre aus Art. 2 Abs. 1 i.V.m. Art. 1 Abs. 1 GG vor. **264**

c) Tatbestandsvoraussetzungen/Adressat

Die Identitätsfeststellung nach § 163b Abs. 1 StPO darf sich nur gegen Verdächtige richten. Verdächtiger ist jede Person, bei der tatsächliche hinreichende Anhaltspunkte dafür vorliegen, dass sie Täter oder Teilnehmer einer Straftat sein könnte. Der Anfangsverdacht einer Straftat muss sich also auf eine konkrete Person als möglichen Beteiligten beziehen. **265**

Kinder (Personen unter 14 Jahren) können keine Verdächtigen sein, da sie gemäß § 19 StGB schuldunfähig sind, insofern also keine verfolgbare Straftat vorliegen kann. Sie sind demnach Unverdächtige, die Identitätsfeststellung muss sich in diesem Fall nach § 163b Abs. 2 StPO richten, was aber einen Tatverdacht gegen eine andere, verfolgbare Person voraussetzt (dazu im Einzelnen Rn. 283). **266**

> **Beispiel**
> Der 13-jährige A verprügelt gemeinschaftlich mit dem 14-jährigen B den C. Die Identitätsfeststellung richtet sich nach § 163b Abs. 2 StPO an A als Unverdächtigen.

Gleiches gilt für den Fall, dass bei einer strafmündigen Person Rechtfertigungs- oder Entschuldigungsgründe offensichtlich sind.[99]

Die Verdächtigeneigenschaft reicht für die Identitätsfeststellung regelmäßig aus, wenn der Verdächtige lediglich angehalten und befragt wird. Wird er darüber hinaus festgehalten, durchsucht oder erkennungsdienstlich behandelt, so darf das nur erfolgen, wenn die Identität sonst nicht oder nur unter erheblichen Schwierigkeiten festgestellt werden kann (§ 163b Abs. 1 Satz 2 StPO). **267**

> **Beispiel**
> A steht im Verdacht, eine Körperverletzung begangen zu haben. Am Einsatzort gibt er aufgebracht an, keine Personalpapiere bei sich zu führen. Daraufhin durchsuchen ihn die eingesetzten Beamten, finden jedoch keine Ausweispapiere. Daher nehmen sie den A mit zur Wache, um dort seine Identität zu klären.

d) Maßnahmenspezifische Verfahrensvorschriften

Nach der ausdrücklichen Regelung des § 163b Abs. 1 StPO kann die Identitätsfeststellung von der Staatsanwaltschaft und jedem Beamten des Polizeidienstes angeordnet werden. Als zentrale Verfahrensvorschrift bestimmt § 163b Abs. 1 Satz 1 i.V.m. § 163a Abs. 4 Satz 1 StPO eine Informationspflicht. Dem Verdächtigen ist mitzuteilen, welche Tat ihm zur Last gelegt **268**

---
99 Meyer-Goßner/Schmitt, StPO, § 102 Rn. 4.

wird. Weitere Verfahrensvorschriften sind nur zu beachten, wenn über das bloße Anhalten und Befragen hinaus andere Rechtsfolgen gesetzt werden:

Person wird festgehalten

269 Gemäß § 163c StPO darf keine Person länger als zur Feststellung ihrer Identität unerlässlich festgehalten werden, höchstens jedoch zwölf Stunden. Sie ist unverzüglich einem Richter vorzuführen, der über Zulässigkeit und Fortdauer der Freiheitsentziehung entscheidet. Der Vorführung bedarf es nicht, wenn die Herbeiführung einer richterlichen Entscheidung voraussichtlich längere Zeit in Anspruch nehmen würde, als zur Feststellung der Identität notwendig wäre. Dies wird in der Praxis häufig anzunehmen sein.

270 Zudem ist der Person gemäß § 163c Abs. 1 i.V.m. § 114c Abs. 1 StPO Gelegenheit zu geben, einen Angehörigen zu benachrichtigen.

Beispiel
B wird bei einem Ladendiebstahl angetroffen. Sie führt keinerlei Ausweispapiere bei sich. Die Beamten entschließen sich, B mit auf die Wache zu nehmen. Gleichzeitig benachrichtigen sie auf B's Wunsch ihren Ehemann, der versichert, umgehend B's Ausweis zur Wache zu bringen.

271 Gemäß § 163c Abs. 1 i.V.m. § 114b StPO ist der Festgehaltene unverzüglich schriftlich darüber zu belehren, dass er

— unverzüglich einem Richter vorzuführen ist,
— das Recht hat, sich zur Beschuldigung zu äußern oder nicht zur Sache auszusagen,
— zu seiner Entlastung einzelne Beweiserhebungen beantragen kann,
— jederzeit, auch schon vor seiner Vernehmung, einen von ihm zu wählenden Verteidiger verlangen kann,
— einen Angehörigen oder eine Person seines Vertrauens benachrichtigen kann, soweit der Zweck der Untersuchung dadurch nicht gefährdet wird.

272 Der Verdächtige, der der deutschen Sprache nicht hinreichend mächtig ist, ist darauf hinzuweisen, dass er im Verfahren die unentgeltliche Hinzuziehung eines Dolmetschers verlangen kann. Ein ausländischer Staatsangehöriger ist darüber zu belehren, dass er die Unterrichtung der konsularischen Vertretung seines Heimatstaates verlangen und dieser Mitteilungen zukommen lassen kann. Entsprechende Belehrungsvordrucke in verschiedenen Sprachen sind in den Informationssystemen der Polizeibehörden vorrätig.

Person wird durchsucht

273 Wird die Person zur Identitätsfeststellung durchsucht, ist § 81d StPO entsprechend zu beachten. Demnach soll die Durchsuchung von einer Person gleichen Geschlechts oder einem Arzt durchgeführt werden, wenn sie das Schamgefühl verletzen könnte. Einem diesbezüglichen Wunsch des Verdächtigen ist zu entsprechen.

274 Gegenstände, die nichts über die Identität der Person aussagen, aber auf Verübung einer anderen Straftat hindeuten, sog. Zufallsfunde, sind einstweilen in Beschlag zu nehmen. § 108 StPO gilt auch für Durchsuchung zur Identitätsfeststellung.[100]

---

100 Meyer-Goßner/Schmitt, StPO, § 163b Rn. 22.

Identitätsfeststellung beim Verdächtigen (§ 163b Abs. 1 StPO)

e) Rechtsfolgen

Geregelt ist die Identitätsfeststellung. Die Identität ist festgestellt, wenn die Angaben i.S.v. § 111 Abs. 1 OWiG erhoben sind. Dies sind insbesondere Name, Anschrift, Geburtsdatum und -ort. Die Weigerung des Verdächtigen, seine Personalien anzugeben, stellt eine Ordnungswidrigkeit nach § 111 OWiG dar. 275

In § 163b Abs. 1 StPO sind als Rechtsfolgen zunächst alle „erforderlichen Maßnahmen" zur Identitätsfeststellung genannt. Damit ist insbesondere das Anhalten und Befragen gemeint. Wenn die Identität sonst nicht oder nur unter erheblichen Schwierigkeiten festgestellt werden kann, darf der Verdächtige auch festgehalten sowie seine Person und die mitgeführten Sachen durchsucht werden. Zudem ist eine erkennungsdienstliche Behandlung zum Zwecke der Identitätsfeststellung zulässig. Erkennungsdienstliche Behandlungen für (weitere) Zwecke des Strafverfahrens bzw. zum Zwecke des Erkennungsdienstes selbst richten sich nach § 81b StPO. 276

Die Durchsuchungsermächtigung erstreckt sich hier ausschließlich auf die Feststellung der Identität. Sollen dagegen Beweismittel oder Einziehungsgegenstände gefunden werden, richtet sich die Durchsuchung nach §§ 102 ff. StPO. 277

Nach weit verbreiteter Meinung ist auch die Halterfeststellung zur Strafverfolgung eine Identitätsfeststellung nach § 163b StPO. Nach anderer Ansicht ist dies auf die Generalklausel gemäß §§ 161, 163 StPO zu stützen. 278

> **Beispiel**
> Nach einem Raubüberfall auf eine Tankstelle ist der Täter mit einem PKW flüchtig. Zeugen konnten das Kennzeichen ablesen. Polizeibeamte ermitteln aufgrund des Kennzeichens die Halterpersonalien.

3. Teil • Eingriffsbefugnisse

2. Identitätsfeststellung beim Unverdächtigen (§ 163b Abs. 2 StPO)

Identitätsfeststellung beim Unverdächtigen (§ 163b Abs. 2 StPO)

1. **Tatbestandsvoraussetzungen**
   - Tatverdacht
   - zur Aufklärung der Tat geboten
   - ggf.: IDF sonst nicht oder nur unter erheblichen Schwierigkeiten möglich, siehe unten 4.
2. **Maßnahmenspezifische Verfahrensvorschriften**
   - Anordnungskompetenz
     - StA
     - Polizeibeamte
   - Informationsgebot
     (§ 163b Abs. 2, § 69 Abs. 1 StPO)
   - bei Festhalten:
     - grds. unverzügliche Richtervorführung
       (§ 163c Abs. 1 StPO)
     - Angehörigenverständigung (§ 114c)
     - Höchstdauer des Festhaltens: 12 Stunden
       (§ 163c StPO)
     - Belehrungspflichten (§ 114b StPO)
   - bei Durchsuchung:
     - gleichgeschlechtliche/ärztliche Durchsuchung
     - Zufallsfunde (§ 108 StPO)
3. **Adressat:**
   - Unverdächtige
4. **Rechtsfolgen**
   - erforderliche Maßnahmen:
     - Anhalten
     - Befragen
   - wenn IDF sonst nicht oder nur unter erheblichen Schwierigkeiten möglich ist:
     - Festhalten
     - nur mit Zustimmung: Durchsuchung,
     - erkennungsdienstliche Behandlung

Tatverdacht ist gegeben, wenn tatsächliche hinreichende Anhaltspunkte für eine verfolgbare Straftat vorliegen.

Unverdächtiger ist derjenige, bei dem keine Anhaltspunkte dafür bestehen, dass er als Täter oder Teilnehmer einer Straftat in Betracht kommt.

Durchsuchen bedeutet Nachschau halten in der Kleidung und allen ohne Weiteres einsehbaren Körperöffnungen.

Zufallsfunde sind Gegenstände, auf die sich der Durchsuchungszweck nicht bezieht, bei denen aber die Wahrscheinlichkeit besteht, dass sie zum Beweis einer anderen Tat geeignet sind.

Abbildung 3.5: Schema zur Identitätsfeststellung beim Unverdächtigen (§ 163b Abs. 2 StPO)

Identitätsfeststellung beim Unverdächtigen (§ 163b Abs. 2 StPO)

a) Überblick

Die Identitätsfeststellung nach § 163b StPO betrifft in erster Linie Zeugen. Sie dient dem Zweck, für das spätere Strafverfahren Personalien von Personen, die als Zeugen in Betracht kommen, zu sichern.

b) Grundrechtseingriffe

Durch die Identitätsfeststellung wird regelmäßig in das Recht auf informationelle Selbstbestimmung aus Art. 2 Abs. 1 i.V.m. Art. 1 Abs. 1 GG eingegriffen. Zudem liegt durch das kurzfristige Anhalten eine Freiheitsbeschränkung i.S.v. Art. 2 Abs. 2 i.V.m. Art. 104 Abs. 1 GG vor. Wird die Person festgehalten, so wird die Freiheit der Person entzogen. Wird sie zum Zwecke der Identitätsfeststellung durchsucht, liegt ein Eingriff in das allgemeine Persönlichkeitsrecht in Form der Intimsphäre aus Art. 2 Abs. 1 i.V.m. Art. 1 Abs. 1 GG vor.

c) Tatbestandsvoraussetzung

Die Identitätsfeststellung ist zulässig, wenn ein Tatverdacht vorliegt. Das ist nach § 152 Abs. 2 StPO der Fall, wenn zureichende tatsächliche Anhaltspunkte dafür gegeben sind, dass eine verfolgbare Straftat vorliegt. Zudem muss die Identitätsfeststellung zur Aufklärung der Tat geboten sein. Dies ist der Fall, wenn zum Zeitpunkt der beabsichtigten Identitätsfeststellung konkrete Anhaltspunkte dafür bestehen, dass die Person als Zeuge oder als Augenscheinsobjekt benötigt wird. Es muss also noch ein Aufklärungsinteresse bestehen.

> **Beispiel**
> Ein – unbeteiligter – Gast hat bei einer Wirtshausschlägerei Beobachtungen gemacht. Er kommt als Zeuge in Betracht.

d) Maßnahmenspezifische Verfahrensvorschriften

Die Identitätsfeststellung kann auch beim Unverdächtigen von jedem Polizeibeamten und der Staatsanwaltschaft angeordnet werden. Als zentrale Verfahrensvorschrift bei der Identitätsfeststellung beim Unverdächtigen bestimmt § 163b Abs. 2 i.V.m. § 69 Abs. 1 Satz 2 StPO eine Informationspflicht. Dem Unverdächtigen sind der Gegenstand der Untersuchung und die Person des Beschuldigten mitzuteilen, falls bereits ein Beschuldigter bekannt ist. Weitere Verfahrensvorschriften sind nur zu beachten, wenn der Betroffene über das bloße Anhalten und Befragen hinaus festgehalten oder durchsucht wird. Sie entsprechen denen der Identitätsfeststellung bei Verdächtigen (vgl. Rn. 268 ff.).

e) Adressat

Die Identitätsfeststellung nach § 163b Abs. 2 StPO richtet sich gegen Unverdächtige. Unverdächtige sind alle Personen, die nicht Verdächtige oder Beschuldigte sind. Kinder (Personen unter 14 Jahren) können keine Verdächtige sein, da sie gemäß § 19 StGB schuldunfähig sind, insofern also keine verfolgbare Straftat vorliegt. Sie sind demnach immer Unverdächtige. Gleiches gilt für den Fall, dass bei schuldfähigen Personen Rechtfertigungs- oder Entschuldigungsgründe offensichtlich sind.[101] Eine Identitätsfeststellung muss sich in diesem Fall nach § 163b Abs. 2 StPO richten. Dies setzt aber voraus, dass überhaupt ein Anfangsverdacht einer verfolgbaren Straftat vorliegt. Kommt allein ein Kind als Täter in Betracht, ist daher auch eine Identitätsfeststellung nach § 163b Abs. 2 StPO unzulässig. In Betracht kommt dann aber die Anwendung polizeirechtlicher Vorschriften (§ 12 PolG).

---

101 Meyer-Goßner/Schmitt, StPO, § 102 Rn. 4.

3. Teil • Eingriffsbefugnisse

Beispiel

Der 12-jährige T tritt im Verlauf eines Streites gegen das hochwertige Fahrrad des gleichaltrigen O und wirft dessen Handy in einen Fluss.

Tatbestandlich hat T eine Sachbeschädigung gemäß § 303 StGB begangen. T ist mangels Strafmündigkeit aber kein Verdächtiger i.S.v. § 163b Abs. 1 StPO, sodass eine Identitätsfeststellung nach dieser Norm ausscheidet. Da keine verfolgbare Straftat vorliegt, ist T auch nicht Unverdächtiger i.S.v. § 163b Abs. 2 StPO. In Betracht kommt aber eine Identitätsfeststellung nach polizeirechtlichen Regelungen zum Schutz privater Rechte.

f) Rechtsfolgen

284 Geregelt ist die Identitätsfeststellung. Die Identität ist festgestellt, wenn die Angaben i.S.v. § 111 Abs. 1 OWiG erhoben sind. Dies sind insbesondere Name, Anschrift, Geburtsdatum und -ort. Die Weigerung des Verdächtigen, seine Personalien anzugeben, stellt eine Ordnungswidrigkeit nach § 111 OWiG dar.

285 In § 163b Abs. 1 StPO sind als Rechtsfolge zunächst alle „erforderlichen Maßnahmen" genannt. Damit ist insbesondere das Anhalten und Befragen gemeint. Festhalten ist nur zulässig, wenn dies zur Bedeutung der Sache nicht außer Verhältnis steht. Durchsuchung und erkennungsdienstliche Behandlung sind nur mit Willen des Unverdächtigen zulässig.

3. Kontrollstelle (§ 111 StPO)

- Leitentscheidung: BGH NJW 1989, 2636 (*Rechtlich geschütztes Interesse zur Überprüfung der Rechtmäßigkeit einer polizeilichen Kontrollstelle*).

Kontrollstelle (§ 111 StPO)

1. **Tatbestandsvoraussetzungen**
   - konkretisierter Tatverdacht hinsichtlich §§ 129a, 129b Abs. 1 StGB oder
   - Katalogstraftat nach § 129a StGB oder § 250 Abs. 1 Nr. 1 StGB und
   - Tatsachen rechtfertigen die Annahme, dass die Kontrollstelle zur Ergreifung des Täters oder zur Sicherstellung von Beweismitteln führen wird
2. **Maßnahmenspezifische Verfahrensvorschriften**
   - Anordnungskompetenz
     - Gericht
     - bei Gefahr im Verzuge: StA/Ermittlungspersonen der StA
   - IDF
     - siehe Rn. 263 ff.
   - Durchsuchung
     - siehe Rn. 273 ff.
3. **Adressat**
   - Jedermann an Kontrollstelle
4. **Rechtsfolgen**
   - Errichtung einer Kontrollstelle

Kontrollstelle ist ein festgelegter Platz, an dem Personen oder Sachen überprüft werden (anlehnend an PDV 100).

Konkretisierter Tatverdacht ist eine über den bloßen Anfangsverdacht hinausgehende Wahrscheinlichkeit, dass eine Straftat begangen wurde.

Beweismittel sind alle Gegenstände, die Rückschlüsse auf Tat, Täter oder Tatzusammenhänge ermöglichen können.

Abbildung 3.6: Schema zur Einrichtung einer Kontrollstelle (§ 111 StPO)

Kontrollstelle (§ 111 StPO)

a) Überblick

Kontrollstellen können generell gefahrenabwehrenden wie auch strafverfolgenden Zwecken dienen. Zu gefahrenabwehrenden Kontrollstellen zählen die Verkehrskontrollen zur Überprüfung der Verkehrssicherheit nach § 36 Abs. 5 StVO, § 12 Abs. 1 GüKG, § 9 GGBefG, § 4 FPersG. Die Polizeigesetze der Länder enthalten regelmäßig ebenfalls Möglichkeiten der Einrichtung von gefahrenabwehrenden Kontrollstellen (vgl. § 12 Abs. 1 Nr. 4 PolG).

286

Demgegenüber verfolgt § 111 StPO rein repressive Zwecke. Nach einer begangenen schweren Straftat ist die Einrichtung einer Kontrollstelle möglich, um den Beschuldigten im Rahmen der Fahndung zu ergreifen oder Beweismittel sicherzustellen.

287

Zum Zwecke der Bewältigung der Datenmengen, die bei einer Kontrollstelle anfallen können, erlaubt § 163d StPO das Anlegen einer entsprechenden Datei, sog. Netzfahndung (dazu Rn. 619 ff.). Damit können die Daten gespeichert, im Nachhinein ausgewertet und die erforderlichen Ermittlungen getätigt werden.

288

b) Grundrechtseingriffe

Durch die Maßnahme wird regelmäßig in das Recht auf informationelle Selbstbestimmung aus Art. 2 Abs. 1 i.V.m. Art. 1 Abs. 1 GG eingegriffen. Zudem liegt durch das Anhalten eine Freiheitsbeschränkung i.S.v. Art. 2 Abs. 2 i.V.m. Art. 104 Abs. 1 GG vor. Wird die Person festgehalten, so wird die Freiheit der Person beschränkt. Wird sie durchsucht, liegt ein Eingriff in das allgemeine Persönlichkeitsrecht in Form der Intimsphäre aus Art. 2 Abs. 1 i.V.m. Art. 1 Abs. 1 GG vor.

289

c) Tatbestandsvoraussetzungen

Voraussetzung für die Anordnung einer Kontrollstelle ist eine sog. Anlasstat. Diese kann nach § 111 Abs. 1 StPO eine Straftat gemäß §§ 129a, 129b StGB oder eine der in § 129a StGB genannten Straftaten (also z.B. Mord, Totschlag, Geiselnahme, Brandstiftung) sein. Ebenso kommt als Anlasstat ein Raub mit Schusswaffe in Betracht. Die Formulierung im Gesetzestext „§ 250 Abs. 1 Nr. 1 StGB" ist veraltet, da § 250 StGB inzwischen neu gefasst wurde. Die insofern missverständliche Formulierung im Gesetz hängt damit zusammen, dass der Gesetzestext noch nicht dem bereits 1998 geänderten § 250 StGB angepasst wurde. Nach herrschender Meinung ist aufgrund der gleichen Strafandrohung als Anlasstat auch eine räuberische Erpressung gemäß §§ 253, 250 Abs. 1 Nr. 1 Buchst. a StGB zugelassen.[102] Damit dient die Kontrollstelle der Fahndung nach schweren Gewalttaten.

290

Der Tatverdacht muss über den Anfangsverdacht hinaus aufgrund bestimmter Tatsachen nicht unerheblich sein und ein gewisses Maß an Konkretisierung erlangt haben. Tatsachen müssen die Annahme rechtfertigen, dass die Kontrollstelle zur Ergreifung des Täters oder zur Sicherstellung von Beweismitteln führen wird. Diese Tatsachen ergeben sich regelmäßig aus der vermuteten Tatbegehung. So spielen Tatzeit, Fluchtrichtung, Fluchtmittel und die örtlichen Gegebenheiten eine entscheidende Rolle.

291

d) Maßnahmenspezifische Verfahrensvorschriften

Gemäß § 111 Abs. 2 StPO obliegt die Anordnung der Kontrollstelle grundsätzlich dem Gericht durch schriftlichen Beschluss, der in Eilfällen mündlich vorab ergehen kann. Bei Gefahr im

292

---

102 Meyer-Goßner/Schmitt, StPO, § 111 Rn. 3; SK-Rudophi § 111b Rn. 4.

Verzuge sind auch die Staatsanwaltschaft und ihre Ermittlungspersonen[103] zur (mündlichen) Anordnung befugt. Grundsätzlich bestehen für die Einrichtung einer Kontrollstelle keine besonderen Verfahrensvorschriften. Wird jedoch eine Identitätsfeststellung oder eine Durchsuchung durchgeführt, gelten aufgrund des Verweises in § 111 Abs. 3 StPO die für diese Maßnahmen normierten Verfahrensvorschriften.

293 Als zentrale Verfahrensvorschrift bei der Identitätsfeststellung bestimmt § 163b Abs. 2 i.V.m. § 69 Abs. 1 Satz 2 StPO eine Informationspflicht. Dem Unverdächtigen sind der Gegenstand der Untersuchung und die Person des Beschuldigten mitzuteilen, falls bereits ein Beschuldigter bekannt ist. Dies wird beim Einrichten einer Kontrollstelle in den seltensten Fällen der Fall sein. Weitere Verfahrensvorschriften sind nur zu beachten, wenn der Betroffene über das bloße Anhalten und Befragen hinaus festgehalten oder durchsucht wird. Sie entsprechen denen der Identitätsfeststellung bei Verdächtigen (vgl. Rn. 268 ff.).

e) **Adressat**

294 Die Maßnahme richtet sich gegen jeden, der an einer Kontrollstelle angetroffen wird

f) **Rechtsfolgen**

295 § 111 StPO gestattet die Einrichtung einer Kontrollstelle an öffentlich zugänglichen Orten. An der Kontrollstelle können Personen angehalten werden. Sie sind dann verpflichtet, ihre Identität feststellen zu lassen. Dazu gehören das Befragen und das Verlangen, mitgeführte Ausweise auszuhändigen. Erforderlichenfalls sind auch das Festhalten und die erkennungsdienstliche Behandlung von der Vorschrift erfasst. An einer Kontrollstelle dürfen mitgeführte Sachen durchsucht werden.

4. Identitätsfeststellung zur Gefahrenabwehr (§ 12 PolG)

- *Aufsatz-Literatur: Ernst, NVwZ 2014, 633 (Anlassunabhängige Personenkontrollen und Gefahrengebiete); Tischbirek/Wihl, JZ 2013, 219 (Verfassungswidrigkeit des „Racial Profiling").*
- *Leitentscheidungen: BVerfG NVwZ 2016, 53 (Identitätsfeststellung bei Versammlungsteilnehmern, die Polizeibeamte filmen); BVerfG NJW 1995, 3110 (Ausweispflicht gegenüber der Polizei); BVerfG NVwZ 1992, 767 (Freiheitsentziehung zur Identitätsfeststellung); OVG Lüneburg Die Polizei 2010, 150 (Verfassungsgemäßheit einer Ermächtigungsnorm zur Identitätsfeststellung an einem gefährlichen Ort).*
- *Übungsfälle: Braun, PSP 4/2014, 26 (Klausur Eingriffsrecht/Staatsrecht: Ärger in der Kneipe); Keller, PSP 3/2013, 35 (Klausur Eingriffsrecht: Verdächtige Person); Springer, PSP 1/2012, 31 (Klausur Eingriffsrecht: Anschlagsdrohung gegen die Synagoge in Düsseldorf).*

---

103 Vgl. zu Ermittlungspersonen der Staatsanwaltschaft: § 152 GVG i.V.m. den jeweiligen landesrechtlichen Regelungen; z.B. NRW: § 1 Abs. 1 der Verordnung über die Ermittlungspersonen der Staatsanwaltschaft vom 30.4.1996, GV. NRW S. 180, zuletzt geändert durch Verordnung vom 16.2.2016, GV. NRW. S. 120.

Identitätsfeststellung zur Gefahrenabwehr (§ 12 PolG)

Identitätsfeststellung zur Gefahrenabwehr (§ 12 Abs. 1, 2 PolG)

1. **Tatbestandsvoraussetzungen**
   - § 12 Abs. 1 Nr. 1 PolG: (konkrete) Gefahr
   - § 12 Abs. 1 Nr. 2 PolG: Tatsachen rechtfertigen die Annahme, dass an einem Ort
     - Personen Straftaten von erheblicher Bedeutung verabreden, vorbereiten oder verüben oder
     - sich Personen treffen, die gegen aufenthaltsrechtliche Strafvorschriften verstoßen oder
     - sich gesuchte Straftäter aufhalten
   - § 12 Abs. 1 Nr. 3 PolG: gefährdetes Objekt (Verkehrsinfrastruktur, Amtsgebäude o.ä.)
     - Tatsachen rechtfertigen die Annahme, dass an Objekten dieser Art Straftaten begangen werden sollen,
     - durch die Personen oder die Objekte gefährdet werden und
     - Erforderlichkeit aufgrund Gefährdungslage oder auf die Person bezogener Anhaltspunkte
   - § 12 Abs. 1 Nr. 4 PolG: eingerichtete Kontrollstelle
2. **Maßnahmenspezifische Verfahrensvorschriften**
   - Anordnungs-/Durchführungskompetenz
     - jeder Polizeibeamte
   - bei Festhalten: §§ 36–38 PolG
   - bei Durchsuchung von Personen: gleichgeschlechtliche/ärztliche Durchsuchung (§ 39 Abs. 3 PolG)
   - bei Durchsuchung von Sachen: § 40 Abs. 2 PolG
3. **Adressat**
   - § 12 Abs. 1 Nr. 1 PolG: Adressat nach §§ 4–6 PolG
   - § 12 Abs. 1 Nr. 2 und 3 PolG: Person, die sich am Ort/Objekt (bzw. in dessen unmittelbarer Nähe) aufhält
   - § 12 Abs. 1 Nr. 4 PolG: Person, die Kontrollstelle passiert
4. **Rechtsfolgen**
   - erforderliche Maßnahmen, insbesondere
     - Anhalten, Befragen
     - Aufforderung, mitgeführte Ausweispapiere auszuhändigen
   - wenn IDF sonst nicht oder nur unter erheblichen Schwierigkeiten möglich ist:
     - Festhalten (ggf. mit Ingewahrsamnahme)
     - Durchsuchung von Personen/Sachen

Unter **Gefahr** versteht man eine Sachlage, in der bei ungehindertem Fortgang der Ereignisse mit hinreichender Wahrscheinlichkeit ein Schaden an einem der durch die Ermächtigungsgrundlage geschützten Rechtsgüter eintreten wird.

Straftaten von erheblicher Bedeutung: Regelbeispiele in § 8 Abs. 3 PolG

Aufhalten bedeutet eine körperliche Anwesenheit, die über ein nur ganz kurzzeitiges Verweilen bzw. ein bloßes Passieren des Ortes hinausgeht.

Abbildung 3.7: Schema zur Identitätsfeststellung zur Gefahrenabwehr (§ 12 Abs. 1, 2 PolG)

a) Überblick

296 § 12 PolG ermächtigt die Polizei zur Feststellung der Identität einer Person. Dabei handelt es sich um die Erhebung personenbezogener Daten, die eine Person von allen anderen Personen unterscheidet und als Individuum kennzeichnet (insbesondere Name, Ort und Datum der Geburt, Familienstand, Beruf, Wohnort/Wohnanschrift, Staatsangehörigkeit). Die Maßnahme ist von der Befragung gemäß § 9 PolG abzugrenzen; diese kann die genannten Informationen ebenfalls aufdecken, und die befragte Person ist nach § 9 Abs. 2 PolG zur Angabe von Personalien verpflichtet.[104] Zu beachten ist aber die unterschiedliche Zielrichtung: Während § 12 PolG allein auf die Identitätsfeststellung abzielt, dient die Angabe der Personalien bei der Befragung lediglich der Sicherung der gewonnenen, von der Person des Befragten unabhängigen Informationen („sachdienliche Angaben"). Sie gewährleistet einen späteren Rückgriff auf die befragte Person.

297 § 12 PolG ist ungewöhnlich konstruiert, weil Absatz 1 die tatbestandlichen Voraussetzungen bestimmt (zu denen bei bestimmten Maßnahmen weitere, in Absatz 2 Sätze 3 und 4 normierte Anforderungen hinzutreten), während Absatz 2 die eigentliche Ermächtigungsnorm enthält und regelt, welche Maßnahmen zum Zwecke der Identitätsfeststellung getroffen werden können. Die Feststellung der Identität ist damit – anders als etwa die Ingewahrsamnahme oder die Durchsuchung – keine Beschreibung der eigentlichen polizeilichen Maßnahme, sondern ihres Ziels.

b) Grundrechtseingriffe

298 Die beeinträchtigten Grundrechte sind von der zur Feststellung der Identität getroffenen Maßnahme abhängig. § 12 Abs. 2 PolG nennt in den Sätzen 2–4 einige typische Maßnahmen zur Feststellung der Identität. Das Anhalten des Adressaten greift in die allgemeine Handlungsfreiheit (Art. 2 Abs. 1 GG) ein, die Befragung nach Personalien und die Aufforderung zur Aushändigung von Ausweispapieren in das Recht auf informationelle Selbstbestimmung (Art. 2 Abs. 1 i.V.m. Art. 1 Abs. 1 GG). Das Festhalten schließt auch eine Ingewahrsamnahme ein (Rn. 310); diese greift in das Recht auf Freiheit der Person ein (Art. 2 Abs. 2 Satz 2 i.V.m. Art. 104 Abs. 1 GG). Das Durchsuchen des Adressaten und mitgeführter Sachen kann wiederum das Recht auf informationelle Selbstbestimmung sowie das Recht auf Wahrung der Privat- und Intimsphäre beeinträchtigen (Art. 2 Abs. 1 i.V.m. Art. 1 Abs. 1 GG).

c) Tatbestandsvoraussetzungen

299 § 12 Abs. 1 PolG enthält vier Nummern mit tatbestandlichen Varianten; es genügt, wenn die Voraussetzungen einer der Nummern gegeben sind.

300 Nach Nr. 1 kann die Polizei die Identität einer Person zur Abwehr einer Gefahr feststellen (zur Definition Rn. 147 ff.). Die Anforderungen an die Möglichkeit der Identitätsfeststellung zur Gefahrenabwehr dürften hier nicht zu hoch zu setzen sein. Zwar mag zweifelhaft sein, in welchen praktischen Konstellationen die Feststellung der Identität unmittelbar zur Behebung der Gefahrenlage führen soll; es wird jedoch genügen, wenn die gewonnenen Informationen dazu beitragen können, weitere Gefahrenabwehrmaßnahmen zu ermöglichen. Häufig ist auch die Rede davon, dass der Adressat durch die Identitätsfeststellung „aus der Anonymität" geholt und damit von weiteren unerwünschten Verhaltensweisen abgehalten werden könne, weil er der Polizei nunmehr bekannt sei. Von Relevanz wird diese Variante der

---

[104] S. auch Bialon/Springer, Rn. 207.

Identitätsfeststellung zur Gefahrenabwehr (§ 12 PolG)

Identitätsfeststellung insbesondere bei der Sicherung der Durchsetzung privater Rechte (§ 1 Abs. 2 PolG, dazu Rn. 136 ff.), weil die Feststellung der Personalien die spätere Rechtsdurchsetzung des Privaten erst ermöglicht.

> **Beispiel**
> Da Zechpreller Z sich in der Gaststätte des Wirtes W weigert, seine beträchtliche Rechnung zu bezahlen, und sich anschickt, die Gaststätte zu verlassen, ruft W, der den Z nicht kennt, die Polizei. Die eintreffenden Polizeibeamten P und Q fordern Z auf, mitgeführte Ausweispapiere auszuhändigen. Die Maßnahme dient hier der Abwehr der Gefahr, die den Rechtsgütern des W dadurch droht, dass Z, ohne dass seine Identität verlässlich geklärt wäre, die Gaststätte verlassen könnte.

Nr. 2 regelt die Identitätsfeststellung bei Personen, die sich an einem Ort aufhalten, der die in der Norm genannten Voraussetzungen erfüllt. Man spricht hierbei von „gefährlichen" oder „verrufenen" Orten; die Vorschrift deckt damit die Identitätsfeststellung bei sog. Razzien. Es müssen Tatsachen die Annahme rechtfertigen, dass der Ort den Buchstaben a), b) oder c) unterfällt. Dazu benötigt die Polizei z.B. Hinweise aus der Bevölkerung bzw. muss auf eigene Erkenntnisse zurückgreifen können; bloße spekulative Verdachtsmomente und andere Vermutungen reichen nicht aus. **301**

Buchstabe a) fordert, dass an dem fraglichen Ort Personen Straftaten von erheblicher Bedeutung verabreden, vorbereiten oder verüben. Ob es sich um Straftaten von erheblicher Bedeutung handelt, ist im Einzelfall zu bestimmen. § 8 Abs. 3 PolG ist keine abschließende Legaldefinition, beschreibt aber Regelbeispiele („insbesondere"). So sind Verbrechen sowie die in §§ 129, 139 StGB genannten Vergehen zu den Straftaten von erheblicher Bedeutung zu rechnen. Praktisch bedeutsam sind ferner die gewerbs- oder bandenmäßig begangenen Vergehen, die in § 8 Abs. 3 Nr. 1–4 PolG aufgezählt werden. Gewerbsmäßig handelt, wer sich durch wiederholte Tatbegehung eine fortlaufende Einnahmequelle von einiger Dauer und einigem Umfang verschaffen will.[105] Eine Bande liegt vor, wenn sich mindestens drei Personen mit dem Willen zusammengeschlossen haben, im Einzelnen noch ungewisse Straftaten zu begehen.[106] **302**

> **Beispiel**
> Eine Polizeibehörde führt eine Razzia in einem Bordellbetrieb durch, in dem nach Hinweisen aus der Bevölkerung minderjährige, gegen ihren Willen aus ihren Heimatländern entführte Prostituierte arbeiten sollen. In diesem Fall ist eine Verletzung zahlreicher Straftatbestände denkbar, von denen einige aufgrund der Strafandrohung nicht als Verbrechen qualifiziert werden können. Allerdings ist es gemäß § 232a Abs. 3 StGB ein Verbrechen, wenn jemand eine andere Person mit Gewalt, durch Drohung mit einem empfindlichen Übel oder durch List zu der Aufnahme oder Fortsetzung der Prostitution veranlasst. Damit handelt es sich um eine Straftat von erheblicher Bedeutung, die am fraglichen Ort auch verübt wird. Eine Identitätsfeststellung aller an dem Ort angetroffener Personen ist nach § 12 Abs. 1 Nr. 2 Buchst. a, Abs. 2 PolG zulässig.

Nach Buchstabe b) wird die Polizei auch an solchen Orten zur Kontrolle aller sich dort aufhaltenden Personen ermächtigt, hinsichtlich derer Tatsachen die Annahme rechtfertigen, dass sich dort Personen treffen, die gegen aufenthaltsrechtliche Strafvorschriften verstoßen (z.B. §§ 95 ff. AufenthG, die etwa den unerlaubten Aufenthalt im Bundesgebiet und das Einschleusen von Personen unter Strafe stellen). **303**

---

[105] BGH NStZ 2008, 282.
[106] Vgl. etwa BGH NJW 2001, 2266.

3. Teil • Eingriffsbefugnisse

304 Zu einem gefährlichen Ort wird nach Buchstabe c) schließlich ein solcher, bei dem Tatsachen die Annahme rechtfertigen, dass sich dort gesuchte Straftäter aufhalten. Da § 12 PolG die präventive Identitätsfeststellung normiert, geht es nicht (primär) darum, die dort eventuell anzutreffenden Straftäter mit repressiven Maßnahmen belegen zu können, sondern insbesondere weitere Straftaten zu unterbinden. Gesuchte Straftäter sind Personen, die rechtskräftig verurteilt wurden und zum Zwecke der Strafvollstreckung gesucht werden.[107]

305 Die den Buchstaben a) bis c) zuzuordnenden Orte sind den Polizeibehörden häufig seit längerem bekannt und z.B. in Listen aufgeführt. § 12 Abs. 1 Nr. 2 PolG schließt es jedoch keineswegs aus, dass die eingesetzten Polizeibeamten einen Ort erstmalig, gewissermaßen „spontan", als gefährlich qualifizieren und daraufhin die Identität der sich dort aufhaltenden Personen feststellen.[108]

306 Nr. 3 betrifft die sog. gefährdeten Objekte. Dabei handelt es sich um Verkehrs- oder Versorgungsanlagen oder -einrichtungen (Bahnhöfe, Flughäfen, U-Bahnhöfe, Trinkwasserreservoirs, Elektrizitätswerke, Kernkraftwerke etc.), öffentliche Verkehrsmittel (Zug, U-Bahn etc.), Amtsgebäude oder andere besonders gefährdete Objekte. Die tatbestandliche Variante fordert, dass Tatsachen die Annahme rechtfertigen, dass in oder an Objekten dieser Art Straftaten begangen werden sollen, durch die Personen oder die Objekte selbst gefährdet sind. Es wird sich dabei im Regelfall um drohende Anschlagsszenarien handeln. Darüber hinaus ist Voraussetzung, dass die Identitätsfeststellung aufgrund der Gefährdungslage oder – jeweils im Einzelfall – aufgrund von auf die kontrollierte Person bezogener Anhaltspunkte erforderlich ist.

> **Beispiel**
> Der A wird von einer Polizeistreife zur Nachtzeit in der Nähe des Zauns eines Kernkraftwerks angetroffen. A führt ein verdächtig aussehendes Gepäckstück mit sich. Tags zuvor ist eine anonyme telefonische Drohung eingegangen, in Kürze werde es zu Sabotageakten an Kernkraftwerken kommen. Hier ist sowohl aufgrund der Gefährdungslage als auch aufgrund von auf die Person des A bezogenen Anhaltspunkten eine Identitätsfeststellung erforderlich.

307 Nr. 4 erlaubt die Identitätsfeststellung schließlich auch an Kontrollstellen, die von der Polizei eingerichtet worden sind, um bestimmte, in der Norm aufgezählte Straftaten zu verhüten. Es handelt sich um Straftaten nach den §§ 129a, 250 Abs. 1 Nr. 1 Buchst. a oder b, Abs. 2 Nr. 1, § 255 (in ausgewählten Begehungsformen) StGB, um die in § 129a StGB aufgezählten Straftaten und um Straftaten nach § 27 VersammlG. Zweck ist eine Kontrolle aller die Kontrollstelle passierenden Fahrzeuge und Personen. Die (als Realakt zu qualifizierende[109]) Einrichtung der Kontrollstelle (nicht: die Identitätsfeststellung an der Kontrollstelle) ist nach Satz 2 der Nr. 4 nur mit Zustimmung des Innenministeriums oder einer von diesem beauftragten Stelle zulässig, es sei denn, dass Gefahr im Verzug vorliegt.

d) Maßnahmenspezifische Verfahrensvorschriften

308 Die von § 12 Abs. 2 PolG erlaubten Maßnahmen dürfen grundsätzlich von jeder/jedem Polizeibeamtin/-beamten durchgeführt werden. Je nachdem, welche Handlungen die Beamten vornehmen, sind jedoch verschiedene spezielle Bestimmungen zu beachten. Erfolgt eine Personendurchsuchung, so gilt § 39 Abs. 3 PolG. Werden Sachen durchsucht, muss § 40

---

[107] Bialon/Springer, 10. Kap. Rn. 23.
[108] Thiel, § 10 Rn. 27.
[109] Bialon/Springer, 10. Kap. Rn. 36.

Identitätsfeststellung zur Gefahrenabwehr (§ 12 PolG)

Abs. 2 PolG berücksichtigt werden. Erfolgt eine Mitnahme zur Wache, greifen die §§ 36–38 PolG (dazu Rn. 1309 ff.).

e) Adressat

Der zulässige Adressat richtet sich nach der jeweils erfüllten tatbestandlichen Variante des § 12 Abs. 1 PolG. Bei Nummer 1 liegt eine Gefahrenlage vor, so dass der Adressat nach herrschender Meinung nach den §§ 4–6 PolG zu bestimmen ist (Rn. 175 ff.).[110] In den Nummern 2 und 3 ist zulässiger Adressat jede Person, die sich an dem fraglichen gefährlichen bzw. gefährdeten Ort bzw. Objekt „aufhält"; bei den gefährdeten Objekten schließt dies die „unmittelbare Nähe" ein. „Aufhalten" bedeutet eine körperliche Anwesenheit, die über ein nur ganz kurzzeitiges Verweilen bzw. ein bloßes Passieren des Ortes hinausgeht. Der Begriff der unmittelbaren Nähe in Nummer 3 ist im Einzelfall anhand der Gefährdungslage, der Art des Objekts und der drohenden Schäden zu bestimmen. In Nummer 4 ist Adressat jede Person, die die Kontrollstelle passiert.

f) Rechtsfolgen

Gemäß § 12 Abs. 2 Satz 1 PolG können alle zur Identitätsfeststellung erforderlichen Maßnahmen getroffen werden. Die nachfolgenden Sätze normieren Regelbeispiele typischer Maßnahmen zum Zwecke der Identitätsfeststellung: Der Adressat kann nach seinen Personalien befragt und zu diesem Zwecke angehalten werden, und er kann aufgefordert werden, mitgeführte Ausweispapiere zur Prüfung auszuhändigen. Satz 3 erlaubt unter den Voraussetzungen des Absatzes 1 und der zusätzlichen Voraussetzung, dass die Identität auf andere Weise nicht oder nur unter erheblichen Schwierigkeiten festgestellt werden kann, auch das Festhalten der Person. Wie sich aus § 37 Abs. 1, § 38 Abs. 2 Nr. 5 PolG ergibt, muss das Festhalten auch über ein am Ort Halten hinausgehende Freiheitsbeschränkungen einschließen, etwa die Mitnahme zur Wache zur Durchführung eines Datenabgleichs.[111] Nach Satz 4 darf die Polizei die Person und mitgeführte Sachen durchsuchen, wenn die Voraussetzungen des Satzes 3 vorliegen, wenn also die Identität auf andere Weise nicht oder nur unter erheblichen Schwierigkeiten festgestellt werden kann. Diese zusätzliche Anforderung für die Durchsuchung bzw. das Festhalten kann auch im Rahmen der tatbestandlichen Voraussetzungen geprüft werden.

Die Dauer der zum Zwecke des IDF möglichen Freiheitsentziehung regelt § 38 Abs. 2 Nr. 5 PolG. Nach dessen Satz 1 darf eine Person höchstens bis zu einer Dauer von 12 Stunden festgehalten werden, wenn nicht vorher die Fortdauer der Freiheitsentziehung aufgrund dieses oder eines anderen Gesetzes durch richterliche Entscheidung angeordnet wurde. Diese richterliche Entscheidung ist grundsätzlich unverzüglich einzuholen. Eine Sonderregelung trifft Satz 2: Sofern Tatsachen die Annahme begründen, dass die IDF innerhalb der Zwölf-Stunden-Frist nach Satz 1 vorsätzlich verhindert worden ist, genügt es, wenn die richterliche Entscheidung über die Fortdauer des Gewahrsams zum Zwecke der IDF spätestens bis zum Ende des Tages nach dem Ergreifen herbeigeführt wird. Dies verlängert die Frist, innerhalb derer die Polizei zur Veranlassung der richterlichen Entscheidung tätig werden muss. Entscheidet der Richter, darf er eine Gewahrsamsdauer anordnen, die die in Nr. 2 genannte Frist – sieben Tage – nicht überschreitet (Satz 3). Diese komplexen Regelungen besagen, dass Personen, die ihre IDF bewusst vereiteln oder verzögern (z.B. durch Manipulationen an den

---
110 Kritisch aber etwa Thiel, § 10 Rn. 31.
111 Vgl. Bialon/Springer, 10. Kap. Rn. 41 ff.; Thiel, § 10 Rn. 25.

eigenen Fingerkuppen, mangelnde Kooperationsbereitschaft etc.), aufgrund einer richterlichen Anordnung bis zu sieben Tagen in Gewahrsam gehalten werden können. Dies ist nicht in erster Linie als (mit Blick auf die sonstigen Gewahrsamsgründe des PolG systemfremder) Erzwingungsgewahrsam gedacht, sondern als Schaffung eines hinreichend langen Zeitraums zur Ermöglichung anderweitiger Identifizierungsmaßnahmen.

312 § 12 PolG wird ergänzt durch die eigenständige Ermächtigungsgrundlage in § 14 Abs. 1 Nr. 1 PolG, die zur Durchführung erkennungsdienstlicher Maßnahmen ermächtigt, wenn „eine nach § 12 zulässige Identitätsfeststellung auf andere Weise nicht oder nur unter erheblichen Schwierigkeiten möglich ist" (dazu eingehend Rn. 418 ff.).

5. Polizeiliche Anhalte- und Sichtkontrollen (strategische Fahndung) (§ 12a PolG)

- *Aufsatz-Literatur: Keller, DPolBl 3/2019, 9 (Strategische Fahndung als anlassbezogene, aber verdachtsunabhängige Anhalte- und Sichtkontrolle im Polizeirecht NRW). Walter, DVBl. 2019, 1238 (Die polizeiliche Anhalte- und Sichtkontrolle als strategische Fahndung).*

Polizeiliche Anhalte- und Sichtkontrollen (strategische Fahndung)

1. Tatbestandsvoraussetzungen
Voraussetzungen für die Anordnung der „strategischen Fahndung"
- Tatsachen rechtfertigen Annahme, dass im Fahndungsgebiet Straftaten der in Satz 1 genannten Art begangen werden sollen
  - Straftaten von erheblicher Bedeutung (§ 8 Abs. 3 PolG), terroristische Straftaten (§ 8 Abs. 4 PolG) oder
  - gewerbs- oder bandenmäßig begangene grenzüberschreitende Kriminalität oder
  - unerlaubter Aufenthalt
- Maßnahme zur Verhütung dieser Straftaten erforderlich und verhältnismäßig

Voraussetzungen für die konkrete Kontrollmaßnahme
- öffentlicher Verkehrsraum
- Zweck: Verhütung von Straftaten von erheblicher Bedeutung (§ 8 Abs. 3 PolG), von terroristischen Straftaten (§ 8 Abs. 4 PolG) oder
- Unterbindung des unerlaubten Aufenthalts

2. Maßnahmenspezifische Verfahrensvorschriften
- für die Anordnung: § 12a Abs. 2 PolG
- ansonsten: je nach konkreter Kontrollmaßnahme

3. Adressat
- sich im öffentlichen Verkehrsraum im Fahndungsgebiet bewegende Person

4. Rechtsfolgen
- Anhalten
- Befragen
- zur Identitätsfeststellung erforderliche Maßnahmen nach § 12 Abs. 2 PolG
- In-Augenscheinnahme von Fahrzeugen und mitgeführten Sachen
- Verlangen, mitgeführte Fahrzeuge und Sachen einschließlich an und ihnen befindlicher Räume und Behältnisse zu öffnen

Abbildung 3.8: Schema zur polizeilichen Anhalte- und Sichtkontrolle (§ 12a PolG)

Polizeiliche Anhalte- und Sichtkontrollen (strategische Fahndung)

a) Überblick

Die „strategische Fahndung" ist eine Maßnahme, die von der Behördenleitung (bzw. durch das Landesamt für Zentrale Polizeiliche Dienste) schriftlich für ein bestimmtes Areal angeordnet wird. Ist die Anordnung erfolgt, darf die Polizei im öffentlichen Verkehrsraum die in Absatz 1 Satz 1–3 aufgezählten Einzelmaßnahmen – namentlich Anhalte- und Sichtkontrollen – durchführen. Zudem darf sie Personen anhalten und befragen sowie die zur Feststellung der Identität erforderlichen Maßnahmen treffen. Damit werden verdachtsunabhängige, nicht aber anlassunabhängige Kontrollen ermöglicht – Absatz 1 Satz 4 verlangt u.a., dass Tatsachen die Annahme rechtfertigen, dass in diesem Gebiet Straftaten der in Absatz 1 Satz 1 bezeichneten Art begangen werden sollen. Nordrhein-Westfalen hat sich damit gegen das in zahlreichen anderen Bundesländern ermöglichte Konzept der sog. „Schleierfahndung" entschieden. Die Maßnahme trägt der Tatsache Rechnung, dass Nordrhein-Westfalen ein „Transitland" und daher eine intensive Einbindung der Verkehrswege bei der Bekämpfung grenzüberschreitender und Schleuserkriminalität erforderlich ist.

In der eingriffsrechtlichen Prüfung werden im Regelfall die genannten Einzelmaßnahmen auf ihre Rechtmäßigkeit hin zu prüfen sein, also beispielsweise die Befragung einer Person oder die Vornahme von Maßnahmen zur Identitätsfeststellung. Wichtig ist, dass in solchen Konstellationen auf § 12a Abs. 1 Satz 1, 2 bzw. 3 PolG zurückgegriffen wird, nicht auf die §§ 9 oder 12 PolG. § 12a PolG ist – sofern eine „strategische Fahndung" angeordnet ist – die speziellere und damit vorrangig anzuwendende Ermächtigungsnorm. Allerdings verweist die Vorschrift auf die gemäß § 12 Abs. 2 PolG zulässigen Maßnahmen. Darüber hinaus ist zu beachten, dass eine Durchsuchung von Personen und Sachen auf der Grundlage des § 12a PolG nicht zulässig ist – Abs. 1 Satz 3 2. Hs. verweist für solche Handlungen auf die §§ 39, 40 PolG; diese sind dann auch die einschlägigen Ermächtigungsgrundlagen, und ihre Voraussetzungen müssen geprüft werden.

b) Grundrechtseingriffe

Welche Grundrechte betroffen sind, richtet sich nach der zu prüfenden Einzelmaßnahme. Eine Befragung greift in das Recht auf informationelle Selbstbestimmung (Art. 2 Abs. 1 i.V.m. Art. 1 Abs. 1 GG) ein, das Anhalten in die allgemeine Handlungsfreiheit (Art. 2 Abs. 1). Auch bei Maßnahmen zur Feststellung der Identität, die sich aufgrund des Verweises in § 12a Abs. 1 Satz 1 PolG nach § 12 Abs. 2 PolG richten, ist zu differenzieren. Die Befragung zu Personalien und die Aufforderung, mitgeführte Ausweispapiere zur Prüfung auszuhändigen, greifen in das Recht auf informationelle Selbstbestimmung ein. Wird die kontrollierte Person festgehalten, stellt dies einen Eingriff in das Recht auf die Freiheit der Person (Art. 2 Abs. 2 Satz 2 i.V.m. Art. 104 Abs. 1 GG) dar. Das Durchsuchen von Personen und Sachen zum Zwecke des Auffindens von Ausweispapieren bzw. anderen Hinweisen auf die Identität ist ein Eingriff in das Recht auf informationelle Selbstbestimmung sowie das Recht auf Wahrung der Privat- und Intimsphäre (Art. 2 Abs. 1 i.V.m. Art. 1 Abs. 1 GG).

Die nach Absatz 1 Satz 2 zugelassene Inaugenscheinnahme von Fahrzeugen und mitgeführten Sachen greift ebenfalls in das Recht auf informationelle Selbstbestimmung ein; für das Verlangen, mitgeführte Sachen sowie Fahrzeuge einschließlich an und in ihnen befindlicher Räume und Behältnisse zu öffnen, gilt dasselbe.

c) Tatbestandsvoraussetzungen

317 Die Vorschrift ist etwas unübersichtlich gestaltet, was die Prüfung der tatbestandlichen Voraussetzungen erschwert. Während Absatz 1 Satz 1–3 die Anforderungen für die konkrete Einzelmaßnahme (Anhalten, Befragen usw.) enthalten, stellt Satz 4 Anforderungen an die „Maßnahme" – damit ist allerdings die „strategische Fahndung" insgesamt gemeint; es handelt sich also um materielle Voraussetzungen für die Anordnung selbst. Ist eine einzelne Kontrollmaßnahme der Polizei zu prüfen, ergeben sich hieraus gewisse Schwierigkeiten für den Prüfungsaufbau.

318 Es bietet sich an, zunächst die Voraussetzungen für die Anordnung der „strategischen Fahndung" selbst zu prüfen. Nach Absatz 1 Satz 4 ist diese nur zulässig, wenn Tatsachen die Annahme rechtfertigen, dass in dem Gebiet, für das die Maßnahme angeordnet wird, Straftaten der in Satz 1 bezeichneten Art begangen werden sollen. Dies erfasst sämtliche Nummern des Satzes 1. Die „strategische Fahndung" kann also angeordnet werden zur Verhütung von Straftaten von erheblicher Bedeutung im Sinne des § 8 Abs. 3 PolG und zur Verhütung terroristischer Straftaten nach § 8 Abs. 4 PolG (Nr. 1), zur Verhütung gewerbs- oder bandenmäßig begangener grenzüberschreitender Kriminalität (Nr. 2) und zur Unterbindung des unerlaubten Aufenthalts (Nr. 3).

319 Darüber hinaus muss die Maßnahme (also die Anordnung der strategischen Fahndung) zur Verhütung der genannten Straftaten erforderlich und verhältnismäßig (im engeren Sinne) i.S.v. § 2 PolG sein. Da der Gesetzgeber damit Verhältnismäßigkeitsaspekte in den Tatbestand „vorgezogen" hat, sollten diese auch an dieser Stelle erörtert werden.

320 Für die konkrete Kontrollmaßnahme ist dann nur noch zusätzlich erforderlich, dass es sich um den öffentlichen Verkehrsraum im Fahndungsgebiet handelt, und dass die Maßnahme darauf abzielt, Straftaten nach Abs. 1 Satz 1 Nr. 1 bzw. Nr. 2 zu verhüten bzw. den unerlaubten Aufenthalt zu unterbinden.

321 Werden Maßnahmen zur Feststellung der Identität getroffen, verweist § 12a Abs. 1 Satz 1 PolG auf § 12 Abs. 2 PolG. Soweit diese Vorschrift weitere tatbestandliche Anforderungen aufstellt, müssen auch diese vorliegen, damit die Identitätsfeststellung bei der „strategischen Fahndung" nicht unter geringeren Voraussetzungen zulässig ist als in anderen Konstellationen. Dies gilt zum einen für das „Festhalten" einer Person, zum anderen für das Durchsuchen von Personen und Sachen. Beides ist nach § 12 Abs. 2 Satz 3 bzw. Satz 4 PolG nur zulässig, wenn die Identität auf andere Weise nicht oder nur unter erheblichen Schwierigkeiten festgestellt werden kann.

d) Maßnahmenspezifische Verfahrensvorschriften

322 Bei den maßnahmenspezifischen Verfahrensvorschriften ist erneut zwischen der Anordnung der strategischen Fahndung auf der einen und der konkret durchgeführten Kontrollmaßnahme auf der anderen Seite zu differenzieren.

323 Die Beachtung der Anforderungen an die Anordnung ist im Rahmen einer eingriffsrechtlichen Prüfung im Regelfall zu unterstellen. Einzelheiten sind in § 12a Abs. 2 PolG normiert: Die Maßnahme ist schriftlich zu beantragen und bedarf der schriftlichen Anordnung durch die Behördenleitung oder deren Vertretung. Fällt das Gebiet, für das die Maßnahme festgelegt werden soll, in die Zuständigkeit mehrerer Behörden, trifft die Anordnung das Landesamt für Zentrale Polizeiliche Dienste. Sie ist zeitlich und örtlich auf den in § 12a Abs. 1 PolG

Polizeiliche Anhalte- und Sichtkontrollen (strategische Fahndung)

genannten Zweck zu beschränken und darf die Dauer von 28 Tagen nicht überschreiten; sofern die Voraussetzungen für die Anordnung weiterhin vorliegen, ist eine Verlängerung um jeweils bis zu weiteren 28 Tagen zulässig. Absatz 2 Satz 6 normiert zwingende Inhalte für die Anordnung.

Bezüglich der einzelnen Kontrollmaßnahme liegt die Anordnungsbefugnis bei den die Kontrolle durchführenden Polizeibeamtinnen und -beamten. Je nach vorgenommener Maßnahme sind die jeweiligen maßnahmenspezifischen Anforderungen zu beachten. — 324

Werden auf der Grundlage des § 12a Abs. 1 PolG Maßnahmen zur Feststellung der Identität nach § 12 Abs. 2 PolG getroffen, sind die für diese zu beachtenden Verfahrensvorschriften zu berücksichtigen. Für die Durchsuchung von Personen ist beispielsweise § 39 Abs. 3 PolG zu befolgen. — 325

e) Adressat

Adressat der Maßnahme ist jede sich im öffentlichen Verkehrsraum im in der Anordnung festgelegten Fahndungsgebiet bewegende Person. Aufgrund des Charakters der Kontrollmaßnahmen kann es auf eine Störereigenschaft i.S.v. §§ 4–6 PolG nicht ankommen. — 326

f) Rechtsfolgen

Ist die „strategische Fahndung" angeordnet, sind eine Reihe von konkreten Einzelmaßnahmen als Rechtsfolge zugelassen. Im öffentlichen Verkehrsraum im festgelegten Gebiet sich bewegende Personen dürfen angehalten werden. Dies wird im Regelfall in Gestalt des Anhaltens eines Fahrzeugs erfolgen, auch wenn die Vorschrift vom Anhalten von Personen spricht. Die angehaltene Person darf befragt werden (vgl. § 9 PolG). Darüber hinaus dürfen die zur Feststellung der Identität erforderlichen Maßnahmen nach § 12 Abs. 2 PolG getroffen werden (Absatz 1 Satz 1). Gestattet sind damit alle zur Feststellung der Identität erforderlichen Maßnahmen, insbesondere das Anhalten, das Befragen nach Personalien, die Aufforderung, mitgeführte Ausweispapiere zur Prüfung auszuhändigen, das Festhalten (einschließlich einer Ingewahrsamnahme) und das Durchsuchen von Personen und Sachen (zum Zwecke der Identitätsfeststellung). — 327

Gemäß § 12a Abs. 1 Satz 2 PolG dürfen Fahrzeuge und mitgeführte Sachen „in Augenschein genommen" werden. Dies bedeutet eine oberflächliche optische Kenntnisnahme der Beschaffenheit der Fahrzeuge und Sachen. Nach Satz 3 darf die Polizei allerdings auch verlangen, dass mitgeführte Sachen, Fahrzeuge einschließlich an und in ihnen befindliche Räume und Behältnisse geöffnet werden, damit die darin ggf. aufbewahrten Gegenstände ihrerseits in Augenschein genommen werden können. Mit „Räumen" und „Behältnissen" sind etwa der Kofferraum und im Fahrzeug mitgeführte Taschen, Koffer, Rucksäcke etc. gemeint. Durchsuchungen von Personen und Sachen sind ansonsten nach § 12a Abs. 1 Satz 3 PolG nur unter den Voraussetzungen der §§ 39, 40 PolG zulässig. Dies gilt nicht für eine Durchsuchung zum Zwecke der Identitätsfeststellung gemäß § 12a Abs. 1 Satz 1 i.V.m. § 12 Abs. 2 Satz 4 PolG; hier sind die Anforderungen des § 12 Abs. 2 PolG zu beachten. — 328

3. Teil • Eingriffsbefugnisse

6. Beschuldigtenvernehmung (§ 163a Abs. 1, 4 i.V.m. § 136 StPO)

- *Aufsatz-Literatur: Keller, PSP 2019, Heft 1, S. 3 (Befragung und Vernehmung im Eingriffsrecht, Teil 2); Meinecke, StV 2015, 325 (Ermittlungsverfahren ohne Anhörung? – Zur Unzulässigkeit der „Überraschungsklage"); Hinderer, JA 2012, 115 (Beschuldigtenvernehmung im Strafverfahren); Soiné, NStZ 2010, 596 (Kriminalistische List im Ermittlungsverfahren); Huber, JuS 2007, 711 (Grundwissen – Strafprozessrecht: Schweigerecht des Beschuldigten); Artkämper, Kriminalistik 2007, 517 (Belehrung und Vernehmung von Beschuldigten); Burgmer, Kriminalistik 2004, 334 (Der Fall Daschner – Androhung von Folter zur Rettung des Lebens eines entführten Kindes); Grabenwalter, NJW 2010, 3128 (Androhung von Folter und faires Strafverfahren – Das vorläufig letzte Wort aus Straßburg [Fall Gäfgen/Daschner]).*
- *Leitentscheidungen: BGHSt 10, 8 (Beschuldigtenbegriff); BGHSt 35, 328 (Unzulässige Täuschung bei Vernehmung); BGHSt 38, 214 (Folgen unterlassener Belehrung); BGHSt 42, 15 (Widerspruchslösung); BGHSt-GS 42, 139 (Hörfallen-Entscheidung: Verwertung von Aussagen aus behördlich initiiertem Telefongespräch); BGHSt 44, 308 (Einsatz von Polygrafen); BGHSt 51, 150 (Grundsatz des fairen Verfahrens bei Vernehmung eines Belastungszeugen); BVerfG NStZ 1995, 555 (vollständiges Schweigen darf nicht als Indiz für Täterschaft gewertet werden); BGH NStZ 2011, 596 (Verwertbarkeit der Aufzeichnung eines verdeckten Gesprächs zwischen einem Informanten und dem Beschuldigten); BVerfG NStZ 2007, 159 (Belehrung ausländischer Beschuldigter über Recht auf konsularischen Beistand); BGH NStZ 2007, 344 (Verwertbarkeit einer unter Beteiligung ausländischer Polizeibeamter durchgeführten Vernehmung); BGH NStZ 2009, 648 (Polizeiliche Beschuldigtenvernehmung ohne „qualifizierte" Belehrung); BGH NStZ 2008, 48 (Übergang von der Zeugen- zur Beschuldigtenvernehmung).*
- *Übungsfälle: Steinberg/Kreuzner, JuS 2011, 624 (Schwerpunktbereichsklausur – Strafprozessrecht: Tatort Altbau).*

Beschuldigtenvernehmung (§ 163a Abs. 1, 4 Satz 1 i.V.m. § 136 StPO)

1. **Tatbestandsvoraussetzungen**
   - Tatverdacht
2. **Maßnahmenspezifische Verfahrensvorschriften**
   - Anordnungskompetenz
     - StA
     - Polizeibeamte
   - Informationsgebot: Bekanntgabe, welche Straftat zur Last gelegt wird (§ 136 Abs. 1 StPO)
   - Belehrungspflichten (§ 136 Abs. 1 StPO)
     - Recht auf Aussagefreiheit
     - Recht auf Verteidigerkonsultation; bei notwendiger Verteidigung Antragsrecht auf Pflichtverteidigerbestellung
     - Recht auf Beweisantragstellung
3. **Adressat**
   - Beschuldigter
4. **Rechtsfolgen**
   - Vernehmung: gezieltes Befragen zur Strafverfolgung
   - ggf. Bild- und Tonaufzeichnung

Beschuldigter ist jede Person, gegen die im Rahmen eines Strafverfahrens wegen einer bestimmten Straftat ermittelt wird (BGHSt 10, 8 (12)).

Verdächtiger ist derjenige, bei dem Anhaltspunkte bestehen, er könne Täter oder Teilnehmer einer verfolgbaren Straftat sein.

Vernehmung ist das gezielte Befragen zum Zwecke des Strafverfahrens kraft erkennbarer staatlicher Autorität.

Abbildung 3.9: Schema zur Beschuldigtenvernehmung (§ 163a Abs. 1, 4 Satz 1 i.V.m. § 136 StPO)

Beschuldigtenvernehmung (§ 163a Abs. 1, 4 i.V.m. § 136 StPO)

a) Überblick

Die Vernehmung soll dem Beschuldigten gemäß § 136 Abs. 2 StPO Gelegenheit geben, die gegen ihn vorliegenden Verdachtsgründe zu beseitigen und die zu seinen Gunsten sprechenden Tatsachen geltend zu machen. Die Beschuldigtenvernehmung ist ein „Kernstück des von Art. 6 Abs. 1 EMRK garantierten fairen Verfahrens".[112] § 136 StPO stellt klar, dass niemand verpflichtet ist, gegen sich selbst auszusagen.[113] Nach der gesetzlichen Wertung hat die Vernehmung also in erster Linie den Zweck der Verteidigung. 329

Aus kriminalistischer Sicht hat sie jedoch auch das Ziel, die Geständnisbereitschaft zu fördern und die umfassende Tataufklärung einschließlich des Nachweises der Erfüllung der objektiven und subjektiven Tatbestandsmerkmale sowie der Feststellung des Motivs und der besonderen Tatumstände der Straftat zu ermöglichen.[114] Es besteht somit auch ein großes Ermittlungsinteresse. Daraus ergibt sich das Spannungsfeld einer jeden Beschuldigtenvernehmung. 330

Vor Abschluss der Ermittlungen ist der Beschuldigte zu vernehmen. Davon kann abgesehen werden, wenn die Sache ersichtlich eingestellt wird. Bei einfachen Fällen kann die Vernehmung ersetzt werden durch die Möglichkeit der schriftlichen Äußerung (§ 163a Abs. 1 StPO). 331

b) Grundrechtseingriffe

Durch die Vernehmung wird regelmäßig in das Recht auf informationelle Selbstbestimmung aus Art. 2 Abs. 1 i.V.m. Art. 1 Abs. 1 GG eingegriffen. Zudem liegt eine Freiheitsbeschränkung i.S.v. Art. 2 Abs. 2 i.V.m. Art. 104 Abs. 1 GG vor. Die Videovernehmung ist ein eigenständiger Eingriff in das allgemeine Persönlichkeitsrecht nach § 2 Abs. 1 i.V.m. Art. 1 Abs. 1 GG. 332

c) Tatbestandsvoraussetzung/Adressat

Beschuldigter ist jede Person, gegen die sich das Strafverfahren richtet.[115] Sie wird schon zum Beschuldigten, wenn die Strafverfolgungsbehörden Ermittlungsmaßnahmen ergreifen, die erkennbar darauf abzielen, gegen sie wegen einer Straftat strafrechtlich vorzugehen (vgl. dazu auch § 397 Abs. 1 AO für Steuerstrafverfahren). Insofern ist der Beschuldigtenbegriff formell zu verstehen: Eine Person wird durch entsprechenden Willensakt der Strafverfolgungsbehörde zum Beschuldigten.[116] Die Stärke des Tatverdachtes ist dabei nicht relevant. Auch werden keine besonderen Anforderungen an den nach außen tretenden Willensakt gestellt, es reicht bereits jede konkrete Ermittlungshandlung gegen eine Person mit dem Willen der konkreten Strafverfolgung. 333

Wichtig ist, dass das subjektive Element des Willens zur konkreten Strafverfolgung zur Ermittlungshandlung treten muss, um die Beschuldigteneigenschaft zu konstituieren. Eine Ermittlungsmaßnahme alleine begründet die Beschuldigteneigenschaft nicht. 334

> **Beispiel**
> Der Jugendliche A wird unmittelbar nach einem Straßenraub durchsucht, da die vom jugendlichen Opfer abgegebene vage Beschreibung auf A zutrifft. Bei A wird nichts aufgefunden. Noch am Ort des Geschehens kommt T auf die Beamten zu, übergibt die Beute und gesteht die Tat.

---

112 EGMR NJW 2002, 499.
113 BGHSt 14, 364.
114 Vgl. Ackermann/Clages/Roll, Kap. XIII, Rn. 2.
115 BGHSt 10, 8 (12).
116 BGHSt 34, 138 (140).

335 Vorliegend ist nicht schon aufgrund der Durchsuchung der Beamten die Beschuldigteneigenschaft gegeben. Vielmehr ist A nur Verdächtiger, wenn die Beamten nicht mit dem Ziel handelten, ein Strafverfahren gegen A zu führen.

336 Verdächtiger ist derjenige, bei dem lediglich Anhaltspunkte dafür bestehen, dass er Täter oder Teilnehmer einer Straftat sein könnte und noch keine Maßnahmen mit dem konkreten Ziel der Einleitung eines Strafverfahrens betrieben werden.

> **Beispiel**
> Bei einer allgemeinen Verkehrskontrolle stellen die Polizeibeamten Alkoholgeruch bei dem Fahrer fest (Verdächtiger). Nachdem der Alkoholtest eine Atemalkoholkonzentration von 1,5 ‰ ergibt, wird der Fahrer zum Beschuldigten.

337 Kinder können nicht Beschuldigte sein, da sie gemäß § 19 StGB strafrechtlich nicht verantwortlich sind. Ihre Aussagen zum Geschehen werden in formloser Anhörung schriftlich niedergelegt. Sollen ermittlungsrelevante Feststellungen im Rahmen eines Strafverfahrens gegen eine strafmündige Person festgehalten werden, so ist das Kind als Zeuge zu vernehmen.

338 Wird ein Strafverfahren gegen Jugendliche geführt, so sind sie nach den hier dargestellten Regeln grundsätzlich als Beschuldigte zu vernehmen. Ergänzend gelten das Jugendgerichtsgesetz und die PDV 382. Demnach sind Jugendliche vor der ersten Vernehmung in einer ihrem geistigen Entwicklungsstand angemessenen Weise über ihre Rechte zu belehren. Sie können dann selbst darüber entscheiden, ob sie diese Rechte in Anspruch nehmen. Vor ihrer Entscheidung ist ihnen die Möglichkeit einzuräumen, mit einem Erziehungsberechtigten und gesetzlichen Vertreter zu sprechen. Ihr Widerspruch gegen eine Aussage des Jugendlichen ist unbeachtlich, jedoch aktenkundig zu machen. Bestehen Anhaltspunkte dafür, dass der Jugendliche den Sinn der Belehrung nicht versteht, die Einsicht in die Tragweite seiner Entscheidung nicht hat oder zur Zeit der Tat nach seiner sittlichen und geistigen Entwicklung nicht reif genug war, das Unrecht der Tat einzusehen und nach seiner Einsicht zu handeln, so darf nach PDV 382 Nr. 3.4.3 eine förmliche Belehrung und damit eine Vernehmung als Beschuldigter nicht erfolgen. Die Anhaltspunkte sind aktenkundig zu machen. In diesen Fällen kann der Jugendliche als Zeuge in das Verfahren erst einbezogen werden, wenn das Ermittlungsverfahren gegen ihn förmlich abgeschlossen ist.

d) Maßnahmenspezifische Verfahrensvorschriften

aa) Informationspflicht

339 Zunächst bestimmt § 163a Abs. 4 Satz 1 StPO eine Informationspflicht. Dem Beschuldigten ist mitzuteilen, welche Tat ihm zur Last gelegt wird.

bb) Belehrungspflichten

340 Darüber hinaus besteht gemäß § 163a Abs. 4 i.V.m. § 136 Abs. 1 StPO Belehrungspflicht. Die Einhaltung dieser Belehrungspflichten ist fundamentale Voraussetzung für ein faires Verfahren. Verstöße dagegen führen daher grundsätzlich zur Unverwertbarkeit der Erkenntnisse, wenn sie nicht durch eine qualifizierte Belehrung geheilt werden (vgl. dazu im Einzelnen Rn. 321). Es bestehen Belehrungspflichten hinsichtlich folgender Rechte:

Recht auf Aussagefreiheit (§ 136 Abs. 1 Satz 2 StPO)

341 Der Beschuldigte ist darauf hinzuweisen, dass es ihm freisteht, sich zu der Beschuldigung zu äußern oder nicht zur Sache auszusagen. Er hat ein umfassendes Schweigerecht. Dies gehört zu den grundlegenden Prinzipien des Strafprozesses: „Nemo tenetur se ipsum accusare" –

Beschuldigtenvernehmung (§ 163a Abs. 1, 4 i.V.m. § 136 StPO)

niemand hat die Pflicht, sich selbst anzuklagen/zu belasten. Dieser Grundsatz hat ausdrücklich seinen gesetzlichen Niederschlag in Art. 14 Abs. 3 lit. g des Internationalen Paktes über bürgerliche und politische Rechte gefunden. Die Wahrnehmung des Rechts darf auch nicht zum Nachteil des Beschuldigten ausgelegt werden, es darf insbesondere nicht als Indiz für die Täterschaft gewertet werden.[117] Anders soll es nach BGHSt 20, 298 sein, wenn der Beschuldigte nur zu einzelnen Punkten schweigt. Dann soll es zulässig sein, daraus nachteilige Schlüsse zu ziehen. Denn in diesem Falle habe sich der Beschuldigte nach freiem Entschluss zu einem Beweismittel gemacht, er unterstelle sich damit der nach § 261 StPO gebotenen freien Beweiswürdigung.

Recht auf Verteidigerkonsultation (§ 136 Abs. 1 Satz 2 StPO)

Der Beschuldigte ist darauf hinzuweisen, dass er jederzeit, auch schon vor seiner Vernehmung, einen von ihm zu wählenden Verteidiger befragen kann. Die Polizei ist gemäß § 136 Abs. 1 Satz 3, 4 verpflichtet, Hilfe bei der Verteidigerkonsultation zu leisten, insbesondere auf anwaltliche Notdienste hinzuweisen. 342

> **Beispiel** [118]
> Der Italiener A wird unter Mitwirkung eines Dolmetschers als Beschuldigter in einem Strafverfahren wegen Mordes vernommen. Nach ordnungsgemäßer Belehrung konnte A keinen Rechtsanwalt benennen, der Dolmetscher lehnte die Benennung eines Verteidigers aus „berufsständischen Gründen" ab. Dem Beschuldigten wurde das Branchenbuch der Stadt zur Verfügung gestellt. Davon machte er zunächst keinen Gebrauch. Später wurde der Name eines italienisch sprechenden Rechtsanwaltes benannt, der aber zur späten Stunde nicht erreicht werden konnte. Über den anwaltlichen Notdienst wurde der Beschuldigte nicht unterrichtet.

Der Bundesgerichtshof hat die bloße Überlassung des Branchenbuches als unzureichende Hilfsmaßnahme angesehen. Hier hätte es des Hinweises auf den anwaltlichen Notdienst bedurft. Nunmehr bestimmt § 136 StPO, dass dem Beschuldigten Informationen zur Verfügung zu stellen sind, die es ihm erleichtern, einen Verteidiger zu kontaktieren. Auf anwaltliche Notdienste ist hinzuweisen. Der Beschuldigte ist im Falle von notwendiger Verteidigung vor der Vernehmung auch darüber zu belehren, dass ihm auf seinen Antrag ein Pflichtverteidiger beigeordnet werden kann. Über den Antrag entscheidet gemäß § 142 StPO das Gericht vor der Vernehmung. Ein solcher Fall von notwendiger Verteidigung liegt gemäß § 140 Abs. 1 StPO insbesondere vor, wenn dem Beschuldigten ein Verbrechen zur Last zu legen ist oder zu erwarten ist, dass die Hauptverhandlung im ersten Rechtszug vor dem Oberlandesgericht, dem Landgericht oder dem Schöffengericht stattfindet. Er ist gemäß § 136 StPO auf die Kostentragungspflicht nach § 465 StPO im Falle einer Verurteilung hinzuweisen. 343

In den Fällen notwendiger Verteidigung, bei denen ein Antrag des Beschuldigten auf Pflichtverteidigerbestellung nicht gestellt wird, er jedoch dem Haftrichter vorgeführt werden soll, ist ihm von Amts wegen ein Pflichtverteidiger zu bestellen, vgl. § 142 Abs. 2 StPO. Maßgeblicher Zeitpunkt dieser Pflichtbestellung ist die Entscheidung, dass der Beschuldigte zu Haftentscheidung dem Richter vorgeführt werden soll.

Recht auf Beweisantragstellung (§ 136 Abs. 1 Satz 3 StPO)

Der Beschuldigte ist darauf hinzuweisen, dass er zu seiner Entlastung einzelne Beweiserhebungen beantragen kann. 344

---

117 BVerfG NStZ 1995, 555.
118 Nach BGHSt 42, 15.

cc) Verbotene Vernehmungsmethoden

345 Schließlich sind die verbotenen Vernehmungsmethoden nach § 136a StPO zu beachten. Die Vorschrift ist Ausprägung der durch Art. 1 Abs. 1 GG geschützten Menschenwürde. Der Beschuldigte ist Subjekt, nicht bloßes Objekt im Strafverfahren. Demnach darf die Freiheit der Willensentschließung und -betätigung nicht beeinträchtigt werden durch:

- **Misshandlung**: Gemeint sind körperliche Misshandlungen und Gesundheitsbeschädigungen, so wie sie in § 223 StGB (Körperverletzung) unter Strafe stehen.
- **Ermüdung**: Dauerverhöre, die bis zur Erschöpfung der Willenskraft führen, sind verboten. Ausgeschlossen sind damit aber nicht Vernehmungen zur Nachtzeit.
- **Körperliche Eingriffe**: Darunter sind alle Maßnahmen zu verstehen, die sich unmittelbar auf den Körper des Beschuldigten auswirken, also auch folgenlose Eingriffe (so z.B. Überschütten mit Wasser);[119] im Übrigen wird ein körperlicher Eingriff regelmäßig auch eine Misshandlung darstellen.
- **Verabreichung von Mitteln**: Mittel in diesem Sinne sind vor allem Alkohol, Rauschgift, Schlaf- oder Beruhigungsmittel. Die Gewährung von Erfrischungen und von Kaffee, Tee oder Zigaretten ist nicht davon erfasst.[120]
- **Quälerei**: In Abgrenzung zur Misshandlung sind hier vor allem seelische Beeinträchtigungen gemeint.
- **Täuschung**: Die unzulässige Täuschung ist von der zulässigen kriminalistischen List abzugrenzen. Unzulässig sind Lügen, die den Beschuldigten bewusst in die Irre führen sollen.

  Beispiel
  In der Vernehmung eröffnet Kriminalkommissar Meyer dem Beschuldigten eines Tötungsdeliktes wahrheitswidrig, dass die Leiche bereits gefunden worden sei.

  Auch eine falsche Darlegung der Verdachtslage kann eine Täuschung i.S.v. § 136a StPO darstellen.

  Beispiel
  Trotz weniger Indizien, die gegen den Verdächtigen sprachen, erklärt der Kriminalbeamte, es lägen so viele Beweise gegen ihn vor, dass er auf keinen Fall entlassen werde, wenn er bei seiner bisherigen Einlassung bleibe; er habe überhaupt keine Chance; alles laufe auf Mord mit „lebenslänglich" hinaus; er könne seine Lage überhaupt nur verbessern, wenn er ein Geständnis ablege; denn dann lasse sich prüfen, ob die Tat möglicherweise nur als Totschlag oder nur als Körperverletzung mit Todesfolge einzuordnen sei. Der Verdächtige räumt daraufhin ein, das Opfer mit Fußtritten traktiert und damit getötet zu haben.

  Der Bundesgerichtshof und das Landgericht Kleve als Vorinstanz werteten die Angaben des Kriminalbeamten als unzulässige Täuschung des Verdächtigen, das Geständnis konnte nicht verwertet werden. Da die ursprüngliche Einlassung, er habe sich zur Tatzeit zu Hause aufgehalten, nicht durch andere Beweismittel widerlegt werden konnte, wurde der Angeklagte freigesprochen.[121]

- **Weitere unzulässige Methoden**: Ebenso ist die bloße Drohung mit einer dieser unzulässigen Maßnahmen oder das Versprechen eines gesetzlich nicht vorgesehenen Vorteils verboten.

  Beispiel
  Kriminalkommissar Meyer eröffnet dem Beschuldigten, dass gegen ihn im Falle eines Geständnisses keine Strafe verhängt werde.

---

[119] Vgl. Meyer-Goßner/Schmitt, StPO, § 136a Rn. 9.
[120] BGHSt 5, 290.
[121] Nach BGHSt 35, 328.

Beschuldigtenvernehmung (§ 163a Abs. 1, 4 i.V.m. § 136 StPO)

Der Einsatz eines Polygrafen (Lügendetektor) ist nach der Grundsatzentscheidung [122] des Bundesgerichtshofes nicht gemäß § 136a StPO unzulässig, aber ein völlig ungeeignetes Beweismittel. Da jedoch in vielen anderen Ländern der Polygraf zulässiges Beweismittel ist, hält auch hier die Diskussion dazu weiterhin an.[123]

346

e) Rechtsfolgen
aa) Vernehmung

Rechtsfolge der Vorschrift ist die Vernehmung, also die gezielte Befragung zum Zwecke des Strafverfahrens kraft erkennbarer staatlicher Autorität. Der Begriff ist abzugrenzen von der Spontanäußerung und der informatorischen Befragung. Bei der Spontanäußerung handelt es sich um eine unaufgeforderte Äußerung einer Person ohne gezielte Befragung.

347

> **Beispiel**
> Als die Beamten an den Tatort kommen, werden sie direkt mit den Worten empfangen: „Gut, dass Sie endlich kommen, jetzt können Sie mich endlich mitnehmen. Ich habe meinen Vater erschlagen."

Informatorische Befragungen sind eine Sonderform der Vernehmung.[124] Auch Erkenntnisse aus der informatorischen Befragung können nach h.M. ohne Belehrung verwertet werden.[125] Sie unterliegen damit also nicht den Vernehmungsvorschriften, sondern der Ermittlungsgeneralklausel (§§ 161, 163 Abs. 1 Satz 2 StPO, dazu Rn. 236 ff.). Die Erkenntnisse aus einer Spontanäußerung können ohne Belehrung verwertet werden, da es sich eben nicht um Äußerungen im Rahmen einer Vernehmung handelt.

348

> **Beispiel**
> Die Beamten kommen zu einem Verkehrsunfallort. Ein Kind ist schwer verletzt worden. Auf die Frage der Beamten, wer Beteiligter sei und wer den Unfall gesehen habe, gesteht der alkoholisierte T sogleich, den Unfall verursacht zu haben.

Zu dem Begriff der Vernehmung im Sinne der Strafprozessordnung gehört, dass der Vernehmende der Auskunftsperson, also dem Beschuldigten, Zeugen oder Sachverständigen in amtlicher Funktion gegenübertritt und in dieser Eigenschaft von ihr Auskunft verlangt. Eine Erweiterung des Begriffs der Vernehmung in dem Sinne, dass hierzu alle Äußerungen des Beschuldigten gehören, welche ein Strafverfolgungsorgan direkt oder indirekt herbeigeführt hat, ist dem Gesetz nicht zu entnehmen. Daher ist es kein Verstoß gegen die Belehrungsvorschriften, wenn ein Beschuldigter durch verdeckt handelnde Polizeibeamte zu einer Selbstäußerung veranlasst wird, ohne darüber informiert zu sein, dass seine Aussage zu Beweiszwecken von der ermittelnden Polizeibehörde protokolliert wird.[126]

349

bb) Bild- und Tonaufzeichnungen (§ 136 Abs. 4 StPO)

§ 136 Abs. 4 StPO wurde durch Gesetz vom 17.8.2017 eingeführt und ist am 1.1.2020 in Kraft getreten, um den Ermittlungsbehörden eine Übergangsfrist für die Ausstattung der Dienststellen einzuräumen. Mit der Vorschrift wird zum einen die bisherige Rechtslage bekräftigt, dass eine Vernehmung auch audiovisuell aufgenommen werden darf. Neu ist demgegenüber, dass eine Pflicht zur Aufnahme konstituiert wird. Dies ist zum einen der Fall, wenn es sich um ein (ggf. auch nur versuchtes) Tötungsdelikt handelt und eine besondere Dringlichkeit bzw. äußere Umstände nicht dagegen sprechen. Zu diesen äußeren Umständen zählen insbesondere die Fälle der Vernehmung im Anschluss an die Nacheile in Tatortnähe und die

350

---
122 BGHSt 44, 308.
123 Vgl. Meyer-Goßner/Schmitt, StPO, § 136a Rn. 24 m.w.N.
124 So auch Kramer, Rn. 31.
125 BGHSt 38, 214 (228).
126 BGHSt 42, 139; vgl. dazu im Einzelnen auch Kirkpatrick, S. 13.

Weigerung des Beschuldigten zur Videovernehmung. Unter Tötungsdelikte sind insbesondere die Delikte nach §§ 211–221 StGB zu fassen.

351 Zum anderen muss eine Aufnahme der Vernehmung erfolgen, wenn so schutzwürdige Interessen von Beschuldigten unter 18 Jahren bzw. psychisch eingeschränkten Beschuldigten besser gewahrt werden.

352 Die Videoaufzeichnung soll nach den Gesetzesmaterialien die herkömmliche Protokollierung nicht ersetzen, diese soll trotz Videovernehmung durchgeführt werden. Andererseits bedarf es regelmäßig einer wörtlichen Transkription nicht.[127]

cc) Beweisverwertung

353 Die Belehrungspflichten sind von ganz besonderer rechtsstaatlicher Bedeutung; sie sind Kernstück des von Art. 6 Abs. 1 EMRK garantierten fairen Verfahrens.[128] Denn Rechte des Beschuldigten können nur wirksam werden, wenn sie bekannt sind. Daher hat der Bundesgerichtshof bereits früh festgestellt, dass Aussagen, die ohne Belehrung über das Schweigerecht[129] oder die Verteidigerkonsultation[130] nach § 136 Abs. 1 Satz 2 StPO erfolgten, grundsätzlich einem Verwertungsverbot unterliegen.

354 Nach der sog. **Widerspruchslösung** tritt das Verwertungsverbot jedoch nur ein, wenn der verteidigte Angeklagte in der Hauptverhandlung rechtzeitig der Verwertung der ohne Belehrung gemachten Aussagen widerspricht.[131]

355 Ein Verwertungsverbot ist überdies auch dann ausgeschlossen, wenn feststeht, dass der Beschuldigte sein Schweigerecht auch ohne Belehrung kannte. Um Beweisschwierigkeiten zu der Frage, ob die Belehrung erfolgte, nicht entstehen zu lassen, ist die Belehrung immer aktenkundig zu machen.

356 Bei der Verpflichtung zur Videovernehmung in § 136 Abs. 4 StPO handelt es sich um eine Ordnungsvorschrift. Dies bedeutet, dass eine Verwertbarkeit lediglich des Protokolls der Aussage besteht, auch wenn später ein Verstoß gegen die Verpflichtung zur Videoaufnahme festgestellt wird.[132]

357 Ist die Belehrung nicht erfolgt, so führt das grundsätzlich zur Unverwertbarkeit der Erkenntnisse. Der Verstoß kann jedoch durch eine qualifizierte Belehrung geheilt werden. Diese qualifizierte Belehrung muss neben dem regulären Inhalt den Hinweis enthalten, dass die zuvor gemachten Aussagen nicht verwertbar sind.

> **Beispiel**
> A ist des Totschlages verdächtigt. Auf der Fahrt vom Tatort zum Polizeipräsidium gesteht A den Polizeibeamten – die die Belehrung unterlassen haben – die Tat und schildert detailliert den Tathergang.

358 Die gemachten Aussagen sind wegen unterlassener Belehrung grundsätzlich nicht verwertbar. Dieser Verfahrensverstoß wird geheilt durch eine erneute Vernehmung mit Belehrung und dem Hinweis, dass die zuvor gemachten Aussagen nicht verwertbar sind. Wiederholt der Beschuldigte die Äußerungen, können sie nunmehr in Verfahren eingeführt werden, sie sind verwertbar.

---

127 BT-Drs. 18/11277 S. 26.
128 EGMR NJW 2002, 499.
129 BGHSt 38, 218.
130 BGHSt 47, 172.
131 BGHSt 42, 15 (22).
132 BT-Drs. 18/11277, S. 27.

Zeugenvernehmung (§ 163 Abs. 3 StPO)

Die unterlassene qualifizierte Belehrung hat im Gegensatz zur gänzlich unterlassenen Belehrung nach der umstrittenen Rechtsprechung nicht zwingend ein Beweisverwertungsverbot zur Folge.[133] Wird unterlassen, auf das Recht auf Einschaltung des Konsulates hinzuweisen, führt dies nicht zu einem Verwertungsverbot.[134]

359

7. Zeugenvernehmung (§ 163 Abs. 3 StPO)

- Aufsatz-Literatur: Keller, PSP 2019, Heft 1, S. 3 (Befragung und Vernehmung im Eingriffsrecht, Teil 2); Soiné, NStZ 2018, 141 (Erweiterte Zeugenpflicht gegenüber der Polizei im Ermittlungsverfahren)
- Leitentscheidungen: BVerfGE 49, 280 (Zeugenentschädigung von Hausfrauen, Zeugenpflicht ist allgemeine Staatsbürgerpflicht); BVerfGE 38, 105 (Recht des Zeugen auf Rechtsbeistand); BGHSt 45, 164 (wissenschaftliche Anforderungen an Glaubhaftigkeitsgutachten, Anwesenheit eines Gutachters bei erster Vernehmung von Kindern in bedeutenden Strafverfahren); BGHSt 37, 48 (Übergang von Zeugenvernehmung zur Beschuldigtenvernehmung); BGH NStZ 1985, 36 (Umfang der Zeugenbelehrung); BGHSt 14, 159 (Zeugnisverweigerungsrecht von Kindern).

Zeugenvernehmung (§ 163 Abs. 3 StPO)

1. **Tatbestandsvoraussetzungen**
   - Tatverdacht
2. **Maßnahmenspezifische Verfahrensvorschriften**
   - Anordnungskompetenz
     - StA
     - Polizeibeamte
   - Informationsgebot: Bekanntgabe des Gegenstandes der Vernehmung und Person des Beschuldigten (§ 69 Abs. 2 Satz 2 StPO)
   - Belehrungspflichten:
     - Zeugnisverweigerungsrecht des Angehörigen (§ 52 Abs. 3 StPO)
     - Auskunftsverweigerungsrecht (§ 55 Abs. 2 StPO)
     - Wahrheitspflicht (§ 57 Satz 1 StPO)
     - Folgen falscher Aussage (§ 57 Satz 1 StPO)
     - ggf. Recht zur Verweigerung der Anschriftennennung (§ 68 Abs. 2 StPO)
   - einzelne Vernehmung (§ 58 StPO)
   - Aufzeichnung (§ 58a StPO)
   - anwaltlicher Zeugenbeistand (§ 68b StPO)
   - ggf. Dolmetscher hinzuziehen (§ 163 Abs. 7 StPO i.V.m. § 185 GVG)
3. **Adressat**
   - Zeuge
4. **Rechtsfolgen**
   - Vernehmung, Vorladung

Zeuge ist, wer seine Wahrnehmung über Tatsachen durch Aussage kundgeben soll, ohne Sachverständiger oder Beschuldigter zu sein.

Vernehmung ist das gezielte Befragen zum Zwecke des Strafverfahrens kraft erkennbarer staatlicher Autorität.

Abbildung 3.10: Schema zur Zeugenvernehmung (§ 163 Abs. 3 StPO)

---

133 Vgl. Beulke, Rn. 119.
134 BGH NStZ 2008, 168.

a) Überblick

360 Die Zeugenpflicht ist nach deutscher Rechtstradition eine allgemeine Staatsbürgerpflicht.[135] Die Zeugenvernehmung wurde durch das 2. Opferrechtsreformgesetz 2009 neu geregelt. Dabei wurde auf eine ursprünglich geplante Erscheinungspflicht des Zeugen bei der Polizei verzichtet. Diese wurde mit Gesetz vom 17.8.2017[136] eingeführt. Nunmehr muss der Zeuge vor Gericht (§ 48 Abs. 1 StPO), vor der Staatsanwaltschaft (§ 161a Abs. 1 StPO) und vor der Polizei erscheinen; letzteres nur, wenn der Ladung ein Auftrag der Staatsanwaltschaft zugrunde liegt.

361 § 163 Abs. 3 StPO verweist bei der Vernehmung von Zeugen auf eine ganze Reihe allgemeiner Vorschriften, insbesondere auf §§ 52, 55, 57, 58, 58a, 68–69 StPO. Dies erschwert das Erfassen der wesentlichen Voraussetzungen. Wie auch bei der Beschuldigtenvernehmung sind insbesondere die Verfahrensvorschriften von großer Praxisrelevanz.

b) Grundrechtseingriffe

362 Durch die Vernehmung wird regelmäßig in das Recht auf informationelle Selbstbestimmung aus Art. 2 Abs. 1 i.V.m. Art. 1 Abs. 1 GG eingegriffen. Zudem liegt eine Freiheitsbeschränkung i.S.v. Art. 2 Abs. 2 i.V.m. Art. 104 Abs. 1 GG vor.

c) Tatbestandsvoraussetzung/Adressat

363 Die befragte Person muss Zeuge sein. Zeugen sind Personen, die sachdienliche Angaben im Zusammenhang mit strafbarem Verhalten machen können, aber selbst nicht Beschuldigte oder Sachverständige sind. Daher handelt es sich nicht erst dann um eine Zeugenvernehmung, wenn die Person im Vernehmungszimmer der Kriminalpolizei oder vor Gericht förmlich befragt wird. Bereits die Befragung unmittelbar am Tatort kann eine Zeugenvernehmung sein.

Beispiel

Nach einem Verkehrsunfall mit Personenschaden gibt sich am Unfallort A als Beifahrer im Fahrzeug eines Unfallbeteiligten zu erkennen. Bei der anschließenden Befragung von A handelt es sich um eine Zeugenvernehmung.

364 Aus den Vorschriften der Identitätsfeststellung (§ 163b Abs. 2 StPO) ergibt sich, dass der Zeuge grundsätzlich seine vollständigen Personalien angeben muss. Im Verweigerungsfalle begeht er eine Ordnungswidrigkeit nach § 111 OWiG. Gemäß § 68 Abs. 3 StPO soll einem Zeugen gestattet werden, statt des Wohnortes seinen Geschäfts- oder Dienstort oder eine andere ladungsfähige Anschrift anzugeben, wenn ein begründeter Anlass zu der Besorgnis besteht, dass durch die Angabe des Wohnortes Rechtsgüter des Zeugen oder einer anderen Person gefährdet werden oder dass auf Zeugen oder eine andere Person in unlauterer Weise eingewirkt werden wird.

365 Auch Minderjährige können Zeugen sein. Die Zeugenfähigkeit ist abhängig vom Entwicklungsstand des Kindes und dem Gegenstand der Aussage. Allgemein ist anzunehmen, dass Kinder unter fünf Jahren nicht als Zeuge in Betracht kommen.

366 Für die Vernehmung von Verdächtigen gelten die Regeln der Zeugenvernehmung.[137] In Einzelfällen ist die Abgrenzung zwischen Zeugen-, Verdächtigen- und Beschuldigtenstatus einer Person schwierig.

---

135 BVerfGE 49, 280.
136 BGBl. I 3202, 3209.
137 BGHSt 37, 48.

Zeugenvernehmung (§ 163 Abs. 3 StPO)

> **Beispiel**
> A wird in einer „Vermisstensache" als Zeuge vernommen. Am Ende der Vernehmung wird ihm mitgeteilt, dass er nunmehr Beschuldigter eines Tötungsdeliktes sei.

Der Bundesgerichtshof hat dazu erklärt, dass die Abgrenzung von der Stärke des Tatverdachts abhängt und im pflichtgemäßen Ermessen der Strafverfolgungsbehörden steht: „Für die Frage, wann von der Zeugen- zur Beschuldigtenvernehmung überzugehen ist, kommt es auf die Stärke des Tatverdachts an. Dabei unterliegt es der pflichtgemäßen Beurteilung der Strafverfolgungsbehörde, ob sie einen solchen Grad des Verdachts auf eine strafbare Handlung für gegeben hält, dass sie ihn als Beschuldigten verfolgt und als solchen vernimmt. Eine Belehrung nach § 136 StPO und eine dementsprechende Vernehmung als Beschuldigter ist somit erst veranlasst, wenn sich der bereits bei Beginn der Vernehmung bestehende Verdacht so verdichtet hat, dass die vernommene Person ernstlich als Täter der untersuchten Straftat in Betracht kommt. Dabei ist gerade bei dem besonders schweren Vorwurf der Begehung eines Tötungsdelikts eine sehr sorgfältige Abwägung geboten. Die Strafverfolgungsbehörde überschreitet nur dann die Grenzen des ihr eingeräumten Beurteilungsspielraums, wenn sie trotz eines starken Tatverdachts nicht von der Zeugenvernehmung zur Beschuldigtenvernehmung übergeht."[138] Daraus folgt, dass der Verdächtige vernehmungsrechtlich als Zeuge zu behandeln ist. Erst wenn der Tatverdacht stärker wird, ist er als Beschuldigter zu vernehmen. 367

d) Maßnahmenspezifische Verfahrensvorschriften
aa) Informationspflicht

Zunächst bestimmt § 163 Abs. 3 i.V.m. § 69 Abs. 1 Satz 2 StPO eine Informationspflicht. Dem Zeugen sind vor seiner Vernehmung der Gegenstand der Untersuchung und die Person des Beschuldigten, sofern ein solcher vorhanden ist, zu bezeichnen. 368

bb) Belehrungspflichten

Darüber hinaus bestehen gemäß § 163 Abs. 3 i.V.m. §§ 52, 55, 57, 68 StPO Belehrungspflichten: 369

Zeugnisverweigerungsrecht (§ 52 Abs. 3 StPO)

Der Zeuge ist darüber zu belehren, dass er ein Zeugnisverweigerungsrecht aus persönlichen Gründen gemäß § 52 StPO hat, wenn es sich bei dem Beschuldigten um einen Angehörigen handelt. Damit sind gemeint: Verlobte, (Ex-)Lebenspartner, (Ex-)Ehegatten oder Verwandte gerader Linie bzw. Verschwägerte. Ebenso besteht ein Zeugnisverweigerungsrecht, wenn es sich um ein Verwandtschaftsverhältnis handelt, das in der Seitenlinie bis zum dritten Grad oder bis zum zweiten Grad verschwägert ist oder war. Bei einer eheähnlichen Gemeinschaft wird ein Zeugnisverweigerungsrecht nach h.M. abgelehnt.[139] Kommt aus den Umständen ein solches Recht offensichtlich nicht in Betracht bzw. kann es noch nicht beurteilt werden, bedarf es der Belehrung nicht. Dies wäre zum Beispiel der Fall, wenn noch gar kein Beschuldigter bekannt ist. 370

Auf ein Zeugnisverweigerungsrecht aus beruflichen Gründen (§ 53 StPO) oder auf die Verschwiegenheitspflicht nach § 54 StPO muss vor der Belehrung nicht hingewiesen werden. 371

---
138 BGHSt 37, 48.
139 Vgl. SK-Rogall, StPO, § 52 Rn. 20; Meyer-Goßner/Schmitt, StPO, § 52 Rn. 5.

Auskunftsverweigerungsrecht (§ 55 Abs. 2 StPO)

372 Der Zeuge ist darauf hinzuweisen, dass er die Auskunft auf Fragen verweigern kann, deren Beantwortung ihn selbst oder einen der in § 52 StPO genannten Angehörigen in die Gefahr bringen würde, wegen einer Straftat oder einer Ordnungswidrigkeit verfolgt zu werden. Diese Vorschrift dient damit dem Schutz des Zeugen vor Selbstbezichtigung. Eine pauschale Belehrung ohne Anlass ist nicht rechtswidrig, die Belehrung ist jedoch auch hier abhängig vom Einzelfall: Sie sollte bei nicht offensichtlich Tatbeteiligten erst erfolgen, wenn Grund zu der Annahme und nicht nur die theoretische Möglichkeit besteht, dass der Zeuge sich durch die Aussage selbst belasten könnte.[140]

373 Er muss sich ausdrücklich auf sein Auskunftsverweigerungsrecht berufen, darf also belastende Aussagen nicht einfach verschweigen.[141]

Wahrheitspflicht (§ 57 StPO)

374 Der Zeuge ist zur Wahrheit zu ermahnen. Er ist auf die Folgen falscher Aussagen hinzuweisen. Diese wären insbesondere eine mögliche Strafbarkeit nach § 257 StGB (Begünstigung), § 258 StGB (Strafvereitelung), § 164 StGB (falsche Verdächtigung), § 145d (Vortäuschen einer Straftat). § 153 StGB (falsche uneidliche Aussage) betrifft nur falsche Aussagen vor Gericht, nicht aber bei der Polizei.

Angaben zur Person (§ 68 StPO)

375 Grundsätzlich haben Zeugen den Vornamen, den Nachnamen, das Alter, den Beruf und den Wohnort anzugeben. Polizeibeamte dürfen nach § 68 Abs. 1 Satz 2 StPO lediglich den Dienstort angeben, wenn sie Angaben über dienstlich veranlasste Wahrnehmungen machen sollen. Übrigen Zeugen soll gemäß § 68 Abs. 2 StPO gestattet werden, statt des Wohnortes seinen Geschäfts- oder Dienstort oder eine andere ladungsfähige Anschrift anzugeben, wenn ein begründeter Anlass zu der Besorgnis besteht, dass durch die Angabe des Wohnortes Rechtsgüter des Zeugen oder einer anderen Person gefährdet werden oder dass auf Zeugen oder eine andere Person in unlauterer Weise eingewirkt werden wird. Gemäß § 68 Abs. 4 StPO ist er auf diese Befugnis hinzuweisen, wenn Anhaltspunkte dafür vorliegen.

cc) Einzelne Vernehmung, Gegenüberstellung (§ 58 StPO)

376 Zeugen sind einzeln in Abwesenheit der später zu hörenden Zeugen zu vernehmen. Eine Gegenüberstellung ist zulässig und Teil der Vernehmung.

dd) Aufzeichnung auf Bild-Ton-Träger (§ 58a StPO)

377 Jede Zeugenvernehmung kann aufgezeichnet werden. Sie ist aufzunehmen, wenn das bei Opfern unter 18 Jahren zum Schutze ihrer Interessen geboten ist. Dies kommt namentlich zur Vermeidung weiterer Vernehmungen in Betracht.

378 Die Vernehmung muss nach Würdigung der dafür jeweils maßgeblichen Umstände aufgezeichnet werden und als richterliche Vernehmung erfolgen, wenn damit die schutzwürdigen Interessen von Personen, die durch Straftaten gegen die sexuelle Selbstbestimmung (§§ 174 bis 184j des Strafgesetzbuches) verletzt worden sind, besser gewahrt werden können und der Zeuge der Bild-Ton-Aufzeichnung vor der Vernehmung zugestimmt hat.

---

140 Vgl. Meyer-Goßner/Schmitt, StPO, § 55 Rn. 14 mit Hinweis auf BGH MDR 1953, 402.
141 BGHSt 21, 171.

Zeugenvernehmung (§ 163 Abs. 3 StPO)

Des Weiteren hat eine Aufzeichnung zu erfolgen, wenn zu besorgen ist, dass der Zeuge in der Hauptverhandlung nicht mehr zur Verfügung steht und die Aufzeichnung zur Erforschung der Wahrheit erforderlich ist. 379

ee) Zeugenbeistand (§ 68b StPO)

Zeugen können sich eines anwaltlichen Beistandes bedienen, dem die Anwesenheit bei der Vernehmung zu gestatten ist. Die Anwesenheit ist zu versagen, wenn eine geordnete Beweiserhebung in Gefahr ist, insbesondere wenn der Zeugenbeistand selbst an der Tat beteiligt ist. 380

ff) Minderjährige als Zeugen

Für die Zeugenvernehmung von Kindern und Jugendlichen gelten die ergänzenden Regelungen der PDV 382. Demnach hat die Belehrung in jedem Fall zu erfolgen, angepasst an den geistigen Entwicklungsstand des minderjährigen Zeugen. Hat der Minderjährige die Belehrung verstanden, so ist seine Entscheidung maßgebend. Hat er sie nicht verstanden, so darf die Vernehmung nur erfolgen, wenn er zur Aussage bereit ist und der gesetzliche Vertreter zustimmt. Er ist darüber zu belehren, dass er nicht auszusagen braucht, auch wenn der gesetzliche Vertreter zustimmt. Ist ein gesetzlicher Vertreter Beschuldigter, so tritt an seine Stelle ein gemäß § 1909 BGB vom Vormundschaftsgericht bestellter Pfleger. 381

> **Beispiel**
> A wird des sexuellen Missbrauchs an seinem 6-jährigen Stiefkind E beschuldigt. Über eine mögliche Aussage entscheidet dann der vom Gericht bestellte Ergänzungspfleger, wenn E die Belehrung offensichtlich nicht versteht.

Das Ersuchen auf Bestellung eines Ergänzungspflegers wird in der Regel von der Staatsanwaltschaft gestellt. Darüber hinaus haben die Erziehungsberechtigten gemäß PDV 382 Nr. 3.6.4 ein Anwesenheitsrecht. Im Übrigen enthält die PDV 382 weitere Regelungen zur praktischen Durchführung und Taktik. 382

gg) Aussagegenehmigungspflicht (§ 54 StPO)

§ 54 StPO normiert ein eingeschränktes Beweiserhebungsverbot. Richter, Beamte und andere Personen des öffentlichen Dienstes benötigen zur Aussage über Umstände, auf die sich ihre Pflicht zur Amtsverschwiegenheit bezieht, eine Aussagegenehmigung. Zuständig für die Erteilung ist der gegenwärtige Dienstvorgesetzte, bei Pensionären der letzte.[142] 383

Die Einholung der Aussagegenehmigung obliegt nach Nr. 66 Abs. 1 RiStBV der vernehmenden Stelle (Polizei, Staatsanwaltschaft, Gericht). Dabei ist der Gegenstand der Vernehmung so erschöpfend mitzuteilen, dass eine Prüfung des Dienstvorgesetzten möglich ist. Für die Regelfälle des Polizeidienstes besteht oft eine generelle, formalisierte Aussagegenehmigung. 384

Die Pflicht zur Verschwiegenheit ergibt sich für (Landes-)Polizeibeamte aus § 37 BeamtStG, für Bundesbeamte aus §§ 67–69 BBG, für Richter aus §§ 46, 71 DRiG. Bei sonstigen Personen des öffentlichen Dienstes sind (tarif-)vertragliche Regelungen maßgebend. Eine Versagung der Genehmigung ist nur unter den genannten Bestimmungen zulässig. Das Gericht muss in die Lage versetzt werden, das Vorliegen dieser Voraussetzungen prüfen zu können. Insofern bedarf es aussagekräftiger Begründung. 385

Wird die Aussage des Zeugen zulässig versagt, darf er nicht zur Sache vernommen werden. 386

---
142 Meyer-Goßner/Schmitt, StPO, § 54 Rn. 19.

hh) Dolmetscherpflicht (§ 163 Abs. 7 StPO i.V.m. § 185 Abs. 1 StPO)

387 Ist der Zeuge der deutschen Sprache nicht (hinreichend) mächtig, so ist nach entsprechender Anwendung von § 185 Abs. 1 GVG ein Dolmetscher hinzuzuziehen. Die Protokollierung erfolgt dann in deutscher Sprache, jedoch sollen nach § 185 Abs. 1 Satz 2 GVG Aussagen und Erklärungen in der fremden Sprache aufgenommen werden, wenn dies mit Rücksicht auf die Sache für erforderlich erachtet wird.

e) Rechtsfolgen
aa) Vernehmung

388 Rechtsfolge der Vorschrift ist die Vernehmung, also die gezielte Befragung zum Zwecke des Strafverfahrens kraft erkennbarer staatlicher Autorität. Der Begriff ist abzugrenzen von der Spontanäußerung und der informatorischen Befragung. Bei der Spontanäußerung handelt es sich um eine unaufgeforderte Äußerung einer Person ohne gezielte Befragung.

> **Beispiel**
> Als die Beamten an den Tatort kommen, werden sie direkt mit den Worten empfangen: „Gut, dass Sie endlich kommen, mein Vater hat meine Mutter erschlagen!"

Diese Spontanäußerungen unterliegen nach h.M. keinem Verwertungsverbot. Sie können verwertet werden, obwohl die Belehrung naturgemäß nicht erfolgen kann.

389 Informatorische Befragungen sind eine Sonderform der Vernehmung.[143] Auch Erkenntnisse aus der informatorischen Befragung können nach h.M. ohne Belehrung verwertet werden.[144] Sie unterliegen damit also nicht der Vernehmungsvorschriften, sondern der Ermittlungsgeneralklausel gemäß §§ 161, 163 Abs. 1 Satz 2 StPO (vgl. dazu Rn. 236 ff.). Die Erkenntnisse aus einer Spontanäußerung können ohne Belehrung verwertet werden, da es sich eben nicht um Äußerungen im Rahmen einer Vernehmung handelt.

> **Beispiel**
> Die Beamten kommen zu einem Verkehrsunfallort. Ein Kind ist schwer verletzt worden. Auf die Frage der Beamten, wer Beteiligter sei und wer den Unfall gesehen habe, sagt der leicht alkoholisierte Beifahrer, seine Frau habe den Unfall verursacht, da sie viel zu schnell und ohne erforderliche Beleuchtung gefahren sei.

bb) Vorladung

390 Die Befugnis zur Vorladung ergibt sich ebenfalls aus § 163 Abs. 3 StPO. Zeugen sind verpflichtet, wie schon bei richterlichen (§ 48 Abs. 1 StPO) oder staatsanwaltschaftlichen (§ 161a Abs. 1 StPO) Vernehmungen, auf Ladung vor Ermittlungspersonen der Staatsanwaltschaft zu erscheinen und zur Sache auszusagen, wenn der Ladung ein Auftrag der Staatsanwaltschaft zugrunde liegt.[145] Die Erscheinungspflicht ist also abhängig vom Willen der Staatsanwaltschaft. Dieser Auftrag muss nicht für jeden Einzelfall erteilt werden. Aus dem Gesetzeszweck der Entlastung der Staatsanwaltschaft ist zu entnehmen, dass diese auch von der Staatsanschaltschaft allgemein erteilt werden kann.[146]

391 Zeugen, die auf Ladung der Polizei nicht erscheinen oder die Aussage ohne einen gesetzlich anerkannten Grund verweigern, müssen danach nicht mehr von der Staatsanwaltschaft oder dem Gericht vernommen werden, wenn dies keine sachlichen Vorteile bietet. Damit wird der

---
143 So auch Kramer, Rn. 31.
144 BGHSt 38, 214 (228).
145 § 163 Abs. 3 StPO-neu.
146 Soiné NStZ 2018, 141.

Verfahrensökonomie und auch dem Beschleunigungsgrundsatz im Strafverfahren Rechnung getragen. Damit dient die Erscheinungspflicht in erster Linie der Ressourcenschonung bei der Staatsanwaltschaft.

cc) Beweisverwertung

Die unterlassene Belehrung über das Auskunftsverweigerungsrecht hat kein Verwertungsverbot im betreffenden Strafverfahren zur Folge, da die Vorschrift nicht dem Schutz des Zeugen dient. Es führt jedoch nach h.M. zu einem Verwertungsverbot in einem ggf. durchgeführten Strafverfahren gegen den Zeugen.[147]

392

Wurden zeugnisverweigerungsberechtigte Personen nicht belehrt, so ist ihre Aussage nicht verwertbar. Es besteht ein Verlesungs- und Verwertungsverbot.[148]

393

8. Befragung (§ 9 PolG)

Befragung (§ 9 Abs. 2 PolG)

1. **Tatbestandsvoraussetzungen**
   - Tatsachen rechtfertigen die Annahme
     - dass Person sachdienliche Angaben machen kann
     - die zur Erfüllung einer bestimmten polizeilichen Aufgabe erforderlich sind
2. **Maßnahmenspezifische Verfahrensvorschriften**
   - Durchführung durch jeden Polizeibeamten
   - „offene" Datenerhebung (§ 9 Abs. 5 Satz 1 PolG)
   - Zweckbindung (§ 9 Abs. 7 PolG)
   - Aufklärungspflichten (§ 9 Abs. 6 PolG)
3. **Adressat**
   - Person, die voraussichtlich sachdienliche Angaben machen kann
4. **Rechtsfolgen**
   - Befragung
   - Aufforderung zur Angabe der Personalien
   - Anhalten

> **Befragung** ist die Aufforderung gegenüber einer bestimmten Person, eine Auskunft zu erteilen bzw. eine Aussage zu machen.

Abbildung 3.11: Schema zur Befragung (§ 9 Abs. 2 PolG)

a) Überblick

§ 9 Abs. 2 Satz 1 PolG ermächtigt die Polizei zur Befragung. Dabei handelt es sich um die Aufforderung gegenüber einer bestimmten Person, eine Auskunft zu erteilen bzw. eine Aussage zu machen. Bei dieser Aufforderung handelt es sich um einen Verwaltungsakt. Die

394

---
[147] OLG Celle NStZ 2002, 386; Meyer-Goßner/Schmitt, StPO, § 55 Rn. 17.
[148] BGHSt 14, 159 (160).

Befragung nach § 9 PolG dient dazu, den Sachverhalt aufzuklären („sachdienliche Angaben"), während die Identitätsfeststellung (etwa nach § 12 PolG; zur Abgrenzung Rn. 296) gezielt zur Ermittlung personenbezogener Informationen eingesetzt wird. Gemäß Absatz 2 Satz 2 kann die Person für die Dauer der Befragung angehalten werden.

395 § 9 Abs. 3 Satz 1 PolG normiert eine Pflicht der zulässigerweise befragten Person, auf Frage Namen, Vornamen, Tag und Ort der Geburt, Wohnanschrift und Staatsangehörigkeit anzugeben. Dabei handelt es sich nicht um eine Identitätsfeststellung, sondern um eine die spätere Verwertung der vom Betroffenen erlangten Informationen sichernde begleitende Maßnahme. Die Person ist, soweit sich aus anderen Vorschriften entsprechende gesetzliche Handlungspflichten ergeben, zu weiteren Auskünften verpflichtet (Satz 2).

396 § 9 Abs. 4–7 PolG enthalten weitere Bestimmungen für die Befragung und für die Datenerhebung nach Abs. 1 allgemein.

b) Grundrechtseingriffe

397 Die Befragung greift in das Recht auf informationelle Selbstbestimmung ein (Art. 2 Abs. 1 i.V.m. Art. 1 Abs. 1 GG. Das nach § 9 Abs. 2 Satz 2 PolG zulässige Anhalten während der Dauer der Befragung, das durch explizite Anordnung oder „konkludent" durch das Versperren des Weges erfolgen kann, stellt einen Eingriff in die allgemeine Handlungsfreiheit gemäß Art. 2 Abs. 1 GG dar; aufgrund der Kürze der Beeinträchtigung wird man nicht von einer Freiheitsbeschränkung i.S.v. Art. 2 Abs. 2 Satz 2, Art. 104 GG ausgehen können.

c) Tatbestandsvoraussetzungen

398 Tatbestandliche Voraussetzung ist lediglich, dass Tatsachen die Annahme rechtfertigen, dass die befragte Person sachdienliche Angaben machen kann, die für die Erfüllung einer bestimmten polizeilichen Aufgabe erforderlich sind (zu den polizeilichen Aufgaben im Einzelnen Rn. 131 ff.). Die tatbestandliche Anbindung an eine konkrete Aufgabe soll ausschließen, dass die Polizei gänzlich „anlasslos" oder auf der Grundlage bloßer Spekulationen Befragungen vornimmt. Es genügt allerdings, wenn sich aufgrund konkreter Hinweise oder auch auf der Grundlage eigener Ermittlungen ergibt, dass die Person möglicherweise Informationen hat, die die Polizei benötigt. „Erforderlich" sind die Angaben für die Erfüllung einer polizeilichen Aufgabe, wenn ohne Kenntnis der zu erhebenden Daten die Aufgabe nicht oder zumindest nicht mehr zeit- oder sachgerecht wahrgenommen werden kann.

d) Maßnahmenspezifische Verfahrensvorschriften

399 Die Befragung kann durch jeden Polizeibeamten durchgeführt werden. § 9 Abs. 5 Hs. 1 PolG gebietet eine „offene" Durchführung der Befragung. Verdeckte Maßnahmen sind nur aufgrund besonderer gesetzlicher Regelung erlaubt. Absatz 6 normiert Aufklärungspflichten, Absatz 7 eine Zweckbindung.

e) Adressat

400 Gemäß § 9 Abs. 4 Satz 1 PolG richtet sich die Befragung an die betroffene Person, also an diejenige, bezüglich der Tatsachen die Annahme rechtfertigen, dass sie sachdienliche Angaben machen kann. Da die Befragung auch tatbestandlich nicht an das Vorliegen einer konkreten Gefahr o.ä. anknüpft, darf für die Bestimmung des Adressaten nicht auf die §§ 4–6 PolG zurückgegriffen werden.

f) Rechtsfolgen

Die Vorschrift erlaubt die Befragung zu den sachdienlichen Angaben. Grundsätzlich hat die Befragung offen zu erfolgen (§ 9 Abs. 5 Satz 1 PolG); eine verdeckte Befragung ist schon logisch ausgeschlossen. Nach § 9 Abs. 4 Satz 2 PolG darf zwar auch eine verdeckte Datenerhebung stattfinden, wenn die Befragung nicht oder nicht rechtzeitig möglich ist, oder wenn sie die Erfüllung der polizeilichen Aufgabe erheblich erschweren oder gefährden würde. Hierbei handelt es sich aber wohl um eine gesonderte Ermächtigungsgrundlage für die verdeckte Erhebung von Informationen. Darüber hinaus ermächtigt die in § 9 Abs. 3 PolG normierte Pflicht die Polizei auch dazu, von der zulässigerweise befragten Person die dort genannten Angaben zu verlangen. Schließlich erlaubt die Ermächtigungsnorm das Anhalten der Person für die Dauer der Befragung. 401

9. Prüfen von Berechtigungsscheinen (§ 13 PolG)

Prüfen von Berechtigungsscheinen (§ 13 PolG)

1. **Tatbestandsvoraussetzungen**
   - Person ist aufgrund gesetzlicher Pflicht oder Auflage in einem Erlaubnisbescheid verpflichtet, einen Berechtigungsschein mit sich zu führen
2. **Maßnahmenspezifische Verfahrensvorschriften**
   - Durchführung durch jeden Polizeibeamten
3. **Adressat**
   - Person, die zum Mitführen verpflichtet ist
4. **Rechtsfolgen**
   - Aufforderung, den Berechtigungsschein zur Prüfung auszuhändigen

Ein **Berechtigungsschein** ist ein behördliches Schriftstück zur Dokumentation einer behördlichen Erlaubnis.

Abbildung 3.12: Schema zum Prüfen von Berechtigungsscheinen (§ 13 PolG)

a) Überblick

§ 13 PolG ermächtigt die Polizei dazu, von einer Person zu verlangen, dass diese einen Berechtigungsschein zur Prüfung aushändigt. Berechtigungsscheine sind behördliche Schriftstücke zur Dokumentation einer behördlichen Erlaubnis. Die praktische Bedeutung der Vorschrift ist gering, da es in den meisten Spezialgesetzen eigenständige Regelungen zur Prüfung der Berechtigungsscheine bzw. zu einer Mitführ- und Vorzeigepflicht gibt (z.B. § 38 Satz 1 WaffG, § 15 Abs. 1 BJagdG, § 31 Abs. 1 LFischG NRW). 402

b) Grundrechtseingriffe

Die Aufforderung greift in das Recht auf informationelle Selbstbestimmung ein (Art. 2 Abs. 1 i.V.m. Art. 1 Abs. 1 GG). Da der Berechtigungsschein unmittelbar nach der Prüfung zurückgegeben wird, liegt ein Eingriff in das Eigentumsrecht aus Art. 14 Abs. 1 GG nicht vor. 403

c) Tatbestandsvoraussetzungen

Die Vorschrift setzt lediglich voraus, dass die Person, der gegenüber die Aufforderung zur Aushändigung ergehen soll, aufgrund einer Rechtsvorschrift oder einer vollziehbaren Aufla- 404 ge in einem Erlaubnisbescheid dazu verpflichtet ist, einen Berechtigungsschein mitzuführen, also mit unmittelbarer Zugriffsmöglichkeit bei sich zu tragen. Die Mitführpflicht kann sich also unmittelbar aus einer gesetzlichen Bestimmung, aber auch aus einem Verwaltungsakt ergeben, der die Berechtigung ausspricht, aber zur Auflage macht, dass eine entsprechende Bescheinigung mitgeführt wird.

d) Maßnahmenspezifische Verfahrensvorschriften

405 Die Aufforderung kann von jedem Polizeibeamten ausgesprochen werden. Besondere Verfahrensbestimmungen bestehen nicht.

e) Adressat

406 Adressat der Aufforderung ist die Person, die zum Mitführen des Berechtigungsscheins verpflichtet ist.

f) Rechtsfolgen

407 Rechtsfolge ist die Aufforderung, den Berechtigungsschein zur Prüfung auszuhändigen.

10. Erkennungsdienstliche Behandlung (§ 81b StPO)

- *Aufsatz-Literatur:* Schenke, JZ 2006, 707 (Die Rechtsnatur einer erkennungsdienstlichen Maßnahme gemäß § 81b Alt. 2 StPO).
- *Leitentscheidungen:* BVerwG NVwZ-RR 2011, 710 (Eröffnung des Verwaltungsrechtswegs bei § 81b Alt. 2 StPO).
- *Übungsfall:* Hapkemeyer, Kriminalistik 2011, 367 (Klausur mit Lösung im Fach Eingriffsrecht).

Erkennungsdienstliche Behandlung (§ 81b StPO)

1. **Tatbestandsvoraussetzungen**
   - notwendig
     - **Alt. 1:** zur Durchführung des Strafverfahrens
       oder
     - **Alt. 2:** für Erkennungsdienst
2. **Maßnahmenspezifische Verfahrensvorschriften**
   - Anordnungskompetenz
     - bei § 81b Alt. 1 StPO: Polizeibeamte/StA
     - bei § 81b Alt. 2 StPO: nur Polizeibeamte
   - Aufbewahrung, Speicherung und Nutzung nach §§ 481, 484 StPO
   - Belehrung über Vernichtungsverlangen
3. **Adressat**
   - Beschuldigter
4. **Rechtsfolgen**
   - Fertigung von Lichtbildern, Fingerabdrücken
   - Messungen und ähnliche Maßnahmen

Beschuldigter ist jede Person, gegen die im Rahmen eines Strafverfahrens wegen einer bestimmten Straftat ermittelt wird.

Notwendig ist die erkennungsdienstliche Behandlung, wenn sie entweder erforderlich ist, um der Sachaufklärungspflicht des § 244 Abs. 2 StPO nachzukommen (Alt. 1) oder um die zukünftig zu führenden Ermittlungen zu gewährleisten (Alt. 2).

Abbildung 3.13: Schema zur erkennungsdienstlichen Behandlung nach der StPO (§ 81b StPO)

Erkennungsdienstliche Behandlung (§ 81b StPO)

a) Überblick

Die Vorschrift regelt zwei Fälle mit einerseits repressiver und anderseits präventiver Zielrichtung. Bei § 81b Alt. 1 StPO geht es um eine klassische Maßnahme der Strafverfolgung. Informationen von der Person des Beschuldigten sollen zum Zwecke der Aufklärung einer Straftat mit vorhandenen Informationen abgeglichen werden. Dazu bedarf es zunächst der Erhebung von erkennungsdienstlichen Daten nach § 81b Alt. 1 StPO. **408**

> **Beispiel**
> An einem Einbruchstatort wurden Fingerspuren gesichert. Zudem wurde zur Tatzeit vom Nachbarn am Tatort eine verdächtige Person beobachtet. Die Fingerabdrücke des Beschuldigten sollen mit den gesicherten Fingerspuren abgeglichen werden, das Bild des Beschuldigten soll im Rahmen einer Wahllichtbildvorlage dem Zeugen vorgelegt werden.

Bei § 81b Alt. 2 StPO handelt es sich dagegen materiell um Polizeirecht, da diese Variante präventive Zwecke verfolgt. Hier geht es also nicht um die Aufklärung von begangenen Straftaten, sondern um Vorsorge zur Aufklärung künftiger Straftaten. **409**

> **Beispiel**
> A wird des Handtaschenraubes beschuldigt. Da er bereits wiederholt wegen gleichartiger Delikte aufgefallen ist, werden zum Zwecke der Aufklärung ggf. folgender Taten Lichtbilder und Fingerabdrücke von A genommen. So ist die Polizei künftig in der Lage, eine Wahllichtbildvorlage durchzuführen.

Während Maßnahmen nach § 81b Alt. 1 StPO Justizverwaltungsakte darstellen, handelt es sich aufgrund des präventiven Charakters bei Maßnahmen nach § 81b Alt. 2 StPO nach noch h.M. um Verwaltungsakte i.S.v. § 35 VwVfG.[149] Diese Unterscheidung ist wichtig für den Rechtsweg. Während für die Anfechtung von Justizverwaltungsakten die ordentlichen Gerichte (hier: Amtsgericht) zuständig sind, ist richtiger Rechtsweg bei Verwaltungsakten der Verwaltungsrechtsweg (§ 40 VwGO). **410**

Die erkennungsdienstliche Behandlung zum Zweck der Identitätsfeststellung ist auf § 163b StPO zu stützen (vgl. Rn. 276). **411**

b) Grundrechtseingriffe

Mit den Maßnahmen nach § 81b StPO wird in das Recht auf informationelle Selbstbestimmung, Art. 2 Abs. 1 i.V.m. Art. 1 Abs. 1 GG, und die Bewegungsfreiheit gemäß Art. 2 Abs. 2 GG in Form der Freiheitsbeschränkung eingegriffen. **412**

c) Tatbestandsvoraussetzungen/Adressat

Die Maßnahme darf sich nur gegen Beschuldigte richten. Beschuldigter ist jede Person, gegen die sich das Strafverfahren richtet.[150] Sie wird schon zum Beschuldigten, wenn die Strafverfolgungsbehörden Ermittlungsmaßnahmen ergreifen, die erkennbar darauf abzielen, gegen sie wegen einer Straftat strafrechtlich vorzugehen (vgl. dazu auch § 397 Abs. 1 AO für Steuerstrafverfahren). Insofern ist der Beschuldigtenbegriff formell zu verstehen: Eine Person wird erst durch entsprechenden Willensakt der Strafverfolgungsbehörde zum Beschuldigten.[151] Die Stärke des Tatverdachtes ist dabei nicht relevant. Auch werden keine besonderen Anforderungen an den nach außen tretenden Willensakt gestellt, es reicht bereits jede konkrete Ermittlungshandlung gegen eine Person mit dem Willen der konkreten **413**

---

[149] Dagegen BVerwG NJW 2006, 1225, das dazu tendiert, die Maßnahme als Strafverfolgungsvorsorge nicht als Verwaltungsakt anzusehen und damit den ordentlichen Gerichten zuzuschreiben.
[150] BGHSt 10, 8 (12).
[151] BGHSt 34, 138 (140).

Strafverfolgung. Wichtig ist, dass das subjektive Element des Willens zur konkreten Strafverfolgung zur Ermittlungshandlung treten muss, um die Beschuldigteneigenschaft zu konstituieren. Kinder können nicht Beschuldigte sein. Gegen sie kann eine erkennungsdienstliche Behandlung nur aufgrund der Polizeigesetze erfolgen.

aa) § 81b Alt. 1 StPO

414 Die erkennungsdienstliche Behandlung nach § 81b Alt. 1 StPO dient dazu, die Strafbarkeit des Beschuldigten zu klären. Die im Gesetz geforderte Notwendigkeit der Maßnahme ergibt sich grundsätzlich schon aus der Sachaufklärungspflicht analog § 244 Abs. 2 StPO. Demnach ist zur Erforschung der Wahrheit die Beweisaufnahme auf alle Tatsachen zu erstrecken, die für die Entscheidung im Strafprozess von Bedeutung sein können. Eine Notwendigkeit der Maßnahme kommt nur dann nicht in Betracht, wenn die Tat bereits mittels anderer Beweismittel nachgewiesen werden kann.

bb) § 81b Alt. 2 StPO

415 Die erkennungsdienstliche Behandlung nach § 81b Alt. 2 StPO hat zwar ein konkretes Strafverfahren zum Anlass. Jedoch dient sie nicht zur Aufklärung gerade dieses Strafverfahrens, sondern zur Aufklärung zukünftiger Straftaten. Es ist eine zweifache Prognose anzustellen: Zum einen muss die Wahrscheinlichkeit bestehen, dass der Beschuldigte weitere Straftaten begehen wird, zum anderen muss die erkennungsdienstliche Behandlung die Aufklärung der zukünftigen Taten fördern. In Betracht kommt die Maßnahme also insbesondere gegen gewohnheits- und gewerbsmäßig handelnde Täter. Da es sich um eine präventivpolizeiliche Maßnahme, mithin einen Verwaltungsakt handelt, sind grundsätzlich Widerspruch[152] und Klage möglich – mit der Folge der aufschiebenden Wirkung. Die aufschiebende Wirkung entfällt, wenn die sofortige Vollziehung gemäß § 80 Abs. 2 Nr. 4 VwGO angeordnet wird. In NRW ist das Widerspruchsverfahren gemäß § 110 Abs. 1 JustizG NRW weitestgehend abgeschafft. Rechtsschutz ist hier im Verwaltungsrechtsweg zu suchen.

d) Maßnahmenspezifische Verfahrensvorschriften

416 Erkennungsdienstliche Unterlagen nach § 81b Alt. 1 StPO werden in den Strafakten aufbewahrt. Die weitere Speicherung und Nutzung richtet sich nach § 481 StPO. Für die präventivpolizeiliche Verwendung des Materials gelten nach § 484 Abs. 4 StPO die Polizeigesetze der Länder. Nach § 14 Abs. 3 PolG ist der Betroffene darüber zu belehren, dass er die Vernichtung der Unterlagen verlangen kann, wenn die Voraussetzungen für ihre weitere Aufbewahrung entfallen sind. Diese Vorschrift gilt auch für das Strafverfahren.

e) Rechtsfolgen

417 § 81b StPO gestattet die erkennungsdienstliche Behandlung. Damit sind insbesondere die Abnahme von Fingerabdrücken und das Fertigen von Fotos des Beschuldigten gemeint. Zulässig sind darüber hinaus „ähnliche Maßnahmen". So können beispielsweise Tätowierungen vermessen oder Videoaufnahmen des Beschuldigten angefertigt werden. Die Veränderung des Erscheinungsbildes des Beschuldigten, etwa durch Aufsetzen einer Perücke, ist von § 81b StPO gedeckt. Die Abnahme einer Speichelprobe dagegen ist nicht von § 81b StPO gedeckt, es handelt sich dann um einen körperlichen Eingriff nach § 81a StPO.

---

152 Vgl. § 110 Abs. 1 JustizG NRW.

Erkennungsdienstliche Behandlung (§ 81b StPO)

	Tatbestand	Adressat	Anordnungs-befugnis	Verfahrensvorschriften
§§ 161, 163 I S. 2 StPO Ermittlungsgeneralklausel	Tatverdacht drohende Verdunkelung der Sache keine Spezialermächtigung einschlägig	Verdächtige/Unverdächtige, Beschuldigte, Behörden	StA/Polizeibeamte	
§ 163b I StPO Identitätsfeststellung beim Verdächtigen	Verdächtiger bei Festhalten, Durchsuchung und ED-Behandlung: nur, wenn Identität sonst nicht oder nur unter erheblichen Schwierigkeiten festgestellt werden kann		StA/Polizeibeamte	Information über zur Last gelegte Tat (§§ 163b I, 163a IV StPO) bei Festhalten: – unverzüglich Richtervorführung – Angehörigenverständigung – Belehrungspflichten (§ 114c StPO) bei Durchsuchung: – gleichgeschlechtlicher Arzt – Zufallsfunde
§ 163b II StPO Identitätsfeststellung beim Unverdächtigen	Tatverdacht zur Aufklärung der Tat geboten	Unverdächtiger	StA/Polizeibeamte	Information über Gegenstand der Untersuchung/Person des Beschuldigten (§ 69 I StPO) bei Festhalten: – unverzüglich Richtervorführung – Angehörigenverständigung – Belehrungspflichten (§ 114c StPO) bei Durchsuchung: – gleichgeschlechtlicher Arzt – Zufallsfunde
§§ 111 StPO Kontrollstelle	konkretisierter Tatverdacht hinsichtlich: – § 129a, 129b I StGB oder Katalogstraftat nach § 129a StGB oder § 250 I Nr. 1 StGB – Erfolgstatsachen	Jedermann an Kontrollstelle	Gericht bei GiV auch StA	keine speziellen, bei IDF/Durchsuchung siehe dort Unterrichtung, Löschung, Berichtspflichten
§ 163a I, IV i.V.m. § 136 StPO Beschuldigtenvernehmrung StPO	Beschuldigter		StA/Polizeibeamte	Information über zur Last gelegte Tat (§ 163a IV StPO) Belehrung (§ 136 I StPO) – Aussagefreiheit – Verteidigerkonsultation – Beweisantragstellung

3. Teil • Eingriffsbefugnisse

	Tatbestand	Adressat	Anordnungs-befugnis	Verfahrensvorschriften
§ 163 III StPO Zeugen-vernehmung	Zeuge		StA/Polizei-beamte	Information über Gegenstand der Untersuchung/Person des Beschuldigten, § 69 I StPO Belehrung, § 136 I – Zeugnisverweigerungsrecht – Auskunftsverweigerungsrecht – Wahrheitspflicht einzelne Vernehmung, § 58 StPO Aufzeichnung, § 58 StPO anwaltlicher Zeugenbeistand, § 68 b StPO
§§ 81b StPO Erkennungs-dienstliche Behandlung	Alt. 1: zur Durchführung des Strafverfahrens oder Alt. 2: für Erkennungsdienst notwendig	Beschuldigter	Alt. 1: StA/Polizeibeamte Alt. 2: nur Polizeibeamte	Speicherung und Nutzung (§ 481 StPO) präventivpolizeiliche Verwendung (§ 484 IV StPO) Belehrung über Vernichtungsverlangen

Abbildung 3.14: Übersicht zur offenen strafprozessualen Datenerhebung

11. Erkennungsdienstliche Maßnahmen (§ 14 PolG)

- *Aufsatz-Literatur: Keller, PSP 1/2016, 3 (Erkennungsdienstliche Maßnahmen: Grundlagen); Keller, KR 2014, 127 und 263 (Erkennungsdienstliche Maßnahmen auf Grundlage von Polizei- und Strafprozessrecht); Petersen-Thrö/Ornatwowski, SächsVBl 2008, 29 (Die Vorladung zur präventiven erkennungsdienstlichen Behandlung).*
- *Leitentscheidungen: OVG Hamburg NordÖR 2014, 36 (erkennungsdienstliche Maßnahme zur Strafverfolgungsvorsorge); OVG Münster DVBl 2010, 852 (Voraussetzungen für die weitere Aufbewahrung und Speicherung); VGH Mannheim NVwZ-RR 2004, 572 (Verhältnis von präventiver und repressiver erkennungsdienstlicher Maßnahme).*

Erkennungsdienstliche Maßnahmen (§ 14 PolG)

1. Tatbestandsvoraussetzungen
- § 14 Abs. 1 Nr. 1 PolG
  - Voraussetzungen einer IDF nach § 12 PolG liegen vor und
  - eM für diese unbedingt erforderlich, insb.: Identität kann auf andere Weise nicht oder nur unter erheblichen Schwierigkeiten festgestellt werden
- § 14 Abs. 1 Nr. 2 PolG: ED-Behandlung zur vorbeugenden Bekämpfung von Straftaten unbedingt erforderlich, weil
  - der Adressat Verdächtiger einer Straftat ist und
  - wegen Art und Ausführung der Tat Wiederholungsgefahr besteht

2. Maßnahmenspezifische Verfahrensvorschriften
- Anordnungskompetenz
  - jeder Polizeibeamte
- § 9 Abs. 5, 7 PolG
- Aufklärungspflichten (§ 14 Abs. 3 PolG)

3. Adressat
- § 14 Abs. 1 Nr. 1 PolG: Person, deren Identität zulässiger Weise festgestellt werden soll
- § 14 Abs. 1 Nr. 2 PolG: Tatverdächtiger

4. Rechtsfolgen
- Durchführung erkennungsdienstlicher Maßnahmen

Abbildung 3.15: Schema zu erkennungsdienstlichen Maßnahmen (§ 14 PolG)

a) Überblick

Erkennungsdienstliche Maßnahmen schaffen im Rahmen der sog. erkennungsdienstlichen Behandlung Unterlagen zur Zwecke der Identifizierung und Wiedererkennung von Personen bzw. zum Abgleich von dauerhaften äußerlichen Merkmalen. Erkennungsdienst ist eine Funktion bzw. Organisationseinheit der Strafverfolgungsbehörden, die die erkennungsdienstliche Behandlung vornimmt und die gewonnenen Informationen speichert und für weitere Verfahren zur Verfügung stellt. § 14 PolG ermächtigt die Polizei in zwei Varianten zur Vornahme erkennungsdienstlicher Maßnahmen im präventiven Handlungsfeld: Zur Feststellung der Identität (Abs. 1 Nr. 1) und zur vorbeugenden Bekämpfung von Straftaten (Abs. 1

418

Nr. 2), wenn die betroffene Person tatverdächtig ist und Wiederholungsgefahr besteht. Diese zweite Variante erweckt den Eindruck einer repressiv ausgerichteten Maßnahme; die erkennungsdienstliche Behandlung verfolgt hier allerdings den Zweck der Abschreckung der behandelten Person durch das Bewusstsein der aufgrund der gewonnenen und gespeicherten Informationen deutlich erhöhten Aufdeckungsgefahr. Erkennungsdienstliche Maßnahmen sind namentlich die in Absatz 4 aufgeführten (Finger- und Handflächenabdrücke, Lichtbilder, Feststellung äußerer körperlicher Merkmale, Messungen), darüber hinaus sind aber auch noch andere Instrumente zulässig.

b) Grundrechtseingriffe

419 Je nach vorgenommener erkennungsdienstlicher Maßnahme greift die Behandlung in das Recht auf informationelle Selbstbestimmung bzw. das Recht auf Wahrung der Privat- und Intimsphäre (beide Art. 2 Abs. 1 i.V.m. Art. 1 Abs. 1 GG) ein. Wird die Person zum Zwecke der erkennungsdienstlichen Behandlung mit zur Wache genommen, liegt ferner eine Freiheitsbeschränkung vor (Art. 2 Abs. 2 Satz 2, Art. 104 Abs. 1 GG).

c) Tatbestandsvoraussetzungen

420 § 14 Abs. 1 Nr. 1 PolG erlaubt es der Polizei, sozusagen als Verlängerung der in § 12 Abs. 2 PolG aufgezählten Instrumente zur Identitätsfeststellung, erkennungsdienstliche Maßnahmen vorzunehmen, wenn dies für eine nach § 12 zulässige Identitätsfeststellung unbedingt erforderlich ist, insbesondere weil sie auf andere Weise nicht oder nur unter erheblichen Schwierigkeiten möglich ist. Erforderlich ist mithin zunächst eine rechtmäßige Identitätsfeststellung; insbesondere müssen die Voraussetzungen einer der Nummern in § 12 Abs. 1 PolG gegeben sein. In der gutachterlichen Prüfung sind also die Rechtmäßigkeitsvoraussetzungen für die Identitätsfeststellung eingeschachtelt zu untersuchen (wenn nicht aufgrund der Aufgabenstellung ohnehin eine vorhergehende Rechtmäßigkeitsprüfung der erfolglosen anderen Maßnahmen zur Identitätsfeststellung gefordert ist).

421 Die aus dem Verhältnismäßigkeitsgrundsatz resultierende Regel-Anforderung, dass die Identität auf andere Weise nicht oder nur unter erheblichen Schwierigkeiten festgestellt werden kann, findet sich bereits für einzelne Maßnahmen zur Identitätsfeststellung in § 12 Abs. 2 PolG. Sie gilt auch für § 14 Abs. 1 Nr. 1 PolG, so dass die erkennungsdienstliche Behandlung auch diesen Maßnahmen (Festhalten unter Einschluss des Mitnehmens zur Wache, Durchsuchung von Personen oder Sachen) gegenüber aus Verhältnismäßigkeitsgründen nachrangig ist.[153] Eine erkennungsdienstliche Behandlung kann ohnehin im Regelfall nur auf einer Dienststelle durchgeführt werden.[154]

422 § 14 Abs. 1 Nr. 2 PolG ermächtigt die Polizei zur Gewinnung erkennungsdienstlicher Informationen zu Zwecken der vorbeugenden Bekämpfung von Straftaten. Beim Verdächtigen einer Straftat können daher z.B. Fingerabdrücke genommen werden, wenn eine Wiederholungsgefahr besteht. Dies soll den Adressaten, dem nun bewusst ist, dass seine Fingerabdrücke bei der Polizei vorliegen, von der Begehung weiterer Straftaten abschrecken, ohne dass schon zum Zeitpunkt der erkennungsdienstlichen Maßnahmen konkrete weitere Taten befürchtet werden (ansonsten handelte es sich bereits um die Verhinderung von Straftaten). Erforderlich ist zunächst, dass die erkennungsdienstlich behandelte Person verdächtig ist, eine Tat

---

153 Zum Absehen von einer erkennungsdienstlichen Behandlung aus Verhältnismäßigkeiterwägungen Bialon/Springer, 41. Kap. Rn. 11.
154 Bialon/Springer, 41. Kap. Rn. 11.

Erkennungsdienstliche Maßnahmen (§ 14 PolG)

begangen zu haben, die mit Strafe bedroht ist – er muss also Tatverdächtiger einer Straftat sein. In Rechtsprechung und Schrifttum findet sich häufig der Hinweis, es dürfe sich nicht um einen Beschuldigten handeln, so dass die Variante lediglich bei Strafunmündigen in Betracht komme.[155] Diese Einschränkung ist § 14 Abs. 1 Nr. 2 PolG zwar nicht zu entnehmen und auch angesichts der unterschiedlichen Zielrichtungen des § 14 PolG und des § 81b Alt. 2 StPO nicht zwingend erforderlich. Es geht bei § 14 Abs. 1 Nr. 2 PolG nicht um die Ermöglichung einer Aufklärung künftig begangener Straftaten, sondern darum, einen Tatverdächtiger bei Bestehen einer Wiederholungsgefahr von weiteren strafbaren Handlungen abzuhalten. Gleichwohl erscheint eine entsprechende einschränkende Auslegung des § 14 Abs. 1 Nr. 2 PolG angesichts der kompetenzrechtlichen Konflikte zwischen § 81b Alt. 2 StPO und § 14 PolG sachgerecht. Damit ist die erkennungsdienstliche Behandlung namentlich solcher Personen nach § 14 Abs. 1 Nr. 2 PolG zulässig, die zwar Tatverdächtige, aber noch keine Beschuldigten sind; ferner kommt (anders als bei § 81b StPO) auch eine Maßnahme gegenüber Strafunmündigen in Betracht.

Zudem muss – zur Legitimation der erkennungsdienstlichen Behandlung nach § 14 Abs. 1 Nr. 2 PolG als präventive Maßnahme – wegen der Art und der Ausführung der Straftat die Gefahr der Wiederholung bestehen. Nach h.M. muss es sich nicht um exakt dasselbe Delikt handeln, das eventuell später begangen zu werden droht. Erst recht nicht muss sich die möglicherweise künftig vorgenommene Straftat gegen dasselbe Opfer richten. Es genügt, wenn es sich um dieselbe Deliktsart handelt (z.B. Eigentumsdelikte, Straftaten gegen die sexuelle Selbstbestimmung etc.) bzw. dasselbe Rechtsgut betroffen ist.[156]

423

Liegen Tatverdacht und Wiederholungsgefahr vor, wird das Tatbestandsmerkmal, dass die Maßnahme zur vorbeugenden Bekämpfung von Straftaten unbedingt erforderlich ist, regelmäßig ebenfalls erfüllt sein; dies legt die Verknüpfung dieser Voraussetzung über das Wort „weil" mit den nachfolgenden Anforderungen nahe.[157]

424

d) Maßnahmenspezifische Verfahrensvorschriften

Die erkennungsdienstlichen Maßnahmen können von jedem Polizeibeamten angeordnet werden; sie werden dann von den zuständigen Beamten durchgeführt. Es gelten die Absätze 5 und 7 des § 9 PolG (allgemeine Vorgaben für die Datenerhebung). Ferner ist die Person bei Vornahme der Maßnahme darüber zu belehren, dass sie die Vernichtung der erkennungsdienstlichen Unterlagen verlangen kann, wenn die Voraussetzungen für ihre weitere Aufbewahrung entfallen sind (§ 14 Abs. 3 PolG).

425

e) Adressat

Adressat ist bei der Variante des Absatzes 1 Nr. 1 die Person, deren Identität festgestellt werden soll. In der Variante der Nr. 2 muss es eine Person sein, die verdächtig ist, eine Tat begangen zu haben, die mit Strafe bedroht ist.

426

f) Rechtsfolgen

§ 14 PolG ermächtigt zur Vornahme erkennungsdienstlicher Maßnahmen. Zulässig sind die in Absatz 4 genannten, wobei äußere körperliche Merkmale z.B. dauerhafte künstliche Ver-

427

---

[155] Vgl. BVerwG JA 2011, 959; Bialon/Springer, 41. Kap. Rn. 15; Thiel, § 10 Rn. 39.
[156] Zu weitgehend wohl Bialon/Springer, Rn. 892, die Hinweise dafür verlangen, dass der Betroffene „künftig erneut straffällig wird".
[157] Ähnlich Tetsch, S. 286.

änderungen des Körpers sind (Narben, Tattoos etc.). Doch auch andere Maßnahmen sind erlaubt, beispielsweise die Anfertigung von Stimm- und Schriftproben oder die Gewinnung von Ohr(muschel)abdrücken, die etwa mit Abdrücken an einer Tür abgeglichen werden können. Zweifelhaft ist, ob auch Maßnahmen gedeckt sind, die (geringfügige) Eingriffe in die körperliche Integrität darstellen; dies wird man verneinen müssen. So ist die Gewinnung von DNA-Proben, die Entnahme eines Haares etc. auf der Grundlage von § 14 PolG unzulässig.[158]

12. Datenerhebung bei öffentlichen Veranstaltungen und Ansammlungen (§ 15 PolG)

Datenerhebung bei öffentlichen Veranstaltungen und Ansammlungen (§ 15 PolG)

1. **Tatbestandsvoraussetzungen**
   - öffentliche Veranstaltung oder Ansammlung, die keine Versammlung ist
   - Tatsachen rechtfertigen die Annahme, dass bei der Veranstaltung Straftaten oder Ordnungswidrigkeiten begangen werden
2. **Maßnahmenspezifische Verfahrensvorschriften**
   - Durchführung durch jeden Polizeibeamten
   - § 9 Abs. 5, 7 PolG
   - Löschungspflicht (§ 15 Abs. 1 Satz 3, Abs. 2 PolG)
3. **Adressat**
   - Teilnehmende der Veranstaltung
   - unbeteiligte Dritte
4. **Rechtsfolgen**
   - Maßnahmen bei und im Zusammenhang der Veranstaltung
     - Erhebung personenbezogener Daten
     - auch Bild- und Tonaufzeichnungen

Veranstaltung ist ein planmäßiges, zeitlich eingegrenztes und aus dem Alltag herausgehobenes Ereignis.

Ansammlung ist eine zufällig gebildete Gruppe von Menschen.

Öffentlich sind Veranstaltungen bzw. Ansammlungen, wenn ihr Teilnehmerkreis nicht von vornherein begrenzt ist, grundsätzlich also jeder Zutritt hat.

Abbildung 3.16: Schema zur Datenerhebung bei öffentlichen Veranstaltungen und Ansammlungen (§ 15 PolG)

a) Überblick

428 § 15 Abs. 1 PolG ermächtigt die Polizei dazu, bei oder im Zusammenhang mit öffentlichen Veranstaltungen oder Ansammlungen personenbezogene Daten von Teilnehmerinnen und Teilnehmern zu erheben. Es muss sich um Veranstaltungen handeln, die nicht dem Versammlungsgesetz unterliegen. Die Erhebung der Daten kann auch durch den Einsatz technischer Mittel zur Anfertigung von Bild- und Tonaufzeichnungen erfolgen. Voraussetzung ist allerdings, dass Tatsachen die Annahme rechtfertigen, dass bei der Veranstaltung Straftaten oder Ordnungswidrigkeiten begangen werden.

---

[158] Eingehend Thiel, § 10 Rn. 36.

Datenerhebung bei öffentlichen Veranstaltungen und Ansammlungen

b) Grundrechtseingriffe

Die Erhebung personenbezogener Daten greift in das Recht auf informationelle Selbstbestimmung ein (Art. 2 Abs. 1 i.V.m. Art. 1 Abs. 1 GG). Sofern Bild- und Tonaufzeichnungen angefertigt werden, liegt zudem ein Eingriff in das Recht am eigenen Bild bzw. in das Recht am gesprochenen Wort vor (ebenfalls Art. 2 Abs. 1 i.V.m. Art. 1 Abs. 1 GG). Ein Eingriff in die Versammlungsfreiheit gemäß Art. 8 Abs. 1 GG ist dagegen nicht gegeben, da § 15 Abs. 1 PolG nur solche öffentlichen Veranstaltungen oder Ansammlungen erfasst, die nicht in den Anwendungsbereich des Versammlungsgesetzes fallen. **429**

c) Tatbestandsvoraussetzungen

Tatbestandliche Voraussetzung ist zunächst, dass die polizeiliche Maßnahme bei oder im Zusammenhang mit öffentlichen Veranstaltungen oder Ansammlungen vorgenommen werden soll. Damit muss der fraglichen Veranstaltung die Versammlungseigenschaft fehlen, insbesondere etwa, weil der Zweck der Veranstaltung nicht auf eine irgendwie geartete gemeinschaftliche Meinungskundgabe gerichtet ist, sondern nur Spaßzwecken dient (zum Versammlungsbegriff Rn. 1429 ff.); derartige Veranstaltungen sind Ansammlungen. Die Veranstaltung muss indes öffentlich sein, d.h. der Kreis der Teilnehmenden darf nicht von vornherein beschränkt sein. **430**

> **Beispiel**
> Eine Kirmes oder ein sonstiges Volksfest ist eine öffentliche Veranstaltung, die nicht dem Anwendungsbereich des Versammlungsgesetzes unterliegt, weil die Intention der Veranstalter und Teilnehmer nicht auf eine Meinungskundgabe bzw. auf eine Einflussnahme auf den Meinungsbildungsprozess in der Bevölkerung gerichtet ist, sondern es lediglich um Amusement geht (sog. erweiterter Versammlungsbegriff).

Weitere Voraussetzung ist, dass Tatsachen die Annahme rechtfertigen, dass bei der Veranstaltung Straftaten oder Ordnungswidrigkeiten begangen werden. Hierzu genügen Hinweise aus der Bevölkerung sowie eigene Erkenntnisse, bloße Vermutungen sind nicht ausreichend. **431**

d) Maßnahmenspezifische Verfahrensvorschriften

Keine Verfahrensvorschrift im eigentlichen Sinne, sondern lediglich eine nachgelagerte Pflicht der Polizei ist die Regelung in § 15 Abs. 1 Satz 3 PolG. Ihr zufolge sind Bild- und Tonaufzeichnungen, in Dateien suchfähig gespeicherte personenbezogene Daten sowie zu einer Person suchfähig angelegte Akten spätestens einen Monat nach der Datenerhebung zu löschen oder zu vernichten. Eine Ausnahme von dieser Pflicht gilt dann, wenn die Informationen zur Verfolgung von Straftaten oder Ordnungswidrigkeiten benötigt werden. Eine weitere Ausnahme ist dann zu machen, wenn Tatsachen die Annahme rechtfertigen, dass die Person künftig Straftaten begehen wird und die Aufbewahrung zur vorbeugenden Bekämpfung von Straftaten von erheblicher Bedeutung erforderlich ist. Eine (nicht abschließende) Aufzählung von Regelbeispielen für Straftaten von erheblicher Bedeutung enthält § 8 Abs. 3 PolG. Eine derartige Weiterverwendung über § 15 PolG erhobener Informationen stellt eine sog. Zweckänderung dar, die aber durch § 15 Abs. 1 Satz 3 PolG gerechtfertigt wird. Absatz 2 verweist schließlich auf § 24 Abs. 2 und 3 sowie § 32 Abs. 3 und 4 PolG, die weitere Sonderfälle und Anforderungen einer zulässigen weiteren Speicherung der Informationen normieren (statistische Zwecke, Nutzung zur polizeilichen Aus- und Fortbildung, Abgabe an ein Staatsarchiv, Nutzung zu wissenschaftlichen Zwecken, schutzwürdige Belange der betroffenen Person). **432**

Die allgemeinen Anforderungen an die Datenerhebung gemäß § 9 Abs. 5, 7 PolG sind zu beachten. **433**

e) Adressat

434 Zulässige Adressaten der Maßnahme sind alle Teilnehmerinnen und Teilnehmer der Veranstaltung. Nach § 15 Abs. 1 Satz 2 PolG dürfen auch personenbezogene Daten über andere Personen – also nicht an der Veranstaltung teilnehmende, bloß zufällig anwesende oder „ins Bild laufende" Dritte – erhoben werden, soweit dies erforderlich ist, um eine Datenerhebung nach Satz 1, also bei den Teilnehmenden, durchzuführen.

> **Beispiel**
> Passanten, die an einem Veranstaltungsort lediglich vorbeigehen, können durch die technischen Einrichtungen zur Aufzeichnung von Bild und/oder Ton zufällig erfasst werden, obwohl sie nicht zum Kreis der Teilnehmenden gehören. Dies macht die Maßnahme nicht rechtswidrig; der Grundrechtseingriff bezüglich der Passanten ist durch § 15 Abs. 1 Satz 2 PolG gedeckt.

f) Rechtsfolgen

435 Die Vorschrift gestattet der Polizei die Erhebung personenbezogener Daten von Teilnehmenden der Veranstaltung. Dazu darf die Polizei auch technische Mittel zur Anfertigung von Bild- und Tonaufzeichnungen einsetzen. Da die Maßnahme der Polizei „bei oder im Zusammenhang mit" der Veranstaltung erlaubt wird, ist eine Datenerhebung im Umfeld des Veranstaltungsortes, etwa auch bei der Anreise denkbar.

13. Datenerhebung durch den offenen Einsatz optisch-technischer Mittel (§ 15a PolG)

- *Aufsatz-Literatur: Meier, NWVBl. 2019, 315 (Möglichkeiten und Grenzen der Videoüberwachung öffentlich zugänglicher Orte nach dem neuen § 15a PolG NRW); Siegel, NVwZ 2012, 738 (Grundlagen und Grenzen polizeilicher Videoüberwachung); Kutscha, LKV 2008, 481 (Überwachungsmaßnahmen von Sicherheitsbehörden im Fokus der Grundrechte); ders., Recht und Politik 2018, 1 (Videoüberwachung öffentlicher Plätze – ein Allheilmittel?); Collin, JuS 2006, 494 (Die Videoüberwachung von Kriminalitätsschwerpunkten); Lang, BayVBl 2006, 522 (Videoüberwachung und das Recht auf informationelle Selbstbestimmung); Ogorek, DÖV 2018, 688 (Risikovorsorgende Videoüberwachung – Eine unzulässige Vermengung präventiver und repressiver Polizeitätigkeit?); Wysk, VerwArch. 2018, 141 (Tausche Freiheit gegen Sicherheit? Die polizeiliche Videoüberwachung im Visier des Datenschutzes); Zöller, NVwZ 2005, 1235 (Möglichkeiten und Grenzen polizeilicher Videoüberwachung).*

Datenerhebung durch den offenen Einsatz optisch-technischer Mittel (§ 15a PolG)

1. Tatbestandsvoraussetzungen
Nr. 1
- Ort, an dem wiederholt Straftaten begangen wurden
- Beschaffenheit des Ortes begünstigt die Begehung von Straftaten
- Tatsachen rechtfertigen die Annahme, dass an dem Ort weitere Straftaten begangen werden
- Zweck: Verhütung von Straftaten

Nr. 2
- Tatsachen rechtfertigen die Annahme, dass am Ort Straftaten von erheblicher Bedeutung (§ 8 Abs. 3 PolG) verabredet, vorbereitet oder begangen werden

bei beiden Nrn.: unverzügliches Eingreifen der Polizei möglich

2. Maßnahmenspezifische Verfahrensvorschriften
- Anordnungskompetenz:
  - Behördenleiter (Dokumentationspflicht, Befristung)
- Erkennbarmachen der Beobachtung, wenn nicht offen
- § 9 Abs. 5, 7 PolG
- Löschungspflicht (§ 15a Abs. 2 PolG)

3. Adressat
- jede am überwachten Ort anwesende Person

4. Rechtsfolgen
- „offene" Videobeobachtung durch bloße Bildübertragung oder Bildaufzeichnung

Abbildung 3.17: Schema zur Datenerhebung durch den offenen Einsatz optisch-technischer Mittel (§ 15a PolG)

a) Überblick

436 § 15a PolG ermächtigt die Polizei zur Beobachtung einzelner öffentlich zugänglicher Orte mittels der Bildübertragung sowie zur Aufzeichnung der übertragenen Bilder (sog. Videobeobachtung). Die Ermächtigungsnorm sieht zwei Varianten vor: Voraussetzung ist entweder, dass es sich bei den überwachten Orten um „Kriminalitätsbrennpunkte" handelt und dass Tatsachen die Annahme rechtfertigen, dass an diesen Orten weitere Straftaten begangen werden. (Nr. 1), oder dass Tatsachen die Annahme rechtfertigen, dass am fraglichen Ort Straftaten von erheblicher Bedeutung i.S.v. § 8 Abs. 3 PolG verabredet, vorbereitet oder begangen werden.

b) Grundrechtseingriffe

437 Die Videobeobachtung auf der Grundlage des § 15a PolG greift in das Recht auf informationelle Selbstbestimmung sowie in das Recht am eigenen Bild derjenigen Personen ein (beide Art. 2 Abs. 1 i.V.m. Art. 1 Abs. 1 GG), die sich an dem überwachten Ort aufhalten bzw. ihn passieren.

c) Tatbestandsvoraussetzungen

438 Die erste Variante des § 15a Abs. 1 PolG (Nr. 1) setzt voraus, dass an dem Ort, der überwacht werden soll, wiederholt Straftaten begangen worden sind. Die Bedeutung des Wortes „wiederholt" ist dabei unklar; man wird im Interesse einer nicht zu hoch gesetzten Hürde eine zweifache Begehung an demselben Ort ausreichen lassen müssen. Denn es muss als weitere Anforderung hinzutreten, dass die Beschaffenheit des Ortes die Begehung von Straftaten begünstigt.

> **Beispiel**
> In einer kaum einzusehenden, schlecht beleuchteten Fußgängerunterführung unter einer mehrspurigen Straße sind bereits mehrfach Passanten von Taschendieben bestohlen worden. – Auf einem öffentlich zugänglichen Hinterhof mit Parkplätzen wurden wiederholt abgestellte Kraftfahrzeuge beschädigt, indem die Front- und Seitenscheiben offenbar mit einem Baseballschläger eingeschlagen wurden.

439 Dritte Voraussetzung ist, dass Tatsachen die Annahme rechtfertigen, dass an dem fraglichen Ort weitere Straftaten begangen werden. Wenn dort indes bereits mehrfach Straftaten begangen worden sind und die Beschaffenheit des Ortes deren Begehung begünstigt, wird man – sofern nicht besondere Umstände hinzutreten – im Regelfall mit weiteren Delikten rechnen müssen.

440 Schließlich muss die Videobeobachtung den Zweck verfolgen, Straftaten zu verhüten, was bei Vorliegen der vorgenannten Anforderung ebenfalls regelmäßig miterfüllt ist.

In der zweiten Variante (Nr. 2) kann eine Videobeobachtung angeordnet werden, wenn Tatsachen die Annahme rechtfertigen, dass an dem fraglichen Ort Straftaten von erheblicher Bedeutung nach § 8 Abs. 3 PolG verabredet, vorbereitet oder begangen werden. Es bedarf konkreter Anhaltspunkte, bloße Vermutungen, Spekulationen und allgemeine polizeiliche Erkenntnisse genügen regelmäßig nicht. Die Straftaten von erheblicher Bedeutung sind in § 8 Abs. 3 PolG nicht abschließend aufgezählt („insbesondere").

441 Bei beiden Varianten ist es zudem erforderlich, dass ein unverzügliches Eingreifen der Polizei möglich ist. „Unverzüglich" ist wie in § 121 Abs. 1 BGB i.S.v. „ohne schuldhaftes Zögern" zu verstehen. Das Erfordernis soll einen flächendeckenden Einsatz der Videobeobachtung ohne begleitende Überwachung durch Polizeivollzugskräfte verhindern.

Datenerhebung durch den offenen Einsatz optisch-technischer Mittel

d) Maßnahmenspezifische Verfahrensvorschriften

Die Anordnungskompetenz für eine offene Videobeobachtung liegt nach § 15a Abs. 3 PolG beim Behördenleiter. Die Maßnahme ist jeweils zu dokumentieren (Absatz 4 Satz 1). Sie ist zeitlich auf ein Jahr befristet (Absatz 4 Satz 2). Vor Fristablauf ist rechtzeitig zu überprüfen, ob die Voraussetzungen des Absatzes 1 weiter vorliegen (Absatz 4 Satz 3); in diesem Fall kann die Maßnahme um ein weiteres Jahr verlängert werden (Absatz 4 Satz 4). **442**

Die Beobachtung ist durch geeignete Maßnahmen erkennbar zu machen, wenn sie nicht offenkundig (etwa durch eine sichtbar angebrachte Kamera) ist (§ 15a Abs. 1 Satz 2 PolG). **443**

> **Beispiel**
> Da es sich um eine „offen" durchzuführende Maßnahme handelt, muss auf eine versteckt angebrachte Kamera z.B. durch ein gut erkennbar angebrachtes Hinweisschild aufmerksam gemacht werden.

Die allgemeinen Bestimmungen zur Datenerhebung gemäß § 9 Abs. 5, 7 PolG sind zu beachten. **444**

Gemäß § 15a Abs. 2 PolG dürfen die nach Absatz 1 gewonnenen Daten höchstens für die Dauer von 14 Tagen gespeichert werden. Sie sind daher nach Ablauf dieser Frist zu löschen bzw. zu vernichten. Werden sie zur Verfolgung von Straftaten benötigt oder rechtfertigen Tatsachen die Annahme, dass eine Person künftig Straftaten begehen wird, und ist die Aufbewahrung zur vorbeugenden Bekämpfung von Straftaten erforderlich, entfällt die Löschungspflicht. **445**

e) Adressat

Die Videobeobachtung richtet sich gegen jede Person, die sich an dem überwachten Ort aufhält bzw. diesen passiert. Ein Rückgriff auf §§ 4–6 PolG ist damit ausgeschlossen. **446**

f) Rechtsfolgen

Die Vorschrift erlaubt – unter denselben Voraussetzungen – einerseits die bloße Videobeobachtung, bei der keine Bildaufzeichnung erfolgt und die Sichtung zeitgleich durch einen Beamten erfolgen muss. Andererseits ermächtigt die Bestimmung auch zur Aufzeichnung der übertragenen Bilder; allerdings ist wegen des Erfordernisses der Möglichkeit eines unverzüglichen Eingreifens keine „isolierte" Aufzeichnung zugelassen – es muss also immer eine begleitende Beobachtung durchgeführt werden. Eine Aufnahme bzw. Aufzeichnung von Tonsignalen gestattet die Norm damit nicht. Die Überwachung muss „offen" erfolgen; die technische Aufzeichnungseinrichtung (Kamera) muss also zu sehen sein, oder auf ihr Vorhandensein muss durch geeignete Maßnahmen hingewiesen werden. **447**

3. Teil • Eingriffsbefugnisse

14. Datenerhebung zur Eigensicherung (§ 15b PolG)

- Aufsatz-Literatur: Ziems, Die Polizei 2007, 132 (Videoüberwachung bei Anhalte- und Kontrollvorgängen zur Eigensicherung der Polizeibeamten).

Datenerhebung zur Eigensicherung (§ 15b PolG)

1. **Tatbestandsvoraussetzungen**
   - „abstrakte" Gefahr
   - Maßnahme erfolgt zum Zweck der Eigensicherung
2. **Maßnahmenspezifische Verfahrensvorschriften**
   - Durchführung durch jeden Polizeibeamten
3. **Adressat**
   - kontrollierte Person bzw. Insassen eines kontrollierten Fahrzeugs
4. **Rechtsfolgen**
   - Anfertigung von Bildaufnahmen und -aufzeichnungen durch den Einsatz optisch-technischer Mittel in Fahrzeugen der Polizei

> Eine **(abstrakte) Gefahr** liegt vor, wenn eine hinreichende Wahrscheinlichkeit dafür besteht, dass bei der Kontrolle Rechtsgüter der Polizeibeamten verletzt werden.

Abbildung 3.18: Schema zur Datenerhebung zur Eigensicherung (§ 15b PolG)

a) Überblick

448 § 15b PolG erlaubt das sog. Videografieren von Einsätzen im Wege der Anfertigung von Bildaufnahmen und -aufzeichnungen durch den Einsatz optisch-technischer Mittel in Fahrzeugen der Polizei. Die Maßnahme dient der Eigensicherung, weil bei Personen- oder Fahrzeugkontrollen auf die technische Vorrichtung hingewiesen werden kann (sofern sie nicht offenkundig erkennbar ist). Dies soll die Hemmschwelle für potenzielle Angreifer verringern;[159] zudem gewährleistet die Aufzeichnung mögliche spätere Maßnahmen im Falle von Widerstandshandlungen gegen die Polizeibeamten einschließlich einer eventuellen Gerichtsverwertung.

b) Grundrechtseingriffe

449 Die Aufnahme bzw. Aufzeichnung greift als Erhebung personenbezogener Daten in das Recht auf informationelle Selbstbestimmung sowie in das Recht am eigenen Bild ein (beide Art. 2 Abs. 1 i.V.m. Art. 1 Abs. 1 GG).

c) Tatbestandsvoraussetzungen

450 Erforderlich ist, dass die Anfertigung von Bildaufnahmen und -aufzeichnungen zur Abwehr einer Gefahr im Sinne des § 1 Abs. 1 PolG dient. Eine konkrete Gefahr (wie etwa in § 8 Abs. 1 PolG) kann nicht gefordert werden; vielmehr ist es ausreichend, wenn eine sog. abstrakte Gefahr gegeben ist – es genügt, wenn die hinreichende Wahrscheinlichkeit besteht, dass Polizeibeamte bei der Kontrolle von Personen oder Fahrzeugen in ihren Rechtsgütern gefährdet werden. Ferner muss die Maßnahme zum Zwecke der Eigensicherung erfolgen; nicht zulässig

---
159 Bialon/Springer, 14. Kap. Rn. 1.

Datenerhebung zur Eigensicherung (§ 15b PolG)

ist es daher, wenn die Aufzeichnung bei jedem Einsatz gestartet wird, um eine spätere Dokumentation zu gewährleisten, sofern sie nicht (jedenfalls auch) dem Schutz der handelnden Beamten dienen soll.

> **Beispiel**
> Die Polizeibeamten P und Q werden zu einem Platz in der Innenstadt gerufen, an dem sich mehrere Jugendliche mit Flaschen bewerfen. Als sie den Platz erreichen, wenden sich mehrere Jugendliche dem Polizeifahrzeug zu und machen drohende Gebärden. Hier besteht eine hinreichende Gefahr, dass P und Q im Verlauf der Kontrolle angegriffen bzw. mit Flaschen beworfen werden könnten. P schaltet daraufhin das Videoaufzeichnungsgerät im Fahrzeug an.

d) Maßnahmenspezifische Verfahrensvorschriften

Sofern der Einsatz der optisch-technischer Mittel nicht offenkundig ist, muss er durch geeignete Maßnahmen erkennbar gemacht oder der betroffenen Person mitgeteilt werden (§ 15b Satz 2 PolG). Dies kann unmittelbar vor Beginn der Personen- oder Fahrzeugkontrolle erfolgen. Bei Beginn der Aufzeichnung wird technisch eine rote Lampe angeschaltet; gleichwohl erscheint es erforderlich, den Betroffenen auf die Aufnahme hinzuweisen, da die Bedeutung der Lampe sonst möglicherweise nicht erfasst bzw. diese schon gar nicht wahrgenommen wird. **451**

Die allgemeinen Anforderungen an die Datenerhebung gemäß § 9 Abs. 5, 7 PolG sind zu beachten. **452**

Die Bildaufzeichnungen sind gemäß § 15b Satz 3 PolG am Tage nach dem Anfertigen zu löschen, es sei denn, dass sie zur Verfolgung von Straftaten oder Ordnungswidrigkeiten benötigt werden (bzw. nach § 24 Abs. 2 und 3 PolG zu den dort normierten anderweitigen Zwecken genutzt werden sollen). **453**

e) Adressat

Adressat der Maßnahme ist die im Einzelfall kontrollierte Person bzw. die Insassen des kontrollierten Fahrzeugs. **454**

f) Rechtsfolgen

Rechtsfolge ist die offene Anfertigung von Bildaufnahmen (mit unmittelbarer Übertragung ohne Speicherung, was angesichts des Zwecks der Maßnahme in der Praxis kaum vorkommen dürfte[160]) bzw. von Bildaufzeichnungen (mit Speicherung) durch den Einsatz optisch-technischer Mittel in Fahrzeugen der Polizei. Tonaufnahmen und -aufzeichnungen werden durch die Ermächtigungsnorm nicht gestattet. **455**

---

160 Bialon/Springer, 14. Kap. Rn. 13.

15. Datenerhebung durch den Einsatz körpernah getragener Aufnahmegeräte („Body-Cam") (§ 15c PolG)

- *Aufsatz-Literatur: Arzt/Schuster, DVBl. 2018, 351 (Bodycam-Einsatz der Polizei jetzt auch in NRW – Zur Kritik des § 15c PolG NRW aus grundrechtlicher Sicht); Baldarelli, DPolBl. 6/2017, 14 (Bei drohender Gefahr: Kamera einschalten – Aktuelle Rechtsfragen zum polizeilichen Einsatz der Bodycam in Nordrhein-Westfalen); Köhler/Thielicke, NVwZ 2019, 920 (Bodycams – eine Bestandsaufnahme); Koprivsek, DPolBl. 6/2017, 10 (Polizeiliche Videografie zur Eigensicherung. Eingriffsrechtliche Betrachtung: Board-/Bodycam in NRW); Lachenmann, NVwZ 2017, 1424 (Einsatz von Bodycams durch Polizeibeamte – Rechtliche Anforderungen und technische Maßnahmen zum Einsatz der Miniaturkameras); Reuter/Knape, DIE POLIZEI 2018, 355 (§ 15c Polizeigesetz Nordrhein-Westfalen (PolG NRW) – Datenerhebung durch den Einsatz körpernah getragener Aufnahmegeräte).*

Datenerhebung durch den Einsatz körpernah getragener Aufnahmegeräte (§ 15c PolG)

1. Tatbestandsvoraussetzungen

Absatz 1:
– Tatsachen rechtfertigen die Annahme, dass Einsatz des Aufnahmegerätes zum Schutz von Polizeivollzugsbeamten oder Dritten gegen eine konkrete Gefahr für Leib oder Leben erforderlich ist

Absatz 2:
– Einsatz des Aufnahmegerätes in Wohnung
– Tatsachen rechtfertigen die Annahme, dass Einsatz zum Schutz von Polizeivollzugsbeamten oder Dritten gegen eine dringende Gefahr für Leib oder Leben erforderlich ist

bei beiden:
– Durchführung von Maßnahmen zur Gefahrenabwehr bzw. zur Verfolgung von Straftaten bzw. Ordnungswidrigkeiten
– keine Aufzeichnungen im Tätigkeitsbereich von Berufsgeheimnisträgern

2. Maßnahmenspezifische Verfahrensvorschriften
– Anordnungskompetenz:
  – **Absatz 1:** das Aufnahmegerät tragender Beamter
  – **Absatz 2:** Einsatzleiter, bei Gefahr im Verzug das Aufnahmegerät tragender Beamter
– Mitteilung/Erkennbarmachen
– Löschungspflicht (§ 15c Abs. 4 PolG)
– Dokumentationspflicht (§ 15c Abs. 8 PolG)

3. Adressat
– jede anwesende Person

4. Rechtsfolgen
– offene Anfertigung von Bild- und Tonaufzeichnungen durch körpernah getragene Aufnahmegeräte

---

Abbildung 3.19: Schema zur Datenerhebung durch den Einsatz körpernah getragener Aufnahmegeräte (§ 15c PolG)

Datenerhebung durch den Einsatz körpernah getragener Aufnahmegeräte

a) Überblick

§ 15c PolG erlaubt die offene Anfertigung von Bild- und Tonaufzeichnungen mittels körpernah getragener Aufnahmegeräte („Body-Cam") im Zusammenhang mit der Durchführung von Maßnahmen zur Gefahrenabwehr sowie zur Verfolgung von Straftaten und Ordnungswidrigkeiten. Diese Aufzeichnungen sollen vor allem der Eigensicherung dienen, können aber auch den Schutz von Dritten gegen eine konkrete Gefahr für Leib oder Leben als Ziel verfolgen. 456

Die Vorschrift enthält zwei Ermächtigungsgrundlagen: zum einen diejenige zur Anfertigung von Bild- und Tonaufzeichnungen mittels der „Body-Cam" generell (Absatz 1), zum anderen eine Sonderregelung in Absatz 2 für die Anfertigung technischer Aufzeichnungen in Wohnungen. Darüber hinaus regelt die Bestimmung eine Vielzahl von weiteren Aspekten. 457

b) Grundrechtseingriffe

Die offene Anfertigung von Bild- und Tonaufzeichnungen mittels körpernah getragener Aufnahmegeräte greift als Maßnahme der Datenerhebung bei der aufgezeichneten Person sowie bei unvermeidbar mitbetroffenen Dritten in das Recht auf informationelle Selbstbestimmung aus Art. 2 Abs. 1 i.V.m. Art. 1 Abs. 1 GG ein. Zugleich wird in das Recht am eigenen Bild bzw. das Recht am gesprochenen Wort eingegriffen, bei denen es sich ebenfalls um Ausprägungen des allgemeinen Persönlichkeitsrechts (Art. 2 Abs. 1 i.V.m. Art. 1 Abs. 1 GG) handelt. Erfolgt die Anfertigung der technischen Aufzeichnungen in einer Wohnung i.S.v. Art. 13 GG (vgl. Abs. 2), ist das Grundrecht auf Unverletzlichkeit der Wohnung ebenfalls betroffen. 458

c) Tatbestandsvoraussetzungen

Außerhalb von Wohnungen ist die offene Anfertigung von Bild- und Tonaufzeichnungen mittels der „Body-Cam" nach Maßgabe des Absatzes 1 zulässig. Erforderlich ist, dass Tatsachen die Annahme rechtfertigen, dass der Einsatz der „Body-Cam" zum Schutz von Polizeivollzugsbeamten oder Dritten gegen eine konkrete Gefahr für Leib oder Leben erforderlich ist (zum Begriff der „Gefahr" vgl. Rn. 146 ff.). Zudem muss die Aufzeichnung Maßnahmen zur Gefahrenabwehr bzw. zur Verfolgung von Straftaten oder Ordnungswidrigkeiten begleiten; im Zusammenhang mit der Erfüllung anderer polizeilicher Aufgaben ist der „Body-Cam"-Einsatz unzulässig. 459

Für technische Aufzeichnungen in Wohnungen bietet Absatz 2 eine eigenständige, gegenüber Absatz 1 speziellere Ermächtigungsgrundlage. In Wohnungen ist die Anfertigung von technischen Aufzeichnungen aufgrund des besonderen Grundrechtsschutzes aus Art. 13 GG nur zulässig, wenn Tatsachen die Annahme rechtfertigen, dass der Einsatz der „Body-Cam" zum Schutz von Polizeivollzugsbeamten oder Dritten gegen eine dringende Gefahr für Leib oder Leben erforderlich ist. Auch bei Absatz 2 muss es um die Aufzeichnung im Zusammenhang mit Maßnahmen der Gefahrenabwehr bzw. zur Verfolgung von Straftaten oder Ordnungswidrigkeiten gehen. 460

„Wohnung" ist i.S.v. § 41 Abs. 1 Satz 2 PolG zu verstehen. Die Wohnung umfasst alle Räume, die der allgemeinen Zugänglichkeit durch eine räumliche Abschottung entzogen und zur Stätte privaten Lebens und Wirkens gemacht wurden. Sie schließt die Wohn- und Nebenräume, Arbeits-, Betriebs- und Geschäftsräume sowie anderes befriedetes Besitztum ein. 461

3. Teil • Eingriffsbefugnisse

462 Eine dringende Gefahr liegt vor, wenn diese entweder mit Blick auf die zeitliche Nähe des Schadenseintritts oder aber auf den Rang der gefährdeten Rechtsgüter bzw. den Umfang des drohenden Schadens besonders qualifiziert ist (Rn. 171).

463 Für beide Varianten (Absatz 1 bzw. Absatz 2) sind die Zulässigkeitsgrenzen für technische Aufzeichnungen in Absatz 3 Satz 3 zu berücksichtigen. Danach sind Aufzeichnungen unzulässig in Bereichen, die der Ausübung von Tätigkeiten von Berufsgeheimnisträgern nach §§ 53 und 53a StPO dienen. Zu beachten sind ferner die Vorgaben zum Kernbereichsschutz in Absatz 5.

d) Maßnahmenspezifische Verfahrensvorschriften

464 Über die Anfertigung der technischen Aufzeichnungen entscheidet nach Absatz 1 Satz 3 der das Aufnahmegerät tragende Polizeivollzugsbeamte anhand der konkreten Umstände des Einzelfalls. Bei Aufzeichnungen in Wohnungen nach Absatz 2 entscheidet – außer bei Gefahr im Verzug – der den Einsatz leitende Polizeivollzugsbeamte.

465 Der Einsatz der Aufnahmegeräte ist nach Absatz 3 Satz 1 durch geeignete Maßnahmen erkennbar zu machen und den betroffenen Personen mitzuteilen. Bei Gefahr im Verzug kann die Mitteilung unterbleiben.

466 Nach Absatz 3 Satz 4 werden Aufzeichnungen verschlüsselt sowie manipulationssicher gefertigt und aufbewahrt.

467 Gemäß Absatz 4 Satz 1 sind die nach Absatz 1 und Absatz 2 angefertigten Aufzeichnungen zwei Wochen nach ihrer Anfertigung zu löschen. Nach Satz 2 muss keine Löschung erfolgen, wenn die Aufzeichnungen zur Gefahrenabwehr, zur Verfolgung von Straftaten oder Ordnungswidrigkeiten oder auf Verlangen der betroffenen Person für die Überprüfung der Rechtmäßigkeit von aufgezeichneten polizeilichen Maßnahmen benötigt werden. Die Entscheidung über die Löschung trifft der aufzeichnende Beamte mit Zustimmung eines Vorgesetzten.

468 Gemäß Absatz 6 ist eine Verwertung von Aufzeichnungen in Wohnungen (Absatz 2) sowie aus dem vom Kernbereich geschützten Bereich (Absatz 5 Satz 4) zum Zwecke der Gefahrenabwehr nur zulässig, wenn zuvor die Rechtmäßigkeit der Maßnahme richterlich festgestellt ist; bei Gefahr im Verzug ist die richterliche Entscheidung unverzüglich nachzuholen. Bei einer Weitergabe der Daten ist zu vermerken, dass sie aus einer Maßnahme nach Absatz 2 (Aufzeichnung in einer Wohnung) herrühren.

Absatz 8 ordnet an, dass die Maßnahmen nach den Absätzen 1–6 zu dokumentieren sind.

e) Adressat

469 § 15c PolG enthält keine spezifische Regelung zum zulässigen Adressaten der Maßnahme. Da im Rahmen von Einsätzen, bei denen die „Body-Cam" zur Eigensicherung genutzt wird, häufig noch gar nicht klar ist, wer ggf. „Störer" und wer nur „Dritter" ist, und die Maßnahme auch bei unvermeidbarer Betroffenheit Dritter erlaubt ist, kann Adressat jede Person sein, deren Bild- und Toninformationen aufgezeichnet werden.

f) Rechtsfolgen

470 Absatz 1 gestattet das offene Anfertigen von Bild- und Tonaufzeichnungen mittels körpernah getragener Aufnahmegeräte als besondere Form der Datenerhebung. Absatz 2 erlaubt dieselbe Maßnahme innerhalb von Wohnungen.

II. Verdeckte Datenerhebung

- *Aufsatz-Literatur: Bantlin, JuS 2019, 669 (Grundrechtsschutz bei Telekommunikationsüberwachung und Online-Durchsuchung); Derin/Golla, NJW 2019, 1111 (Der Staat als Manipulant und Saboteur der IT-Sicherheit?); Gercke, StV 2012, 266 (Anmerkung zur Entscheidung des BVerfG zur Verfassungsmäßigkeit der Normen zur Neuregelung der TKÜ und anderer heimlicher Überwachungsmaßnahmen); Kurz, DuD 2012, 258 (Bremst Richtervorbehalt den Datenschutz aus?); Kudlich, GA 2011, 193 (Strafverfolgung im Internet); Hefendehl, GA 2011, 209 (Die Entfesselung des Strafverfahrens über Methoden der Nachrichtendienste); Soiné, NStZ 2010, 596 (Kriminalistische List im Ermittlungsverfahren); Singelnstein, NStZ 2009, 481 (Rechtsschutz gegen heimliche Ermittlungsmaßnahmen nach Einführung des § 101 Abs. 7, Nr. 2–4 StPO); Ruhmannseder, JA 2009, 57 (Die Neuregelung der strafprozessualen verdeckten Ermittlungsmaßnahmen); Henrichs, Kriminalistik 2008, 169 (TKÜ-Maßnahmen und andere Intensivermittlungen).*
- *Leitentscheidungen: BGH NJW 2012, 833 (Zur Verfassungsmäßigkeit von Vorschriften des Gesetzes zur Neuregelung der Telekommunikationsüberwachung und anderer heimlicher Ermittlungsmaßnahmen); BVerfGE 65, 1 (Volkszählungsurteil, Konstruktion des Rechts auf informationelle Selbstbestimmung).*

3. Teil • Eingriffsbefugnisse

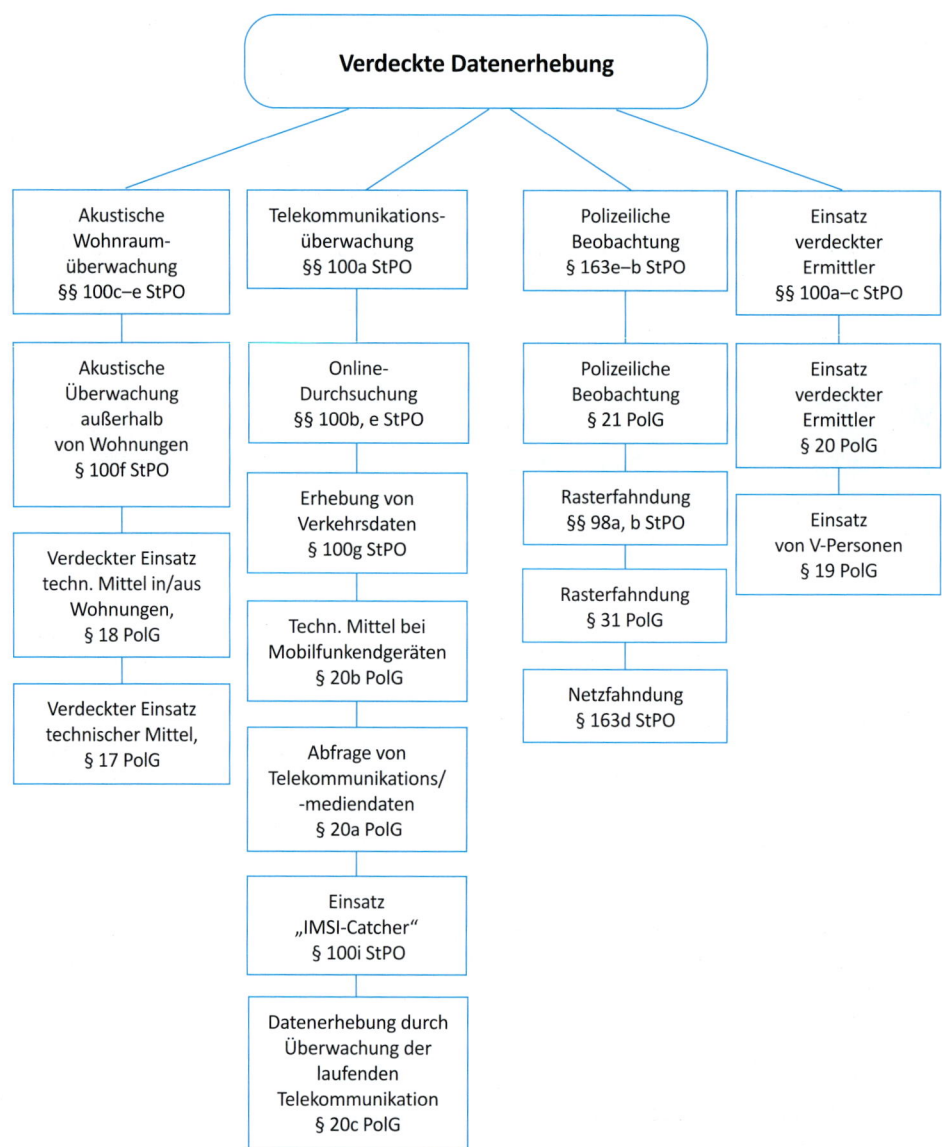

Abbildung 3.20: Übersicht zu den Formen verdeckter Datenerhebung

Akustische Wohnraumüberwachung (§§ 100c, 100e StPO)

1. Akustische Wohnraumüberwachung (§§ 100c, 100e StPO)

- *Aufsatz-Literatur: Keller, PSP 2/2012, 17 (Observation und Einsatz technischer Mittel auf Grundlage des PolG NRW und der StPO); Fehn, Kriminalistik 2008, 251 (Akustische Wohnraumüberwachung); Meyer-Wick, Kriminalistik 2005, 648 (Akustische Wohnraumüberwachung – empirische Befunde); Hauck, NStZ 2010, 17 (Lauschangriff in der U-Haft); Sachs, JuS 2005, 740 (Verfassungsrechtliche Anforderungen an Observationen unter Einsatz des Global Positioning Systems [GPS]).*
- *Leitentscheidungen: BVerfGE 109, 279 (Schutz des Kernbereichs privater Lebensführung; Zweckänderung von Daten erfordert gesetzliche Grundlage); BGHSt 53, 294 (Abhören von Ehegattengesprächen in der U-Haft); OLG Düsseldorf NStZ 2009, 54 (Akustische Überwachung der Privatwohnung des Beschuldigten); OLG Hamm NStZ 2008, 478 (Heimliche Installation einer Entschlüsselungssoftware – Beschwerde der StA).*

Akustische Wohnraumüberwachung (§§ 100c, 100e StPO)

1. Tatbestandsvoraussetzungen
- konkretisierter Tatverdacht einer Katalogstraftat nach § 100b Abs. 2 StPO
- besondere Schwere der Tat
- Geeignetheit: verfahrensrelevante Äußerungen des Beschuldigten können erfasst werden
- strenge Subsidiaritätsklausel

2. Maßnahmenspezifische Verfahrensvorschriften
- Anordnungskompetenz (§ 100e Abs. 2 StPO)
  - LG-Kammer mit 3 Berufsrichtern, bei GiV Vorsitzender der Kammer
  - schriftlich, Befristung auf 1 Monat, Verlängerung möglich
  - nach 6 Monaten entscheidet OLG
- Schutz des Kernbereichs privater Lebensführung (§ 100d Abs. 1, 4 StPO)
- Schutz von Berufsgeheimnisträgern (§ 100d Abs. 5 StPO)
- Unterrichtungs- und Löschungspflichten (§ 101 StPO)
- Berichtspflichten (§ 101b StPO)

3. Adressat
- Beschuldigter
- andere Personen nur, wenn Maßnahme gegen Beschuldigten allein nicht ausreicht

4. Rechtsfolgen
- Abhören des nichtöffentlich gesprochenen Wortes mit technischen Mitteln in Wohnungen und
- erforderliche Begleitmaßnahmen

Beschuldigter ist jede Person, gegen die im Rahmen eines Strafverfahrens wegen einer bestimmten Straftat ermittelt wird.

Gefahr im Verzuge ist gegeben, wenn auf den Beschluss des Gerichts nicht gewartet werden kann, ohne dass die Erforschung des Sachverhaltes oder die Ermittlung des Aufenthaltsortes des Beschuldigten gefährdet wäre.

Wohnungen sind alle Räumlichkeiten, die der allgemeinen Zugänglichkeit durch eine räumliche Abschottung entzogen und zur Stätte des privaten Lebens und Wirkens gemacht sind.

Konkretisierter Tatverdacht ist eine über den bloßen Anfangsverdacht hinausgehende Wahrscheinlichkeit, dass eine Straftat begangen wurde.

Abbildung 3.21: Schema zur akustischen Wohnraumüberwachung (§ 100c StPO)

a) Überblick

471 § 100c StPO erfasst die akustische Wohnraumüberwachung, das Filmen in Wohnungen lässt die Norm nicht zu. Die Vorschrift wurde mit Wirkung zum 1.7.2005 neu gefasst, nachdem das Bundesverfassungsgericht die alte Fassung insbesondere mangels Regelungen zum Schutz des Kernbereichs privater Lebensführung für verfassungswidrig erklärt hat.

472 Geregelt wird der von Kritikern sog. Große Lauschangriff, der sich im Gegensatz zum „Kleinen Lauschangriff" auf Abhörmaßnahmen in Wohnungen bezieht. Die praktische Relevanz der Vorschrift ist sehr begrenzt: Die Wohnraumüberwachung nach § 100c StPO wurde bislang bundesweit angeordnet: 2005 lediglich 7-mal, 2006 3-mal, 2007 10-mal und 2008 9-mal, 2009 7-mal, 2010 nur 4-mal.[161] Im Berichtsjahr 2015 wurden in 6 Verfahren bei insgesamt 9 Wohnungen Abhörmaßnahmen durchgeführt, 2017 wurde die Maßnahme in 12 Verfahren bei insgesamt 12 Objekten angeordnet und in neun Verfahren auch vollzogen.[162] Erhebliche Einschränkung erfährt die Vorschrift durch die vom Bundesverfassungsgericht eingeforderten Regelungen zum Schutz des Kernbereichs privater Lebensführung.

b) Grundrechtseingriffe

473 Durch das Abhören in Wohnungen wird in das Recht auf informationelle Selbstbestimmung aus Art. 2 Abs. 1 i.V.m. Art. 1 Abs. 1 GG und das Recht auf Unverletzlichkeit der Wohnung aus Art. 13 GG eingegriffen. Um das Abhören in Wohnungen zu ermöglichen, wurde 1998 Art. 13 GG geändert. Das Einverständnis des Wohnungsinhabers macht die Einhaltung von §§ 100c, 100d StPO nicht entbehrlich, da auch die Rechte anderer Personen, die sich in der Wohnung aufhalten, geschützt werden müssen.[163]

c) Tatbestandsvoraussetzungen

aa) Konkretisierter Tatverdacht einer schwerwiegenden Katalogstraftat

474 Es muss ein konkretisierter, also durch bestimmte Tatsachen begründeter Tatverdacht hinsichtlich einer besonders schwerwiegenden Straftat nach § 100b Abs. 2 StPO vorliegen. Der Verdacht des Versuches reicht aus. Der durch bestimmte Tatsachen begründete Verdacht unterliegt zwar höheren Anforderungen als der bloße Anfangsverdacht, erreicht jedoch nicht bereits den Grad eines „hinreichenden" oder gar „dringenden" Tatverdachts, den andere Normen der Strafprozessordnung vorsehen. § 100c Abs. 1 Nr. 3 StPO erfordert eine konkretisierte Verdachtslage. Hierfür reicht das bloße Vorliegen von Anhaltspunkten nicht aus. Es müssen vielmehr konkrete und in gewissem Umfang verdichtete Umstände als Tatsachenbasis für den Verdacht vorhanden sein.

475 Nur bereits ermittelte und in Antrag und Anordnung genannte Tatsachen kommen für die jeweilige Bewertung in Betracht. Da sich die akustische Wohnraumüberwachung nur gegen den Beschuldigten richten und erst als letztes Mittel der Strafverfolgung eingesetzt werden darf, muss aufgrund der bereits vorliegenden Erkenntnisse eine erhöhte Wahrscheinlichkeit für die Begehung der besonders schweren Katalogstraftat bestehen.[164]

---

161 Nach Wohnraumüberwachungsstatistik des Bundesamtes für Justiz, www.bundesjustizamt.de.
162 Bericht der Bundesregierung gemäß § 13 Abs. 6 Satz 1 GG für das Jahr 2015, BT-Drs. 18/9660 vom 15.9.2016, https://www.bundesjustizamt.de/DE/SharedDocs/Publikationen/Justizstatistik/BTDrs_18_9660.pdf.
163 Meyer-Goßner/Schmitt, StPO, § 100c Rn. 4.
164 BVerfGE 109, 279.

Akustische Wohnraumüberwachung (§§ 100c, 100e StPO)

bb) Im Einzelfall besonders schwerwiegend

Es reicht nicht ein bloßer Anfangsverdacht einer im Einzelfall eher leichteren Katalogtat.

> **Beispiel**
> A steht im Verdacht, mehrere Straßenraubdelikte unter Mitführung eines Messers begangen zu haben. Dabei wurden die Opfer nur leicht verletzt, die Beute betrug jeweils maximal 50 €.

Der Verdacht dieser Katalogtaten erfüllt nicht die Voraussetzungen des § 100c Abs. 1 Nr. 2 StPO, Abhörmaßnahmen in Wohnungen sind hier unzulässig.

cc) Subsidiaritätsklausel

Nach der strengen Subsidiaritätsklausel des § 100c Abs. 1 Nr. 4 StPO ist die Maßnahme nur zulässig, wenn die Erforschung des Sachverhaltes oder die Ermittlung des Aufenthaltsortes eines Mitbeschuldigten auf andere Weise unverhältnismäßig erschwert oder aussichtslos wäre. Damit wird deutlich, dass die Wohnraumüberwachung nur Ultima Ratio der Strafverfolgung sein darf.[165]

d) Maßnahmenspezifische Verfahrensvorschriften

aa) Anordnungskompetenz (§ 100e Abs. 2 StPO)

§ 100e Abs. 2 StPO normiert die Anordnungskompetenz. Akustische Wohnraumüberwachungen dürfen grundsätzlich nur durch eine Strafkammer des Landgerichts, die mit drei Berufsrichtern besetzt ist, angeordnet werden (vgl. zur Gerichtsbesetzung § 74a Abs. 4 GVG). Bei Gefahr im Verzuge reicht die Anordnung des Vorsitzenden. In diesem Fall muss binnen drei Tagen eine Bestätigung der Kammer erfolgen. Für die Fristberechnung gelten die §§ 42, 43 StPO. Demnach zählt der Anfangstag nicht mit. Fällt das Ende der Frist auf einen Samstag, Sonntag oder Feiertag, so endet die Frist mit Ablauf des nächsten Werktages.

> **Beispiel**
> Am Dienstag ordnet die Vorsitzende der Strafkammer am LG auf Antrag der Staatsanwaltschaft Abhörmaßnahmen an. Spätestens am nächsten Montag muss eine richterliche Bestätigung erfolgen. Die staatsanwaltliche Anordnung gilt also längstens sechs Tage.

Die Anordnung ergeht schriftlich, ist zu begründen und auf einen Monat zu befristen. Eine Verlängerung um jeweils einen Monat ist zulässig. Werden so mehr als sechs Monate erreicht, hat das Oberlandesgericht zu entscheiden (§ 100d Abs. 1 Satz 6 StPO).

bb) Schutz des Kernbereichs privater Lebensführung (§ 100d Abs. 1, 4 StPO)

§ 100d Abs. 1 StPO schreibt zunächst den Schutz des Kernbereichs privater Lebensführung vor. Diese Vorschrift schränkt die Zulässigkeit der akustischen Überwachung deutlich ein. Die Maßnahme ist nämlich nur zulässig, wenn zu erwarten ist, dass höchst private Äußerungen nicht aufgezeichnet werden. Es bedarf also einer sorgfältigen Prognose und Aufklärungsarbeit im Hinblick auf die Räumlichkeiten und die beteiligten Personen. Werden doch solche Gespräche geführt, ist ein Abhören und Aufzeichnen sofort zu unterbrechen (§ 100d Abs. 4 StPO), vorhandene Aufzeichnungen sind zu löschen. Wenn Zweifel über die Unterbrechung oder Fortführung bestehen, ist die Entscheidung des Gerichtes einzuholen.

Was zum Kernbereich privater Lebensführung gehört, ist nur im Einzelfall zu bestimmen. Gespräche in Betriebs- und Geschäftsräumen zählen in der Regel nicht dazu. Dies kann jedoch

---
165 Meyer-Goßner/Schmitt, StPO, § 100c Rn. 8.

anders sein, wenn es sich beispielsweise um einen Familienbetrieb handelt oder wenn der Betroffene eine intime Beziehung zu einer Kollegin hat.

cc) Schutz von Berufsgeheimnisträgern (§ 100d Abs. 5 StPO)

481 Sind von der Überwachungsmaßnahme Personen betroffen, die nach § 53 StPO ein Zeugnisverweigerungsrecht haben, so ist sie sofort zu unterbrechen. Gegen diesen Personenkreis darf die Maßnahme nicht angeordnet werden. Erfasst von der Norm sind insbesondere Gespräche mit Geistlichen, Verteidigern, Abgeordneten, Ärzten sowie Mitarbeitern von Presse und Rundfunk.

> **Beispiel**
> Während der akustischen Wohnraumüberwachung telefoniert der Beschuldigte mit seinem Verteidiger.

Aufzeichnungen diesbezüglich sind unverwertbar und zu löschen. Diese Regelung geht der allgemeinen Schutzregel nach § 160a StPO als lex specialis vor.

dd) Unterrichtungs- und Löschungspflichten (§ 101 StPO)

482 Gemäß § 101 Abs. 4 StPO ist der Betroffene (nachträglich) von der Maßnahme zu unterrichten, mit dem Hinweis, dass auch nachträglich gerichtlicher Rechtsschutz möglich ist. Die Benachrichtigung unterbleibt gemäß § 101 Abs. 4 Satz 3 StPO, wenn ihr überwiegende schutzwürdige Belange einer betroffenen Person entgegenstehen. Gemäß § 101 Abs. 5 StPO erfolgt die Benachrichtigung, sobald dies ohne Gefährdung des Untersuchungszweckes, des Lebens, der körperlichen Unversehrtheit und der persönlichen Freiheit einer Person und von bedeutenden Vermögenswerten sowie der Möglichkeit der weiteren Verwendung eines verdeckten Ermittlers möglich ist. Wird die Benachrichtigung zurückgestellt, sind die Gründe aktenkundig zu machen. Sind Daten nicht mehr erforderlich, sind sie umgehend zu löschen.

ee) Berichtspflichten (§ 101b StPO)

483 § 101b StPO normiert Berichtspflichten der Länder und des Generalbundesanwaltes insbesondere über die Anzahl, Dauer, Anlasstat der Abhörmaßnahmen. Diese Berichte werden gemäß § 101b Abs. 1 Satz 2 StPO im Internet veröffentlicht.[166]

e) Adressaten

484 Adressaten können gemäß § 100c Abs. 3 StPO der Beschuldigte und Kontaktpersonen sein.

aa) Beschuldigter

485 Beschuldigter ist jede Person, gegen die sich das Strafverfahren richtet.[167] Sie wird schon zum Beschuldigten, wenn die Strafverfolgungsbehörden Ermittlungsmaßnahmen ergreifen, die erkennbar darauf abzielen, gegen sie wegen einer Straftat strafrechtlich vorzugehen (vgl. dazu auch § 397 Abs. 1 AO für Steuerstrafverfahren).

bb) Kontaktpersonen

486 Gegen andere Personen darf sich die Maßnahme richten, wenn aufgrund von Tatsachen anzunehmen ist, dass sich der Beschuldigte dort aufhält und allein das Abhören seiner Wohnung nicht zur Erforschung des Sachverhaltes/Ermittlung des Aufenthaltsortes führen wird. Sie werden Kontaktpersonen genannt.

---

[166] Vgl. dazu www.bundesjustizamt.de.
[167] BGHSt 10, 8 (12).

Akustische Wohnraumüberwachung (§§ 100c, 100e StPO)

Gemäß § 100c Abs. 3 Satz 3 StPO darf die akustische Wohnraumüberwachung auch durchgeführt werden, wenn Dritte, also weder Beschuldigte noch Kontaktpersonen, unvermeidbar betroffen werden.

487

f) Rechtsfolgen

aa) Aufzeichnen und Abhören des nichtöffentlich gesprochenen Wortes

§ 100c StPO regelt das Aufzeichnen und Abhören des nichtöffentlich gesprochenen Wortes in Wohnungen, mithin den sog. Großen Lauschangriff. Damit verbundene notwendige Begleiteingriffe, wie das Betreten der Räumlichkeiten zum Zwecke des Anbringens von Abhörvorrichtungen, sind ebenfalls von der Vorschrift gedeckt. Maßgebliches Kriterium der Wohnung ist die räumliche Privatsphäre. Zu diesem Wohnungsbegriff zählen auch Büro- und Geschäftsräume, soweit sie nicht allgemein zugänglich sind. Pkw sind keine Wohnungen in diesem Sinne (zu Überwachungen in Pkw Rn. 469) Optische Überwachung in Wohnungen ist unzulässig.

488

bb) Beweisverwertung

In § 100c Abs. 5, 6 und 7 StPO sind explizit Verwertungsregelungen getroffen. Nach § 100c Abs. 6 dürfen Erkenntnisse aus Abhörmaßnahmen von zeugnisverweigerungsberechtigten Personen nach §§ 52, 53a StPO (insbesondere Verwandte und Berufshelfer) nur eingeschränkt verwertet. Es muss eine Abwägung erfolgen zwischen der Bedeutung des Vertrauensverhältnisses und dem Interesse an der Erforschung des Sachverhaltes/Aufenthaltsortes des Beschuldigten. Der Verweis auf § 160 Abs. 4 StPO in der Vorschrift bedeutet, dass diese Einschränkung nicht gilt, wenn die zeugnisverweigerungsberechtigte Person selbst der Beteiligung bzw. der Begünstigung, Strafvereitelung oder Hehlerei verdächtig ist.

489

Aufzeichnungen, die den Kernbereich privater Lebensführung betreffen, sind gemäß § 100c Abs. 5 Satz 2 StPO nicht verwertbar. Das Gleiche gilt für Aufzeichnungen, die eine Person betreffen, welche ein Zeugnisverweigerungsrecht aus beruflichen Gründen (§ 53 StPO) hat.

490

Unverwertbar sind Erkenntnisse, die unter völliger Umgehung des § 100c StPO erlangt worden sind, so etwa bei Verstoß gegen die Subsidiaritätsklausel oder Anordnung trotz fehlenden Verdachtes einer Katalogstraftat.[168]

491

---

168 Vgl. Joecks, StPO, § 100c Rn. 11.

2. Verdeckter Einsatz technischer Mittel in oder aus Wohnungen (§ 18 PolG)

Verdeckter Einsatz technischer Mittel in oder aus Wohnungen (§ 18 PolG)

1. **Tatbestandsvoraussetzungen**
   - gegenwärtige Gefahr für Leib, Leben oder Freiheit einer Person
   - Maßnahme zur Gefahrenabwehr erforderlich
   - Gefahr kann auf andere Weise nicht abgewendet werden
2. **Maßnahmenspezifische Verfahrensvorschriften**
   - Anordnungskompetenz
     - zuständige Kammer des Landgerichts (§ 18 Abs. 2 PolG)
     - bei Gefahr im Verzug: Behördenleiter/in (richterliche Bestätigung muss beantragt werden; ggf. Außerkrafttreten der Anordnung)
     - bei Einsatz ausschließlich zur Eigensicherung: Behördenleiter/in (§ 18 Abs. 5 PolG)
   - besondere Anforderungen an den Kernbereichsschutz
   - § 9 Abs. 5, 7 PolG
   - Kennzeichnungspflicht (§ 22b PolG)
   - Benachrichtigungs- (§ 33 Abs. 1 Nr. 2 PolG) und Protokollierungspflicht (§ 33b PolG)
   - Anforderungen des § 17 Abs. 4 PolG (§ 18 Abs. 6 PolG)
3. **Adressat**
   - Personen nach §§ 4, 5 und 6 PolG
   - „zufällig Mitbeobachtete"
4. **Rechtsfolgen**
   - verdeckter Einsatz optisch- und akustisch-technischer Mittel in und aus Wohnungen

---

Gefahr ist eine Sachlage, in der bei hinreichender Wahrscheinlichkeit ein Schaden an den geschützten Rechtsgütern, hier Leib, Leben oder Freiheit einer Person, eintreten wird.

Gegenwärtig ist eine Gefahr, wenn der Schaden bereits eingetreten (und noch nicht behoben) ist bzw. sein Eintritt zeitlich unmittelbar bevorsteht.

Wohnungen sind alle Räumlichkeiten, die der allgemeinen Zugänglichkeit durch eine räumliche Abschottung entzogen und zur Stätte des privaten Lebens und Wirkens gemacht sind.

Abbildung 3.22: Schema zum verdeckten Einsatz technischer Mittel in oder aus Wohnungen (§ 18 PolG)

a) Überblick

492 § 18 PolG ermächtigt die Polizei zum präventiven verdeckten Einsatz technischer Mittel in oder aus Wohnungen. Eingesetzt werden können sowohl optische als auch akustische Überwachungsinstrumente.

b) Grundrechtseingriffe

493 Der verdeckte Einsatz technischer Mittel in oder aus Wohnungen greift in das Recht auf die Unverletzlichkeit der Wohnung (Art. 13 GG) sowie in das Recht auf informationelle Selbstbestimmung (Art. 2 Abs. 1 i.V.m. Art. 1 Abs. 1 GG) ein. Zudem können das Recht am eigenen

Verdeckter Einsatz technischer Mittel in oder aus Wohnungen (§ 18 PolG)

Bild und das Recht am gesprochenen Wort (ebenfalls Art. 2 Abs. 1 i.V.m. Art. 1 Abs. 1 GG) beeinträchtigt sein.

c) Tatbestandsvoraussetzungen

Die Vorschrift setzt tatbestandlich voraus, dass die Datenerhebung zur Abwehr einer gegenwärtigen Gefahr für Leib, Leben oder Freiheit einer Person erforderlich ist und diese auf andere Weise nicht abgewendet werden kann. Diese Anforderung kann sich nicht nur auf die vorstehende Bezugnahme auf § 6 PolG erstrecken, da diese Vorschrift bereits selbst vergleichbare Voraussetzungen regelt. Eine Gefahr ist eine Sachlage, in der mit hinreichender Wahrscheinlichkeit ein Schaden an den geschützten Rechtsgütern, hier: Leib, Leben oder Freiheit einer Person, eintreten wird (eingehend zum Gefahrenbegriff Rn. 146 ff.). Gegenwärtig ist die Gefahr, wenn der Schaden bereits eingetreten (und noch nicht behoben) ist oder sein Eintritt zeitlich unmittelbar bevorsteht. Die Datenerhebung muss zur Abwehr dieser Gefahr erforderlich sein, und sie darf auf andere Weise nicht abgewehrt werden können – dabei handelt es sich um in den Tatbestand „hochgezogene" Verhältnismäßigkeitserwägungen. 494

Eine ausschließlich automatisierte Datenerhebung ist nach § 18 Abs. 1 Satz 4 PolG generell unzulässig; dies ist insbesondere dem Schutz des Kernbereichs persönlicher Lebensgestaltung (vgl. § 18 Abs. 3, § 16 PolG) geschuldet, der bei einer automatisierten Erhebung nicht sachgerecht gewährleistet werden kann. 495

d) Maßnahmenspezifische Verfahrensvorschriften

Aufgrund der Schwere des mit der Datenerhebung in oder aus Wohnungen verbundenen Grundrechtseingriffs ist eine Vielzahl von Verfahrensvorschriften zu beachten. 496

aa) Anordnungskompetenz

Die Anordnungskompetenz kommt nach § 18 Abs. 2 Satz 1 PolG der durch § 74a Abs. 4 GVG bestimmten Kammer des Landgerichts zu, in dessen Bezirk die Polizeibehörde ihren Sitz hat; es handelt sich also um einen qualifizierten Richtervorbehalt. Die Anordnung bedarf der Schriftform, muss Angaben über die betroffene Person, Art und Umfang der zu erhebenden Daten und die betroffenen Wohnungen enthalten und ist auf höchstens einen Monat zu befristen, wobei bei Fortbestehen der tatbestandlichen Voraussetzungen Verlängerungen um jeweils einen Monat zulässig sind. 497

Bei Gefahr im Verzug kann die Anordnung durch den Behördenleiter getroffen werden (§ 18 Abs. 2 Satz 6 PolG). In diesem Fall ist eine richterliche Bestätigung unverzüglich, also ohne schuldhaftes Zögern, zu beantragen. 498

Unterbleibt ein Antrag oder verzögert sich die gerichtliche Bestätigung, so tritt die Anordnung durch den Behördenleiter spätestens mit Ablauf des dritten Tages nach ihrem Erlass außer Kraft (§ 18 Abs. 2 Satz 7 PolG). Erfolgt auch danach keine Bestätigung, dürfen die bereits erhobenen Daten nicht verwendet werden und sind unverzüglich zu löschen. 499

Einen Sonderfall regelt § 18 Abs. 5 PolG. Werden technische Mittel ausschließlich zum Schutz der bei einem polizeilichen Einsatz in Wohnungen tätigen Personen verwendet, kann die Datenerhebung durch den Behördenleiter angeordnet werden. Die Vorschrift enthält weitere Vorgaben zu einer anderweitigen Verwendung der solchermaßen gewonnenen Informationen sowie zu ihrer Löschung. 500

bb) Weitere Verfahrensvorschriften

Die allgemeinen Anforderungen an die Datenerhebung in § 9 Abs. 5, 7 PolG sind zu beachten. 501

502 Darüber hinaus sind die besonderen Schutzvorkehrungen für den Kernbereich privater Lebensgestaltung zu beachten. Nach § 18 Abs. 3 PolG darf die Maßnahme nur angeordnet werden, wenn aufgrund tatsächlicher Anhaltspunkte anzunehmen ist, dass durch die Erhebung Daten, die diesem Kernbereich zuzurechnen sind, nicht erfasst werden. Zu berücksichtigen sind die Art der zu überwachenden Räumlichkeiten und das Verhältnis der dort anwesenden Personen zueinander. So sind dem Kernbereich aufgrund gesetzlicher Anordnung auch durch das Berufsgeheimnis geschützte Vertrauensverhältnis der in §§ 53 und 53s StPO genannten Berufsgeheimnisträger geschützt.

> **Beispiel**
> Dem Kernbereich privater Lebensgestaltung zuzurechnen sind in einer Privatwohnung geführte Gespräche zwischen einer Person und ihrem Strafverteidiger oder ihrem Geistlichen (vgl. § 53 Abs. 1 Nr. 2 oder Nr. 1 StPO).

503 Sofern es sich nicht um zur Berufsausübung bestimmte Räume von Berufsgeheimnisträgern handelt, sind Gespräche in Betriebs- und Geschäftsräumen nach § 18 Abs. 3 Satz 4 PolG nicht dem Kernbereich zuzurechnen.

504 Nach § 18 Abs. 4 PolG ist die Datenerhebung unverzüglich zu unterbrechen, sofern sich während der Überwachung tatsächliche Anhaltspunkte dafür ergeben, dass Daten, die dem Kernbereich privater Lebensgestaltung zuzurechnen sind, erfasst werden. Die Bestimmung enthält weitere detaillierte Regelungen dazu, wie in einem solchen Fall vorzugehen ist.

505 Für die Kennzeichnung und die Benachrichtigungspflicht gelten §§ 22b, 33 Abs. 1 Nr. 2 PolG. Zudem ist die Maßnahme nach § 33b PolG zu protokollieren.

506 Absatz 6 erklärt § 17 Abs. 4 PolG (Löschungs-/Vernichtungspflicht) für entsprechend anwendbar.

e) Adressat

507 § 18 Abs. 1 PolG enthält in Satz 1 eine Adressatenregelung. Es können personenbezogene Daten über Personen erhoben werden, die in den §§ 4 und 5 PolG genannt werden (Verhaltens-, Zusatz- und Zustandsstörer). Unter den Voraussetzungen des § 6 PolG können auch Nichtstörer Adressaten der Maßnahme sein.

508 Darüber hinaus können auch personenbezogene Daten über andere Personen erhoben werden, soweit dies erforderlich ist, um eine Datenerhebung nach Satz 1 durchführen zu können. Da die Nichtstörer bereits über die vorausgehende Bestimmung als Adressaten erfasst werden, können hier nur solche Personen gemeint sein, gegen die sich die Maßnahme nicht gezielt richtet („zufällig Mitüberwachte"). § 18 Abs. 1 Satz 3 PolG verweist zudem auf § 16a Abs. 1 Sätze 3–5 PolG, die Regelungen zur Überwachung von sog. Kontakt- und Begleitpersonen treffen (dazu eingehend Rn. 808 ff.).

f) Rechtsfolgen

509 Rechtsfolge ist die Erhebung personenbezogener Daten in oder aus Wohnungen (zum Wohnungsbegriff Rn. 1022 ff.) durch den verdeckten Einsatz optisch- oder akustisch-technischer Mittel im Sinne des § 17 PolG (dazu Rn. 532 ff.). Der Einsatz „in" Wohnungen erfolgt durch das „Hineinhorchen" bzw. „Hineinsehen" in eine Wohnung. „Aus" einer Wohnung werden technische Mittel verwendet, wenn sie in einer Wohnung installiert sind; hier liegt der Eingriff in Art. 13 GG in der Installation der technischen Mittel innerhalb der Wohnung. Von der Ermächtigungsgrundlage mitumfasst ist das heimliche Betreten der Wohnung zur Anbringung der technischen Mittel; Gleiches gilt für ein Betreten nach Ende der Maßnahme zur Demontage.

Datenerhebung durch den Einsatz körpernah getragener Aufnahmegeräte

3. Akustische Überwachung außerhalb von Wohnungen (§ 100f StPO)

- Aufsatz-Literatur: Keller, PSP 2/2012, 17 (Observation und Einsatz technischer Mittel auf Grundlage des PolG NRW und der StPO); von Heintschel-Heinegg, JA 2012, 395 (Selbstgespräche sind kein Beweis).
- Leitentscheidungen: BGH NJW 2012, 945 (Unverwertbarkeit eines im Kfz aufgezeichneten Selbstgespräches); BGHSt 53, 294 (Überwachung von Angehörigenbesuchen in der U-Haft); BGH NStZ 2001, 386 (Begleitmaßnahmen zum Einbau von GPS-Sendern von der Befugnisnorm erfasst).

Akustische Überwachung außerhalb von Wohnungen (§ 100f StPO)

1. **Tatbestandsvoraussetzungen**
   - konkretisierter Tatverdacht einer Katalogstraftat nach § 100a Abs. 2 StPO
   - konkret schwerwiegende Tat
   - strenge Subsidiaritätsklausel
2. **Maßnahmenspezifische Verfahrensvorschriften**
   - Anordnungskompetenz
     - Gericht, bei GiV auch StA
     - schriftlich, Befristung auf 3 Monate, Verlängerung um jeweils max. 3 Monate möglich
   - Schutz des Kernbereichs privater Lebensgestaltung
   - Schutz von Berufsgeheimnisträgern (§ 160a StPO)
   - Unterrichtungs- und Löschungspflichten (§ 101 StPO)
3. **Adressat**
   - Beschuldigter
   - Kontaktpersonen bei Erfolgsprognose
4. **Rechtsfolgen**
   - Abhören des nichtöffentlich gesprochenen Wortes mit technischen Mitteln außerhalb von Wohnungen und
   - erforderliche Begleitmaßnahmen

Beschuldigter ist jede Person, gegen die im Rahmen eines Strafverfahrens wegen einer bestimmten Straftat ermittelt wird.

Gefahr im Verzuge ist gegeben, wenn auf den Beschluss des Gerichts nicht gewartet werden kann, ohne dass die Erforschung des Sachverhaltes oder die Ermittlung des Aufenthaltsortes des Beschuldigten gefährdet wäre.

Wohnungen sind alle Räumlichkeiten, die der allgemeinen Zugänglichkeit durch eine räumliche Abschottung entzogen und zur Stätte des privaten Lebens und Wirkens gemacht sind.

Konkretisierter Tatverdacht ist eine über den bloßen Anfangsverdacht hinausgehende Wahrscheinlichkeit, dass eine Straftat begangen wurde.

Abbildung 3.23: Schema zur akustischen Überwachung außerhalb von Wohnungen (§ 100f StPO)

a) Überblick

Während § 100c StPO das Abhören innerhalb von Wohnungen, den sog. Großen Lauschangriff, regelt, erfasst § 100f StPO übrige Fälle der akustischen Überwachung, die „kleinen Lauschangriffe". **510**

b) Grundrechtseingriffe

Durch das Abhören wird in das Recht auf informationelle Selbstbestimmung aus Art. 2 Abs. 1 i.V.m. 1 Abs. 1 GG eingegriffen. Sobald die Wohnung tangiert ist, gelten die §§ 100c–100e StPO. **511**

c) Tatbestandsvoraussetzungen

aa) Konkretisierter Tatverdacht einer Katalogstraftat nach § 100a Abs. 2 StPO

512 Es muss ein konkretisierter, also durch bestimmte Tatsachen begründeter Tatverdacht hinsichtlich einer besonders schwerwiegenden Straftat nach § 100a Abs. 2 StPO vorliegen. Der Verdacht des Versuches reicht aus.

513 Der durch bestimmte Tatsachen begründete Verdacht unterliegt zwar höheren Anforderungen als der bloße Anfangsverdacht, erreicht jedoch nicht bereits den Grad eines „hinreichenden" oder gar „dringenden" Tatverdachts, den andere Normen der Strafprozessordnung vorsehen. § 100f Abs. 1 StPO erfordert eine konkretisierte Verdachtslage. Hierfür reicht das bloße Vorliegen von Anhaltspunkten nicht aus. Es müssen vielmehr konkrete und in gewissem Umfang verdichtete Umstände als Tatsachenbasis für den Verdacht vorhanden sein. Nur bereits ermittelte und in Antrag und Anordnung genannte Tatsachen kommen für die jeweilige Bewertung in Betracht. Da sich die akustische Wohnraumüberwachung nur gegen den Beschuldigten richten und erst als letztes Mittel der Strafverfolgung eingesetzt werden darf, muss aufgrund der bereits vorliegenden Erkenntnisse eine erhöhte Wahrscheinlichkeit für die Begehung der besonders schweren Katalogstraftat bestehen.[169]

514 Es reicht aber nicht ein konkretisierter Anfangsverdacht einer im Einzelfall eher leichteren Katalogtat. Die Tat muss auch im Einzelfall schwerwiegend sein.

> **Beispiel**
> A steht im Verdacht, mehrere Straßenraubdelikte unter Mitführung eines Messers begangen zu haben. Dabei wurden die Opfer nicht verletzt, die Beute betrug jeweils maximal 50 €.

Der Verdacht dieser Katalogtaten erfüllt nicht die Voraussetzung des § 100f Abs. 1 StPO, Abhörmaßnahmen sind hier unzulässig.

bb) Subsidiaritätsklausel

515 Nach der strengen Subsidiaritätsklausel des § 100f Abs. 1 StPO ist die Maßnahme nur zulässig, wenn die Erforschung des Sachverhaltes oder die Ermittlung des Aufenthaltsortes eines Beschuldigten auf andere Weise aussichtslos oder wesentlich erschwert wäre.

d) Adressaten

516 Das Abhören außerhalb von Wohnungen darf sich gemäß § 100f Abs. 2 StPO gegen zwei Personenkreise richten:

aa) Beschuldigter

517 Beschuldigter ist jede Person, gegen die sich das Strafverfahren richtet.[170] Sie wird schon zum Beschuldigten, wenn die Strafverfolgungsbehörden Ermittlungsmaßnahmen ergreifen, die erkennbar darauf abzielen, gegen sie wegen einer Straftat strafrechtlich vorzugehen (vgl. dazu auch § 397 Abs. 1 AO für Steuerstrafverfahren). Insofern ist der Beschuldigtenbegriff formell zu verstehen: Eine Person wird erst durch entsprechenden Willensakt der Strafverfolgungsbehörde zum Beschuldigten.[171] Besondere Anforderungen an den nach außen tretenden Willensakt werden nicht gestellt, es reicht bereits jede Ermittlungshandlung gegen eine Person mit dem Willen der konkreten Strafverfolgung.

---

[169] BVerfGE 109, 279.
[170] BGHSt 10, 8 (12).
[171] BGHSt 34, 138 (140).

Datenerhebung durch den Einsatz körpernah getragener Aufnahmegeräte

bb) Kontaktpersonen

Gegen andere, also nicht beschuldigte Personen, ist die Maßnahme nur zulässig, wenn aufgrund bestimmter Tatsachen anzunehmen ist, dass sie mit dem Täter in Verbindung stehen oder eine solche Verbindung hergestellt wird. Das sind sog. Kontaktpersonen. In diesem Fall ist die strenge Subsidiaritätsklausel zu beachten. Danach ist die Maßnahme nur zulässig, wenn aufgrund bestimmter Tatsachen anzunehmen ist, dass sie zur Erforschung des Sachverhaltes oder zur Ermittlung des Aufenthaltsortes eines Beschuldigten führen wird und dies auf andere Weise aussichtslos oder wesentlich erschwert wäre. Da das Abhören generell nur unter Wahrung der strengen Subsidiaritätsklausel zulässig ist, hat diese Einschränkung kein eigenes Gewicht. 518

Gemäß § 100f Abs. 3 StPO darf die Maßnahme auch durchgeführt werden, wenn Dritte, also weder Beschuldigte noch Kontakt-/Begleitpersonen, unvermeidbar betroffen werden. 519

e) Maßnahmenspezifische Verfahrensvorschriften

aa) Anordnungskompetenz

§ 100f Abs. 4 i.V.m. § 100b Abs. 1 StPO normiert die Anordnungskompetenz. Akustische Überwachungen außerhalb von Wohnungen dürfen grundsätzlich nur auf Antrag der Staatsanwaltschaft durch das Gericht angeordnet werden. Diesen Antrag darf nur die Staatsanwaltschaft, nicht die Polizei stellen. § 163 Abs. 2 Satz 2 StPO, demzufolge die Polizei sich auch unmittelbar an das Gericht wenden kann, gilt hier nicht. Das Gericht darf den Antrag der Polizei auch nicht nach § 165 StPO als Notstaatsanwalt ersetzen. 520

Bei Gefahr im Verzuge reicht die Anordnung der Staatsanwaltschaft. In diesem Fall muss binnen drei Tagen eine richterliche Bestätigung erfolgen. Für die Fristberechnung gelten die §§ 42, 43 StPO. Demnach zählt der Anfangstag nicht mit. Fällt das Ende der Frist auf einen Samstag, Sonntag oder Feiertag, so endet die Frist mit Ablauf des nächsten Werktages. Die Anordnung ergeht schriftlich, ist zu begründen und auf höchstens drei Monate zu befristen. Eine Verlängerung um jeweils maximal drei Monate ist zulässig. Der notwendige Inhalt der Anordnung ergibt sich aus § 100f Abs. 4 i.V.m. § 100d Abs. 2 StPO. Entfallen die Voraussetzungen, die bei Anordnung vorlagen, ist die Maßnahme unverzüglich zu beenden (§ 100f Abs. 4 i.V.m. § 100b Abs. 4 Satz 1 StPO). 521

> **Beispiel**
> Am Dienstag ordnet die Staatsanwältin Abhörmaßnahmen in einem Fahrzeug an. Spätestens am nächsten Montag muss eine richterliche Bestätigung erfolgen. Die staatsanwaltliche Anordnung gilt also längstens sechs Tage.

bb) Schutz des Kernbereichs privater Lebensführung (§ 100f Abs. 4 i.V.m. § 100d StPO)

Wie bei der akustischen Wohnraum- und Telekommunikationsüberwachung sieht § 100f StPO durch den Verweis in § 100f Abs. 4 StPO ebenso Schutzvorschriften für den Kernbereich privater Lebensführung vor. Die Maßnahme ist daher unzulässig, wenn zu erwarten ist, dass höchst private Äußerungen aufgezeichnet werden. In diesem Fall sind ein Abhören und Aufzeichnen sofort zu unterbrechen, vorhandene Aufzeichnungen sind zu löschen. Dies muss für alle akustischen Überwachungen gelten, nicht nur für die in Wohnungen und der Telekommunikation. Was zum Kernbereich privater Lebensführung gehört, ist nur im Einzelfall zu bestimmen. 522

cc) Schutz von Berufsgeheimnisträgern (§ 160a StPO)

523 Gemäß § 160a StPO darf sich die Maßnahme nicht gegen einen Berufsgeheimnisträger richten, dennoch erlangte Erkenntnisse dürfen nicht verwertet werden, Aufzeichnungen darüber sind zu vernichten. Die Vorschrift ergänzt die Zeugnisverweigerungsrechte und richtet sich primär an Verteidiger, Geistliche und Abgeordnete (Absatz 1) und ihre Berufshelfer (Absatz 3). Bei den in § 160a Abs. 2 StPO genannten zeugnisverweigerungsberechtigten Personen ist die Verhältnismäßigkeit besonders zu beachten.

dd) Unterrichtungs- und Löschungspflichten (§ 101 StPO)

524 Gemäß § 101 Abs. 4 StPO ist der Betroffene (nachträglich) von der Maßnahme zu unterrichten mit dem Hinweis, dass auch nachträglich gerichtlicher Rechtsschutz möglich ist. Die Benachrichtigung unterbleibt gemäß § 101 Abs. 4 Satz 3 StPO, wenn ihr überwiegende schutzwürdige Belange einer betroffenen Person entgegenstehen. Gemäß § 101 Abs. 5 StPO erfolgt die Benachrichtigung, sobald dies ohne Gefährdung des Untersuchungszweckes, des Lebens, der körperlichen Unversehrtheit und der persönlichen Freiheit einer Person und von bedeutenden Vermögenswerten sowie der Möglichkeit der weiteren Verwendung eines verdeckten Ermittlers möglich ist. Wird die Benachrichtigung zurückgestellt, sind die Gründe aktenkundig zu machen.

525 Sind Daten nicht mehr erforderlich, sind sie umgehend zu löschen.

f) Rechtsfolgen

aa) Aufzeichnen und Abhören des nichtöffentlich gesprochenen Wortes außerhalb von Wohnungen

526 § 100f StPO regelt das Aufzeichnen und Abhören des nichtöffentlich gesprochenen Wortes außerhalb von Wohnungen, insbesondere in Pkw. Damit verbundene notwendige Begleiteingriffe sind ebenfalls von der Vorschrift gedeckt.

> **Beispiel**[172]
> In einem Pkw soll eine Abhörvorrichtung installiert werden. Zu diesem Zweck wird das Fahrzeug für den Beschuldigten unbemerkt auf das Gelände der Polizei geschleppt.

527 Maßgebliches Kriterium der Wohnung ist die räumliche Privatsphäre. Zu diesem Wohnungsbegriff zählen auch Büro- und Geschäftsräume, soweit sie nicht allgemein zugänglich sind.

bb) Beweisverwertung

528 Die Missachtung des Subsidiaritätsgrundsatzes führt zu einem Verwertungsverbot.

529 Nach § 477 Abs. 2 Satz 2 StPO dürfen Zufallserkenntnisse aus der Maßnahme in anderen Strafverfahren nur verwendet werden, wenn sie auch für dieses Strafverfahren hätte angeordnet werden dürfen. Dem liegt das Prinzip des „hypothetischen Ersatzeingriffs" zugrunde. Zu fragen ist also, ob wegen der Tat, die bei Gelegenheit der Ausführung einer anderweitig angeordneten Maßnahme entdeckt worden ist, ebenfalls eine solche Maßnahme hätte angeordnet werden können.[173]

> **Beispiel**
> Im Rahmen einer wegen eines BtM-Deliktes angeordneten Überwachung eines Pkw berichtet der Beschuldigte von einem Raub.

530 Weil auch der Raub eine Katalogstraftat ist, kann die Erkenntnis im Raub-Strafverfahren verwandt werden.

---

[172] Vgl. zu einem ähnlichen Fall BGHSt 46, 266.
[173] Joecks, StPO, § 477 Rn. 3.

Ein in einem Kraftfahrzeug aufgezeichnetes Selbstgespräch eines sich unbeobachtet fühlenden Beschuldigten ist – auch bei Strafverfahren gegen Mitbeschuldigte – unverwertbar, da es dem absoluten Kernbereich der Persönlichkeit zuzurechnen ist.[174]

531

4. Verdeckter Einsatz technischer Mittel (§ 17 PolG)

Verdeckter Einsatz technischer Mittel (§ 17 PolG)

1. **Tatbestandsvoraussetzungen**
   - § 17 Abs. 1 Satz 1 Nr. 1 PolG
     - gegenwärtige Gefahr für Leib, Leben oder Freiheit einer Person und
     - Maßnahme zur Abwehr der Gefahr erforderlich
   - § 17 Abs. 1 Satz 1 Nr. 2 PolG
     - Tatsachen rechtfertigen die Annahme, dass eine Person Straftaten von erheblicher Bedeutung begehen will
2. **Maßnahmenspezifische Verfahrensvorschriften**
   - Anordnungskompetenz
     - Bildaufnahmen/-aufzeichnungen: Behördenleiter
     - Tonaufnahmen/-aufzeichnungen: Amtsgericht; bei Gefahr im Verzug: Behördenleiter (Antrag auf richterliche Bestätigung)
     - Maßnahme dient ausschließlich der Eigensicherung: Behördenleiter oder beauftragte Leitungsperson des höheren Polizeivollzugsdienstes
   - § 9 Abs. 5, 7 PolG
   - Kennzeichnungspflicht (§ 22b PolG)
   - Benachrichtigungs- (§ 33 Abs. 1 Nr. 1 PolG) und Protokollierungspflicht (§ 33b PolG)
   - Löschungspflicht (§ 17 Abs. 4 PolG)
3. **Adressat**
   - § 17 Abs. 1 Satz 1 Nr. 1 PolG: Personen nach §§ 4, 5 oder 6 PolG
   - § 17 Abs. 1 Satz 1 Nr. 2 PolG
     - Person, hinsichtlich derer Tatsachen die Annahme rechtfertigen, dass sie Straftaten von erheblicher Bedeutung begehen will
     - Kontakt- und Begleitpersonen
     - „zufällig Mitüberwachte"
4. **Rechtsfolgen**
   - verdeckter Einsatz technischer Mittel zur Anfertigung von Bildaufnahmen und -aufzeichnungen sowie zum Abhören und Aufzeichnen des gesprochenen Worts

> **Gefahr** ist eine Sachlage, in der bei hinreichender Wahrscheinlichkeit ein Schaden an den geschützten Rechtsgütern, hier Leib, Leben oder Freiheit einer Person, eintreten wird.

> **Gegenwärtig** ist eine Gefahr, wenn der Schaden bereits eingetreten (und noch nicht behoben) ist bzw. sein Eintritt zeitlich unmittelbar bevorsteht.

Abbildung 3.24: Schema zum verdeckten Einsatz technischer Mittel (§ 17 PolG)

---

[174] BGH NJW 2012, 945.

3. Teil • Eingriffsbefugnisse

a) Überblick

532 § 17 PolG ermächtigt zum verdeckten, also heimlichen Einsatz technischer Mittel zur optischen und akustischen Überwachung außerhalb von Wohnungen (zu Maßnahmen in und aus Wohnungen s. § 18 PolG, Rn. 492 ff.). Zulässig sind Mittel zur Anfertigung von Bildaufnahmen und Bildaufzeichnungen (also Bildübertragungen ohne und mit Speicherung) sowie zum Abhören und Aufzeichnen des gesprochenen Wortes.

b) Grundrechtseingriffe

533 Der verdeckte Einsatz optisch- und akustisch-technischer Mittel greift in das Recht auf informationelle Selbstbestimmung (Art. 2 Abs. 1 i.V.m. Art. 1 Abs. 1 GG) sowie in das Recht am eigenen Bild bzw. das Recht am gesprochenen Wort (ebenfalls Art. 2 Abs. 1 i.V.m. Art. 1 Abs. 1 GG) ein.

c) Tatbestandsvoraussetzungen

534 § 17 Abs. 1 Satz 1 PolG enthält zwei voneinander unabhängige tatbestandliche Varianten. Gemäß Nr. 1 können personenbezogene Daten über Personen erhoben werden, die in den §§ 4 und 5 PolG genannt sind bzw. die die Voraussetzungen des § 6 PolG erfüllen, wenn dies zur Abwehr einer gegenwärtigen Gefahr für Leib, Leben oder Freiheit einer Person erforderlich ist. Tatbestandliche Voraussetzung ist mithin das Vorliegen einer solchen gegenwärtigen Gefahr.

535 Nach § 17 Abs. 1 Satz 1 Nr. 2 PolG können personenbezogene Daten ferner über Personen erhoben werden, hinsichtlich derer Tatsachen die Annahme rechtfertigen, dass sie Straftaten von erheblicher Bedeutung begehen wollen. Ob eine Straftat von erheblicher Bedeutung zu erwarten ist, muss jeweils im Einzelfall bestimmt werden; § 8 Abs. 3 PolG zählt nicht abschließend einige Regelbeispiele für solche Straftaten auf. Erfasst sind auch die Kontakt- und Begleitpersonen (dazu Rn. 808 ff.).

d) Maßnahmenspezifische Verfahrensvorschriften

536 § 17 PolG enthält eine Reihe maßnahmenspezifischer Verfahrenvorschriften. Die Anordnungskompetenz für die Anfertigung von Bildaufnahmen und -aufzeichnungen liegt gemäß Absatz 2 Satz 1 beim Behördenleiter. Die Anordnung muss schriftlich erfolgen und ist auf höchstens einen Monat zu befristen, wobei bei einem Fortbestand der Voraussetzungen Verlängerungen von jeweils einem Monat möglich sind. Soll das gesprochene Wort abgehört oder aufgezeichnet werden, besteht ein Richtervorbehalt (Absatz 2 Satz 3); diese Maßnahme bedarf der Anordnung durch das Amtsgericht, in dessen Bezirk die Polizeibehörde ihren Sitz hat; § 18 Abs. 2 Satz 4 PolG gilt für eine Verlängerung entsprechend. Bei Gefahr im Verzug kann die akustische Überwachung auch durch den Behördenleiter angeordnet werden; in diesem Fall ist eine richterliche Bestätigung unverzüglich (also praktisch sofort) zu beantragen (Absatz 2 Sätze 5 und 6).

537 Erfolgt eine solche Bestätigung nicht, tritt die Anordnung durch die Behördenleiterin bzw. den Behördenleiter spätestens mit Ablauf des dritten Tages nach ihrem Erlass außer Kraft. Bereits erhobene Daten dürfen nicht verwendet werden und sind unverzüglich zu löschen.

538 Dient der Einsatz des technischen Mittels ausschließlich dem Schutz der bei einem polizeilichen Einsatz tätigen Personen, kann die Maßnahme durch einen Behördenleiter oder eine von ihm beauftragte Leitungsperson des höheren Polizeivollzugsdienstes angeordnet

Verdeckter Einsatz technischer Mittel (§ 17 PolG)

werden (§ 17 Abs. 4 Satz 1 PolG). Der Absatz enthält weitere Vorgaben für eine anderweitige Verwertung der so gewonnenen Informationen und Bestimmungen zur Löschung.

Für die Datenerhebung gelten die allgemeinen Anforderungen des § 9 Abs. 5, 7 PolG. **539**

Bezüglich der Kennzeichnungspflicht ist § 22b PolG zu beachten. **540**

Benachrichtigungspflichten ergeben sich aus § 33 Abs. 1 Nr. 1 PolG, ggf. aus § 33a PolG. **541**

Für die Protokollierung gilt § 33b PolG. **542**

Bild- und Tonaufzeichnungen, die ausschließlich Personen betreffen, gegen die sich die Maßnahme nicht richtete (zufällig Mitüberwachte), sind unverzüglich zu vernichten, wenn sie nicht zur Verfolgung von Straftaten jener Personen, gegen die sich die Maßnahme richtete, benötigt werden (§ 17 Abs. 4 PolG). **543**

e) Adressat

§ 17 Abs. 1 PolG enthält in Satz 1 Nr. 1 eine Adressatenregelung für die erste tatbestandliche Variante der Vorschrift. Es können personenbezogene Daten über Personen erhoben werden, die in den §§ 4 und 5 PolG genannt werden (Verhaltens-, Zusatz- und Zustandsstörer). Unter den Voraussetzungen des § 6 PolG können auch Nichtstörer Adressaten der Maßnahme sein. **544**

Greift die zweite tatbestandliche Variante, sind zulässige Adressaten der Maßnahme diejenigen Personen, hinsichtlich derer Tatsachen die Annahme rechtfertigen, dass sie Straftaten von erheblicher Bedeutung begehen wollen, sowie ihre Kontakt- und Begleitpersonen. **545**

Darüber hinaus können auch personenbezogene Daten über andere Personen erhoben werden, soweit dies erforderlich ist, um eine Datenerhebung nach Satz 1 durchführen zu können. Da die Nichtstörer bereits über § 17 Abs. 1 Satz 1 Nr. 1 PolG als Adressaten erfasst werden, können hier nur solche Personen gemeint sein, gegen die sich die Maßnahme nicht gezielt richtet (zufällig Mitüberwachte; zur Löschungspflicht Rn. 543). § 17 Abs. 1 Satz 3 PolG verweist zudem auf § 16a Abs. 1 Sätze 3–5 PolG, der Regelungen zur Überwachung von sog. Kontakt- und Begleitpersonen regelt (dazu eingehend Rn. 808 ff.). **546**

f) Rechtsfolgen

Zulässige Rechtsfolgen sind die Anfertigung von Bildaufnahmen und Bildaufzeichnungen durch optisch-technische Mittel, also eine Überwachung ohne und mit Speicherung der erhobenen Daten. Ebenfalls gestattet sind das Abhören und Aufzeichnen des gesprochenen Wortes. **547**

3. Teil • Eingriffsbefugnisse

5. Telekommunikationsüberwachung (§§ 100a, 100e StPO)

- *Aufsatz-Literatur: Ruppert JuS 2018, 994 (Die moderne Klaviatur der Strafverfolgung im digitalen Zeitalter); Stadtler, MMR 2012, 18 (Zulässigkeit der heimlichen Installation von Überwachungssoftware); Sachs, JuS 2012, 374 (Grundrechte: Fernmeldegeheimnis und Unverletzlichkeit der Wohnung); Becker/Meinicke, StV 2011, 50 (Die sog. Quellen-TKÜ und die StPO – Von einer „herrschenden Meinung" und ihrer fragwürdigen Entstehung); Roggan, StV 2011, 762 (Der Schutz des Kernbereichs privater Lebensgestaltung bei strafprozessualer Telekommunikationsüberwachung); Kudlich, JA 2010, 319 (An der Quelle angezapft – zur Zulässigkeit einer Quellen-TKÜ im Strafverfahren); Keller, Kriminalistik 2009, 493 (Überwachung des E-Mail-Verkehrs und „Online-Streife"); Brodowski, JR 2009, 402 (Strafprozessualer Zugriff auf E-Mail-Kommunikation); Henrichs, Kriminalistik 2008, 169 (TKÜ-Maßnahmen und andere Intensivermittlungen).*

- *Leitentscheidungen: BVerfG, Urteil v. 20.4.2016 – 1 BvR 966/09 (Zulässigkeit der Quellen-TKÜ); BVerfG NJW 2007, 2749 (Anschluss eines Verteidigers); BVerfGE 113, 348 (Schutz des Kernbereichs privater Lebensgestaltung); BGH NStZ 2009, 224 (Zufallsfunde bei Telekommunikationsüberwachung); BGH NStZ 2008, 230 (Übersetzung von Telefonaten in einer fremden Sprache).*

Telekommunikationsüberwachung (§§ 100a, 100e StPO)

1. **Tatbestandsvoraussetzungen**
   - konkretisierter Tatverdacht einer Katalogstraftat nach § 100a Abs. 2 StPO
   - konkret schwerwiegende Tat
   - strenge Subsidiaritätsklausel

2. **Maßnahmenspezifische Verfahrensvorschriften**
   - Anordnungskompetenz
     - Gericht, bei GiV auch StA
     - schriftlich, Befristung 3 Monate, Verlängerung um jeweils max. 3 Monate möglich
   - Schutz des Kernbereichs privater Lebensgestaltung (§ 100d StPO)
   - Schutz von Berufsgeheimnisträgern (§ 160a StPO)
   - Unterrichtungs- und Löschungspflichten (§ 101 StPO)

3. **Adressat**
   - Beschuldigter
   - Nachrichtenmittler

4. **Rechtsfolgen**
   - Abhören und Aufzeichnung der Telekommunikation
   - Quellen-TKÜ

Telekommunikation ist der technische Vorgang des Aussendens, Übermittelns und Empfangens von Signalen mittels Telekommunikationsanlagen (§ 3 Nr. 22 TKG).

Telekommunikationsanlagen sind technische Einrichtungen oder Systeme, die als Nachrichten identifizierbare elektromagnetische oder optische Signale senden, übertragen, vermitteln, empfangen, steuern oder kontrollieren können (§ 3 Nr. 23 TKG).

Gefahr im Verzuge ist gegeben, wenn auf den Beschluss des Gerichts nicht gewartet werden kann, ohne dass die Erforschung des Sachverhaltes oder die Ermittlung des Aufenthaltsortes des Beschuldigten gefährdet wäre.

Beschuldigter ist jede Person, gegen die im Rahmen eines Strafverfahrens wegen einer bestimmten Straftat ermittelt wird.

Konkretisierter Tatverdacht ist eine über den bloßen Anfangsverdacht hinausgehende Wahrscheinlichkeit, dass eine Straftat begangen wurde.

Abbildung 3.25: Schema zur Telekommunikationsüberwachung (§§ 100a, 100b StPO)

Telekommunikationsüberwachung (§§ 100a, 100e StPO)

a) Überblick

548 Die Vorschrift regelt die Überwachung und Aufzeichnung der Telekommunikation. Erfasst ist dabei der Inhalt der Kommunikation, die Erhebung sog. Inhaltsdaten, nicht dagegen das Ausspähen von Daten auf einem PC (Online-Durchsuchung nach 100b StPO). Die Erhebung von Bestandsdaten richtet sich nach §§ 161, 163 StPO i.V.m. §§ 112, 113 TKG, von Verkehrsdaten nach § 100g StPO (zu den Begrifflichkeiten im Einzelnen Rn. 525).

549 Neben der Übermittlung von Audiodaten (Sprache) per Telefon ist auch die Versendung von Text-/Bildnachrichten (SMS/MMS/E-Mail) erfasst. Dies ist auch unabhängig von der benutzten Technik, erfasst sind Kommunikation per Festnetz, Mobilfunknetz, Internet-Telefonie einschließlich der Bildübertragung mittels Web-Cam, Satelliten-Kommunikation und W-LAN-Technik.

550 Mit der Ergänzung der Vorschrift durch Gesetz vom 17.8.2017[175] wurde die Rechtsgrundlage für die Quellen-Telekommunikationsüberwachung geschaffen. Darunter ist die Infiltration eines informationstechnischen Systems zu verstehen mit dem Zweck, mittels Überwachungssoftware die Kommunikation zwischen den Beteiligten zu überwachen und aufzeichnen zu können. Dies ist notwendig, da die Kommunikation über Internetsysteme größtenteils verschlüsselt über „Voice-over-IP" bzw. Messenger-Dienste erfolgt. Eine Überwachung kann daher praktisch nur direkt beim Sender bzw. Empfänger vor Ver- bzw. nach Entschlüsselung erfolgen.

551 Im Jahre 2017 wurden bundesweit in insgesamt 5.629 Ermittlungsverfahren 15.669 Erst- und 2.982 Verlängerungsanordnungen nach § 100a StPO getroffen. Anlasstaten sind ganz überwiegend Straftaten nach dem Betäubungsmittelgesetz.[176] In NRW wurden 2015 1.495 Erst- und 278 Verlängerungsanordnungen getroffen. Gefahrenabwehrende Vorschriften zur Telekommunikationsüberwachung enthalten einige Polizeigesetze (vgl. etwa § 31 POG RP; § 34a ThürPAG), nicht aber das Polizeigesetz NRW.

b) Grundrechtseingriffe

552 Die Vorschrift gestattet Eingriffe in das Post- und Fernmeldegeheimnis (Art. 10 GG) und das Recht auf informationelle Selbstbestimmung (Art. 2 Abs. 1 i.V.m. Art. 1 Abs. 1 GG). Das Fernmeldegeheimnis schützt in erster Linie die Vertraulichkeit der ausgetauschten Informationen und damit den Kommunikationsinhalt gegen unbefugte Kenntniserlangung durch Dritte.[177] Geschützt sind damit alle auf dem Wege des Fernmeldeverkehrs übermittelten Daten. Der Schutz von Art. 10 GG endet am Endgerät des Fernsprechteilnehmers.[178]

c) Tatbestandsvoraussetzungen

aa) Konkretisierter Tatverdacht einer Katalogstraftat nach § 100a Abs. 2 StPO

553 Es muss ein konkretisierter Tatverdacht hinsichtlich einer schwerwiegenden Straftat nach § 100a Abs. 2 StPO (sog. Katalogtat) vorliegen. Der durch bestimmte Tatsachen begründete Verdacht unterliegt zwar höheren Anforderungen als der bloße Anfangsverdacht, erreicht jedoch nicht bereits den Grad eines „hinreichenden" oder gar „dringenden" Tatverdachts,

---

[175] BGBl I 3202.
[176] Übersicht der Telekommunikationsüberwachung für 2015 des Bundesamtes für Justiz; www.bundesjustizamt.de (Stand: 14.7.2016).
[177] BVerfGE 100, 313.
[178] BGHSt 42, 139.

den andere Normen der Strafprozessordnung vorsehen. § 100a StPO erfordert eine konkretisierte Verdachtslage. Hierfür reicht das bloße Vorliegen von Anhaltspunkten nicht aus. Es müssen vielmehr konkrete und in gewissem Umfang verdichtete Umstände als Tatsachenbasis für den Verdacht vorhanden sein. Nur bereits ermittelte und in Antrag und Anordnung genannte Tatsachen kommen für die jeweilige Bewertung in Betracht.[179]

554 Der Begriff der schweren Straftat ist im Gesetz nicht definiert. Es ist wohl – entsprechend der Gesetzesmaterialien – von einer Straftat mit einer Mindesthöchststrafe von fünf Jahren Freiheitsstrafe auszugehen, wobei in Einzelfällen aufgrund der besonderen Bedeutung des geschützten Rechtsgutes oder des besonderen öffentlichen Interesses an der Strafverfolgung aber auch eine geringere Freiheitsstrafe ausreichend ist.[180] Der Verdacht des Versuches oder der Teilnahme (Anstiftung oder Beihilfe) reicht aus. Es reicht aber nicht ein bloßer Anfangsverdacht einer im Einzelfall eher leichteren Katalogtat.

> **Beispiel**
> A steht im Verdacht, mehrere Straßenraubdelikte unter Mitführung eines Messers begangen zu haben. Dabei wurden die Opfer nur leicht verletzt, die Beute betrug jeweils maximal 50 €.

555 Der Verdacht dieser Katalogtaten erfüllt nicht die Voraussetzung des § 100a Abs. 1 StPO, Abhörmaßnahmen sind hier unzulässig.

bb) Im Einzelfall schwerwiegend

556 Es reicht nicht ein bloßer Anfangsverdacht einer im Einzelfall eher leichteren Katalogtat, die Tat muss auch im Einzelfall schwer wiegen. Im Gegensatz zur Online-Durchsuchung (§ 100b StPO) und zur akustischen Wohnraumüberwachung muss sich aber nicht „besonders schwer wiegen".

> **Beispiel**
> A steht im Verdacht, mehrere Straßenraubdelikte unter Mitführung eines Messers begangen zu haben. Dabei wurden die Opfer nur leicht verletzt, die Beute betrug jeweils maximal 50 €.

557 Der Verdacht dieser Katalogtaten erfüllt nicht die Voraussetzung des § 100a Abs. 1 Nr. 2 StPO, TKÜ-Maßnahmen sind hier unzulässig.

cc) Subsidiaritätsklausel

558 Nach der strengen Subsidiaritätsklausel des § 100a Abs. 1 StPO ist die Maßnahme nur zulässig, wenn die Erforschung des Sachverhaltes oder die Ermittlung des Aufenthaltsortes eines Beschuldigten auf andere Weise aussichtslos oder wesentlich erschwert wäre. Auch hier handelt es sich um konkretisierte Erforderlichkeitserwägungen.

d) Maßnahmenspezifische Verfahrensvorschriften

aa) Anordnungskompetenz

559 § 100e Abs. 1 StPO normiert die Anordnungskompetenz. Überwachungen der Telekommunikation dürfen grundsätzlich nur auf Antrag der Staatsanwaltschaft durch das Gericht angeordnet werden. Dieser Antrag darf nur die Staatsanwaltschaft, nicht die Polizei stellen. § 163 Abs. 2 Satz 2 StPO, nach dem die Polizei sich auch unmittelbar an das Gericht werden kann, gilt hier nicht. Das Gericht darf den Antrag der Polizei auch nicht nach § 165 StPO als Notstaatsanwalt ersetzen. Bei Gefahr im Verzuge reicht die Anordnung der Staatsanwalt-

---

179 BVerfGE 109, 279.
180 So der Regierungsentwurf eines Gesetzes zur Neuregelung der Telekommunikationsüberwachung und anderer verdeckter Ermittlungsmaßnahmen sowie zur Umsetzung der Richtlinie 2006/24/EG, BT-Drs. 16/5846, S. 40.

Telekommunikationsüberwachung (§§ 100a, 100e StPO)

schaft. In diesem Fall muss binnen drei Tagen eine richterliche Bestätigung erfolgen. Für die Fristberechnung gelten die §§ 42, 43 StPO. Demnach zählt der Anfangstag nicht mit. Fällt das Ende der Frist auf einen Samstag, Sonntag oder Feiertag, so endet die Frist mit Ablauf des nächsten Werktages (vgl. § 43 Abs. 2 StPO, der aufgrund des allgemeinen Rechtsgedankens nicht nur bei Wochen- und Monatsfristen, sondern auch bei Tagesfristen anzuwenden ist).

> **Beispiel**
> Am Dienstag ordnet die Staatsanwältin TKÜ-Maßnahmen an. Spätestens am nächsten Montag muss eine richterliche Bestätigung erfolgen. Die staatsanwaltliche Anordnung gilt also längstens sechs Tage.

Die Anordnung ergeht schriftlich, ist zu begründen und auf höchstens drei Monate zu befristen. Eine Verlängerung um jeweils maximal drei Monate ist zulässig. Der notwendige Inhalt der Anordnung ergibt sich aus § 100e Abs. 2 Satz 1 StPO. Entfallen die Voraussetzungen, die bei Anordnung vorlagen, ist die Maßnahme unverzüglich zu beenden (§ 100b Abs. 4 Satz 1 StPO). 560

Bei Telekommunikationsvorgängen, bei denen die Mobilfunknummer automatisch in eine Festnetznummer wechselt, wenn der Nutzer sich zu Hause aufhält („Homezone-Verfahren"), muss sich die Anordnung auf beide Nummern erstrecken. 561

bb) Schutz des Kernbereichs privater Lebensführung (§ 100d StPO)

§ 100d StPO enthält Regelungen zum Schutz des Kernbereichs privater Lebensführung. Dazu gehört die Möglichkeit, innere Vorgänge wie Empfindungen und Gefühle sowie Überlegungen, Ansichten und Erlebnisse höchstpersönlicher Art zum Ausdruck zu bringen.[181] Was zu diesem Kernbereich privater Lebensführung gehört, ist nur im Einzelfall zu bestimmen. Jedenfalls kann die Kommunikation mit Personen des höchstpersönlichen Vertrauens, wie Ehepartner, Geschwister und Verwandte in gerader Linie vor allem, wenn sie im selben Haushalt leben, dazu gehören wie auch die Gespräche mit Geistlichen, Strafverteidigern, Ärzten und engen Freunden. 562

cc) Schutz von Berufsgeheimnisträgern (§ 160a StPO)

Gemäß § 160a StPO darf sich die Maßnahme nicht gegen einen Berufsgeheimnisträger richten, dennoch erlangte Erkenntnisse dürfen nicht verwertet werden, Aufzeichnungen darüber sind zu vernichten. Die Vorschrift ergänzt die Zeugnisverweigerungsrechte und richtet sich primär an Verteidiger, Geistliche und Abgeordnete (Absatz 1) und ihre Berufshelfer (Absatz 3). Bei den in § 160a Abs. 2 StPO genannten zeugnisverweigerungsberechtigten Personen ist die Verhältnismäßigkeit besonders zu beachten. 563

dd) Unterrichtungs- und Löschungspflichten (§ 101 StPO)

Gemäß § 101 Abs. 4 Nr. 3 StPO ist der Betroffene (nachträglich) von der Maßnahme zu unterrichten mit dem Hinweis, dass auch nachträglich gerichtlicher Rechtsschutz möglich ist. Die Benachrichtigung unterbleibt gemäß § 101 Abs. 4 Satz 3 StPO, wenn ihr überwiegende schutzwürdige Belange einer betroffenen Person entgegenstehen. Gemäß § 101 Abs. 5 StPO erfolgt die Benachrichtigung, sobald dies ohne Gefährdung des Untersuchungszweckes, des Lebens, der körperlichen Unversehrtheit und der persönlichen Freiheit einer Person und von bedeutenden Vermögenswerten sowie der Möglichkeit der weiteren Verwendung eines verdeckten Ermittlers möglich ist. Wird die Benachrichtigung zurückgestellt, sind die Gründe aktenkundig zu machen. Sind Daten nicht mehr erforderlich, sind sie umgehend zu löschen. 564

---

[181] BVerfGE 109, 279 (313); 120, 274 (335).

ee) Berichtspflichten (§ 101b StPO)

565 Gemäß § 101b StPO bestehen Berichtspflichten der Länder und des Generalbundesanwaltes insbesondere über die Anzahl der Anordnungen. Den Umfang der Berichtspflicht regelt im Einzelnen § 101b Abs. 2 StPO. Diese Berichte werden gemäß § 101b Abs. 1 Satz 2 StPO im Internet veröffentlicht.

e) Adressaten

566 Die Überwachung der Telekommunikation darf sich gemäß § 100a Abs. 3 StPO gegen drei Personenkreise richten:

aa) Beschuldigte

567 Beschuldigter ist jede Person, gegen die sich das Strafverfahren richtet.[182] Sie wird schon zum Beschuldigten, wenn die Strafverfolgungsbehörden Ermittlungsmaßnahmen ergreifen, die erkennbar darauf abzielen, gegen die Person wegen einer Straftat strafrechtlich vorzugehen (vgl. dazu auch § 397 Abs. 1 AO für Steuerstrafverfahren). Insofern ist der Beschuldigtenbegriff formell zu verstehen: Eine Person wird erst durch entsprechenden Willensakt der Strafverfolgungsbehörde zum Beschuldigten.[183] Besondere Anforderungen an den nach außen tretenden Willensakt werden nicht gestellt, es reicht bereits jede konkrete Ermittlungshandlung gegen eine Person mit dem Willen der konkreten Strafverfolgung. Wichtig ist, dass das subjektive Element des Willens zur konkreten Strafverfolgung zur Ermittlungshandlung treten muss, um die Beschuldigteneigenschaft zu konstituieren.

568 Aufgrund von § 457 Abs. 3 StPO kann die Maßnahme auch im Rahmen der Fahndung gegen rechtskräftig Verurteilte erfolgen.

bb) Nachrichtenmittler

569 Gegen andere, also nicht beschuldigte Personen, ist die Maßnahme nur zulässig, wenn sie Nachrichtenmittler sind. Dies sind Personen, bei denen aufgrund bestimmter Tatsachen anzunehmen ist, dass sie für den Beschuldigten bestimmte oder von ihm herrührende Mitteilungen entgegennehmen oder weitergeben.

cc) Personen, deren Anschluss vom Beschuldigten genutzt wird

570 Gleiches wie für den Nachrichtenmittler gilt für Personen, deren Anschluss vom Beschuldigten genutzt wird, unabhängig von deren Kenntnis.

f) Rechtsfolgen

aa) Telekommunikationsüberwachung

571 § 100a StPO regelt die **Überwachung der Telekommunikation**. Darunter ist entsprechend § 3 Nr. 22 TKG der technische Vorgang des Aussendens, Übermittelns und Empfangens von Signalen mittels Telekommunikationsanlagen zu verstehen. Telekommunikationsanlagen sind technische Einrichtungen oder Systeme, die als Nachrichten identifizierbare elektromagnetische oder optische Signale senden, übertragen, vermitteln, empfangen, steuern oder kontrollieren können (§ 3 Nr. 23 TKG). In erster Linie sind damit Handy- und Festnetzüberwachungen gemeint. Aber ebenso könnte ein Faxgerät oder eine Datenübermittlung eines PC im Rahmen der Internetkommunikation, etwa innerhalb geschlossener Benutzergruppen oder bei der Internettelefonie, davon erfasst werden.

---

[182] BGHSt 10, 8 (12).
[183] BGHSt 34, 138 (140).

Telekommunikationsüberwachung (§§ 100a, 100e StPO)

Nachdem inzwischen ein Großteil der Kommunikation Internetprotokoll-(IP)-basiert erfolgt und zahlreiche „Voice-over-IP" (VoIP)- und Messenger-Dienste die Kommunikationsinhalte mit einer Verschlüsselung versehen, werden den Ermittlungsbehörden bei der Überwachung und Aufzeichnung im öffentlichen Telekommunikationsnetz oft nur verschlüsselte Daten geliefert. Deren Entschlüsselung ist entweder derzeit gar nicht möglich, oder aber langwierig und kostenintensiv. Um die Überwachung und Aufzeichnung von Kommunikationsinhalten auch weiterhin zu ermöglichen, kommt daher nur ein Ausleiten der Kommunikation „an der Quelle" in Betracht, d.h. noch vor deren Verschlüsselung auf dem Absendersystem oder nach deren Entschlüsselung beim Empfänger. Diese sogenannte **Quellen-Telekommunikationsüberwachung** und die dazu erforderlichen Begleitmaßnahmen nach § 100a Abs. 1 Satz 2 StPO sind ebenfalls von der Norm erfasst.

572

Auf dem informationstechnischen System des Betroffenen gespeicherte Inhalte und Umstände der Kommunikation dürfen überwacht und aufgezeichnet werden, wenn sie auch während des laufenden Übertragungsvorgangs im öffentlichen Telekommunikationsnetz in verschlüsselter Form hätten überwacht und aufgezeichnet werden können (§ 100a Abs. 1 Satz 2 und 3 StPO). Dies betrifft vor allem mittels Messenger-Dienste wie Whatsapp übermittelte (Sprach-) Nachrichten.

> **Beispiel**[184]
> In einem Ermittlungsverfahren wegen organisierten Zigarettenschmuggels sollen Gespräche der Beschuldigten überwacht werden, die diese via Voice-over-IP mittels der Software „Skype" im Rahmen der Internettelefonie führen. Da Skype die Daten verschlüsselt, wird heimlich eine spezielle Software auf die Notebooks der Beschuldigten aufgespielt, die die Kommunikationsdaten noch vor ihrer Verschlüsselung an die Ermittlungsbehörden weiterleitet. Das unbemerkte Aufspielen des Programms erfolgte nach Zusendung einer fingierten Werbe-DVD, die der Beschuldigte nutzte.

Das Aufspielen der Spezialsoftware auf die Notebooks als Sekundärmaßnahme ist von § 100a StPO gedeckt. Dies ist ein relativ kleiner Eingriff in die Rechte des Betroffenen. Denn es handelt sich nicht um die Infiltrierung von dessen Computersystem zum Zwecke des Ausspähens der Daten, sondern lediglich um technische Vorkehrungen zur Überwachung der Telekommunikation.

573

Nicht erfasst werden Positionsmeldungen von Mobiltelefonen, mit denen nicht telefoniert wird.[185] Einschlägig ist in diesen Fällen § 100g StPO. Die Standortbestimmung bei aktivierten Mobilfunkendgeräte bestimmt sich nach § 100i StPO.

574

Beim E-Mail-Verkehr ist nur die Übermittlung der Nachricht durch den Absender an den Mailserver und das Abrufen vom Mailserver des Providers durch den Empfänger von § 100a StPO erfasst, da es sich um Telekommunikationsvorgänge handelt. Befindet sich die E-Mail aber bereits auf dem Datenträger des Empfängers, ist der Telekommunikationsvorgang abgeschlossen; ein Eingriff in Art. 10 GG liegt beim Überwachen dieser Nachrichten nicht vor. Diese Nachrichten können durch eine Online-Durchsuchung nach § 100b StPO ausgelesen und gespeichert werden.

575

Der Einsatz einer „Stillen SMS" (Stealth Ping, Silent SMS) ist nach h.M. von § 100a StPO gedeckt. Dabei wird eine Nachricht vom Nutzer unbemerkt an das Mobilfunkgerät gesendet. Dadurch entstehen Verkehrsdaten beim Netzanbieter, die eine Standortbestimmung ermöglichen. Eine solche Standortbestimmung kann nach der Neuregelung der verdeckten

576

---

[184] Abgewandelt auf Grundlage von LG Hamburg NJW-Spezial 2011, 282.
[185] BVerfG NJW 2007, 351; s. schon Bernsmann, NStZ 2002, 103.

Ermittlungsmaßnahmen 2008 gemäß § 100g Abs. 1 StPO aber auch bei einem Mobilfunkgerät in Echtzeit durchgeführt werden, das sich im Stand-by-Modus befindet. Dies soll nach dem Willen des Gesetzgebers den rechtlich umstrittenen Einsatz der „Stillen SMS" entbehrlich machen.[186]

bb) Beweisverwertung

577 Die Erkenntnisse aus der Maßnahme dürfen auch bei späterer Änderung der rechtlichen Wertung verwertet werden, etwa wenn eine spätere Beurteilung eine Katalogstraftat ausschließt. Entscheidend ist, dass zum Anordnungszeitpunkt eine Katalogstraftat zulässig angenommen wurde.[187]

578 Für Zufallsfunde gilt § 477 Abs. 2 Satz 2 StPO. Demnach dürfen Zufallserkenntnisse aus der Maßnahme in anderen Strafverfahren nur verwendet werden, wenn sie auch für dieses Strafverfahren hätte angeordnet werden dürfen. Dem liegt das Prinzip des „hypothetischen Ersatzeingriffs" zugrunde. Zu fragen ist also, ob wegen der Tat, die bei Gelegenheit der Ausführung einer anderweitig angeordneten Maßnahme entdeckt worden ist, ebenfalls eine solche Maßnahme hätte angeordnet werden können.[188]

> **Beispiel**
> Im Rahmen einer wegen eines BtM-Deliktes angeordneten Handyüberwachung berichtet der Beschuldigte von einem Raub.

Weil auch der Raub eine Katalogstraftat ist, kann die Erkenntnis im Raub-Strafverfahren verwandt werden.

579 Ein Verwertungsverbot ist für Erkenntnisse aus dem Kernbereich privater Lebensführung in § 100d Abs. 2 Satz 1 StPO normiert. Unverwertbar sind auch Erkenntnisse, die unter Umgehung der Voraussetzungen der §§ 100a, e StPO erlangt wurden. So etwa bei fehlender Katalogtat, fehlender Anordnungskompetenz oder Missachtung des Subsidiaritätsgrundsatzes. Ebenso sind Erkenntnisse aus Gesprächen mit Verteidigern, Geistlichen oder Abgeordneten gemäß § 160a Abs. 1 StPO nicht verwertbar.

---

186 Regierungsentwurf eines Gesetzes zur Neuregelung der Telekommunikationsüberwachung und anderer verdeckter Ermittlungsmaßnahmen sowie zur Umsetzung der Richtlinie 2006/24/EG, BT-Drs. 16/5846, S. 51; vgl. dazu auch Meyer-Goßner/Schmitt, StPO, § 100a Rn. 6a.
187 BGHSt 28, 122.
188 Joecks, StPO, § 477 Rn. 3.

6. Datenerhebung durch die Überwachung der laufenden Telekommunikation (§ 20c PolG)

- Aufsatz-Literatur: Derin/Golla, NJW 2019, 1111 (Der Staat als Manipulant und Saboteur der IT-Sicherheit?); Pohlmann/Riedel, DRiZ 2018, 52 (Quellen-TKÜ als Gefahr für die allgemeine IT-Sicherheit).

Datenerhebung durch die Überwachung der laufenden Telekommunikation (§ 20c PolG)

1. Tatbestandsvoraussetzungen

Absatz 1: (Telekommunikationsüberwachung):
- **Nr. 1:** Abwehr einer gegenwärtigen Gefahr für den Bestand oder die Sicherheit des Bundes oder eines Landes oder für Leib oder Leben einer Person oder
- **Nr. 2:** individuelles Verhalten begründet konkrete Wahrscheinlichkeit, dass Person innerhalb eines übersehbaren Zeitraums auf eine zumindest ihrer Art nach konkretisierte Weise terroristische Straftat (§ 8 Abs. 4 PolG) begehen wird, oder
- **Nr. 3:** bestimmte Tatsachen rechtfertigen Annahme, dass Person für andere Person nach Nr. 1 für diese bestimmte oder von ihr herrührende Mitteilungen entgegennimmt, oder
- **Nr. 4:** bestimmte Tatsachen rechtfertigen Annahme, dass Person nach Nr. 1 Telekommunikationsanschluss oder Endgerät der überwachten Person benutzen wird
- Abwehr der Gefahr oder Verhütung der Straftat wäre auf andere Weise aussichtslos oder wesentlich erschwert

Absatz 2: („Quellen-Telekommunikationsüberwachung") zusätzlich:
- durch technische Maßnahmen sichergestellt, dass ausschließlich laufende Telekommunikation überwacht/aufgezeichnet wird (Nr. 1)
- Eingriff in informationstechnisches System notwendig, um Überwachung/Aufzeichnung insb. auch in unverschlüsselter Form zu ermöglichen (Nr. 2)

2. Maßnahmenspezifische Verfahrensvorschriften
- Anordnung durch Amtsgericht auf Antrag der Behörde
- bei Abs. 2: Vorgaben des Abs. 3
- Benachrichtigungspflicht (§§ 33 Abs. 1 Nr. 7, 33a PolG)
- Protokollierung (Abs. 9)

3. Adressat
- je nach Variante in Abs. 1 S. 1 Nrn. 1–4

4. Rechtsfolgen
- Überwachung und Aufzeichnung der laufenden Telekommunikation
- Abs. 2: Eingriff in informationstechnisches System durch technisches Mittel („Quellen-TKÜ")

Abbildung 3.26: Schema zur Datenerhebung durch die Überwachung der laufenden Telekommunikation (§ 20c PolG)

a) Überblick

580 § 20c PolG enthält Ermächtigungsgrundlagen für die (verdeckte) Überwachung und Aufzeichnung der laufenden Telekommunikation. Während Absatz 1 die „einfache" präventive Telekommunikationsüberwachung regelt, enthält Absatz 2 weitere Anforderungen für die sog. Quellen-Telekommunikationsüberwachung, also den Eingriff in ein von der betroffenen Person genutztes informationstechnisches System mit technischen Mitteln.

b) Grundrechtseingriffe

581 Die Überwachung der laufenden Telekommunikation greift in das Brief- und Fernmeldegeheimnis (Art. 10 GG) und in das Recht auf informationelle Selbstbestimmung (Art. 2 Abs. 1 i.V.m. Art. 1 Abs. 1 GG) ein. Erfolgt ein Eingriff in ein informationstechnisches System mit technischen Mitteln („Quellen-Telekommunikationsüberwachung" nach Absatz 2), ist darüber hinaus auch das Grundrecht auf Wahrung der Integrität und Vertraulichkeit informationstechnischer Systeme („Computer-Grundrecht", Art. 2 Abs. 1 i.V.m. Art. 1 Abs. 1 GG) beeinträchtigt.

c) Tatbestandsvoraussetzungen

582 Die Überwachung der laufenden Telekommunikation nach Absatz 1 setzt voraus, dass eine der in den Nummern 1–4 genannten Fallkonstellationen vorliegt. Nach Nr. 1 kann die laufende Telekommunikation einer Person überwacht und aufgezeichnet werden, die „Störer" gemäß §§ 4 bzw. 5 PolG ist, wenn dies zur Abwehr einer gegenwärtigen Gefahr für den Bestand oder die Sicherheit des Bundes oder eines Landes oder für Leib oder Leben einer Person geboten ist. Bei Nr. 2 muss das individuelle Verhalten der zu überwachenden Person die konkrete Wahrscheinlichkeit begründen, dass sie innerhalb eines übersehbaren Zeitraums auf eine zumindest ihrer Art nach konkretisierte Weise eine terroristische Straftat nach § 8 Abs. 4 PolG begehen wird. Die Nrn. 3 und 4 knüpfen an eine bestimmte Beziehung zu einer Person nach Nr. 1 an: Rechtfertigen bei einer Person bestimmte Tatsachen die Annahme, dass sie für eine Person nach Nr. 1 bestimmte oder von dieser herrührende Mitteilungen entgegennimmt oder weitergibt (Nr. 3), oder rechtfertigen bei einer Person bestimmte Tatsachen die Annahme, dass eine Person nach Nr. 1 deren Telekommunikationsanschluss oder Endgerät benutzen wird (Nr. 4), kann die laufende Telekommunikation auch dieser Personen überwacht und aufgezeichnet werden.

583 Bei allen Varianten ist zudem erforderlich, dass die Abwehr der Gefahr oder die Verhütung der Straftat auf andere Weise aussichtslos oder wesentlich erschwert wäre.

584 Soll die Überwachung der laufenden Telekommunikation im Wege der „Quellen-Telekommunikationsüberwachung" erfolgen, also durch einen verdeckten Eingriff in ein informationstechnisches System mit technischen Mitteln, müssen zusätzlich die Voraussetzungen des Absatzes 2 vorliegen. Zum einen muss durch technische Maßnahmen sichergestellt sein, dass ausschließlich laufende Telekommunikation überwacht und aufgezeichnet wird (Nr. 1), zum anderen muss der Eingriff in das informationstechnische System notwendig sein, um die Überwachung und Aufzeichnung der Telekommunikation insbesondere auch in unverschlüsselter Form zu ermöglichen (Nr. 2). Damit kommt die „Quellen-Telekommunikationsüberwachung" nur in Betracht, wenn das Überwachungsziel nicht mit einer „regulären" Telekommunikationsüberwachung nach Absatz 1 erreicht werden kann.

Datenerhebung durch die Überwachung der laufenden Telekommunikation

d) Maßnahmenspezifische Verfahrensvorschriften

Maßnahmen der laufenden Telekommunikationsüberwachung und „Quellen-Telekommunikationsüberwachung" dürfen nur auf der Grundlage einer Anordnung durch das Amtsgericht durchgeführt werden, in dessen Bezirk die Polizeibehörde ihren Sitz hat (Absatz 4). Erforderlich ist ein Antrag der Behördenleitung bzw. ihrer Vertretung, der die in Absatz 5 genannten Angaben enthalten muss. Absatz 6 normiert, was in der schriftlichen gerichtlichen Anordnung anzugeben ist.

585

Nach Absatz 3 Satz 1 ist bei der „Quellen-Telekommunikationsüberwachung" sicherzustellen, dass an dem informationstechnischen System nur Veränderungen vorgenommen werden, die für die Datenerhebung unerlässlich sind (Nr. 1). Zudem ist sicherzustellen, dass die Veränderungen bei Beendigung der Maßnahme, soweit technisch möglich, automatisiert rückgängig gemacht werden (Nr. 2). Das eingesetzte Mittel ist nach Satz 2 gegen unbefugte Nutzung zu schützen, kopierte Daten gegen Veränderung, unbefugte Löschung und unbefugte Kenntnisnahme.

586

Absatz 7 normiert Pflichten der Telekommunikations-Diensteanbieter. Absatz 8 enthält Vorgaben zum Kernbereichsschutz, Absatz 9 zur Protokollierung.

587

e) Adressat

Zulässige Adressaten sind die in Absatz 1 Satz 1 Nrn. 1–4 genannten Personen. Bei Nr. 1 müssen die Voraussetzungen der §§ 4 bzw. 5 PolG vorliegen (Handlungs- bzw. Zustandsstörer). Im Falle der Nr. 2 ist Adressat diejenige Person, deren individuelles Verhalten die konkrete Wahrscheinlichkeit der Straftatenbegehung begründet. Bei den Nrn. 3 und 4 muss ein entsprechender Zusammenhang mit einer Person nach Nr. 1 – also einem „Störer" nach §§ 4, 5 PolG – begründet werden.

588

f) Rechtsfolgen

Absatz 1 erlaubt das Überwachen – also die zeitgleiche begleitende akustische Wahrnehmung – und das Aufzeichnen – also das Speichern zur späteren Verwendung – der laufenden Telekommunikation ohne Wissen der betroffenen Person. Absatz 2 gestattet darüber hinaus den Einsatz technischer Mittel zu einem Eingriff in ein informationstechnisches System, um auf diesem Wege ohne Wissen der betroffenen Personen laufende Telekommunikation zu überwachen.

589

Die Maßnahme ist auf höchstens drei Monate zu befristen; liegen ihre Voraussetzungen weiterhin vor, kommt eine Verlängerung in Betracht (Absatz 6 Satz 4). Sind die Voraussetzungen für die Anordnung nicht mehr gegeben, sind die auf ihrer Grundlage ergriffenen Maßnahmen unverzüglich zu beenden (Satz 5).

590

7. Einsatz technischer Mittel bei Mobilfunkendgeräten (§ 20b PolG)

Einsatz technischer Mittel bei Mobilfunkendgeräten (§ 20b PolG)

1. Tatbestandsvoraussetzungen
- § 20b Satz 1 PolG: Verweis auf die Voraussetzungen des § 20a PolG
- § 20a Abs. 1 Satz 2 Nr. 1 PolG:
  - hohe Wahrscheinlichkeit eines Schadens für Leben, Gesundheit oder Freiheit einer Person
- § 20a Abs. 1 Satz 2 Nr. 2 PolG:
  - Abwehr einer gemeinen Gefahr und
  - Erreichung des Zwecks der Maßnahme auf andere Weise aussichtslos oder wesentlich erschwert

2. Maßnahmenspezifische Verfahrensvorschriften
- Verweis auf § 20a Abs. 5 PolG (§ 20b Satz 5 PolG)
- Benachrichtigungs- (§§ 33 Abs. 1 Nr. 6, 33a PolG) und Protokollierungspflichten (§ 33b PolG)

3. Adressat
- Inhaber bzw. Eigentümer von Gerät bzw. SIM-Karte

4. Rechtsfolgen
- Ermittlung von Gerätestandort, Geräte- und Kartennummer durch Einsatz technischer Mittel

> **Gefahr** ist eine Sachlage, in der bei hinreichender Wahrscheinlichkeit ein Schaden an den geschützten Rechtsgütern, hier Leben, Gesundheit oder Freiheit einer Person, eintreten wird.
>
> Eine **gemeine Gefahr** liegt vor, wenn eine unbestimmte Zahl von Personen oder zahlreiche Sachwerte von insgesamt hohem Wert gefährdet sind.

Abbildung 3.27: Schema zum Einsatz technischer Mittel bei Mobilfunkendgeräten (§ 20b PolG)

a) Überblick

591 § 20b PolG erlaubt es der Polizei, unter den Voraussetzungen des § 20a PolG auch technische Mittel zur Ermittlung des Standortes eines aktiv geschalteten Mobilfunkendgerätes sowie zur Ermittlung der Geräte- und Kartennummer einzusetzen. Verwendung findet dabei häufig ein sog. IMSI-Catcher, mit dessen Hilfe die Daten der SIM-Karte, die Gerätenummer (IMEI = International Mobile Equipment Identity) und die Kartennummer (IMSI = International Mobile Subscriber Identity) ermittelt werden können.

b) Grundrechtseingriffe

592 Die Ermittlung der genannten Daten greift nicht in das Fernmeldegeheimnis nach Art. 10 Abs. 1 GG ein, da sie nicht im Zusammenhang mit dem Kommunikationsvorgang steht und auch keine Kommunikationsinhalte betrifft.[189] Vielmehr liegt ein Eingriff in das Recht auf informationelle Selbstbestimmung (Art. 2 Abs. 1 i.V.m. Art. 1 Abs. 1 GG) vor.

---

189 Zu § 100i StPO BVerfG NJW 2007, 351.

Einsatz technischer Mittel bei Mobilfunkendgeräten (§ 20b PolG)

c) Tatbestandsvoraussetzungen

Hinsichtlich der tatbestandlichen Voraussetzungen verweist § 20b Satz 1 PolG auf § 20a PolG (Rn. 629 ff.). Gemeint sind die beiden tatbestandlichen Varianten in § 20a Abs. 1 Satz 2 PolG, insbesondere in den Nummern 1 und 2. Dazu muss nach § 20b Abs. 1 Satz 2 PolG hinzutreten, dass ohne die Ermittlung die Erreichung des Zwecks nach Satz 1 aussichtslos oder wesentlich erschwert wäre. **593**

Soweit personenbezogene Daten einer dritten Person erhoben werden, ist dies nach § 20b Abs. 1 Satz 3 PolG nur rechtmäßig, wenn es aus technischen Gründen zur Erreichung des Zwecks nach Satz 1 unvermeidbar ist. Sie dürfen nicht verwendet werden und sind nach Beendigung der Maßnahme unverzüglich zu löschen. **594**

d) Maßnahmenspezifische Verfahrensvorschriften

Zweifel bestehen hinsichtlich der Anordnungskompetenz. § 20b PolG enthält die Formulierung „unter den Voraussetzungen des § 20a", was sich auch auf die Regelung in § 20a Abs. 3 PolG zur Anordnungskompetenz des Behördenleiters erstrecken könnte. § 20b PolG bezieht sich aber wohl nur auf die tatbestandlichen Voraussetzungen in § 20a Abs. 1 Satz 2 PolG, so dass keine besondere Anordnungskompetenz zu berücksichtigen ist. **595**

Im Übrigen verweist § 20b Satz 5 PolG auf § 20a Abs. 5 PolG. Ferner bestehen Benachrichtigungspflichten (§§ 33 Abs. 1 Nr. 6, 33a PolG) und Vorgaben für die Protokollierung (§ 33b PolG). **596**

Sind personenbezogene Daten von dritten Personen erhoben worden, so sind diese nach Beendigung der Maßnahme unverzüglich zu löschen (§ 20b Satz 4 PolG). **597**

e) Adressat

Adressat ist – je nach Maßnahme – der Inhaber des aktiv geschalteten Mobilfunkendgerätes (bei der Ermittlung des Standorts) bzw. dessen Eigentümer bzw. berechtigter Nutzer oder der Eigentümer der SIM-Karte (bei der Ermittlung der Geräte- und Kartennummer). **598**

f) Rechtsfolgen

§ 20b PolG erlaubt die Ermittlung des Standorts eines aktiv geschalteten Mobilfunkendgerätes bzw. die Ermittlung der Geräte- und Kartennummern durch den Einsatz technischer Mittel, namentlich des sog. IMSI-Catchers. **599**

3. Teil • Eingriffsbefugnisse

8. Erhebung von Verkehrsdaten (§ 100g StPO)

- *Aufsatz-Literatur:* Volkmer, NStZ 2010, 318 (Vorratsdatenspeicherung); Graulich, NVwZ 2008, 485 (Telekommunikationsgesetz und Vorratsdatenspeicherung); Sachs, JuS 2010, 747 (Grundrechte: Fernmeldegeheimnis); Weber/Meckbach, NStZ 2006, 492 (Äußerungsdelikte in Internetforen); Günther, NStZ 2005, 485 (Zur strafprozessualen Erhebung von Telekommunikationsdaten – Verpflichtung zur Sachverhaltsaufklärung oder verfassungsrechtlich unkalkulierbares Wagnis); Sachs, JuS 2005, 742 (Wohnungsdurchsuchung ohne richterliche Anordnung – Beschlagnahme eines Mobiltelefons zur Feststellung geführter Gespräche); Kudlich, JA 2009, 72 (Persönlichkeitsschutz für einen Handy-Dieb – keine Auskunft über Telekommunikation mit einem gestohlenen Handy).
- *Leitentscheidungen:* BVerfGE 125, 260 (Verfassungswidrigkeit der Norm, soweit sie die Erhebung von Verkehrsdaten nach § 113 TKG zulässt); BGHSt 56, 138 (Verwertung von rechtmäßig erlangten Kommunikationsdaten); BGH NStZ 2005, 278 (Auskunft über Verbindungsdaten auf elektronischen Datenträgern); BVerfG NStZ 2008, 290 (Einstweilige Anordnung zur Vorratsdatenspeicherung).

Erhebung von Verkehrsdaten (§ 100g StPO)

1. Tatbestandsvoraussetzungen
- § 100g Abs. 1 Satz 1 Nr. 1 StPO:
  - konkretisierter Tatverdacht einer Straftat von erheblicher Bedeutung, insb. Katalogstraftat nach § 100a Abs. 2 StPO oder
- § 100g Abs. 1 Satz 1 Nr. 2 StPO:
  - Straftat mittels Telekommunikation
  - strenge Subsidiaritätsklausel
- Erforderlichkeit
- § 100g Abs. 2 StPO:
  - besonders schwere, aufgeführte Straftat
  - Subsidiaritätsklausel
  - besondere Verhältnismäßigkeit

2. Maßnahmenspezifische Verfahrensvorschriften
- Anordnungskompetenz
  - Gericht, bei GiV auch StA
  - schriftlich, 3 Monate, Verlängerungen um jeweils max. 3 Monate möglich
- Schutz des Kernbereichs privater Lebensgestaltung (§ 100a Abs. 2 StPO)
- Schutz von Berufsgeheimnisträgern (§ 160a StPO)
- Unterrichtungs- und Löschungspflichten (§ 101 StPO)
- Berichtspflichten (§ 101b StPO)

3. Adressat
- Beschuldigter
- Nachrichtenmittler
- Personen, deren Anschluss vom Beschuldigten benutzt wird

4. Rechtsfolgen
- Erhebung von Verkehrsdaten, Standortdaten
- Funkzellenabfrage (§ 100g Abs. 3 StPO)

Telekommunikation ist der technische Vorgang des Aussendens, Übermittelns und Empfangens von Signalen mittels Telekommunikationsanlagen (§ 3 Nr. 22 TKG).

Telekommunikationsanlagen sind technische Einrichtungen oder Systeme, die als Nachrichten identifizierbare elektromagnetische oder optische Signale senden, übertragen, vermitteln, empfangen, steuern oder kontrollieren können (§ 3 Nr. 23 TKG).

Eine Straftat von erheblicher Bedeutung liegt insbesondere vor, wenn sie mindestens der mittleren Kriminalität zuzurechnen ist, den Rechtsfrieden empfindlich stört und dazu geeignet ist, das Gefühl der Rechtssicherheit der Bevölkerung erheblich zu beeinträchtigen.

Verkehrsdaten sind solche, die bei der Erbringung eines Telekommunikationsdienstes erhoben, verarbeitet oder genutzt werden (§ 3 Nr. 30 TKG).

Konkretisierter Tatverdacht ist eine über den bloßen Anfangsverdacht hinausgehende Wahrscheinlichkeit, dass eine Straftat begangen wurde.

Abbildung 3.28: Schema zur Erhebung von Verkehrsdaten (§ 100g StPO)

Erhebung von Verkehrsdaten (§ 100g StPO)

a) Überblick

Die Vorschrift regelt die Erhebung von technischen Daten, sog. Verkehrsdaten der Telekommunikation. Höchst umstritten ist weiterhin die Grundlage der Erhebung der Verkehrsdaten, die Vorratsdatenspeicherung. Darunter ist die Speicherung personenbezogener Daten von Kommunikationsvorgängen zu verstehen, ohne dass sie aktuell benötigt werden. 600

Verkehrsdaten sind zu unterscheiden von Bestands- und Kommunikationsdaten: 601
- Verkehrsdaten: Dies sind gemäß § 3 Nr. 30, § 96 Abs. 1 TKG Daten, die bei der Erbringung eines Telekommunikationsdienstes erhoben, verarbeitet oder genutzt werden, insbesondere sind hierunter Nummer und Kennung der beteiligten Anschlüsse, Beginn und Ende der jeweiligen Verbindung und der in Anspruch genommene Telekommunikationsdienst zu verstehen. Verkehrsdaten werden nur bei einem Telekommunikationsdienstevertrag gespeichert, nicht bei PrePaid-Karten.
- **Funkzellenabfrage** ist die Erhebung aller in einer Funkzelle angefallenen Verkehrsdaten.
- Bestandsdaten: Darunter sind gemäß § 3 Nr. 3, § 111 TKG Daten eines Teilnehmers zu verstehen, die für die Begründung, inhaltliche Ausgestaltung, Änderung oder Beendigung eines Vertragsverhältnisses über Telekommunikationsdienste erhoben werden. Es sind dies insbesondere Rufnummern, Name und Anschrift des Anschlussinhabers, Geburtsdatum, Gerätenummer des Gerätes und der Vertragsbeginn. Die Erhebung ist zulässig aufgrund der speziellen Befugnis für Bestandsdaten (§ 100j StPO); § 100g StGB findet hier keine Anwendung.
- Kommunikationsdaten (Inhaltsdaten): Dies sind Inhalte von Gesprächen, SMS, E-Mails. Die Erhebung ist nur zulässig nach §§ 100a, b StPO (dazu Rn. 507).

Im Jahre 2015 wurden in Deutschland rund 26.300 Erst- und 900 Verlängerungsanordnungen für eine Maßnahme nach § 100g StPO erteilt. In NRW wurden 2015 2.264 Erst- und 164 Verlängerungsanordnungen getroffen.[190] 602

Die Vorschrift wurde nach langer öffentlicher Diskussion mit dem Gesetz zur Einführung einer Speicherpflicht und einer Höchstspeicherfrist für Verkehrsdaten vom 10.12.2015[191] neu gefasst. Gemäß § 113a TKG waren Provider verpflichtet, Verkehrsdaten sechs Monate zu speichern. Nach einem Urteil des Bundesverfassungsgerichtes vom 2.3.2010 war diese anlasslose Vorratsdatenspeicherung jedoch mit Art. 10 GG nicht vereinbar und daher nichtig. Insofern war die Vorratsdatenspeicherung entgegen einer bestehenden EU-Richtlinie in Deutschland unzulässig, weshalb die EU-Kommission 2012 Klage vor dem Europäischen Gerichtshof einreichte. Dies führte zur jetzt gültigen Neufassung. 603

Nach Überarbeitung und Konkretisierung der Vorschriften sind die Telekommunikationsunternehmen nunmehr gemäß § 113b TKG verpflichtet, die Standtortdaten der Teilnehmer aller Mobiltelefonate bei Beginn des Telefonats sowie bei Beginn einer mobilen Internetnutzung für vier Wochen zu speichern. Zudem sind Rufnummern, Zeit und Dauer aller Telefonate und SMS-Nachrichten für zehn Wochen zu speichern. Schließlich sind zugewiesene IP-Adressen aller Internetnutzer für zehn Wochen zu speichern. Die Speicherung hat im Inland zu erfolgen, und nach Ablauf der Frist sind die Daten zu löschen. 604

---
190 http://www.bundesjustizamt.de. (Stand: 22.7.2016).
191 Gesetz zur Einführung einer Speicherpflicht und einer Höchstspeicherfrist für Verkehrsdaten vom 10.12.2015, BGBl I, 2218.

605 Gemäß § 113c TKG dürfen die Unternehmen die gespeicherten Daten an die Strafverfolgungsbehörden gegen pauschalisierte Aufwandsentschädigungen übermitteln. Die Entschädigung richtet sich dann nach dem Justizvergütungs- und -entschädigungsgesetz.

b) Grundrechtseingriffe

606 Die Vorschrift gestattet Eingriffe in das Post- und Fernmeldegeheimnis (Art. 10 GG) und das Recht auf informationelle Selbstbestimmung (Art. 2 Abs. 1 i.V.m. Art. 1 Abs. 1 GG). Geschützt sind damit alle auf dem Wege des Fernmeldeverkehrs übermittelten Daten. Der Schutz von Art. 10 GG endet am Endgerät des Fernsprechteilnehmers.[192]

c) Tatbestandsvoraussetzungen

aa) Konkretisierter Tatverdacht einer Straftat von erheblicher Bedeutung

607 In der Variante des § 100g Abs. 1 Satz 1 Nr. 1 StPO muss ein konkretisierter Verdacht hinsichtlich einer Straftat von erheblicher Bedeutung bestehen. Der durch bestimmte Tatsachen begründete Verdacht unterliegt zwar höheren Anforderungen als der bloße Anfangsverdacht, erreicht jedoch nicht bereits den Grad eines „hinreichenden" oder gar „dringenden" Tatverdachts, den andere Normen der Strafprozessordnung vorsehen. § 100g Abs. 1 Satz 1 Nr. 1 StPO erfordert eine konkretisierte Verdachtslage. Hierfür reicht das bloße Vorliegen von Anhaltspunkten nicht aus. Es müssen vielmehr konkrete und in gewissem Umfang verdichtete Umstände als Tatsachenbasis für den Verdacht vorhanden sein. Nur bereits ermittelte und in Antrag und Anordnung genannte Tatsachen kommen für die jeweilige Bewertung in Betracht.

608 Der Begriff der Straftat von erheblicher Bedeutung ist im Gesetz nicht definiert, beispielhaft ist auf die Katalogtaten nach § 100a Abs. 2 StPO zu verweisen. Es ist wohl – entsprechend der Gesetzesmaterialien – von einer Straftat mindestens der mittleren Kriminalität auszugehen, die den Rechtsfrieden empfindlich stören und dazu geeignet sein kann, das Gefühl der Rechtssicherheit der Bevölkerung erheblich zu beeinträchtigen.[193] Der Verdacht des Versuches oder der Teilnahme (Anstiftung oder Beihilfe) reicht aus. Es reicht aber nicht ein bloßer Anfangsverdacht einer im Einzelfall eher leichteren Katalogtat. Die Tat muss konkret von erheblicher Bedeutung sein.

> **Beispiel**
> A steht im Verdacht, mehrere Straßenraubdelikte unter Mitführung eines Messers begangen zu haben. Dabei wurden die Opfer nur leicht verletzt, die Beute betrug jeweils maximal 50 €.

609 Der Verdacht dieser Katalogtaten erfüllt nicht die Voraussetzung des § 100g Abs. 1 StPO, Verkehrsdaten dürfen daher nicht erhoben werden.

610 In der Variante des § 100g Abs. 1 Satz 1 Nr. 2 StPO sind auch weniger schwerwiegende Taten ausreichend. Sie müssen aber im Zusammenhang mit der Telekommunikation stehen.

> **Beispiele**
> Beleidigungen oder Nötigungen mittels Telefon; Stalkinghandlungen über SMS; betrügerische Warenbestellungen mittels PC.

---

[192] BGHSt 42, 139.
[193] So Regierungsentwurf eines Gesetzes zur Neuregelung der Telekommunikationsüberwachung und anderer verdeckter Ermittlungsmaßnahmen sowie zur Umsetzung der Richtlinie 2006/24/EG, BT-Drs. 16/5846, S. 40.

Erhebung von Verkehrsdaten (§ 100g StPO)

bb) Subsidiaritätsklausel

Nach der strengen Subsidiaritätsklausel des § 100g Abs. 1 Satz 1 2. Hs. StPO ist die Maßnahme nur zulässig, wenn die Erforschung des Sachverhaltes oder die Ermittlung des Aufenthaltsortes eines Beschuldigten auf andere Weise aussichtslos oder wesentlich erschwert wäre. Auch hier handelt es sich um konkretisierte Erforderlichkeitserwägungen.

d) Maßnahmenspezifische Verfahrensvorschriften

aa) Anordnungskompetenz

§ 101 a StGB normiert i.V.m. § 100b Abs. 1–4 StPO die Anordnungskompetenz. Anordnungen zur Erhebung der Verkehrsdaten dürfen grundsätzlich nur auf Antrag der Staatsanwaltschaft durch das Gericht ergehen. Diesen Antrag darf nur die Staatsanwaltschaft, nicht die Polizei stellen. § 163 Abs. 2 Satz 2 StPO, demzufolge die Polizei sich auch unmittelbar an das Gericht wenden kann, gilt hier nicht. Das Gericht darf den Antrag der Polizei auch nicht nach § 165 StPO als Notstaatsanwalt ersetzen. Bei Gefahr im Verzuge reicht die Anordnung der Staatsanwaltschaft. In diesem Fall muss binnen drei Tagen eine richterliche Bestätigung erfolgen. Für die Fristberechnung gelten die §§ 42, 43 StPO. Demnach zählt der Anfangstag nicht mit. Fällt das Ende der Frist auf einen Samstag, Sonntag oder Feiertag, so endet die Frist mit Ablauf des nächsten Werktages (vgl. § 43 Abs. 2 StPO, der aufgrund des allgemeinen Rechtsgedankens nicht nur bei Wochen- und Monatsfristen, sondern auch bei Tagesfristen anzuwenden ist). In der Entscheidungsformel sind die zu übermittelnden Daten und der Zeitraum, für den sie übermittelt werden sollen, eindeutig anzugeben.

bb) Schutz von Berufsgeheimnisträgern (§ 160a StPO)

Gemäß § 160a StPO darf sich die Maßnahme nicht gegen einen Berufsgeheimnisträger richten, dennoch erlangte Erkenntnisse dürfen nicht verwertet werden, Aufzeichnungen darüber sind zu vernichten. Die Vorschrift ergänzt die Zeugnisverweigerungsrechte und richtet sich primär an Verteidiger, Geistliche und Abgeordnete (Absatz 1) und ihre Berufshelfer (Absatz 3). Bei den in § 160a Abs. 2 StPO genannten zeugnisverweigerungsberechtigten Personen ist die Verhältnismäßigkeit besonders zu beachten.

cc) Unterrichtungs- und Löschungspflichten (§ 101 StPO)

Gemäß § 101 Abs. 4 StPO ist der Betroffene (nachträglich) von der Maßnahme zu unterrichten mit dem Hinweis, dass auch nachträglich gerichtlicher Rechtsschutz möglich ist. Die Benachrichtigung unterbleibt gemäß § 101 Abs. 4 Satz 3 StPO, wenn ihr überwiegend schutzwürdige Belange einer betroffenen Person entgegenstehen. Gemäß § 101 Abs. 5 StPO erfolgt die Benachrichtigung, sobald dies ohne Gefährdung des Untersuchungszweckes, des Lebens, der körperlichen Unversehrtheit und der persönlichen Freiheit einer Person und von bedeutenden Vermögenswerten sowie der Möglichkeit der weiteren Verwendung eines verdeckten Ermittlers möglich ist. Wird die Benachrichtigung zurückgestellt, sind die Gründe aktenkundig zu machen. Sind Daten nicht mehr erforderlich, sind sie umgehend zu löschen.

ee) Berichtspflichten (§101b StPO)

Gemäß § 101b StPO bestehen Berichtspflichten der Länder und des Generalbundesanwaltes insbesondere über die Anzahl der Anordnungen. Den Umfang der Berichtspflicht regelt im Einzelnen § 101b Abs. 3 StPO. Diese Berichte werden gemäß § 101b Abs. 1 Satz 2 StPO im Internet veröffentlicht.

e) Adressaten

616 Das Auskunftsverlangen trifft zwar den jeweiligen Telekommunikationsanbieter. Eigentlicher Adressat der Maßnahme ist aber der jeweils inhaltlich Betroffene. Die Auskunft über die Verkehrsdaten darf sich gemäß § 101a i.V.m. § 100a Abs. 3 StPO gegen drei Personenkreise richten:

aa) Beschuldigter

617 Beschuldigter ist jede Person, gegen die sich das Strafverfahren richtet.[194] Sie wird schon zum Beschuldigten, wenn die Strafverfolgungsbehörden Ermittlungsmaßnahmen ergreifen, die erkennbar darauf abzielen, gegen sie wegen einer Straftat strafrechtlich vorzugehen (vgl. dazu auch § 397 Abs. 1 AO für Steuerstrafverfahren). Insofern ist der Beschuldigtenbegriff formell zu verstehen: Eine Person wird erst durch entsprechenden Willensakt der Strafverfolgungsbehörde zum Beschuldigten.[195] Besondere Anforderungen an den nach außen tretenden Willensakt werden nicht gestellt, es reicht bereits jede konkrete Ermittlungshandlung gegen eine Person mit dem Willen der konkreten Strafverfolgung. Wichtig ist, dass das subjektive Element des Willens zur konkreten Strafverfolgung zur Ermittlungshandlung treten muss, um die Beschuldigteneigenschaft zu konstituieren.

bb) Nachrichtenmittler

618 Gegen andere, also nicht beschuldigte Personen, ist die Maßnahme nur zulässig, wenn sie Nachrichtenmittler sind. Dies sind Personen, bei denen aufgrund bestimmter Tatsachen anzunehmen ist, dass sie für den Beschuldigten bestimmte oder von ihm herrührende Mitteilungen entgegennehmen oder weitergeben.

cc) Personen, deren Anschluss vom Beschuldigten genutzt wird

619 Gleiches wie für den Nachrichtenmittler gilt für Personen, deren Anschluss vom Beschuldigten genutzt wird, unabhängig von deren Kenntnis.

> **Beispiel**
> Am Dienstag ordnet die Staatsanwältin die Erhebung von Verkehrsdaten an. Spätestens am nächsten Montag muss eine richterliche Bestätigung erfolgen. Die staatsanwaltliche Anordnung gilt also längstens sechs Tage.

620 Die Anordnung ergeht schriftlich, ist zu begründen und auf höchstens drei Monate zu befristen. Eine Verlängerung um jeweils maximal drei Monate ist zulässig. Der notwendige Inhalt der Anordnung ergibt sich aus § 100b Abs. 2 StPO. Entfallen die Voraussetzungen, die bei Anordnung vorlagen, ist die Maßnahme unverzüglich zu beenden (§ 100b Abs. 4 Satz 1 StPO). Abweichend von § 100b Abs. 2 Nr. 2 StPO ist im Falle einer Straftat von erheblicher Bedeutung eine räumlich und zeitlich hinreichend bestimmte Bezeichnung der Telekommunikation ausreichend. Dann muss nach der Subsidiaritätsklausel des § 100g Abs. 2 StPO a.E. die Erforschung des Sachverhaltes oder die Ermittlung des Aufenthaltsortes des Beschuldigten auf andere Weise aussichtslos oder wesentlich erschwert sein. Damit wird die sog. Funkzellenabfrage ermöglicht, mit der alle Mobilfunkteilnehmer eines bestimmten örtlichen Bereichs ermittelt werden sollen.

---

194 BGHSt 10, 8 (12).
195 BGHSt 34, 138 (140).

Erhebung von Verkehrsdaten (§ 100g StPO)

f) Rechtsfolgen

aa) Erhebung von Verkehrsdaten

§ 100g StPO regelt die Erhebung von Verkehrsdaten der Telekommunikation. Damit ist zum einen der Anspruch auf Herausgabe der Daten gegen den Telekommunikationsdiensteanbieter erfasst. Seine Pflicht, die Daten zur Verfügung zu stellen, ergibt sich aus § 101a i.V.m. § 100b Abs. 3 StPO. Demnach haben die Telekommunikationsanbieter die Maßnahme zu ermöglichen und die erforderlichen Angaben unverzüglich zu erteilen. Funkzellenabfragen sind nur unter der Voraussetzung von § 100g Abs. 1 Satz 1 Nr. 1 StPO bei besonderer Wahrung der Verhältnismäßigkeit und Beachtung der Subsidiaritätsklausel zulässig. 621

Für die Erhebung von Standortdaten gelten die einschränkenden Bedingungen des § 100g Abs. 1 StPO a.E. 622

Darüber hinaus ist auch die eigene Erhebung der Daten in Echtzeit durch die Polizei erfasst (§ 100g Abs. 1 Satz 3 StPO). Dies dient insbesondere der Unterstützung von Observationsmaßnahmen und Erstellung eines Bewegungsbildes des Täters. 623

Werden Daten nicht beim Telekommunikationsanbieter erhoben, so ist ausweislich § 100g Abs. 3 StPO nach Abschluss des Kommunikationsvorganges nicht § 100g StPO einschlägig. Dann bestimmt sich die Erhebung nach allgemeinen Regeln, namentlich nach den Sicherstellungs-/Beschlagnahmevorschriften, da nach Abschluss des Kommunikationsvorganges kein Eingriff in Art. 10 GG mehr vorliegt. 624

Den Umfang der erlaubten Erhebung bestimmt § 96 TKG: Es handelt sich insbesondere um Nummer und Kennung der beteiligten Anschlüsse (IMEI-Nummern der Handys sowie IP-Adressen der beteiligten PC), Beginn und Ende der jeweiligen Verbindung und den vom Nutzer in Anspruch genommenen Telekommunikationsdienst. Standortdaten eines Handys sind ebenfalls Verkehrsdaten. So kann im Rahmen von Observationsmaßnahmen ein Bewegungsbild des Tatverdächtigen erstellt werden. Inhalte der Kommunikation, Daten über aufgerufene Internetseiten etc. dürfen auf Grundlage von § 113b TKG nicht gespeichert werden, somit aufgrund 100g StGB nicht abgefragt werden. 625

bb) Beweisverwertung

Die Erkenntnisse aus der Maßnahme dürfen auch bei späterer Änderung der rechtlichen Wertung verwertet werden, etwa wenn eine spätere Beurteilung eine Katalogstraftat ausschließt. Entscheidend ist, dass zum Anordnungszeitpunkt eine Katalogstraftat zulässig angenommen wurde.[196] 626

Für Zufallsfunde gilt § 477 Abs. 2 Satz 2 StPO. Demnach dürfen Zufallserkenntnisse aus der Maßnahme in anderen Strafverfahren nur verwendet werden, wenn sie auch für dieses Strafverfahren hätte angeordnet werden dürfen. Dem liegt das Prinzip des „hypothetischen Ersatzeingriffs" zugrunde. Zu fragen ist also, ob wegen der Tat, die bei Gelegenheit der Ausführung einer anderweitig angeordneten Maßnahme entdeckt worden ist, ebenfalls eine solche Maßnahme hätte angeordnet werden können.[197] 627

> **Beispiel**
> Im Rahmen einer wegen eines BtM-Deliktes angeordneten Handyüberwachung berichtet der Beschuldigte von einem Raub.

---

[196] BGHSt 28, 122.
[197] Joecks, StPO, § 477 Rn. 3.

Weil auch der Raub eine Katalogstraftat ist, kann die Erkenntnis im Raub-Strafverfahren verwandt werden.

628 Ein Verwertungsverbot ist für Erkenntnisse aus dem Kernbereich persönlicher Lebensgestaltung in § 100a Abs. 4 Satz 2 StPO normiert. Unverwertbar sind auch Erkenntnisse, die unter Umgehung der Voraussetzungen der §§ 100a, 100b StPO erlangt wurden, so etwa bei fehlender Katalogtat, fehlender Anordnungskompetenz oder Missachtung des Subsidiaritätsgrundsatzes. Ebenso sind Erkenntnisse aus Gesprächen mit Verteidigern, Geistlichen oder Abgeordneten gemäß § 160a Abs. 1 StPO nicht verwertbar.

9. Abfrage von Telekommunikations- und Telemediendaten (§ 20a PolG)

Abfrage von Telekommunikations- und Telemediendaten (§ 20a PolG)

1. **Tatbestandsvoraussetzungen**
   - § 20a Satz 2 Nr. 1 PolG:
     - hohe Wahrscheinlichkeit eines Schadens für Leben, Gesundheit oder Freiheit einer Person
   - § 20a Satz 2 Nr. 2 PolG
     - Abwehr einer gemeinen Gefahr und
   - Erreichung des Zwecks der Maßnahme auf andere Weise aussichtslos oder wesentlich erschwert
2. **Maßnahmenspezifische Verfahrensvorschriften**
   - Anordnungskompetenz:
     - Behördenleiter (Formerfordernisse in § 20a Abs. 3 Sätze 2 und 3 PolG)
   - Benachrichtigungs- (§§ 33 Abs. 1 Nrn. 4 und 5, 33a PolG) und Protokollierungspflichten (§ 33b PolG)
3. **Adressat**
   - Anbieter von Telekommunikations- und Telemediendiensten
4. **Rechtsfolgen**
   - Auskunftsverlangen hinsichtlich bestimmter Bestands-, Verkehrs- und Nutzungsdaten

Gefahr ist eine Sachlage, in der bei hinreichender Wahrscheinlichkeit ein Schaden an den geschützten Rechtsgütern, hier Leben, Gesundheit oder Freiheit einer Person, eintreten wird.

Eine **gemeine Gefahr** liegt vor, wenn eine unbestimmte Zahl von Personen oder zahlreiche Sachwerte von insgesamt hohem Wert gefährdet sind.

Telekommunikationsdienste sind gemäß § 3 Nr. 24 TKG in der Regel gegen Entgelt erbrachte Dienste, die ganz oder überwiegend in der Übertragung von Signalen über Telekommunikationsnetze bestehen, einschließlich Übertragungsdienste in Rundfunknetzen.

Unter **Telemedien** versteht man gemäß § 1 Abs. 1 Satz 2 TMG alle elektronischen Informations- und Kommunikationsdienste, soweit sie nicht Telekommunikationsdienste nach § 3 Nr. 24 TKG, die ganz in der Übertragung von Signalen über Telekommunikationsnetze bestehen, telekommunikationsgestützte Dienste nach § 3 Nr. 25 TKG oder Rundfunk nach § 2 des Rundfunkstaatsvertrages sind.

Abbildung 3.29: Schema zur Abfrage von Telekommunikations- und Telemediendaten (§ 20a PolG)

Abfrage von Telekommunikations- und Telemediendaten (§ 20a PolG)

a) Überblick

§ 20a PolG ermächtigt die Polizei zur Abfrage von Telekommunikations- und Telemediendaten von Diensteanbietern, also von jedem, der geschäftsmäßig Telekommunikationsdienste oder Telemediendienste erbringt oder daran mitwirkt. Sie kann Auskunft verlangen über bestimmte Bestands-, Verkehrs- und Nutzungsdaten. **629**

b) Grundrechtseingriffe

Bei den Diensteanbietern stellt die Abfrage der Bestands-, Verkehrs- und Nutzungsdaten einen Eingriff in die Berufsausübungsfreiheit (Art. 12 Abs. 1 GG) dar. Im Hinblick auf die Informationen wird zudem in das Grundrecht derjenigen Personen, die diese Informationen betreffen, auf informationelle Selbstbestimmung eingegriffen (Art. 2 Abs. 1 i.V.m. Art. 1 Abs. 1 GG). **630**

c) Tatbestandsvoraussetzungen

Die eigentlichen tatbestandlichen Voraussetzungen enthält § 20a Abs. 1 Satz 2 PolG. Das Auskunftsverlangen nach Satz 1 ist nur zulässig, wenn eine der beiden Varianten erfüllt ist. § 20a Abs. 1 Satz 2 Nr. 1 PolG verlangt die hohe Wahrscheinlichkeit eines Schadens für Leben, Gesundheit oder Freiheit einer Person. § 20a Abs. 1 Satz 2 Nr. 2 PolG ermöglicht die Maßnahmen nach Satz 1 zur Abwehr einer gemeinen Gefahr (zum Gefahrenbegriff Rn. 147 ff.). Eine gemeine Gefahr liegt vor, wenn eine unbestimmte Zahl von Personen oder zahlreiche Sachwerte von insgesamt hohem Wert gefährdet sind. Das Auskunftsverlangen ist zudem nur zulässig, soweit die Erreichung des Zwecks der Maßnahme auf andere Weise aussichtslos oder wesentlich erschwert wäre. **631**

d) Maßnahmenspezifische Verfahrensvorschriften

Die Anordnungskompetenz für das Auskunftsverlangen liegt beim Behördenleiter (§ 20a Abs. 3 Satz 1 PolG). Der Antrag bedarf der Schriftform (§ 20a Abs. 3 Satz 2 PolG) und hat die tragenden Erkenntnisse für das Vorliegen der Gefahr, die Begründung der Verhältnismäßigkeit der Maßnahme und die Art der Maßnahme anzugeben. Soweit vorhanden, sind ferner der Name und die Anschrift der Betroffenen, gegen die sich die Maßnahme richtet, sowie eine Kennung des Telekommunikationsanschlusses oder Endgerätes anzugeben. **632**

Zu beachten sind die Vorschriften zur Benachrichtigung (§§ 33 Abs. 1 Nrn. 4 und 5, 33a PolG) und zur Protokollierung (§ 33b PolG). **633**

Keine Verfahrensbestimmung für die Polizei, sondern eine Entschädigungsregelung enthält § 20a Abs. 4 PolG. Absatz 5 schreibt die Evaluierung der Auswirkungen des § 20a PolG und seiner praktischen Anwendung und eine Berichtspflicht der Landesregierung an den Landtag vor. **634**

e) Adressat

Adressat der Maßnahme sind Diensteanbieter, also solche Personen, die geschäftsmäßig Telekommunikationsdienste oder Telemediendienste erbringen. Telekommunikationsdienste sind gemäß § 3 Nr. 24 TKG in der Regel gegen Entgelt erbrachte Dienste, die ganz oder überwiegend in der Übertragung von Signalen über Telekommunikationsnetze bestehen, einschließlich Übertragungsdienste in Rundfunknetzen. Unter Telemedien versteht man gemäß § 1 Abs. 1 Satz 2 TMG alle elektronischen Informations- und Kommunikationsdienste, soweit sie nicht Telekommunikationsdienste nach § 3 Nr. 24 TKG, die ganz in der Übertragung von **635**

Signalen über Telekommunikationsnetze bestehen, telekommunikationsgestützte Dienste nach § 3 Nr. 25 TKG oder Rundfunk nach § 2 des Rundfunkstaatsvertrages sind.

> **Beispiel**
> Telemedien sind z.B. über das Internet abrufbare Online-Angebote, etwa für Waren und Dienstleistungen, Angebote von Verkehrs-, Wetter-, Umwelt- oder Börsendaten, Chatrooms, Video auf Abruf, Internet-Suchmaschinen, Telebanking-Anwendungen, Online-Computerspiele etc.

636 Die geschäftsmäßige Erbringung bedeutet nach § 3 Nr. 10 TKG das „nachhaltige Angebot von Telekommunikation für Dritte mit oder ohne Gewinnerzielungsabsicht".

f) Rechtsfolgen

637 Über welche Daten die Polizei von den Diensteanbietern Auskunft verlangen kann, ist in § 20a Abs. 1 PolG eingehend geregelt. So können Bestandsdaten i.S.d. §§ 95, 111 TKG und § 14 TMG, auch anhand einer zu bestimmten Zeitpunkten zugewiesenen Internetprotokoll-Adresse (IP-Adresse), abgefragt werden (§ 20a Abs. 1 Nr. 1 PolG). Bestandsdaten sind Daten eines Teilnehmers, die für die Begründung, inhaltliche Ausgestaltung, Änderung oder Beendigung eines Vertragsverhältnisses über Telekommunikationsdienste erhoben werden (§ 3 Nr. 3 TKG). Ferner kann Auskunft über bestimmte Verkehrsdaten i.S.v. § 96 TKG verlangt werden: Über die Nummer oder Kennung der beteiligten Anschlüsse oder der Endeinrichtungen, personenbezogene Berechtigungskennungen, bei Verwendung von Kundenkarten auch die Kartennummer, bei mobilen Telekommunikationsendgeräten auch die Standortdaten, sowie den Beginn und das Ende der jeweiligen Verbindung nach Datum und Uhrzeit (§ 20a Abs. 1 Nr. 2 PolG). Schließlich können Nutzungsdaten i.S.v. § 15 TMG abgerufen werden: die Merkmale zur Identifikation des Nutzers sowie Angaben über den Beginn und das Ende der jeweiligen Verbindung nach Datum und Uhrzeit.

638 Die Informationen sind der Polizei unverzüglich zu übermitteln (§ 20a Abs. 1 Satz 3 PolG). Dritten dürfen sie nur mit Zustimmung der betroffenen Person zugänglich gemacht werden (Satz 4).

Technische Ermittlungsmaßnahmen bei Mobilfunkendgeräten (100i StPO)

10. Technische Ermittlungsmaßnahmen bei Mobilfunkendgeräten (100i StPO)

- Aufsatz-Literatur: Sachs, JuS 2007, 375 (Feststellung der Geräte- und Kartennummer eines Mobilfunkendgerätes sowie seines Standortes als Eingriffe in die durch Art. 10 I GG geschützten Geheimnisse).
- Leitentscheidungen: BGH NStZ 2018, 611 (Stille SMS von § 100i I Nr. 2 StPO erfasst- mit Anm. Rückert); BVerfG NJW 2007, 351 (Grundrechtsrelevanz von Maßnahmen nach § 100i StPO).
- Übungsfälle: Jochum, JuS 2010, 719 (Original-Referendarexamensklausur – Öffentliches Recht – Grundrechte, Strafverfolgung und Kommunikation – Einsatz eines IMSI-Catchers).

Technische Ermittlungsmaßnahmen bei Mobilfunkendgeräten (§ 100i StPO)

1. Tatbestandsvoraussetzungen
- konkretisierter Tatverdacht einer Straftat von erheblicher Bedeutung, insb. Katalogstraftat nach § 100a Abs. 2 StPO
- Erforderlichkeit

2. Maßnahmenspezifische Verfahrensvorschriften
- Anordnungskompetenz
  - Gericht, bei GiV auch StA
  - schriftlich, Dauer: 6 Monate, Verlängerung um jeweils max. 6 Monate möglich
- Unterrichtungs- und Löschungspflichten (§ 101 StPO)

3. Adressat
- Beschuldigter
- Nachrichtenmittler
- Personen, deren Anschluss vom Beschuldigten benutzt wird

4. Rechtsfolgen
- technische Ermittlung der IMSI und der IMEI
- Standortbestimmung des Mobilfunkendgerätes

Eine Straftat von erheblicher Bedeutung liegt insbesondere vor, wenn sie mindestens der mittleren Kriminalität zuzurechnen ist, den Rechtsfrieden empfindlich stört und dazu geeignet ist, das Gefühl der Rechtssicherheit der Bevölkerung erheblich zu beeinträchtigen.

Gefahr im Verzuge ist gegeben, wenn auf den Beschluss des Gerichts nicht gewartet werden kann, ohne dass die Erforschung des Sachverhaltes oder die Ermittlung des Aufenthaltsortes des Beschuldigten gefährdet wäre.

Beschuldigter ist jede Person, gegen die im Rahmen eines Strafverfahrens wegen einer bestimmten Straftat ermittelt wird.

Konkretisierter Tatverdacht ist eine über den bloßen Anfangsverdacht hinausgehende Wahrscheinlichkeit, dass eine Straftat begangen wurde.

Abbildung 3.30: Schema zu technischen Ermittlungsmaßnahmen bei Mobilfunkendgeräten (§ 100i StPO)

a) Überblick

§ 100i StPO dient zwei technisch unterschiedlichen Ermittlungsmaßnahmen. Zum einen dient sie der technischen Ermittlung der IMSI (International Mobile Subscriber Identity = Teilnehmeridentifikationsnummer, gespeichert auf der SIM-Karte) sowie der IMEI (International Mobile Equipment Identity = Gerätenummer) von Mobilfunkendgeräten. Das sind erforderliche Daten, um eine Telekommunikationsüberwachung nach § 100a StPO zu beantragen. Zum anderen kann nach § 100i Nr. 2 StPO der Standort eines Mobilfunkendgerätes bestimmt werden. Damit kann die Maßnahme dazu dienen, eine Telekommunikationsüberwachung oder auch die Erhebung von Verkehrs- oder Bestandsdaten vorzubereiten.

640 Dazu simuliert ein sogenannter IMSI-Catcher die Basisstation einer Funkzelle, bei dem sich alle Handys im Bereich des Gerätes einwählen. Dabei werden viele Daten Unbeteiligter erfasst, die Mobiltelefone können geortet und über die IMSI-Nummer ihre Inhaber bestimmt werden. Bewegt sich die Zielperson, werden durch mehrere Messungen die Übereinstimmung der IMSI- und IMEI-Nummer geprüft. Selbst bei einem Wechsel der SIM-Karte ist die Ortung möglich, da auch die IMEI-Nummer des Gerätes bei der Kommunikation übermittelt wird. Gegenüber dem Mobilfunknetz gibt sich der IMSI-Catcher als Handy aus, sodass auch ein Abhören des Gespräches technisch möglich ist. Das Abhören ist jedoch nicht durch § 100i StPO zugelassen. Dazu müssen die Voraussetzungen des § 100a StPO vorliegen.

b) Grundrechtseingriffe

641 Durch die Maßnahme wird nicht in Art. 10 GG eingegriffen.[198] Es liegen nur geringfügige Eingriffe in das Recht auf informationelle Selbstbestimmung vor. Soweit der Einsatz eines IMSI-Catchers kurzfristige Versorgungslücken bei unbeteiligten Dritten verursacht, ist die allgemeine Handlungsfreiheit nach Art. 2 Abs. 1 GG berührt.

c) Tatbestandsvoraussetzungen

642 § 100i Abs. 1 StPO erfordert zunächst einen konkretisierten Verdacht hinsichtlich einer Straftat von erheblicher Bedeutung. Der durch bestimmte Tatsachen begründete Verdacht unterliegt zwar höheren Anforderungen als der bloße Anfangsverdacht, erreicht jedoch nicht bereits den Grad eines „hinreichenden" oder gar „dringenden" Tatverdachts, den andere Normen der Strafprozessordnung vorsehen. § 100i Abs. 1 StPO erfordert eine konkretisierte Verdachtslage. Hierfür reicht das bloße Vorliegen von Anhaltspunkten nicht aus. Es müssen vielmehr konkrete und in gewissem Umfang verdichtete Umstände als Tatsachenbasis für den Verdacht vorhanden sein.

643 Der Begriff der Straftat von erheblicher Bedeutung ist im Gesetz nicht definiert, beispielhaft ist auf die Katalogtaten nach § 100a Abs. 2 StPO zu verweisen. Es ist wohl – entsprechend der Gesetzesmaterialien – von einer Straftat mindestens der mittleren Kriminalität auszugehen, die den Rechtsfrieden empfindlich stören und dazu geeignet sein kann, das Gefühl der Rechtssicherheit der Bevölkerung erheblich zu beeinträchtigen.[199] Der Verdacht des Versuches oder der Teilnahme (Anstiftung oder Beihilfe) reicht aus. Es reicht aber nicht ein bloßer Anfangsverdacht einer im Einzelfall eher leichteren Katalogtat. Die Tat muss konkret von erheblicher Bedeutung sein.

> **Beispiel**
> A steht im Verdacht, zwei Straßenraubdelikte unter Mitführung eines Messers begangen zu haben. Dabei wurden die Opfer nur leicht verletzt, die Beute betrug jeweils maximal 50 €.

Der Verdacht dieser Katalogtaten erfüllt nicht die Voraussetzung des § 100i Abs. 1 StPO, der IMSI-Catcher darf nicht eingesetzt werden.

644 Schließlich muss die Maßnahme zur Erforschung des Sachverhaltes oder der Ermittlung des Aufenthaltsortes des Beschuldigten erforderlich sein. Dies ist lediglich ein im Tatbestand erfolgter allgemeiner Hinweis auf das rechtsstaatliche Gebot der Verhältnismäßigkeit im weiteren Sinne.

---

[198] BVerfG NJW 2007, 351.
[199] So der Regierungsentwurf eines Gesetzes zur Neuregelung der Telekommunikationsüberwachung und anderer verdeckter Ermittlungsmaßnahmen sowie zur Umsetzung der Richtlinie 2006/24/EG, BT-Drs. 16/5846, S. 40.

Technische Ermittlungsmaßnahmen bei Mobilfunkendgeräten (100i StPO)

d) Maßnahmenspezifische Verfahrensvorschriften

§ 100i Abs. 2 i.V.m. § 100b Abs. 1 StPO normiert die Anordnungskompetenz. Anordnungen zum Einsatz des IMSI-Catchers dürfen grundsätzlich nur auf Antrag der Staatsanwaltschaft durch das Gericht erfolgen. Diesen Antrag darf nur die Staatsanwaltschaft, nicht die Polizei stellen. § 163 Abs. 2 Satz 2 StPO, nach dem die Polizei sich auch unmittelbar an das Gericht wenden kann, gilt hier nicht. Das Gericht darf den Antrag der Polizei auch nicht nach § 165 StPO als Notstaatsanwalt ersetzen. Bei Gefahr im Verzuge reicht die Anordnung der Staatsanwaltschaft. In diesem Fall muss binnen drei Tagen eine richterliche Bestätigung erfolgen. Für die Fristberechnung gelten die §§ 42, 43 StPO. Demnach zählt der Anfangstag nicht mit. Fällt das Ende der Frist auf einen Samstag, Sonntag oder Feiertag, so endet die Frist mit Ablauf des nächsten Werktages (vgl. § 43 Abs. 2 StPO, der aufgrund des allgemeinen Rechtsgedankens nicht nur bei Wochen- und Monatsfristen, sondern auch bei Tagesfristen anzuwenden ist).

> **Beispiel**
> Am Dienstag ordnet die Staatsanwältin den Einsatz eines IMSI-Catchers an. Spätestens am nächsten Montag muss eine richterliche Bestätigung erfolgen. Die staatsanwaltliche Anordnung gilt also längstens sechs Tage.

Die Anordnung ergeht schriftlich, ist zu begründen (§ 34 StPO) und auf höchstens sechs Monate zu befristen (§ 100i Abs. 3 Satz 2 StPO). Eine Verlängerung um jeweils maximal sechs Monate ist zulässig. Entfallen die Voraussetzungen, die bei Anordnung vorlagen, ist die Maßnahme unverzüglich zu beenden (§ 100b Abs. 4 Satz 1 StPO). Gemäß § 101 Abs. 4 StPO ist die Zielperson (nachträglich) von der Maßnahme zu unterrichten mit dem Hinweis, dass auch nachträglich gerichtlicher Rechtsschutz möglich ist.

Die Benachrichtigung unterbleibt gemäß § 101 Abs. 4 Satz 3 StPO, wenn ihr überwiegende schutzwürdige Belange einer betroffenen Person entgegenstehen. Gemäß § 101 Abs. 5 StPO erfolgt die Benachrichtigung, sobald dies ohne Gefährdung des Untersuchungszweckes, des Lebens, der körperlichen Unversehrtheit und der persönlichen Freiheit einer Person und von bedeutenden Vermögenswerten sowie der Möglichkeit der weiteren Verwendung eines verdeckten Ermittlers möglich ist. Wird die Benachrichtigung zurückgestellt, sind die Gründe aktenkundig zu machen. Sind Daten nicht mehr erforderlich, sind sie umgehend zu löschen. Unterlagen sind zu vernichten, wenn sie für das Verfahren nicht mehr benötigt werden.

e) Adressaten

Die Ermittlung der entsprechenden Daten darf sich gemäß § 100i Abs. 3 i.V.m. § 100a Abs. 3 StPO gegen drei Personenkreise richten:

aa) Beschuldigter

Beschuldigter ist jede Person, gegen die sich das Strafverfahren richtet.[200] Sie wird schon zum Beschuldigten, wenn die Strafverfolgungsbehörden Ermittlungsmaßnahmen ergreifen, die erkennbar darauf abzielen, gegen sie wegen einer Straftat strafrechtlich vorzugehen (vgl. dazu auch § 397 Abs. 1 AO für Steuerstrafverfahren). Insofern ist der Beschuldigtenbegriff formell zu verstehen: Eine Person wird erst durch entsprechenden Willensakt der Strafverfolgungsbehörde zum Beschuldigten.[201] Besondere Anforderungen an den nach außen tretenden Willensakt werden nicht gestellt, es reicht bereits jede konkrete Ermittlungshandlung

---
200 BGHSt 10, 8 (12).
201 BGHSt 34, 138 (140).

gegen eine Person mit dem Willen der konkreten Strafverfolgung. Wichtig ist, dass das subjektive Element des Willens zur konkreten Strafverfolgung zur Ermittlungshandlung treten muss, um die Beschuldigteneigenschaft zu konstituieren.

bb) Nachrichtenmittler und Personen, deren Anschluss vom Beschuldigten genutzt wird

650 Gegen andere, also nicht beschuldigte Personen ist die Maßnahme nur zulässig, wenn sie Nachrichtenmittler sind. Dies sind Personen, bei denen aufgrund bestimmter Tatsachen anzunehmen ist, dass sie für den Beschuldigten bestimmte oder von ihm herrührende Mitteilungen entgegennehmen oder weitergeben. Gemäß § 100i Abs. 2 StPO dürfen personenbezogene Daten anderer Personen nur erhoben werden, wenn dies aus technischen Gründen unvermeidbar ist. Gleiches wie für den Nachrichtenmittler gilt für Personen, deren Anschluss vom Beschuldigten genutzt wird, unabhängig von deren Kenntnis.

f) Rechtsfolgen

aa) Technische Ermittlungsmaßnahmen

651 Die Maßnahme dient der Ermittlung der IMSI (Teilnehmeridentifizierungsnummer), die auf der SIM-Karte gespeichert ist, durch technische Mittel. Sie wird weltweit immer nur einmal vergeben und ermöglicht die Feststellung der Telefonnummer sowie des Inhabers. Weiterhin dient die Vorschrift der technischen Ermittlung der IMEI, also der Gerätenummer. Damit kann festgestellt werden, welche Telefonnummern dem Gerät zugeordnet wurden. Dies ist relevant bei Beschuldigten, die ihre SIM-Karten häufig wechseln. Dabei ist jedoch zu bedenken, dass durch Manipulationsprogramme die Möglichkeit besteht, die IMEI-Nummer zu überschreiben (SIM-Lock-Entsperrung).

652 Die ersten Ziffern der IMSI bezeichnen den Netzbetreiber; anhand der weiteren Ziffern kann gemäß §§ 161, 163 StPO über die beim Netzbetreiber gespeicherten Bestandsdaten (u.a. Rufnummer, Name und Anschrift des Rufnummerinhabers) der Mobilfunkteilnehmer ermittelt werden. Die Abfrage der Bestandsdaten ist auch per IMEI möglich, was dann von Bedeutung ist, wenn ein Mobiltelefon mit verschiedenen SIM-Karten genutzt wird.[202] Bestandsdaten von ausländischen Providern können jedoch nur durch ein Rechtshilfeersuchen erlangt werden.

653 Schließlich kann mittels IMSI-Catcher eine Standortbestimmung des Mobilfunkendgerätes erfolgen. Dies erfolgt dadurch, dass eine durch den IMSI-Catcher aufgebaute virtuelle Funkzelle nach dem Mobiltelefon der Zielperson durchsucht wird. Daher müssen die IMEI, IMSI- oder Telefonnummer und der ungefähre Standort der Zielperson bekannt sein. Ist das gesuchte Mobiltelefon erfasst, sind zur genauen Positionsbestimmung weitere Messungen von verschiedenen Standorten erforderlich.[203]

654 Wenn durch den Einsatz des IMSI-Catchers auch ein Mithören des Telefongesprächs möglich ist, wird dies durch § 100i StPO nicht gedeckt. Erforderlich ist dann eine Anordnung nach §§ 100a, b StPO.

655 § 100i StPO erfasst nur die technische Ermittlung der entsprechenden Daten, also den Einsatz des IMSI-Catchers. Soweit eine Mitwirkung der Telekommunikationsunternehmen

---

202 BVerfG NJW 2007, 351.
203 BVerfG NJW 2007, 351.

erforderlich ist, ergibt sich dies aus den allgemeinen Vorschriften, insbesondere §§ 94 ff., 161 Abs. 1 Satz 2 StPO und den Auskunftspflichten der Telekommunikationsdienstleister nach §§ 111 ff. TKG.[204]

bb) Beweisverwertung

Zufallsfunde bei Dritten dürfen gemäß § 100i Abs. 2 StPO für andere Strafverfahren nicht verwendet werden. Diese Vorschrift geht der allgemeinen Regelung des § 477 Abs. 2 Satz 2 StPO vor.

656

11. Polizeiliche Beobachtung (§ 163e StPO)

- *Aufsatz-Literatur: Sinn, JURA 2003, 812 (Besondere Ermittlungsmaßnahmen und die damit verbundenen Beweisprobleme); Krahl, NStZ 1998, 339 (Anwendungsbereich der polizeilichen Beobachtung nach § 163e StPO als strafprozessuale Ermittlungsmaßnahme).*

Polizeiliche Beobachtung (§ 163e StPO)

1. Tatbestandsvoraussetzungen
- Anfangsverdacht einer Straftat von erheblicher Bedeutung
- qualifizierte Subsidiaritätsklausel

2. Maßnahmenspezifische Verfahrensvorschriften
- Anordnungskompetenz
- Gericht, bei GiV auch StA
- Anordnungsdauer: 1 Jahr, Verlängerung um jeweils max. 3 Monate möglich
- Unterrichtungs- und Löschungspflichten (§ 101 StPO)

3. Adressat
- Beschuldigter
- Kontaktpersonen bei Erfolgsprognose

4. Rechtsfolgen
- Ausschreibung der Person/des Kennzeichens in polizeilichen Datensystemen

Eine Straftat von erheblicher Bedeutung liegt insbesondere vor, wenn sie mindestens der mittleren Kriminalität zuzurechnen ist, den Rechtsfrieden empfindlich stört und dazu geeignet ist, das Gefühl der Rechtssicherheit der Bevölkerung erheblich zu beeinträchtigen.

Gefahr im Verzuge ist gegeben, wenn auf den Beschluss des Gerichts nicht gewartet werden kann, ohne dass die Erforschung des Sachverhaltes oder die Ermittlung des Aufenthaltsortes des Beschuldigten gefährdet wäre.

Beschuldigter ist jede Person, gegen die im Rahmen eines Strafverfahrens wegen einer bestimmten Straftat ermittelt wird.

Anfangsverdacht ist gegeben, wenn zureichende tatsächliche Anhaltspunkte auf eine verübte Straftat hindeuten.

Abbildung 3.31: Schema zur polizeilichen Beobachtung (§ 163e StPO)

a) Überblick

Entgegen dem Wortlaut der gesetzlichen Überschrift handelt es sich hier nicht um Beobachtung im Sinne von Observationen. Diese finden ihre Rechtsgrundlagen in §§ 161, 163 StPO (kurzfristige Observation) bzw. § 163f StPO (längerfristige Observation). Bei der polizeilichen Beobachtung geht es um die Ausschreibung einer Person in polizeilichen Fahndungssyste-

657

---

204 Meyer-Goßner/Schmitt, StPO, § 100i Rn. 19.

men mit dem Zweck, heimlich ein Bewegungsbild zu erstellen und Beziehungen zu anderen Personen zu erkennen. Sie dient damit in erster Linie der Ermittlungen beim polizeilichen Staatsschutz. Wird der Betroffene im Rahmen einer Kontrolle (z.B. allgemeine Verkehrskontrolle oder einer Kontrollstelle nach § 111 StPO) angetroffen, werden Daten über Reisewege, Transportmittel, Begleitpersonen und Ähnliches der ausschreibenden Stelle übermittelt.

b) Grundrechtseingriffe

658 Durch die Ausschreibung zur polizeilichen Beobachtung wird in das Grundrecht auf informationelle Selbstbestimmung aus Art. 2 Abs. 1 i.V.m. Art 1 Abs. 1 GG eingegriffen.

c) Tatbestandsvoraussetzungen

659 Erforderlich ist ein Anfangsverdacht hinsichtlich einer Straftat von erheblicher Bedeutung. Der Begriff ist im Gesetz nicht definiert, findet sich aber in einigen Vorschriften der Strafprozessordnung, so etwa bei § 100a StPO. Es ist wohl – entsprechend der Gesetzesmaterialien – von einer Straftat mindestens der mittleren Kriminalität auszugehen, die den Rechtsfrieden empfindlich stören und dazu geeignet sein kann, das Gefühl der Rechtssicherheit der Bevölkerung erheblich zu beeinträchtigen.[205] Der Verdacht des Versuches oder der Teilnahme (Anstiftung oder Beihilfe) reicht aus.

> **Beispiel**
> A ist Kopf einer rechtsradikalen Gruppierung. Um die Organisationsstruktur zu ermitteln, wird er zur polizeilichen Beobachtung ausgeschrieben.

660 Nach der qualifizierten Subsidiaritätsklausel des § 163e Abs. 1 Satz 2 StPO ist die Maßnahme nur zulässig, wenn die Erforschung des Sachverhaltes oder die Ermittlung des Aufenthaltsortes „des Täters"[206] auf andere Weise erheblich weniger erfolgversprechend oder wesentlich erschwert wäre. Auch hier handelt es sich um konkretisierte Erforderlichkeitserwägungen.

d) Maßnahmenspezifische Verfahrensvorschriften

661 § 163e Abs. 4 StPO normiert die Anordnungskompetenz. Anordnungen von Ausschreibungen zur polizeilichen Beobachtung dürfen grundsätzlich nur durch das Gericht erfolgen. Diesen Antrag darf auch die Polizei stellen. Nach § 163 Abs. 2 Satz 2 StPO kann sie sich unmittelbar an das Gericht wenden. Bei Gefahr im Verzuge reicht die Anordnung der Staatsanwaltschaft. Eine Anordnung durch die Ermittlungspersonen der Staatsanwaltschaft ist nach den Gesetzesmaterialien ausdrücklich nicht gewollt und nicht zulässig.[207] Im Falle der staatsanwaltlichen Anordnung muss binnen drei Tagen eine schriftliche[208] richterliche Bestätigung erfolgen. Für die Fristberechnung gelten die §§ 42, 43 StPO. Demnach zählt der Anfangstag nicht mit. Fällt das Ende der Frist auf einen Samstag, Sonntag oder Feiertag, so endet die Frist mit Ablauf des nächsten Werktages (vgl. § 43 Abs. 2 StPO, der aufgrund des allgemeinen Rechtsgedankens nicht nur bei Wochen- und Monatsfristen, sondern auch bei Tagesfristen anzuwenden ist).

---

205 So der Regierungsentwurf eines Gesetzes zur Neuregelung der Telekommunikationsüberwachung und anderer verdeckter Ermittlungsmaßnahmen sowie zur Umsetzung der Richtlinie 2006/24/EG, BT-Drs. 16/5846 S. 40.
206 Die Vorschrift ist hier sprachlich missglückt: Richtig muss es „des Beschuldigten" heißen.
207 Vgl. Beschlussempfehlung des BT-Rechtsausschusses zum Bundesratsentwurf eines Gesetzes zur Bekämpfung des illegalen Rauschgifthandels und anderer Erscheinungsformen der Organisierten Kriminalität (OrgKG), BT-Drs. 12/2720, S. 48.
208 Meyer-Goßner/Schmitt, StPO, § 163e Rn. 14.

Polizeiliche Beobachtung (§ 163e StPO)

> **Beispiel**
> Am Dienstag ordnet die Staatsanwältin eine polizeiliche Beobachtung an. Spätestens am nächsten Montag muss eine richterliche Bestätigung erfolgen. Die staatsanwaltliche Anordnung gilt also längstens sechs Tage.

Die Anordnung selbst kann mündlich ergehen. Ergeht sie schriftlich, ist sie zu begründen (§ 34 StPO). Sie ist auf höchstens ein Jahr zu befristen, eine Verlängerung um jeweils maximal drei Monate ist zulässig. **662**

Gemäß § 101 Abs. 4 Nr. 11 StPO sind die Zielperson und die Person, deren personenbezogene Daten gemeldet wurden, (nachträglich) von der Maßnahme zu unterrichten mit dem Hinweis, dass auch nachträglich gerichtlicher Rechtsschutz möglich ist. Die Benachrichtigung unterbleibt gemäß § 101 Abs. 4 Satz 3 StPO, wenn ihr überwiegende schutzwürdige Belange einer betroffenen Person entgegenstehen. Gemäß § 101 Abs. 5 StPO erfolgt die Benachrichtigung, sobald dies ohne Gefährdung des Untersuchungszweckes, des Lebens, der körperlichen Unversehrtheit und der persönlichen Freiheit einer Person und von bedeutenden Vermögenswerten sowie der Möglichkeit der weiteren Verwendung eines verdeckten Ermittlers möglich ist. Wird die Benachrichtigung zurückgestellt, sind die Gründe aktenkundig zu machen. Sind Daten nicht mehr erforderlich, sind sie umgehend zu löschen. Unterlagen sind zu vernichten, wenn sie für das Verfahren nicht mehr benötigt werden. **663**

e) Adressat

Die Maßnahme kann sowohl gegen den Beschuldigten als auch gegen Kontaktpersonen des Beschuldigten angeordnet werden. Begleitpersonen können festgestellt und der ausschreibenden Stelle gemeldet werden. **664**

f) Rechtsfolgen

§ 163e StPO gestattet zum einen die Ausschreibung der Person in polizeilichen Datensystemen. Zum anderen dürfen nach § 163e Abs. 2 StPO auch Fahrzeugkennzeichen des Beschuldigten und der Kontaktpersonen ausgeschrieben werden. **665**

12. Polizeiliche Beobachtung (§ 21 PolG)

> **Polizeiliche Beobachtung (§ 21 PolG)**
>
> **1. Tatbestandsvoraussetzungen**
> - § 21 Abs. 1 Nr. 1 PolG
>   - bereits begangene Straftaten
>   - Gesamtwürdigung der Person und der von ihr begangenen Straftaten lässt erwarten, dass sie auch künftig Straftaten von erheblicher Bedeutung begehen wird
> - § 21 Abs. 1 Nr. 2 PolG
>   - Tatsachen rechtfertigen die Annahme, dass Person Straftaten von erheblicher Bedeutung begehen wird und
>   - Maßnahme ist zur vorbeugenden Bekämpfung dieser Straftaten erforderlich
>
> **2. Maßnahmenspezifische Verfahrensvorschriften**
> - Anordnungskompetenz für die Ausschreibung:
>   - Amtsrichter
> - Benachrichtigungs- (§§ 33 Abs. 1 Nr. 8, 33a PolG) und Protokollierungspflicht (§ 33b PolG)
>
> **3. Adressat**
> - Person, von der zu erwarten ist, dass sie Straftaten von erheblicher Bedeutung begeht
> - bei Datenübermittlung nach § 21 Abs. 2 PolG: auch Kontakt- und Begleitpersonen
>
> **4. Rechtsfolgen**
> - Ausschreibung zur polizeilichen Beobachtung durch Speicherung in Datenbank (§ 21 Abs. 1 PolG)
> - Übermittlung von Informationen bei Antreffen (§ 21 Abs. 2 PolG)

Abbildung 3.32: Schema zur polizeilichen Beobachtung (§ 21 PolG)

a) Überblick

666 § 21 PolG ermächtigt die Polizei in Absatz 1 zur – auf Anordnung eines Richters erfolgenden – Speicherung von personenbezogenen Daten zur polizeilichen Beobachtung in einer Datei (sog. Ausschreibung zur polizeilichen Beobachtung). Insbesondere kann sie diese Speicherung mit Personalien einer Person sowie Kennzeichen des von ihr benutzten oder eingesetzten Kraftfahrzeugs nutzen. Absatz 2 erlaubt es, im Falle eines Antreffens der Person oder des von ihr eingesetzten Kraftfahrzeugs Erkenntnisse über das Antreffen sowie über Kontakt- und Begleitpersonen (dazu Rn. 808 ff.) und mitgeführte Sachen an die ausschreibende Polizeibehörde zu übermitteln. Damit enthält die Vorschrift Ermächtigungsgrundlagen sowohl für die Ausschreibung zur Beobachtung als auch für die Übermittlung von Daten im Falle eines Antreffens der ausgeschriebenen Person bzw. des Kraftfahrzeugs.

b) Grundrechtseingriffe

667 Sowohl die Ausschreibung zur polizeilichen Beobachtung als auch die die Datenübermittlung greifen in das Grundrecht der betroffenen Person(en) auf informationelle Selbstbestimmung (Art. 2 Abs. 1 i.V.m. Art. 1 Abs. 1 GG) ein.

Polizeiliche Beobachtung (§ 21 PolG)

c) Tatbestandsvoraussetzungen

Bei den in § 21 Abs. 1 Nr. 1 und 2 PolG normierten Anforderungen handelt es sich um Alternativen. **668**

Nach § 21 Abs. 1 Nr. 1 PolG ist es erforderlich, dass die Gesamtwürdigung der Person und der von ihr bisher begangenen Straftaten erwarten lässt, dass sie auch künftig Straftaten von erheblicher Bedeutung begehen wird. Ob es sich um Straftaten von erheblicher Bedeutung handelt, ist im Einzelfall zu bestimmen; § 8 Abs. 3 PolG enthält eine nicht abschließende Aufzählung von Regelbeispielen. Diese Voraussetzung knüpft an subjektive Merkmale der betroffenen Person an. Insbesondere ist erforderlich, dass sie bereits Straftaten (von erheblicher Bedeutung) begangen hat; die Variante zielt daher vor allem auf bereits häufiger auffällig gewordene Intensivtäter. **669**

Nach der Variante des § 21 Abs. 1 Nr. 2 PolG müssen Tatsachen die Annahme rechtfertigen, dass die Person Straftaten von erheblicher Bedeutung begehen wird. Dies ist eine objektive Prognoseentscheidung hinsichtlich des künftigen Verhaltens der betroffenen Person, die – anders als in Nr. 1 – bislang noch nicht zwingend straffällig geworden sein muss. Erforderlich sind jedoch konkrete Anhaltspunkte für die Begehung von Straftaten von erheblicher Bedeutung. **670**

Schließlich muss bei beiden Varianten die Ausschreibung zur polizeilichen Beobachtung zur vorbeugenden Bekämpfung dieser zu erwartenden Straftaten erforderlich sein. **671**

d) Maßnahmenspezifische Verfahrensvorschriften

Die Ausschreibung zur polizeilichen Beobachtung muss gemäß § 21 Abs. 3 Satz 1 PolG durch den Richter angeordnet werden. Zuständig ist das Amtsgericht, in dessen Bezirk die Polizeibehörde ihren Sitz hat. Die Anordnung ist auf höchstens ein Jahr zu befristen; sie kann – bei fortgesetztem Vorliegen der Voraussetzungen – jeweils um bis zu einem Jahr verlängert werden. Die ausschreibende Polizeibehörde hat spätestens nach Ablauf von jeweils sechs Monaten zu prüfen, ob die Voraussetzungen für die Anordnung noch bestehen, und das Ergebnis der Prüfung aktenkundig zu machen. **672**

Zu beachten sind auch bei der polizeilichen Beobachtung Benachrichtigungs- (§§ 33 Abs. 1 Nr. 8, 33a PolG) und Protokollierungspflichten (§ 33b PolG). **673**

e) Adressat

Zulässiger Adressat ist jede Person, bezüglich derer die Voraussetzungen von § 21 Abs. 1 Nr. 1 bzw. Nr. 2 PolG vorliegen. Soweit Absatz 2 zur Datenübermittlung ermächtigt, können diese Daten auch Kontakt- oder Begleitpersonen (dazu Rn. 808 ff.) betreffen. **674**

f) Rechtsfolgen

Absatz 1 gestattet die Ausschreibung zur polizeilichen Beobachtung, also die Aufnahme der Personalien einer Person bzw. der Kennzeichen des von ihr benutzten oder eingesetzten Kraftfahrzeugs durch Speicherung in einer Datei. Absatz 2 erlaubt die Übermittlung von Informationen im Falle eines Antreffens der Person bzw. des von ihr genutzten oder eingesetzten Kraftfahrzeugs; die Informationen können sich auf Einzelheiten des Antreffens, auf Kontakt- und Begleitpersonen und auf mitgeführte Sachen beziehen. **675**

13. Rasterfahndung (§§ 98a, 98b StPO)

- *Aufsatz-Literatur: Bischof, KJ 2004, 361 (Europäische Rasterfahndung); Wittig, JuS 1997, 961 (Schleppnetzfahndung, Rasterfahndung und Datenabgleich).*
- *Leitentscheidungen: BVerfG NJW 2009, 1405 (Abgrenzung von Rasterfahndung zu Maßnahmen nach der Ermittlungsgeneralklausel).*

Rasterfahndung (§§ 98a, 98b StPO)

1. Tatbestandsvoraussetzungen
- Anfangsverdacht einer Straftat von erheblicher Bedeutung auf speziell genannten Gebieten
- qualifizierte Subsidiaritätsklausel

2. Maßnahmenspezifische Verfahrensvorschriften
- Anordnungskompetenz
  - Gericht, bei GiV auch StA
  - schriftlich, mit bestimmtem Inhalt (§ 98b StPO)
- Unterrichtungs-/Löschungspflichten (§§ 98 Abs. 3, 4; § 101 Abs. 4 Nr. 1 StPO)
- Rückgabe von Datenträgern (§ 98b Abs. 3 StPO)

3. Adressat
- private oder öffentliche Stellen, die entsprechende Daten führen

4. Rechtsfolgen
- automatisierter Datenabgleich (Rasterfahndung) mit nichtpolizeilichen Dateien

---

Eine Straftat von erheblicher Bedeutung liegt insbesondere vor, wenn sie mindestens der mittleren Kriminalität zuzurechnen ist, den Rechtsfrieden empfindlich stört und dazu geeignet ist, das Gefühl der Rechtssicherheit der Bevölkerung erheblich zu beeinträchtigen.

Gefahr im Verzug ist gegeben, wenn auf den Beschluss des Gerichts nicht gewartet werden kann, ohne dass die Erforschung des Sachverhaltes oder die Ermittlung des Aufenthaltsortes des Beschuldigten gefährdet wäre.

Anfangsverdacht ist gegeben, wenn zureichende tatsächliche Anhaltspunkte auf eine verübte Straftat hindeuten.

Abbildung 3.33: Schema zur Rasterfahndung (§§ 98a, 98b StPO)

a) Überblick

676 Unter Rasterfahndung versteht man den systematischen automatisierten Abgleich personenbezogener Daten mit nichtpolizeilichen Dateien. Diese Dateien werden mit speziellen, nach kriminalistischen Gesichtspunkten ausgewählten Prüfkriterien, dem sog. Raster, abgeglichen. Die Maßnahme dient als negative Rasterfahndung dem Ausschluss Nichtverdächtiger, als positive Rasterfahndung der Feststellung weiterer, für die Ermittlungen bedeutsamer Prüfmerkmale.[209]

b) Grundrechtseingriffe

677 Mit der Rasterfahndung wird in das Grundrecht auf informationelle Selbstbestimmung aus Art. 2 Abs. 1 i.V.m. Art 1 Abs. 1 GG eingegriffen.

c) Tatbestandsvoraussetzungen

678 Erforderlich ist ein Anfangsverdacht hinsichtlich einer Straftat von erheblicher Bedeutung auf speziellen, in § 98a Abs. 1 StPO genannten Deliktsgebieten. Der Katalog ist abschließend,

---

[209] Meyer-Goßner/Schmitt, StPO, § 98a Rn. 2.

Rasterfahndung (§§ 98a, 98b StPO)

jedoch durch den Verzicht auf konkrete Straftatbestände deutlich weiter gefasst als vergleichbare Kataloge in § 100a oder § 100c StPO.

Der Begriff „Straftaten von erheblicher Bedeutung" ist im Gesetz nicht definiert, findet sich aber in einigen Vorschriften der Strafprozessordnung, so etwa bei §§ 81g, 100a, 163e StPO. Es ist wohl – entsprechend der Gesetzesmaterialien – hierbei von Straftaten mindestens der mittleren Kriminalität auszugehen, die den Rechtsfrieden empfindlich stören und dazu geeignet sein können, das Gefühl der Rechtssicherheit der Bevölkerung erheblich zu beeinträchtigen.[210] Der Verdacht des Versuches oder der Teilnahme (Anstiftung oder Beihilfe) reicht aus.

679

Nach der qualifizierten Subsidiaritätsklausel des § 98a Abs. 1 Satz 2 StPO ist die Maßnahme nur zulässig, wenn die Erforschung des Sachverhaltes oder die Ermittlung des Aufenthaltsortes „des Täters"[211] auf andere Weise erheblich weniger erfolgversprechend oder wesentlich erschwert wäre. Auch hier handelt es sich um konkretisierte Erforderlichkeitserwägungen.

680

d) Maßnahmenspezifische Verfahrensvorschriften

§ 98b Abs. 1 StPO normiert die Anordnungskompetenz. Rasterfahndungen dürfen grundsätzlich nur durch das Gericht angeordnet werden. Diesen Antrag darf auch die Polizei unmittelbar an das Gericht stellen (vgl. § 163 Abs. 2 Satz 2 StPO). Bei Gefahr im Verzuge reicht die Anordnung der Staatsanwaltschaft. Im Falle der staatsanwaltlichen Anordnung muss binnen drei Tagen eine schriftliche richterliche Bestätigung erfolgen. Für die Fristberechnung gelten die §§ 42, 43 StPO. Demnach zählt der Anfangstag nicht mit. Fällt das Ende der Frist auf einen Samstag, Sonntag oder Feiertag, so endet die Frist mit Ablauf des nächsten Werktages (vgl. § 43 Abs. 2 StPO, der aufgrund des allgemeinen Rechtsgedankens nicht nur bei Wochen- und Monatsfristen, sondern auch bei Tagesfristen anzuwenden ist).

681

Die Anordnung ergeht schriftlich und ist zu begründen (§ 34 StPO). Anordnungen von Zwangsmitteln zur Durchsetzung der Mitführungspflicht der datenführenden Stellen dürfen gemäß § 98b Abs. 2 StPO grundsätzlich durch den Richter, bei Gefahr im Verzug auch durch die Staatsanwaltschaft ergehen. Haftfestsetzungen bleiben immer dem Gericht vorbehalten.

682

Gemäß § 101 Abs. 4 Nr. 1 StPO ist die Person, gegen die nach Auswertung der Daten weitere Ermittlungen geführt wurden, (nachträglich) von der Maßnahme zu unterrichten mit dem Hinweis, dass auch nachträglich gerichtlicher Rechtsschutz möglich ist. Die Benachrichtigung unterbleibt gemäß § 101 Abs. 4 Satz 3 StPO, wenn ihr überwiegende schutzwürdige Belange einer betroffenen Person entgegenstehen. Gemäß § 101 Abs. 5 StPO erfolgt die Benachrichtigung, sobald dies ohne Gefährdung des Untersuchungszweckes, des Lebens, der körperlichen Unversehrtheit und der persönlichen Freiheit einer Person und von bedeutenden Vermögenswerten sowie der Möglichkeit der weiteren Verwendung eines verdeckten Ermittlers möglich ist. Wird die Benachrichtigung zurückgestellt, sind die Gründe aktenkundig zu machen. Sind Daten nicht mehr erforderlich, sind sie umgehend zu löschen. Unterlagen sind zu vernichten, wenn sie für das Verfahren nicht mehr benötigt werden. Die Benachrichtigung unterbleibt, wenn überwiegende schutzwürdige Belange einer betroffenen Person entgegenstehen (§ 101 Abs. 4 Satz 3 StPO).

683

---

210 So der Regierungsentwurf eines Gesetzes zur Neuregelung der Telekommunikationsüberwachung und anderer verdeckter Ermittlungsmaßnahmen sowie zur Umsetzung der Richtlinie 2006/24/EG, BT-Drs. 16/5846, S. 40.
211 Die Vorschrift ist hier sprachlich missglückt: Richtig muss es „des Beschuldigten" heißen.

e) Adressat

684 Die grundrechtseinschränkenden Befugnisse zur Erhebung von Daten im Rahmen einer Rasterfahndung sind an private und öffentliche Stellen, die entsprechende verfahrensrelevante Daten führen, gerichtet.

f) Rechtsfolgen

aa) Automatisierter Datenabgleich

685 § 98a StPO gestattet den automatisierten Datenabgleich mit Dateien außerhalb des polizeilichen Bereichs. Auswertungen per Hand sind keine Rasterfahndung, sondern von der Generalklausel für datenrelevante Eingriffe (§§ 161, 163 Abs. 1 Satz 2 StPO) gedeckt.

686 Die Vorschrift erfasst auch die Mitwirkungspflichten der speichernden Stelle, die für den Datenabgleich erforderlichen Daten herauszufiltern und zur Verfügung zu stellen. Diese Mitwirkungspflichten können gemäß § 98b Abs. 1, 2, §§ 95, 70 StPO mit Ordnungs- und Zwangsmittel durchgesetzt werden.

bb) Beweisverwertung

687 Wird die Rasterfahndung unter Missachtung des Subsidiaritätsgrundsatzes durchgeführt oder lag von vornherein kein Verdacht einer erheblich bedeutsamen Katalogstraftat vor, sind die Erkenntnisse unverwertbar. Ein Verwertungsverbot besteht dagegen nicht, wenn lediglich die richterliche Bestätigung nicht eingeholt wurde.[212]

---

[212] Meyer-Goßner/Schmitt, StPO, § 98a Rn. 11.

14. Rasterfahndung (§ 31 PolG)

- Aufsatz-Literatur: Robrecht, SächsVBl 2007, 80 (Die präventive Rasterfahndung im Lichte der aktuellen Verfassungsrechtsprechung – Straftatenvorsorge ade?); Schewe, NVwZ 2007, 174 (Das Ende der präventiven Rasterfahndung zur Terrorismusbekämpfung?); Kniesel, Die Polizei 2003, 89 (Die Rasterfahndung vor Gericht); Lisken, NVwZ 2002, 513 (Zur polizeilichen Rasterfahndung).
- Leitentscheidungen: BVerfG NJW 2006, 1939 (Rasterfahndung nur zur Abwehr qualifizierter konkreter Gefahren); BerlVerfGH DÖV 2006, 561 (Eingriffscharakter der Rasterfahndung); OVG Bremen NordÖR 2002, 372 (zu Auskunftsansprüchen des Betroffenen); OVG Koblenz NVwZ 2002, 1528 (Rechtmäßigkeit der Rasterfahndung nach dem 11. September 2001).

Rasterfahndung (§ 31 PolG)

1. Tatbestandsvoraussetzungen
- Gefahr für den Bestand oder die Sicherheit des Bundes oder eines Landes oder für Leib, Leben oder Freiheit einer Person
- Datenübermittlung/-abgleich zur Abwehr der Gefahr erforderlich
- Abgleich auf der Grundlage von Prüfungsmerkmalen, die auf Verursacher einer Gefahr vermutlich zutreffen

2. Maßnahmenspezifische Verfahrensvorschriften
- Anordnungskompetenz:
  - auf Antrag des Behördenleiters durch den (Amts-)Richter (Abs. 4)
- § 16a Abs. 2 Sätze 2 und 3 PolG
- Löschungspflicht (§ 31 Abs. 3 Satz 2 PolG)
- Niederschrift (§ 31 Abs. 3 Sätze 3, 4 PolG)
- Benachrichtigungs- (§§ 33 Abs. 1 Nr. 9, 33a PolG) und Protokollierungspflicht (§ 33b PolG)

3. Adressat
- öffentliche Stellen und Stellen außerhalb des öffentlichen Bereichs

4. Rechtsfolgen
- Forderung der Übermittlung personenbezogener Daten von öffentlichen Stellen oder Stellen außerhalb des öffentlichen Bereichs

> **Gefahr** ist eine Sachlage, in der bei hinreichender Wahrscheinlichkeit ein Schaden an den geschützten Rechtsgütern, hier am Bestand oder der Sicherheit des Bundes oder eines Landes oder an Leib, Leben oder Freiheit einer Person, eintreten wird.

Abbildung 3.34: Schema zur Rasterfahndung (§ 31 PolG)

a) Überblick

Die Rasterfahndung ermöglicht es, durch eine Massendatenverarbeitung anhand von bestimmten Prüfungsmerkmalen automatisiert Datenbestände abzugleichen. Auf diesem Wege können Personen ermittelt werden, die diese Prüfungsmerkmale erfüllen, und denen

688

gegenüber sodann weitere Maßnahmen getroffen werden können. § 31 PolG enthält die Ermächtigungsgrundlage für eine präventive Rasterfahndung, mit deren Hilfe namentlich Verursacher einer Gefahr i.S.v. § 4 PolG ermittelt werden sollen. Zu diesem Zweck kann die Polizei von öffentlichen Stellen und Stellen außerhalb des öffentlichen Bereichs die Übermittlung von personenbezogenen Daten einer unbestimmten Anzahl von Personen verlangen, die bestimmte, auf Verursacher einer Gefahr i.S.v. § 4 PolG vermutlich zutreffende Prüfungsmerkmale erfüllen. Die Polizei gibt also die Prüfungsmerkmale durch und erhält sodann die im Übermittlungsersuchen genannten (durch § 31 Abs. 2 Satz 1 PolG beschränkten) Informationen. Nach § 31 Abs. 1 Satz 2 PolG soll der Datenabgleich den Ausschluss von Personen bezwecken. Er kann jedoch auch der Ermittlung eines Verdachts gegen Personen als mögliche Verursacher einer Gefahr sowie der Feststellung gefahrenverstärkender Eigenschaften dieser Personen dienen.

b) Grundrechtseingriffe

689 Die Anforderung personenbezogener Daten zum maschinellen Datenabgleich greift in das Recht der betroffenen Personen, also derjenigen, auf die die Prüfungskriterien passen und deren Daten an die Polizei übermittelt werden, auf informationelle Selbstbestimmung (Art. 2 Abs. 1 i.V.m. Art. 1 Abs. 1 GG) ein. Bei den Stellen außerhalb des öffentlichen Dienstes, von denen die Polizei die Daten anfordert, können weitere Grundrechte beeinträchtigt sein (z.B. Art. 12 Abs. 1 GG).

c) Tatbestandsvoraussetzungen

690 Tatbestandliche Voraussetzungen für die Rasterfahndung ist, dass diese zur Abwehr einer Gefahr für den Bestand oder die Sicherheit des Bundes oder eines Landes oder für Leib, Leben oder Freiheit einer Person erforderlich ist (zum Begriff der Gefahr Rn. 147 ff.). Die Anforderung muss zum Zweck des maschinellen Abgleichs mit anderen Datenbeständen erfolgen. Die zur Übermittlung durchgegeben Prüfungskriterien müssen persönliche Merkmale enthalten, die für die Einordnung als Verursacher einer Gefahr gemäß § 4 PolG relevant sein können (z.B. Geschlecht, Alter, Staatsangehörigkeit, Religionszugehörigkeit, Vereinsmitgliedschaft, Studienfächer, Inhaber von Pilotenscheinen, waffenrechtlichen Erlaubnissen).

d) Maßnahmenspezifische Verfahrensvorschriften

691 Gemäß § 31 Abs. 4 Satz 1 PolG darf die Maßnahme nur auf Antrag des Behördenleiters durch den Richter angeordnet werden; zuständig ist das Amtsgericht, in dessen Bezirk die Polizeibehörde ihren Sitz hat. Das Übermittlungsersuchen ist gemäß § 31 Abs. 2 Satz 1 PolG auf Namen, Anschrift, Tat und Ort der Geburt sowie andere für den Einzelfall benötigte Daten zu beschränken. Es ist unzulässig, wenn es sich auf personenbezogene Daten erstreckt, die einem Berufs- oder besonderen Amtsgeheimnis unterliegen.

692 Vom Übermittlungsersuchen nicht erfasste personenbezogene Daten dürfen zwar übermittelt, nicht aber von der Polizei genutzt werden.

693 Ist der Zweck der Maßnahme erfüllt bzw. zeigt sich, dass er nicht erreicht werden kann, sind die übermittelten und im Zusammenhang mit der Maßnahme zusätzlich angefallenen Daten auf den Datenträgern zu löschen und die Akten zu vernichten. Letzteres gilt nicht, wenn die Akten für ein mit dem Sachverhalt zusammenhängendes Verfahren erforderlich sind (§ 31 Abs. 3 Satz 1 PolG). Die Vorschrift enthält weitere Bestimmungen für die zu fertigende Niederschrift.

Rasterfahndung (§ 31 PolG)

Für die Rasterfahndung nach § 31 PolG sind zudem die Vorschriften über die Benachrichtigung (§§ 33, 33a PolG) und über die Protokollierung (§ 33b PolG) zu beachten. **694**

e) Adressat

Adressat der Maßnahme sind die öffentlichen Stellen und Stellen außerhalb des öffentlichen Bereichs, von denen die Polizei die personenbezogenen Daten zum Zwecke des maschinellen Datenabgleichs anfordert. Mittelbar sind auch die Personen betroffen, deren Daten übermittelt werden. **695**

f) Rechtsfolgen

Zulässige Rechtsfolge ist die Anforderung der Übermittlung personenbezogener Daten von öffentlichen Stellen und Stellen außerhalb des öffentlichen Bereichs entsprechend dem Übermittlungsersuchen. Sind Daten unvollständig übermittelt worden, kann die Polizei die erforderlichen Datenerhebungen auch bei anderen Stellen durchführen und die übermittelten Datenträger zur Ermöglichung des maschinellen Abgleichs aufbereiten (§ 31 Abs. 1 Satz 3 PolG). **696**

15. Netzfahndung (§ 163d StPO)

- *Aufsatz-Literatur: Wittig, JuS 1997, 961 (Schleppnetzfahndung, Rasterfahndung und Datenabgleich); Rogall, NStZ 1986, 385 (Die sog. Schleppnetzfahndung – Frontalangriff auf die Bürgerrechte oder notwendige Strafverfolgungsmaßnahme?).*
- *Leitentscheidungen: BGH NJW 1989, 2636 (Rechtschutz bei Durchsuchung und Speicherung von Daten im Rahmen der Netzfahndung).*

Netzfahndung (§ 163d StPO)

1. Tatbestandsvoraussetzungen
- konkretisierter Tatverdacht einer Anlasstat von § 111 StPO *oder bei Grenzkontrollen:*
- Katalogstraftat nach § 100a Abs. 2 Nr. 6–9 und 11 StPO
- Zweck: Ergreifung des Täters oder Aufklärung der Straftat
- Erfolgsaussicht

2. Maßnahmenspezifische Verfahrensvorschriften
- Anordnungskompetenz
  - Gericht, bei GiV StA und ErmPers.
  - schriftlich, max. 3 Monate, einmalige Verlängerung um max. 3 Monate möglich; örtlich begrenzt
- Datenübermittlung nur an Strafverfolgungsbehörden (§ 163d Abs. 1 StPO)
- Löschung, Dauer der Speicherung (§ 163d Abs. 4 StPO)
- Benachrichtigungspflichten (§ 101 StPO)

3. Adressat
- Jedermann

4. Rechtsfolgen
- zeitweilige Speicherung und Auswertung von Daten an einer grenzpolizeilichen Kontrolle nach §§ 2, 23 BPolG oder
- Personenkontrolle nach § 111 StPO

Konkretisierter Tatverdacht ist eine über den bloßen Anfangsverdacht hinausgehende Wahrscheinlichkeit, dass eine Straftat begangen wurde.

Gefahr im Verzuge ist gegeben, wenn auf den Beschluss des Gerichts nicht gewartet werden kann, ohne dass die Erforschung des Sachverhaltes oder die Ermittlung des Aufenthaltsortes des Beschuldigten gefährdet wäre.

Kontrollstelle ist ein festgelegter Platz, an dem Personen oder Sachen überprüft werden (anlehnend an PDV 100).

Erfolgsaussicht besteht, wenn die Annahme gerechtfertigt ist, dass der Täter ergriffen oder die Tat aufgeklärt wird.

Abbildung 3.35: Schema zur Netzfahndung (§ 163d StPO)

a) Überblick

697 Netzfahndung ist die Speicherung und Auswertung von Daten, die an einer Grenzkontrollstelle nach §§ 2, 23 BPolG bzw. an einer Kontrollstelle nach § 111 StPO anfallen. Die Vorschrift erlaubt die temporäre Einrichtung einer entsprechenden Datei. Da unbestimmt viele unbeteiligte Personen erfasst werden, ist die Einrichtung der Datei nur unter sehr eingeschränkten Voraussetzungen zulässig.

Netzfahndung (§ 163d StPO)

§ 2 BPolG – Grenzschutz

(1) Der Bundespolizei obliegt der grenzpolizeiliche Schutz des Bundesgebietes (Grenzschutz), soweit nicht ein Land im Einvernehmen mit dem Bund Aufgaben des grenzpolizeilichen Einzeldienstes mit eigenen Kräften wahrnimmt.

(2) Der Grenzschutz umfasst

1. die polizeiliche Überwachung der Grenzen,

2. die polizeiliche Kontrolle des grenzüberschreitenden Verkehrs einschließlich

    a) der Überprüfung der Grenzübertrittspapiere und der Berechtigung zum Grenzübertritt,

    b) der Grenzfahndung,

    c) der Abwehr von Gefahren,

3. im Grenzgebiet bis zu einer Tiefe von 30 Kilometern und von der seewärtigen Begrenzung an bis zu einer Tiefe von 50 Kilometern die Abwehr von Gefahren, die die Sicherheit der Grenze beeinträchtigen.

(…)

(3)–(4) (…)

§ 23 BPolG – Identitätsfeststellung und Prüfung von Berechtigungsscheinen

(1) Die Bundespolizei kann die Identität einer Person feststellen

1. zur Abwehr einer Gefahr,

2. zur polizeilichen Kontrolle des grenzüberschreitenden Verkehrs,

3. im Grenzgebiet bis zu einer Tiefe von 30 Kilometern zur Verhinderung oder Unterbindung unerlaubter Einreise in das Bundesgebiet oder zur Verhütung von Straftaten im Sinne des § 12 Abs. 1 Nr. 1 bis 4,

4.–5. (…)

(1a)–(5) (…)

b) Grundrechtseingriffe

Mit der Netzfahndung wird in das Grundrecht auf informationelle Selbstbestimmung aus Art. 2 Abs. 1 i.V.m. Art 1 Abs. 1 GG eingegriffen.   **698**

c) Tatbestandsvoraussetzungen

aa) Anlasstat i.S.v. § 111 StPO oder Katalogstraftat nach § 100a Abs. 2 Nr. 6–9 und 11 StPO

Voraussetzung ist zunächst der konkretisierte Tatverdacht einer bestimmten Straftat.   **699**
Bei der ersten Alternative muss es sich um eine Anlasstat nach § 111 StPO handeln. Dies kann eine Straftat gemäß §§ 129a, 129b StGB oder eine der in § 129a StGB genannten Straftaten (also z.B. Mord, Totschlag, Geiselnahme, Brandstiftungen) sein. Ebenso kommt als Anlasstat ein Raub mit Schusswaffe in Betracht. Die Formulierung im Gesetzestext bei § 111 Abs. 1 StPO „§ 250 Abs. 1 Nr. 1 StGB" ist veraltet, da § 250 StGB inzwischen neu gefasst wurde. Die insofern missverständliche Formulierung im Gesetz hängt damit zusammen, dass der Gesetzestext noch nicht der bereits 1998 geänderten Vorschrift des § 250 StGB angepasst wurde. Nach herrschender Meinung ist aufgrund der gleichen Strafandrohung als Anlasstat auch eine räuberische Erpressung gemäß §§ 253, 250 Abs. 1 Nr. 1a StGB zugelassen.[213] Teil-   **700**

---

[213] Meyer-Goßner/Schmitt, StPO, § 111 Rn. 3; SK-Rudophi, StPO, § 111b Rn. 4.

nahme und Versuch genügen jeweils. Damit dient die Netzfahndung wie die Einrichtung der Kontrollstelle der Fahndung wegen ausgesuchter schwerer Gewalttaten.

701 In der zweiten Alternative kann sich der Tatverdacht auch auf eine Straftat i.S.v. § 100a Abs. 1 Nr. 6–9 und 11 StPO beziehen. Erfasst sind damit insbesondere Fahndungen aus Anlass von Betäubungsmittel- und Waffendelikten.

702 Der Tatverdacht muss über den Anfangsverdacht hinaus aufgrund bestimmter Tatsachen nicht unerheblich sein und ein gewisses Maß an Konkretisierung erlangt haben. Der durch bestimmte Tatsachen begründete Verdacht unterliegt zwar höheren Anforderungen als der bloße Anfangsverdacht, erreicht jedoch nicht bereits den Grad eines „hinreichenden" oder gar „dringenden" Tatverdachts, den andere Normen der Strafprozessordnung vorsehen. Es müssen aber konkrete und in gewissem Umfang verdichtete Umstände als Tatsachenbasis für den Verdacht vorhanden sein.

bb) Erfolgsaussicht

703 Die Erfolgserwartung muss nicht auf bestimmten Tatsachen beruhen. Es reicht, wenn nach kriminalistischer Erfahrung die Annahme gerechtfertigt ist, der Täter könne gefasst oder die Tat aufgeklärt werden.[214]

cc) Verhältnismäßigkeit

704 Die besondere Beachtung der Verhältnismäßigkeit ist bereits im Tatbestand erwähnt. Sie ist daher auch bereits hier zu prüfen.

d) Maßnahmenspezifische Verfahrensvorschriften

705 § 163d Abs. 2 StPO normiert die Anordnungskompetenz. Die Einrichtung einer Datei zur Netzfahndung darf grundsätzlich nur auf Antrag der Staatsanwaltschaft durch das Gericht angeordnet werden. Bei Gefahr im Verzuge reicht die Anordnung der Staatsanwaltschaft oder ihrer Ermittlungspersonen.[215] In diesem Fall muss binnen drei Tagen eine richterliche Bestätigung erfolgen. Hebt die Staatsanwaltschaft vor Ablauf der drei Tage die Maßnahme auf, entfällt die richterliche Kontrolle.[216] Die Maßnahme ist auf maximal drei Monate zu befristen und räumlich zu beschränken. Sie kann höchstens einmal um drei Monate verlängert werden. Die Anordnung ergeht schriftlich.

706 Aufgrund der Schwere der Maßnahme bestehen eine Reihe von ermächtigungsbegrenzenden Bestimmungen:

- § 163d Abs. 1 StPO – Datenübermittlung

  Die erlangten Daten dürfen nur an Strafverfolgungsbehörden übermittelt werden.

- § 163d Abs. 4 StPO – Ende der Maßnahme, Speicherung, Löschung, Unterrichtung

  Nach Beendigung der Maßnahme sind die erlangten Daten umgehend zu löschen, wenn sie für das Verfahren nicht mehr benötigt werden. Eine Speicherung von mehr als drei Monaten nach der Laufzeit der Maßnahme ist unzulässig. Die Staatsanwaltschaft ist über die Löschung zu unterrichten.

---

214 Meyer-Goßner/Schmitt, StPO, § 163d Rn. 10; a. A. LR-Erb, StPO, § 163d Rn. 16a, der Erfolgstatsachen verlangt.
215 Vgl. zu Ermittlungspersonen der Staatsanwaltschaft: § 152 GVG i.V.m. den jeweiligen landesrechtlichen Regelungen; z.B. NRW: § 1 Abs. 1 der Verordnung über die Ermittlungspersonen der Staatsanwaltschaft vom 30.4.1996, GV. NRW. S. 180, zuletzt geändert durch Verordnung vom 16.2.2016, GV. NRW. S. 120.
216 Meyer-Goßner/Schmitt, StPO, § 163d Rn. 15.

Einsatz verdeckter Ermittler (§§ 110a–110c StPO)

- § 101 Abs. 1, Abs. 4 Nr. 10 StPO – Benachrichtigungspflicht, Löschung von Unterlagen

  Gemäß § 101 Abs. 4 Nr. 10 StPO ist die Person, gegen die nach Auswertung der Daten weitere Ermittlungen geführt wurden, (nachträglich) von der Maßnahme zu unterrichten mit dem Hinweis, dass auch nachträglich gerichtlicher Rechtsschutz möglich ist. Die Benachrichtigung unterbleibt gemäß § 101 Abs. 4 Satz 3 StPO, wenn ihr überwiegende schutzwürdige Belange einer betroffenen Person entgegenstehen. Gemäß § 101 Abs. 5 StPO erfolgt die Benachrichtigung, sobald dies ohne Gefährdung des Untersuchungszweckes, des Lebens, der körperlichen Unversehrtheit und der persönlichen Freiheit einer Person und von bedeutenden Vermögenswerten sowie der Möglichkeit der weiteren Verwendung eines verdeckten Ermittlers möglich ist. Wird die Benachrichtigung zurückgestellt, sind die Gründe aktenkundig zu machen. Sind Daten nicht mehr erforderlich, sind sie umgehend zu löschen.

  Unterlagen sind zu vernichten, wenn sie für das Verfahren nicht mehr benötigt werden. Die Benachrichtigung unterbleibt, wenn überwiegende schutzwürdige Belange einer betroffenen Person entgegenstehen (§ 101 Abs. 4 Satz 3 StPO).

e) Adressat

Die Maßnahme richtet sich gegen alle Personen, deren Daten an der entsprechenden Kontrollstelle erhoben werden.

f) Rechtsfolgen

aa) Datenspeicherung und -auswertung bei grenzpolizeilichen Kontrollen

Grundsätzlich meint die Vorschrift die Datenspeicherung und -auswertung bei grenzpolizeilichen Kontrollen. Werden Daten an einer grenzpolizeilichen Kontrolle nach §§ 2, 23 BPolG erhoben, so dürfen sie zur Verfolgung einer Straftat, die in § 111 StPO oder in § 100a Abs. 2 Nr. 6–9 und Nr. 11 StPO genannt ist, gespeichert und ausgewertet werden.

bb) Personenkontrollen nach § 111 StPO

Darüber hinaus erfasst die Vorschrift auch Personenkontrollen nach § 111 StPO. Werden Daten an einer Personenkontrollstelle nach § 111 StPO erhoben, so dürfen sie dann auch nur zum Zwecke der Verfolgung der in § 111 StPO bezeichneten Straftaten in einer Datei gespeichert und ausgewertet werden.

cc) Beweisverwertung

Für Zufallsfunde gilt § 477 Abs. 2 Satz 2 StPO. Demnach dürfen Zufallserkenntnisse aus der Maßnahme in anderen Strafverfahren nur verwendet werden, wenn sie auch für dieses Strafverfahren hätte angeordnet werden dürfen. Dem liegt das Prinzip des „hypothetischen Ersatzeingriffs" zugrunde. Zu fragen ist also, ob wegen der Tat, die bei Gelegenheit der Ausführung einer anderweitig angeordneten Maßnahme entdeckt worden ist, ebenfalls eine solche Maßnahme hätte angeordnet werden können.[217]

16. Einsatz verdeckter Ermittler (§§ 110a–110c StPO)

- *Aufsatz-Literatur: Zimmermann, Die Polizei 2016, 12 (Das Wohnungsbetretungsrecht Verdeckter Ermittler und nicht offen ermittelnder Polizeibeamter im Lichte des Art. 13 GG); Mayer, Kriminalistik 2016, 228 (Die Geheimhaltung der Identität von verdeckten Ermittlern, VP und Informanten); Jahn, JuS 2010, 832 (Strafprozessrecht: Beweisverwertungsverbot bei verdecktem Verhör); Bauer,*

---

[217] Joecks, StPO, § 477 Rn. 3.

3. Teil • Eingriffsbefugnisse

StV 2010, 120 (Verbot der Verwertung selbstbelastender Äußerungen gegenüber einem verdeckten Ermittler); Safferling, NStZ 2006, 75 (Verdeckte Ermittler im Strafverfahren – deutsche und europäische Rechtsprechung im Konflikt?); Schuster, NStZ 2006, 657 (Telekommunikationsüberwachung im grenzüberschreitenden Strafverfahren nach Inkrafttreten des EU-Rechtshilfeübereinkommens); Rogall, 2008, 110 (Selbstbelastungsfreiheit und vernehmungsähnliche Befragung durch verdeckten Ermittler); Schneider, Kriminalistik 2004, 359 (Ausgewählte Rechtsprobleme des Einsatzes Verdeckter Ermittler).

- Leitentscheidungen: BGHSt 42, 139 (Grundsatzentscheidung zu Verwertbarkeit von Erkenntnissen verdeckt ermittelnder Polizeibeamter); OLG Zweibrücken NStZ 2011, 113 (Zulässigkeit der „Cold-Case-Technik"); BGH NStZ 2009, 343 (Selbstbelastende Angaben gegenüber einem verdeckten Ermittler); BGH NStZ 2005, 43 (audiovisuelle Vernehmung von VP und VE).

Einsatz verdeckter Ermittler (§§ 110a–110c StPO)

1. Tatbestandsvoraussetzungen
- § 110a Abs. 1 Var. 1 StPO: Anfangsverdacht einer Straftat von erheblicher Bedeutung auf speziell genannten Gebieten
  - strenge Subsidiaritätsklausel
- § 110a Abs. 1 Var. 2 StPO: Anfangsverdacht eines Verbrechens
  - Wiederholungsgefahr
  - strenge Subsidiaritätsklausel
- § 110a Abs. 1 Var. 3 StPO: Anfangsverdacht eines Verbrechens
  - besondere Bedeutung der Tat
  - andere Maßnahmen aussichtslos

2. Maßnahmenspezifische Verfahrensvorschriften
- Anordnungskompetenz
  - Polizei nach Zustimmung StA; GiV: Polizei
  - gegen Beschuldigte / bei Wohnungsbetreten: StA nach schriftl. Zust. des Gerichts, bei GiV: StA
- Schutz von Berufsgeheimnisträgern (§ 160a StPO)
- Unterrichtungs-/Löschungspflichten (§ 101 StPO)
- Schutz des Kernbereichs privater Lebensführung (§110a StPO i.V.m. § 100d StPO)

3. Adressat
- Jedermann

4. Rechtsfolgen
- Zulässige Maßnahmen
  - getarnte Datenerhebung
  - Teilnahme am Rechtsverkehr unter Legende
  - Herstellung/Gebrauch von Tarnpapieren
  - Betreten v. Wohnung unter Legende
- Verhältnismäßigkeit

Anfangsverdacht ist gegeben, wenn zureichende tatsächliche Anhaltspunkte auf eine verübte Straftat hindeuten.

Eine Straftat von erheblicher Bedeutung liegt insbesondere vor, wenn sie mindestens der mittleren Kriminalität zuzurechnen ist, den Rechtsfrieden empfindlich stört und dazu geeignet ist, das Gefühl der Rechtssicherheit der Bevölkerung erheblich zu beeinträchtigen.

Gefahr im Verzuge ist gegeben, wenn auf den Beschluss des Gerichts nicht gewartet werden kann, ohne dass die Erforschung des Sachverhaltes oder die Ermittlung des Aufenthaltsortes des Beschuldigten gefährdet wäre.

Beschuldigter ist jede Person, gegen die im Rahmen eines Strafverfahrens wegen einer bestimmten Straftat ermittelt wird.

Verdeckte Ermittler sind Beamte des Polizeidienstes, die unter einer ihnen verliehenen, auf Dauer angelegten, veränderten Identität (Legende) ermitteln (Legaldefinition § 110a Abs. 2 StPO).

Abbildung 3.36: Schema zum Einsatz verdeckter Ermittler (§§ 110a–110c StPO)

Einsatz verdeckter Ermittler (§§ 110a–110c StPO)

a) Überblick

Qualitative Veränderungen der Erscheinungsformen der Kriminalität, insbesondere der Organisierten Kriminalität, erfordern dieser Entwicklung angepasste Methoden der Verbrechensbekämpfung. Dazu gehört der Einsatz verdeckter Ermittler, der mit dem Gesetz zur Bekämpfung der Organisierten Kriminalität 1992[218] gesetzlich geregelt wurde. Verdeckte Ermittler sind nach der Legaldefinition des § 110a Abs. 2 StPO Beamte des Polizeidienstes, die unter einer ihnen verliehenen, auf Dauer angelegten, veränderten Identität (Legende) ermitteln. Keine verdeckten Ermittler in diesem Sinne sind folgende Personen: 711

- **NoeP**

„Nicht offen ermittelnde Polizeibeamte" sind Personen, die nur kurzfristig unter einer Legende auftreten, etwa als Scheinkäufer. Deren Einsatz wurde bewusst nicht gesetzlich geregelt mit der Begründung, dass deren Verwendung den allgemeinen Bestimmungen unterliegt.[219] Ihr Einsatz bestimmt sich also nach der Ermittlungsgeneralklausel in §§ 161, 163 Abs. 1 Satz 2 StPO (dazu Rn. 236 ff.). 712

Als „qualifizierter Scheinkäufer" wird der Polizeibeamte verstanden, der im Rahmen der Bekämpfung der Drogenkriminalität mehrfach unter einer Legende gegenüber einem Tatverdächtigen auftritt. Damit ergeben sich aber Abgrenzungsprobleme zum verdeckten Ermittler. Entscheidend ist, wo genau die rechtliche Trennlinie des NoeP zum verdeckten Ermittler liegt. Denn dies ist maßgeblich für die Anwendung der begrenzenden Regeln des § 110a StPO. Nach einer Entscheidung des BGH aus dem Jahre 1995 kommt es bei der Unterscheidung nicht auf zeitliche Mindestgrenzen an. Selbst Verkaufsgespräche, die sich über einen längeren Zeitraum hinziehen, führen nicht zwingend zur Anwendbarkeit der §§ 110a ff. StPO.[220] Entscheidend soll vielmehr sein, ob der Ermittlungsauftrag über einzelne wenige, konkret bestimmte Ermittlungshandlungen hinausgeht, ob eine Täuschung einer unbestimmten Vielzahl von Personen über die wahre Identität des Polizeibeamten erforderlich ist und ob wegen Art und Umfang des Auftrages abzusehen ist, dass die Identität des Beamten in künftigen Straftaten auf Dauer geheim gehalten werden muss.[221] 713

- **VP**

VP (V-Person; Vertrauensperson[222]) ist ein Person, die, ohne einer Strafverfolgungsbehörde anzugehören, bereit ist, diese bei der Aufklärung von Straftaten auf längere Zeit vertraulich zu unterstützen und deren Identität grundsätzlich geheim gehalten wird. Sie wird auch eingesetzt zur gezielten Informationsbeschaffung, die VP nimmt also auch konkrete Aufträge an. Deren Einsatz richtet sich nach herrschender, aber auch bestrittener Ansicht nach der Generalklausel für datenrelevante Eingriffe (§§ 161, 163 Abs. 1 Satz 2 StPO).[223] Ihr Einsatz ist jedenfalls unstrittig, die Justizminister/-senatoren haben sich auf gemeinsame Regeln für ihren Einsatz (wie auch für den Einsatz von Informanten) geeinigt (Anlage D RiStBV). 714

---

218 Gesetz zur Bekämpfung des illegalen Rauschgifthandels und anderer Erscheinungsformen der Organisierten Kriminalität (OrgKG) vom 15.7.1992, BGBl. I, S. 1302.
219 Bundesratsentwurf eines Gesetzes zur Bekämpfung des illegalen Rauschgifthandels und anderer Erscheinungsformen der Organisierten Kriminalität (OrgKG), BT-Drs. 12/989, S. 42.
220 BGH NStZ 1995, 516.
221 BGHSt 41, 64.
222 Nach Weihmann/de Vries, S. 561, bezeichnet die Abkürzung VP eine „vigilant person", von „wachsam, schlau, aufgeweckt"; allgemein gebräuchlich ist jedoch „Vertrauensperson".
223 Vgl. Hetzer, Kriminalistik 2001, 690; s. zur Zulässigkeit der kommissarischen Vernehmung einer VP ohne Verteidiger Grundsatzurteil des BGHSt (GS) 32, 115.

- **Informant**

715 Informant (Gewährsperson) ist eine Person, die im Einzelfall bereit ist, gegen Zusicherung der Vertraulichkeit der Strafverfolgungsbehörde Informationen zu geben.

- **Undercoveragent**

716 Dabei handelt es sich um Polizeibeamte, die langfristig, jedoch ohne konkreten Auftrag, in die kriminelle Szene eingeschleust werden und befreit von der Strafverfolgungspflicht milieutypische Straftaten begehen. Während ihr Einsatz durch Richtlinien in den USA zulässig ist, ist ihr Einsatz in Deutschland unzulässig.

717 Von dieser formalen Einteilung ist die Bezeichnung Agent Provocateur (Lockspitzel) zu trennen. Im Fokus stehen hier die konkrete Tätigkeit und die strafrechtliche Wertung, unabhängig davon, ob es sich um VE, VP, NoeP oder Informanten handelt. Die Tatprovokation besteht in der Förderung des fremden Tatentschlusses durch das vorgetäuschte Interesse am Erwerb inkriminierter Gegenstände mit dem Ziel der Sicherstellung. Dabei kommt eine tatbestandlich relevante Anstiftung des Lockspitzels zu der Tat des Beschuldigten in Betracht. Nach h.M. muss sie sich, angesichts des Strafgrundes der Teilnahme in Gestalt der mittelbaren Beeinträchtigung des geschützten Rechtsgutes, auf die Vollendung der Tat beziehen. Dies ist bei einem Lockspitzel jedenfalls dann nicht der Fall, wenn die Tat nach seinem Vorsatz im Versuchsstadium stecken bleiben soll. Er bleibt dann straflos.[224] Die Tatprovokation durch verdeckte Ermittler stellt ein rechtsstaatliches Problem dar. Denn einerseits ist die Aufklärung von Straftaten wesentlicher Teil eines rechtsstaatlichen Gemeinwesens.[225] Andererseits liegt ein Verstoß gegen den Grundsatz des fairen Verfahrens gemäß Art. 6 Abs. 1 Satz 1 EMRK vor, wenn eine unverdächtige und zunächst nicht tatgeneigte Person in einer dem Staat zuzurechnender Weise zu einer Straftat verleitet wird, die zu einem Strafverfahren führt.[226]

718 Verdeckte Ermittler dürfen keine Straftaten begehen, dies stellt § 110c Satz 2 StPO klar. In Ausnahmefällen kann jedoch eine Rechtfertigung bzw. Entschuldigung gemäß §§ 34, 35 StGB in Betracht kommen. Eingriffe in Rechte Dritter sind ihnen nur im Rahmen der geltenden Gesetze gestattet. Der verdeckte Ermittler ist von der Strafverfolgungspflicht nach § 163 StPO nicht befreit. Aus kriminaltaktischen Erwägungen können jedoch Ermittlungsmaßnahmen zurückgestellt werden. Neu hinzukommenden zureichenden Anhaltspunkten für strafbare Handlungen braucht der verdeckte Ermittler wegen der Bedeutung der Strafverfolgungsaufgabe für die Allgemeinheit so lange nicht nachzugehen, wie dies ohne Gefährdung seiner Ermittlungen nicht möglich ist; eine Strafbarkeit wegen Strafvereitelung durch Unterlassen scheidet dann aus. Dies gilt nicht, wenn sofortige Ermittlungsmaßnahmen wegen der Schwere der neu entdeckten Tat geboten sind.[227]

719 Das Verbot, auch milieubedingte Straftaten zu begehen, begrenzt den Einsatz des verdeckten Ermittlers wesentlich. Gesetzesinitiativen, solche Straftaten in engen Grenzen zuzulassen, konnten sich bislang nicht durchsetzen.[228]

---

224 Vgl. Kirkpatrick, S. 18.
225 BVerfGE 44, 353.
226 BGH, Urteil vom 30.5.2001 – 1 StR 116/01; eingehend dazu Kirkpatrick, S. 58 ff.
227 Vgl. Insgesamt dazu: Richtlinien für das Strafverfahren und das Bußgeldverfahren, Anlage D.
228 Länderentwurf der Freistaaten Bayern und Thüringen eines Gesetzes zur Verbesserung des strafrechtlichen Instrumentariums für die Bekämpfung des Terrorismus und der Organisierten Kriminalität, BR-Drs. 1014/01.

Einsatz verdeckter Ermittler (§§ 110a–110c StPO)

b) Grundrechtseingriffe

Mit dem Einsatz verdeckter Ermittler wird in erster Linie in das Grundrecht auf informationelle Selbstbestimmung aus Art. 2 Abs. 1 i.V.m. Art 1 Abs. 1 GG eingegriffen. Denn der Betreffende gibt Daten an staatliche Organe weiter, ohne dies zu wissen. Zudem kann ein Eingriff in Art. 13 GG – Unverletzlichkeit der Wohnung – gegeben sein.

c) Tatbestandsvoraussetzungen

Es sind drei Zulässigkeitsvarianten zu unterscheiden:

aa) Variante 1: § 110a Abs. 1 Satz 1 StPO

Erforderlich ist für die erste Variante ein Anfangsverdacht hinsichtlich einer Straftat von erheblicher Bedeutung auf speziellen, in § 110a Abs. 1 StPO genannte Deliktsgebieten. Der Katalog ist abschließend, jedoch durch den Verzicht auf konkrete Straftatbestände deutlich weiter gefasst als vergleichbare Kataloge in § 100a StPO oder § 100c StPO.

Erfasst sind:

- Delikte auf dem Gebiet des Betäubungsmittel- oder Waffenverkehrs, der Geld- oder Wertzeichenfälschung
- Staatsschutzdelikte
- gewerbs- oder bandenmäßig begangene Delikte
- gewohnheitsmäßig begangene Delikte
- in anderer Weise organisierte Begehung von Delikten (Auffangklausel).

Die Straftat muss von erheblicher Bedeutung sein. Der Begriff „Straftaten von erheblicher Bedeutung" ist im Gesetz nicht definiert, findet sich aber in einigen Vorschriften der Strafprozessordnung, so etwa bei §§ 81g, 98a, 100a, 163e StPO. Es ist wohl – entsprechend der Gesetzesmaterialien – von einer Straftat mindestens der mittleren Kriminalität auszugehen, die den Rechtsfrieden empfindlich stören und dazu geeignet sein kann, das Gefühl der Rechtssicherheit der Bevölkerung erheblich zu beeinträchtigen.[229] Der Verdacht des Versuches oder der Teilnahme (Anstiftung oder Beihilfe) reicht aus.

Nach der strengen Subsidiaritätsklausel des § 110a Abs. 1 Satz 3 StPO ist die Maßnahme nur zulässig, wenn die Aufklärung auf andere Weise aussichtslos oder wesentlich erschwert wäre. Auch hier handelt es sich um konkretisierte Erforderlichkeitserwägungen.

bb) Variante 2: § 110a Abs. 1 Satz 2 StPO

Nach der zweiten Variante ist der Einsatz möglich zur Aufklärung eines Verbrechens. Dies sind gemäß § 12 StGB rechtswidrige Taten, die im Mindestmaß mit Freiheitsstrafe von einem Jahr oder darüber bestraft werden. Zudem muss Wiederholungsgefahr bestehen. Diese Prognose soll mit Tatsachen begründet werden, wobei allgemeine, nicht einzelfallbezogene, kriminalistische Erfahrungen nicht genügen.[230] Auch hier gilt die strenge Subsidiaritätsklausel des § 110a Abs. 1 Satz 3 StPO.

cc) Variante 3: § 110a Abs. 1 Satz 4 StPO

Nach der dritten Variante ist der Einsatz verdeckter Ermittler zulässig, wenn es um die Aufklärung eines Verbrechens geht und die besondere Bedeutung der Tat den Einsatz gebietet.

---

229 So der Regierungsentwurf eines Gesetzes zur Neuregelung der Telekommunikationsüberwachung und anderer verdeckter Ermittlungsmaßnahmen sowie zur Umsetzung der Richtlinie 2006/24/EG, BT-Drs. 16/5846 S. 40.
230 BVerfG NJW 2009, 1405; kritisch: Kirkpatrick, S. 21.

Diese besondere Bedeutung kann sich insbesondere aus der erhöhten Gefährlichkeit der Beschuldigten ergeben.

d) Maßnahmenspezifische Verfahrensvorschriften

aa) Anordnungskompetenz

728 Verdeckte Ermittler dürfen gemäß § 100b Abs. 1 StPO durch die Polizei grundsätzlich nur nach Zustimmung der Staatsanwaltschaft eingesetzt werden. Bei Gefahr im Verzuge ist eine Zustimmung nachträglich einzuholen. Stimmt die Staatsanwaltschaft nicht binnen drei Tagen zu, ist die Maßnahme zu beenden.

729 Richtet sich der Einsatz verdeckter Ermittler – wie im Regelfall – gegen konkret Beschuldigte oder ist damit das Betreten einer Wohnung verbunden, so bedarf es gemäß § 110b Abs. 2 Nr. 2 StPO der Zustimmung des Gerichts. Bei Gefahr im Verzuge reicht die Zustimmung der Staatsanwaltschaft. Stimmt das Gericht nicht binnen drei Tagen zu, ist die Maßnahme zu beenden. Die Zustimmung der Staatsanwaltschaft ergeht schriftlich und ist zu befristen. Die Schaffung der Legende sowie die konkrete Einsatzgestaltung obliegen dagegen der Polizei im Rahmen ihrer Vollzugskompetenz.

bb) Schutz von Berufsgeheimnisträgern (§ 160a StPO)

730 Gemäß § 160a StPO darf sich die Maßnahme nicht gegen einen Berufsgeheimnisträger richten, dennoch erlangte Erkenntnisse dürfen nicht verwertet werden, Aufzeichnungen darüber sind zu vernichten. Die Vorschrift ergänzt die Zeugnisverweigerungsrechte und richtet sich primär an Verteidiger, Geistliche und Abgeordnete (Absatz 1) und ihre Berufshelfer (Absatz 3). Bei den in § 160a Abs. 2 StPO genannten zeugnisverweigerungsberechtigten Personen ist die Verhältnismäßigkeit besonders zu beachten.

cc) Unterrichtungs- und Löschungspflichten (§ 101 StPO)

731 Gemäß § 101 Abs. 4 Nr. 9 StPO sind die Zielperson, die erheblich mitbetroffene Person sowie die Person, deren Wohnung der verdeckte Ermittler betreten hat, (nachträglich) von der Maßnahme zu unterrichten mit dem Hinweis, dass auch nachträglich gerichtlicher Rechtsschutz möglich ist. Die Benachrichtigung unterbleibt gemäß § 101 Abs. 4 Satz 3 StPO, wenn ihr überwiegende schutzwürdige Belange einer betroffenen Person entgegenstehen. Gemäß § 101 Abs. 5 StPO erfolgt die Benachrichtigung, sobald dies ohne Gefährdung des Untersuchungszweckes, des Lebens, der körperlichen Unversehrtheit und der persönlichen Freiheit einer Person und von bedeutenden Vermögenswerten sowie der Möglichkeit der weiteren Verwendung eines verdeckten Ermittlers möglich ist. Wird die Benachrichtigung zurückgestellt, sind die Gründe aktenkundig zu machen. Sind Daten nicht mehr erforderlich, sind sie umgehend zu löschen. Unterlagen sind zu vernichten, wenn sie für das Verfahren nicht mehr benötigt werden.

dd) Schutz des Kernbereichs privater Lebensführung (§ 110a i.V.m. § 100d StPO)

732 Gemäß § 110a Abs. 1 i.v.m. § 100d StPO ist auch hier der Kernbereich privater Lebensführung besonders geschützt. Demnach ist die Maßnahme unzulässig, wenn tatsächliche Anhaltspunkte dafür vorliegen, dass dadurch lediglich Erkenntnisse aus dem Kernbereich privater Lebensgestaltung erlangt werden können. Werden solche Erkenntnisse im Rahmen einer Maßnahme nach § 110a StPO tatsächlich erlangt, so ist diese dahin gehend abzubrechen; die Erkenntnisse dürfen nicht verwertet werden.

e) Adressat

Von der Maßnahme kann jedermann – nicht allein Beschuldigte – betroffen werden. 733

f) Rechtsfolgen
aa) Einsatz verdeckter Ermittler

§ 110a StPO erlaubt den Einsatz verdeckter Ermittler. Damit sind die Herstellung und der Gebrauch erforderlicher Dokumente (Tarnpapiere), die Teilnahme am Rechtsverkehr unter Legende, die Datenerhebung sowie das Betreten von Wohnungen unter Legende erfasst. Gemäß § 110b StPO kann die Identität des verdeckten Ermittlers auch nach Beendigung des Einsatzes geheim gehalten werden. Eine zulässige Höchstdauer des Einsatzes ist im Gesetz nicht geregelt. Hinsichtlich der Zielsetzung der Maßnahme, auch in Leitungsebenen krimineller Organisationen vorzudringen, sind langfristige Einsätze unter Beachtung des Verhältnismäßigkeitsgrundsatzes zulässig. Maßgeblich für die Beurteilung der Verhältnismäßigkeit sind die Schwere und die Intensität des Tatvorwurfes sowie der Umfang der Kontaktphasen.[231] 734

bb) Beweisverwertung

Fehlt von vornherein eine Katalogtat, sind die Erkenntnisse unverwertbar.[232] Das Gleiche gilt, wenn das Erfordernis vorheriger oder nachträglicher Zustimmung der Staatsanwaltschaft bzw. des Gerichts willkürlich nicht beachtet wurde.[233] Der Verwertung steht aber nicht entgegen, wenn die Zustimmung nur mündlich anstatt schriftlich erging; bloße Formfehler stehen der Verwertbarkeit nicht entgegen.[234] 735

---

[231] Kirkpatrick, S. 28.
[232] AG Koblenz StV 1995, 516.
[233] BGHSt 44, 243 (250).
[234] BGH StV 1995, 398.

17. Einsatz verdeckter Ermittler (§ 20 PolG)

- *Aufsatz-Literatur: Hohnerlein, NVwZ 2016, 511 (Verdeckte Ermittler – verdeckter Rechtsstaat?); Zimmermann, Die Polizei 2016, 12 (Das Wohnungsbetretungsrecht – Verdeckter Ermittler und nicht offen ermittelnder Polizeibeamter im Lichte des Art. 13 GG); Schmidt, KR 2000, 162 (Der nicht offen ermittelnde Polizeibeamte).*

Einsatz verdeckter Ermittler (§ 20 PolG)

1. Tatbestandsvoraussetzungen
- 20 Abs. 1 Nr. 1 PolG
  - gegenwärtige Gefahr für Leib, Leben oder Freiheit einer Person
  - Datenerhebung durch verdeckten Ermittler zur Abwehr erforderlich
- § 20 Abs. 1 Nr. 2 PolG
  - Tatsachen rechtfertigen die Annahme, dass Straftaten von erheblicher Bedeutung begangen werden sollen
  - Datenerhebung durch verdeckten Ermittler zur vorbeugenden Bekämpfung erforderlich

2. Maßnahmenspezifische Verfahrensvorschriften
- Anordnungskompetenz
  - Behördenleiter
- § 9 Abs. 5, 7 PolG
- § 17 Abs. 4 PolG
- Benachrichtigungs- (§§ 33 Abs. 1 Nr. 3, 33a PolG) und Protokollierungspflichten (§ 33b PolG)

3. Adressat
- Verhaltens- und Zustandsstörer (§§ 4, 5 PolG) sowie
- andere Personen

4. Rechtsfolgen
- Erhebung personenbezogener Daten durch verdeckten Ermittler (§ 20 Abs. 1 PolG)
- Erstellung einer Legende/Urkunden (§ 20 Abs. 2 PolG)
- Betreten der Wohnung des Betroffenen unter Nutzung der Legende mit dessen Einverständnis (§ 20 Abs. 3 PolG)

> **Gefahr** ist eine Sachlage, in der bei hinreichender Wahrscheinlichkeit ein Schaden an den geschützten Rechtsgütern, hier Leib, Leben oder Freiheit einer Person, eintreten wird.

> **Gegenwärtig** ist eine Gefahr, wenn der Schaden bereits eingetreten (und noch nicht behoben) ist bzw. sein Eintritt zeitlich unmittelbar bevorsteht.

Abbildung 3.37: Schema zum Einsatz verdeckter Ermittler (§ 20 PolG)

Einsatz verdeckter Ermittler (§ 20 PolG)

a) Überblick

§ 20 PolG enthält eine Ermächtigungsgrundlage zur Datenerhebung durch den Einsatz verdeckter Ermittler. Dabei handelt es sich um einen Polizeivollzugsbeamten, der unter einer ihm verliehenen, auf Dauer angelegten Legende eingesetzt wird. Bei einer Legende handelt es sich um einen erfundenen Lebenslauf; im Regelfall wird er durch entsprechende Dokumente belegt. Entscheidend ist, dass die Legende „auf Dauer angelegt" sein muss; führt ein Polizeivollzugsbeamter lediglich eine einzelne Maßnahme unter einer Legende durch, liegt kein Einsatz eines verdeckten Ermittlers vor. Die Bestimmung normiert die Anforderungen an einen solchen Einsatz und enthält ferner eine Reihe von Ermächtigungen zu konkreten Maßnahmen des Ermittlers. 736

b) Grundrechtseingriffe

Der Einsatz eines verdeckten Ermittlers zur Erhebung personenbezogener Daten greift jedenfalls in das Recht derjenigen Personen, deren Daten erhoben werden sollen, auf informationelle Selbstbestimmung (Art. 2 Abs. 1 i.V.m. Art. 1 Abs. 1 GG) ein. Macht der verdeckte Ermittler von weiteren Befugnissen Gebrauch, kommen auch andere Grundrechtseingriffe in Betracht. § 20 Abs. 3 Satz 1 PolG erlaubt beispielsweise explizit das Betreten der Wohnung der betroffenen Person mit deren Einverständnis unter Nutzung der Legende; da das Einverständnis zum Betreten quasi mit einer Unwahrheit „erschlichen" wird, liegt ein (freilich gerechtfertigter) Eingriff auch in das Recht auf Unverletzlichkeit der Wohnung vor (Art. 13 GG). Die „Täuschung" darf jedoch nicht über den Inhalt der Legende hinaus reichen. 737

c) Tatbestandsvoraussetzungen

§ 20 Abs. 1 PolG normiert zwei tatbestandliche Varianten. Der Einsatz eines verdeckten Ermittlers ist nach Nr. 1 dann erlaubt, wenn dies zur Abwehr einer gegenwärtigen Gefahr für Leib, Leben oder Freiheit einer Person erforderlich ist (zum Gefahrenbegriff Rn. 147 ff.); eine Gefahr ist gegenwärtig, wenn der Schaden bereits eingetreten (und noch nicht behoben) ist oder der Schadenseintritt zeitlich unmittelbar bevorsteht. Nr. 2 gestattet den Einsatz, wenn Tatsachen die Annahme rechtfertigen, dass Straftaten von erheblicher Bedeutung (vgl. dazu § 8 Abs. 3 PolG) begangen werden sollen, und wenn der Einsatz zur vorbeugenden Bekämpfung dieser Straftaten erforderlich ist. 738

d) Maßnahmenspezifische Verfahrensvorschriften

Die Anordnungskompetenz für den Einsatz eines verdeckten Ermittlers liegt nach § 20 Abs. 4 Satz 1 PolG bei dem Behördenleiter. § 20 Abs. 4 Satz 2 PolG verweist auf § 17 Abs. 4 PolG. Ferner sind die allgemeinen Vorschriften über die Datenerhebung in § 9 Abs. 5, 7 PolG zu beachten. Zu beachten sind außerdem die Benachrichtigungs- (§§ 33 Abs. 1 Nr. 3, 33a PolG) und Protokollierungspflichten (§ 33b PolG). 739

e) Adressat

Zulässige Adressaten der Maßnahme sind die Personen, deren personenbezogene Daten durch den Einsatz und die Tätigkeit des verdeckten Ermittlers erhoben werden sollen. Dies können Personen nach § 4 oder nach § 5 PolG, aber auch „andere Personen" sein, also solche, die nicht Störer sind und auch nicht die Voraussetzungen des § 6 PolG erfüllen. 740

f) Rechtsfolgen

Unter den dargestellten Voraussetzungen ist die Polizei dazu ermächtigt, einen verdeckten Ermittler einzusetzen und durch ihn personenbezogene Daten erheben zu lassen. Gemäß 741

3. Teil • Eingriffsbefugnisse

§ 20 Abs. 2 Satz 1 PolG dürfen auch entsprechende Urkunden hergestellt oder verändert werden, soweit dies für den Aufbau und zur Aufrechterhaltung der Legende unerlässlich ist. Satz 2 erlaubt es dem verdeckten Ermittler zudem, unter Legende zur Erfüllung seines Auftrags am Rechtsverkehr teilnehmen.

742 Gemäß § 20 Abs. 3 Satz 1 PolG darf der verdeckte Ermittler unter der Legende mit Einverständnis der berechtigten Person deren Wohnung betreten. Allerdings darf das Einverständnis nicht durch ein über die Nutzung der Legende hinausgehendes Vortäuschen eines Zutrittsrechts herbeigeführt werden (Satz 2).

743 Dem verdeckten Ermittler kommen ansonsten in seiner Eigenschaft als Polizeivollzugsbeamter die nach dem PolG oder anderen Rechtsvorschriften erlaubten Befugnisse zu (§ 20 Abs. 3 Satz 3 PolG).

18. Einsatz von V-Personen (§ 19 PolG)

- Aufsatz-Literatur: Eschelbach, StV 2000, 390 (Rechtsfragen zum Einsatz von V-Leuten).

Einsatz von V-Personen (§ 21 PolG)
1. Tatbestandsvoraussetzungen
– § 19 Abs. 1 Satz 1 Nr. 1 PolG
– gegenwärtige Gefahr für Leib, Leben oder Freiheit einer Person
– Datenerhebung durch V-Person zur Abwehr erforderlich
– § 19 Abs. 1 Satz 1 Nr. 2 PolG
– Tatsachen rechtfertigen die Annahme, dass eine Person Straftaten von erheblicher Bedeutung begangen will
– Datenerhebung durch V-Person zur vorbeugenden Bekämpfung erforderlich
2. Maßnahmenspezifische Verfahrensvorschriften
– Anordnungskompetenz
– Behördenleiter oder beauftragte Leitungsperson des höheren PVD
– § 9 Abs. 5, 7 PolG
– § 16a Abs. 2 Satz 2 und 3 PolG
– § 17 Abs. 4 PolG
– Benachrichtigungs- und Protokollierungspflichten (§§ 33 Abs. 1 Nr. 3, 33a, 33b PolG)
3. Adressat
– § 19 Abs. 1 Satz 1 Nr. 1 PolG
– Personen nach §§ 4, 5, 6 PolG
– § 19 Abs. 1 Satz 1 Nr. 2 PolG
– Person, die Straftaten von erheblicher Bedeutung begehen will
– Kontakt- und Begleitpersonen sowie „zufällig Mitüberwachte"
4. Rechtsfolgen
– Erhebung personenbezogener Daten durch V-Person

> **Gefahr** ist eine Sachlage, in der bei hinreichender Wahrscheinlichkeit ein Schaden an den geschützten Rechtsgütern, hier Leib, Leben oder Freiheit einer Person, eintreten wird.
>
> **Gegenwärtig** ist eine Gefahr, wenn der Schaden bereits eingetreten (und noch nicht behoben) ist bzw. sein Eintritt zeitlich unmittelbar bevorsteht.

Abbildung 3.38: Schema zum Einsatz von V-Personen (§ 21 PolG)

a) Überblick

Gemäß § 19 Abs. 1 Satz 1 PolG kann die Polizei personenbezogene Daten durch den Einsatz von Personen erheben, deren Zusammenarbeit mit der Polizei Dritten nicht bekannt ist. Während es sich bei den verdeckten Ermittlern i.S.v. § 20 PolG um Polizeivollzugsbeamte

742

handelt, sind die sog. V-Leute (von: Vertrauensleute) keine solchen. Die Möglichkeit eines koordinierten Einsatzes von solchermaßen polizeifremden Personen, deren Zusammenarbeit mit der Polizei Dritten nicht bekannt ist, trägt der Tatsache Rechnung, dass die Polizeibehörden auf Informationen angewiesen sind, die sie selbst nicht erheben können; auf der anderen Seite berücksichtigt die Maßnahme das Interesse der V-Leute, unerkannt zu bleiben.

b) Grundrechtseingriffe

743 Die Erhebung personenbezogener Daten durch V-Leute greift in das Recht der betroffenen Personen auf informationelle Selbstbestimmung ein (Art. 2 Abs. 1 i.V.m. Art. 1 Abs. 1 GG).

c) Tatbestandsvoraussetzungen

744 Die Erhebung personenbezogener Daten durch V-Leute lässt sich durch zwei tatbestandliche Varianten ermöglichen. Gemäß § 19 Abs. 1 Satz 1 Nr. 1 PolG können über die in §§ 4 und 5 PolG genannten Personen sowie unter den Voraussetzungen des § 6 PolG über die dort genannten Personen Daten erhoben werden, wenn dies zur Abwehr einer gegenwärtigen Gefahr für Leib, Leben oder Freiheit einer Person erforderlich ist. Es muss mithin eine Gefahr für die genannten Rechtsgüter vorliegen (zum Gefahrenbegriff oben Rn. 147 ff.). Eine gegenwärtige Gefahr liegt vor, wenn der Schaden bereits eingetreten (und noch nicht behoben) ist oder der Schadenseintritt zeitlich unmittelbar bevorsteht. Der Einsatz einer V-Person muss zur Abwehr der Gefahr erforderlich sein; kommen andere Maßnahmen in Betracht, die – wie etwa eine Observation – aufgrund der größeren verbleibenden Distanz als milder zu qualifizieren sind, ist der Einsatz rechtswidrig.

745 Nach § 19 Abs. 1 Satz 1 Nr. 2 PolG kann eine Datenerhebung ferner erfolgen über Personen, soweit Tatsachen die Annahme rechtfertigen, dass diese Personen Straftaten von erheblicher Bedeutung begehen wollen (s. dazu die Regelbeispiele in § 8 Abs. 3 PolG), sowie über deren Kontakt- oder Begleitpersonen, wenn die Datenerhebung zur vorbeugenden Bekämpfung dieser Straftaten erforderlich ist.

d) Maßnahmenspezifische Verfahrensvorschriften

746 Die Anordnungskompetenz für den Einsatz von V-Leuten liegt gemäß § 19 Abs. 2 Satz 1 PolG beim Behördenleiter oder bei einer von ihnen beauftragten Leitungsperson des höheren Polizeivollzugsdienstes. § 16a Abs. 1 Sätze 3–5 sowie § 17 Abs. 4 PolG werden für entsprechend anwendbar erklärt. Bei der Datenerhebung sind die allgemeinen Bestimmungen des § 9 Abs. 4–6 PolG zu beachten. Ferner gelten die Benachrichtigungs- und Protokollierungspflichten nach §§ 33 Abs. 1 Nr. 3, 33a und 33b PolG.

e) Adressat

747 Typischerweise richtet sich die Datenerhebung durch V-Leute gegen eine oder mehrere bestimmte oder bestimmbare Personen, über deren Verhalten Informationen gesammelt werden sollen. Bei der tatbestandlichen Variante in § 19 Abs. 1 Satz 1 Nr. 1 PolG ist Adressat eine Person nach §§ 4, 5 oder 6 PolG (Verhaltens-, Zusatz- oder Zustandsstörer bzw. Nichtstörer). Geht die Polizei auf der Grundlage der Nr. 2 vor, ist Adressat eine Person, hinsichtlich derer Tatsachen die Annahme rechtfertigen, dass sie Straftaten von erheblicher Bedeutung begehen will. Ferner kann sich die Maßnahme gegen Kontakt- und Begleitpersonen richten (dazu Rn. 808 ff.).

Einsatz von V-Personen (§ 19 PolG)

Gemäß § 19 Abs. 1 Satz 2 PolG dürfen auch personenbezogene Daten über andere Personen (als die in §§ 4–6 PolG genannten) erhoben werden (zufällig Mitüberwachte), um eine Datenerhebung nach Satz 1 durchführen zu können.

748

f) Rechtsfolgen

Zulässige Rechtsfolge ist die zielgerichtete Datenerhebung durch den Einsatz von Personen, deren Zusammenarbeit mit der Polizei Dritten nicht bekannt ist.

749

Verdeckte Datenerhebung				
	Tatbestand	Adressat	Anordnungsbefugnis	Verfahrensvorschriften
§ 163f StPO längerfristige Observation	Anfangsverdacht für Straftat von erheblicher Bedeutung qualifizierte Subsidiaritätsklausel	Beschuldigter Kontakt-, Begleitpersonen bei Erfolgsprognose	Gericht bei GiV StA/ErmPers. schriftlich, Dauer max. 3 Monate, Verlängerungen von jeweils 3 Monaten möglich	Unterrichtung, Löschung
§ 100h StPO Einsatz techn. Mittel zu Observation	Anfangsverdacht einfache Subsidiaritätsklausel bei Beschuldigten qualifizierte Subsidiaritätsklausel bei sonst. Personen bei § 100h Abs. 2 Nr. 2 StPO: Straftat von erheblicher Bedeutung	Beschuldigter Kontakt-, Begleitpersonen andere Personen	StA/Polizei	Unterrichtung, Löschung
§§ 100c–100e StPO akustische Wohnraumüberwachung	konkretisierter Tatverdacht einer Katalogstraftat nach § 100c Abs. 2 StPO besondere Schwere der Tat Geeignetheit: Verfahrensrelevante Äußerungen können erfasst werden strenge Subsidiaritätsklausel	Beschuldigter andere Personen nur, wenn Maßnahme gegen Beschuldigten nicht ausreicht	Kammer des LG mit 3 Berufsrichtern, bei GiV Vorsitzender der Kammer schriftlich, Dauer 1 Monat, Verlängerung möglich, nach 6 Monaten entscheidet OLG	Schutz Kernbereich privater Lebensführung Schutz v. Berufsgeheimnisträgern (§ 100c Abs. 6 StPO) Unterrichtung, Löschung Berichtspflichten
§ 100f StPO akustische Überwachung außerhalb von Wohnungen	konkretisierter Tatverdacht einer Katalogstraftat nach § 100a Abs. 2 StPO) konkret schwerwiegende Tat strenge Subsidiaritätsklausel	Beschuldigter Kontaktpersonen bei Erfolgsprognose	Gericht bei GiV auch StA schriftlich, Dauer 3 Monate, Verlängerungen möglich	Schutz Kernbereich privater Lebensführung Schutz v. Berufsgeheimnisträgern (§ 160a StPO) Unterrichtung, Löschung
§§ 100a, 100b StPO Telekommunikationsüberwachung	konkretisierter Tatverdacht einer Katalogstraftat nach § 100a Abs. 2 StPO besondere Schwere der Tat strenge Subsidiaritätsklausel	Beschuldigter Nachrichtenmittler	Gericht bei GiV auch StA schriftlich, Dauer 3 Monate, Verlängerungen möglich	Schutz Kernbereich privater Lebensführung Schutz v. Berufsgeheimnisträgern (§ 160a StPO) Unterrichtung, Löschung

3. Teil • Eingriffsbefugnisse

Verdeckte Datenerhebung				
	Tatbestand	Adressat	Anordnungsbefugnis	Verfahrensvorschriften
§ 100g StPO Erhebung von Verkehrsdaten	Nr. 1: konkretisierter Tatverdacht für Straftat von erheblicher Bedeutung oder Nr. 2: Straftat, die mittels TK begangen wurde Erforderlichkeit bei Nr. 2: strenge Subsidiaritätsklausel	Beschuldigter Nachrichtenmittler Person, deren Anschluss vom Beschuldigten benutzt wird	Gericht bei GiV auch StA schriftlich, Dauer max. 3 Monate, Verlängerungen von jeweils 3 Monaten möglich	Schutz des Kernbereichs privater Lebensgestaltung Unterrichtung, Löschung
§ 100i StPO Technische Ermittlungsmaßnahmen bei Mobilfunkendgeräten	konkretisierter Tatverdacht für Straftat von erheblicher Bedeutung; insbes. Katalogstraftat nach § 100a Abs. 2 StPO Erforderlichkeit	Beschuldigter Nachrichtenmittler Person, deren Anschluss vom Beschuldigten benutzt wird	Gericht bei GiV auch StA schriftlich, Dauer 6 Monate, Verlängerung um jeweils 6 Monate zulässig	Benachrichtigung, Löschung
§ 98c StPO Datenabgleich	Zweckbindung: Aufklärung einer Straftat oder Ermittlung Aufenthaltsort	jedermann	StA/Polizei	– –
§ 163e StPO Ausschreibung zur polizeilichen Beobachtung	Anfangsverdacht für Straftat von erheblicher Bedeutung qualifizierte Subsidiaritätsklausel	Beschuldigter Kontaktpersonen bei Erfolgsprognose	Gericht bei GiV auch StA Dauer 1 Jahr, Verlängerungen um jeweils max. 3 Monate möglich	Benachrichtigung, Löschung
§§ 98a, 98b StPO Rasterfahndung	Anfangsverdacht einer Straftat von erheblicher Bedeutung auf speziellen Gebieten qualifizierte Subsidiaritätsklausel	private und öffentliche Stellen, die entsprechende Daten führen	Gericht bei GiV auch StA schriftlich	Unterrichtung, Löschung Rückgabe der Datenträger
§ 163d StPO Netzfahndung	Konkretisierter Tatverdacht einer Anlasstat von § 111 StPO oder bei Grenzkontrollen: Katalogstraftat nach § 100a Abs. 2 Nr. 6–9, 11 StPO Zweck: Ergreifung des Täters oder Aufklärung Erfolgsaussicht Verhältnismäßigkeit	jedermann	Gericht bei GiV auch StA/ErmPers. schriftlich, Dauer max. 3 Monate, Verlängerungen von jeweils 3 Monaten möglich	örtliche Begrenzung Datenübermittlung Benachrichtigung, Löschung
§ 110a–100c StPO Einsatz Verdeckter Ermittler	Var. 1: Anfangsverdacht für Straftat von erheblicher Bedeutung auf speziellen Gebieten strenge Subsidiaritätsklausel Var. 2: Anfangsverdacht eines Verbrechens Wiederholungsgefahr strenge Subsidiaritätsklausel Var. 3: Anfangsverdacht eines Verbrechens besondere Bedeutung der Tat andere Maßnahmen aussichtslos	jedermann	gegen Beschuldigte/ bei Wohnungsbetreten: StA nach Zustimmung Richter, bei GiV: StA ansonsten: Polizei nach Zustimmung StA bei GiV: Polizei schriftl. Zustimmung, Dauer 6 Monate, Verlängerung um jeweils 6 Monate zulässig	Schutz v. Berufsgeheimnisträgern (§ 160a StPO) Benachrichtigung, Löschung

Abbildung 3.39: Übersicht zur verdeckten repressiven Datenerhebung

Ermittlungsmaßnahmen zur Datenerhebung

Ermittlungsmaßnahmen zur Datenerhebung		
Maßnahme		**Rechtsgrundlage**
Auslesen einer E-Mail beim Computer des Empfängers		§§ 94, 98 StPO und ggf. §§ 102, 110 StPO
Auswertung Speicher/SIM von Handy, Anhören von Mail-Box-Inhalten		
↑ Auskunftsverlangen hinsichtlich	Inhalte von E-Mail-Nachrichten beim Provider	
	Inhalte von Internetforen	
	Bestandsdaten (insbesondere Personalien, Rufnummer, Vertragsbegründung § 3 Nr. 3 TKG) bei Providern (z.B. O2)	§§ 161, 163 StPO i.V.m. § 113 Abs. 1 TKG
	Bestandsdaten (insbesondere Personalien, Rufnummer, Vertragsbegründung, § 3 Nr. 3 TKG) bei Telemedien (z.B. Facebook, eBay)	§§ 161, 163 StPO i.V.m. § 14 Abs. 2 TMG
	Personalien anhand Rufnummer, dynamischer/statischer IP-Adresse oder E-Mail-Adresse	§§ 161, 163 StPO i.V.m. §§ 112, 113 TKG
	IMSI, IMEI	
	Standortbestimmung Handy über Mobilfunknetz bei vergangenen Anrufen	§ 100a StPO
	Standortbestimmung Pkw über Mobilfunknetz in der Vergangenheit (wenn ein SIM-Modul im Pkw installiert ist)	
	Standortbestimmung Mobiltelefon/Pkw in der Vergangenheit über eingebautem GPS-Modul	in StPO nicht geregelt
	in Vergangenheit angefallene Verkehrsdaten, soweit sie nicht der Nichtigkeit gem. § 113a TKG unterfallen, insbesondere Rechnungsdaten	§ 100g StPO i.V.m. §§ 96, 97 TKG
	alle **künftig** anfallenden Verkehrsdaten (Nummer/Kennung, Beginn/Ende der Verbindung, Provider etc. (§ 96 TKG)	§ 100g StPO i.V.m. §§ 96, 97 TKG
	PIN und PUK	§§ 161, 163 StPO i.V.m. § 113 Abs. 1 Satz 2 TKG
	welche Mobiltelefone sich in einer Funkzelle befunden haben (Funkzellenabfrage)	§ 100g Abs. 2 Satz 2 StPO
	Rufnummern, die einen bekannten Anschluss angewählt haben (Zielwahlsuche)	§ 100g Abs. 1 StPO (nur Rechnungsdaten)
Erhebung von Verkehrsdaten (insbesondere Standortbestimmung) eines eingeschalteten Mobilfunkgerätes (stand-by) in Echtzeit		§ 100g StPO
Überwachung der Telekommunikation (= Erheben von Inhaltsdaten aus Festnetz, Mobilfunknetz, E-Mail während der Übermittlung, W-LAN)		§ 100a StPO
Überwachung verschlüsselter Nachrichten im Rahmen der Internet-Telefonie (Quellen-TKÜ)		
Einsatz IMSI-Catcher zur Ermittlung IMSI (Mobilfunk, W-LAN)		§ 100i StPO
Einsatz GPS zur Observation		§ 100h Abs. 1 Nr. 2 StPO
Einsatz einer „Stillen SMS" zur Standortbestimmung		str., h.M.: § 100a StPO
Akustische Überwachung Pkw		§ 100f StPO
Akustische Überwachung Wohnraum		§ 100c StPO

Abbildung 3.40: Übersicht zu Ermittlungsmaßnahmen zur Datenerhebung

3. Teil • Eingriffsbefugnisse

III. Offene oder verdeckte Datenerhebung

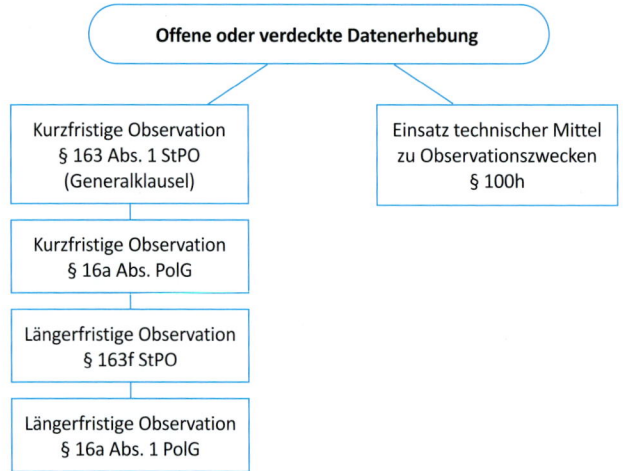

Abbildung 3.41: Übersicht zur offenen und verdeckten Datenerhebung

1. Kurzfristige Observation (§ 16a Abs. 4 PolG)

- *Leitentscheidungen: BVerfG NVwZ 2001, 1261 (polizeiliche Observation von Kontakt- und Begleitpersonen).*
- *Übungsfälle: Keller PSP 3/2013, 35 (Klausur Eingriffsrecht: Verdächtige Person).*

Kurzfristige Observation[231]
(§ 16a Abs. 4 PolG)

1. Tatbestandsvoraussetzungen
– Datenerhebung durch Observation zum Zwecke der Gefahrenabwehr erforderlich
– ohne Maßnahme wäre die Erfüllung der polizeilichen Aufgabe gefährdet

2. Maßnahmenspezifische Verfahrensvorschriften
– Durchführung durch jeden Polizeibeamten
– § 9 Abs. 5, 7 PolG
– Anforderungen an den Kernbereichsschutz (§ 16 PolG)

3. Adressat
– in §§ 4 und 5 PolG genannte Personen und
– andere Personen

4. Rechtsfolgen
– kurzfristige Beobachtung zur Datenerhebung

Observation ist eine planmäßig angelegte Beobachtung.

Abbildung 3.42: Schema zur kurzfristigen Observation (§ 16a Abs. 4 PolG)

Kurzfristige Observation (§ 16a Abs. 4 PolG)

a) Überblick

Die Observation ist die Erhebung personenbezogener Daten durch die planmäßig angelegte, im Allgemeinen unauffällige Wahrnehmung, meist Beobachtung (zu anderen denkbaren Handlungen Rn. 761) einer oder mehrerer Personen.[234]

750

> **Beispiele**
> Eine Streifenfahrt durch ein Wohnviertel ohne gezieltes Observationsobjekt ist keine Observation i.S.v. § 16a PolG. Gleiches gilt für bloße Orientierung, bevor Position zur Beobachtung bezogen wird. – Beobachten die Polizeibeamten einen Hauseingang, wird man dies aber als Observation qualifizieren können, wenn es darum geht, die hineingehenden und herauskommenden Personen zu beobachten.

Im präventiven Handlungsfeld differenziert § 16a PolG zwischen der längerfristigen Observation (§ 16a Abs. 1–3 PolG) und der kurzzeitigen bzw. kurzfristigen Observation, die in § 16a Abs. 4 PolG normiert ist.

Eine längerfristige Observation i.S.v. § 16a Abs. 1–3 PolG liegt vor, wenn die Maßnahme für einen Zeitraum von durchgehend mehr als 24 Stunden geplant oder tatsächlich durchgeführt wird. Es ist also unerheblich, ob die Maßnahme von vornherein auf diese Dauer angelegt war oder sich erst im Verlauf der Observation herausstellt, dass sie länger dauern wird als beabsichtigt – die Anforderungen der Absätze 2 und 3 sind (auch) bei einem solchen „Umschlagen" zu einer längerfristigen Observation zu beachten. Eine längerfristige Observation liegt ferner dann vor, wenn sie an mehr als an zwei (also: mindestens drei) Tagen geplant oder tatsächlich durchgeführt wird. Diese (mindestens) drei Tage müssen nicht aufeinander folgen.

751

> **Beispiel**
> Die Polizeibeamten P und Q observieren eine Person an jedem Mittwoch eines Monats, weil sich die Person an diesem Tag mit anderen, verdächtigen Personen zu treffen pflegt. Es handelt sich also um Observationen an mehr als an zwei Tagen, obwohl die Tage jeweils eine Woche auseinanderliegen.

Ferner ist zur Einordnung als längerfristige Observation nicht erforderlich, dass die Beobachtung an den mehr als zwei Tagen ganztägig erfolgt; es würde dem Zweck der Unterscheidung zwischen kurz- und längerfristiger Observation und den höheren Anforderungen an Letztere zuwiderlaufen, wenn eine Beobachtung über 23 Stunden nicht als „voller Tag" zählen würde. Es kommt mithin nur darauf an, ob die Observation insoweit mit einer gewissen Regelmäßigkeit erfolgt, als sie nicht allein an nur zwei Tagen stattfindet.

752

Die kurzfristige bzw. kurzzeitige Observation zu repressiven Zwecken ist demgegenüber in Ermangelung einer speziellen Ermächtigungsgrundlage auf die Ermittlungsgeneralklausel gemäß § 163 Abs. 1 StPO zu stützen. Für Prüfungsschema und Voraussetzungen kann daher auf die oben (Rn. 243 ff.) gemachten Ausführungen verwiesen werden.

753

b) Grundrechtseingriffe

Die Observation greift in das Recht auf informationelle Selbstbestimmung der wahrgenommenen Person gemäß Art. 2 Abs. 1 i.V.m. Art. 1 Abs. 1 GG ein.

754

c) Tatbestandsvoraussetzungen

Die Erhebung personenbezogener Daten durch die kurzfristige Observation setzt voraus, dass diese zum Zwecke der Gefahrenabwehr erforderlich ist und ohne sie die Erfüllung der polizeilichen Aufgabe gefährdet wird (§ 16a Abs. 4 Satz 2 PolG). Es ist mithin keine konkrete Gefahrenlage erforderlich; dies ist sachgerecht, tragen doch die Erkenntnisse polizeilicher

755

---
[234] Bialon/Springer, 13. Kap. Rn. 19.

Observationen häufig erst dazu bei, das Bestehen einer Gefahrenlage verlässlich zu prognostizieren. Es genügt, wenn die Polizeibeamten das Ziel einer Gefahrenabwehr verfolgen („abstrakte Gefahr"). Ferner muss die Observation für dieses Ziel erforderlich sein, und ohne sie muss die Erfüllung der polizeilichen Aufgabe (Gefahrenabwehr) gefährdet werden.

d) Maßnahmenspezifische Verfahrensvorschriften

756 Auf eine kurzfristige Observation, also eine solche, die nicht die in § 16a Abs. 1 PolG normierten Anforderungen an eine längerfristige Observation erfüllt, finden die Absätze 1–3 keine Anwendung. Damit gelten die qualifizierten tatbestandlichen Anforderungen für die längerfristige Observation in Absatz 1 ebenso wenig wie die Anordnungskompetenz in Absatz 2 (Behördenleitervorbehalt) und die Verfahrensbestimmungen in Absatz 3.

757 Die Maßnahme kann also von jedem Polizeibeamten durchgeführt werden. Sofern allerdings abzusehen ist, dass die kurz- in eine längerfristige Observation umzuschlagen droht, ist die Anordnung des Behördenleiters nachträglich einzuholen.

> **Beispiel**
> Die Polizeibeamten P und Q observieren eine Person. Ursprünglich haben sie damit gerechnet, dass ihre Beobachtungen nach wenigen Stunden beendet sein würden. Nunmehr stellt sich heraus, dass die Observation durchgehend länger als 24 Stunden dauern wird. Damit wird diese zu einer längerfristigen Observation; gemäß § 16a Abs. 2 Satz 1 PolG ist eine Anordnung des Behördenleiters einzuholen.

758 Es sind die allgemeinen Anforderungen an die Datenerhebung gemäß § 9 Abs. 5, 7 PolG zu berücksichtigen. Die Observation kann offen oder verdeckt stattfinden, wird aber meist heimlich durchgeführt. Ferner sind die Vorgaben hinsichtlich des Schutzes des Kernbereichs privater Lebensgestaltung zu beachten (§ 16 PolG).

e) Adressat

759 Gemäß § 16a Abs. 4 Satz 2 PolG kann die Polizei durch eine kurzfristige Observation personenbezogene Daten über die in §§ 4 und 5 PolG genannten Personen sowie über andere Personen erheben. Personen nach §§ 4 und 5 PolG kommen freilich als Adressaten nur dann in Betracht, wenn eine konkrete Gefahr anzunehmen ist; erforderlich für die Durchführung der kurzfristigen Observation ist sie freilich nicht.

f) Rechtsfolgen

760 Rechtsfolge ist die kurzfristige planmäßige Beobachtung einer Person zum Zwecke der Erhebung personenbezogener Daten. Sie kann offen oder verdeckt erfolgen. Soll die Observation unter Zuhilfenahme technischer Mittel erfolgen, so ist auf die §§ 17, 18 PolG zurückzugreifen; sie ist nur ohne technische Hilfsmittel zulässig.

761 Der Begriff dieser technischen Hilfsmittel ist jedoch nicht zu weit zu fassen; die Verwendung eines Fernglases wird zulässig sein, da ohnehin Sichtbares vergrößert wird.[235] Von der Ermächtigungsnorm gedeckt dürfte jedoch auch das Belauschen einer Person sein,[236] auch wenn § 16a PolG von einer „Beobachtung" spricht und dies allein eine visuelle Wahrnehmung nahelegt.

---

235 Bialon/Springer, 13. Kap. Rn. 24.
236 Bialon/Springer, 13. Kap. Rn. 19.

Längerfristige Observation (§ 163f StPO)

2. Längerfristige Observation (§ 163f StPO)

- *Aufsatz-Literatur: Keller, PSP 2/2012, 17 (Observation und Einsatz technischer Mittel auf Grundlage des PolG NRW und der StPO); Gusy, VerwArch 2010, 309 (Vom neuen Sicherheitsbegriff zur neuen Sicherheitsarchitektur).*
- *Leitentscheidungen: BGH NStZ 2016, 301 (Observationsberichte dürfen verlesen werden); BVerfG NJW-Spezial 2009, 585 (Verstoß gegen Richtervorbehalt); BGH NStZ 2007, 635 (kein Anspruch auf Verhinderung von Straftaten während der Observation); LG Kaiserslautern NStZ 2006, 516 (Richterliche Anordnung für Dauerobservationen); OLG Hamm NStZ 2009, 347 (Zuständigkeit des OLG für Anordnungen längerfristiger Observationen); OLG Hamburg StV 2007, 628 (Beweisverwertungsverbot für Erkenntnisse aus einer rechtswidrigen Observationsmaßnahme).*
- *Übungsfall: Hantschel, JURA 2001, 472 (Klausur Strafprozessrecht – „Der Feuerteufel").*

Längerfristige Observation (§ 163f StPO)

1. Tatbestandsvoraussetzungen
- Anfangsverdacht für Straftat von erheblicher Bedeutung
- qualifizierte Subsidiaritätsklausel

2. Maßnahmenspezifische Verfahrensvorschriften
- Anordnungskompetenz
  - Gericht
  - bei GiV: StA/Ermittlungspersonen der StA
  - schriftliche, begründete Anordnung, erste Anordnung höchstens 3 Monate, Verlängerungen von jeweils höchstens 3 Monaten möglich
- Schutz von Berufsgeheimnisträgern (§ 160a StPO)
- Unterrichtungs- und Löschungspflichten (§ 101 StPO)
- Schutz des Kernbereichs privater Lebensgestaltung (§ 100d StPO)

3. Adressat
- Beschuldigter
- Kontakt- und Begleitpersonen des Beschuldigten bei Erfolgsprognose

4. Rechtsfolgen
- Längerfristige Observation

Observation ist eine planmäßig angelegte Beobachtung.

Längerfristig ist die Observation, wenn sie durchgehend länger als 24 Stunden dauert oder an mehr als zwei Tagen stattfinden soll.

Zureichende tatsächliche Anhaltspunkte sind über bloße Vermutungen hinausgehende Erkenntnisse für das Vorliegen einer Straftat.

Eine Straftat von erheblicher Bedeutung liegt insbesondere vor, wenn sie mindestens der mittleren Kriminalität zuzurechnen ist, den Rechtsfrieden empfindlich stört und dazu geeignet ist, das Gefühl der Rechtssicherheit der Bevölkerung erheblich zu beeinträchtigen.

Beschuldigter ist jede Person, gegen die im Rahmen eines Strafverfahrens wegen einer bestimmten Straftat ermittelt wird.

Gefahr im Verzuge ist gegeben, wenn auf den Beschluss des Gerichts nicht gewartet werden kann, ohne dass die Erforschung des Sachverhaltes oder die Ermittlung des Aufenthaltsortes des Beschuldigten gefährdet wäre.

Abbildung 3.43: Schema zur längerfristigen Observation (§ 163f StPO)

a) Überblick

762 Die Strafprozessordnung wie auch die Polizeigesetze des Bundes und der Länder unterscheiden zwischen der kurz- und längerfristigen Observation. Während die kurzfristige Observation im Strafprozessrecht auf die Ermittlungsgeneralklausel der §§ 161, 163 Abs. 1 Satz 2 StPO zu stützen ist, sind längerfristige Observationen wegen des damit verbundenen erheblichen Grundrechtseingriffes an die engen Regelungen des § 163f StPO gebunden.

763 Die Vorschrift wurde durch das Gesetz zur Neuregelung der Telekommunikationsüberwachung und anderer verdeckter Ermittlungsmaßnahmen sowie zur Umsetzung der Richtlinie 2006/24/EG vom 21.12.2007[237] wesentlich verändert. Ergänzt wurden der Richtervorbehalt und die nachträgliche Benachrichtigungspflicht des Betroffenen. Dies geschah vor dem Hintergrund, dass eine längerfristige Observation, insbesondere in Kumulation mit anderen Ermittlungsmaßnahmen, namentlich durch den Einsatz technischer Mittel gemäß § 100h Abs. 1 StPO, einen erheblichen Grundrechtseingriff darstellen kann. Findet die Observation mittels technischer Mittel statt, müssen auch die Voraussetzungen des § 100h StPO vorliegen.

b) Grundrechtseingriffe

764 Durch die Observation wird regelmäßig in das von Art. 2 Abs. 1 i.V.m. 1 Abs. 1 GG erfasste Recht auf informationelle Selbstbestimmung eingegriffen. Aber auch Eingriffe in Art. 13 GG sind durch Observationen als „große Späheingriffe" möglich. Dies ist immer dann anzunehmen, wenn die Beobachtung in eine Wohnung unter Überwindung von Barrieren erfolgt, die mit einer Störung der Privatsphäre einhergehen.

> **Beispiel**
> Polizeibeamte klettern auf das Flachdach eines Bungalows und schauen durch das Oberlicht in die Wohnung der Zielperson.

765 Die Beamten haben hier in die räumliche Privatsphäre eingegriffen. Damit ist ein Eingriff in Art. 13 GG gegeben. Anders ist der Fall zu beurteilen, wenn lediglich durch ein offenes Fenster in die Wohnung geschaut wird. In diesem Fall hat der Grundrechtsträger seine besondere Privatsphäre aufgegeben, sodass ein Eingriff in Art. 13 GG zu verneinen ist.[238]

c) Tatbestandsvoraussetzungen

aa) Anfangsverdacht einer Straftat von erheblicher Bedeutung

766 Grundvoraussetzung ist zunächst, dass zureichende tatsächliche Anhaltspunkte für eine Straftat von erheblicher Bedeutung vorliegen. Es muss also ein Anfangsverdacht i.S.v. § 152 Abs. 2 StPO für eine Straftat der mindestens mittleren Kriminalität gegeben sein.

bb) Subsidiaritätsklausel

767 Die Observation ist nach der qualifizierten Subsidiaritätsklausel des § 163f Abs. 1 StPO nur zulässig, wenn aufgrund von Tatsachen anzunehmen ist, dass die Maßnahme zur Erforschung des Sachverhalts oder zur Ermittlung des Aufenthaltsortes des Täters führen wird und dies auf andere Weise erheblich weniger erfolgversprechend oder wesentlich erschwert wäre. In der Sache handelt es sich bei dieser Subsidiaritätsklausel um eine im Tatbestand normierte Erforderlichkeitserwägung. Diese Klausel gilt für Observationen von Beschuldigten wie auch von Kontakt-/Begleitpersonen.

---

[237] Gesetz zur Neuregelung der Telekommunikationsüberwachung und anderer verdeckter Ermittlungsmaßnahmen sowie zur Umsetzung der Richtlinie 2006/24/EG vom 21.12.2007, BGBl. I, S. 3198.
[238] Vgl. zum Ganzen eingehend Nimtz, S. 66 ff.

Längerfristige Observation (§ 163f StPO)

d) Maßnahmenspezifische Verfahrensvorschriften

aa) Anordnungskompetenz

Gemäß § 163f Abs. 3 StPO obliegt die Anordnung der längerfristigen Observation grundsätzlich dem Gericht. Bei Gefahr im Verzuge sind auch die Staatsanwaltschaft und ihre Ermittlungspersonen[239] zur Anordnung befugt. Die nichtrichterliche Anordnung tritt außer Kraft, wenn sie nicht binnen drei Werktagen von dem Gericht bestätigt wird. Für die Fristberechnung gelten die §§ 42, 43 StPO. Demnach zählt der Anfangstag nicht mit. Fällt das Ende der Frist auf einen Samstag, Sonntag oder Feiertag, so endet die Frist mit Ablauf des nächsten Werktages (vgl. § 43 Abs. 2 StPO, der aufgrund des allgemeinen Rechtsgedankens nicht nur bei Wochen- und Monatsfristen, sondern auch bei Tagesfristen anzuwenden ist).

> **Beispiel**
> Am Dienstag ordnet die Staatsanwältin eine längerfristige Observation an. Spätestens am nächsten Montag muss eine richterliche Bestätigung erfolgen. Die staatsanwaltliche Anordnung gilt also längstens sechs Tage.

Die Anordnung hat gemäß § 163f Abs. 3 Satz 3 i.V.m. § 100b Abs. 2 Satz 1 StPO schriftlich zu ergehen. Die Maßnahme ist auf drei Monate zu befristen, mehrmalige Verlängerungen um jeweils drei Monate sind zulässig.

bb) Unterrichtungs- und Löschungspflichten (§ 101 StPO)

Gemäß § 101 Abs. 4 Nr. 12 StPO ist die Zielperson (nachträglich) von der Maßnahme zu unterrichten mit dem Hinweis, dass auch nachträglich gerichtlicher Rechtsschutz möglich ist. Die Benachrichtigung unterbleibt gemäß § 101 Abs. 4 Satz 3 StPO, wenn ihr überwiegende schutzwürdige Belange einer betroffenen Person entgegenstehen. Gemäß § 101 Abs. 5 StPO erfolgt die Benachrichtigung, sobald dies ohne Gefährdung des Untersuchungszweckes, des Lebens, der körperlichen Unversehrtheit und der persönlichen Freiheit einer Person und von bedeutenden Vermögenswerten sowie der Möglichkeit der weiteren Verwendung eines verdeckten Ermittlers möglich ist. Wird die Benachrichtigung zurückgestellt, sind die Gründe aktenkundig zu machen. Sind Daten nicht mehr erforderlich, sind sie umgehend zu löschen.

cc) Schutz von Berufsgeheimnisträgern (§ 160a StPO)

Gemäß § 160a StPO darf sich die Maßnahme nicht gegen einen Berufsgeheimnisträger richten, dennoch erlangte Erkenntnisse dürfen nicht verwertet werden, Aufzeichnungen darüber sind zu vernichten. Die Vorschrift ergänzt die Zeugnisverweigerungsrechte und richtet sich primär an Verteidiger, Geistliche und Abgeordnete (Absatz 1) und ihre Berufshelfer (Absatz 3). Bei den in § 160a Abs. 2 StPO genannten zeugnisverweigerungsberechtigten Personen ist die Verhältnismäßigkeit besonders zu beachten.

dd) Schutz des Kernbereichs privater Lebensgestaltung (§ 100d Abs. 1 und 2 StPO)

Werden bei der Maßnahme Erkenntnisse aus dem Kernbereich privater Lebensgestaltung erlangt, so ist die Maßnahme abzubrechen bzw. diesbezüglich zu unterbrechen. Sind bereits Erkenntnisse erlangt, so sind diese unverwertbar.

> **Beispiel**
> Bei der Beobachtung werden die Zielpersonen intim miteinander. Weitere Beobachtung ist nun unzulässig, die Erkenntnis darf nicht verwertet werden.

---

[239] Vgl. zu Ermittlungspersonen der Staatsanwaltschaft: § 152 GVG i.V.m. den jeweiligen landesrechtlichen Regelungen; z.B. NRW: § 1 Abs. 1 der Verordnung über die Ermittlungspersonen der Staatsanwaltschaft vom 30.4.1996, GV. NRW. S. 180, zuletzt geändert durch Verordnung vom 16.2.2016, GV. NRW. S. 120.

e) Adressaten

773 Die Maßnahme kann sich gegen zwei Personenkreise richten:

aa) Beschuldigter

774 Dies ist jede Person, gegen die sich das Strafverfahren richtet.[240] Sie wird schon zum Beschuldigten, wenn die Strafverfolgungsbehörden Ermittlungsmaßnahmen ergreifen, die erkennbar darauf abzielen, gegen sie wegen einer Straftat strafrechtlich vorzugehen (vgl. dazu auch § 397 Abs. 1 AO für Steuerstrafverfahren). Insofern ist der Beschuldigtenbegriff formell zu verstehen: Eine Person wird erst durch entsprechenden Willensakt der Strafverfolgungsbehörde zum Beschuldigten.[241] Die Stärke des Tatverdachtes ist dabei nicht relevant. Auch werden keine besonderen Anforderungen an den nach außen tretenden Willensakt gestellt, es reicht bereits jede konkrete Ermittlungshandlung gegen eine Person mit dem Willen der konkreten Strafverfolgung.

bb) Kontakt- und Begleitpersonen

775 Gegen andere, also nicht beschuldigte Personen, darf die Maßnahme nur angeordnet werden, wenn aufgrund bestimmter Tatsachen anzunehmen ist, dass sie mit dem Täter in Verbindung stehen oder eine solche Verbindung hergestellt wird. Das sind die sog. Kontakt- und Begleitpersonen. Erforderlich ist, dass von deren Beobachtung zu erwarten ist, dass hierdurch wichtige Hinweise für die Tataufklärung gewonnen werden können. Als Begleitpersonen kommen insbesondere Personen mit engen persönlichen Bindungen zu einem namentlich noch nicht bekannten oder sich verborgen haltenden Beschuldigten in Betracht. Handelt es sich bei den Kontakt- oder Begleitpersonen um Verteidiger oder Abgeordnete, so ist eine Anordnung im Hinblick auf den Schutz dieses Personenkreises (§ 148 StPO, Art. 47 Satz 1 GG) unzulässig.

776 Gemäß § 163f Abs. 3 StPO darf die Maßnahme auch durchgeführt werden, wenn Dritte, also weder Beschuldigte noch Kontakt-/Begleitpersonen, unvermeidbar betroffen werden.

f) Rechtsfolgen

aa) Längerfristige Observation

777 Liegen die Voraussetzungen von § 163f StPO vor, so können die Ermittlungsbehörden eine längerfristige Observation durchführen. Damit meint das Gesetz eine durchgehend länger als 24 Stunden dauernde oder an mehr als zwei Tagen stattfindende planmäßig angelegte Beobachtung. Eine längerfristige Observation liegt nicht nur dann vor, wenn diese von vornherein auf eine Überschreitung der genannten Fristen gerichtet ist, sondern auch, wenn sich während einer zunächst kurzfristig angelegten Beobachtung herausstellt, dass die Fristen überschritten werden müssen.[242] Wenn also mehrere kurzfristige Beobachtungen stattfinden, so werden sie ab der dritten Beobachtung zu einer längerfristigen Observation. Eine Rückrechnung auf die erste Beobachtung ist nicht erforderlich.

> **Beispiel**
> Im Rahmen eines Ermittlungsverfahrens wegen des Verdachtes des unerlaubten Handeltreibens mit Betäubungsmitteln wird der Beschuldigte an drei Tagen jeweils spontan für ein bis zwei Stunden durch den Einsatztrupp der Polizei in Zivil observiert.

---

240 BGHSt 10, 8 (12).
241 BGHSt 34, 138 (140).
242 Meyer-Goßner/Schmitt, StPO, § 163f Rn. 1a mit Hinweis auf BVerfG StraFo 2009, 453.

Längerfristige Observation (§ 163f StPO)

Hier beginnt mit der dritten Beobachtung die längerfristige Observation, die im Grundsatz einer richterlichen Anordnung bedarf.[243]

Andererseits wird aus einer geplanten längerfristigen keine kurzfristige Observation, nur weil sie nicht länger als 24 Stunden dauert, sondern vorzeitig beendet wird.

bb) Beweisverwertung

Fehlende Anordnung oder Überziehung der zulässigen Dauer einer Observation führen zu einem Beweisverwertungsverbot,[244] ein Verstoß gegen die Schriftform dagegen nicht.[245]

Für Zufallserkenntnisse gilt § 477 Abs. 2 Satz 2 StPO. Danach dürfen Zufallserkenntnisse aus Observationen in anderen Strafverfahren nur verwendet werden, wenn sie auch für das Strafverfahren, welches die Zufallserkenntnisse betrifft, hätten angeordnet werden dürfen. Dem liegt das Prinzip des „hypothetischen Ersatzeingriffs" zugrunde. Zu fragen ist also, ob wegen der Tat, die bei Gelegenheit der Ausführung einer anderweitig angeordneten Maßnahme entdeckt worden ist, ebenfalls eine solche Maßnahme hätte angeordnet werden können.[246]

> **Beispiel**
> Bei einer Observation, die zu Ermittlungen von BtM-Delikten angeordnet wurde, beobachten die Beamten, dass offensichtlich Beute aus einem Raub versteckt wird.

Weil auch der Raub grundsätzlich eine Straftat von erheblicher Bedeutung ist, können die Erkenntnisse im Raub-Strafverfahren verwendet werden.

---

243 Vgl. zum Fall BVerfGK 16, 1.
244 BVerfGK 16, 1.
245 Meyer-Goßner/Schmitt, StPO, § 163f Rn. 10.
246 Joecks, StPO, § 477 Rn. 3.

3. Teil • Eingriffsbefugnisse

3. Einsatz technischer Mittel zu Observationszwecken (§ 100h StPO)

- *Aufsatz-Literatur: Keller, PSP 2/2012, 17 (Observation und Einsatz technischer Mittel auf Grundlage des PolG NRW und der StPO); Wilcken, NZV 2011, 67 (§ 100h I 1 Nr. 1 StPO als gesetzliche Ermächtigungsgrundlage für sog. „verdachtsunabhängige" Geschwindigkeitsmessungen in der Verkehrsüberwachung); Abate, DuD 2011, 451 (Präventive und repressive Videoüberwachung öffentlicher Plätze); Muckel, JA 2010, 835 (Geschwindigkeitskontrollen mit Bildaufnahmen); Eisenberg/Singelnstein, NStZ 2005, 62 (Zur Unzulässigkeit der heimlichen Ortung per „stiller SMS"); Hauschild, NStZ 2005, 337 (Beschlagnahme des Mobiltelefons zum Zwecke des Auslesens der SIM-Karte).*
- *Leitentscheidungen: BVerfGE 112, 304 (Einsatz von GPS, Verfassungsmäßigkeit der Norm); LG Magdeburg NStZ 2006, 304 (Mitteilung von Maut-Gebührendaten im strafrechtlichen Ermittlungsverfahren).*
- *Übungsfall: Hantschel, JURA 2001, 472 (Klausur Strafprozessrecht – „Der Feuerteufel").*

Einsatz technischer Mittel zu Observationszwecken (§ 100h StPO)

1. Tatbestandsvoraussetzungen
- bei Beschuldigten: einfache Subsidiaritätsklausel
- bei sonstigen Personen: qualifizierte Subsidiaritätsklausel
- bei § 100h Abs. 1 Nr. 2 StPO: Straftat von erheblicher Bedeutung

2. Maßnahmenspezifische Verfahrensvorschriften
- Anordnungskompetenz
  - StA
  - Beamte des Polizeidienstes
- § 101 StPO: Kennzeichnung, Löschung und grds. Benachrichtigung der Zielperson und der erheblich mitbetroffenen Personen
- §§ 100h, 100d StPO: Schutz des Kernbereichs privater Lebensgestaltung

3. Adressat
- Beschuldigter
- Kontakt- und Begleitpersonen
- andere Personen

4. Rechtsfolgen
- § 100h Abs. Nr. 1 StPO: Bildaufnahmen zur Observation
- § 100h Abs. Nr. 2 StPO: besondere technische Mittel zur Observation

---

Observation ist eine planmäßig angelegte Beobachtung.

Eine Straftat von erheblicher Bedeutung liegt insbesondere vor, wenn sie mindestens der mittleren Kriminalität zuzurechnen ist, den Rechtsfrieden empfindlich stört und dazu geeignet ist, das Gefühl der Rechtssicherheit der Bevölkerung erheblich zu beeinträchtigen.

Beschuldigter ist jede Person, gegen die im Rahmen eines Strafverfahrens wegen einer bestimmten Straftat ermittelt wird.

Gefahr im Verzuge ist gegeben, wenn auf den Beschluss des Gerichts nicht gewartet werden kann, ohne dass die Erforschung des Sachverhaltes oder die Ermittlung des Aufenthaltsortes des Beschuldigten gefährdet wäre.

Abbildung 3.44: Schema zum Einsatz technischer Mittel zu Observationszwecken (§ 100h StPO)

Einsatz technischer Mittel zu Observationszwecken (§ 100h StPO)

a) Übersicht

Die Vorschrift findet Anwendung bei kurz- und längerfristigen Observationen. Rechtlich bedeutsam ist sie insbesondere für die kurzfristige Observation, welche auf die Generalermittlungsklausel nach § 163 Abs. 1 Satz 2 StPO zu stützen ist. Für die längerfristige Observation nach § 163f StPO läuft sie regelmäßig ins Leere, da sich die Voraussetzungen weitestgehend decken.

b) Grundrechtseingriffe

Durch den Einsatz technischer Mittel wird regelmäßig in das von Art. 2 Abs. 1 GG i.V.m. 1 Abs. 1 GG erfasste Recht auf informationelle Selbstbestimmung eingegriffen. Eingriffe in Art. 13 GG sind aufgrund der Norm nicht zulässig.[247]

c) Tatbestandsvoraussetzung

Die Eingriffsvoraussetzung richtet sich nach der Rechtsfolge:

aa) Herstellung von Bildaufnahmen: Subsidiaritätsklausel (§ 100h Abs. 1 Nr. 1 StPO)

Für das Anfertigen von Bildaufnahmen reicht es gemäß § 100h Abs. 1 StPO, dass ohne die Bildaufnahmen die Erforschung des Sachverhaltes oder die Ermittlung des Aufenthaltsortes eines Beschuldigten weniger erfolgversprechend oder erschwert wäre. Mit der Beschränkung auf die bloße Erschwernis läuft diese Einschränkung weithin leer, denn wenn der Einsatz der Mittel zur Bildaufnahme erfolgversprechender ist, wird er in der Regel auch leichter als die Benutzung anderer Mittel sein.[248] Der Sache nach handelt es sich wie bei den anderen Subsidiaritätsklauseln um eine im Tatbestand umschriebene Erforderlichkeitserwägung.

bb) Verwendung sonstiger besonderer für Observationszwecke bestimmter technischer Mittel (§ 100h Abs. 1 Nr. 2 StPO)

Werden sonstige Mittel zur Observation eingesetzt, so bedarf es nach § 100h Abs. 1 Nr. 2 StPO einer Straftat von erheblicher Bedeutung. Die Strafprozessordnung definiert diesen Begriff nicht. Damit sind Straftaten mindestens der mittleren Kriminalität gemeint.

d) Maßnahmenspezifische Verfahrensvorschriften

Mangels einer ausdrücklichen Regelung sind die Staatsanwaltschaft und die Beamten des Polizeidienstes anordnungsbefugt. Die Anordnung ist nicht auf die Ermittlungspersonen der Staatsanwaltschaft beschränkt.[249]

Gemäß § 100h Abs. 4 i.V.m. § 100d StPO ist auch hier der Kernbereich privater Lebensführung besonders geschützt. Demnach ist die Maßnahme unzulässig, wenn tatsächliche Anhaltspunkte dafür vorliegen, dass dadurch lediglich Erkenntnisse aus dem Kernbereich privater Lebensgestaltung erlangt werden können. Sind solche Erkenntnisse im Rahmen einer Maßnahme nach § 100f StPO tatsächlich erlangt worden, so sind sie zu löschen; sie dürfen nicht verwertet werden.

Gemäß § 101 StPO ist die Zielperson (nachträglich) von der Maßnahme zu unterrichten mit dem Hinweis, dass auch nachträglich gerichtlicher Rechtsschutz möglich ist. Die Benachrichtigung unterbleibt gemäß § 101 Abs. 4 Satz 3 StPO, wenn ihr überwiegende schutzwürdige Belange einer betroffenen Person entgegenstehen. Gemäß § 101 Abs. 5 StPO erfolgt die

---

[247] Meyer-Goßner/Schmitt, StPO, § 100h Rn. 1.
[248] Meyer-Goßner/Schmitt, StPO, § 100h Rn. 4.
[249] So auch Hilger, NStZ 1992, 463 Fn. 117.

Benachrichtigung, sobald dies ohne Gefährdung des Untersuchungszweckes, des Lebens, der körperlichen Unversehrtheit und der persönlichen Freiheit einer Person und von bedeutenden Vermögenswerten sowie der Möglichkeit der weiteren Verwendung eines verdeckten Ermittlers möglich ist. Wird die Benachrichtigung zurückgestellt, sind die Gründe aktenkundig zu machen. Sind Daten nicht mehr erforderlich, sind sie umgehend zu löschen.

e) Adressaten

790 Die Maßnahme kann sich gegen drei Personenkreise richten:

aa) Beschuldigter

791 Dies ist jede Person, gegen die sich das Strafverfahren richtet.[250] Sie wird schon zum Beschuldigten, wenn die Strafverfolgungsbehörden Ermittlungsmaßnahmen ergreifen, die erkennbar darauf abzielen, gegen sie wegen einer Straftat strafrechtlich vorzugehen (vgl. dazu auch § 397 Abs. 1 AO für Steuerstrafverfahren). Insofern ist der Beschuldigtenbegriff formell zu verstehen: Eine Person wird erst durch entsprechenden Willensakt der Strafverfolgungsbehörde zum Beschuldigten.[251] Die Stärke des Tatverdachtes ist dabei nicht relevant. Auch werden keine besonderen Anforderungen an den nach außen tretenden Willensakt gestellt, es reicht bereits jede konkrete Ermittlungshandlung gegen eine Person mit dem Willen der konkreten Strafverfolgung.

bb) Kontakt- und Begleitpersonen

792 Gegen andere, also nicht beschuldigte Personen, sind technische Mittel zur Observation (§ 100h Abs. 1 Nr. 2 StPO) nur zulässig, wenn aufgrund bestimmter Tatsachen anzunehmen ist, dass sie mit dem Täter in Verbindung stehen oder eine solche Verbindung hergestellt wird. Das sind die sog. Kontakt- und Begleitpersonen.

cc) Sonstige andere Personen

793 Unter Beachtung der verschärften Subsidiaritätsklausel des § 100h Abs. 2 Nr. 1 StPO können Bildaufnahmen zu Observationszwecken auch gemacht werden, wenn die Erforschung des Sachverhalts oder die Ermittlung des Aufenthaltsortes des Beschuldigten auf andere Weise **erheblich** weniger erfolgversprechend oder **wesentlich** erschwert wäre. Eine trennscharfe Abgrenzung zur einfachen Subsidiaritätsklausel, die ohnehin zu beachten ist, wird in praxi wohl nicht möglich sein.

794 Gemäß § 100h Abs. 3 StPO dürfen die Maßnahmen der Bildaufzeichnungen und der sonstigen technischen Mittel auch durchgeführt werden, wenn Dritte, also weder Beschuldigte noch Kontakt-/Begleitpersonen noch sonstige andere Personen, unvermeidbar betroffen werden.

f) Rechtsfolgen

aa) Bildaufnahmen (§ 100h Nr. 1 StPO) und sonstige besondere für Observationszwecke bestimmte technische Mittel (§ 100h Nr. 1 StPO)

795 § 100h StPO unterscheidet zwei Rechtsfolgen: zum einen die Bildaufnahmen (Nr. 1) und zum anderen sonstige besondere für Observationszwecke bestimmte technische Mittel (Nr. 2). Aus dem systematischen Zusammenhang von § 100h Abs. 1 Nr. 1 und Nr. 2 StPO ist zu folgern, dass Bildaufnahmen ebenfalls lediglich zu Observationszwecken gefertigt werden

---

250 BGHSt 10, 8 (12).
251 BGHSt 34, 138 (140).

Einsatz technischer Mittel zu Observationszwecken (§ 100h StPO)

dürfen.[252] Nach anderer Ansicht ist dies aus dem Wortlaut der Norm nicht zu folgen, so dass beispielsweise Aufnahmen vom Tatort auch von der Norm erfasst sind.[253]

§ 100h Abs. 1 Nr. 1 StPO erfasst die Aufnahme von Lichtbildern, Video- und Filmaufnahmen unabhängig davon, mit welchem Gerät (auch z.B. mit einem Handy) sie gemacht wurden. **796**

Sonstige technische Mittel i.S.v. § 100h Abs. 1 Nr. 2 StPO sind insbesondere Peilsender, Nachtsichtgeräte und der Einsatz von GPS. Gebräuchliche Observationsmittel, wie etwa Sprechfunkgeräte und Ferngläser, unterfallen nicht der Vorschrift.[254] Dies ergibt sich schon aus der Formulierung „besondere für Observationszwecke bestimmte technische Mittel". **797**

bb) Beweisverwertung

Nach dem Bundesverfassungsgericht wird mit dem Einsatz technischer Mittel zur Observation typischerweise nicht in den Kernbereich privater Lebensgestaltung eingegriffen.[255] Daher sind Erkenntnisse aus Maßnahmen nach der Vorschrift grundsätzlich unbeschränkt verwertbar.[256] **798**

---

252 So ganz herrschende Meinung, vgl. Meyer-Goßner/Schmitt, StPO, § 100h Rn. 1.
253 Keller, PSP 2/2012, 17 (22).
254 Vgl. Meyer-Goßner/Schmitt, StPO, § 100h Rn. 2.
255 BVerfGE 112, 304 zum Einsatz von GPS zur Observation.
256 Meyer-Goßner/Schmitt, StPO, § 100h Rn. 12

4. Längerfristige Observation (§ 16a Abs. 1–3 PolG)

- *Aufsatz-Literatur: Guckelberger, VBlBW 2011, 209 (Die längerfristige Observation von Personen aus präventiv-polizeilichen Gründen); Popp, ZD 2013, 567 (Die Dauerobservation von Haftentlassenen); Eisenbarth, DVBl 2013, 566 (Die Dauerobservation ehemals sicherheitsverwahrter Sexualstraftäter – eine präventiv-polizeiliche Zwischenlösung); Linke, DVBl 2013, 559 (Die längerfristige Observation von als gefährlich eingestuften Straftätern durch Polizeibeamte).*
- *Leitentscheidungen: BVerfG DVBl 2013, 169 (Erforderlichkeit einer eigenen Eingriffsbefugnis für Dauerobservation entlassener Sicherungsverwahrter); OVG Münster DÖV 2013, 859 (§ 16a PolG) keine Rechtsgrundlage für offene Dauerobservation hochgradig rückfallgefährdeter Sexual- und Gewaltstraftäter).*

Längerfristige Observation (§ 16a Abs. 1–3 PolG)

1. Tatbestandsvoraussetzungen
- § 16a Abs. 1 Nr. 1 PolG:
  - gegenwärtige Gefahr für Leib, Leben oder Freiheit einer Person
  - Datenerhebung durch Observation zum Zwecke der Gefahrenabwehr erforderlich
- § 16a Abs. 1 Nr. 2 PolG:
  - Tatsachen rechtfertigen die Annahme, dass Person Straftaten von erheblicher Bedeutung begehen will

2. Maßnahmenspezifische Verfahrensvorschriften
- Anordnungskompetenz
  - Behördenleiter
- § 9 Abs. 5, 7 PolG
- Anforderungen an den Kernbereichsschutz (§ 16 PolG)
- Kennzeichnungs-, Benachrichtigungs- und Protokollierungspflicht (§§ 22b, 33, 33a, 33b PolG)

3. Adressat
- § 16a Abs. 1 Nr. 1 PolG
  - in §§ 4, 5 und 6 PolG genannte Personen
- § 16a Abs. 1 Nr. 2 PolG
  - Personen, die vermutlich Straftaten von erheblicher Bedeutung begehen wollen
  - Kontakt- und Begleitpersonen sowie „zufällig Mitbeobachtete"

4. Rechtsfolgen
- längerfristige Beobachtung zur Datenerhebung

Gefahr ist eine Sachlage, in der bei hinreichender Wahrscheinlichkeit ein Schaden an den geschützten Rechtsgütern, hier Leib, Leben oder Freiheit einer Person, eintreten wird.

Gegenwärtig ist eine Gefahr, wenn der Schaden bereits eingetreten (und noch nicht behoben) ist bzw. sein Eintritt zeitlich unmittelbar bevorsteht.

Abbildung 3.45: Schema zur längerfristigen Observation (§ 16a Abs. 1–3 PolG)

Längerfristige Observation (§ 16a Abs. 1–3 PolG)

a) Überblick

§ 16a Abs. 1 PolG enthält eine Ermächtigungsgrundlage für die längerfristige Observation (zum Begriff s.o. Rn. 751). Eine solche liegt vor, wenn die Beobachtung durchgehend länger als 24 Stunden geplant oder tatsächlich durchgeführt wird. Längerfristig ist die Maßnahme auch, wenn sie an mehr als an zwei Tagen vorgesehen oder durchgeführt wird. Liegen diese Voraussetzungen nicht vor, handelt es sich um eine kurzfristige Observation, für die § 16a Abs. 4 PolG einschlägig ist (zur Abgrenzung eingehend Rn. 751 ff.).

b) Grundrechtseingriffe

Die längerfristige Observation greift wie die kurzfristige Observation in das Recht der beobachteten Person auf informationelle Selbstbestimmung ein (Art. 2 Abs. 1 i.V.m. Art. 1 Abs. 1 GG).

c) Tatbestandsvoraussetzungen

Die Vorschrift enthält zwei tatbestandliche Varianten. Nach § 16a Abs. 1 Nr. 1 PolG muss die Beobachtung zur Abwehr einer gegenwärtigen Gefahr für Leib, Leben oder Freiheit einer Person erforderlich sein (zum Begriff der Gefahr Rn. 147 ff.); sie ist gegenwärtig, wenn der Schaden bereits eingetreten (und noch nicht behoben) ist bzw. der Schadenseintritt zeitlich unmittelbar bevorsteht.

Nach § 16a Abs. 1 Nr. 2 PolG kann eine Person (sowie ihre Kontakt- und Begleitpersonen) längerfristig observiert werden, wenn Tatsachen die Annahme rechtfertigen, dass diese Person Straftaten von erheblicher Bedeutung begehen will (Regelbeispiele der Straftaten von erheblicher Bedeutung: § 8 Abs. 3 PolG). Zudem muss die Datenerhebung zur vorbeugenden Bekämpfung von Straftaten erforderlich sein.

d) Maßnahmenspezifische Verfahrensvorschriften

Die Anordnungskompetenz für die längerfristige Observation liegt beim Behördenleiter (§ 16a Abs. 2 Satz 1 PolG).

Die nach § 16a Abs. 1 PolG erlangten personenbezogenen Daten sind ggf. gemäß § 22b PolG zu kennzeichnen.

Zudem sind die Benachrichtigungs- und Protokollierungspflichten der §§ 33 ff. PolG zu beachten.

Ferner sind die allgemeinen Anforderungen an die Datenerhebung (§ 9 Abs. 5, 7 PolG) sowie die Regelungen zum Kernbereichsschutz (§ 16 PolG) zu berücksichtigen.

e) Adressat

Die Datenerhebung im Wege der längerfristigen Observation kann nach der Variante in § 16a Abs. 1 Nr. 1 PolG bei Personen erfolgen, die in §§ 4 und 5 PolG genannt sind, sowie unter den Voraussetzungen des § 6 PolG hinsichtlich der dort genannten.

Die Variante in § 16a Abs. 1 Nr. 2 PolG erlaubt die Datenerhebung über Personen, hinsichtlich derer Tatsachen die Annahme rechtfertigen, dass sie Straftaten von erheblicher Bedeutung begehen wollen. Zudem können Daten über deren Kontakt- und Begleitpersonen erhoben werden. Kontaktpersonen sind solche Personen, die enge persönliche, dienstliche oder geschäftliche Beziehungen zu den Personen unterhalten, die vermutlich Straftaten von erheblicher Bedeutung begehen wollen.

> **Beispiele**
>
> Kontaktpersonen können Familienangehörige, Arbeitskollegen, Geschäftspartner, Komplizen aus früheren Straftaten, Betreiber einer Gaststätte, die als Treffpunkt dient etc. sein, sofern es sich um „enge" Beziehungen, nicht bloße gelegentliche Kontakte handelt.

809 Begleitpersonen sind Personen, die nicht nur kurzfristig mit den Personen angetroffen werden, die vermutlich Straftaten von erheblicher Bedeutung begehen wollen, ohne jedoch enge persönliche, dienstliche oder geschäftliche Beziehungen mit ihnen zu unterhalten.

> **Beispiel**
>
> Eine Person, die eine gewisse Bindung zu der Person aufweist, die die Voraussetzungen der Nr. 2 erfüllt, ohne aber eine enge Beziehung zu ihr zu haben, z.B. Helfer und sonstige Unterstützer bei den potenziellen Straftaten. Keine Begleitperson ist eine solche, die nur kurzfristig mit der Person angetroffen wird, die die Voraussetzungen von § 16 Abs. 1 Nr. 2 PolG erfüllt.

810 Beide Varianten setzen nicht voraus, dass den Kontakt- oder Begleitpersonen die kriminellen Pläne der beobachteten Person bekannt sind. Keine Kontakt- oder Begleitpersonen und damit keine zulässigen Adressaten sind Berufsgeheimnisträger gemäß § 53 StPO (z.B. Strafverteidiger, Rechtsanwälte, Geistliche), soweit das geschützte Vertrauensverhältnis reicht.

811 Ferner dürfen personenbezogene Daten über andere Personen erhoben werden, soweit dies erforderlich ist, um eine Datenerhebung nach Satz 1 durchführen zu können (Abs. 1 Satz 2; „zufällig Mitbeobachtete").

f) Rechtsfolgen

812 Rechtsfolge ist eine planmäßig angelegte, durchgehend länger als 24 Stunden oder an mehr als an zwei Tagen geplante bzw. durchgeführte Beobachtung einer oder mehrerer Personen. Hilfsmittel wie Ferngläser sind erlaubt; werden technische Hilfsmittel eingesetzt, sind dagegen die §§ 17 und 18 PolG einschlägig. Die Ermächtigungsgrundlage wird auch ein Belauschen umfassen, obwohl die Norm von „Beobachtung" spricht (Rn. 761).

813 Soweit in der Vergangenheit der Versuch unternommen wurde, eine Dauerobservation von aus der Sicherungsverwahrung entlassenen Personen zum Schutz der Bevölkerung auf die Ermächtigungsgrundlagen für die längerfristige Observation zu stützen, hat die Rechtsprechung diesem Vorgehen eine klare Absage erteilt.[257] Die Observation dient der Datenerhebung, nicht der „Abschreckung" vor weiteren Straftaten durch eine ständige offene Polizeipräsenz. Für eine Dauerobservation müssten daher eigenständige Ermächtigungsgrundlagen geschaffen werden.

---

[257] Vgl. etwa BVerfG DVBl 2013, 169; OVG Münster DÖV 2013, 859.

C. Datenverarbeitung (Speicherung, Veränderung, Nutzung)

I. Datenabgleich (§ 98c StPO)

- *Aufsatz-Literatur: Wittig, JuS 1997, 961 (Schleppnetzfahndung, Rasterfahndung und Datenabgleich); Siebrecht, StV 1996, 566 (Ist der Datenabgleich zur Aufklärung einer Straftat rechtmäßig?).*

Datenabgleich (§ 98c StPO)

1. **Tatbestandsvoraussetzungen**
   - Zweckbindung:
     - zur Aufklärung einer Straftat *oder*
     - zur Ermittlung des Aufenthaltsortes einer Person
2. **Maßnahmenspezifische Verfahrensvorschriften**
   - Anordnungskompetenz
     - StA
     - Polizeibeamte
3. **Adressat**
   - Jedermann
4. **Rechtsfolgen**
   - Abgleich personenbezogener Daten aus Strafverfahren mit polizeilichen Dateien

Personenbezogene Daten sind Einzelangaben über persönliche oder sachliche Verhältnisse einer bestimmten oder bestimmbaren Person.

Abbildung 3.46: Schema zum Datenabgleich (§ 98c StPO)

1. Überblick

Die Vorschrift regelt den Abgleich von strafprozessual erlangten Daten mit polizeilichen Dateien. Sie ergänzt insofern die landesgesetzlichen, gefahrenabwehrenden Regelungen (z.B. § 25 PolG). Aufgrund der repressiven Zweckrichtung hat die Maßnahme geringere praktische Bedeutung als die jeweils korrespondierende gefahrenabwehrende Landesvorschrift. Aufgrund des geringfügigen Grundrechtseingriffs sind keine wesentlich einschränkenden Voraussetzungen normiert.

2. Grundrechtseingriffe

Durch den Datenabgleich wird geringfügig in das Grundrecht auf informationelle Selbstbestimmung aus Art. 2 Abs. 1 i.V.m. Art 1 Abs. 1 GG eingegriffen.

3. Tatbestandsvoraussetzungen

Voraussetzung ist lediglich die Zweckbindung: Der Datenabgleich muss der Aufklärung einer Straftat oder der Ermittlung des Aufenthaltsortes einer Person dienen, nach der für die Zwecke des Strafverfahrens gefahndet wird.

4. Maßnahmenspezifische Verfahrensvorschriften

817 Mangels ausdrücklicher Regelung sind die Staatsanwaltschaft sowie jeder Polizeibeamte anordnungsbefugt.

5. Adressat

818 Die Maßnahme kann sich sowohl gegen Beschuldigte und Verdächtige als auch gegen Zeugen oder Sachverständige richten.

6. Rechtsfolgen

819 § 98c StPO gestattet den Abgleich der Daten mit polizeilichen Dateien. Damit sind alle Dateien gemeint, welche die Polizei selbst führt, sowie solche, auf die die Polizei im Online-Verfahren Zugriff hat.

Beispiele
Personen- und Sachfahndung, Haftdatei, Kriminalaktennachweis – Land/Bund; Ausländerzentralregister, Einwohnermeldedatei: Im Rahmen eines Ermittlungsverfahrens wegen Hehlerei werden alle Einträge der Einwohnermeldedatei eines Mehrfamilienhauses erhoben und mit den vorhandenen polizeilichen Fahndungsdateien abgeglichen.

II. Datenabgleich (§ 25 PolG)

Datenabgleich (§ 25 PolG)

1. **Tatbestandsvoraussetzungen**
   - rechtmäßig erlangte personenbezogene Daten
   - bei „anderen Personen":
     - Tatsachen rechtfertigen die Annahme, dass Abgleich zur Erfüllung einer bestimmten polizeilichen Aufgabe erforderlich
2. **Maßnahmenspezifische Verfahrensvorschriften**
   - Durchführung durch jeden Polizeibeamten
3. **Adressat**
   - in §§ 4 und 5 PolG genannte bzw.
   - „andere" Personen
4. **Rechtsfolgen**
   - Datenabgleich
   - Anhalten für die regelmäßige Dauer des Datenabgleiches

Abbildung 3.47: Schema zum Datenabgleich (§ 25 PolG)

1. Überblick

820 § 25 Abs. 1 PolG ist eine Ermächtigungsgrundlage für den Abgleich von im Rahmen anderer Maßnahmen gewonnener personenbezogenen Daten mit dem Inhalt polizeilicher Dateien, z.B. mit dem Fahndungsbestand (§ 25 Abs. 1 Satz 3 PolG). Dieser Abgleich soll feststellen,

Datenabgleich (§ 25 PolG)

ob zu einer bestimmten Person bereits Einträge in den fraglichen Dateien gespeichert sind. Absatz 2 ermöglicht es zudem, eine Person so lange anzuhalten, wie die Durchführung eines Datenabgleichs mit dem Fahndungsbestand regelmäßig dauert.

2. Grundrechtseingriffe

Auch der Datenabgleich stellt einen Eingriff in das Recht auf informationelle Selbstbestimmung (Art. 2 Abs. 1 i.V.m. Art. 1 Abs. 1 GG) dar. Das Anhalten zur Durchführung des Datenabgleichs greift darüber hinaus in die allgemeine Handlungsfreiheit ein (Art. 2 Abs. 1 GG). 821

3. Tatbestandsvoraussetzungen

Handelt es sich um personenbezogene Daten der in den §§ 4 und 5 PolG genannten Personen (Störer), so kann die Polizei diese Daten ohne weitere Anforderungen mit dem Inhalt polizeilicher Daten abgleichen (§ 25 Abs. 1 Satz 1 PolG). Handelt es sich dagegen um Informationen über andere Personen, so darf die Polizei einen Datenabgleich nur vornehmen, wenn Tatsachen die Annahme rechtfertigen, dass dies zur Erfüllung einer bestimmten polizeilichen Aufgabe erforderlich ist (§ 25 Abs. 1 Satz 2 PolG); auch diese Voraussetzung errichtet freilich keine hohen Hürden für den polizeilichen Datenabgleich. Die personenbezogenen Daten müssen bei beiden Varianten rechtmäßig auf der Grundlage einer anderen Ermächtigungsnorm erhoben worden sein (z.B. § 12 PolG). 822

Nach § 25 Abs. 1 Satz 3 PolG kann die Polizei ferner rechtmäßig erhobene personenbezogene Daten mit dem Fahndungsbestand abgleichen. Dort sind gesuchte Personen verzeichnet (z.B. vermisste Personen, mit Haftbefehl gesuchte Personen, Personen, die aus einer Justizvollzugsanstalt geflohen sind, etc.). 823

Das Anhalten für die regelmäßige Dauer der Durchführung eines Datenabgleichs setzt gemäß § 25 Abs. 2 PolG voraus, dass die betroffene Person zur Durchführung einer nach einer anderen Rechtsvorschrift zulässigen Maßnahme angehalten wird und dass der Datenabgleich mit dem Fahndungsbestand nicht bis zum Abschluss dieser Maßnahme vorgenommen werden kann. 824

4. Maßnahmenspezifische Verfahrensvorschriften

Der Datenabgleich kann von jedem Polizeibeamten vorgenommen werden. 825

5. Adressat

Adressat der Maßnahme sind Personen nach §§ 4 und 5 PolG (§ 25 Abs. 1 Satz 1 PolG) oder „andere Personen" (§ 25 Abs. 1 Satz 2 PolG). 826

6. Rechtsfolgen

§ 25 Abs. 1 PolG ermächtigt zum Abgleich personenbezogener Daten mit dem Inhalt polizeilicher Dateien, insbesondere dem Fahndungsbestand. Die Vorschrift greift nur bei einem Abgleich mit polizeilichen Dateien; möchte die Polizei auf polizeifremde Dateien zugreifen, liegt ein Ersuchen um Datenübermittlung (§ 30 Abs. 2 PolG) vor.[258] Absatz 2 erlaubt das Anhalten der betroffenen Personen für den Zeitraum, der regelmäßig für die Durchführung eines Datenabgleichs notwendig ist. 827

---

258 Bialon/Springer, 85. Kap. Rn. 35: § 26 Abs. 2 Satz 4 PolG zu beachten.

III. Allgemeine Regeln

1. Allgemeine strafprozessuale Regelungen (§§ 161, 474 ff. StPO)

- *Aufsatz-Literatur: Wiebe/Eichfeld NJW 2019, 2734 (Spannungsverhältnis Datenschutzrecht und Justiz); Johannes ZD-Aktuell 2018, 6391 (Anpassung der StPO: Gesetzesentwurf zur Umsetzung der JI-Richtlinie im Strafverfahren).*

828 Im Rahmen der grundlegenden Änderung des europäischen Datenschutzrechtes, insbesondere durch die Datenschutzgrundverordnung (Verordnung EU 2016/679), wurden 2019 die europäischen Richtlinienvorgaben durch Gesetz auch für den Bereich des Strafverfahrens umgesetzt.[259]

829 Spezifische Datenschutzregelungen sind bereits in §§ 101, 101a StPO für verdeckte Maßnahmen normiert.

830 § 161 StPO enthält dagegen allgemeine Verwendungsbeschränkungen. Gemäß § 161 Abs. 3 StPO dürfen erlangte Daten in anderen Strafverfahren nur verwendet werden, wenn damit Straftaten aufgeklärt werden sollen, bei denen die Erhebung der Daten ebenfalls zulässig gewesen wäre. In § 161 Abs. 5 StPO sind spezielle Verwendungsregelungen von gefahrenabwehrrechtlich erlangten Daten in oder aus Wohnungen normiert.

831 Im Wesentlichen sind allgemeine datenschutzrechtliche Regelungen in den §§ 474–491 StPO enthalten. Gemäß § 477 StPO darf die Datenübermittlung von Amts wegen zur Verfolgung von Straf- oder Ordnungswidrigkeiten erfolgen. § 479 Abs. 2 StPO regelt die Übermittlung zum Zwecke der Gefahrenabwehr.

832 In § 480 StPO sind die Entscheidungsbefugnisse über die Datenübermittlung geregelt. Im Ermittlungsverfahren ist grundsätzlich die Staatsanwaltschaft anordnungsbefugt. Sie entscheidet daher auch über das Recht auf Akteneinsicht und die Auskunft an Betroffene nach § 491 StPO.

833 Die Übermittlung von personenbezogenen Daten zwischen den Polizeibehörden wird von den Polizeibehörden selbst verantwortet, sofern keine Zweifel an der Zulässigkeit der Übermittlung oder der Akteneinsicht bestehen, vgl. § 480 Abs. 1 StPO.

2. Allgemeine gefahrenabwehrrechtliche Regelungen (§§ 22–24a PolG)

- *Aufsatz-Literatur: Müller-Eiselt, DVBl 2014, 1168 (Highway oder Nadelöhr? Zu den Voraussetzungen und Grenzen polizeilicher Datenübermittlung an Private – dargestellt anhand der Kooperationspraxis zwischen Polizei und Fußballvereinen bei der Verhängung von Stadionverboten); Trurnit, VBlBW 2010, 413 (Kernbereichsschutz bei der Datenerhebung nach §§ 22 bis 25 PolG BW).*
- *Leitentscheidungen: BVerwG NJW 1990, 2768 (zum Eingriffscharakter des polizeilichen Umgangs mit Daten).*

834 Im PolG sind vielfältige Vorschriften über den Umgang mit personenbezogenen Daten normiert. Zahlreiche Ermächtigungsnormen betreffen die Erhebung von Daten; geregelt sind jedoch auch eingehend die Datenspeicherung, verarbeitung und -weiterverarbeitung. Die §§ 22–24a PolG enthalten dabei einige allgemeine Regelungen zur Datenerhebung. Gemäß

---

259 Gesetz zur Umsetzung der Richtlinie (EU) 2016/680 im Strafverfahren sowie zur Anpassung datenschutzrechtlicher Bestimmungen an die Verordnung (EU) 2016/679.

Allgemeine gefahrenabwehrrechtliche Regelungen (§§ 22–24a PolG)

§ 22 Abs. 2 Satz 1 PolG ist die Dauer der Speicherung auf das erforderliche Maß zu beschränken. Für automatisierte Dateien sind nach Satz 2 Prüftermine festzulegen, zu denen spätestens überprüft werden muss, ob eine suchfähige Speicherung von Daten weiterhin erforderlich ist. Handelt es sich um nichtautomatisierte Dateien und Akten, sind Prüfungstermine bzw. Aufbewahrungsfristen festzulegen, für deren Bemessung der Speicherungszweck sowie Art und Bedeutung des Anlasses der Speicherung zu berücksichtigen sind (Satz 3). Diese Vorgaben dienen der Umsetzung des Grundsatzes der „Datensparsamkeit". § 22b PolG regelt Vorgaben für die Kennzeichnung personenbezogener Daten bei der Speicherung in polizeilichen Dateisystemen.

Von erheblicher Bedeutung ist der Grundsatz der Zweckbindung polizeilich gewonnener Daten, der in § 23 Abs. 1 Satz 1 PolG zum Ausdruck kommt: Die Weiterverarbeitung von personenbezogenen Daten darf zur Erfüllung derselben Aufgabe und zum Schutz derselben Rechtsgüter oder sonstigen Rechte oder zur Verhütung oder vorbeugenden Bekämpfung derselben Straftaten vorgenommen werden. Soll eine Nutzung zu anderen Zwecken erfolgen, sind die differenzierten Vorgaben des § 23 Abs. 2 PolG zu beachten.

835

3. Teil • Eingriffsbefugnisse

D. Vorladung und Vorführung (§ 10 PolG)

- Aufsatz-Literatur: Petersen-Thrö/Ornatkowski, SächsVBl 2008, 29 (Die Vorladung zur präventiven erkennungsdienstlichen Behandlung).

Vorladung, Vorführung (§ 10 PolG)

1. Tatbestandsvoraussetzungen
- Vorladung
  - § 10 Abs. 1 Nr. 1 PolG: Tatsachen rechtfertigen die Annahme, dass Person sachdienliche Angaben machen kann, die für die Erfüllung einer bestimmten polizeilichen Aufgabe erforderlich sind
  - § 10 Abs. 1 Nr. 2 PolG: zur Durchführung einer erkennungsdienstlichen Maßnahme erforderlich
- Vorführung
  - § 10 Abs. 1 Nr. 1 PolG: Angaben sind zur Abwehr einer Gefahr für Leib, Leben oder Freiheit einer Person erforderlich
  - § 10 Abs. 1 Nr. 2 PolG: zur Durchführung einer erkennungsdienstlichen Maßnahme

2. Maßnahmenspezifische Verfahrensvorschriften
- Vorladung:
  - Durchführung durch jeden Polizeibeamten
- Vorführung:
  - Anordnung durch den Richter (§ 10 Abs. 3 Satz 2 PolG, Ausnahme: Gefahr im Verzug)
  - § 136a StPO entsprechend (§ 10 Abs. 4 PolG)
  - §§ 36, 37 PolG

3. Adressat
- Vorladung
  - § 10 Abs. 1 Nr. 1 PolG: Person, die sachdienliche Angaben machen kann
  - § 10 Abs. 1 Nr. 2 PolG: Person, die erkennungsdienstlich behandelt werden soll
- Vorführung:
  - Person, die der Vorladung nicht Folge leistet

4. Rechtsfolgen
- Vorladung
- zwangsweise Durchsetzung im Wege der Vorführung

> **Gefahr** ist eine Sachlage, in der mit hinreichender Wahrscheinlichkeit ein Schaden an einem der von der Ermächtigungsgrundlage geschützten Rechtsgüter, hier Leib, Leben oder Freiheit einer Person, eintreten wird.

Abbildung 3.48: Schema zur Vorladung und Vorführung (§ 10 PolG)

Vorladung und Vorführung (§ 10 PolG)

I. Überblick

§ 10 Abs. 1 PolG ermächtigt die Polizei zur mündlichen oder schriftlichen Vorladung einer Person. Dabei handelt es sich um die Aufforderung, zu einer bestimmten Zeit an einem bestimmten Ort, bei der polizeilichen Vorladung im Regelfall auf einer Dienststelle der Polizeibehörde, zu erscheinen. Die Vorladung ist ein Verwaltungsakt.

Kommt die Person der Vorladung nicht nach, so kann gemäß § 10 Abs. 3 PolG die zwangsweise Durchsetzung im Wege der Vorführung erfolgen. Es handelt sich um eine Zwangsmaßnahme, die – außer bei Gefahr im Verzug – nur aufgrund richterlicher Anordnung erfolgen darf.

II. Grundrechtseingriffe

Die Vorladung greift regelmäßig nur in die allgemeine Handlungsfreiheit (Art. 2 Abs. 1 GG) ein. Die zwangsweise Vorführung beeinträchtigt demgegenüber die Freiheit der Person nach Art. 2 Abs. 2 Satz 2 i.V.m. Art. 104 GG und ist damit als Freiheitsbeschränkung zu qualifizieren.

III. Tatbestandsvoraussetzungen

Die **Vorladung** ist gemäß § 10 Abs. 1 PolG bei zwei tatbestandlichen Varianten zulässig. Nach Nr. 1 kann eine Person vorgeladen werden, wenn Tatsachen die Annahme rechtfertigen, dass sie sachdienliche Angaben machen kann, die für die Erfüllung einer bestimmten polizeilichen Aufgabe erforderlich sind; hierbei muss es sich um eine präventive Aufgabe handeln.[260] Ferner kann die Vorladung nach Nr. 2 erfolgen, wenn sie zur Durchführung erkennungsdienstlicher Maßnahmen erforderlich ist. Umstritten ist, ob es sich hierbei um eine Maßnahme nach § 14 PolG handeln muss,[261] oder ob auch eine Vorladung und ggf. Vorführung zur Ermöglichung einer erkennungsdienstlichen Behandlung nach § 81b 2. Alt. StPO auf der Grundlage des § 10 PolG in Betracht kommt. Dies hängt von der Einordnung des § 81b 2. Alt. StPO ab. Im Ergebnis erscheint es sachgerecht, diese Vorschrift trotz ihrer präventiven Zielrichtung nicht in den Anwendungsbereich des § 10 Abs. 1 Nr. 2 PolG fallen zu lassen.

Die zwangsweise **Vorführung** setzt zunächst eine rechtmäßige Vorladung voraus. Leistet eine vorgeladene Person der Vorladung ohne hinreichenden Grund keine Folge, so kann diese bei Vorliegen einer von zwei tatbestandlichen Varianten zwangsweise durchgesetzt werden. Nach Nr. 1 kommt eine Vorführung in Betracht, wenn die (sachdienlichen) Angaben zur Abwehr einer Gefahr für Leib, Leben oder Freiheit einer Person erforderlich sind. Ferner kann nach Nr. 2 die Vorführung (wie die Vorladung nach Abs. 1 Nr. 2) erfolgen, um erkennungsdienstliche Maßnahmen durchzuführen.

Absatz 5 verweist für die Entschädigung von Personen, die auf Vorladung als Zeugen erscheinen, und für die Vergütung von Personen, die als Sachverständige herangezogen werden, auf das Justizvergütungs- und -entschädigungsgesetz (JVEG).

---

260 Bialon/Springer, 43. Kap. Rn. 10.
261 So Bialon/Springer, 43. Kap. Rn. 12.

IV. Maßnahmenspezifische Verfahrensvorschriften

842 Die Vorladung kann durch jeden Polizeibeamten vorgenommen werden. Für ihre zwangsweise Durchsetzung durch die Vorführung ist dagegen eine richterliche Anordnung erforderlich (§ 10 Abs. 3 Satz 2 PolG). Liegt Gefahr im Verzug vor (Rn. 173), kann die Vorführung auch durch die Polizei angeordnet und durchgeführt werden. Auch § 36 Abs. 1 PolG ordnet eine richterliche Entscheidung an, wenn eine Person u. a. nach § 10 Abs. 3 PolG festgehalten wird.

843 Gemäß § 10 Abs. 2 Satz 1 PolG soll bei der Vorladung der Grund angegeben werden. Nach Satz 2 der Vorschrift soll bei der Festsetzung des Zeitpunkts auf den Beruf und die sonstigen Lebensverhältnisse der betroffenen Person Rücksicht genommen werden.

844 Hinsichtlich der Vorführung verweist § 10 Abs. 4 PolG auf § 136a StPO; diese Vorschrift gilt entsprechend und regelt verbotene Vernehmungsmethoden (Rn. 345). Die Freiheit der Willensentschließung und der Willensbetätigung des Beschuldigten darf nach § 136a Abs. 1 StPO nicht beeinträchtigt werden durch Misshandlung, durch Ermüdung, durch körperlichen Eingriff, durch Verabreichung von Mitteln, durch Quälerei, durch Täuschung oder durch Hypnose. Ferner sind die Drohung mit einer nach den Vorschriften des Strafverfahrensrechts unzulässigen Maßnahme sowie das Versprechen eines gesetzlich nicht vorgesehenen Vorteils verboten. Nach § 136a Abs. 2 StPO sind auch Maßnahmen verboten, die das Erinnerungsvermögen oder die Einsichtsfähigkeit beeinträchtigen.

845 Bei der Vorführung sind schließlich auch die Regelungen des § 37 PolG zu beachten. Insbesondere ist der festgehaltenen Person nach Absatz 1 dieser Bestimmung unverzüglich der Grund bekannt zu geben.

V. Adressat

846 Adressat der Vorladung ist die Person, die i.S.v. § 10 Abs. 1 Nr. 1 PolG sachdienliche Angaben machen kann. Ferner kann Adressat die Person sein, die erkennungsdienstlich behandelt werden soll (Nr. 2). Als Adressat der Vorführung kommt nur die Person in Betracht, die einer (rechtmäßigen) Vorladung nicht Folge leistet, also nicht zum vorgeschriebenen Zeitpunkt am vorgeschriebenen Ort erscheint.

VI. Rechtsfolgen

847 § 10 Abs. 1 PolG ermächtigt zur schriftlichen oder mündlichen Vorladung, also der als Verwaltungsakt zu qualifizierenden Anordnung, zu einer bestimmten Zeit an einem bestimmten Ort zu erscheinen. Absatz 3 ermächtigt zu einer zwangsweisen Vorführung. Die Anwendung unmittelbaren Zwangs wird zudem den Anforderungen der §§ 55 ff. PolG zu genügen haben (eingehend Rn. 1358 ff.).

E. Platzverweis, Aufenthaltsverbot, Aufenthaltsvorgabe, Kontaktverbot

I. Platzverweis (§ 34 Abs. 1 PolG)

- *Aufsatz-Literatur: Böcking, DPolBl 4/2014, 15 (Platzverweis und Rückkehrverbot im Lichte des Art. 13 GG); Schucht, Die Polizei 2011, 287 (Platzverweisung, Richtungsangabe, Entfernungsangabe und Platzanweisung – Rechtsgrundlagen, Auslegungs- und Abgrenzungsfragen sowie Folgerungen für die Zulässigkeit); Bösch, Jura 2009, 650 (Rechtswidrige polizeiliche Verweisungsmaßnahmen); Krugmann, NVwZ 2006, 152 (Gefahrbegriff und Grundrechte im Rahmen der polizeilichen Wegweisung); Merten, DPolBl 3/2003, 2 (Platzverweise und Aufenthaltsverbote).*
- *Leitentscheidungen: OVG Lüneburg DVBl 2012, 1437 (kein genereller Anspruch eines Rechtsanwalts auf Anwesenheit bei Durchsetzung eines Platzverweises); BayObLG NVwZ 2000, 467 (Platzverweis wegen Teilnahme an „Chaos-Tagen").*
- *Übungsfälle: Keller, PSP 1/2014, 23 (Klausur Eingriffsrecht: Standardmaßnahmen, Zwang, Kunsturheberrechtsgesetz (KUG)).*

Platzverweis (§ 34 Abs. 1 PolG)

1. **Tatbestandsvoraussetzungen**
   - (konkrete) Gefahr für die öffentliche Sicherheit oder Ordnung (Satz 1)
   - Behinderung von Feuerwehr-, Hilfs- oder Rettungskräften
2. **Maßnahmenspezifische Verfahrensvorschriften**
   - Anordnung/Durchführung durch jeden Polizeibeamten
3. **Adressat**
   - §§ 4–6 PolG
4. **Rechtsfolgen**
   - Gebot, Ort „vorübergehend" zu verlassen
   - Verbot, Ort „vorübergehend" zu betreten

Gefahr ist eine Sachlage, in der bei hinreichender Wahrscheinlichkeit ein Schaden an den geschützten Rechtsgütern, hier der öffentlichen Sicherheit bzw. Ordnung, eintreten wird.

Zur **öffentlichen Sicherheit** gehören die Unverletzlichkeit der objektiven Rechtsordnung, der Bestand und die Funktionsfähigkeit des Staates und anderer Träger hoheitlicher Gewalt, ihrer Einrichtungen und Veranstaltungen, sowie Individualrechtsgüter und Kollektivrechtsgüter.

Unter **öffentlicher Ordnung** versteht man die Gesamtheit der im Rahmen der verfassungsgemäßen Ordnung liegenden ungeschriebenen Regeln für das Verhalten des Einzelnen in der Öffentlichkeit, deren Beachtung nach den jeweils herrschenden Anschauungen als unerlässliche Voraussetzung eines geordneten staatsbürgerlichen Zusammenlebens gilt.

Vorübergehend bedeutet: bis zum Abschluss der durch den Platzverweis zu sichernden Maßnahme bzw. bis zur Abwehr der Gefahr, höchstens aber 24 Stunden.

Abbildung 3.49: Schema zum Platzverweis (§ 34 Abs. 1 PolG)

3. Teil • Eingriffsbefugnisse

1. Überblick

848 Die Maßnahme des präventiven Platzverweises ermöglicht es der Polizei, Personen von einem Ort zu verweisen, also ihnen gegenüber das Sichentfernen anzuordnen und ihnen das Betreten des Ortes zu verbieten. Die Anordnung ist ein Verwaltungsakt.

> **Beispiel**
> Die Polizeibeamten P und Q ordnen gegenüber mehreren Gaffern an einer Unfallstelle an, diese unverzüglich für eine Stunde zu verlassen.

849 § 34 Abs. 1 Satz 1 PolG regelt den allgemeineren Fall des Platzverweises zur Abwehr einer Gefahr. Satz 2 ermächtigt in einem Spezialfall zum Platzverweis, nämlich dann, wenn die verwiesene Person den Einsatz der Feuerwehr oder von Hilfs- oder Rettungsdiensten behindert. Gegenüber beiden vorrangig anzuwenden sind Spezialermächtigungen wie z.B. § 8 JuSchG, der Maßnahmen der Polizei[262] gegenüber Kindern und Jugendlichen erlaubt, die sich an einem Ort aufhalten, an dem ihnen eine unmittelbare Gefahr für das körperliche, geistige oder seelische Wohl droht. Insbesondere kann die Polizei das Kind bzw. den Jugendlichen zum Verlassen des Ortes anhalten (§ 8 Abs. 1 Satz 2 Nr. 1 JuSchG).

850 Auf Rechtsfolgenseite ist zu beachten, dass der Verweis lediglich „vorübergehend" sein darf. Für länger andauernde Maßnahmen ist gegebenenfalls auf § 34 Abs. 2 PolG (Aufenthaltsverbot) zurückzugreifen; allerdings stellt dieser weiterreichende tatbestandliche Anforderungen. Soll ein Platzverweis zwangsweise durchgesetzt werden – etwa, weil sich der Adressat widersetzt –, kann zum einen auf die Ermächtigungsnormen des polizeilichen Zwangs (z.B. unmittelbarer Zwang, Fesselung etc.), zum anderen auf § 35 Abs. 1 Nr. 3 PolG (Ingewahrsamnahme zur Durchsetzung eines Platzverweises) zurückgegriffen werden (dazu im Einzelnen Rn. 1288 ff.).

2. Grundrechtseingriffe

851 Der Platzverweis greift regelmäßig lediglich in die allgemeine Handlungsfreiheit (Art. 2 Abs. 1 GG) ein. Die Freiheit der Person (Art. 2 Abs. 2 Satz 1 GG) wird nicht berührt, da nicht die „Fortbewegungsfreiheit" beschränkt wird – des Platzes Verwiesene können sich frei an jeden (anderen) Ort bewegen –, sondern nur die Freiheit, sich an einem bestimmten Ort aufzuhalten (a.A. – Einordnung als Freiheitsbeschränkung[263] – gut vertretbar). Das Recht auf Freizügigkeit (Art. 11 Abs. 1 GG) wird ebenfalls nicht beeinträchtigt, da es im Wesentlichen das Recht ist, den Wohnsitz bzw. Aufenthalt im Bundesgebiet frei zu wählen; die im Platzverweis liegende Beschränkung betrifft dieses Recht nicht (a.A. gut vertretbar).

852 Wird eine Person aus der eigenen Wohnung (Privaträume, Geschäfts- und Betriebsräume) verwiesen, so kann zusätzlich ein Eingriff in das Recht auf Unverletzlichkeit der Wohnung (Art. 13 GG) vorliegen.

3. Tatbestandsvoraussetzungen

853 Der Platzverweis erfordert in der Variante des § 34 Abs. 1 Satz 1 PolG lediglich das Vorliegen einer Gefahr („zur Abwehr einer Gefahr"). Da die geschützten Rechtsgüter in der Ermächtigungsnorm nicht näher spezifiziert werden, greift die Begriffsbestimmung in § 8 Abs. 1 PolG,

---

[262] Als zuständige Behörde gemäß § 1 der Verordnung über Zuständigkeiten im Bereich der Jugendwohlfahrt nach dem Jugendschutzgesetz, dem Sozialgesetzbuch VIII – Kinder- und Jugendhilfe – und dem Jugendfreiwilligendienstegesetz (Jugendwohlfahrtszuständigkeitsverordnung – ZuVO JuWo) vom 10.11.2009, GV. NRW., S. 586.
[263] So etwa Bialon/Springer, 19. Kap. Rn. 4.

und es ist eine Gefahr für die öffentliche Sicherheit oder Ordnung zu prüfen (im Einzelnen Rn. 149 ff.). Nach § 34 Abs. 1 Satz 2 PolG kann auch eine Person des Platzes verwiesen werden, die den Einsatz der Feuerwehr oder von Hilfs- oder Rettungsdiensten behindert. Eine Behinderung liegt bereits dann vor, wenn die Tätigkeit der genannten Dienste beeinträchtigt wird; sie muss nicht völlig unmöglich gemacht werden.

4. Maßnahmenspezifische Verfahrensvorschriften

Der Platzverweis kann von jedem Polizeibeamten gegenüber dem Adressaten angeordnet werden. Anordnung und Durchführung fallen zusammen. Besondere weitere Verfahrensbestimmungen sind nicht zu beachten. 854

5. Adressat

Adressat kann, da § 34 Abs. 1 Satz 1 PolG keine Regelungen zum Adressaten trifft, beim Platzverweis zur Gefahrenabwehr lediglich ein Verantwortlicher nach den §§ 4, 5 PolG sein (Verhaltens- bzw. Zustandsstörer). Nicht Verantwortliche können nur unter den engen Voraussetzungen des § 6 PolG mit einem Platzverweis belegt werden. Bei einer Maßnahme auf der Grundlage der spezielleren Norm in § 34 Abs. 1 Satz 2 PolG ist Adressat die Person, die den Einsatz der Feuerwehr oder von Hilfs- oder Rettungsdiensten behindert. 855

6. Rechtsfolgen

Die Polizei kann den Adressaten „vorübergehend" von einem Ort verweisen und ihm „vorübergehend" das Betreten eines Ortes verbieten. Die Auslegung des Wortes „vorübergehend" und damit die zulässige Dauer des Platzverweises sind umstritten. Teilweise wird es für zulässig gehalten, den Platzverweis so lange andauern zu lassen, wie die zu sichernde andere polizeiliche Maßnahme dauert, bzw. bis die Gefahr beseitigt ist. Dies birgt das Risiko, dass die Anordnung der Polizei zu unbestimmt ist. Häufig wird daher im Schrifttum eine Höchstdauer angegeben, die zwischen „wenigen Stunden" bis zu 24 Stunden (oder länger) liegt. Die dargestellten Auffassungen sind alle gut vertretbar; sachgerecht erscheint es, die Dauer zwar grundsätzlich am Zweck des Platzverweises zu orientieren, jedoch auf höchstens 24 Stunden zu begrenzen. Die Problematik kann auch im Rahmen der Verhältnismäßigkeit erörtert werden. 856

Die verwiesene Person kann ebenfalls dazu verpflichtet werden, mitgeführte Sachen mitzunehmen (VV 34.01 zu § 34 PolG). Soll die Person lediglich eine Sache oder ein Tier von einem Ort entfernen, kann nicht auf § 34 Abs. 1 PolG zurückgegriffen werden; derartige Maßnahmen sind auf § 8 Abs. 1 PolG zu stützen.[264] 857

---

[264] Bialon/Springer, 19. Kap. Rn. 16.

II. Aufenthaltsverbot (§ 34 Abs. 2 PolG)

- *Aufsatz-Literatur: Hermes, Die Polizei 2009, 313 (Das Aufenthaltsverbot nach § 34 II PolG NRW); Finger, DVP 2004, 367 (Das Aufenthaltsverbot – Die neue Standardmaßnahme des nordrhein-westfälischen Gefahrenabwehrrechts); Hecker, NVwZ 2003, 1334 (Neue Rechtsprechung zu Aufenthaltsverboten im Polizei- und Ordnungsrecht); Seltier, DPolBl 3/2003, 10 (Das Aufenthaltsverbot – nicht nur verlängerter Platzverweis, sondern vielseitiges Werkzeug); Benfer, DPolBl 3/2003, 7 (Aufenthaltsverbot).*
- *Leitentscheidungen: OVG Lüneburg Die Polizei 2015, 212 (Aufenthaltsverbot nicht wegen bloßer Vermutungen oder subjektiver Einschätzungen); OVG Münster NVwZ 2001, 216 (Aufenthaltsverbot gegen Person in der Drogenszene); BayVGH DÖV 1999, 529 (Aufenthaltsverbot gegen Rauschgifthändler); VG Frankfurt NVwZ-RR 2002, 130 (Aufenthaltsverbot gegen „Hütchen-Spieler").*

Aufenthaltsverbot (§ 34 Abs. 2 PolG)

1. **Tatbestandsvoraussetzungen**
   - Tatsachen rechtfertigen die Annahme, dass in einem bestimmten örtlichen Bereich eine Straftat begangen werden wird
2. **Maßnahmenspezifische Verfahrensvorschriften**
   - Anordnung/Durchführung durch jeden Polizeibeamten
3. **Adressat**
   - Person, die zu erwartende Straftat begehen bzw. zu ihr beitragen wird
4. **Rechtsfolgen**
   - Verbot, sich in einem bestimmten örtlichen Bereich (Gemeindegebiet oder Gebietsteil) für eine bestimmte Zeit aufzuhalten
   - zeitlich und örtlich auf Verhütung der Straftat zu beschränken
   - höchstens 3 Monate
   - Ausnahme: Wohnung oder Wahrnehmung berechtigter Interessen vor Ort

Abbildung 3.50: Schema zum Aufenthaltsverbot (§ 34 Abs. 2 PolG)

1. Überblick

858 § 34 Abs. 2 PolG ermächtigt die Polizei zur Verhängung eines sog. Aufenthaltsverbots, das gegenüber dem Platzverweis gemäß § 34 Abs. 1 PolG eine längerfristige Maßnahme darstellt, aber auch höhere Anforderungen stellt (Verhütung einer aufgrund konkreter Anhaltspunkte zu erwartenden Straftat statt Vorliegen einer konkreten Gefahr). Es handelt sich um einen Verwaltungsakt.

> **Beispiel**
> Der Jugendliche J trifft sich mit seinen Freunden häufig an einem Platz in der Innenstadt. Dort pöbeln sie regelmäßig Passanten an und werfen mit Bierflaschen nach ihnen. Die Polizeibeamten P und Q erteilen dem J ein Aufenthaltsverbot für den Platz für die Dauer von einem Monat.

859 Kommt der Adressat dem Aufenthaltsverbot nicht nach bzw. verstößt er im Verlauf seiner Geltungsdauer gegen das Verbot, kann die Polizei auf die Ermächtigungsgrundlagen zur Anwendung polizeilichen Zwangs zurückgreifen. Zweifelhaft ist, ob die Person gemäß § 35 Abs. 1 Nr. 3 PolG in Gewahrsam genommen werden darf. Diese Vorschrift spricht von der Durchsetzung eines „Platzverweises" (was lediglich § 34 Abs. 1 PolG meinen könnte), verweist aber auf § 34 PolG insgesamt. Ob der Durchsetzungsgewahrsam zur Durchsetzung

beider Varianten des § 34 PolG genutzt werden kann, ist umstritten.[265] Überzeugender erscheint es, auch das Aufenthaltsverbot unter § 35 Abs. 1 Nr. 3 PolG zu fassen, denn auch die Überschrift in § 34 PolG lautet lediglich „Platzverweis", obwohl die Norm Platzverweis und Aufenthaltsverbot regelt. Bei systematischer Auslegung bezieht sich die Ermächtigung in § 35 Abs. 1 Nr. 3 PolG auf beide Maßnahmen.

2. Grundrechtseingriffe

Das Aufenthaltsverbot ist eine länger andauernde und einen größeren örtlichen Bereich umfassende Maßnahme als der Platzverweis. Sie beeinträchtigt das Recht des Adressaten, seinen Aufenthaltsort für die Dauer der Anordnung frei zu wählen; je nach Reichweite ist ihm der Aufenthalt in einem gesamten Gemeindegebiet verwehrt. Darin ist ein Eingriff in das Recht auf Freizügigkeit gemäß Art. 11 Abs. 1 GG zu sehen (a.A. gut vertretbar, dann: allgemeine Handlungsfreiheit, Art. 2 Abs. 1 GG).

3. Tatbestandsvoraussetzungen

Der Tatbestand erfordert zunächst, dass Tatsachen die Annahme rechtfertigen, dass eine Person in einem bestimmten örtlichen Bereich eine Straftat begehen oder zu ihr beitragen wird. Es muss mithin aufgrund von Tatsachen, also nachprüfbaren Informationen, eine Straftat zu erwarten sein. Bloße Vermutungen oder ein Rückgriff auf die allgemeine polizeiliche Erfahrung genügen nicht. Anhaltspunkte können in dem örtlichen Bereich bzw. vom Adressaten in der Vergangenheit begangene Straftaten sein, aber auch potenzielle „Ersttaten" werden erfasst.

Eine Straftat ist ein Verhalten, das in einer gesetzlichen Regelung mit Strafe bedroht ist. Diese muss in dem fraglichen örtlichen Bereich drohen. Dabei wird es sich häufig um Kriminalitätsbrennpunkte oder gefährliche Orte handeln, aber auch für gefährdete Objekte oder bekannte Tatortbereiche kann ein Aufenthaltsverbot ausgesprochen werden.

Ein Aufenthaltsverbot darf für einen bestimmten örtlichen Bereich nicht erteilt werden, wenn die Person dort ihre Wohnung hat oder berechtigte Interessen wahrnimmt. Dies ist als „negative Tatbestandsvoraussetzung" zu prüfen oder kann im Rahmen der Rechtsfolge thematisiert werden. Der Begriff „Wohnung" dürfte hier enger zu verstehen sein als im Zusammenhang mit Art. 13 GG und § 41 PolG; er wird nur den Ort bezeichnen, an dem der Adressat seine Privatwohnung hat. Allerdings ist davon auszugehen, dass das Aufsuchen von Betriebs- und Geschäftsräumen – etwa des eigenen Arbeitsplatzes – als Wahrnehmung berechtigter Interessen qualifiziert werden kann.

Unter Wahrnehmung berechtigter Interessen versteht man die Notwendigkeit, bestimmte Orte aus sachlich nachvollziehbaren Gründen, die nicht allein im Belieben des Adressaten stehen, aufsuchen zu müssen. Erfasst sind etwa Hausarztpraxen oder Rechtsanwaltskanzleien, aber auch der Arbeitsplatz. Hat der Adressat in einem örtlichen Bereich, auf den sich das Aufenthaltsverbot beziehen soll, solche berechtigten Interessen wahrzunehmen, ist das Verbot entsprechend einzuschränken. Diese Einschränkung kann in örtlicher Hinsicht erfolgen, indem die im Rahmen der Wahrnehmung berechtigter Interessen aufzusuchenden Orte generell ausgenommen werden. Diese Ausnahme kann aber auch ihrerseits zeitlich be-

---

265 S. Bialon/Springer, 20. Kap. Rn. 23.

schränkt werden. Beides ist hinreichend präzise zu bestimmen, so dass es sich anbietet, das Aufenthaltsverbot schriftlich zu erlassen, jedenfalls aber schriftlich zu bestätigen.

4. Maßnahmenspezifische Anforderungen

865 Das Aufenthaltsverbot kann von jedem Polizeibeamten gegenüber dem Adressaten angeordnet werden. Anordnung und Durchführung fallen zusammen. Besondere Verfahrensbestimmungen sind nicht zu beachten.

5. Adressat

866 Zulässiger Adressat des Aufenthaltsverbots ist die Person, die die angesichts der Tatsachen zu erwartende Straftat begehen bzw. zu ihr beitragen wird. Da sich der Adressat somit aus § 34 Abs. 2 PolG ergibt, ist ein Rückgriff auf §§ 4–6 PolG unzulässig (vgl. § 4 Abs. 4, ggf. i.V.m. § 5 Abs. 4 PolG). Eine Straftat begeht, wer Täter der Straftat ist. Zu einer Straftat trägt bei, wer Teilnehmer ist bzw. in sonstiger Weise unterstützend tätig ist.

6. Rechtsfolgen

867 Rechtsfolge ist das Verbot, sich für eine bestimmte Zeit in dem bestimmten örtlichen Bereich aufzuhalten. Wie bei den Tatbestandsvoraussetzungen ist dieser Bereich ein Gemeindegebiet bzw. ein Gebietsteil innerhalb einer Gemeinde. Dieser Bereich ist exakt zu benennen.

868 Die Norm enthält in Satz 2 eine spezielle Ausprägung des Verhältnismäßigkeitsgrundsatzes. Das Aufenthaltsverbot ist zeitlich und örtlich mit Blick auf die Verhütung der Straftat zu beschränken. Die Höchstdauer beträgt nach Satz 3 drei Monate. Nach Ablauf dieses Zeitraums kann ein weiteres Aufenthaltsverbot verhängt werden, sofern die Voraussetzungen auch dann noch vorliegen („aktualisierte Prognose"[266]).

---

266 Bialon/Springer, 20. Kap. Rn. 16.

III. Aufenthaltsvorgabe (§ 34b Abs. 1 Satz 1 PolG)

- *Aufsatz-Literatur: Kulick, AöR 2018, 175 (Gefahr, „Gefährder" und Gefahrenabwehrmaßnahmen angesichts terroristischer Gefährdungslage).*

Aufenthaltsvorgabe (§ 34b Abs. 1 Satz 1 PolG)

1. **Tatbestandsvoraussetzungen**
   - bestimmte Tatsachen rechtfertigen Annahme, dass Person innerhalb eines übersehbaren Zeitraums auf eine zumindest ihrer Art nach konkretisierte Weise terroristische Straftat (§ 8 Abs. 4 PolG) begehen wird (Satz 1 Nr. 1), oder
   - individuelles Verhalten einer Person begründet die konkrete Wahrscheinlichkeit, dass sie innerhalb eines übersehbaren Zeitraums eine terroristische Straftat (§ 8 Abs. 4 PolG) begehen wird, oder
   - Gefahr für Leib, Leben oder Freiheit einer Person oder für Bestand oder Sicherheit des Bundes oder des Landes (Satz 3)
2. **Maßnahmenspezifische Verfahrensvorschriften**
   - Anordnung durch Amtsgericht, bei Gefahr im Verzug durch Behördenleiter/Vertreter (Absatz 2)
3. **Adressat**
   - Person, bezüglich derer die Voraussetzungen in Satz 1 Nrn. 1 bzw. 2 gegeben sind
   - Satz 3: Verantwortlicher nach §§ 4–6 PolG
4. **Rechtsfolgen**
   - Verbot, sich ohne Erlaubnis der Polizei von seinem Wohn- oder Aufenthaltsort oder einem bestimmten Bereich zu entfernen, bzw.
   - Verbot, sich an bestimmten Orten aufzuhalten
   - Befristung auf höchstens drei Monate mit Verlängerungsoption (Absatz 5)
   - Strafvorschrift in § 34d PolG

Abbildung 3.51: Schema zur Aufenthaltsvorgabe (§ 34b Abs. 1 Satz 1 PolG)

1. Überblick

Zur Verhütung terroristischer Straftaten nach § 8 Abs. 4 PolG sowie zur Abwehr einer Gefahr für Leib, Leben oder Freiheit einer Person oder für den Bestand oder die Sicherheit des Bundes oder des Landes kann die Polizei einer Person unter den Voraussetzungen des § 34b Abs. 1 S. 1 PolG untersagen, sich ohne Erlaubnis der Polizei von ihrem Wohn- oder Aufenthaltsort oder aus einem bestimmten Bereich zu entfernen oder sich an bestimmten Orten aufzuhalten (sog. Aufenthaltsvorgabe).

2. Grundrechtseingriffe

Die Anordnung, sich von durch behördliche Anordnung festgelegten Orten nicht zu entfernen, greift in das Grundrecht auf Freizügigkeit gemäß Art. 11 GG ein. Gleiches gilt für die Untersagung, sich an bestimmten Orten aufzuhalten.

3. Tatbestandsvoraussetzungen

871 § 34b Abs. 1 PolG normiert verschiedene tatbestandliche Varianten, in denen Aufenthaltsvorgaben zulässig sind. Nach Satz 1 Nr. 1 ist dies der Fall, wenn bestimmte Tatsachen die Annahme rechtfertigen, dass die betroffene Person innerhalb eines übersehbaren Zeitraums auf eine zumindest ihrer Art nach konkretisierte Weise eine terroristische Straftat nach § 8 Abs. 4 PolG begehen wird. Nach Nr. 2 kommt eine Aufenthaltsvorgabe in Betracht, wenn das individuelle Verhalten des Adressaten die konkrete Wahrscheinlichkeit begründet, dass sie innerhalb eines übersehbaren Zeitraums eine terroristische Straftat nach § 8 Abs. 4 PolG begehen wird.

872 Von der drohenden Begehung terroristischer Straftaten unabhängig sind die weiteren Varianten in Absatz 1 Satz 3: Nach dieser Vorschrift stehen der Polizei die Befugnisse nach Satz 1 und 2 – also u.a. eine Aufenthaltsvorgabe – auch zur Abwehr einer Gefahr für Leib, Leben oder Freiheit einer Person oder für den Bestand oder die Sicherheit des Bundes oder des Landes zu.

4. Maßnahmenspezifische Verfahrensvorschriften

873 Aufenthaltsvorgaben werden nach Absatz 2 durch das Amtsgericht angeordnet, in dessen Bezirk die Polizeibehörde ihren Sitz hat. Sie erfolgt auf Antrag der Behörde, der die Angaben nach Absatz 3 enthalten muss. Die schriftliche Anordnung muss die in Absatz 4 aufgeführten Angaben enthalten. Bei Gefahr im Verzug kann die Anordnung der Maßnahme nach Absatz 2 Satz 3 auch durch den Behördenleiter erfolgen; die gerichtliche Entscheidung ist unverzüglich nachzuholen (Satz 4). Wird die Anordnung nicht binnen drei Tagen durch das Gericht bestätigt, tritt sie außer Kraft (Satz 5).

5. Adressat

874 Zulässiger Adressat der Aufenthaltsvorgabe ist in den Fällen des Absatzes 1 Satz 1 Nr. 1 bzw. Nr. 2 die Person, bei der die Begehung terroristischer Straftaten zu erwarten ist. In den Fällen des Absatzes 1 Satz 3 wird man aufgrund des Erfordernisses einer Gefahr auf die allgemeinen Bestimmungen gemäß §§ 4–6 PolG zurückzugreifen haben. Bei „Nichtstörern" nach § 6 PolG wird die Maßnahme allerdings regelmäßig nicht in Betracht kommen.

6. Rechtsfolgen

875 Rechtsfolge ist die Anordnung, dass sich der Adressat ohne Erlaubnis der Polizei nicht von seinem Wohn- oder Aufenthaltsort oder aus einem bestimmten Bereich entfernt. Ebenso kann die Anordnung den Inhalt haben, dass der Person der Aufenthalt an bestimmten Orten untersagt wird („Aufenthaltsvorgabe").

876 Die Anordnung einer Aufenthaltsvorgabe ist nach Absatz 5 Satz 1 auf den zur Abwehr der Gefahr jeweils erforderlichen Umfang zu beschränken; sie ist auf höchstens drei Monate zu befristen (Satz 2). Eine Verlängerung um jeweils bis zu drei Monate ist bei fortgesetztem Vorliegen der Voraussetzungen zulässig (Satz 3). Entfallen die Voraussetzungen, ist die Maßnahme unverzüglich zu beenden (Satz 4) – dies bedeutet, dass die aufenthaltsbestimmende Anordnung ihre Wirkung verliert. Der Verstoß gegen Anordnungen nach § 34b PolG ist gemäß § 34d Abs. 1 Nr. PolG strafbar.

IV. Kontaktverbot (§ 34b Abs. 1 Satz 2 PolG)

> **Kontaktverbot (§ 34b Abs. 1 Satz 2 PolG)**
>
> **1. Tatbestandsvoraussetzungen**
> – bestimmte Tatsachen rechtfertigen Annahme, dass Person innerhalb eines übersehbaren Zeitraums auf eine zumindest ihrer Art nach konkretisierte Weise terroristische Straftat (§ 8 Abs. 4 PolG) begehen wird (Satz 1 Nr. 1), oder
> – individuelles Verhalten einer Person begründet die konkrete Wahrscheinlichkeit, dass sie innerhalb eines übersehbaren Zeitraums eine terroristische Straftat (§ 8 Abs. 4 PolG) begehen wird, oder
> – Gefahr für Leib, Leben oder Freiheit einer Person oder für Bestand oder Sicherheit des Bundes oder des Landes (Satz 3)
>
> **2. Maßnahmenspezifische Verfahrensvorschriften**
> – Anordnung durch Amtsgericht, bei Gefahr im Verzug durch Behördenleiter/Vertreter (Absatz 2)
>
> **3. Adressat**
> – Person, bezüglich derer die Voraussetzungen in Satz 1 Nrn. 1 bzw. 2 gegeben sind
> – Satz 3: Verantwortlicher nach §§ 4–6 PolG
>
> **4. Rechtsfolgen**
> – Untersagung des Kontakts zu einer bestimmten Person oder Personen einer bestimmten Gruppe
> – Befristung auf höchstens drei Monate mit Verlängerungsoption (Absatz 5)
> – Strafvorschrift in § 34d PolG

Abbildung 3.52: Schema zum Kontaktverbot (§ 34b Abs. 1 Satz 2 PolG)

1. Überblick

Unter denselben Voraussetzungen wie die Aufenthaltsvorgabe kann die Polizei einer Person nach § 34b Abs. 1 S. 2 PolG auch den Kontakt mit bestimmten Personen oder Personen einer bestimmten Gruppe untersagen (sog. Kontaktverbot). 877

2. Grundrechtseingriffe

Ein Kontaktverbot stellt einen Eingriff in die allgemeine Handlungsfreiheit dar (Art. 2 Abs. 1 GG). Je nach Geltungsbereich des Verbots können auch speziellere Grundrechte berührt sein. 878

3. Tatbestandsvoraussetzungen

Ein Kontaktverbot ist in denselben tatbestandlichen Varianten zugelassen wie eine Aufenthaltsvorgabe (Absatz 1 Satz 2). Nach Satz 1 Nr. 1 i.V.m. Satz 2 kann ein solches Verbot erteilt werden, wenn bestimmte Tatsachen die Annahme rechtfertigen, dass die betroffene Person innerhalb eines übersehbaren Zeitraums auf eine zumindest ihrer Art nach konkretisierte Weise eine terroristische Straftat nach § 8 Abs. 4 PolG begehen wird. Nach Nr. 2 kommt ein Kontaktverbot ferner in Betracht, wenn das individuelle Verhalten des Adressaten die konkrete Wahrscheinlichkeit begründet, dass sie innerhalb eines übersehbaren Zeitraums eine terroristische Straftat nach § 8 Abs. 4 PolG begehen wird. 879

880 Von der drohenden Begehung terroristischer Straftaten unabhängig sind die weiteren Varianten in Absatz 1 Satz 3: Nach dieser Vorschrift stehen der Polizei die Befugnisse nach Satz 1 und 2 – also u.a. ein Kontaktverbot – auch zur Abwehr einer Gefahr für Leib, Leben oder Freiheit einer Person oder für den Bestand oder die Sicherheit des Bundes oder des Landes zu.

4. Maßnahmenspezifische Verfahrensvorschriften

881 Kontaktverbote werden nach Absatz 2 durch das Amtsgericht angeordnet, in dessen Bezirk die Polizeibehörde ihren Sitz hat. Sie erfolgen auf Antrag der Behörde, der die Angaben nach Absatz 3 enthalten muss. Die schriftliche Anordnung muss die in Absatz 4 aufgeführten Angaben enthalten. Bei Gefahr im Verzug kann die Anordnung der Maßnahme nach Absatz 2 Satz 3 auch durch den Behördenleiter erfolgen; die gerichtliche Entscheidung ist unverzüglich nachzuholen (Satz 4). Wird die Anordnung nicht binnen drei Tagen durch das Gericht bestätigt, tritt sie außer Kraft (Satz 5).

5. Adressat

882 Zulässiger Adressat des Kontaktverbotes ist in den Fällen des Absatzes 1 Satz 1 Nr. 1 bzw. Nr. 2 die Person, bei der die Begehung terroristischer Straftaten zu erwarten ist. In den Fällen des Absatzes 1 Satz 3 wird man aufgrund des Erfordernisses einer Gefahr auf die allgemeinen Bestimmungen gemäß §§ 4–6 PolG zurückzugreifen haben.

6. Rechtsfolgen

883 Rechtsfolge ist die Untersagung, mit bestimmten Personen oder Personen einer bestimmten Gruppe Kontakt aufzunehmen oder Kontakt zu halten. Dies wird sowohl den „physischen" Kontakt (persönliche Treffen), aber auch andere Kommunikationswege (E-Mails, Chats, Telefonat, Messenger-Dienste usw.) einschließen können.

884 Die Anordnung eines Kontaktverbots ist nach Absatz 5 Satz 1 auf den zur Abwehr der Gefahr jeweils erforderlichen Umfang zu beschränken; es ist auf höchstens drei Monate zu befristen (Satz 2). Eine Verlängerung um jeweils bis zu drei Monate ist bei fortgesetztem Vorliegen der Voraussetzungen zulässig (Satz 3). Entfallen die Voraussetzungen, ist die Maßnahme unverzüglich zu beenden (Satz 4) – dies bedeutet, dass die Anordnung ihre Wirkung verliert. Der Verstoß gegen Anordnungen nach § 34b PolG ist gemäß § 34d Abs. 1 Nr. 1 PolG strafbar.

F. Wohnungsverweisung und Rückkehrverbot (§ 34a PolG)

- *Aufsatz-Literatur: Seibert/Kohal, JURA 2019, 15 (Die polizeiliche Wohnungsverweisung und das Rückkehrverbot zum Schutz vor häuslicher Gewalt – zu den Normierungen einer Standardbefugnis und damit verbundenen rechtsdogmatischen Fragen); Lehmann, Die Polizei 2016, 144 (Polizeiliches Handeln bei häuslicher Gewalt aus der Perspektive gewaltbetroffener Frauen); Guckelberger/Gard, NJW 2014, 2822 (Polizeiliche Wohnungsverweisung bei freiwilligem Verlassen der Wohnung durch das Opfer?); Storr, ThürVBl 2005, 97 (Die Wohnungsverweisung bei häuslicher Gewalt); Wuttke, JuS 2005, 779 (Polizeirechtliche Wohnungsverweise); Seiler, VBlBW 2004, 93 (Der polizeiliche Verweis aus der eigenen Wohnung); Kay, NVwZ 2003, 521 (Wohnungsverweisung – Rückkehrverbot zum Schutz vor häuslicher Gewalt); Ruder, VBlBW 2002, 11 (Platz- bzw. Hausverweis, Betretungs- und Rückkehrverbot für gewalttätige Ehepartner?).*
- *Leitentscheidungen: BVerfG NJW 2002, 2225 (keine verfassungsrechtlichen Bedenken gegen § 34a PolG); OVG Münster NJW 2015, 1468 (Anforderungen an die Ermessensausübung); OVG Münster DÖV 2012, 160 (Wohnungsverweisung eines Elternteils); VGH Mannheim NJW 2005, 88 (Wohnungsverweisung und Art. 11 Abs. 1 GG).*
- *Übungsfall: Keller, PSP 1/2011, 29 (Klausur Eingriffsrecht – Häusliche Gewalt).*

Wohnungsverweisung/Rückkehrverbot bei häuslicher Gewalt (§ 34a PolG)

1. **Tatbestandsvoraussetzungen**
   - häusliche Gemeinschaft von gefährdeter Person und Adressaten
   - von verwiesener Person verursachte gegenwärtige Gefahr für Leib, Leben oder Freiheit einer anderen Person (die in der Wohnung wohnt)
2. **Maßnahmenspezifische Verfahrensvorschriften**
   - Anordnung/Durchführung durch jeden Polizeibeamten
   - Gelegenheit, dringend benötigte Sachen mitzunehmen (§ 34a Abs. 2 PolG)
   - Aufforderung, ladungsfähige Anschrift bzw. Bevollmächtigten zu benennen (§ 34a Abs. 3 PolG)
   - Hinweispflichten bezüglich gefährdeter Person (§ 34a Abs. 4 PolG)
3. **Adressat**
   - Person, die die Gefahr verursacht
4. **Rechtsfolgen**
   - Wohnungsverweisung
   - Rückkehrverbot

Gefahr ist eine Sachlage, in der bei hinreichender Wahrscheinlichkeit ein Schaden an den geschützten Rechtsgütern, hier Leib, Leben oder Freiheit einer Person, eintreten wird.

Gegenwärtig ist eine Gefahr, wenn der Schaden bereits eingetreten (und noch nicht behoben) ist bzw. sein Eintritt zeitlich unmittelbar bevorsteht.

Abbildung 3.53: Schema zu Wohnungsverweisung und Rückkehrverbot (§ 34a PolG)

3. Teil • Eingriffsbefugnisse

I. Überblick

885 Wohnungsverweisung und Rückkehrverbot sind typische polizeiliche Eingriffsmaßnahmen in Fällen der sog. häuslichen Gewalt. Die Ermächtigungsgrundlage in § 34a PolG ist in das Polizeigesetz aufgenommen worden, weil derartige Maßnahmen vorher weder auf die (nur eine vorübergehende Verweisung erlaubende) Ermächtigungsnorm zum Platzverweis (§ 34 Abs. 1 PolG) noch auf § 34 Abs. 2 PolG gestützt werden konnten. Auch der Rückgriff auf § 8 Abs. 1 PolG war wegen des schwer wiegenden Eingriffs in das Recht auf Unverletzlichkeit der Wohnung allenfalls für eine Übergangszeit zulässig.

886 Die Wohnungsverweisung ist die (Handlungs-)Anordnung an eine Person, die Wohnung zu verlassen. Das Rückkehrverbot ist die (Unterlassungs-)Anordnung an dieselbe Person, die Wohnung und ihre unmittelbare Umgebung für eine bestimmte Dauer (Regeldauer des Rückkehrverbotes: zehn Tage) nicht wieder zu betreten. Bei beiden Anordnungen handelt es sich um Verwaltungsakte, die jedoch in einer einheitlichen Maßnahme zusammengefasst (und zusammen geprüft) werden; Wohnungsverweisung und Rückkehrverbot sind unabhängig voneinander nicht denkbar. Befindet sich ein Täter häuslicher Gewalt allerdings bereits außerhalb der Wohnung und wird dort gestellt, muss zwar im Regelfall nur noch ein Rückkehrverbot ausgesprochen werden, dieses schließt aber die (in diesem Fall nicht mehr ausdrücklich erforderliche) Wohnungsverweisung letztlich gedanklich mit ein.

887 Wohnungsverweisung und Rückkehrverbot dienen einerseits dazu, die gegenwärtig bestehende Gefahr für die gefährdete Person abzuwehren. Darüber hinaus verfolgt insbesondere das Rückkehrverbot mit seiner Regeldauer von zehn Tagen das Ziel, der gefährdeten Person Freiräume für weitere Entscheidungen zu schaffen. Sie soll Beratungsangebote wahrnehmen können, Dispositionen treffen (z.B. eine neue Wohnung suchen, eine Trennung vorbereiten etc.) und gegebenenfalls zivilgerichtlichen Rechtsschutz in Anspruch nehmen und einleiten können. Die Maßnahme verfolgt also mehrere Zwecke, die auch anhand der Verfahrensbestimmungen des § 34a PolG deutlich werden.

888 Typischerweise wird zugleich mit den genannten Maßnahmen ein Zwangsgeld bei Zuwiderhandlung, also im Falle einer verbotswidrigen Rückkehr in die Wohnung, angedroht (Regelhöhe: 500 Euro). Diese Androhung ist ebenfalls ein eigenständiger Verwaltungsakt, der gemäß § 56 Abs. 2 PolG mit dem Grundverwaltungsakt verbunden werden soll (Satz 2: „soll" verbunden werden, wenn ein Zwangsmittel keine aufschiebende Wirkung hat, s. § 80 Abs. 2 Nr. 2 VwGO). Diese Androhung ist eingriffsrechtlich so gut wie nie auf ihre Rechtmäßigkeit hin zu prüfen; es handelt sich um eine Maßnahme des polizeilichen Zwangs.

889 Soweit die handelnden Polizeibeamten über Wohnungsverweisung und Rückkehrverbot hinaus Maßnahmen treffen wollen, müssen sie auf andere Ermächtigungsgrundlagen zurückgreifen. Dies gilt z.B. für die Sicherstellung des Wohnungsschlüssels bei der aus der Wohnung verwiesenen Person, die nur unter den Voraussetzungen des § 43 PolG und wohl nur im Ausnahmefall in Betracht kommt.

II. Grundrechtseingriffe

890 Wohnungsverweisung und Rückkehrverbot greifen in das Grundrecht auf Unverletzlichkeit der Wohnung ein (Art. 13 GG), auch wenn es sich nur um eine vergleichsweise kurze Verhinderung der Nutzung handelt, wird dem Adressaten doch der persönliche Rückzugsort

Wohnungsverweisung und Rückkehrverbot (§ 34a PolG)

für eine gewisse Zeit verwehrt. Soweit sich das Rückkehrverbot (auch) auf einen räumlichen Bereich außerhalb des befriedeten Besitztums erstreckt, kommt diesbezüglich auch ein Eingriff in die allgemeine Handlungsfreiheit (Art. 2 Abs. 1 GG) in Betracht. Alternativ kann ein Verstoß gegen Art. 11 GG angenommen werden. Aufgrund der relativ kurzen Dauer des Rückkehrverbots wird ein Eingriff in das Eigentumsrecht gemäß Art. 14 Abs. 1 GG bezüglich der Nutzung der Wohnung, aber auch hinsichtlich der in der Wohnung befindlichen Sachen im Regelfall ausscheiden.

III. Tatbestandsvoraussetzungen

§ 34a Abs. 1 PolG setzt tatbestandlich eine gegenwärtige Gefahr für Leib (körperliche Unversehrtheit, Gesundheit), Leben oder Freiheit einer Person voraus, die in der Wohnung wohnt (gefährdete Person). Gegenwärtig ist eine Gefahr (zum Begriff Rn. 147 ff.), wenn der Schaden bereits eingetreten (und noch nicht behoben) ist oder der Schadenseintritt zeitlich unmittelbar bevorsteht. Eine Gefahrenlage kann durch häusliche Gewalt (Schläge etc.), aber auch durch ein „Einsperren" gegeben sein. Auch hier ist wie üblich mit Blick auf die zu schützenden Rechtsgüter eine Ex-ante-Prognose anzustellen; es müssen sich Anhaltspunkte dafür ergeben, dass sich die Gefahr jederzeit realisieren könnte, sobald die anwesenden Beamten die Wohnung wieder verlassen. Insoweit sind auch nicht allzu hohe Anforderungen an die Gegenwärtigkeit der Gefahr zu stellen. Die Gefahr ist zwar im Regelfall jedenfalls so lange behoben, wie die Beamten in der Wohnung anwesend sind. Es ist aber zu beurteilen, mit welchem Verhalten der betroffenen Person zu rechnen ist, sobald sie wieder mit der gefährdeten Person allein ist. 891

Die von den handelnden Beamten jeweils im Einzelfall anzustellende Gefahrenprognose kann sich dabei auf verschiedene Anhaltspunkte stützen – nach der Rechtsprechung ist es indes erforderlich, dass bereits Gewalttätigkeiten gegen eine Person verübt worden sind.[267] Es muss also entweder eine Gewaltbeziehung mit konkreten Anzeichen für wiederholte Misshandlungen oder eine erstmalige Gewalttat vorliegen, wenn aufgrund der Intensität des Angriffs und der Schwere der Verletzungen mit einer jederzeitigen Wiederholung der Gewaltanwendung zu rechnen ist.[268] 892

Die zu fordernden Gewalttätigkeiten können sich auch außerhalb der Wohnung ereignet haben. In diesen Fällen ist aber besondere Sorgfalt auf die anzustellende Gefahrenprognose zu legen, namentlich hinsichtlich der Gegenwärtigkeit der Gefahr. 893

> **Beispiel**
> Die Eheleute M und F hatten im Urlaub eine gewalttätige Auseinandersetzung, die an die zuständige Polizeibehörde in ihrem Heimatort gemeldet wird. Kehren die beiden zwei Wochen später in ihre Wohnung zurück, wird es regelmäßig weiterer Anhaltspunkte bedürfen, um aktuell eine gegenwärtige Gefahrenlage begründen zu können.

Die gegenwärtige Gefahr muss durch die aus der Wohnung verwiesene Person verursacht sein (von der Wohnungsverweisung und dem Rückkehrverbot betroffene Person); dies kann – als zulässige Aufbauvariante – entweder bereits bei den tatbestandlichen Voraussetzungen oder aber erst im Rahmen der Adressatenprüfung untersucht werden. 894

---
267 Vgl. OVG Münster NJW 2015, 1468; NJW 2002, 2195.
268 OVG Münster Urteil v. 12.12.2017, 5 A 2428/15, Rn. 29.

895 Da die Wohnungsverweisung von gefährdenden Besuchern der Wohnung unter weniger strikten Voraussetzungen möglich sein muss (im Wege des einfachen Platzverweises nach § 34 Abs. 1 PolG) und ein Rückkehrverbot bei diesem Personenkreis unnötig ist, ist in § 34a PolG über die Gefahrenlage hinaus ein ungeschriebenes Tatbestandsmerkmal hineinzulesen: Die gefährdete Person und die betroffene Person müssen in einer irgendwie gearteten „häuslichen Gemeinschaft" leben. Ansonsten wäre die betroffene Person gar nicht in ihrem Grundrecht aus Art. 13 GG berührt. Die betroffene Person muss nicht zwingend selbst dort dauerhaft wohnen; wenn sie z.B. als Lebenspartner der gefährdeten Person, der einen eigenen Wohnsitz hat, einen Schlüssel besitzt, ist eine häusliche Gemeinschaft zu bejahen. Dies setzt allerdings eine gewisse zeitliche Dauer und Intensität des Zusammenlebens bzw. -wohnens voraus – wenn z.B. ein Partner nur ganz gelegentlich zu Besuch kommt, wird die ungeschriebene Voraussetzung nicht vorliegen und alternativ ein Platzverweis in Betracht kommen.

896 In der Praxis wird die gefährdete Person häufig nicht wollen, dass die betroffene Person aus der Wohnung verwiesen wird. Sachgerecht ist es jedoch, dies nicht bei den tatbestandlichen Voraussetzungen zu thematisieren, sondern erst im Ermessen: So kann es einen Ermessensfehler darstellen, wenn das entsprechende Vorbringen des Opfers der häuslichen Gewalt im Rahmen der Entscheidung der Beamten über die Wohnungsverweisung und das Rückkehrverbot nicht berücksichtigt wird. Der Wille der gefährdeten Person kann jedoch im Ergebnis regelmäßig nicht ausschlaggebend für die Entscheidung der Polizei sein, ob eine Wohnungsverweisung und ein Rückkehrverbot ausgesprochen werden oder nicht. Es ist für die Beamten vor Ort meist nicht zu ermitteln, ob die gefährdete Person diese Auffassung aus freien Stücken äußert oder unter dem Druck der betroffenen Person, aus Angst vor Übergriffen nach Ablauf des Rückkehrverbotes oder außerhalb seines Geltungsbereichs etc. handelt. Zudem kann ein Abhängigkeitsverhältnis bestehen, das die freie Willensentschließung der gefährdeten Person ausschließt oder jedenfalls maßgeblich beeinträchtigt. In dem Wunsch der gefährdeten Person, die gefährdende Person nicht zu verweisen, kann aufgrund dieser Umstände insbesondere auch nicht ein Verzicht auf den Grundrechtsschutz gesehen werden.

897 Anders ist eine entsprechende Äußerung des Opfers möglicherweise dann zu deuten, wenn es sich beim Adressaten der Maßnahme, also der die gegenwärtige Gefahr verursachenden Person, um einen Minderjährigen handelt.

> **Beispiel**
> Der 14-jährige Sohn S bedroht seine gemeinsam mit ihm in einer Wohnung lebende, allein erziehende Mutter M.

898 Grundsätzlich kann auch eine nicht volljährige Person Adressat einer Gefahrenabwehrmaßnahme sein; dies gilt auch für Wohnungsverweisung und Rückkehrverbot. Wenn aber die gefährdete Person (einzige) Erziehungsberechtigte ist und damit auch gemäß § 1631 Abs. 1 BGB das Aufenthaltsbestimmungsrecht besitzt, kollidiert diese im Interesse des Minderjährigen eingeräumte Befugnis mit dem o.g. Grundsatz, dass der Wunsch des Opfers grundsätzlich unerheblich ist. In der Praxis wird die Polizei den Minderjährigen dann vorübergehend in die Obhut des Jugendamts geben können.

IV. Maßnahmenspezifische Verfahrensvorschriften

Die Wohnungsverweisung und das Rückkehrverbot können (ebenso wie die begleitende Zwangsgeldandrohung) von jedem Polizeibeamten erteilt werden. 899

Die Verfahrensbestimmungen sind in § 34 PolG recht detailliert geregelt und von unterschiedlicher Bedeutung. Rechtmäßigkeitsrelevant ist lediglich § 34a Abs. 2 PolG. Die anderen Regelungen verpflichten die Polizei zu verschiedenen begleitenden oder nachgelagerten Maßnahmen. 900

Gemäß § 34a Abs. 2 PolG muss der verwiesenen Person Gelegenheit gegeben werden, dringend benötigte Gegenstände des persönlichen Bedarfs mitzunehmen. Es muss dem Adressaten lediglich die Möglichkeit eingeräumt werden. Dabei ist es unerheblich, ob er von dieser Möglichkeit Gebrauch macht oder nicht. Absatz 2 ist eine Verfahrensbestimmung, deren Nichteinhaltung die Maßnahme rechtswidrig werden lässt. 901

Nach § 34a Abs. 3 PolG ist der Adressat aufzufordern, eine ladungsfähige Anschrift oder einen Bevollmächtigten zu benennen, damit z.B. gerichtliche Beschlüsse zugestellt werden können. Die Nichtbeachtung dieser Vorschrift hat keinen Einfluss auf die Rechtmäßigkeit der Wohnungsverweisung und des Rückkehrverbots. 902

Gleiches gilt für § 34a Abs. 4 PolG, demzufolge die handelnden Beamten zahlreiche Hinweispflichten treffen. So ist die gefährdete Person auf die Möglichkeit der Beantragung zivilrechtlichen Schutzes hinzuweisen und über Beratungsangebote zu informieren. Ihr ist die Inanspruchnahme geeigneter, für diese Aufgabe qualifizierter Beratungseinrichtungen nahe zu legen und anzubieten, durch Weitergabe ihres Namens, ihrer Anschrift und ihrer Telefonnummer eine Kontaktaufnahme durch die in der polizeilichen Einsatzdokumentation näher bezeichneten Beratungseinrichtung zu ermöglichen. 903

Die Absätze 6 und 7 betreffen nachgelagerte Pflichten der Polizei. Gemäß § 34a Abs. 6 Satz 2 PolG hat sie die gefährdete und die betroffene Person über die konkrete Dauer des Rückkehrverbots zu informieren, sobald das zuständige Gericht eine entsprechende Meldung nach Satz 1 an die Polizei macht. Ferner hat die Polizei nach § 34a Abs. 7 PolG die Einhaltung des Rückkehrverbotes mindestens einmal innerhalb seiner Geltungsdauer, bevorzugt innerhalb der ersten Tage, zu kontrollieren. 904

Als Durchführungsbestimmung ließe sich schließlich noch § 34a Abs. 1 Satz 2 PolG qualifizieren: Der Vorschrift zufolge hat eine exakte Benennung des Bereichs, auf den sich das Rückkehrverbot bezieht, zu erfolgen. Hier dürfte eine Entfernungsangabe ausreichen, praktikabel wird aber meist die konkrete Angabe von Straßen, Plätzen etc. sein. Die Frage, ob der Bereich möglicherweise zu eng oder zu weit gezogen ist, ist keine Frage der Verfahrensbestimmung, sondern der Verhältnismäßigkeit. 905

V. Adressat

Adressat von Wohnungsverweisung und Rückkehrverbot ist die Person in der häuslichen Gemeinschaft, von der die gegenwärtige Gefahr ausgeht. 906

VI. Rechtsfolgen

907 Rechtsfolge ist die Anordnung einer Wohnungsverweisung und eines Rückkehrverbots.

908 Im Rahmen des **Ermessens** wird zu thematisieren sein, wenn das Opfer eine Wohnungsverweisung nicht wünscht (Rn. 896). Außerdem wird bei wechselseitigen Gewalttätigkeiten entschieden werden müssen, welche Person aus der Wohnung verwiesen wird (Adressatenauswahlermessen). Im Rahmen dieser Ermessensentscheidung können verschiedene Aspekte zu berücksichtigen sein, z.B. in der Wohnung mit einem alleinerziehenden Erziehungsberechtigten lebende Kinder etc.

909 Bei der **Verhältnismäßigkeit** ist unter anderem (neben der Verhältnismäßigkeit der Wohnungsverweisung und des Rückkehrverbotes insgesamt) zu prüfen, ob das Rückkehrverbot in zeitlicher und in räumlicher Hinsicht geeignet und erforderlich ist.

910 Die Dauer des Rückkehrverbots beträgt im Regelfall zehn Tage. Die Polizei kann ausnahmsweise eine kürzere Geltungsdauer anordnen – dafür muss allerdings ein sachlicher Grund vorliegen, denn die Regeldauer verfolgt ja neben der Gefahrenabwehr im Interesse der gefährdeten Person auch weitere Zwecke (Rn. 887). Eine kürzere Dauer des Rückkehrverbots kann also etwa angeordnet werden, wenn die gefährdete Person z.B. drei Tage nach der Maßnahme in Urlaub fährt oder die Wohnung aus anderen Gründen verlässt; in diesen Konstellationen ist es nicht erforderlich, die verwiesene Person für zehn Tage von der Wohnung fernzuhalten.

911 Stellt die gefährdete Person innerhalb der Geltungsdauer des Rückkehrverbotes einen Antrag auf einstweiligen Rechtsschutz bei den Zivilgerichten, so endet das Rückkehrverbot mit der gerichtlichen Entscheidung (§ 34a Abs. 5 Satz 2 PolG). Die gerichtliche Entscheidung tritt dann an die Stelle der polizeilichen Maßnahme; die Polizei hat die gefährdete Person und den Adressaten ihrer Maßnahmen über den Zeitpunkt des Endes der Maßnahme zu informieren (§ 34a Abs. 6 Satz 2 PolG).

912 Braucht das Gericht für seine Entscheidung über den Antrag der betroffenen Person länger als die erstmalige Anordnung des zehntägigen Rückkehrverbotes, so verlängert sich das Rückkehrverbot „automatisch" und ohne gesonderte polizeiliche Anordnung um bis zu zehn weitere Tage. Entscheidet das Gericht indes früher, endet das polizeiliche Rückkehrverbot mit dem Tag der gerichtlichen Entscheidung (§ 34a Abs. 2 Satz 2 PolG); die Betroffenen sind zu informieren. Hat das Gericht auch nach Ablauf der Verlängerung noch nicht entschieden, endet das Rückkehrverbot nach den erneuten zehn Tagen; die Polizei muss in diesem Fall gegebenenfalls eine neue Wohnungsverweisung mit Rückkehrverbot erlassen.

913 Hinsichtlich des räumlichen Geltungsbereichs ist zu beachten, dass § 34a Abs. 1 PolG eine Verweisung nur aus der unmittelbaren Umgebung der Wohnung erlaubt. Zwar ist die Reichweite nach den Bedürfnissen des Opfers zu bestimmen; es geht aber um eine Wohnungsverweisung, nicht um ein weitreichendes Näherungsverbot etc. Insoweit dürfte es eine Distanzobergrenze geben.

G. Elektronische Aufenthaltsüberwachung (§ 34c PolG)

- *Aufsatz-Literatur:* Ullrich/Walter/Zimmermann, NWVBl. 2019, 98 (Die elektronische Aufenthaltsüberwachung von Gefährdern auf dem verfassungsrechtlichen Prüfstand); Guckelberger, DVBl. 2017, 1121 (Die präventiv-polizeiliche elektronische Aufenthaltsüberwachung); Kaiser, KJ 2017, 176 (Die elektronische Aufenthaltsüberwachung – Geeignetheit zur Terrorismusbekämpfung?); Lindner/Bast, DVBl. 2017, 290 (Die „elektronische Fußfessel" als Instrument des Polizeirechts?); Baur, KriPoZ 2017, 119 (Ausweitung der elektronischen Aufenthaltsüberwachung).

Elektronische Aufenthaltsüberwachung (§ 34c PolG)

1. Tatbestandsvoraussetzungen

Absatz 1:
- bestimmte Tatsachen rechtfertigen Annahme, dass Person innerhalb eines übersehbaren Zeitraums auf eine zumindest ihrer Art nach konkretisierte Weise Straftat nach § 8 Abs. 4 PolG begehen wird (Nr. 1)
- individuelles Verhalten begründet konkrete Wahrscheinlichkeit, dass Person innerhalb eines übersehbaren Zeitraums Straftat nach § 8 Abs. 4 PolG begehen wird (Nr. 2)

Absatz 2 Satz 1:
- zur Abwehr einer Gefahr für die sexuelle Selbstbestimmung unerlässlich (Nr. 1)
- nach polizeilichen Erkenntnissen bereits Straftat nach § 238 Abs. 1 StGB begangen, bestimmte Tatsachen rechtfertigen Annahme weiterer Straftaten nach § 238 StGB (Nr. 2)

Absatz 2 Satz 2:
- Maßnahme nach § 34a PolG
- Überwachung der Befolgung auf andere Weise nicht möglich oder wesentlich erschwert

2. Maßnahmenspezifische Verfahrensvorschriften
- Anordnung durch Amtsgericht auf Antrag des Behördenleiters bzw. Vertreters, bei Gefahr im Verzug durch Behördenleiter/Vertreter
- Vorgaben in Absätzen 3, 4, 5

3. Adressat
- Person, bezüglich derer Tatsachen bzw. das individuelle Verhalten die Begehung terroristischer Straftaten vermuten lassen (Absatz 1 Nr. 1 bzw. Nr. 2)
- Verursacher der Gefahr für die sexuelle Selbstbestimmung (Absatz 2 Satz 1 Nr. 1)
- Person, die bereits Straftat nach § 238 Abs. 1 StGB begangen hat, und bei der weitere Straftaten nach dieser Vorschrift zu erwarten sind (Absatz 2 Satz 1 Nr. 2)
- Adressat einer Maßnahme nach § 34a PolG (Absatz 2 Satz 2)

4. Rechtsfolgen
- Anordnung, technisches Gerät zur elektronischen Aufenthaltsüberwachung ständig in betriebsbereitem Zustand am Körper zu tragen, Anlegung und Wartung zu dulden und Funktionsfähigkeit nicht zu beeinträchtigen
- automatisierte Datenverarbeitung
- Befristung auf drei Monate, ggf. Verlängerung
- Strafvorschrift in § 34d PolG

Abbildung 3.54: Schema zur elektronischen Aufenthaltsüberwachung (§ 34c PolG)

3. Teil • Eingriffsbefugnisse

I. Überblick

914 Die Maßnahme der elektronischen Aufenthaltsüberwachung (auch: „elektronische Fußfessel") ist so ausgestaltet, dass eine Person durch eine Anordnung dazu verpflichtet wird, ein technisches Mittel, mit dem der Aufenthaltsort dieser Person elektronisch überwacht werden kann, ständig in betriebsbereitem Zustand am Körper zu tragen, die Anlegung und Wartung des technischen Mittels zu dulden und seine Funktionsfähigkeit nicht zu beeinträchtigen. Sie dient in der Variante des § 34c Abs. 1 PolG NRW der Verhütung terroristischer Straftaten nach § 8 Abs. 4 PolG, indem sie einerseits durch das Bewusstsein der Überwachung den Träger von solchen Taten abhalten soll, andererseits den Behörden eine lückenlose elektronische Überwachung, also die Datenerhebung bezüglich des jeweils aktuellen Aufenthaltsortes, ermöglicht. Dies weist die Ermächtigungsgrundlage in § 34c Abs. 1 a.E. PolG auch explizit als Ziel der elektronischen Aufenthaltsüberwachung aus („um diese Person durch die Überwachung und die Datenverwendung von der Begehung dieser Straftat abzuhalten"). Darüber hinaus sieht § 34c Abs. 2 S. 1 PolG die Maßnahme auch zur Abwehr von Gefahren für die sexuelle Selbstbestimmung und zur Überwachung von „Stalkern" vor. Schließlich kommt sie in Betracht, wenn Maßnahmen nach § 34a PolG (Wohnungsverweisung und Rückkehrverbot) getroffen wurden und eine Überwachung der Befolgung dieser Maßnahmen auf andere Weise nicht möglich oder wesentlich erschwert ist; die elektronische Aufenthaltsüberwachung kann in diesen Fällen ein milderes Mittel gegenüber einem Durchsetzungsgewahrsam nach § 35 Abs. 1 Nr. 4 PolG darstellen.

915 § 34c Abs. 1 und 2 PolG enthalten die Ermächtigungsgrundlagen für die Anordnung der elektronischen Aufenthaltsüberwachung, während Absatz 3 die automatisierte Datenerhebung erlaubt. Diese erfolgt durch die Überwachung des vom technischen Mittel ausgesendeten GPS-Signals.

II. Grundrechtseingriffe

916 Die Anordnung der elektronischen Aufenthaltsüberwachung greift jedenfalls in das Recht auf Freizügigkeit gemäß Art. 11 Abs. 1 GG ein, sofern sie „aufenthaltsbestimmende" Wirkungen entfaltet. Zudem dürfte die Verpflichtung, das technische Mittel am Körper zu tragen, einen Eingriff in das Recht auf körperliche Unversehrtheit nach Art. 2 Abs. 2 GG darstellen; auch wenn sie keine integritätsverletzende Wirkung entfaltet, ist die Belästigung bzw. Beeinträchtigung nicht unerheblich. Die weiteren Pflichten (Duldung der Wartung, „Aufladen" etc.) sind Eingriffe in die allgemeine Handlungsfreiheit (Art. 2 Abs. 1 GG). Die mit der „elektronischen Fußfessel" verbundene automatisierte Datenerhebung ist schließlich als Eingriff in das Recht auf informationelle Selbstbestimmung (Art. 2 Abs. 1 i.V.m. Art. 1 Abs. 1 GG) zu qualifizieren.

III. Tatbestandsvoraussetzungen

917 § 34c PolG erlaubt die Anordnung der elektronischen Aufenthaltsüberwachung in mehreren tatbestandlichen Varianten. In Absatz 1 finden sich zwei Alternativen zur Verhütung von terroristischen Straftaten nach § 8 Abs. 4 PolG. Erforderlich ist entweder, dass bestimmte Tatsachen die Annahme rechtfertigen, dass der Adressat innerhalb eines übersehbaren Zeitraums auf eine zumindest ihrer Art nach konkretisierte Weise eine Straftat nach § 8 Abs. 4 PolG begehen wird (Nr. 1), oder dass sein individuelles Verhalten eine konkrete Wahrschein-

lichkeit dafür begründet, dass er innerhalb eines übersehbaren Zeitraums eine Straftat nach § 8 Abs. 4 PolG begehen wird (Nr. 2).

Nach Absatz 2 Satz 1 kann eine elektronische Aufenthaltsüberwachung auch dann angeordnet werden, wenn dies zur Abwehr einer Gefahr für die sexuelle Selbstbestimmung nach §§ 174 bis 178, 182 StGB unerlässlich ist (Nr. 1). Zudem ist die Maßnahme zulässig, wenn der Adressat nach polizeilichen Erkenntnissen bereits eine Straftat nach § 238 Abs. 1 StGB (Nachstellung) begangen hat und bestimmte Tatsachen die Annahme rechtfertigen, dass er weitere Straftaten nach § 238 StGB begehen wird (Nr. 2). Für letztere Variante wird man allerdings aus Verhältnismäßigkeitsgründen einen gewissen Schweregrad der bereits begangenen und der drohenden Straftaten fordern müssen.

Schließlich kann eine elektronische Aufenthaltsüberwachung angeordnet werden, wenn Maßnahmen nach § 34a PolG – also eine Wohnungsverweisung bzw. ein Rückkehrverbot bei häuslicher Gewalt – getroffen wurden und eine Überwachung der Befolgung dieser Maßnahmen auf andere Weise nicht möglich oder wesentlich erschwert ist.

IV. Maßnahmenspezifische Verfahrensvorschriften

Die elektronische Aufenthaltsüberwachung wird durch das Amtsgericht angeordnet, in dessen Bezirk die Polizeibehörde ihren Sitz hat (vgl. auch Absatz 7). Erforderlich ist ein Antrag des Behördenleiters bzw. seiner Vertretung (Absatz 6 Satz 1; zu den Inhalten Absatz 6 Satz 6). Bei Gefahr im Verzug kann nach Absatz 6 Satz 3 die Anordnung auch durch den Behördenleiter bzw. seine Vertretung getroffen werden; die gerichtliche Entscheidung ist unverzüglich nachzuholen. Erfolgt innerhalb von drei Tagen keine gerichtliche Bestätigung der Anordnung, tritt sie außer Kraft.

Absatz 3 enthält detaillierte Bestimmungen zur automatisierten Datenerhebung. So ist etwa – soweit technisch möglich – sicherzustellen, dass innerhalb der Wohnung keine über den Umstand ihrer Anwesenheit hinausgehenden Aufenthaltsdaten erhoben werden; dies trägt dem besonderen Schutz der Wohnung durch Art. 13 GG Rechnung. In der Praxis erfolgt dies dadurch, dass eine in der Wohnung angebrachte „Home Unit", die auch dem Aufladen der „Fußfessel" dient, das GPS-Signal entsprechend „stört". Die Absätze 4 und 5 normieren weitere Vorgaben für den Umgang mit den im Rahmen der elektronischen Aufenthaltsüberwachung erlangten Daten.

V. Adressat

Der zulässige Adressat der Maßnahme ist diejenige Person, bezüglich derer die Voraussetzungen der Varianten in Absatz 1 bzw. Absatz 2 gegeben sind. Bei Absatz 1 Nr. 1 ist dies die Person, bezüglich derer bestimmte Tatsachen die Begehung terroristischer Straftaten erwarten lassen, bei Nr. 2 die Person, deren individuelles Verhalten die konkrete Wahrscheinlichkeit der Begehung einer solchen Straftat begründet. Bei Absatz 2 Satz 1 Nr. 1 ist Adressat der Verursacher der Gefahr für die sexuelle Selbstbestimmung, bei Nr. 2 die Person, die bereits eine Straftat nach § 238 Abs. 1 StGB begangen hat und bei der aufgrund bestimmter Tatsachen die Begehung weiterer Straftaten nach § 238 StGB zu erwarten ist. Da Absatz 2 Satz 2 an eine Maßnahme nach § 34a PolG anknüpft, ist zulässiger Adressat bei dieser Variante der Adressat der Wohnungsverweisung bzw. des Rückkehrverbots.

VI. Rechtsfolgen

923 Rechtsfolgen sind einerseits die Anordnung der elektronischen Aufenthaltsüberwachung, andererseits die Befugnis zu einer automatisierten Datenerhebung. Die Anordnung umfasst die Verpflichtung, das technische Mittel ständig in betriebsbereitem Zustand am Körper zu tragen, seine Anlegung und Wartung zu dulden und seine Funktionsfähigkeit nicht zu beeinträchtigen.

924 Die Anordnung der elektronischen Aufenthaltsüberwachung ist nach Absatz 8 Satz 1 sofort vollziehbar und auf höchstens drei Monate zu befristen. Nach Satz 2 kann die Maßnahme um jeweils bis zu drei Monate verlängert werden, sofern die Anordnungsvoraussetzungen weiterhin bestehen. Entfallen sie, ist die Maßnahme unverzüglich zu beenden (Satz 3).

925 Die Ermächtigungsgrundlage in § 34c PolG wird – wie auch diejenigen in § 34b PolG – durch eine Strafvorschrift in § 34d PolG flankiert. Die Aufnahme von Straftatbeständen in landesrechtliche Regelungen ist verfassungsrechtlich nicht zu beanstanden. Es wird nach Absatz 1 der Vorschrift mit Freiheitsstrafe bis zu zwei Jahren oder mit Geldstrafe bestraft, wer einer vollstreckbaren gerichtlichen Anordnung nach § 34b Abs. 2 S. 1 oder einer vollziehbaren Anordnung nach § 34b Abs. 2 S. 3 PolG zuwiderhandelt und dadurch den Zweck der Anordnung gefährdet (Nr. 1). Ebenso wird bestraft, wer einer vollstreckbaren gerichtlichen Anordnung nach § 34c Abs. 6 S. 1 oder einer vollziehbaren Anordnung nach § 34c Abs. 6 S. 2 PolG zuwiderhandelt und dadurch die kontinuierliche Feststellung seines Aufenthaltsortes durch die Polizei verhindert (Nr. 2). Die Tat wird nach Absatz 2 nur auf Antrag derjenigen Polizeibehörde verfolgt, welche die Maßnahme angeordnet oder beantragt hat.

H. Durchsuchung

- *Aufsatz-Literatur: Mosbacher, JuS 2012, 134 (Aktuelles Strafprozessrecht 2. Teil). Herrmann/Soiné, NJW 2011, 2922 (Durchsuchung persönlicher Datenspeicher und Grundrechtsschutz); Beulke/Ruhmannseder, StV 2011, 180 (Strafprozessuale Zwangsmaßnahmen in der Verteidigungssphäre [Teil 1]); Gusy, NStZ 2010, 353 (Grundrechtliche Anforderungen an Durchsuchungsbeschlüsse i.S.d. Art. 13 Abs. 2 GG); Sachs, JuS 2010, 751 (Grundrechte: Beweisverwertungsverbot); Jahn, JuS 2010, 83 (Strafprozessrecht: Verstoß gegen Richtervorbehalt); Michalke, NJW 2008, 1490 (Wenn der Staatsanwalt klingelt – Verhalten bei Durchsuchung und Beschlagnahme); Schroeder, JuS 2004, 858 (Die Durchsuchung im Strafprozess); Kunz, BB 2000, 438 (Durchsuchung und Beschlagnahme in Steuerstrafverfahren).*
- *Leitentscheidungen: BVerfG NJW 2012, 2097 (Anforderungen an Durchsuchungsbeschluss).*
- *Übungsfall: Krumdiek, JA 2010, 191 (Der flüchtige Täter).*

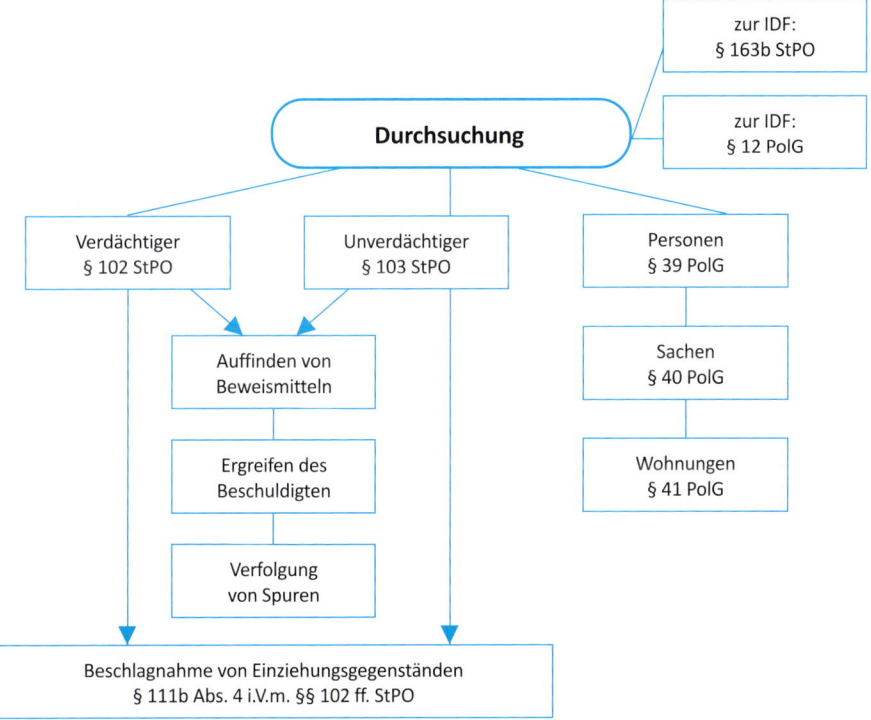

Abbildung 3.55: Übersicht zu den einzelnen Durchsuchungsfällen

I. Durchsuchung beim Verdächtigen (§§ 102, 105 StPO)

- *Aufsatz-Literatur: Zerbes/El-Ghazi, NStZ 2015, 425 (Zugriff auf Computer: Von der gegenständlichen zur virtuellen Durchsuchung); Rabe von Kühlewein, NStZ 2015, 618 (Neue Regeln für Wohnungsdurchsuchungen); Jahn, JuS 2010, 653 (Strafprozessrecht: Beweisverwertungsverbot nach polizeilicher „Ungeschicklichkeit"); Gusy, NStZ 2010, 353 (Grundsätzliche Anforderungen an Durchsuchungsbeschlüsse i.S.d. Art. 13 GG); Hofmann, NStZ 2005, 121 (Die Online-Durchsuchung – staat-*

liches „Hacken" oder zulässige Ermittlungsmaßnahme); Amelung/Mittag, NStZ 2005, 614 (Beweislastumkehr bei Haussuchungen ohne richterliche Anordnung gemäß §105 StPO).
- Leitentscheidungen: BVerfG, Beschluss vom 12.3.2019 – 2 BvR 675/14 –, juris (Anforderungen an die Ausgestaltung des richterlichen Bereitschaftsdienstes); BGH NStZ 2015, 529 (Konkretisierung Richtervorbehalt); BVerfGE 113, 29 (Datenträger sind Papieren i.S.v. § 110 StPO gleichzusetzen); BVerfGE 103, 142 (Anforderungen an Durchsuchungen bei GiV); BGH NStZ 2008, 578 (Zuständigkeit für Durchsuchungsbeschluss); BVerfG StV 2004, 633 (Zur Bedeutung der GiV und der Dokumentationspflichten);
- Übungsfälle: Keller/Braun, Kriminalistik 2012, 261 (Heimliches Betreten von Wohnungen zwecks Risikominimierung vor einer Festnahme); Berning, Kriminalistik 2010, 133 und 199 (Staatsprüfungsklausur mit Lösung im Staatsrecht/Eingriffsrecht); Augsberg/Schwebenbauer, JuS 2011, 665 (Anfängerhausarbeit – ÖR: Unverletzlichkeit der Wohnung und Beweisverwertungsverbot); Boxleitner, JuS 2010, 632 ([Original-] Assessorexamensklausur – Strafrecht: Ausgehorcht und angeklagt).

Durchsuchung beim Verdächtigen (§§ 102, 105 StPO)

1. Tatbestandsvoraussetzungen
- Tatverdacht
- zulässiger Zweck
  - Ergreifungsdurchsuchung
  - Ermittlungsdurchsuchung
  - Auffinden von Verfalls-/Einziehungsgegenständen (§ 111b Abs. 4 StPO)
- Erfolgsvermutung

2. Maßnahmenspezifische Verfahrensvorschriften
- Anordnungskompetenz
  - Gericht, bei GiV auch StA (§ 105 StPO) oder
  - Ermittlungspersonen
- schriftliche Mitteilung (§ 107 StPO)
- Beschlagnahme v. Zufallsfunden (§ 108 StPO)
- Kennzeichnung (§ 109 StPO)
- Durchsicht von Papieren (§ 110 StPO:)
- bei Wohnungsdurchsuchungen zusätzlich:
  - Nachtzeitschranke (§ 104 StPO)
  - Zeugen (§ 105 StPO)
  - Zuziehung des Inhabers (§ 106 StPO)

3. Adressat
- Verdächtiger

4. Rechtsfolgen
- Durchsuchung von Person, Sachen, Wohnungen und anderen Räumen

---

Verdächtiger ist derjenige, bei dem Anhaltspunkte dafür bestehen, dass er Täter oder Teilnehmer einer verfolgbaren Straftat sein könnte.

Erfolgsvermutung liegt vor, wenn aufgrund von Tatsachen oder kriminalistischer Erfahrung die Wahrscheinlichkeit gegeben ist, dass das Gesuchte gefunden wird.

Gefahr im Verzuge ist gegeben, wenn auf den Beschluss des Gerichts nicht gewartet werden kann, ohne dass der Durchsuchungserfolg gefährdet wäre.

Zufallsfunde sind Gegenstände, auf die sich der Durchsuchungszweck nicht bezieht, bei denen aber die Wahrscheinlichkeit besteht, dass sie zum Beweis einer anderen Tat geeignet sind.

Durchsuchen bedeutet Nachschau halten in der Kleidung und allen ohne Weiteres einsehbaren Körperöffnungen.

Tatverdacht ist gegeben, wenn zureichende tatsächliche Anhaltspunkte auf eine verübte Straftat hindeuten.

Abbildung 3.56: Schema zur Durchsuchung beim Verdächtigen (§§ 102, 105 StPO)

Durchsuchung beim Verdächtigen (§§ 102, 105 StPO)

1. Überblick

Die Durchsuchung ist eine strafprozessuale Standardmaßnahme. In der Systematik der Strafprozessordnung wird grundsätzlich nicht nach Durchsuchungsobjekten, sondern nach den Adressaten unterschieden. Durchsuchungen gegen Verdächtige werden von § 102 StPO, gegen andere Personen (Unverdächtige) dagegen von § 103 StPO erfasst.

926

2. Grundrechtseingriffe

Durch Durchsuchungen können, je nach Durchsuchungsobjekt, in die durch Art. 1 Abs. 1 i.V.m. Art. 2 Abs. 1 GG als Ausprägung des Persönlichkeitsrechts geschützte Intimsphäre oder auch in das Recht auf Unverletzlichkeit der Wohnung (Art. 13 GG) eingegriffen werden.

927

3. Tatbestandsvoraussetzungen

Grundvoraussetzung ist ein **Tatverdacht**. Es müssen tatsächliche zureichende Hinweise dafür vorliegen, dass eine Straftat begangen wurde. Der hier bezeichnete Tatverdacht entspricht dem Anfangsverdacht i.S.v. § 152 Abs. 2 StPO.

928

Die Durchsuchung muss zudem einem zulässigen **Zweck** dienen. Unterschieden wird die Ergreifungs- und die Ermittlungsdurchsuchung. Mit der Ergreifungsdurchsuchung soll der Verdächtige gefunden werden, dem aufgrund einer strafprozessualen Norm die Freiheit beschränkt oder entzogen werden kann. In Betracht kommen Haft- oder Vorführbefehle, Festhalten zur Identitätsfeststellung, Durchführung körperlicher Untersuchungen nach § 81a StPO oder erkennungsdienstlicher Maßnahmen nach § 81b StPO.

929

Bei der Ermittlungsdurchsuchung geht es um das Auffinden von Beweismitteln oder Spuren einer Straftat. Beweismittel sind dabei alle Gegenstände, die Rückschlüsse auf Tat, Täter und Tatzusammenhänge geben. Durch die Gleichstellung von Führerscheinen, die der Einziehung unterliegen, mit den Beweismitteln in § 94 Abs. 3 StPO kann nach ihnen wie nach Beweismitteln durchsucht werden. Dies gilt nicht für Führerscheine, die lediglich wegen eines Fahrverbotes nach § 44 StGB beschlagnahmt werden sollen, da sie nicht der Einziehung unterliegen. Insofern fehlt eine gesetzliche Grundlage.

930

Durch den Verweis in § 111b Abs. 2 StPO auf § 102 ff. StPO ist auch zulässiger Durchsuchungszweck das Auffinden von Einziehungsgegenständen (Rn. 1155 ff.).

931

Weitere Tatbestandsvoraussetzung ist die **Erfolgsvermutung**, dass mit der Durchsuchung entsprechende Beweismittel gefunden werden. Erfolgstatsachen werden hier, im Gegensatz zu § 103 StPO, nicht verlangt. Es reicht also aus, dass aus kriminalistischer Erfahrung nicht gänzlich unwahrscheinlich ist, das Gesuchte zu finden.

932

4. Maßnahmenspezifische Verfahrensvorschriften

a) Anordnungskompetenz

Durchsuchungen beim Verdächtigen bedürfen gemäß § 105 Abs. 1 StPO der richterlichen Anordnung, bei Gefahr im Verzuge steht die Anordnung auch der Staatsanwaltschaft und ihren Ermittlungspersonen[269] zu. Der Begriff der Gefahr im Verzuge ist gemäß dem Grundsatzurteil

933

---

[269] Vgl. zu Ermittlungspersonen der Staatsanwaltschaft: § 152 GVG i.V.m. den jeweiligen landesrechtlichen Regelungen; z.B. NRW: § 1 Abs. 1 der Verordnung über die Ermittlungspersonen der Staatsanwaltschaft vom 30.4.1996, GV. NRW. S. 180, zuletzt geändert durch Verordnung vom 16.2.2016, GV. NRW. S. 120.

des Bundesverfassungsgerichtes bei Wohnungsdurchsuchungen eng auszulegen, die richterliche Anordnung soll die Regel, die Annahme von Gefahr im Verzuge die Ausnahme sein. Zudem muss die Annahme von Gefahr im Verzuge mit Tatsachen begründet sein, die auf den Einzelfall bezogen sind. Reine Spekulationen, hypothetische Erwägungen oder lediglich auf kriminalistische Alltagserfahrung gestützte, fallunabhängige Vermutungen reichen nicht aus. Gericht und Strafverfolgungsbehörde haben im Rahmen des Möglichen tatsächliche und rechtliche Vorkehrungen zu treffen, damit die in der Verfassung vorgesehene Regelzuständigkeit des Richters auch in der Masse der Alltagsfälle gewahrt bleibt.[270] Dies bedeutet die uneingeschränkte Erreichbarkeit eines Ermittlungsrichters zwischen 6 Uhr und 21 Uhr. Bei besonderem Bedarf ist auch in der Nachtzeit ein Bereitschaftsdienst einzurichten.[271]

934 Im Zweifelsfall ist immer zu versuchen, eine richterliche Anordnung zu erlangen. Jedenfalls bedarf es bei Gefahr im Verzug der sorgfältigen Dokumentation, um eine gerichtliche Nachprüfung zu ermöglichen. Die Anordnung ergeht regelmäßig schriftlich, kann jedoch auch mündlich erfolgen.

935 Auch für Personendurchsuchungen ist grundsätzlich eine richterliche Anordnung einzuholen, in § 105 StPO wird nicht hinsichtlich des Durchsuchungsobjektes unterschieden. Hier wird jedoch in der Regel Gefahr im Verzug zu bejahen sein.

936 Die Verfahrensvorschriften zur Durchsuchung ergeben sich aus §§ 104–110 StPO.

b) Schriftliche Mitteilung (§ 107 StPO)

937 Dem Betroffenen ist auf Verlangen eine schriftliche Mitteilung über die Maßnahme und die ggf. sichergestellten Gegenstände auszuhändigen. Praktische Relevanz hat die bloße Mitteilung, die mittels Formblatt erfolgt, insbesondere bei der Wohnungsdurchsuchung.

c) Beschlagnahme von Zufallsfunden (§ 108 StPO)

938 Gegenstände, die nicht in Beziehung zur Untersuchung stehen, aber auf Verübung einer anderen Straftat hindeuten, sog. Zufallsfunde, sind einstweilen in Beschlag zu nehmen. Bei dieser Verfahrensvorschrift handelt es sich zugleich um eine spezielle Ermächtigung zur Vorbereitung der Beschlagnahme von Beweismitteln nach §§ 94, 98 StPO. Die Staatsanwaltschaft ist gemäß § 108 Abs. 1 Satz 2 StPO von der Beschlagnahme des Gegenstandes in Kenntnis zu setzen. Gibt sie ihn nicht frei, so muss sie seine Beschlagnahme nach §§ 94, 98 StPO herbeiführen.[272] Die Beschlagnahme von Zufallsfunden kann jeder Polizeibeamte anordnen, auch ohne Ermittlungsbeamter der Staatsanwaltschaft zu sein, denn § 98 StPO findet keine Anwendung. Gefahr im Verzug wird in diesen Fällen gesetzlich vermutet.[273] Beschlagnahmeverbote nach § 97 StPO für einen Gegenstand hindern auch die Beschlagnahme als Zufallsfund.

d) Durchsicht von Papieren (§ 110 StPO)

939 Die Durchsicht von Papieren steht grundsätzlich der Staatsanwaltschaft und auf deren Anordnung auch ihren Ermittlungspersonen zu. Im Übrigen darf die Durchsicht durch Beamte des Polizeidienstes erfolgen, wenn der Betroffene sie genehmigt. Der Begriff Papiere ist weit auszulegen. Dazu gehört alles, was wegen seines Gedankeninhaltes Bedeutung hat und auf

---

270 BVerfGE 103, 142.
271 BVerfG NJW 2004, 1442; BVerG, Beschluss vom 12.3.2019 – 2 BvR 675/14 –, juris.
272 Meyer-Goßner/Schmitt, StPO, § 108 Rn. 7.
273 BGHSt 19, 374 (376).

Durchsuchung beim Verdächtigen (§§ 102, 105 StPO)

Papier geschrieben ist, insbesondere alles private und geschäftliche Schriftgut.[274] Ebenso zählen dazu sämtliche Datenspeicher[275] sowie Notebooks.[276] Sollte eine Anordnung der Staatsanwaltschaft nicht vorliegen und der Betroffene die Durchsicht nicht genehmigen, so sind die Papiere nach Grobsichtung zu verpacken, mit dem Amtssiegel zu verschließen und der Staatsanwaltschaft abzuliefern (§ 110 Abs. 2 Satz 2 StPO).

e) Gleichgeschlechtliche/ärztliche Durchsuchung (§ 81d StPO analog)

Einfache körperliche Untersuchungen sind gemäß § 81d StPO von einer Person gleichen Geschlechts oder einem Arzt durchzuführen, wenn sie das Schamgefühl verletzen können. Entsprechendes gilt für die Durchsuchung von Personen. 940

f) Nachtzeitschranke (§ 104 StPO)

Bei Durchsuchungen von Wohnungen, Geschäftsräumen und befriedetem Besitztum ist überdies die Nachtzeitschranke zu beachten. Während der Nachtzeit – nach der Legaldefinition des § 104 Abs. 3 StPO: 1. April bis 10. September 21.00–04.00 Uhr; vom 1. Oktober bis 31. März 21.00–06.00 Uhr – dürfen Wohnungen zur Wahrung des grundrechtlichen Schutzes nur eingeschränkt durchsucht werden. Zulässig ist eine Durchsuchung dann nur bei Verfolgung auf frischer Tat, bei Gefahr im Verzuge oder zur Wiederergreifung eines entwichenen Gefangenen. Dies gilt gemäß § 104 Abs. 2 StPO nicht für Räume, die jedermann zugänglich sind oder in der Vorschrift näher bezeichnete kriminogene Orte darstellen. 941

> **Beispiele**
> Bordelle; Szenelokal, in dem vorwiegend Rauschgiftsüchtige verkehren.

Hat die Durchsuchung vor 21.00 Uhr begonnen und reicht in die Nachtzeit hinein, darf sie zu Ende geführt werden, auch wenn die Voraussetzungen des § 104 StPO nicht vorliegen.[277] Zur Wahrung des grundrechtlichen Schutzes ist jedoch grundsätzlich darauf zu achten, dass Durchsuchungen vor 21.00 Uhr enden. 942

g) Zuziehung von Durchsuchungszeugen (§ 105 Abs. 2 StPO)

Wenn möglich, sind ein Gemeindebeamter oder zwei Gemeindemitglieder zuzuziehen, die nicht Polizeibeamte sein dürfen. In der Regel werden Beamte der Ordnungsbehörde zugezogen. Darauf kann der Betroffene verzichten. 943

h) Zuziehung des Inhabers (§ 106 StPO)

Der Inhaber hat das Recht, der Durchsuchung beizuwohnen. Ist er abwesend, ist, falls möglich, ein Vertreter hinzuzuziehen. Dies kann ein erwachsener Angehöriger, ein Hausgenosse oder Nachbar sein. Es handelt sich um eine bloße Ordnungsvorschrift. Ihre Verletzung führt nicht zu einer Unverwertbarkeit der Erkenntnisse. 944

5. Adressat

Die Durchsuchung nach § 102 StPO darf sich nur gegen Verdächtige richten. Verdächtiger ist jede Person, bei dem tatsächliche hinreichende Anhaltspunkte dafür vorliegen, dass sie Täter oder Teilnehmer einer Straftat sein könnte. Der Tatverdacht muss sich also auf eine konkrete Person als möglichen Beteiligten beziehen. Kinder (Personen unter 14 Jahre) können keine 945

---

[274] Joecks, StPO, § 110 Rn. 2.
[275] BGH NStZ 2003, 670.
[276] BVerfG NJW 2002, 1410.
[277] BVerfGE 44, 353 (369).

Verdächtigen sein, da sie gemäß § 19 StGB schuldunfähig sind, insofern also keine verfolgbare Straftat vorliegt. Sie sind demnach Unverdächtige, die Durchsuchung muss sich in diesem Fall nach § 103 StGB richten, was aber einen Tatverdacht gegen eine andere, verfolgbare Person voraussetzt. Gleiches gilt für den Fall, dass Rechtfertigungs- oder Entschuldigungsgründe offensichtlich sind.[278]

6. Rechtsfolgen

a) Durchsuchung

946 Die Vorschrift lässt die Durchsuchung, also das planmäßige Suchen nach Personen oder Sachen, zu. Als zulässige Durchsuchungsobjekte kommen nach dem Wortlaut nur Räume in Betracht, nach ganz h.M. erfasst die Vorschrift aber auch die Durchsuchung von Personen und Sachen. Entscheidend bei den Räumlichkeiten ist, ob der Verdächtige sie tatsächlich benutzt, gleichgültig, ob dies befugt oder unbefugt geschieht.[279] Der Begriff der **körperlichen Durchsuchung** gemäß §§ 102, 103 StPO ist von dem der körperlichen Untersuchung gemäß § 81a StPO zu unterscheiden. Um eine Personendurchsuchung handelt es sich, wenn der Körper abgetastet und Nachschau gehalten wird in der Kleidung und allen ohne Weiteres einsehbaren Köperöffnung (Mund, Nase, Ohren) mit dem Zweck, Gegenstände aufzufinden. Dient eine Maßnahme aber dazu, die körperliche Beschaffenheit oder das Vorhandensein von Fremdkörpern lediglich sinnlich wahrzunehmen, handelt es sich um eine körperliche Untersuchung nach § 81a StPO.[280] Daher kann eine Nachschau in die natürlichen Körperöffnungen je nach Zweck eine Personendurchsuchung oder eine körperliche Untersuchung sein.

947 Die Durchsicht von **Datenträgern** (z.B. externe Speicher, Handyspeicher, Notebook) zählt zu der von Sachen, dabei ist die Verfahrensvorschrift des § 110 StPO zu beachten.[281]

948 Die sogenannte **Online-Durchsuchung**[282] ist nach §§ 94, 98 StPO unzulässig, diesen Eingriff regelt § 100b StPO. Demnach darf bei auch im Einzelfall besonders schwerwiegenden Katalogstraftaten (vgl. § 100b Abs. 2 StPO) ohne Wissen des Betroffenen in dessen informationstechnisches System eingegriffen werden. Die Anordnung dieser Maßnahme obliegt grundsätzlich der Kammer des Landgerichts am Sitz der Staatsanwaltschaft, § 100e Abs. 2 StPO.

b) Beweisverwertung

949 Verstöße gegen die Ordnungsvorschriften der §§ 106, 107, 109 StPO führen nicht zur Unverwertbarkeit. Bei Verkennung der richterlichen Anordnungskompetenz ist nach überwiegender Meinung Unverwertbarkeit der Erkenntnisse nur bei Willkür anzunehmen.[283] Eine unzureichende Dokumentation der Durchsuchungsanordnung führt nicht ohne Weiteres zur Unverwertbarkeit.[284]

---

278 Meyer-Goßner/Schmitt, StPO, § 102 Rn. 4.
279 BGH NStZ 1986, 84.
280 Für diese Unterscheidung nach dem Zweck auch Meyer-Goßner/Schmitt, StPO, § 81a Rn. 9.
281 Vgl. BVerfGE 113, 29.
282 Verdeckter staatlicher Zugriff auf fremde informationstechnische Systeme über Kommunikationsnetze mittels einer Überwachungssoftware.
283 Vgl. Meyer-Goßner/Schmitt, StPO, § 94 Rn. 21.
284 BGH NStZ 2005, 392.

II. Durchsuchung beim Unverdächtigen (§§ 103, 105 StPO)

- *Aufsatz-Literatur: Beulke/Ruhmannseder, StV 2011, 180 (Strafprozessuale Zwangsmaßnahmen in der Verteidigungssphäre [Teil 1]).*
- *Leitentscheidungen: OLG Frankfurt NStZ 2006, 302 (Durchsuchung der Kanzleiräume eines Verteidigers).*
- *Übungsfälle: Hapkemeyer, Kriminalistik 2001, 367 (Klausur mit Lösung im Fach Eingriffsrecht).*

Durchsuchung beim Unverdächtigen (§§ 103, 105 StPO)	

1. Tatbestandsvoraussetzungen
– Tatverdacht
– zulässiger Zweck (Ausnahme: § 103 Abs. 2 StPO)
  – Ergreifungsdurchsuchung
  – Ermittlungsdurchsuchung
  – Auffinden von Verfalls- und Einziehungsgegenständen (§ 111b Abs. 4 StPO)
– Erfolgstatsachen (Ausnahme: § 103 Abs. 2 StPO)
2. Maßnahmenspezifische Verfahrensvorschriften
– Anordnungskompetenz
  – Gericht, bei GiV auch StA/ErmPers. (§ 105 Abs. 1 StPO)
– Schriftliche Mitteilung (§ 107 StPO)
– Beschlagnahme v. Zufallsfunden (§ 108 StPO)
– Kennzeichnung (§ 109 StPO)
– Durchsicht von Papieren (§ 110 StPO)
– bei Wohnungsdurchsuchungen zusätzlich:
  – Nachtzeitschranke (§ 104 StPO)
  – Zeugen (§ 105 StPO)
  – Zuziehung des Inhabers (§ 106 StPO)
  – Information über Zweck (§ 106 StPO)
3. Adressat
– Unverdächtiger
4. Rechtsfolgen
– Durchsuchung von Personen, Sachen, Wohnungen und anderen Räumen
– Sonderfall: Gebäudedurchsuchung
	Durchsuchen bedeutet Nachschau halten in der Kleidung und allen ohne Weiteres einsehbaren Körperöffnungen.
	
	Gefahr im Verzuge ist gegeben, wenn auf den Beschluss des Gerichts nicht gewartet werden kann, ohne dass der Durchsuchungserfolg gefährdet wäre.
	
	Zufallsfunde sind Gegenstände, auf die sich der Durchsuchungszweck nicht bezieht, bei denen aber die Wahrscheinlichkeit besteht, dass sie zum Beweis einer anderen Tat geeignet sind.
	
	Unverdächtiger ist derjenige, bei dem keine Anhaltspunkte dafür bestehen, dass er als Täter oder Teilnehmer einer Straftat in Betracht kommt.
	
	Tatverdacht ist gegeben, wenn zureichende tatsächliche Anhaltspunkte auf eine verübte Straftat hindeuten.

Abbildung 3.57: Schema zur Durchsuchung beim Unverdächtigen (§§ 103, 105 StPO)

1. Überblick

Die Durchsuchung ist eine strafprozessuale Standardmaßnahme. In der Systematik der Strafprozessordnung wird grundsätzlich nicht nach Durchsuchungsobjekten, sondern nach den Adressaten unterschieden. Durchsuchungen gegen Unverdächtige werden von § 103 StPO, gegen Verdächtige dagegen von § 102 StPO erfasst.

2. Grundrechtseingriffe

951 Durch Durchsuchungen können, je nach Durchsuchungsobjekt, in die durch Art. 2 Abs. 1 GG als Ausprägung des Persönlichkeitsrechts geschützte Intimsphäre oder auch in das Recht auf Unverletzlichkeit der Wohnung (Art. 13 GG) eingegriffen werden.

3. Tatbestandsvoraussetzungen

952 Grundvoraussetzung ist zunächst ein **Tatverdacht**. Der ist gegeben, wenn zureichende tatsächliche Anhaltspunkte für eine Straftat vorliegen.

953 Die Durchsuchung muss zudem einem zulässigen **Zweck** dienen. Unterschieden wird die Ergreifungs- und die Ermittlungsdurchsuchung. Mit der Ergreifungsdurchsuchung soll der Beschuldigte gefunden werden, dem aufgrund einer strafprozessualen Norm die Freiheit beschränkt oder entzogen werden kann. In Betracht kommen Haft- oder Vorführbefehle, Festhalten zur Identitätsfeststellung nach § 163b StPO, Durchführung körperlicher Untersuchungen nach § 81a StPO oder erkennungsdienstlicher Maßnahmen nach § 81b StPO. Im Gegensatz zu § 102 StPO reicht hier der Verdächtigenstatus nicht aus, die Person muss Beschuldigter sein. Beschuldigter ist jede Person, gegen die sich das Strafverfahren richtet.[285] Sie wird schon zum Beschuldigten, wenn die Strafverfolgungsbehörden Ermittlungsmaßnahmen ergreifen, die erkennbar darauf abzielen, gegen sie wegen einer Straftat strafrechtlich vorzugehen (vgl. dazu auch § 397 Abs. 1 AO für Steuerstrafverfahren). Wichtig ist, dass das subjektive Element des Willens zur konkreten Strafverfolgung zur Ermittlungshandlung treten muss, um die Beschuldigteneigenschaft zu konstituieren.

954 Bei der Ermittlungsdurchsuchung geht es um das Auffinden von Spuren einer Straftat oder um die Beschlagnahme genau zu bezeichnender Beweismittel. Beweismittel sind dabei alle Gegenstände, die Rückschlüsse auf Tat, Täter und Tatzusammenhänge zulassen können. Da nach konkret zu bezeichnenden Gegenständen gesucht werden muss, gebietet es der Verhältnismäßigkeitsgrundsatz, vorher nach freiwilliger Herausgabe zu fragen.[286] Durch die Gleichstellung von Führerscheinen, die der Einziehung unterliegen, mit den Beweismitteln in § 94 Abs. 3 StPO kann nach ihnen wie nach Beweismitteln durchsucht werden. Dies gilt nicht für Führerscheine, die lediglich wegen eines Fahrverbotes nach § 44 StGB beschlagnahmt werden sollen, da sie nicht der Einziehung unterliegen. Insofern fehlt eine gesetzliche Grundlage. Durch den Verweis in § 111b Abs. 2 StPO auf §§ 102 ff. StPO ist auch zulässiger Durchsuchungszweck das Auffinden von Einziehungsgegenständen.

955 Weitere Tatbestandsvoraussetzung ist die **Erfolgstatsache**, es reicht im Gegensatz zu § 102 StPO nicht allein die Erfolgsvermutung. Es müssen, im Sinne einer gesicherten Auffindeprognose, Tatsachen die Erwartung begründen, dass die Durchsuchung zum Erfolg führt.

956 Wird der Beschuldigte in einer Räumlichkeit ergriffen oder hat er sie während der Flucht betreten, bedarf es zur Durchsuchung der Räume gemäß § 103 Abs. 2 StPO keiner besonderen Erfolgstatsachen und keines speziellen, in § 103 Abs. 1 StPO normierten Zweckes. So kann diese Durchsuchung auch zum Zwecke der Feststellung von etwaigen Zeugen erfolgen.

957 **Sonderfall Gebäudedurchsuchung:** Nach § 103 Abs. 1 Satz 2 StPO können alle Wohnungen und Räume in einem Gebäude durchsucht werden, wenn aufgrund von Tatsachen anzuneh-

---

[285] BGHSt 10, 8 (12).
[286] Joecks, StPO, § 103 Rn. 2.

Durchsuchung beim Unverdächtigen (§§ 103, 105 StPO)

men ist, dass sich der Beschuldigte dort aufhält. Diese Tatsachen können sich insbesondere aus Zeugenbeobachtungen oder eigenen Feststellungen ergeben. Voraussetzung ist zudem, dass die Durchsuchung zum Zwecke der Ergreifung des Beschuldigten erfolgt und dieser dringend verdächtig ist, eine Straftat nach § 129a StGB (Bildung terroristischer Vereinigungen), auch in Verbindung mit § 129b Abs. 1 StGB (kriminelle oder terroristische Vereinigungen im Ausland), oder eine der in dieser Vorschrift bezeichneten Straftat begangen zu haben. Dieser besonders gravierende Grundrechtseingriff rechtfertigt sich aus der Gefährlichkeit Schwerstkrimineller.

4. Maßnahmenspezifische Verfahrensvorschriften

Durchsuchungen beim Verdächtigen bedürfen gemäß § 105 Abs. 1 StPO der richterlichen Anordnung. Bei Gefahr im Verzuge steht die Anordnung auch der Staatsanwaltschaft und ihren Ermittlungspersonen[287] zu. Der Begriff der Gefahr im Verzuge ist gemäß dem Grundsatzurteil des Bundesverfassungsgerichtes bei Wohnungsdurchsuchungen eng auszulegen, die richterliche Anordnung soll die Regel, die Annahme von Gefahr im Verzuge die Ausnahme sein. Dies bedeutet jedoch nicht, dass zwingend ein richterlicher Bereitschaftsdienst einzurichten ist, vielmehr nur, wenn dafür ein praktisches Bedürfnis besteht.[288] Im Zweifelsfall ist immer zu versuchen, eine richterliche Anordnung zu erlangen. Jedenfalls bedarf es bei Gefahr im Verzuge der sorgfältigen Dokumentation, um eine gerichtliche Nachprüfung zu ermöglichen. Die Anordnung ergeht regelmäßig schriftlich, kann jedoch auch mündlich erfolgen.

958

Die Verfahrensvorschriften zur Durchsuchung ergeben sich aus den §§ 104–110 StPO (dazu Rn. 936 ff.).

959

- schriftliche Mitteilung (§ 107 StPO)
- Beschlagnahme von Zufallsfunden (§ 108 StPO)
- Durchsicht von Papieren (§ 110 StPO)
- Gleichgeschlechtliche/ärztliche Durchsuchung (§ 81d StPO analog)

Bei Durchsuchungen von Wohnungen, Geschäftsräumen und befriedetem Besitztum sind überdies zu beachten:

960

- Nachtzeitschranke (§ 104 StPO)
- Zuziehung von Durchsuchungszeugen (§ 105 Abs. 2 StPO)
- Zuziehung des Inhabers (§ 106 Abs. 1 StPO)
- Informationspflicht (§ 106 Abs. 2 StPO)

Dem Inhaber der Wohnung bzw. seinem Vertreter ist der Zweck der Durchsuchung bekannt zu geben.

961

5. Adressat

Die Maßnahme richtet sich – in Abgrenzung zu § 102 StPO – gegen andere Personen, mithin gegen Unverdächtige. Unverdächtige sind alle Personen, die nicht Verdächtige oder Beschuldigte sind. Kinder (Personen unter 14 Jahren) können keine Verdächtigen sein, da sie gemäß § 19 StGB schuldunfähig sind, insofern also keine verfolgbare Straftat vorliegt. Sie

962

---

[287] Vgl. zu Ermittlungspersonen der Staatsanwaltschaft: § 152 GVG i.V.m. den jeweiligen landesrechtlichen Regelungen; z.B. NRW: § 1 Abs. 1 der Verordnung über die Ermittlungspersonen der Staatsanwaltschaft vom 30.4.1996, GV. NRW. S. 180, zuletzt geändert durch Verordnung vom 16.2.2016, GV. NRW. S. 120.
[288] BVerfG NJW 2004, 1442.

sind demnach immer Unverdächtige. Gleiches gilt für den Fall, dass Rechtfertigungs- oder Entschuldigungsgründe offensichtlich sind.[289] Eine Durchsuchung muss sich in diesem Fall nach § 103 StGB richten. Dies setzt aber voraus, dass überhaupt ein Anfangsverdacht einer verfolgbaren Straftat vorliegt. Kommt allein ein Kind als Täter in Betracht, ist daher auch eine Durchsuchung nach § 103 StPO unzulässig.

Beispiel
Der 12-jährige M entriss seinem Klassenkameraden mit mehreren Schlägen dessen Handy. Im Rahmen des polizeilichen Einsatzes ergeben sich Hinweise, dass M das Handy bei sich zu Hause aufbewahrt.

963 Eine Durchsuchung des Kinderzimmers nach § 102 StPO scheidet aus, da M nicht Verdächtiger i.S.d. Vorschrift ist. Die Durchsuchung nach § 103 StPO scheidet ebenfalls aus, da es insgesamt an einer verfolgbaren Straftat mangelt. In Betracht kommt aber eine Durchsuchung zur Beschlagnahme des Handys zur Einziehung nach § 111b Abs. 1 i.V.m. § 73 StGB, § 102 StPO.

6. Rechtsfolgen

964 Für die Durchsuchung beim Unverdächtigen gelten hinsichtlich der Rechtsfolge die gleichen Grundsätze wie für die Durchsuchung beim Verdächtigen (dazu Rn. 946 ff.).

965 **Beweisverwertung:** Verstöße gegen die Ordnungsvorschriften der §§ 106, 107, 109 StPO führen nicht zur Unverwertbarkeit. Bei Verkennung der richterlichen Anordnungskompetenz ist nach überwiegender Meinung Unverwertbarkeit der Erkenntnisse nur bei Willkür anzunehmen.[290] Eine unzureichende Dokumentation der Durchsuchungsanordnung führt nicht ohne Weiteres zur Unverwertbarkeit.[291]

	Tatbestand	Adressat	Anordnungsbefugnis	Verfahrensvorschriften
§§ 102, 105 StPO **Durchsuchung beim Verdächtigen**	Tatverdacht zulässiger Zweck: – Ergreifung oder – Ermittlung oder – Auffinden von Einziehungsgegenständen Erfolgsvermutung	Verdächtiger	Gericht bei GiV: StA/ErmPers.	schriftliche Mitteilung (§ 107 StPO) Beschlagnahme Zufallsfunde (§ 108 StPO) Kennzeichnung (§ 109 StPO) Durchsicht von Papieren (§ 110 StPO) bei Wohnungsdurchsuchungen: Nachtzeitschranke (§ 104 StPO), Durchsuchungszeugen (§ 105 StPO), Zuziehung des Inhabers (§ 106 StPO)
§§ 103, 105 StPO **Durchsuchung beim Unverdächtigen**	Tatverdacht zulässiger Zweck: – Ergreifung oder – Ermittlung oder – Auffinden von Einziehungsgegenständen Erfolgstatsachen (Ausnahme § 103 II StPO)	Unverdächtiger	Gericht bei GiV: StA/ ErmPers.	schriftliche Mitteilung (§ 107 StPO) Beschlagnahme Zufallsfunde (§ 108 StPO) Kennzeichnung (§ 109 StPO) Durchsicht von Papieren (§ 110 StPO) bei Wohnungsdurchsuchungen: Nachtzeitschranke (§ 104 StPO), Durchsuchungszeugen (§ 105 StPO), Zuziehung des Inhabers (§ 106 StPO), Info über Zweck (§ 106 StPO)

Abbildung 3.58: Übersicht zu den Formen der repressiven Durchsuchung

---

289 Meyer-Goßner/Schmitt, StPO, § 102 Rn. 4.
290 Vgl. Meyer-Goßner/Schmitt, StPO, § 94 Rn. 21.
291 BGH NStZ 2005, 392.

III. Durchsuchung von Personen (§ 39 PolG)

- *Aufsatz-Literatur: Beier/Baldarelli, Polizeiinfo 4/2016, 3 (Rechtsfrage der polizeilichen Durchsuchungspraxis zur Gefahrenabwehr); Katzidis, PSP 4/2016, 38 (Gewahrsam – Studium versus Praxis); Böcking, DPolBl 4/2013, 20 (Herausforderung Personendurchsuchung).*
- *Leitentscheidungen: BayVGH BayVBl 2013, 90 (Anforderungen an die Durchsuchung an einem „gefährlichen Ort"); BayVGH NVwZ-RR 1999, 310 (Abgrenzung von Personendurchsuchung von körperlicher Untersuchung).*
- *Übungsfälle: Keller, PSP 1/2014, 23 (Klausur Eingriffsrecht: Standardmaßnahmen, Zwang, Kunsturheberrechtsgesetz [KUG]); Keller/Braun, PSP 1/2013, 24 (Klausur Eingriffsrecht: Suizidversuch im Hotel); Keller, PSP 1/2013, 25 (Klausur Eingriffsrecht: Randalierer in der Gaststätte); Springer, PSP 1/2012, 31 (Klausur Eingriffsrecht: Anschlagsdrohung gegen die Synagoge in Düsseldorf).*

Durchsuchung von Personen (§ 39 PolG)

1. Tatbestandsvoraussetzungen
- § 39 Abs. 1 Nr. 1 PolG: Person darf rechtmäßig festgehalten werden
- § 39 Abs. 1 Nr. 2 PolG: Person führt Sache mit, die nach § 43 PolG sichergestellt werden darf
- § 39 Abs. 1 Nr. 3 PolG: Person befindet sich in die freie Willensbestimmung ausschließendem Zustand oder sonst in hilfloser Lage
- § 39 Abs. 1 Nr. 4 PolG: Person hält sich an gefährlichem Ort i.S.v. § 12 Abs. 1 Nr. 2 PolG auf
- § 39 Abs. 1 Nr. 5 PolG
  - Person hält sich an gefährdetem Objekt bzw. in dessen unmittelbarer Nähe auf und
  - Tatsachen rechtfertigen die Annahme, dass in oder an Objekten dieser Art Straftaten begangen werden sollen, durch die Personen oder diese Objekte gefährdet sind
- § 39 Abs. 2 PolG
  - Person, deren Identität festgestellt werden darf, oder die nach anderen Rechtsvorschriften vorgeführt oder zur Durchführung einer Maßnahme an einen anderen Ort gebracht werden soll und
  - zum Schutz des Polizeivollzugsbeamten oder eines Dritten gegen eine Gefahr für Leib oder Leben erforderlich

2. Maßnahmenspezifische Verfahrensvorschriften
- Anordnungskompetenz:
  - jede/r Polizeibeamte/-beamtin
- § 39 Abs. 1 PolG: Durchsuchung durch gleichgeschlechtliche Person/Arzt

---

Mit sich führt jemand eine Sache, wenn sie mit der Möglichkeit eines unmittelbaren Zugriffs am Körper oder in der am Körper getragenen Kleidung aufbewahrt wird.

In einem **die freie Willensbildung** erkennbar **ausschließenden Zustand** befindet sich die zu durchsuchende Person, wenn sie keine eigenständigen Entscheidungen (mehr) treffen kann.

Eine **hilflose Lage** liegt dann vor, wenn eine Person – bei ansonsten intakter Willensbildung – aus eigener Kraft nicht dazu imstande ist, ihr drohende Gefahren abzuwehren.

Gefahr ist eine Sachlage, in der bei hinreichender Wahrscheinlichkeit ein Schaden an den geschützten Rechtsgütern, hier Leib oder Leben, eintreten wird.

> **3. Adressat**
> – Abs. 1 Nr 1: festgehaltene Person
> – Abs. 1 Nr 2: Person, die ggf. Sachen mit sich führt
> – Abs. 1 Nr 3: hilflose Person
> – Abs. 1 Nr 4: Person, die sich an gefährlichem Ort aufhält
> – Abs. 1 Nr 5: Person, die sich an gefährdetem Objekt aufhält
> – Abs. 2: Person, deren Identität festgestellt bzw. die an anderen Ort verbracht werden soll
>
> **4. Rechtsfolgen**
> – Durchsuchung der Person

Abbildung 3.59: Schema zur Durchsuchung von Personen (§ 39 PolG)

1. Überblick

966 Die Vorschrift ermächtigt die Polizei zur Durchsuchung von Personen. Dabei handelt es sich um die zielgerichtete und planmäßige Nachschau an der Körperoberfläche, in den ohne Hilfsmittel (optisch) zugänglichen Körperöffnungen sowie in am Körper getragenen Kleidungsstücken und sonstigen Gegenständen. Die Durchsuchung wird im Regelfall durch Betrachten bzw. manuell durch Betasten oder mittels eines oberflächlichen Blicks in die einsehbaren Körperöffnungen erfolgen; sie ist ein Realakt. Die Abgrenzung zur körperlichen Untersuchung ist im Einzelfall problematisch; noch als Durchsuchung zu qualifizieren ist der Blick in den geöffneten Mund.

967 Person im Sinne der Vorschrift kann nur eine natürliche Person sein. Eine Durchsuchung i.S.d. § 39 PolG kann nach herrschender Meinung nur am lebenden Menschen vorgenommen werden; wird eine Leiche durchsucht, soll dann § 40 PolG einschlägig sein.

968 Erfolgt die Durchsuchung zum Zwecke der Identitätsfeststellung, ist nicht § 39, sondern § 12 Abs. 2 Satz 3 und 4 PolG einschlägig, wie sich aus der einleitenden Formulierung des § 39 Abs. 1 PolG ergibt.

2. Grundrechtseingriffe

969 Die Durchsuchung von Personen greift in das Recht auf Wahrung der Privat- und Intimsphäre (Art. 2 Abs. 1 i.V.m. Art. 1 Abs. 1 GG) ein. Da durch die Maßnahme aber auch dann Informationen gewonnen werden können, wenn sie nicht auf eine Identitätsfeststellung ausgerichtet ist, kann zugleich das Recht auf informationelle Selbstbestimmung beeinträchtigt sein. Wird eine Person zum Zwecke der Durchsuchung festgehalten, liegt eine Freiheitsbeschränkung und damit ein Eingriff in Art. 2 Abs. 2 Satz 2, Art. 104 GG vor.

Durchsuchung von Personen (§ 39 PolG)

3. Tatbestandsvoraussetzungen

§ 39 PolG enthält mehrere tatbestandliche Varianten. 970

a) Durchsuchung von Personen, die festgehalten werden können (§ 39 Abs. 1 Nr. 1 PolG)

§ 39 Abs. 1 Nr. 1 PolG erlaubt die Durchsuchung einer Person, die nach diesem Gesetz oder nach anderen Rechtsvorschriften festgehalten werden kann. Zweck der Durchsuchung ist hier zum einen die Eigensicherung der festhaltenden Polizeivollzugsbeamten (so dass Abgrenzungsschwierigkeiten zu Abs. 1 Nr. 2 sowie zu Abs. 2, vor allem zu Abs. 2 Satz 2 Var. 2 bestehen), zum anderen der Schutz anderer Personen, die im weiteren Verlauf der polizeilichen Behandlung der zu durchsuchenden Person mit dieser in Berührung kommen werden. Die Vorschrift trägt damit dem in der Praxis äußerst hohen Bedürfnis nach einer verlässlichen Eigensicherung im Zusammenhang mit einer Verwahrung bzw. einem Transport von Delinquenten namentlich in engen räumlichen Verhältnissen, wie etwa einem Streifenwagen, Rechnung. 971

Darüber hinaus sollen Selbstgefährdungen des Adressaten sowie seiner Flucht dadurch vorgebeugt werden, dass hierzu geeignete Gegenstände aufgefunden werden. 972

Die Person muss nach dem PolG oder nach anderen Rechtsvorschriften festgehalten werden können. Dies meint nicht die tatsächliche Möglichkeit, sondern die rechtliche Erlaubtheit, so dass im Rahmen dieses Merkmals eine eingeschachtelte Rechtmäßigkeitsprüfung der Maßnahme „Festhalten" erfolgen muss. Ein Festhalten „nach diesem Gesetz" ist – wie sich vor allem aus § 36 Abs. 1 Satz 1, § 37 Abs. 1 PolG erschließt – insbesondere auf der Grundlage von § 10 Abs. 3, § 12 Abs. 2 Satz 3 oder § 35 PolG möglich. Festgehalten werden kann eine Person außerhalb des PolG beispielsweise aufgrund von § 127 Abs. 1 bzw. 2, § 163b Abs. 1 Satz 2 bzw. Abs. 2 Satz 2 StPO. 973

b) Durchsuchung von Personen, die möglicherweise der Sicherstellung unterliegende Sachen mit sich führen (§ 39 Abs. 1 Nr. 2 PolG)

Die Durchsuchung einer Person kann ferner erfolgen, wenn Tatsachen die Annahme rechtfertigen, dass sie Sachen mit sich führt, die sichergestellt werden dürfen (§ 39 Abs. 1 Nr. 2 PolG). Auch diese Variante dient der Eigen- und Fremdsicherung sowie dem Schutz fremden Eigentums bzw. fremder Sachherrschaft. Mit sich führt jemand eine Sache, wenn sie mit der Möglichkeit eines unmittelbaren Zugriffs am Körper oder in der am Körper getragenen Kleidung aufbewahrt wird. Da anders als bei Nr. 1 ein Hinweis auf Rechtsvorschriften außerhalb des PolG fehlt, muss es sich um eine Sache handeln, die nach § 43 PolG (oder auf der Grundlage einer speziellen Ermächtigungsgrundlage für eine präventive Sicherstellung) sichergestellt werden darf. 974

c) Durchsuchung von Personen in hilfloser Lage (§ 39 Abs. 1 Nr. 3 PolG)

Die Durchsuchung einer Person, die sich erkennbar in einem die freie Willensbildung ausschließenden Zustand oder sonst in hilfloser Lage befindet, nach § 39 Abs. 1 Nr. 3 PolG dient der Ermöglichung weiterer Maßnahmen zur Hilfeleistung. Z.B. kann bei einer erkennbar nicht in gutem Gesundheitszustand befindlichen Person die Kleidung nach dringend benötigten Medikamenten oder nach Hinweisen auf eine bestehende Erkrankung bzw. den Grund für die Hilflosigkeit, etwa aussagekräftigen Dokumenten durchsucht werden. In einem die freie Willensbildung erkennbar ausschließenden Zustand befindet sich die zu durchsuchen- 975 de Person, wenn sie keine eigenständigen Entscheidungen (mehr) treffen kann. Eine hilflose Lage liegt dann vor, wenn eine Person – bei ansonsten intakter Willensbildung – aus eigener Kraft nicht dazu imstande ist, ihr drohende Gefahren abzuwehren.

d) Durchsuchung von Personen an gefährlichen Orten (§ 39 Abs. 1 Nr. 4 PolG)

976 Gemäß § 39 Abs. 1 Nr. 4 PolG kann jede Person durchsucht werden, die sich an einem gefährlichen bzw. verrufenen Ort i.S.v. § 12 Abs. 1 Nr. 2 PolG aufhält (eingehend zu den erfassten Orten Rn. 304 ff., zum Merkmal des Sich-Aufhaltens Rn. 309).

e) Durchsuchung von Personen an gefährdeten Objekten (§ 39 Abs. 1 Nr. 5 PolG)

977 Personen, die sich in gefährdeten Objekten gemäß § 12 Abs. 1 Nr. 3 PolG oder in deren unmittelbarer Nähe (dazu Rn. 306) aufhalten, dürfen nach § 39 Abs. 1 Nr. 5 PolG durchsucht werden. Weitere Voraussetzung ist, dass Tatsachen die Annahme rechtfertigen, dass in oder an Objekten dieser Art Straftaten begangen werden sollen, durch die Personen oder diese Objekte gefährdet sind.

f) Durchsuchung von Personen nach § 39 Abs. 2 PolG

978 Eine weitere tatbestandliche Variante enthält § 39 Abs. 2 PolG. Danach kann eine Person, deren Identität nach diesem Gesetz oder anderen Rechtsvorschriften festgestellt werden soll, nach Waffen, anderen gefährlichen Werkzeugen und Explosivmitteln durchsucht werden, wenn das nach den Umständen zum Schutz des Polizeivollzugsbeamten oder eines Dritten gegen eine Gefahr für Leib oder Leben erforderlich ist. Dasselbe gilt, wenn eine Person nach anderen Rechtsvorschriften vorgeführt oder zur Durchführung einer Maßnahme an einen anderen Ort gebracht werden soll.

979 Die Durchsuchung nach § 39 Abs. 2 PolG dient der Eigensicherung der handelnden Beamten, zugleich dem Schutz Dritter, etwa bei gemeinschaftlicher Unterbringung in Gewahrsam. Geschützte Dritte können jedoch auch andere Personen am Einsatzort oder solche sein, die im weiteren Gang der Maßnahmen gegenüber dem Adressaten mit diesem in Berührung kommen werden (etwa der Arzt, der eine Blutprobe entnehmen soll, oder Mitarbeiter des Erkennungsdienstes).

980 Durchsucht werden kann zunächst nach § 39 Abs. 2 Satz 1 PolG eine Person, deren Identität festgestellt werden soll. Die Identitätsfeststellung darf indes nicht der Zweck der Durchsuchung sein, da ansonsten § 12 Abs. 2 Sätze 3, 4 PolG einschlägig wären. Ferner können nach § 39 Abs. 2 Satz 2 Alt. 1 PolG Personen durchsucht werden, die nach anderen Rechtsvorschriften vorgeführt werden sollen. In Betracht kommen etwa Vorführungen von Beschuldigten (§ 163a Abs. 3 StPO, §§ 133, 134 StPO) oder von Zeugen und Sachverständigen (§ 161a Abs. 2, §§ 51, 133 StPO) zur staatsanwaltschaftlichen Vernehmung.

981 § 39 Abs. 2 Satz 2 Alt. 2 PolG erlaubt schließlich die Durchsuchung einer Person, die zur Durchführung einer Maßnahme an einen anderen Ort gebracht werden soll. Dies ist z.B. denkbar bei einer Verbringung zur Durchführung einer erkennungsdienstlichen Behandlung oder einer ärztlichen Untersuchung.

982 Die Durchsuchung ist nur gestattet, soweit das nach den Umständen zum Schutz des Polizeivollzugsbeamten oder eines Dritten gegen eine Gefahr für Leib oder Leben erforderlich ist. Nach h.M. muss keine konkrete Gefahr für diese Rechtsgüter vorliegen, ein hinreichend begründeter Gefahrenverdacht reicht aus. Liegen die Voraussetzungen vor, kann die Polizei die fragliche Person nach Waffen (i.S.d. WaffG), anderen gefährlichen Werkzeugen oder Explosivmitteln durchsuchen.

Durchsuchung von Personen (§ 39 PolG)

4. Maßnahmenspezifische Verfahrensvorschriften

Die Maßnahme kann von jedem Polizeibeamten angeordnet bzw. durchgeführt werden. Zu beachten ist allerdings § 39 Abs. 3 PolG. Danach dürfen Personen nur von Personen gleichen Geschlechts oder Ärzten durchsucht werden (Satz 1). Eine Ausnahme besteht dann, wenn die sofortige Durchsuchung zum Schutz gegen eine Gefahr für Leib oder Leben erforderlich ist (Satz 2).

983

5. Adressat

Der zulässige Adressat der Durchsuchung richtet sich nach der jeweiligen tatbestandlichen Variante. Bei § 39 Abs. 1 Nr. 1 PolG ist die Maßnahme demjenigen gegenüber anzuwenden, der festgehalten werden kann, bei Nummer 2 dem gegenüber, der eine sicherzustellende Sache mit sich führt. Eine Durchsuchung auf der Grundlage von Nummer 3 richtet sich gegen die Person, die sich in einem die freie Willensbestimmung ausschließenden Zustand oder sonst in hilfloser Lage befindet. Bei den Nummern 4 und 5 wird die Person durchsucht, die sich am gefährlichen Ort bzw. gefährdeten Objekt (oder in dessen unmittelbarer Nähe) aufhält. Im Falle des § 39 Abs. 2 PolG ist Adressat die Person, deren Identität festgestellt werden soll bzw. die vorgeführt oder zur Durchführung einer Maßnahme an einen anderen Ort gebracht werden soll.

984

6. Rechtsfolgen

Die Ermächtigungsgrundlage erlaubt die eigentliche Durchsuchung einer Person (Definition Rn. 966). Liegt ein Fall des § 39 Abs. 2 vor PolG, ist der Zweck der Durchsuchung auf die Suche nach Waffen, anderen gefährlichen Werkzeugen oder Explosivmitteln beschränkt. Von der Ermächtigungsnorm gedeckt sind darüber hinaus solche Anordnungen, deren Befolgung erst die Vornahme der Durchsuchung ermöglicht bzw. ihren reibungslosen Ablauf sicherstellt, z.B. die Aufforderung, eine bestimmte Haltung einzunehmen, Kleidungsstücke abzulegen, den Mund zu öffnen usw. (sog. Begleitverfügungen).

985

3. Teil • Eingriffsbefugnisse

IV. Durchsuchung von Sachen (§ 40 PolG)

- *Aufsatz-Literatur: Böcking, DPolBl 4/2013, 23 (Betreten und Durchsuchen von Objekten zur Gefahrenabwehr).*
- *Übungsfälle: Springer, PSP 1/2012, 31 (Klausur Eingriffsrecht: Anschlagsdrohung gegen die Synagoge in Düsseldorf).*

Gefahrenabwehrrechtliche Durchsuchung von Sachen (§ 40 PolG)

1. **Tatbestandsvoraussetzungen**
   - § 40 Abs. 1 Nr. 1 PolG
     - Person, die nach § 39 durchsucht werden darf und
     - Sache wird mitgeführt
   - § 40 Abs. 1 Nr. 2 PolG
     - Tatsachen rechtfertigen die Annahme, dass sich in der Sache eine Person befindet
     - die in Gewahrsam genommen werden darf (a)
     - die widerrechtlich festgehalten wird (b)
     - die hilflos ist (c)
   - § 40 Abs. 1 Nr. 3 PolG
     - Tatsachen rechtfertigen die Annahme, dass sich in ihr eine andere Sache befindet, die sichergestellt werden darf
   - § 40 Abs. 1 Nr. 4 PolG
     - Person befindet sich an gefährlichem Ort (§ 12 Abs. 1 Nr. 2 PolG)
   - § 40 Abs. 1 Nr. 5 PolG
     - Person befindet sich an gefährdetem Objekt bzw. in dessen unmittelbarer Nähe und
     - Tatsachen rechtfertigen die Annahme, dass in oder an Objektiven dieser Art Straftaten begangen werden sollen
     - durch die Personen oder diese Objekte gefährdet sind
   - § 40 Abs. 1 Nr. 6 PolG
     - Land-, Wasser- oder Luftfahrzeug, in dem sich eine Person befindet, deren Identität nach § 12 Abs. 1 Nr. 4 festgestellt werden darf oder
     - Sache, die sich in einem solchen Fahrzeug befindet
2. **Maßnahmenspezifische Verfahrensvorschriften**
   - Durchführung durch jeden Polizeibeamten
   - Anwesenheitsrecht (§ 40 Abs. 2 PolG)
   - Erteilung einer Bescheinigung auf Verlangen
3. **Adressat**
   - § 40 Abs. 1 Nr. 1 PolG:
     Person, die durchsucht werden darf
   - § 40 Abs. 1 Nr. 2–6 PolG:
     Inhaber der tatsächlichen Gewalt bzw. Eigentümer
4. **Rechtsfolgen**
   - Durchsuchung der Sache

Mit sich führt eine Person Sachen, auf die sie unmittelbar zugreifen kann, die sie also jederzeit „griffbereit" bei sich hat.

Hilflos ist eine Person, wenn sie aus eigener Kraft nicht in der Lage ist, sich zu befreien bzw. die ihr drohenden Gefahren abzuwehren.

Widerrechtlich festgehalten wird eine Person im Falle einer tatbestandlichen und rechtswidrigen Freiheitsberaubung.

Abbildung 3.60:   Schema zur Durchsuchung von Sachen (§ 40 PolG)

Durchsuchung von Sachen (§ 40 PolG)

1. Überblick

§ 40 PolG ermächtigt die Polizei zur Durchsuchung von Sachen zur Gefahrenabwehr. Dabei handelt es sich um die gezielte und planmäßige Suche an und in Sachen (bzw. Tieren), insbesondere an nicht ohne weiteres einsehbaren Stellen.[292] Bei der Durchsuchung selbst handelt es sich um einen Realakt, der aber von begleitenden, als Verwaltungsakte zu qualifizierenden Anordnungen flankiert werden kann, z.B. von der Aufforderung, ein Kleidungsstück abzulegen oder eine Sache zur Durchsuchung auszuhändigen. Sachen sind grundsätzlich alle unbeweglichen und beweglichen körperlichen Gegenstände i.S.v. § 90 BGB. Wegen § 90a BGB gelten auch Tiere rechtlich als Sachen, wobei eine Durchsuchung (lebender) Tiere in der Praxis nur selten zur Anwendung kommt. Die Durchsuchung wird regelmäßig dazu dienen, Personen oder Sachen aufzufinden, damit weitere polizeiliche Maßnahmen getroffen werden können (vor allem eine Sicherstellung nach § 43 PolG). Erfolgt die Durchsuchung zum Zwecke der Identitätsfeststellung, ist § 12 Abs. 1, Abs. 2 Satz 4 PolG vorrangig anwendbar. Befinden sich die durchsuchten Gegenstände noch am Körper des Inhabers der tatsächlichen Gewalt, handelt es sich um eine auf § 39 PolG zu stützende Personendurchsuchung (dazu Rn. 966 ff.). Sachen, die sich auf einem befriedeten Besitztum oder in einer Wohnung befinden (z.B. Schränke u.Ä.), dürfen ebenso nur unter den Voraussetzungen des § 41 PolG (dazu Rn. 1000 ff.) durchsucht werden wie zu Wohnzwecken genutzte bewegliche Sachen.

986

> **Beispiel**
> A bewohnt einen kleinen Wohnwagen. Soll dieser durchsucht werden, handelt es sich nicht um eine Durchsuchung einer Sache nach § 40 PolG, auch wenn der Wohnwagen eine bewegliche Sache ist, sondern um eine Wohnungsdurchsuchung, die den Anforderung nach § 41 PolG zu genügen hat.

2. Grundrechtseingriffe

Die Durchsuchung von Sachen greift jedenfalls stets in die allgemeine Handlungsfreiheit (Art. 2 Abs. 1 GG) ein. Je nach durchsuchter Sache wird man im Wege der Durchsuchung aber auch Informationen über den Inhaber der tatsächlichen Gewalt bzw. den Eigentümer gewinnen, so dass auch das Recht auf informationelle Selbstbestimmung beeinträchtigt ist (Art. 2 Abs. 1 i.V.m. Art. 1 Abs. 1 GG). Das Festhalten einer Person, um eine Durchsuchung durchführen zu können, stellt eine Freiheitsbeschränkung (Art. 2 Abs. 2 Satz 2 GG, Art. 104 Abs. 1 GG) – freilich von geringer Intensität – dar.

987

In Betracht kommt zudem eine Verletzung des Grundrechts auf Eigentum (Art. 14 Abs. 1 GG). Allerdings handelt sich bei der Durchsuchung weder um eine Enteignung noch um eine Inhalts- und Schrankenbestimmung. Zwar wäre auch ein faktischer Eingriff durch eine nicht unerhebliche Nutzungsentziehung denkbar. Durch die Durchsuchung wird aber das Eigentum nicht entzogen, sondern lediglich die Nutzung der Sache eingeschränkt, und auch dies nur vorübergehend. Aufgrund der nur kurzzeitigen Nutzungsbeeinträchtigung wird man einen Eingriff in Art. 14 Abs. 1 GG daher regelmäßig abzulehnen haben.

988

3. Tatbestandsvoraussetzungen

§ 40 PolG enthält verschiedene tatbestandliche Varianten, deren Anwendungsbereich sich teilweise überschneidet.

989

---

292 Thiel, § 10 Rn. 166.

a) Durchsuchung von Sachen bei Personen, die nach § 39 durchsucht werden dürfen (§ 40 Abs. 1 Nr. 1 PolG)

990 § 40 Abs. 1 Nr. 1 PolG ermächtigt zur Durchsuchung von Sachen, wenn sie von einer Person mitgeführt werden, die nach § 39 PolG durchsucht werden darf. Die Vorsicht ist das „Spiegelbild" bzw. eine Ergänzung zu § 39 Abs. 1 Nr. 2 PolG (dazu Rn. 974); die Vorschrift erlaubt die Durchsuchung einer Person, wenn Tatsachen die Annahme rechtfertigen, dass diese sicherstellungsfähige Sachen mit sich führt. § 40 Abs. 1 Nr. 1 PolG trägt der Tatsache Rechnung, dass eine Personendurchsuchung meist durch eine Durchsuchung der mitgeführten Sachen „flankiert" werden muss, um eine effektive Gefahrenabwehr zu gewährleisten. Die Person muss auf der Grundlage des § 39 PolG durchsucht werden dürfen; die Personendurchsuchung muss also ihrerseits rechtmäßig sein. Mit sich führt eine Person Sachen, auf die sie unmittelbar zugreifen kann, die sie also jederzeit griffbereit bei sich hat.

b) Durchsuchung von Sachen zur Auffindung einer Person (§ 40 Abs. 1 Nr. 2 PolG)

991 Sachen dürfen nach § 40 Abs. 1 Nr. 2 PolG durchsucht werden, um eine Person aufzufinden, die sich in einer Sache befindet und die eine der nachfolgend genannten weiteren Voraussetzungen erfüllt. Zweck dieser Variante ist die Auffindung der Person, insbesondere um ihr Hilfe zu leisten, sie zu befreien, oder um sie in Gewahrsam zu nehmen (sog. Ergreifungsdurchsuchung). Es müssen Tatsachen die Annahme rechtfertigen, dass sich in der Sache eine Person befindet. Solche Tatsachen sind Umstände, die z.B. durch eigene Beobachtungen und Ermittlungen, vorliegende Dokumente oder glaubhafte Hinweise Dritter festgestellt werden können. Bloße Vermutungen und Verdachtsmomente sind ebenso wenig ausreichend wie praktische Erfahrungen aus der Vergangenheit ohne Bezug zur aktuellen Gefahrenlage. Die Person muss ferner entweder in Gewahrsam genommen werden dürfen (Nr. 2 Buchst. a), widerrechtlich festgehalten werden (Nr. 2 Buchst. b), oder hilflos sein (Nr. 2 Buchst. c). In Gewahrsam genommen werden darf die Person, wenn die Voraussetzungen des § 35 PolG oder einer spezialgesetzlichen Vorschrift zur Gewahrsamsbegründung gegeben sind. Widerrechtlich festgehalten, also in ihrem Recht auf Freiheit der Person nach Art. 2 Abs. 2 Satz 2, Art. 104 GG verletzt wird sie im Falle einer tatbestandlichen und rechtswidrigen Freiheitsberaubung; ist die Freiheitsentziehung gerechtfertigt, etwa aufgrund des „Jedermann-Festnahmerechts" nach § 127 Abs. 1 StPO (dazu Rn. 1226 ff.), ist sie nicht widerrechtlich. Hilflos ist eine Person, wenn sie aus eigener Kraft nicht in der Lage ist, sich zu befreien bzw. die ihr drohenden Gefahren abzuwehren. Nach Nr. 35.11 Satz 4 VV PolG liegt Hilflosigkeit insbesondere vor, „wenn bei einer Person tiefgreifende Störungen des Bewusstseins, der Orientierung, der Wahrnehmung, der Auffassung oder auch des Denkens einzeln oder in Kombination auftreten".

c) Durchsuchung von Sachen zur Auffindung von Sachen, die sichergestellt werden dürfen (§ 40 Abs. 1 Nr. 3 PolG)

992 § 40 Abs. 1 Nr. 3 PolG ermächtigt zur Durchsuchung von Sachen zur Auffindung anderer Sachen, die sichergestellt werden dürfen. Ob die Durchsuchung erfolgreich ist, die fragliche Sache also tatsächlich gefunden wird, ist für die Rechtmäßigkeit der Maßnahme unerheblich. Erforderlich ist nur, dass die Sicherstellung erfolgen „darf", also ihre Rechtmäßigkeitsvoraussetzungen gegeben sind. Im Regelfall wird es sich um eine mögliche Sicherstellung nach § 43 PolG handeln, es kommt aber auch eine präventive Sicherstellung auf der Grundlage einer Spezialnorm in Betracht.

d) Durchsuchung von Sachen an gefährlichen Orten (§ 40 Abs. 1 Nr. 4 PolG)

§ 40 Abs. 1 Nr. 4 PolG erlaubt die Durchsuchung von Sachen, die sich an einem der in § 12 Abs. 1 Nr. 2 PolG genannten, also an einem sog. gefährlichen Ort befindet (zu den Fallgruppen in § 12 Abs. 1 Nr. 2 PolG Rn. 301 ff.). Eine Sache befindet sich an dem fraglichen Ort, wenn sie dort faktisch physisch vorhanden ist.

e) Durchsuchung von Sachen an gefährdeten Objekten (§ 40 Abs. 1 Nr. 5 PolG)

§ 40 Abs. 1 Nr. 5 PolG dürfen ferner Sachen durchsucht werden, die sich in einem Objekt i.S.d. § 12 Abs. 1 Nr. 3 PolG (z.B. Verkehrs- und Versorgungsanlagen, öffentliche Verkehrsmittel, Amtsgebäude etc. dazu Rn. 306) oder in dessen unmittelbarer Nähe befinden. Erforderlich ist zudem, dass Tatsachen die Annahme rechtfertigen, dass in oder an Objekten dieser Art Straftaten begangen werden sollen, durch die Personen oder diese Objekte gefährdet sind. Häufig wird es sich bei den Sachen, die in einem solchen Objekt bzw. dessen unmittelbarer Nähe befinden, um solche handeln, bei denen der Inhaber der tatsächlichen Gewalt nicht anwesend ist, die also „herrenlos" erscheinen.

> **Beispiel**
> Die Polizeibeamten P und Q durchsuchen ein am Bahnhof befindliches Gepäckstück, das offensichtlich von einem Reisenden vergessen worden ist.

f) Durchsuchung von Land-, Wasser- oder Luftfahrzeugen und darin befindlichen Sachen (§ 40 Abs. 1 Nr. 6 PolG)

Gemäß § 40 Abs. 1 Nr. 6 PolG dürfen schließlich Land-, Wasser- oder Luftfahrzeuge, in denen sich eine Person befindet, deren Identität nach § 12 Abs. 1 Nr. 4 PolG festgestellt werden darf, sowie darin enthaltene Sachen durchsucht werden. Die Norm ergänzt § 12 Abs. 1 Nr. 4 PolG, der die Identitätsfeststellung an Kontrollstellen regelt (dazu Rn. 307). Fahrzeuge, die derartige Kontrollstellen passieren, dürfen mithin durchsucht werden, um die Person, deren Identität festgestellt werden soll und rechtmäßigerweise darf, aufzufinden und ihr gegenüber dadurch weitere Maßnahmen zu ermöglichen.

4. Maßnahmenspezifische Verfahrensvorschriften

Die Durchsuchung von Sachen darf jeder Polizeibeamte vornehmen. § 40 Abs. 2 PolG enthält spezielle Verfahrensbestimmungen. Nach Absatz 2 Satz 1 hat der Inhaber der tatsächlichen Gewalt das Recht, bei der Durchsuchung anwesend zu sein, also die Durchsuchungsmaßnahme von Anfang bis Ende durch Beobachtung verfolgen zu können. Im Interesse einer ordnungsgemäßen Vornahme der Durchsuchung wird man dieses Recht dahin gehend beschränken können, dass der Inhaber der tatsächlichen Gewalt sich nur darauf berufen kann, wenn er den Ablauf der Durchsuchung nicht aktiv stört. Ist er nicht anwesend, sollen nach Absatz 2 Satz 2 sein Vertreter oder ein anderer Zeuge hinzugezogen werden. Polizeivollzugsbeamte können, wie sich aus VV PolG Nr. 40.2 Satz 2 ergibt, nur dann als Zeugen herangezogen werden, wenn andere Personen zu diesem Zweck nicht zur Verfügung stehen. Der Inhaber der tatsächlichen Gewalt muss vor Beginn der Durchsuchung auf sein Anwesenheitsrecht hingewiesen werden.

Nach § 40 Abs. 2 Satz 3 PolG ist dem Inhaber der tatsächlichen Gewalt auf Verlangen eine Bescheinigung über die Durchsuchung und ihren Grund auszustellen. Es handelt sich um eine Pflicht der handelnden Beamten, die durch eine entsprechende Anforderung des Adressaten

„aktiviert" wird; ihre Nichterfüllung lässt jedoch die Durchsuchung nicht rechtswidrig werden. Die Bescheinigung ist in schriftlicher Form zu erstellen. Anzugeben sind Gegenstand, Ort, Zeit und Anlass der Durchsuchung, wobei die bloße Angabe „zur Gefahrenabwehr" nicht ausreichend ist. In die Bescheinigung aufzunehmen sind ferner die angewandte Ermächtigungsgrundlage und ein Verzeichnis der sichergestellten Gegenstände. Die Bescheinigung ist auch bei einer erfolglosen Durchsuchung auszustellen, sofern der Adressat dies verlangt.

5. Adressat

998 Adressat der Durchsuchung ist der Inhaber der tatsächlichen Gewalt bzw. der Eigentümer der durchsuchten Sache. Ist dieser nicht ermittelbar und auch durch die Durchsuchung selbst nicht festzustellen oder ist die Sache „herrenlos", kann es sich auch um eine sog. adressatenneutrale Maßnahme handeln, die dann freilich keinen Eingriffscharakter besitzt. Im Falle des § 40 Abs. 1 Nr. 1 PolG fällt der Inhaber der tatsächlichen Gewalt aufgrund des tatbestandlichen „Mitführens" mit der Person zusammen, die nach § 39 PolG durchsucht werden darf.

6. Rechtsfolgen

999 Rechtsfolge ist die Durchsuchung der Sache bzw. des Tieres, also das planmäßige gezielte Suchen, im Regelfall nach einem anderen Gegenstand oder einer Person. Die Ermächtigungsgrundlage erlaubt auch das kurzzeitige Festhalten der Person zum Zwecke der Durchsuchung sowie begleitende Aufforderungen, etwa zur Aushändigung einer Sache zur Durchsuchung.

V. Betreten und Durchsuchung von Wohnungen (§§ 41 ff. PolG)

- *Aufsatz-Literatur: Braun/Keller, Die Polizei 2012, 102 (Heimliches Betreten von Wohnungen als notwendige polizeiliche Begleitmaßnahme?); Mittag, NVwZ 2005, 649 (Das Betreten öffentlich zugänglicher Geschäftsräume zu polizeilichen Zwecken); Möllers, NJW 2001, 1397 (Gefahr im Verzug – Die Unverletzlichkeit der Wohnung vor vermeintlichen Sachzwängen); Einmahl, NJW 2001, 1393 (Gefahr im Verzug und Erreichbarkeit des Ermittlungsrichters bei Durchsuchungen und Beschlagnahmen).*
- *Leitentscheidungen: BVerfG NJW 2001, 1121 (zum Begriff der Gefahr im Verzug beim Richtervorbehalt); BVerwG NJW 2005, 2004 (Betreten zwecks IDF bei öffentlich zugänglichen Räumen keine Durchsuchung); OLG Zweibrücken NVwZ-RR 2012, 598 (Wohnungsdurchsuchung zum Zwecke des Auffindens und der Sicherstellung eines gefährlichen Hundes).*
- *Übungsfälle: Keller, PSP 2/2014, 29 (Klausur Eingriffsrecht: Suizidversuch im Hotel); Keller/Braun, PSP 1/2013, 24 (Klausur Eingriffsrecht: Suizidversuch im Hotel).*

Betreten und Durchsuchung von Wohnungen (§§ 41 ff. PolG)

1. Tatbestandsvoraussetzungen
- § 41 Abs. 1 Satz 1 Nr. 1 PolG: Tatsachen rechtfertigen die Annahme, dass sich in ihr eine Person befindet, die vorgeführt oder in Gewahrsam genommen werden darf
- § 41 Abs. 1 Satz 1 Nr. 2 PolG: Tatsachen rechtfertigen die Annahme, dass sich in ihr eine Person befindet, die nach § 43 Nr. 1 sichergestellt werden darf
- § 41 Abs. 1 Satz 1 Nr. 3 PolG: von der Wohnung gehen Immissionen aus, die nach Art, Ausmaß oder Dauer zu einer erheblichen Belästigung der Nachbarschaft führen
- § 41 Abs. 1 Satz 1 Nr. 4 PolG:
  - gegenwärtige Gefahr für Leib, Leben oder Freiheit einer Person oder für Sachen von bedeutendem Wert und
  - Betreten/Durchsuchen zur Abwehr erforderlich
- § 41 Abs. 3 Nr. 1 PolG: jederzeitiges Betreten bei dringender Gefahr, wenn Tatsachen die Annahme rechtfertigen, dass in der Wohnung
  - Personen Straftaten von erheblicher Bedeutung verabreden, vorbereiten oder verüben (a) oder
  - sich Personen treffen, die gegen aufenthaltsrechtliche Strafvorschriften verstoßen (b) oder
  - sich gesuchte Straftäter verbergen (c)

Durchsuchung ist das ziel- und zweckgerichtete Suchen staatlicher Organe nach Personen oder Sachen oder zur Ermittlung eines Sachverhaltes, um etwas aufzuspüren, was der Inhaber der Wohnung von sich aus nicht offenlegen oder herausgeben will.

Betreten ist das bloße körperliche Hineingelangen in die Wohnung sowie das Verweilen und die „Umschau".

Die **Wohnung** umfasst alle Räume, die der allgemeinen Zugänglichkeit durch eine räumliche Abschottung entzogen und zur Stätte privaten Lebens und Wirkens gemacht wurden.

- § 41 Abs. 3 Nr. 2 PolG: jederzeitiges Betreten bei dringender Gefahr, wenn Wohnung der Prostitution dient
- § 41 Abs. 1 Abs. 4: Arbeits-, Betriebs- und Geschäftsräume oder andere Räume und Grundstücke, die der Öffentlichkeit zugänglich sind oder zugänglich waren und den Anwesenden zum weiteren Aufenthalt zur Verfügung stehen
- Betreten zum Zweck der Gefahrenabwehr
- während der Arbeits-, Geschäfts- oder Aufenthaltszeit

2. Maßnahmenspezifische Verfahrensvorschriften
- Anordnungskompetenz
- Richter (außer: Gefahr im Verzug)
- Anwesenheitsrecht (§ 42 Abs. 2 PolG)
- Bekanntgabe des Grundes (§ 42 Abs. 3 PolG)
- Niederschrift (§ 42 Abs. 4, 5 PolG)
- § 14 Abs. 3 (§ 42 Abs. 3 PolG)
- Nachtzeitschranke bei § 41 Abs. 1 Nr. 1 und 2 PolG (§ 41 Abs. 2 PolG); Rückausnahme für das Betreten nach Absatz 3

3. Adressat
- Inhaber der tatsächlichen Gewalt der Wohnung

4. Rechtsfolgen
- Betreten
- Durchsuchen

Abbildung 3.61: Schema zum Betreten und zur Durchsuchung von Wohnungen (§§ 41 ff. PolG)

1. Überblick

1000 § 41 PolG ermächtigt die Polizei in verschiedenen tatbestandlichen Varianten zum Betreten bzw. zum Durchsuchen von (von Menschen bewohnten) Wohnungen gegen den Willen des berechtigten Wohnungsinhabers. Unter Wohnung versteht man entsprechend dem weiten verfassungsrechtlichen Verständnis in Art. 13 GG alle Räume, die der allgemeinen Zugänglichkeit durch eine räumliche Abschottung entzogen und zur Stätte privaten Lebens und Wirkens gemacht wurden.[293] Durchsuchung ist das ziel- und zweckgerichtete Suchen staatlicher Organe nach Personen oder Sachen oder zur Ermittlung eines Sachverhaltes, um etwas aufzuspüren, was der Inhaber der Wohnung von sich aus nicht offenlegen oder herausgeben will.[294] Die Durchsuchung setzt ein vorheriges Betreten voraus; dabei handelt es sich um ein bloßes körperliches Hineingelangen in die Wohnung, einschließlich des bloßen Verweilens und der dabei gemachen Wahrnehmungen. In § 41 PolG wird zwischen Betreten

---
[293] BVerfG NJW 1993, 2025.
[294] BVerfG NJW 1979, 1539; BVerwGE 47, 31, 37.

Betreten und Durchsuchung von Wohnungen (§§ 41 ff. PolG)

und Durchsuchen unterschieden; die Abgrenzung ist jedoch nicht immer unproblematisch (dazu Rn. 1024 f.). Bei beiden Maßnahmen handelt es sich um Realakte (zu begleitenden Verfügungen Rn. 1027).

2. Grundrechtseingriffe

Das Betreten und die Durchsuchung einer Wohnung ohne Einwilligung des Berechtigten greifen in das Grundrecht auf Unverletzlichkeit der Wohnung (Art. 13 GG) ein. Soweit bei diesen Maßnahmen Umstände und Sachen wahrgenommen werden, liegt zugleich ein Eingriff in das Recht auf informationelle Selbstbestimmung bzw. das Recht auf Wahrung der Privat- und Intimsphäre (beide Art. 2 Abs. 1 i.V.m. Art. 1 Abs. 1 GG) vor. 1001

3. Tatbestandsvoraussetzungen

Die systematisch unübersichtliche Vorschrift des § 41 PolG regelt in den Absätzen 1–4 verschiedene Ermächtigungsgrundlagen für das Betreten bzw. Durchsuchen von Wohnungen ohne Einwilligung des Wohnungsinhabers. Absatz 1 regelt zunächst Fälle, in denen eine Wohnung betreten und durchsucht werden darf; für die Nachtzeit sind die Einschränkungen des Absatzes 2 zu beachten (Rn. 1019), hinsichtlich des Betretens erweitert Absatz 3 schließlich die tatbestandlichen Varianten (Rn. 1009 ff.). 1002

a) Person, die nach § 10 Abs. 3 PolG vorgeführt oder nach § 35 PolG in Gewahrsam genommen werden darf (§ 41 Abs. 1 Satz 1 Nr. 1 PolG)

Nach § 41 Abs. 1 Satz 1 Nr. 1 PolG kann die Polizei eine Wohnung ohne Einwilligung des Inhabers betreten und durchsuchen, wenn Tatsachen die Annahme rechtfertigen, dass sich in ihr eine Person befindet, die nach § 10 Abs. 3 PolG vorgeführt oder nach § 35 PolG in Gewahrsam genommen werden darf. Solche Tatsachen sind objektive Gegebenheiten, die sich etwa auf eigene Beobachtungen und Ermittlungen der Polizei oder glaubhafte Hinweise Dritter stützen können; reine Vermutungen und Erfahrungen aus der Vergangenheit sind nicht ausreichend. Die Voraussetzungen für eine rechtmäßige Vorführung nach § 10 Abs. 3 PolG bzw. für eine rechtmäßige Ingewahrsamnahme nach den Varianten des § 35 PolG müssen vorliegen („darf"). 1003

b) Sache, die nach § 43 Nr. 1 PolG sichergestellt werden darf (§ 41 Abs. 1 Satz 1 Nr. 2 PolG)

§ 41 Abs. 1 Satz 1 Nr. 2 PolG ermächtigt die Polizei dazu, eine Wohnung ohne Einwilligung des Inhabers zu betreten und zu durchsuchen, wenn Tatsachen die Annahme rechtfertigen, dass sich in ihr eine Sache befindet, die nach § 43 Nr. 1 PolG sichergestellt werden darf. Dies setzt eine gegenwärtige Gefahr (dazu Rn. 147 ff.) voraus; gegenwärtig ist eine Gefahr, wenn der Schaden bereits eingetreten (und noch nicht behoben) ist oder der Schadenseintritt zeitlich unmittelbar bevorsteht. Aufgrund der besonderen Bedeutung der Unverletzlichkeit der Wohnung gemäß Art. 13 GG wird jedoch nicht jede gegenwärtige Gefahr ausreichen, um ein Betreten und sogar eine Durchsuchung der Wohnung zu rechtfertigen. Wie auch bei § 43 Nr. 1 PolG sollte die Ermächtigung daher auf Sachen beschränkt werden, von denen eine Gefahr ausgeht bzw. denen eine Gefahr droht (dazu Rn. 1210). Zudem muss die Wahrscheinlichkeit hoch sein, dass sich die fragliche Sache tatsächlich in der Wohnung befindet; insoweit ist die Ermächtigungsnorm, die lediglich Tatsachen fordert, die die Annahme rechtfertigen, dass sich die Sache in der Wohnung befindet, einschränkend auszulegen. 1004

c) Von der Wohnung ausgehende Immissionen (§ 41 Abs. 1 Satz 1 Nr. 3 PolG)

1005 Eine Wohnung kann ferner gemäß Abs. 1 Satz 1 Nr. 3 betreten und durchsucht werden, wenn von der Wohnung Immissionen[295] ausgehen, die nach Art, Ausmaß oder Dauer zu einer erheblichen Belästigung der Nachbarschaft führen. Immissionen sind auf Menschen, Tiere und Pflanzen, den Boden, das Wasser, die Atmosphäre sowie Kultur- und sonstige Sachgüter einwirkende Luftverunreinigungen, Geräusche, Erschütterungen, Licht, Wärme, Strahlen und ähnliche Umwelteinwirkungen (§ 3 Abs. 2 BImSchG). In der Praxis wird es sich dabei in der weit überwiegenden Zahl der Fälle um Geräuschbelastungen handeln.

> **Beispiel**
> In einem Mehrfamilienhaus in einer ruhigen Wohngegend feiern die Bewohner einer Wohngemeinschaft an einem Wochentag mit lauter Musik und Karaoke bis tief in die Nacht, obwohl sie wissen, dass die unmittelbaren Nachbarn berufstätig sind und in der Nachbarwohnung ein krankes Kind liegt. Nachdem die Nachbarn mehrfach vergeblich darum gebeten haben, die Musik leiser zu stellen, rufen sie die Polizei.

1006 Zur Nachbarschaft gehören Menschen, die ihren Wohnsitz oder regelmäßigen Aufenthalt im näheren Umfeld haben; dies ist ein unbestimmter Rechtsbegriff – im Ergebnis wird dazu jeder zu rechnen sein, den die Immissionen in unzumutbarer Weise beeinträchtigen.

1007 Schwierig ist im Einzelfall die Bewertung, ob die Immissionen nach Art, Ausmaß oder Dauer zu einer erheblichen Belästigung der Nachbarschaft führen. Entscheidendes Kriterium wird dasjenige der Zumutbarkeit nach objektiven Maßstäben sein, reine Belästigungen (die ja häufig sehr subjektiv empfunden werden) dürften dabei trotz der Formulierung von § 41 Abs. 1 Satz 1 Nr. 3 PolG nicht ausreichen. Sobald allerdings etwa eine Lärmbelastung die Nachtruhe der Nachbarn nachhaltig stört bzw. das körperliche Wohlbefinden der Nachbarn beeinträchtigt und ihre Gesundheit gefährdet wird,[296] darf ein Betreten und Durchsuchen, vor allem nach der Lärmquelle, erfolgen. Die Maßnahme der Polizei muss darauf abzielen, die Beeinträchtigung zu beseitigen.

d) Abwehr einer gegenwärtigen Gefahr für Leib, Leben oder Freiheit einer Person oder für Sachen von bedeutendem Wert (§ 41 Abs. 1 Satz 1 Nr. 4 PolG)

1008 Schließlich darf eine Wohnung auf der Grundlage von § 41 Abs. 1 Satz 1 Nr. 4 PolG betreten und durchsucht werden, wenn dies zur Abwehr einer gegenwärtigen Gefahr für Leib, Leben oder Freiheit einer Person oder für Sachen von bedeutendem Wert erforderlich ist. Der drohende Schaden muss sich nicht in der Wohnung realisieren, und die Gefahr muss nicht von der Wohnung ausgehen. Wann eine Sache von bedeutendem Wert vorliegt, kann nicht anhand einer festen Wertgrenze bestimmt werden; erforderlich ist eine Einzelfallbewertung, wobei es auf den objektiven Wert, nicht etwa auf einen ideellen „Liebhaberwert" ankommt.

e) Betreten zur Abwehr einer dringenden Gefahr (§ 41 Abs. 3 PolG)

1009 Zu beachten ist allerdings hinsichtlich des Betretens die „Rückausnahme" in § 41 Abs. 3 PolG, die freilich nicht nur für die Nachtzeit gilt. Danach können Wohnungen zur Abwehr dringender Gefahren jederzeit (also auch zur Nachtzeit) betreten werden, wenn eine der im Folgenden aufgezählten Varianten eingreift.

1010 Die qualifizierte Gefahrenlage der dringenden Gefahr wird im PolG lediglich in § 41 Abs. 3 PolG verwendet; dies ist der verfassungsrechtlichen Bestimmung in Art. 13 Abs. 4 und 7 GG

---
295 Der Gesetzgeber meint eigentlich Emissionen im Sinne von § 3 Abs. 3 BImSchG, also von der Wohnung ausgehende Umwelteinwirkungen.
296 OLG Karlsruhe NJW 2010, 2961.

geschuldet. Die Definition ist umstritten. So finden sich Begriffsbestimmungen, die die dringende Gefahr mit der erheblichen Gefahr gleichsetzen, andere betonen einen zeitlichen Aspekt wie bei der gegenwärtigen Gefahr. Teilweise wird gefordert, dass eine gegenwärtige und erhebliche Gefahr vorliegt, und gelegentlich soll es zur Annahme einer dringenden Gefahr ausreichen, wenn diese entweder mit Blick auf die zeitliche Nähe des Schadenseintritts oder aber auf den Rang der gefährdeten Rechtsgüter bzw. den Umfang des drohenden Schadens besonders qualifiziert ist. Letztere Auffassung erscheint im Ergebnis vorzugswürdig.

Nach § 41 Abs. 3 Nr. 1 PolG kann eine Wohnung zur Abwehr solcher dringender Gefahren jederzeit betreten werden, wenn Tatsachen die Annahme rechtfertigen, dass dort Personen Straftaten von erheblicher Bedeutung verabreden, vorbereiten oder verüben (Buchst. a), sich dort Personen treffen, die gegen aufenthaltsrechtliche Strafvorschriften verstoßen (Buchst. b) oder sich dort gesuchte Straftäter verbergen (Buchst. c). Regelbeispiele für die erhebliche Gefahr enthält § 8 Abs. 3 PolG. Im Übrigen entspricht § 41 Abs. 3 Nr. 1 PolG der Regelung in § 12 Abs. 1 Nr. 2 PolG; auf die Ausführungen zu dieser Vorschrift kann daher verwiesen werden (Rn. 301 ff.). Ferner können Wohnungen zur Abwehr dringender Gefahren jederzeit betreten werden, wenn sie der Prostitution dienen (Nr. 2), diese also dort ausgeübt wird.

f) **Betreten von Arbeits-, Betriebs- und Geschäftsräumen und anderer öffentlich zugänglicher Orte (§ 41 Abs. 4 PolG)**

Eine Sonderregelung hinsichtlich des Betretens von Arbeits-, Betriebs- und Geschäftsräumen sowie anderer Räume und Grundstücke, die der Öffentlichkeit zugänglich sind oder zugänglich waren und den Anwesenden zum weiteren Aufenthalt zur Verfügung stehen, trifft § 41 Abs. 4 PolG. Die Vorschrift erlaubt das Betreten dieser Räume während der Arbeits-, Geschäfts- und Aufenthaltszeit, sofern dies zu Zwecken der Gefahrenabwehr i.S.v. § 1 Abs. 1 PolG erfolgt. Eine konkrete Gefahr ist nicht erforderlich; es genügt, wenn die handelnden Beamten im Rahmen der Aufgabe der Gefahrenabwehr tätig werden. Die Ermächtigungsnorm dient damit in erster Linie der Gefahrerforschung. Der Öffentlichkeit zugänglich sind die genannten Räume, wenn grundsätzlich jedermann Zugang hat, wobei eine Beschränkung auf bestimmte Personengruppen oder die Forderung eines Eintrittsgelds die Zugänglichkeit nicht ausschließt. Nicht öffentlich zugänglich sind Räume dagegen, wenn der Zutritt lediglich einem individuell bestimmten oder klar abgrenzbaren Personenkreis eröffnet ist. Mit der zweiten Alternative, dass Räume der Öffentlichkeit zugänglich waren und den Anwesenden zum weiteren Aufenthalt zur Verfügung stehen, sind Fälle erfasst, in denen der Berechtigte die öffentliche Zugänglichkeit beendet, bereits Anwesende aber noch bleiben dürfen.

> **Beispiel**
> Wirt W schließt seine Gaststätte, erlaubt aber den Stammgästen S und T, noch eine Runde Getränke zu verzehren. Die Eingangstür verschließt W. Die Polizei darf die Gaststätte auf der Grundlage des § 41 Abs. 4 PolG betreten.

4. Maßnahmenspezifische Verfahrensvorschriften

a) Anordnungskompetenz

Die Anordnungskompetenz und die Verfahrensbestimmungen für die Durchsuchung ergeben sich aus § 42 PolG. Beim bloßen Betreten sind keine maßnahmenspezifischen Verfahrensvorschriften zu berücksichtigen; sie kann durch jeden Polizeibeamten vorgenommen werden.

1014 Gemäß § 42 Abs. 1 Satz 1 PolG dürfen Durchsuchungen nur durch den Richter angeordnet werden, sofern nicht Gefahr im Verzug vorliegt. Zuständig ist nach Satz 2 das Amtsgericht, in dessen Bezirk die Wohnung liegt. Gefahr im Verzug ist dann gegeben, wenn der Erfolg der Durchsuchung durch die vorherige Einholung der richterlichen Anordnung gefährdet würde.[297] Wichtig ist, dass die Polizei die Gefahr im Verzug nicht selbst dadurch herbeiführen darf, dass sie – nachdem sie eine Wohnungsdurchsuchung für erforderlich hält – zunächst abwartet, um dann von ihrer Eilkompetenz Gebrauch zu machen.[298]

b) Weitere verfahrensrechtliche Vorschriften nach § 42 PolG

1015 Gemäß § 42 Abs. 2 PolG hat der Wohnungsinhaber das Recht, bei der Durchsuchung anwesend zu sein (Satz 1). Er darf also die Durchsuchungshandlungen beobachten; dieses Recht wird so einschränkend auszulegen sein, dass er weggeschickt werden darf, wenn er die Maßnahme nachhaltig aktiv stört. Ist er abwesend, so ist – sofern dies möglich ist – nach Satz 2 sein Vertreter oder ein erwachsener Angehöriger, Hausgenosse oder Nachbar zuzuziehen. Sind keine potenziellen Zeugen verfügbar oder nicht in absehbarer Zeit beizubringen, ist die Zuziehung nicht möglich.

1016 Dem Wohnungsinhaber bzw. seinem Vertreter (nicht aber dem zugezogenen erwachsenen Angehörigen, Hausgenossen oder Nachbarn) ist der Grund der Durchsuchung unverzüglich bekannt zu geben. Dies kann unterbleiben, wenn und soweit der Zweck der Maßnahme hierdurch gefährdet wird (§ 42 Abs. 3 PolG).

1017 Die § 42 Abs. 4 und 5 PolG stellen Anforderungen an die über die Durchsuchung anzufertigende Niederschrift. Sie muss die in Absatz 4 Satz 2 aufgezählten Angaben (Dienststelle, Grund, Zeit, Ort und Ergebnis der Durchsuchung) enthalten, ist von einem durchsuchenden Beamten und dem Wohnungsinhaber bzw. der nach Absatz 2 Satz 2 zugezogenen Person zu unterzeichnen und in einer Abschrift dem Wohnungsinhaber bzw. seinem Vertreter auszuhändigen (Abs. 4 Sätze 3 und 5). Wird die Unterschrift verweigert, ist hierzu ein Vermerk aufzunehmen (Abs. 4 Satz 4). Ist die Anfertigung einer Niederschrift oder die Aushändigung einer Abschrift nach den besonderen Umständen des Falles nicht möglich oder würde sie den Zweck der Durchsuchung gefährden, sind der betroffenen Person lediglich die Durchsuchung unter Angabe der verantwortlichen Dienststelle sowie Zeit und Ort der Durchsuchung schriftlich zu bestätigen (Abs. 5).

1018 § 42 Abs. 6 PolG verweist auf § 14 Abs. 3 PolG. Nach dieser Vorschrift ist der Betroffene darüber zu belehren, dass er einen Anspruch auf Vernichtung der durch die Durchsuchung gewonnenen Unterlagen besitzt, sobald die Voraussetzungen für ihre weitere Aufbewahrung entfallen sind.

c) Nachtzeitbeschränkung (§ 41 Abs. 2 PolG)

1019 Eine Einschränkung hinsichtlich der Ermächtigungen in § 41 Abs. 1 Satz 1 Nr. 1–4 PolG enthält § 41 Abs. 2 PolG (sog. Nachtzeitbeschränkung). Danach sind während der Nachtzeit das Betreten und das Durchsuchen einer Wohnung – selbst bei richterlicher Anordnung – nur in den Fällen des Absatzes 1 Nummer 3 und 4 zulässig, also zur Beseitigung von Immissionen bzw. zur Abwehr einer gegenwärtigen Gefahr für die in Nr. 4 aufgeführten Rechtsgüter. „Nachtzeit" sind gemäß § 104 Abs. 3 StPO, auf den ausdrücklich verwiesen wird, im Zeitraum vom 1. April bis zum 30. September die Stunden von neun Uhr abends bis vier Uhr morgens

---

[297] BVerfG NJW 2001, 1121.
[298] BVerfG NStZ 2003, 319.

Betreten und Durchsuchung von Wohnungen (§§ 41 ff. PolG)

(21.00 h – 4.00 h), im Zeitraum vom 1. Oktober bis zum 30. März die Stunden von neun Uhr abends bis sechs Uhr morgens (21.00 h – 6.00 h). Das BVerfG hat allerdings entschieden, dass die Tageszeit ganzjährig die Zeit zwischen 6.00 h und 21.00 h umfasse.[299] Ist eine Wohnung vor der Nachtzeit betreten und ist mit der Durchsuchung vor 21.00 h begonnen worden, so darf sie in die Nacht hinein fortgesetzt werden, auch wenn ein Fall des Absatzes 1 Nummer 1 oder 2 vorliegt. Mit der Durchsuchung muss allerdings so frühzeitig begonnen werden, dass mit ihrer Beendigung noch vor Beginn der Nachtzeit gerechnet werden kann.[300]

5. Adressat

Adressat der Durchsuchungsmaßnahme ist der bzw. sind die berechtigten Wohnungsinhaber unabhängig davon, ob es sich um Eigentümer oder um Mieter handelt.

> **Beispiel**
> Selbst wenn das Kinderzimmer eines 12-jährigen Kindes durchsucht werden soll und dieses am Schutzbereich des Grundrechts auf Unverletzlichkeit der Wohnung teilhat, ist Adressat der Maßnahme derjenige Elternteil bzw. beide Eltern, die berechtigte Inhaber der Wohnung sind.[301]

Eine Ausnahme bildet nach zutreffender Auffassung § 41 Abs. 1 Satz 1 Nr. 4 PolG. Da eine gegenwärtige Gefahr abgewehrt werden soll, ist auf die §§ 4–6 PolG zurückzugreifen; der betroffene Wohnungsinhaber muss entweder Verhaltens- oder Zustandsstörer sein. Da die gegenwärtige Gefahr nicht zwingend von der Wohnung ausgehen muss, müssen hinsichtlich des Wohnungsinhabers bei anderweitiger Verursachung die Anforderungen des § 6 PolG gegeben sein.

6. Rechtsfolgen

Wohnung sind nicht nur die typischen Wohnbereiche (Wohn- und Schlafzimmer, Küche, Bad etc.), sondern sämtliche von Menschen bewohnbare Räumlichkeiten wie auch Wohnwagen und -mobile, Zelte, Gartenhäuser, Schiffskajüten, Schlafwagenabteile und Schlafkojen in Lastkraftwagen, Hotel- und Krankenhauszimmer.[302] Zur Wohnung i.S.v. § 41 PolG gehören auch Arbeits-, Geschäfts- und Betriebsräume, jedenfalls wenn und soweit sie dem Zutritt der Öffentlichkeit entzogen sind.[303] Je mehr sie für die Öffentlichkeit und einen Publikumsverkehr geöffnet sind, desto geringer ist der grundrechtliche Schutz aus Art. 13 GG. § 41 Abs. 1 Satz 2 PolG stellt dies ausdrücklich klar: Nach dieser Bestimmung umfasst die Wohnung die Wohn- und Nebenräume, Arbeits-, Betriebs- und Geschäftsräume sowie anderes befriedetes Besitztum.

Als Nebenräume zu qualifizieren sind solche Räume, die nicht zum ständigen Aufenthalt bestimmt sind (Keller, Dachboden, Treppenhaus, Garage). Ein befriedetes Besitztum ist ein grundsätzlich zu Wohnzwecken geeignetes und genutztes Grundstück, wenn und soweit es durch zusammenhängende Schutzwehren wie Mauern, Zäune oder Hecken oder aber durch natürliche Begrenzungen (Graben, Wasserlauf) in äußerlich erkennbarer Weise gegen das willkürliche Betreten durch Nichtberechtigte gesichert ist;[304] Lücken oder offene Tore lassen diese Eigenschaft nicht entfallen.

---

[299] BVerfG NJW 2019, 1428.
[300] BVerfG NJW 1977, 1489.
[301] Bialon/Springer, 32. Kap. Rn. 10.
[302] Thiel, § 10 Rn. 171.
[303] BVerfG NJW 2008, 2426; BVerfG NJW 1971, 2299.
[304] Benfer/Bialon, Rn. 377.

1024 Die Durchsuchung einer Wohnung ist das ziel- und zweckgerichtete Suchen staatlicher Organe nach Personen oder Sachen oder zur Ermittlung eines Sachverhaltes, um etwas aufzuspüren, was der Inhaber der Wohnung von sich aus nicht offenlegen oder herausgeben will. Die Durchsuchung schließt das sachgemäße, nicht substanzverletzende Öffnen von Möbelstücken und Behältnissen ein; sollen Gegenstände mitgenommen werden, müssen (zusätzlich) die Voraussetzungen für die Sicherstellung bzw. die Beschlagnahme gegeben sein. Sollen in der Wohnung Personen durchsucht werden, ist auf § 39 PolG zurückzugreifen. Die Durchsuchung von Sachen, die nicht dem Wohnungsinhaber gehören, ist nur auf der Grundlage des § 40 PolG zulässig. Die Wohnungsdurchsuchung ist zu beenden, wenn die gesuchte Person bzw. Sache aufgefunden wurde.

1025 Das Betreten ist das bloße körperliche Hineingelangen in die Wohnung; es umfasst auch das Verweilen in der Wohnung. Schon mit dem Betreten ist zwangsläufig eine gewisse Wahrnehmung von den Räumlichkeiten, ihrer Anordnung sowie den in ihnen vorhandenen Personen und Sachen verbunden; dies ist noch keine Durchsuchung.[305] Dies dürfte auch für einen kurzen Einblick in die Räume der Wohnung, also eine Begehung ohne gezieltes Nachspüren nach Personen oder Sachen gelten (sog. Umschau). Ein Betreten ohne Durchsuchen kommt z.B. dann in Betracht, wenn Personen aus der Wohnung gerettet werden sollen.[306] Auch das Betreten einer Wohnung und die Aufforderung an eine dort anwesende Person, die Wohnung zu verlassen (z.B. im Rahmen einer Maßnahme nach § 34a PolG, Rn. 885 ff.), ist keine Durchsuchung.[307] Erst wenn die handelnden Polizeibeamten planmäßig zum Zwecke des Auffindens von Personen oder Sachen tätig werden und z.B. Türen, Schränke etc. öffnen, Gegenstände aus Regalen nehmen usw., überschreitet die Maßnahme die Grenze zur Durchsuchung.

1026 Werden im Zusammenhang mit der Durchsuchung Gegenstände oder Personen aufgefunden, nach denen nicht gesucht wurde, sind Maßnahmen gegenüber diesen Personen bzw. Sachen rechtmäßig, soweit die Voraussetzungen der jeweiligen Ermächtigungsgrundlage vorliegen. Dass sich die Person bzw. der Gegenstand in der Wohnung befindet, ist dabei nach zutreffender Auffassung selbst dann unerheblich, wenn eine Durchsuchung nach § 41 PolG zum Auffinden der gefundenen Person oder Sache nicht zulässig gewesen wäre; dies ließe sich auch mit einem Rückgriff auf den Rechtsgedanken des § 108 StPO begründen. In den meisten Fällen wird jedoch auch eine Wohnungsdurchsuchung zum Zwecke des Auffindens der zufällig gefundenen Person oder Sache statthaft gewesen sein.

> **Beispiel**
> Die Polizeibeamten P und Q führen eine Wohnungsdurchsuchung durch, weil Tatsachen die Annahme rechtfertigen, dass sich darin sicherstellungsfähige Sachen befinden. Bei der Durchsuchung finden P und Q eine orientierungslose Person auf. Diese darf nach § 35 Abs. 1 Nr. 1 PolG „aus der Wohnung heraus" in Gewahrsam genommen werden. Eine Wohnungsdurchsuchung zu ihrer Auffindung wäre nach § 41 Abs. 1 Satz 1 Nr. 1 Alt. 2 PolG zulässig gewesen.

1027 § 41 PolG ermächtigt neben dem Betreten und der Durchsuchung auch zu Begleitverfügungen wie die Aufforderung, die Wohnungstür zu öffnen (a. A.: Generalklausel, § 8 Abs. 1 PolG). Ein Öffnen der Tür mit Hilfe von Zwangsmaßnahmen (Ersatzvornahme, unmittelbarer Zwang) oder ein Beiseitedrängen einer den Zutritt blockierenden Person sind dagegen nach

---

[305] Vgl. Thiel, § 10 Rn. 173.
[306] Thiel, § 10 Rn. 173; vgl. BVerwGE 47, 31.
[307] BVerwG NJW 1975, 130.

zutreffender Auffassung nicht mehr von § 41 PolG gedeckt; die Polizeibeamten müssen hierzu auf die Ermächtigungsgrundlagen für die Anwendung polizeilichen Zwangs (§§ 50 ff. PolG) zurückgreifen.[308] Anders als bei Maßnahmen nach der StPO schließen die präventiven Standardmaßnahmen die Ermächtigung zu ihrer zwangsweisen Durchsetzung nicht ein (dazu Rn. 1343 ff., 1421 ff.).

Nicht von den Ermächtigungen in § 41 PolG umfasst sind dagegen begleitende Maßnahmen wie z.B. die Anfertigung von Bildaufnahmen und -aufzeichnungen im Zusammenhang mit einer Durchsuchung. Solche Maßnahmen stellen einen eigenständigen Eingriff in die von Art. 13 Abs. 1 GG geschützte räumliche Privatsphäre dar,[309] sofern und soweit sie nicht allein dazu dienen, eine ordnungsgemäße Durchführung der Durchsuchung zu dokumentieren.[310] Sie müssen daher auf eine eigenständige Ermächtigungsgrundlage gestützt werden, wobei § 18 PolG regelmäßig ausscheiden dürfte; zwar wird man erwägen können, diese für den verdeckten Einsatz technischer Mittel in oder aus Wohnungen einschlägige Bestimmung auch als Ermächtigung für die mildere Maßnahme der offenen Bildanfertigung zu verstehen, die recht hohen tatbestandlichen Anforderungen werden aber im Zusammenhang mit einer Wohnungsdurchsuchung meist nicht erfüllt sein.

I. Körperliche Untersuchung

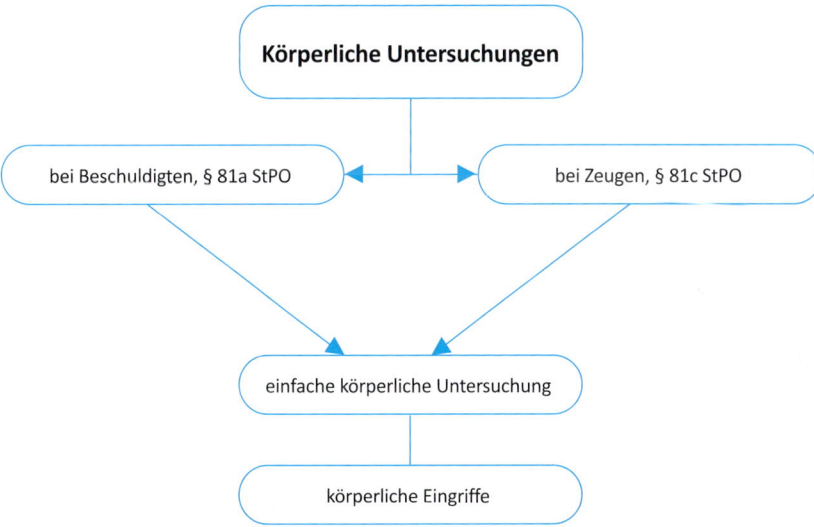

Abbildung 3.62: Übersicht zu den Formen der körperlichen Untersuchung

Körperliche Untersuchungen sind in der Strafprozessordnung für Beschuldigte und Zeugen unterschiedlich geregelt. Die häufigsten körperlichen Untersuchungen sind die Blutproben- und die Speichelentnahme.

---

308 Thiel, § 10 Rn. 174.
309 Vgl. OLG Celle StV 1985, 139.
310 Keller, PSP 2/2013, 3 (9).

3. Teil • Eingriffsbefugnisse

I. Körperliche Untersuchung des Beschuldigten (§ 81a StPO)

- *Aufsatz-Literatur: Kraft, JuS 2011, 591 (Die Blutentnahme nach § 81a StPO); Baldarelli, PSP 2011, 43 (Zur Bedeutung des Richtervorbehaltes bei der Anordnung einer Blutprobe); Krenz, KriPol 2017, 184 (Gesetzesentwurf zur Änderung der Anordnungskompetenz bei körperlichen Eingriffen nach § 81a StPO); Oglakcioglu/Henne-Bruns/Wittau, NStZ 2011, 73 (Unerlaubte Einfuhr von BtM mittels „Bodypacking"); Herbst/Theurer, NZV 2010, 544 (§ 81a StPO – Kompetenznorm im Spannungsfeld zwischen effektiver Strafverfolgung bei Trunkenheitsfahrten, Richtervorbehalt und Grundrechten des Beschuldigten); Hofmann, NStZ 2010, 415 (Gefahr im Verzuge bei „unwilligem" Ermittlungsrichter); Götz, NStZ 2008, 238 (Kein Beweisverwertungsverbot bei fehlerhafter Annahme von Gefahr im Verzuge); Saferling, JURA 2008, 100 (Exkorporation).*
- *Leitentscheidungen: BGH NStZ 2015, 464 (Anforderungen an Beweiswürdigung bei Prüfung bedingten Vorsatzes bei einer Trunkenheitsfahrt); BVerfG StraFo 2011, 145 (Anordnung der Blutprobe); EGMR NJW 2006, 3117 (zur Exkorporation); BVerfGE 47, 239 (Verfassungsmäßigkeit der Norm); BVerfGE 27, 211 (Verfassungskonforme Auslegung); BVerfG NStZ 2011, 289 (Unzureichende richterliche Überprüfung der polizeilichen Eilkompetenz bei Anordnung einer Blutentnahme); BGH NStZ 2010, 157 (Verwertung einer Speichelprobe ohne schriftliches Einverständnis); BVerfG NJW 2008, 3053 (Kein Beweisverwertungsverbot bei Missachtung des Richtervorbehaltes bei Blutentnahme).*
- *Übungsfall: Bair, JA 2005, 37 (Alkoholgenuss, ein Unfall und die Folgen); Berning, Kriminalistik 2005, 694 (Staatsprüfungsklausur mit Lösung im Fach Staatsrecht/Eingriffsrecht).*

Körperliche Untersuchung des Beschuldigten (§ 81a StPO)

1. **Tatbestandsvoraussetzungen**
   - Zweck: Feststellung von verfahrensrelevanten Tatsachen

2. **Maßnahmenspezifische Verfahrensvorschriften**
   - Anordnungskompetenz
     - grds. Gericht
     - bei GiV + bestimmten Verkehrsdelikten StA/Ermittlungspersonen der StA
   - bei einfacher körperlicher Untersuchung und Möglichkeit der Schamverletzung:
     - Durchführung nur von Personen gleichen Geschlechtes/Arzt (§ 81d StPO)
   - bei körperlichen Eingriffen:
     - Durchführung nur von einem Arzt
     - Blutproben/Körperzellen nur für das konkrete Verfahren, sind danach zu vernichten

3. **Adressat**
   - Beschuldigter

4. **Rechtsfolgen**
   - einfache körperliche Untersuchungen
   - körperliche Eingriffe (insbes. Blutprobe)

Beschuldigter ist jede Person, gegen die im Rahmen eines Strafverfahrens wegen einer bestimmten Straftat ermittelt wird.

Einfache körperliche Untersuchung ist die Wahrnehmung des Körpers oder des psychischen Zustandes ohne körperliche Eingriffe.

Körperlicher Eingriff liegt immer dann vor, wenn die körperliche Untersuchung mit einer Verletzung des Körpers einhergeht.

Gefahr im Verzuge ist gegeben, wenn auf den Beschluss des Gerichts nicht gewartet werden kann, ohne dass der Untersuchungserfolg gefährdet wäre.

Abbildung 3.63: Schema zur körperlichen Untersuchung des Beschuldigten (§ 81a StPO)

Körperliche Untersuchung des Beschuldigten (§ 81a StPO)

1. Überblick

Die Vorschrift hat erhebliche praktische Bedeutung aufgrund der Blutproben- und Speichelentnahmen, die von der Norm erfasst sind. Im Übrigen erfasst die Regelung insbesondere die Feststellung von Spuren am Körper einer Person. Zu beachten ist zusätzlich der Runderlass des Ministeriums für Inneres und Kommunales zur Feststellung von Alkohol und anderen berauschenden Mitteln bei Straftaten und Ordnungswidrigkeiten.[311] Dieser Erlass konkretisiert die gesetzlichen Regelungen.

1030

2. Grundrechtseingriffe

Durch die Maßnahme können die Grundrechte auf körperliche Unversehrtheit (Art. 2 Abs. 2 Satz 1 GG), Freiheit der Person in Form der Freiheitsbeschränkung/-entziehung (Art. 2 Abs. 2 Satz 2 GG) und das Recht auf Intimsphäre (Art. 2 Abs. 1 GG) eingeschränkt werden.

1031

3. Tatbestandsvoraussetzungen

Der Zweck der Maßnahme ist die Feststellung von Tatsachen, die für das Verfahren von Bedeutung sind. Bei Verkehrsdelikten soll durch eine Blutprobe der Tatbestand einer Verkehrsstraftat (insbesondere §§ 316, 315c StGB) festgestellt werden. Bei sonstigen Straftaten dient die Blutprobenentnahme der Feststellung der (verminderten) Schuldfähigkeit.

1032

4. Maßnahmenspezifische Verfahrensvorschriften

Gemäß § 81a Abs. 2 StPO obliegt die Anordnung der körperlichen Untersuchung grundsätzlich dem Gericht. Bei Gefahr im Verzuge sind auch die Staatsanwaltschaft und ihre Ermittlungspersonen[312] zur Anordnung befugt.

1033

Da ein durchgängiger richterlicher Bereitschaftsdienst regelmäßig fehlt, stellt die Anordnung der Blutprobe ein besonderes praktisches Problem dar. Die Rechtsprechung um die Problemkreise der Gefahr im Verzuge (fehlender Eildienst, Gedankenlosigkeit der Polizeibeamten, keine richterliche Entscheidung ohne schriftliche Unterlage, Ungenauigkeit bei Rückrechnung des BAK-Wertes) und Beweisverwertung bei Verfahrensfehlern ist schon unübersehbar.

1034

Dem wollte bereits ein Gesetzesentwurf aus dem Jahre 2010 ein Ende setzen, der ein eigenständiges Anordnungsrecht von Staatsanwaltschaft und Polizei vorsah.[313] Nachdem dieser Entwurf aufgrund des Ablaufs der Wahlperiode der Diskontinuität zum Opfer fiel, wurde im Juni 2017 eine neue Regelung vom Bundestag beschlossen.

1035

Damit werden von der partiellen Streichung des Richtervorbehaltes in erster Linie die Straßenverkehrsdelikte erfasst, bei denen das Überschreiten bestimmter Blutalkoholwerte oder das Vorhandensein bestimmter Substanzen im Blut strafbarkeitsbegründend ist. Wegen des kontinuierlichen Abbaus von Alkohol, Betäubungsmitteln und Medikamenten im Blut ist hier eine beschleunigte Beweismittelsicherung erforderlich. Mit der Neuregelung wird die

1036

---

311 Runderlass des Ministeriums für Inneres und Kommunales v. 27.4.2015 – 402-57.01.35, Polizei-Fach-Handbuch 3-15 La NRW.
312 Vgl. zu Ermittlungspersonen der Staatsanwaltschaft: § 152 GVG i.V.m. den jeweiligen landesrechtlichen Regelungen; z.B. NRW: § 1 Abs. 1 der Verordnung über die Ermittlungspersonen der Staatsanwaltschaft vom 30.4.1996, GV. NRW. S. 180, zuletzt geändert durch Verordnung vom 16.2.2016, GV. NRW. S. 120.
313 Länderentwurf des Landes Niedersachsen eines Gesetzes zur Änderung der Stafprozessordnung – Neuordnung der Anordnungskompetenz für die Entnahme von Blutproben, BR-Drs. 615/10.

Anordnungsbefugnis gleichrangig auf die Staatsanwaltschaft und ihre Ermittlungspersonen übertragen. Somit kann die Polizei in den genannten Fällen die Maßnahme selbstständig anordnen, welches sich aus der allgemeinen Regel des § 163 Abs. 1 StPO ergibt. Danach kann die Polizei Ermittlungen jeder Art vornehmen, soweit nicht andere gesetzliche Vorschriften die Befugnisse besonders oder einschränkend regeln. § 81a Abs. 2 S. 2 StPO sieht nunmehr eben zukünftig keine solche einschränkende Regel für die Anordnung mehr vor.[314] Dies bedeutet eine erhebliche Erleichterung der Beweissicherung für die Polizei, die den Betroffenen aber nicht rechtsschutzlos stellt. Die Rechtmäßigkeit der Anordnung kann auf Antrag des Betroffenen nachträglich entsprechend § 98 Abs. 2 S. 2 StPO durch das Gericht überprüft werden. Ebenso findet eine gerichtliche Überprüfung der Rechtmäßigkeit der Beweiserhebung im ggf. anschließend durchzuführenden Hauptverfahren statt.[315]

1037 Bei jeder nicht vom Gesetz vorgeschriebenen richterlichen Anordnung erwogenen Blutprobe ist sorgfältig zu prüfen, ob Gefahr im Verzuge tatsächlich vorliegt; dies bedarf auch ausreichender Dokumentation. Die Bejahung der Gefahr im Verzuge allein aus dem Grund, dass jedes Zuwarten die Feststellung des Blutalkoholwertes ungenauer werden lässt, ist unzulässig, denn anerkannt ist die Möglichkeit der Rückrechnung.

1038 Die Anordnung kann durch die Polizei auch ohne Gefahr im Verzuge erfolgen, wenn der Beschuldigte der Blutprobenentnahme wirksam einwilligt. In diesem Fall bedarf es der sorgfältigen Dokumentation über die Umstände der Einwilligungsfähigkeit. Dazu hat das OLG Hamm entschieden, dass es auch bei alkoholischen Beeinflussungen oberhalb von zwei Promille Blutalkoholkonzentration möglich ist, dass der Beschuldigte den Sinn und die Tragweite der Einwilligung in der Blutprobenentnahme nach § 81a StPO erkennt. Hierzu bedarf es jedoch einer näheren Darlegung der insoweit relevanten Umstände. Im betreffenden Fall wurde dem Beschuldigten nach einer Alkoholfahrt eine Blutprobe entnommen, die eine BAK von 2,46 Promille ergab. In diese Blutprobenentnahme hatte der Beschuldigte schriftlich eingewilligt. Eine Einwilligung hat zur Folge, dass der Richtervorbehalt nach § 81 Abs. 2 StPO nicht beachtet werden muss. Das Oberlandesgericht hatte Zweifel an der Wirksamkeit der Einwilligungserklärung. Zwar könne eine Einwilligung auch bei einer Alkoholisierung über zwei Promille wirksam sein. Hierzu bedürfe es jedoch näherer Darlegung der insoweit relevanten Umstände, etwa des Vorhandenseins von Ausfallerscheinungen, des vorangegangenen Trinkverhaltens, der Trinkgewohnheiten und ggf. weiterer Umstände, die Anhaltspunkte für die Beurteilung einer Beeinträchtigung der kognitiven Fähigkeiten des Angeklagten aufgrund der gegebenen Alkoholisierung darstellen. Insofern ist also auf konkrete Angaben zu achten, formelhafte Ausführungen sind nicht ausreichend.[316]

1039 Bei den Verfahrensvorschriften ist zu differenzieren zwischen körperlichen Eingriffen und einfachen körperlichen Untersuchungen:
- Körperliche Eingriffe dürfen gemäß § 81a Abs. 1 Satz 2 StPO nur von einem Arzt nach den Regeln der ärztlichen Kunst vorgenommen werden. Sind gesundheitliche Nachteile zu befürchten, dürfen sie gegen den Willen des Beschuldigten nicht durchgeführt werden.
- Einfache körperliche Untersuchungen sind gemäß § 81d StPO von einer Person gleichen Geschlechts oder einem Arzt durchzuführen, wenn sie das Schamgefühl verletzen

---
314 Vgl. dazu auch BR-Drs. 792/16.
315 BT-Drs. 18/11272, S. 22.
316 OLG Hamm NJW-Spezial 2011, 203.

Körperliche Untersuchung des Beschuldigten (§ 81a StPO)

können. In diesem Fall soll auf Verlangen eine Person des Vertrauens zugelassen werden. Auf diese Regelungen ist der Beschuldigte hinzuweisen. Dies gilt auch, wenn die Person in die Untersuchung einwilligt.

Die Untersuchungsergebnisse sind gemäß § 81a Abs. 3 StPO unverzüglich zu vernichten, sobald sie für das Verfahren nicht mehr erforderlich sind. 1040

5. Adressat

Die Maßnahme darf sich nur gegen den Beschuldigten richten. Beschuldigter ist jede Person, gegen die sich das Strafverfahren richtet.[317] Sie wird schon zum Beschuldigten, wenn die Strafverfolgungsbehörden Ermittlungsmaßnahmen ergreifen, die erkennbar darauf abzielen, gegen sie wegen einer Straftat strafrechtlich vorzugehen (vgl. dazu auch § 397 Abs. 1 AO für Steuerstrafverfahren). Insofern ist der Beschuldigtenbegriff formell zu verstehen: Eine Person wird erst durch entsprechenden Willensakt der Strafverfolgungsbehörde zum Beschuldigten.[318] Die Stärke des Tatverdachtes ist dabei nicht relevant. Auch werden keine besonderen Anforderungen an den nach außen tretenden Willensakt gestellt, es reicht bereits jede konkrete Ermittlungshandlung gegen eine Person mit dem Willen der konkreten Strafverfolgung. Wichtig ist, dass das subjektive Element des Willens zur konkreten Strafverfolgung zur Ermittlungshandlung treten muss, um die Beschuldigteneigenschaft zu konstituieren. 1041

Eine Ermittlungsmaßnahme allein begründet die Beschuldigteneigenschaft nicht. 1042

> **Beispiel**
> Der Jugendliche A wird unmittelbar nach einem Straßenraub durchsucht, da die vom jugendlichen Opfer abgegebene vage Beschreibung auf A zutrifft. Bei A wird nichts aufgefunden. Noch am Ort des Geschehens kommt T auf die Beamten zu, übergibt die Beute und gesteht die Tat.

Vorliegend ist nicht schon aufgrund der Durchsuchung der Beamten die Beschuldigteneigenschaft gegeben. Vielmehr ist A nur Verdächtiger, wenn die Beamten nicht mit dem Ziel handelten, ein Strafverfahren gegen A zu führen. Verdächtiger ist derjenige, bei dem lediglich Anhaltspunkte bestehen, dass er Täter oder Teilnehmer einer Straftat sein könnte und noch keine Maßnahmen mit dem konkreten Ziel der Einleitung eines Strafverfahrens betrieben werden. 1043

> **Beispiel**
> Bei einer allgemeinen Verkehrskontrolle stellen die Polizeibeamten Alkoholgeruch bei dem Fahrer fest (Verdächtiger). Nachdem der Alkoholtest eine Atemalkoholkonzentration von 1,5 ‰ ergibt, wird der Fahrer zum Beschuldigten.

6. Rechtsfolgen

a) Körperliche Untersuchungen

Die Norm erlaubt körperliche Untersuchungen. Darunter sind zum einen einfache körperliche Untersuchungen, zum anderen körperliche Eingriffe zu verstehen. Die Unterscheidung richtet sich nicht nach dem Umstand, ob Schmerzen verursacht oder medizinische Instrumente gebraucht werden. Maßgeblich ist, ob der Eingriff mit – wenn auch geringfügigen – Verletzungen verbunden ist.[319] Ausdrücklich genannt als körperlicher Eingriff ist die Blutprobe. 1044

---

317 BGHSt 10, 8 (12).
318 BGHSt 34, 138 (140).
319 Meyer-Goßner/Schmitt, StPO, § 81a Rn. 15.

3. Teil • Eingriffsbefugnisse

> **Beispiele**
> Einfache körperliche Untersuchungen: Begutachtung des Körpers (Narben, Tätowierungen); Feststellung des psychischen Zustandes; Untersuchung der natürlichen Körperöffnungen (Mund, After, Scheide),[320] Speichelprobe.
> Körperliche Eingriffe: Magenaushebung, Urinprobe, Röntgenaufnahmen, im Gesetz ausdrücklich genannt: Blutprobe.

1045 Der Begriff der körperlichen Untersuchung gemäß § 81a StPO ist von dem der körperlichen Durchsuchung gemäß § 102 StPO zu unterscheiden. Um eine Personendurchsuchung handelt es sich, wenn der Körper abgetastet und Nachschau gehalten wird in der Kleidung und allen ohne Weiteres einsehbaren Körperöffnungen (Mund, Nase, Ohren) mit dem Zweck, Gegenstände aufzufinden. Dient eine Maßnahme aber dazu, die körperliche Beschaffenheit oder das Vorhandensein von Fremdkörpern lediglich sinnlich wahrzunehmen, handelt es sich um eine körperliche Untersuchung nach § 81a StPO.[321] Daher kann eine Nachschau in die natürlichen Körperöffnungen je nach Zweck eine Personendurchsuchung oder eine körperliche Untersuchung sein.

1046 Eine Exkorporation – das zwangsweise Verabreichen von Brechmitteln – ist nur unter strenger Beachtung des Verhältnismäßigkeitsgrundsatzes zulässig.[322]

b) Beweisverwertung

1047 Das Untersuchungsergebnis darf gemäß § 81a Abs. 3 StPO nur für das konkrete Strafverfahren verwendet werden. Verstöße gegen § 81a StPO folgen in der Regel nicht zur Unverwertbarkeit der Erkenntnisse.[323] Bei falscher Wertung der Gefahr im Verzuge greift ein Verwertungsverbot grundsätzlich nicht ein.[324] Dies ist anders bei willkürlicher oder bewusster Missachtung der richterlichen Anordnungsbefugnis.[325]

7. Verhältnismäßigkeit

1048 Dem rechtsstaatlichen Gebot der Verhältnismäßigkeit kommt bei dieser Maßnahme besondere Bedeutung zu. Entscheidend ist die Stärke des Tatverdachts in Bezug zur konkreten Maßnahme.[326] Zur Feststellung der Schuldfähigkeit ist besonders zu beachten, dass diese nach ständiger Rechtsprechung erst ab einem Wert von ca. drei Promille angenommen werden kann. Die Annahme der eingeschränkten Schuldfähigkeit ist erst ab ca. zwei Promille zu vermuten. Daher ist eine Blutprobenentnahme zur Feststellung der (verminderten) Schuldfähigkeit grundsätzlich nur bei deutlicher Alkoholisierung durchzuführen.

1049 Durch landesrechtliche Erlasse wird der Verhältnismäßigkeitsgrundsatz konkretisiert. So ist in Nordrhein-Westfalen, Niedersachsen und Bayern grundsätzlich eine Blutprobenentnahme bei den Privatklagedelikten Hausfriedensbruch, Beleidigungen und der einfachen Sachbeschädigung zu unterlassen. Gleiches gilt, wenn das Alkoholtest-Ergebnis unter 0,25 mg/l (= 0,5 Promille) liegt.[327]

---

320 Herrschende Meinung: Meyer-Goßner/Schmitt, StPO, § 81a Rn. 15; a. A. SK-Rogall, StPO § 81a Rn. 25.
321 Für diese Unterscheidung nach dem Zweck auch Meyer-Goßner/Schmitt, StPO, § 81a Rn. 9.
322 Joecks, StPO, § 81a Rn. 12; vgl. auch EGMR NJW 2006, 3117, dazu Safferling JURA 2008, 100.
323 BGHSt 24, 125 (128).
324 BVerfG NJW 2010, 2864.
325 Statt vieler OLG Hamm StV 2009, 518.
326 BVerfGE 17, 108 (117).
327 Vgl. für NRW: Gemäß Gem. RdErl. d. MIK, JM ... v. 27.4.2015 (MBl. NRW. S. 311), zuletzt geändert durch Gem. RdErl. v. 9.11.2016 (MBl. NRW. S. 703), zur Feststellung von Alkohol und anderer berauschender Mittel bei Straftaten und Ordnungswidrigkeiten; Sicherstellung und Beschlagnahme von Führerscheinen s. Polizei-Fach-Handbuch 3-15 La NRW.

II. Körperliche Untersuchung anderer Personen (§ 81c StPO)

- Aufsatz-Literatur: Mosbacher, JuS 2012, 134 (Aktuelles Strafprozessrecht 2. Teil).

Körperliche Untersuchung anderer Personen (§ 81c StPO)

1. **Tatbestandsvoraussetzungen**
   - § 81c Abs. 1 StPO (allgemeine Untersuchung)
     - nur zur Feststellung von Spuren/Folgen einer Straftat
     - Notwendigkeit
     - Zumutbarkeit (§ 81c Abs. 4 StPO)
   - § 81c Abs. 2 StPO (Abstammungsuntersuchung/Blutprobe)
     - unerlässlich und kein Nachteil für die Gesundheit zu befürchten
     - Zumutbarkeit (§ 81c Abs. 4 StPO)
2. **Maßnahmenspezifische Verfahrensvorschriften**
   - Anordnungskompetenz
     - Gericht (§ 81c Abs. 5 StPO)
     - bei GiV: StA/Ermittlungspersonen der StA
   - Belehrungspflicht analog § 55 Abs. 2 StPO: Verweigerungsrecht bei Zeugnisverweigerungsrecht
   - bei einfacher körperlicher Untersuchung und Möglichkeit der Schamverletzung
     - Durchführung nur von Person gleichen Geschlechtes/Arzt (§ 81d StPO)
   - bei Blutproben und Abstammungsuntersuchung
     - nur Arzt (§ 81c Abs. 2 Satz 2 StPO)
3. **Adressat**
   - „andere" Person, wenn sie als Zeuge in Betracht kommt
4. **Rechtsfolgen**
   - einfache körperliche Untersuchungen
     - zur Auffindung von Spuren und Folgen (§ 81c Abs. 1 StPO) und
     - zur Abstammungsfeststellung (§ 81c Abs. 2 StPO)
   - Blutproben (§ 81c Abs. 2 StPO)

Zeuge ist jede Person, die in einem nicht gegen sie selbst gerichteten Strafverfahren Auskunft über die Wahrnehmung von Tatsachen gibt.

Einfache körperliche Untersuchung ist die Wahrnehmung des Körpers oder des psychischen Zustandes ohne körperliche Eingriffe.

Körperlicher Eingriff liegt immer dann vor, wenn die körperliche Untersuchung mit einer Verletzung des Körpers einhergeht.

Spuren sind unmittelbar durch die Tat verursachte Veränderungen am Körper, die Rückschlüsse auf die Tatausführung oder den Täter ermöglichen.

Gefahr im Verzuge ist gegeben, wenn auf den Beschluss des Gerichts nicht gewartet werden kann, ohne dass der Untersuchungserfolg gefährdet wäre.

Abbildung 3.64: Schema zur körperlichen Untersuchung anderer Personen (§ 81c StPO)

3. Teil • Eingriffsbefugnisse

1. Überblick

1050 Die Vorschrift erfasst die körperliche Untersuchung von Personen gegen ihren Willen, welche nicht Beschuldigte sind. In erster Linie handelt es sich um Opfer und damit Zeugen von Straftaten. Der Zeugenstatus ist aber nicht zwingend erforderlich. So kann eine Person körperlich untersucht werden, die kein Zeuge des Verfahrens ist.

> **Beispiel**
> Nach dem Verdacht der Kindesmisshandlung wird der 1-jährige Säugling zur Feststellung von Verletzungen untersucht.

1051 Opfer von (Gewalt-)Straftaten sind in aller Regel psychisch schwer belastet, sodass dem Verhältnismäßigkeitsgrundsatz hier eine ganz besondere Bedeutung zukommt.

1052 Die Maßnahme dient der Feststellung von Spuren am Körper der Zeugen, die für die Beweisführung von Bedeutung sind. Eine wirksame Einwilligung hebt die Beschränkungen des § 81c StPO auf, wobei eine Blutprobe immer von einem Arzt durchzuführen ist.[328]

2. Grundrechtseingriffe

1053 Durch die Maßnahme können die Grundrechte auf körperliche Unversehrtheit (Art. 2 Abs. 2 Satz 1 GG), Freiheit der Person in Form der Freiheitsbeschränkung/-entziehung (Art. 2 Abs. 2 Satz 2 GG) und das Recht auf Intimsphäre (Art. 2 Abs. 1 i.V.m. Art. 1 Abs. 1 GG) eingeschränkt werden.

3. Tatbestandsvoraussetzungen

1054 Zwei Alternativen sind zu unterscheiden: Nach § 81c Abs. 1 StPO (allgemeine Untersuchung) muss zur Erforschung der Wahrheit die Feststellung notwendig sein, ob sich am Körper bestimmte Spuren oder Folgen einer Straftat befinden.

> **Beispiel**
> Bei einem Vergewaltigungsopfer ist es in der Regel notwendig, ggf. vorhandene Spermaspuren festzustellen.

1055 Nach § 81c Abs. 2 StPO (Abstammungsuntersuchung, Blutprobe) muss es zur Erforschung der Wahrheit unerlässlich sein, eine Abstammungsuntersuchung durchzuführen, oder es handelt sich um die Entnahme einer Blutprobe. Dann darf kein Nachteil für die Gesundheit zu befürchten sein.

1056 Bei beiden Alternativen besteht die Tatbestandseinschränkung der Zumutbarkeit nach § 81c Abs. 4 StPO. Dies stellt eine Hervorhebung des Grundsatzes der Verhältnismäßigkeit dar. Das bei der Bedeutung der Strafsache bestehende Aufklärungsinteresse und das Persönlichkeitsrecht des Betroffenen müssen gegeneinander abgewogen werden.[329]

4. Maßnahmenspezifische Verfahrensvorschriften

1057 Gemäß § 81c Abs. 5 StPO obliegt die Anordnung der körperlichen Untersuchung grundsätzlich dem Gericht. Bei Gefahr im Verzuge sind auch die Staatsanwaltschaft und ihre Ermittlungspersonen[330] zur Anordnung befugt. Anordnungen von Blutproben bei Minderjährigen

---

[328] Meyer-Goßner/Schmitt, StPO, § 81c Rn. 2.
[329] Meyer-Goßner/Schmitt, StPO, § 81c Rn. 17 mit Verweis auf BGH MDR 1956, 527.
[330] Vgl. zu Ermittlungspersonen der Staatsanwaltschaft: § 152 GVG i.V.m. den jeweiligen landesrechtlichen Regelungen; z.B. NRW: § 1 Abs. 1 der Verordnung über die Ermittlungspersonen der Staatsanwaltschaft vom 30.4.1996, GV. NRW. S. 180, zuletzt geändert durch Verordnung vom 16.2.2016, GV. NRW. S. 120.

Körperliche Untersuchung anderer Personen (§ 81c StPO)

oder Betreuten obliegen ausschließlich dem Richter (§ 81c Abs. 3 StPO). Da ein durchgängiger richterlicher Bereitschaftsdienst regelmäßig fehlt, stellt die Anordnung der Blutprobe ein besonderes praktisches Problem dar (vgl. dazu Rn. 1034 ff.).

Bei den Verfahrensvorschriften ist zu differenzieren zwischen dem einzig zugelassenen körperlichen Eingriff der Blutprobe und einfachen körperlichen Untersuchungen: 1058

- Blutproben und körperliche Untersuchungen zur Abstammungsfeststellung dürfen gemäß § 81c Abs. 2 Satz 2 StPO nur von einem Arzt nach den Regeln der ärztlichen Kunst vorgenommen werden. Sind gesundheitliche Nachteile zu befürchten, dürfen sie gegen den Willen nicht durchgeführt werden.
- Alle anderen körperlichen Untersuchungen dürfen grundsätzlich von jedem Polizeibeamten durchgeführt werden. Sie sind gemäß § 81d StPO von einer Person gleichen Geschlechts oder einem Arzt durchzuführen, wenn sie das Schamgefühl verletzen können. In diesem Fall soll auf Verlangen eine Person des Vertrauens zugelassen werden. Auf diese Regelungen ist der Beschuldigte hinzuweisen. Dies gilt auch, wenn die Person in die Untersuchung einwilligt.

Wenn ein Zeugnisverweigerungsrecht besteht, kann die Untersuchung vom Zeugen verweigert werden (§ 81c Abs. 3 StPO). Auf dieses Recht ist gemäß § 81c Abs. 3 i.V.m. § 52 Abs. 3 StPO zu hinzuweisen. Die Untersuchungsergebnisse sind gemäß § 81c Abs. 5 Satz 2 i.V.m. § 81a Abs. 3 StPO unverzüglich zu vernichten, sobald sie für das Verfahren nicht mehr erforderlich sind. 1059

5. Adressat

Es muss sich zunächst um eine „andere Person" handeln. Gemeint sind damit alle Personen, die keine Beschuldigten sind. Letztlich verengt sich die Vorschrift auf Zeugen. 1060

6. Rechtsfolgen

a) Körperliche Untersuchung

§ 81c Abs. 1 StPO erlaubt körperliche Untersuchungen. Darunter sind nur einfache körperliche Untersuchungen, keine körperlichen Eingriffe zu verstehen. Letztere sind nach 81c Abs. 1 StPO nicht zulässig. Ein körperlicher Eingriff in der einzig zulässigen Form der Blutprobe ist nur nach § 81c Abs. 2 zulässig. Die Unterscheidung zwischen körperlicher Untersuchung (zum Begriff Rn. 1045) und körperlichem Eingriff richtet sich nicht nach dem Umstand, ob Schmerzen verursacht oder medizinische Instrumente gebraucht werden. Maßgeblich ist, ob der Eingriff mit – wenn auch geringfügigen – Verletzungen des Körpers verbunden ist.[331] 1061

> **Beispiele**
> Einfache körperliche Untersuchungen: Begutachtung des Körpers (Verletzungen, Spermaspuren); Feststellung des psychischen Zustandes; Untersuchung der natürlichen Körperöffnungen (Mund, After, Scheide),[332] Speichelprobe.
> Körperliche Eingriffe: hier nur Blutprobe zulässig.

b) Beweisverwertung

Das Untersuchungsergebnis darf gemäß § 81c Abs. 5 Satz 3 i.V.m. § 81a Abs. 3 StPO nur für das konkrete Strafverfahren verwendet werden. 1062

---
331 Meyer-Goßner/Schmitt, StPO, § 81a Rn. 15.
332 Herrschende Meinung: Meyer-Goßner/Schmitt, StPO, § 81a Rn. 15; a. A. SK-Rogall, StPO, § 81a Rn. 25.

3. Teil • Eingriffsbefugnisse

	Tatbestand	Adressat	Anordnungs-befugnis	Verfahrensvorschriften
§ 81a StPO **körperliche Untersuchung, Blutprobe beim Beschuldigten**	zulässiger Zweck: Feststellung von verfahrensrelevanten Tatsachen	Beschuldigter	Gericht bei GiV: StA/ErmPers.	bei einfacher körperlicher Untersuchung: bei Möglichkeit der Schamverletzung nur von Person gleichen Geschlechtes/Arzt (§ 81d StPO) bei körperlichem Eingriff: Durchführung nur von einem Arzt Blutprobe/Körperzellen nur für das konkrete Verfahren, sind danach zu vernichten (§ 81a Abs. 3 StPO)
§ 81c StPO **körperliche Untersuchung anderer Personen**	§ 81c Abs. 1 StPO: zulässiger Zweck: Feststellung von Spuren/Folgen einer Straftat und dem Zeugen zumutbar (§ 81c Abs. 4) oder § 81c Abs. 2 StPO: unerlässlich und kein Nachteil für die Gesundheit zu befürchten und dem Zeugen zumutbar (§ 81c Abs. 4 StPO)	„andere Person" = Zeuge	Gericht bei GiV: StA/ErmPers.	Belehrungspflicht § 55 Abs. 2 StPO analog: Verweigerungsrecht bei Zeugnisverweigerungsrecht bei einfacher körperlicher Untersuchung (Abs. 1): bei Möglichkeit der Schamverletzung nur von Person gleichen Geschlechtes/Arzt (§ 81d StPO) bei Blutproben/Abstammungsuntersuchung (Abs. 2): Durchführung nur von einem Arzt (Abs. 2 Satz 2)

Abbildung 3.65: Übersicht zu den Tatbeständen der körperlichen Untersuchung

J. Molekulargenetische Untersuchung

- *Aufsatz-Literatur: Pommer, JA 2007, 621 (Die DNA-Analyse im Strafprozess – Problemfelder der §§ 81e StPO).*
- *Leitentscheidungen: BVerfGE 103, 21 (Rechtsweg bei § 81g-Maßnahmen).*

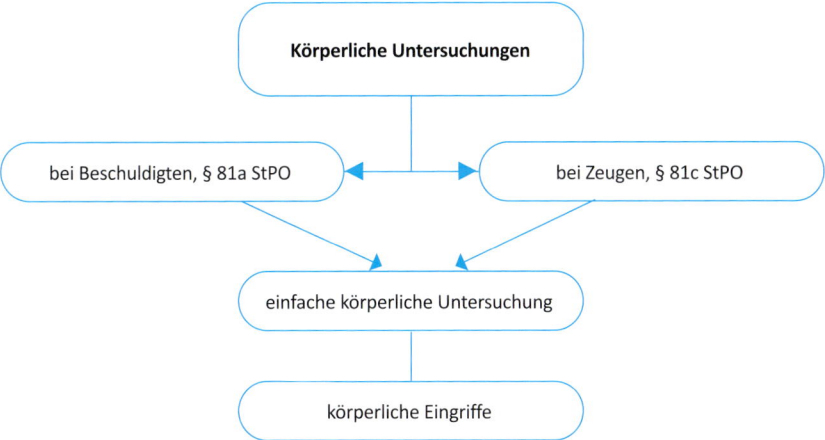

Abbildung 3.66: Übersicht über die Formen molekulargenetischer Untersuchungen

Molekulargenetische Untersuchungen (DNA[333]-Untersuchungen) sind schon seit Jahren als kriminalistische Methode anerkannt, sie haben die Kriminalistik revolutioniert. Ergebnis der molekularbiologischen Untersuchung ist zwar lediglich eine statistische Aussage. Sie hat aber aufgrund der Wahrscheinlichkeit sehr hohen Beweiswert. Sie wird daher auch als „genetischer Fingerabdruck" bezeichnet. **1063**

Die Vorschriften über die DNA-Untersuchung unterscheiden sich nach dem jeweiligen Zweck der Maßnahme. Während es bei den DNA-Untersuchungen nach §§ 81e, 81f und 81h StPO um Straftatenaufklärung geht, verfolgt § 81g StPO allein präventive, erkennungsdienstliche Zwecke. Es geht hier um die Strafverfolgungsvorsorge, die vom Bundesverfassungsgericht wohl als „genuines Strafprozessrecht" zur Strafverfolgung gezählt wird.[334] Weithin wird jedoch vertreten, dass es sich bei § 81g StPO – wie bei § 81b Alt. 2 StPO (erkennungsdienstliche Behandlung) – um einen gefahrenabwehrenden Fremdkörper in der Strafprozessordnung handele.[335] **1064**

---

333 Engl.: Desoxyribonucleicacid; in Deutschland auch abgekürzt mit DNS (= Desoxyribonukleinsäure).
334 BVerfGE 103, 21.
335 Vgl. Joecks, StPO, § 81g Rn. 2.

3. Teil • Eingriffsbefugnisse

I. DNA-Untersuchung (§§ 81e, 81f StPO)

- *Aufsatz-Literatur: Neuhaus, StraFo 2010, 344 (Kritische Anmerkungen zum Einsatz von DNA-Analysen); Lengler, SVR 2008, 246 (Die Zulässigkeit der Anordnung einer DNA-Untersuchung bei Straßenverkehrsdelikten); Pommer, JA 2007, 621 (Die DNA-Analyse im Strafprozess – Problemfelder der §§ 81e ff. StPO).*
- *Leitentscheidungen: BGHSt 54, 15 (Beweiswert einer mitochondrialen DNA-Analyse); BGH NStZ 2010, 157 (Verwertung einer Speichelprobe ohne schriftliche Einwilligung).*
- *Übungsfälle: Knauer, JuS 2009, 227 (Übungsklausur – Strafprozessrecht: Durchsuchung, Beschlagnahme und DNA-Analyse – Pflanzen, Tiere, Kinder.)*

DNA-Untersuchung (§§ 81e, 81f StPO)

1. Tatbestandsvoraussetzungen
- Körpermaterial wurde rechtmäßig nach § 81a oder § 81c StPO erlangt *oder*
- Material wurde aufgefunden/sichergestellt/beschlagnahmt
- Erforderlichkeit der Maßnahme

2. Maßnahmenspezifische Verfahrensvorschriften
- Anordnungskompetenz
  - ohne Einwilligung: Gericht, bei GiV StA/ErmPers. mit Einwilligung: StA/ErmPers.
  - bei aufgefundenem Material: StA/Polizeibeamte
- enge Zweckbindung (§ 81e Abs. 1 StPO)
- bei Einwilligung: Belehrung über Zweck
- Vorschriften über Verfahren (§ 81f Abs. 2)

3. Adressat
- Beschuldigte und Dritte

4. Rechtsfolgen
- genetische Untersuchung

Beschuldigter ist jede Person, gegen die im Rahmen eines Strafverfahrens wegen einer bestimmten Straftat ermittelt wird.

Gefahr im Verzuge ist gegeben, wenn die Einholung einer richterlichen Entscheidung so viel Zeit in Anspruch nehmen würde, dass dadurch der Zweck der Maßnahme vereitelt wäre.

Abbildung 3.67: Schema zur DNA-Analyse zur Straftatenaufklärung (§§ 81e, 81f StPO)

1. Überblick

1065 Die Maßnahme dient der Aufklärung einer Straftat. Während §§ 81a, 81c StPO die Entnahme der Körperzellen regeln, gestattet § 81e StPO die anschließende Untersuchung des Materials. Die Vorschrift wurde 2017 konkretisiert, der Begriff „Spurenmaterial" wurde durch „Material" ersetzt. Somit ist die Unsicherheit beseitigt, die durch Untersuchung von Material entstand, bei dem nicht sicher war, ob dieses tatsächlich Spuren enthielt. Untersuchungen sind jetzt auch zulässig, wenn es sich nicht um „Spurenmaterial" im engeren Sinne handelt.

DNA-Untersuchung (§§ 81e, 81f StPO)

2. Grundrechtseingriffe

Durch die Untersuchung wird in das Recht auf informationelle Selbstbestimmung (Art. 2 Abs. 1 i.V.m. Art. 1 Abs. 1 GG) eingegriffen.

1066

3. Tatbestandsvoraussetzungen

a) Untersuchungen von Material von Personen (§ 81e Abs. 1 StPO)

Zu unterscheiden sind zwei Fallkonstellationen: Rechtmäßig erlangtes Körpermaterial des Beschuldigten oder einer dritten Person kann gemäß § 81e Abs. 1 StPO untersucht werden. Dies kann aus zwei Gründen geschehen. Die Untersuchung kann zunächst der Feststellung der Abstammung dienen. In praxi erfolgt sie aber in erster Linie zur Feststellung, ob das Material vom Beschuldigten oder Verletzten stammt. Dabei handelt es sich regelmäßig um eine Untersuchung von Speichelproben.

1067

> **Beispiel**
> A wird der Geiselnahme beschuldigt. Anhand seiner nach § 81a Abs. 1 StPO erlangten Speichelprobe wird die DNA bestimmt.

Die Bestimmung der DNA richtet sich nach § 81e Abs. 1 StPO.

b) Untersuchung von aufgefundenem Material (§ 81e Abs. 1, 2 StPO)

Aufgefundenes Material kann nach § 81e Abs. 1 und 2 StPO molekulargenetisch untersucht werden.

1068

> **Beispiel**
> An einem Tatort wird eine Zigarettenkippe gefunden, welche offensichtlich vom Täter stammt. Anhand dieses Materials wird die DNA bestimmt.

Die Untersuchung ist nur zulässig, wenn sie zu den genannten Zwecken erforderlich ist. Dies ist der Fall, wenn sie das mildeste Mittel zur Erreichung des Zweckes ist. Hier wurde der rechtsstaatliche Grundsatz der Erforderlichkeit explizit in den Tatbestand aufgenommen.

1069

4. Maßnahmenspezifische Verfahrensvorschriften

Die Anordnungskompetenz regelt § 81f StPO. Dabei ist zu unterscheiden:

1070

- Beschuldigter willigt nicht ein:
  Anordnungsbefugt ist grundsätzlich das Gericht, bei Gefahr im Verzuge auch die Staatsanwaltschaft und ihre Ermittlungspersonen.[336]
- Beschuldigter willigt ein oder aufgefundenes Material wird untersucht:
  Anordnungsbefugt sind die Staatsanwaltschaft und Polizeibeamte, wobei die Ermittlungsbeamteneigenschaft nicht erforderlich ist.

Weitere Verfahrensregelungen:

1071

- Enge Zweckbindung (§ 81e Abs. 1 StPO)
  Die Untersuchung darf nur zu den oben genannten Zwecken erfolgen. Untersuchungen zu anderen Zwecken sind unzulässig.

---

336 Vgl. zu Ermittlungspersonen der Staatsanwaltschaft: § 152 GVG i.V.m. den jeweiligen landesrechtlichen Regelungen; z.B. NRW: § 1 Abs. 1 der Verordnung über die Ermittlungspersonen der Staatsanwaltschaft vom 30.4.1996, GV. NRW. S. 180, zuletzt geändert durch Verordnung vom 16.2.2016, GV. NRW. S. 120.

- Belehrung bei Einwilligung (§ 81f Abs. 1 StPO)

  Willigt der Beschuldigten/Verletzte in die Untersuchung ein, so ist er über den Zweck der Untersuchung zu belehren.

- Verfahren der Untersuchung (§ 81f Abs. 2 StPO)

  Mit der Anordnung ist ein spezieller Sachverständiger zu beauftragen, der von der beauftragten Stelle organisatorisch getrennt ist. Die unbefugte Kenntnisnahme Dritter vom Ergebnis der Untersuchung ist zu verhindern. Dem Sachverständigen sind die Proben anonymisiert zu übergeben. Die Vorschrift dient dem effektiven Datenschutz.

5. Adressat

1072 Die Maßnahme kann sich zunächst gegen den Beschuldigten richten, soweit von ihm nach § 81a StPO Material gewonnen wurde, welches nun nach § 81e StPO untersucht wird. Ebenso kann Material untersucht werden, dass nach § 81c StPO von so genannten Dritten gewonnen wurde. Schließlich darf nach § 81e Abs. 2 StPO die Untersuchung auch an aufgefundenem, sichergestelltem oder beschlagnahmten Material durchgeführt werden. In diesen Fällen lässt sich der Adressat nicht immer klar bestimmen.

6. Rechtsfolgen

a) Molekulargenetische Analyse des erlangten Materials

1073 An dem durch Maßnahmen nach § 81a Absatz 1 oder § 81c erlangten Material dürfen mittels molekulargenetischer Untersuchung das DNA-Identifizierungsmuster, die Abstammung und das Geschlecht der Person festgestellt und diese Feststellungen mit Vergleichsmaterial abgeglichen werden. Ist unbekannt, von welcher Person das Spurenmaterial stammt, dürfen zusätzlich Feststellungen über die Augen-, Haar- und Hautfarbe sowie das Alter der Person getroffen werden. Wird der Betroffene einer Straftat von erheblicher Bedeutung oder einer Straftat gegen die sexuelle Selbstbestimmung beschuldigt, so können die erhobenen Daten beim Bundeskriminalamt gespeichert werden und zum Zwecke des Strafverfahrens, der Gefahrenabwehr und der internationalen Rechtshilfe übermittelt werden. Darüber ist der Beschuldigte zu benachrichtigten und zu belehren, dass er die gerichtliche Entscheidung beantragen kann (§ 81g Abs. 5 StPO).

b) Beweisverwertung

1074 Verstöße gegen die enge Zweckbindung des § 81e Abs. 1 Satz 3 StPO sowie gegen die Anordnungskompetenz des Richters führen in der Regel zu einem Beweisverwertungsverbot.[337] Hat der Beschuldigte aber freiwillig, wenn auch ohne schriftliche Einwilligung, die Speichelprobe abgegeben, so verlangt der Bundesgerichtshof einen Widerspruch gegen die Verwertung des DNA-Ergebnisses.[338] Die gewonnenen Erkenntnisse durch die Untersuchung des Materials vom Beschuldigten dürfen auch zur DNA-Identitätsfeststellung nach § 81g StPO verwendet werden.

---

337 Meyer-Goßner/Schmitt, StPO, § 81e Rn. 5; § 81f Rn. 9.
338 BGH NStZ 2010, 157.

DNA-Untersuchung zu erkennungsdienstlichen Zwecken (§ 81g StPO)

II. DNA-Untersuchung zu erkennungsdienstlichen Zwecken (§ 81g StPO)

- *Aufsatz-Literatur:* Schneider/Schneider/Fimmers/Brinkmann, NStZ 2010, 433 (Allgemeine Empfehlungen der Spurenkommission zur statistischen Bewertung von DNA-Datenbank-Treffern).
- *Leitentscheidungen:* BVerfGE 103, 21 („Genetischer Fingerabdruck I" – Verfassungsmäßigkeit der Norm); BVerfG NStZ 2008, 226 (Verteidigerausschließung im DNA-Identitätsfeststellungsverfahren).

DNA-Untersuchung zu erkennungsdienstlichen Zwecken (§ 81g StPO)

1. Tatbestandsvoraussetzungen
- Tatverdacht hinsichtlich einer
  - Straftat von erheblicher Bedeutung oder
  - wiederholt begangenen sonstigen Straftat mit insgesamt gleichem Unwert oder
  - Straftat gegen sexuelle Selbstbestimmung

und
- Wiederholungsgefahr

oder
- rechtskräftig Verurteilter und Eintragung noch nicht getilgt

2. Maßnahmenspezifische Verfahrensvorschriften
- Anordnungskompetenz
  - Entnahme ohne Einwilligung: Gericht, bei GiV: StA/ErmPers.
  - Entnahme mit Einwilligung: StA/ErmPers.
  - Untersuchung ohne Einwilligung: nur Richter
- enge Zweckbindung, Vernichtung (§ 81g Abs. 2 StPO)
- bei Einwilligung Belehrung über Zweck (§ 81 Abs. 3 StPO)
- Vorschriften über Durchführung (§ 81f Abs. 2 StPO)
- Speicherung beim BKA, Übermittlung der Daten, Belehrungspflicht (§ 81g Abs. 5 StPO)

3. Adressat
- Beschuldigte
- verurteilte + schuldunfähige Täter bei nicht gelöschter Eintragung

4. Rechtsfolgen
- Entnahme und Untersuchung von Körperzellen, Speicherung des DNA-Musters

---

Beschuldigter ist jede Person, gegen die im Rahmen eines Strafverfahrens wegen einer bestimmten Straftat ermittelt wird.

Gefahr im Verzuge ist gegeben, wenn die Einholung einer richterlichen Entscheidung so viel Zeit in Anspruch nehmen würde, dass dadurch der Zweck der Maßnahme vereitelt wäre.

Eine **Straftat von erheblicher Bedeutung** liegt insbesondere vor, wenn sie mindestens der mittleren Kriminalität zuzurechnen ist, den Rechtsfrieden empfindlich stört und dazu geeignet ist, das Gefühl der Rechtssicherheit der Bevölkerung erheblich zu beeinträchtigen.

Abbildung 3.68: Schema zur DNA-Analyse zu erkennungsdienstlichen Zwecken (§ 81g StPO)

3. Teil • Eingriffsbefugnisse

1. Überblick

1075 Die Vorschrift dient präventiven Zwecken. Sie gestattet die Entnahme von Körperzellen und deren molekulargenetische Untersuchung. Es geht um die Strafverfolgungsvorsorge, die vom Bundesverfassungsgericht als „genuines Strafprozessrecht" zur Strafverfolgung gezählt wird.[339] Weithin wird jedoch vertreten, dass es sich bei § 81g StPO – wie bei § 81b Alt. 2 StPO (erkennungsdienstliche Behandlung) – um einen gefahrenabwehrenden Fremdkörper in der Strafprozessordnung handele.[340] § 81g Abs. 5 StPO bildet die rechtliche Grundlage für die DNA-Datei des Bundeskriminalamtes.

2. Grundrechtseingriffe

1076 Durch die Untersuchung wird in das Recht auf informationelle Selbstbestimmung (Art. 2 Abs. 1 i.V.m. Art. 1 Abs. 1 GG) eingegriffen.

3. Tatbestandsvoraussetzungen

1077 Die Maßnahme nach § 81g Abs. 1 StPO setzt zunächst den Tatverdacht einer Straftat aus drei Deliktgruppen voraus:

- Straftat von erheblicher Bedeutung

    Der Begriff ist im Gesetz nicht definiert, wird aber bei verschiedenen Eingriffsbefugnissen gebraucht. Es ist wohl – entsprechend der Gesetzesmaterialien – von einer Straftat mindestens der mittleren Kriminalität auszugehen, die den Rechtsfrieden empfindlich stören und dazu geeignet sein kann, das Gefühl der Rechtssicherheit der Bevölkerung erheblich zu beeinträchtigen.[341] Der Verdacht des Versuchs oder der Teilnahme (Anstiftung oder Beihilfe) reicht aus.

- Sonstige Straftat, die durch wiederholte Begehung gleichen Unwertgehalt aufweist.
- Straftat gegen die sexuelle Selbstbestimmung.

1078 Zudem muss Wiederholungsgefahr bestehen. Dies ist nach § 81g Abs. 1 StPO zu bejahen, wenn wegen der Art oder Ausführung der Tat, der Persönlichkeit des Beschuldigten oder sonstiger Erkenntnisse Grund zu der Annahme besteht, dass gegen ihn künftig Strafverfahren wegen einer Straftat von erheblicher Bedeutung zu führen sind. Indizien dafür könnten hohe Rückfallgeschwindigkeit, abgebrochene Therapien, Verhalten nach der Tat und die Auseinandersetzung mit der Tat sein.

4. Maßnahmenspezifische Verfahrensvorschriften

1079 Die Anordnungskompetenz regelt § 81g Abs. 3 StPO. Dabei ist zu unterscheiden:

- **Beschuldigter willigt nicht ein:**

    Anordnungsbefugt für die Entnahme ist grundsätzlich das Gericht, bei Gefahr im Verzuge auch die Staatsanwaltschaft und ihre Ermittlungspersonen.[342]
    Für die Untersuchung ist stets nur der Richter anordnungsbefugt.

---

[339] BVerfGE 103, 21.
[340] Vgl. Joecks, StPO, § 81g Rn. 2.
[341] So Regierungsentwurf eines Gesetzes zur Neuregelung der Telekommunikationsüberwachung und anderer verdeckter Ermittlungsmaßnahmen sowie zur Umsetzung der Richtlinie 2006/24/EG, BT-Drs. 16/5846, S. 40.
[342] Vgl. zu Ermittlungspersonen der Staatsanwaltschaft: § 152 GVG i.V.m. den jeweiligen landesrechtlichen Regelungen; z.B. NRW: § 1 Abs. 1 der Verordnung über die Ermittlungspersonen der Staatsanwaltschaft vom 30.4.1996, GV. NRW. S. 180, zuletzt geändert durch Verordnung vom 16.2.2016, GV. NRW. S. 120.

DNA-Untersuchung zu erkennungsdienstlichen Zwecken (§ 81g StPO)

- **Beschuldigter willigt ein:**
  Anordnungsbefugt sind die Staatsanwaltschaft und Polizeibeamte, Ermittlungsbeamteneigenschaft nicht erforderlich.

Weitere Verfahrensvorschriften: 1080

- **Enge Zweckbindung, Vernichtung (§ 81g Abs. 1 StPO)**
  Die Untersuchung darf nur zu den oben genannten Zwecken erfolgen. Gemäß § 81g Abs. 2 StPO sind Untersuchungen zu anderen Zwecken unzulässig. Wenn die Untersuchung erfolgt ist, sind die Körperzellen zu vernichten.
- **Belehrung bei Einwilligung (§ 81g Abs. 3 StPO)**
  Willigt der Beschuldigte/Verletzte der Untersuchung ein, ist er über den Zweck der Untersuchung zu belehren.
- **Verfahren der Untersuchung (§ 81g Abs. 3 Satz 4 i.V.m. § 81f Abs. 2 StPO)**
  Mit der Anordnung ist ein spezieller Sachverständiger zu beauftragen, der von der beauftragten Stelle organisatorisch getrennt ist. Die unbefugte Kenntnisnahme Dritter vom Ergebnis der Untersuchung ist zu verhindern. Dem Sachverständigen sind die Proben anonymisiert zu übergeben. Die Vorschrift dient dem effektiven Datenschutz.
- **Begründungserfordernisse (§ 81g Abs. 3 Satz 5 StPO)**
  An die richterliche Begründung der Maßnahme werden konkrete Anforderungen gestellt.
- **Speicherung und Übermittlung (§ 81g Abs. 5 StPO)**
  Die erhobenen Daten dürfen beim Bundeskriminalamt gespeichert werden und zum Zwecke der Strafverfolgung und Gefahrenabwehr sowie in der internationalen Rechtshilfe übermittelt werden. Im Fall des § 81g Abs. 5 Nr. 1 StPO ist der Beschuldigte unverzüglich von der Speicherung zu benachrichtigen und darauf hinzuweisen, dass er die gerichtliche Entscheidung beantragen kann.

5. Adressat

Die Vorschrift richtet sich in erster Linie gegen Beschuldigte, aber gemäß § 81g Abs. 3 StPO auch gegen rechtskräftig Verurteilte und schuldunfähige Täter, deren Eintrag im Bundeszentralregister bzw. Erziehungsregister noch nicht getilgt ist. 1081

6. Rechtsfolgen

a) Entnahme, Untersuchung von Körperzellen und Speicherung des DNA-Musters zur Identitätsfeststellung

Die Vorschrift erlaubt die Entnahme, Untersuchung von Körperzellen und Speicherung des DNA-Musters zur Identitätsfeststellung. Die Speicherung kann beliebig lange sein. Die Daten dürfen zum Zwecke eines Strafverfahrens oder zur Gefahrenabwehr übermittelt werden. Von der Norm erfasst sind auch typische Begleiteingriffe zur Entnahme. 1082

b) Beweisverwertung

Verstöße gegen die Zweckbindung des § 81g Abs. 2 StPO führen zu einem Beweisverwertungsverbot. Im Übrigen können Fehler nicht in dem anhängigen, sondern nur für künftige Verfahren gelten gemacht werden. Dabei werden unrichtige Beurteilungen der Voraussetzungen der Maßnahme in der Regel der Beweisverwertung nicht entgegenstehen.[343] 1083

---

[343] Vgl. Meyer-Goßner/Schmitt, StPO, § 81g Rn. 23.

III. DNA-Reihenuntersuchung (§ 81h StPO)

- *Aufsatz-Literatur: Brocke, StraFo 2011, 298 (Zur Frage der Verwertbarkeit eines sogenannten Beinahetreffers im Rahmen der DNA-Reihenuntersuchung gemäß § 81h StPO); Saliger/Ademi, JuS 2008, 193 (Der Massengentest nach § 81h StPO); Finger, Kriminalistik 2006, 696 (Einwilligung in die Entnahme und Untersuchung von Körperzellen).*
- *Leitentscheidungen: LG Dortmund NStZ 2008, 175 (DNA-Reihenuntersuchung aufgrund eines Isotopenanalysegutachtens beim Verdacht der Tötung eines Neugeborenen).*

DNA-Reihenuntersuchung (§ 81h StPO)

1. Tatbestandsvoraussetzungen
- Tatverdacht hinsichtlich eines Verbrechens gegen Leben, körperliche Unversehrtheit, persönliche Freiheit, sexuelle Selbstbestimmung
- schriftliche Einwilligung
- Zweck: Feststellung der Herkunft von Material: vom Betroffenen o. Verwandten gerader Linie (sog. Beinahetreffer)
- erforderlich, angemessen

3. Maßnahmenspezifische Verfahrensvorschriften
- Anordnungskompetenz
  - nur Gericht
- enge Zweckbindung
  (§ 81h Abs. 3, § 81g Abs. 2 StPO)
- schriftliche Belehrung über Zweck, Freiwilligkeit und Speicherung (§ 81h Abs. 4 StPO)
- Verfahrensvorschriften
  (§ 81h Abs. 3, § 81f Abs. 2 StPO)
- Vernichtung des Körpermaterials
  (§ 81h Abs. 3, § 81g Abs. 2 StPO)

3. Adressat
- Personen, die bestimmte Prüfmerkmale aufweisen

4. Rechtsfolgen
- Entnahme und Untersuchung von Körperzellen, automatisierter Abgleich

---

Tatverdacht ist gegeben, wenn zureichende tatsächliche Anhaltspunkte auf eine verübte Straftat hindeuten.

Abbildung 3.69: Schema zur DNA-Reihenuntersuchung (§ 81h StPO)

DNA-Reihenuntersuchung (§ 81h StPO)

1. Überblick

Die Vorschrift regelt das sog. Massenscreening. Dabei wird eine Vielzahl von Personen, die bestimmte Prüfmerkmale erfüllen, der Kontrolle unterzogen. **1084**

Beispiel
In Musterstadt, einer Kleinstadt mit ca. 5.000 Einwohnern, wurde ein Kind ermordet. In Tatortnähe wurde zur vermutlichen Tatzeit ein ca. 25–35 Jahre alter Mann mit einem Fahrrad beobachtet, der sich auffallend verhielt. Zur Feststellung, von wem gefundenes Material stammt, werden alle Personen der Kleinstadt, die die Kriterien „Mann", „25–35 Jahre" sowie „wohnhaft in Musterstadt" erfüllen, aufgefordert, eine Speichelprobe abzugeben.

Die Vorschrift wurde mit Gesetz vom 17.8.2017 auf die Verwertbarkeit auch von sogenannten Beinahetreffern erweitert, vgl. Rn. 1089. Damit kann die Erkenntnis, dass es sich bei dem Probengeber um einen nahen Verwandten handelt, nunmehr auch verwertet werden. **1085**

2. Grundrechtseingriffe

Trotz der erforderlichen Freiwilligkeit der Maßnahme wird in das Recht auf allgemeine Handlungsfreiheit eingegriffen, da bei dem Betroffenen ein nicht zu verkennender psychischer Druck durch die gruppendynamischen Prozesse aufgebaut wird und er mit einer erhöhten Ermittlungstätigkeit bei Versagen der Einwilligung rechnen muss.[344] Durch den späteren Abgleich der entnommenen Probe mit dem DNA-Identifizierungsmuster von Material wird dann in das Recht auf informationelle Selbstbestimmung (Art. 2 Abs. 1 i.V.m. Art. 1 Abs. 1 GG) desjenigen eingegriffen, von dem das Material stammt. **1086**

3. Tatbestandsvoraussetzungen

Die Maßnahme setzt zunächst den Verdacht eines Verbrechens (Straftaten mit einer Mindeststrafe von 1 Jahr Freiheitsstrafe, § 12 StGB) aus einer von vier Deliktgruppen voraus. In Betracht kommen Straftaten **1087**

- gegen das Leben
- gegen die körperliche Unversehrtheit
- gegen die persönliche Freiheit
- gegen die sexuelle Selbstbestimmung.

Zudem muss eine schriftliche Einwilligung des Betroffenen bestehen. Gesetzlich ist nicht geregelt, wie mit der fehlenden Einwilligung umzugehen ist. Dies allein soll den Tatverdacht im Hinblick auf die Anlassstat nicht begründen.[345] Aber im Zusammenspiel mit anderen Tatsachen kann die Weigerung einen Tatverdacht verstärken, der die individuelle Anordnung der DNA-Untersuchung nach §§ 81e, 81f StPO erlauben kann.[346] In diesem Fall kommt auch eine zwangsweise Durchsetzung der Maßnahme nach §§ 81e, 81f StPO in Betracht. **1088**

Der Zweck der Maßnahme muss es sein festzustellen, ob das Material vom Betroffenen (= Treffer) oder einem Verwandten gerader Linie (= Beinahetreffer) stammt. Letztere Regelung wurde durch Gesetz vom 17.8.2017 eingeführt und soll ermöglichen, dass auch die **1089**

---

[344] Vgl. so wohl auch Bialon/Springer, Rn. 963.
[345] Fraktionsentwurf eines Gesetzes zur Novellierung der forensischen DNA-Analyse, BT-Drs. 15/5674 S. 13 f.; BVerfG NJW 1996, 1587.
[346] Joecks, StPO, § 81h Rn. 3 m.w.N.

Feststellung, dass der Betroffene mit dem Spurenverursacher genetisch eng verwandt ist, genutzt werden kann.[347]

1090 Schließlich wird im Tatbestand von § 81h StPO ausdrücklich die Berücksichtigung der ohnehin zu beachtenden Verhältnismäßigkeit besonders normiert. Hier muss die Bedeutung der Straftat mit der Anzahl der betroffenen Personen abgewogen werden.

4. Maßnahmenspezifische Verfahrensvorschriften

1091 Die Anordnungskompetenz liegt gemäß § 81h Abs. 2 StPO ausschließlich beim Gericht. Die Anordnung ergeht schriftlich, hat die Prüfmerkmale zu bezeichnen und ist zu begründen. Die Anordnung ist nicht anfechtbar.

1092 Weitere Verfahrensvorschriften:

- **Enge Zweckbindung, Vernichtung (§ 81h Abs. 3 i.V.m. § 81g Abs. 2 StPO)**

   Die Untersuchung darf nur zu den oben genannten Zwecken erfolgen. Gemäß § 81g Abs. 2 StPO sind Untersuchungen zu anderen Zwecken unzulässig. Wenn die Untersuchung erfolgt ist, sind die Körperzellen zu vernichten und die festgestellten DNA-Muster zu löschen.

- **Schriftliche Belehrung (§ 81h Abs. 4 StPO)**

   Der Betroffene ist über die Freiwilligkeit, den Zweck der Untersuchung, die unterlassene Speicherung und die Vernichtung des Körpermaterials schriftlich zu belehren.

- **Verfahren der Untersuchung (§ 81h Abs. 3 i.V.m. 81f Abs. 2 StPO)**

   Mit der Anordnung ist ein spezieller Sachverständiger zu beauftragen, der von der beauftragten Stelle organisatorisch getrennt ist. Die unbefugte Kenntnisnahme Dritter vom Ergebnis der Untersuchung ist zu verhindern. Dem Sachverständigen sind die Proben anonymisiert zu übergeben. Die Vorschrift dient dem effektiven Datenschutz.

5. Adressat

1093 Die Vorschrift richtet sich gegen alle Personen, die im Einzelfall bestimmte, vermutlich zutreffende Prüfkriterien erfüllen. Dies können insbesondere Geschlecht, Alter, ethnische Herkunft oder Wohnort sein.

6. Rechtsfolgen

a) Entnahme und Untersuchung von Körperzellen zur Feststellung des DNA-Identifizierungsmusters und des Geschlechts

1094 Die Vorschrift erlaubt die Entnahme und Untersuchung von Körperzellen zur Feststellung des DNA-Identifizierungsmusters und des Geschlechts. Schließlich darf das DNA-Muster automatisiert mit dem vorhandenen (Tatort-)Material abgeglichen werden. Die Speicherung in der DNA-Datei des Bundeskriminalamtes ist ausdrücklich nicht zulässig. Ebenso ist die zwangsweise Durchsetzung bei Weigerung ausgeschlossen.

b) Beweisverwertung

1095 Verstöße gegen die gesetzlich angeordnete Freiwilligkeit der Maßnahme führen zur Unverwertbarkeit der Erkenntnisse. Die freiwillige Abgabe der Speichelprobe ohne richterliche Anordnung nach § 81h Abs. 2 StPO soll der Verwertbarkeit jedoch nicht entgegenstehen.[348]

---

347 Meyer-Goßner-Schmidt, § 81h Rn. 7a.
348 Meyer-Goßner/Schmitt, StPO, § 81h Rn. 15.

DNA-Reihenuntersuchung (§ 81h StPO)

	Tatbestand	Adressat	Anordnungsbefugnis	Verfahrensvorschriften
§§ 81e, 81f StPO DNA-Untersuchung	Körpermaterial rechtmäßig nach § 81a *oder* § 81c StPO erlangt *oder* Material wurde aufgefunden/ sichergestellt/ beschlagnahmt Zweck: Feststellung der Abstammung oder der Tatsache, dass Material vom Beschuldigten/ Verletzten stammt Erforderlichkeit	Beschuldigter Dritter	ohne Einwilligung: Gericht bei GiV: StA/ErmPers. mit Einwilligung und bei aufgefundenem Material StA/ErmPers.	enge Zweckbindung (§ 81e Abs. 1 StPO) bei Einwilligung Belehrung über Zweck (§ 81f Abs. 1 StPO) Vorschriften über die Durchführung der Untersuchung (§ 81f Abs. 2 StPO)
§ 81g StPO DNA-Untersuchung zu erkennungsdienstlichen Zwecken	Tatverdacht bzgl. Straftat von erheblicher Bedeutung *oder* wiederholt begangener Straftat mit gleichem Unwert *oder* Straftat gegen sexuelle Selbstbestimmung Wiederholungsgefahr	Beschuldigter verurteilte und schuldunfähige Täter bei nicht gelöschter Eintragung	Entnahme ohne Einwilligung: Gericht bei GiV: StA/ErmPers. Untersuchung ohne Einwilligung: nur Gericht mit Einwilligung: StA/ErmPers.	enge Zweckbindung Löschung (§ 81g Abs. 2 StPO) bei Einwilligung Belehrung über Zweck (§ 81g Abs. 3 StPO) Vorschriften über die Durchführung (§ 81f Abs. 2 StPO) Speicherung beim BKA (§ 81g Abs. 5 StPO) Übermittlung der Daten (§ 81g Abs. 5 StPO)
§ 81h StPO DNA-Reihenuntersuchung	Tatverdacht bzgl. Verbrechens gegen Leben, körperliche Unversehrtheit, persönliche Freiheit, sexuelle Selbstbestimmung schriftliche Einwilligung Zweck: Feststellung der Herkunft von Material vom Betroffenen oder nahen Verwandten erforderlich, angemessen	Personen, die bestimmte Prüfmerkmale aufweisen	nur Gericht schriftliche Anordnung	enge Zweckbindung, Vernichtung Körperzellen (§ 81h Abs. 3, § 81g Abs. 2 StPO) schriftliche Belehrung über Zweck, Freiwilligkeit und Speicherung (§ 81h Abs. 4 StPO) Verfahrensvorschriften (§ 81h Abs. 3, § 81g Abs. 2 StPO) Löschung der DNA-Muster (§ 81h Abs. 3 StPO)

Abbildung 3.70: Übersicht zu den Tatbeständen der strafprozessualen molekulargenetischen Untersuchung

3. Teil • Eingriffsbefugnisse

IV. DNA-Untersuchung zur Identitätsfeststellung (§ 14a PolG)

DNA-Untersuchung zur Identitätsfeststellung (§ 14a PolG)

1. Tatbestandsvoraussetzungen
- Identität einer Leiche oder einer hilflosen Person soll festgestellt werden
- Maßnahme unbedingt erforderlich, insb. weil IDF auf andere Weise nicht oder nur unter erheblichen Schwierigkeiten möglich

2. Maßnahmenspezifische Verfahrensvorschriften
- Anordnungskompetenz Richter
  - körperlicher Eingriff
  - molekulargenetische Untersuchung (§ 14a Abs. 2 Satz 1 PolG)
- körperliche Eingriffe nur durch Arzt nach Regeln der ärztlichen Kunst (§ 14a Abs. 1 Satz 3 PolG i.V.m. § 81a Abs. 1 Satz 2 StPO)
- Beschränkung der Untersuchung auf DNA-Identifizierungsmuster und Geschlecht (§ 14a Abs. 1 Satz 4 PolG)
- Zweckbindung an präventive Zwecke (§ 14a Abs. 1 Satz 7 PolG)
- Vernichtungs- und Löschungspflicht (§ 14a Abs. 1 Satz 5, 8 PolG)
- § 81f Abs. 2 StPO (§ 14a Abs. 2 Satz 3 PolG)

3. Adressat
- hilflose Person/Leiche (§ 14a Abs. 1 Satz 2 Nr. 1, 3 PolG)
- vermisste Person (§ 14a Abs. 1 Satz 2 Nr. 2, 3 PolG)

4. Rechtsfolgen
- Entnahme von Körperzellen bei Leiche/hilfloser Person (§ 14a Abs. 1 Satz 2 Nr. 1 PolG)
- Entnahme von Proben mit Material der vermissten Person (§ 14a Abs. 1 Satz 2 Nr. 2 PolG)
- molekulargenetische Untersuchung der Proben (§ 14a Abs. 1 Satz 2 Nr. 3 PolG)
- Speicherung der DNA-Identifizierungsmuster in einer Datei (§ 14a Abs. 1 Satz 6 PolG)

Eine **Leiche** ist der Körper einer verstorbenen Person (eingeschlossen sind Leichenteile).

Hilflos ist eine Person, die sich aufgrund eines Unglücksfalles, eines Großschadensereignisses, einer Naturkatastrophe oder einer schweren Erkrankung in einem die freie Willensbestimmung ausschließenden Zustand oder sonst in hilfloser Lage befindet.

Eine **vermisste Person** ist eine Person, die ihren gewohnten Lebenskreis verlassen hat und deren Aufenthalt unbekannt oder unsicher ist.

Abbildung 3.71: Schema zur identitätsfeststellenden DNA-Untersuchung (§ 14a PolG)

DNA-Untersuchung zur Identitätsfeststellung (§ 14a PolG)

1. Überblick

§ 14a PolG ermächtigt die Polizei zur Vornahme molekulargenetischer Untersuchungen („DNA-Analyse" – **D**esoxyribo**n**ucleic **A**cid = Desoxyribonuklein-Säure) bei hilflosen und vermissten Personen sowie an Leichen. Die Untersuchungen müssen dem Zweck der präventiven Identitätsfeststellung dienen. Gestattet werden verschiedene Maßnahmen, um die gewonnenen sog. DNA-Identifizierungsmuster (auch: „genetischer Fingerabdruck") mit denjenigen einer vermissten Person abzugleichen. Nach Absatz 1 Satz 2 Nummer 1 dürfen der hilflosen Person oder der Leiche Körperzellen entnommen werden, nach Nummer 2 dürfen Proben von Gegenständen mit Material der vermissten Person genommen werden. Damit wird die Gewinnung von molekulargenetischen Informationen einer aufgefundenen lebenden oder toten Person auf der einen und einer vermissten Person auf der anderen Seite ermöglicht, die sodann abgeglichen werden können, um die Identität der hilflosen Person bzw. der Leiche festzustellen. Nummer 3 erlaubt schließlich die molekulargenetische Untersuchung der nach den Nummern 1 und 2 erlangten Proben. Die Maßnahmen sind Realakte; die Entnahme von Körperzellen bei lebenden Personen kann jedoch mit begleitenden Verfügungen versehen werden.

1096

2. Grundrechtseingriffe

Die Entnahme von Körperzellen beim lebenden Menschen greift in das Recht auf körperliche Unversehrtheit (Art. 2 Abs. 2 Satz 1 GG) ein. Zudem werden Informationen gewonnen – das DNA-Identifizierungsmuster –, so dass auch ein Eingriff in das Recht auf informationelle Selbstbestimmung (Art. 2 Abs. 1 i.V.m. Art. 1 Abs. 1 GG) vorliegt.[349] Werden Körperzellen einer Leiche entnommen, so ist ein Eingriff in das postmortale Persönlichkeitsrecht (je nach Herleitung aus Art. 1 Abs. 1 GG, ggf. i.V.m. Art. 2 Abs. 1 GG) zu bejahen. Auch die Probenentnahme zur Gewinnung von Material der vermissten Person (§ 14a Abs. 1 Satz 2 Nr. 2 PolG) greift in das Recht auf informationelle Selbstbestimmung ein, ebenso die molekulargenetischen Untersuchungen (§ 14a Abs. 1 Satz 2 Nr. 3 PolG) und die Speicherung der gewonnenen DNA-Identifizierungsmuster nach § 14a Abs. 1 Satz 6 PolG.

1097

3. Tatbestandsvoraussetzungen

Die Maßnahmen, die nach § 14a Abs. 1 Satz 2 Nr. 1–3 PolG gestattet werden, müssen zum Zweck der Feststellung der Identität einer Leiche oder einer hilflosen Person vorgenommen werden. Eine Leiche ist der Körper einer verstorbenen Person;[350] die Vorschrift gilt nach zutreffender Auffassung auch für Leichenteile sowie eine tote Leibesfrucht. Hilflos ist eine Person, die sich aufgrund eines Unglücksfalles, eines Großschadensereignisses, einer Naturkatastrophe oder einer schweren Erkrankung in einem die freie Willensbestimmung ausschließenden Zustand oder sonst in hilfloser Lage befindet (vgl. VV PolG Nr. 14a.1). Eine vermisste Person ist eine Person, die ihren gewohnten Lebenskreis verlassen hat und deren Aufenthalt unbekannt oder unsicher ist.

1098

Ferner muss die Maßnahme unbedingt erforderlich sein, insbesondere die Feststellung der Identität auf andere Weise nicht oder nur unter erheblichen Schwierigkeiten möglich sein.

1099

---

349 BVerfG NJW 2001, 879 (880).
350 Vgl. Bialon/Springer, 44. Kap. Rn. 7.

Andere Maßnahmen der Identifizierung, z.B. erkennungsdienstliche Maßnahmen, müssen erfolglos eingesetzt worden sein bzw. dürfen keinen Erfolg versprechen. Dies ist meist dann der Fall, wenn eine Leiche kaum noch erkennbar ist bzw. lediglich Leichenteile aufgefunden werden.

1100 Der Verweis auf § 81a Abs. 1 Satz 2 StPO in § 14a Abs. 1 Satz 2 PolG führt dazu, dass körperliche Eingriffe (namentlich die Entnahme von Blutproben) nur erfolgen dürfen, wenn kein Nachteil für die Gesundheit des Adressaten zu befürchten ist.

4. Maßnahmenspezifische Verfahrensvorschriften

1101 § 14a Abs. 2 Satz 1 PolG regelt die Anordnungskompetenz. Molekulargenetische Untersuchungen werden auf Antrag der Polizei von einem Richter angeordnet. Zuständig ist das Amtsgericht, in dessen Bezirk die Polizeibehörde ihren Sitz hat. Zweifelhaft ist die Reichweite des Richtervorbehalts. Dem Wortlaut nach erstreckt er sich nur auf molekulargenetische Untersuchungen, könnte also nur die Maßnahme nach § 14a Abs. 1 Satz 2 Nr. 3 PolG meinen, nicht aber die Entnahme von Körperzellen und die Gewinnung von Proben nach den Nummern 1 und 2. Andererseits ist die gesamte Vorschrift mit „molekulargenetische Untersuchungen" überschrieben, so dass sich der Richtervorbehalt auf alle Maßnahmen des Satzes 2 erstrecken würde. Namentlich soweit die Körperzellenentnahme mit einem körperlichen Eingriff verbunden ist und von einem Arzt vorgenommen werden muss, erscheint es systemgerecht, den Richtervorbehalt anzunehmen (a.A. unter Hinweis auf die Begrifflichkeiten der Norm vertretbar).

1102 Die molekulargenetische Untersuchung nach § 14a Abs. 1 Satz 2 Nr. 3 PolG ist aufgrund ausdrücklicher Anordnung in § 14a Abs. 1 Satz 4 PolG auf die Feststellung des DNA-Identifizierungsmusters und des Geschlechts zu beschränken; weitere Informationen über bzw. aus dem Genom dürfen nicht erlangt werden. Die Ergebnisse, also die Identifizierungsmuster, dürfen zum Zweck des Abgleichs in einer Datei gespeichert werden; eine Verwendung ist jedoch allein zum Zweck der Gefahrenabwehr zulässig (Abs. 1 Sätze 6 und 7).

1103 Entnommene Körperzellen sind unverzüglich zu vernichten, wenn sie für die Untersuchung nicht mehr benötigt werden (§ 14a Abs. 1 5 PolG). Die gespeicherten DNA-Identifizierungsmuster sind unverzüglich zu löschen, wenn sie zur Identitätsfeststellung nicht mehr benötigt werden (Abs. 1 Satz 8).

1104 Gemäß § 14a Abs. 1 Satz 3 PolG ist für die Entnahme der Körperzellen § 81a Abs. 1 Satz 2 StPO entsprechend anwendbar. Die Vorschrift schreibt vor, dass Entnahmen von Blutproben und andere körperliche Eingriffe von einem Arzt nach den Regeln der ärztlichen Kunst vorzunehmen sind. Die Gewinnung von Speichel- und Urinproben ist nicht mit einem körperlichen Eingriff verbunden, so dass zweifelhaft ist, ob auch für diese Entnahmen ein Arztvorbehalt gilt. Angesichts des Schutzzweckes der Regelung, den Adressaten vor einer unsachgemäßen Entnahme und ihren Folgen zu schützen, wird man dies verneinen müssen. Soweit Körperzellen einer Leiche entnommen werden sollen, greift diese Zielrichtung der Regelung ebenfalls nicht – gleichwohl erscheint die Heranziehung eines Arztes sachgerecht, damit die Gewinnung auswertungsfähigen Materials sichergestellt ist.

1105 § 14 Abs. 2 Satz 3 PolG verweist für die Durchführung der Untersuchungen auf § 81f Abs. 2 StPO. Die Vorschrift stellt Anforderungen an das Verfahren zur Durchführung der molekulargenetischen Untersuchung (eingehend Rn. 1063 ff.).

DNA-Untersuchung zur Identitätsfeststellung (§ 14a PolG)

5. Adressat

Adressat der Maßnahme nach § 14a Abs. 1 Satz 2 Nr. 1 PolG ist die hilflose Person bzw. die Leiche, die aus Gründen des postmortalen Grundrechtsschutzes Adressat des Eingriffs sein kann. Die Maßnahme nach Nummer 2 richtet sich gegen die vermisste Person, da Informationen über sie aus dem Material gewonnen werden sollen. Adressat der molekulargenetischen Untersuchungen zur Gewinnung von DNA-Identifizierungsmustern nach Nummer 3 sind beide.

1106

6. Rechtsfolgen

§ 14a Abs. 1 Satz 2 Nr. 1 PolG ermächtigt dazu, der hilflosen Person oder der Leiche Körperzellen zu entnehmen, also namentlich Speichel-, Blut- oder Urinproben oder Haare bzw. Fingernägel. Zu wählen ist aus Verhältnismäßigkeitsgründen der am wenigsten belastende Eingriff. Nummer 2 erlaubt es, Proben von Gegenständen (z.B. Kleidungsstücke, Körperpflegegegenstände usw.) mit Material der vermissten Person zu nehmen. Nummer 3 schließlich gestattet die molekulargenetische Untersuchung der solchermaßen gewonnenen Proben. Über den Wortlaut der Norm hinaus muss sie auch den Abgleich der erlangten DNA-Identifizierungsmuster ermöglichen. Ferner dürfen diese Muster nach Absatz 1 Satz 6 zum Zweck des Abgleichs in einer Datei gespeichert und abgerufen werden, beides aber nur zu präventiven Zwecken.

1107

K. Sicherstellung und Beschlagnahme

- Aufsatz-Literatur: Pieper, Kriminalistik 2008, 457 (Sicherstellung/Beschlagnahme nach der StPO); Michalke, NJW 2008, 1490 (Wenn der Staatsanwalt klingelt – Verhalten bei Durchsuchung und Beschlagnahme)

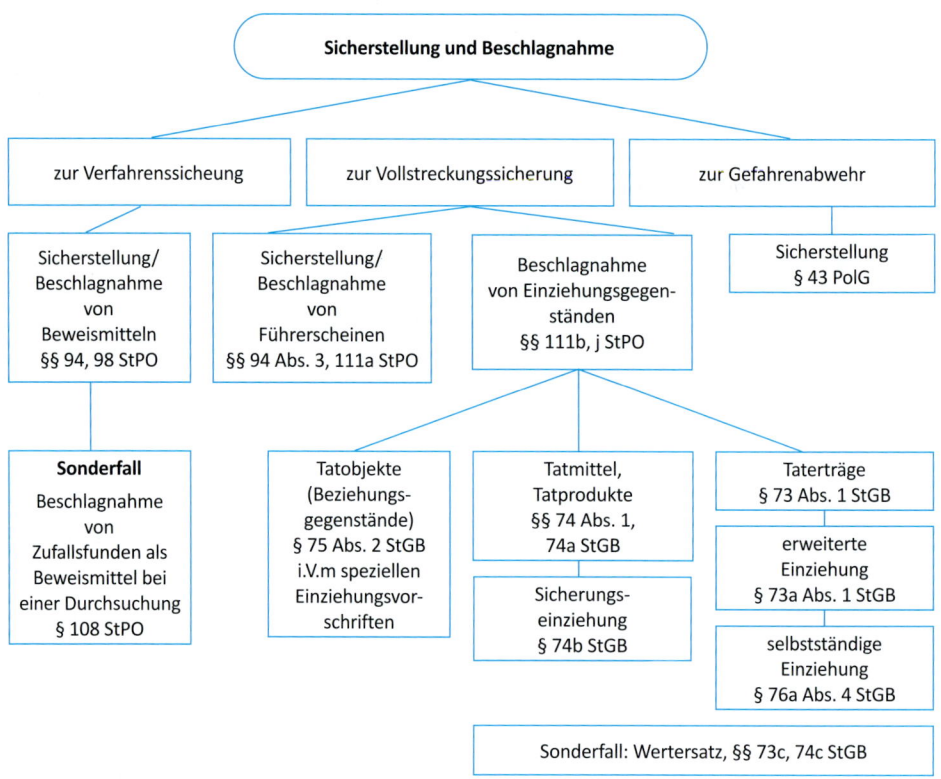

Abbildung 3.72: Übersicht über die Formen der Sicherstellung und Beschlagnahme

1108 Sicherstellung ist der Oberbegriff für die Begründung amtlicher Verwahrung. Wird ein Beweismittel oder ein einzuziehender Führerschein nicht freiwillig herausgegeben, so bedarf es gemäß § 94 Abs. 2 StPO der Beschlagnahme, einer förmlichen Sicherstellung. Ebenso bedarf es der Beschlagnahme, wenn Einziehungsgegenstände in Verwahrung genommen werden sollen. Im Polizeigesetz ist nur von "Sicherstellung" die Rede.

1109 Die Strafprozessordnung unterscheidet Formen der amtlichen Verwahrung nach dem Zweck. Dient der Gegenstand als Beweismittel oder handelt es sich um einen einzuziehenden Führerschein, ist § 94 StPO einschlägig. Handelt es sich um andere Einziehungsgegenstände, normiert § 111b StPO die maßgeblichen Tatbestandsvoraussetzungen. Einen Sonderfall stellt die Beschlagnahme von Zufallsfunden während einer Durchsuchung dar, auf die §§ 94, 98 StGB keine Anwendung finden.

Sicherstellung und Beschlagnahme von Beweismitteln (§ 94 Abs. 1, 2, § 98 StPO)

I. Sicherstellung und Beschlagnahme von Beweismitteln (§ 94 Abs. 1, 2, § 98 StPO)

- *Aufsatz-Literatur: Beulke/Ruhmannseder, StV 2011, 180 (Strafprozessuale Zwangsmaßnahmen in der Verteidigungssphäre [Teil 1]); Sachs, JuS 2010, 88 (Grundrechte: Unverletzlichkeit der Wohnung); Kemper, NStZ 2005, 538 ff. (Die Beschlagnahmefähigkeit von Daten und E-Mails).*
- *Leitentscheidungen: BGH NStZ 2015, 704 (Beschlagnahme der Daten auf Mailserver ist offene Maßnahme); BVerfGE 124, 43 (Beschlagnahme von E-Mails bei Provider); BVerfGE 120, 274 (Online-Durchsuchung); BVerfG NStZ 2011, 103 (Verwertbarkeit illegal erlangter Steuerdaten aus Liechtenstein); BGH NStZ 2010, 345 (Beschlagnahme von E-Mails).*
- *Übungsfälle: Krumdiek, JA 2010, 191 („Der flüchtige T"); Berning, Kriminalistik 2010, 134 und 199 (Staatsprüfungsklausur mit Lösung im Staatsrecht/Eingriffsrecht).*

Sicherstellung und Beschlagnahme von Beweismitteln (§ 94 Abs. 1, 2, § 98 StPO)

1. **Tatbestandsvoraussetzungen**
   - Tatverdacht
   - potenzielles Beweismittel
   - potenzielle Verfahrensbedeutung
   - zusätzlich bei Beschlagnahme:
     - keine Beschlagnahmeverbote (§§ 96, 97, 160a StPO)
2. **Maßnahmenspezifische Verfahrensvorschriften**
   - Anordnungskompetenz
     - bei Sicherstellung: StA/Polizeibeamte
     - bei Beschlagnahme: Gericht, bei GiV StA/ErmPers. (§ 98 StPO)
   - Bescheinigung (§ 107 Satz 2 StPO)
   - Kennzeichnung (§ 109 StPO)
   - Herausgabe (§§ 94 Abs. 4, 111n, 111o StPO)
   - zusätzlich bei Beschlagnahme:
     - Belehrung über Recht auf Beantragung richterlicher Entscheidung (§ 98 Abs. 2 StPO)
     - Einholung richterlicher Bestätigung (§ 98 Abs. 2 StPO)
     - bei Widerspruch: ggf. Sonderregelungen bei Bundeswehr (§ 98 Abs. 4 StPO)
3. **Adressat**
   - Gewahrsamsinhaber
4. **Rechtsfolgen**
   - Herausgabeverlangen (§ 95 StPO)
   - Begründung amtlicher Verwahrung

Tatverdacht ist gegeben, wenn zureichende tatsächliche Anhaltspunkte auf eine verübte Straftat hindeuten.

Beweismittel sind alle Gegenstände, die Rückschlüsse auf Tat, Täter oder Tatzusammenhänge ermöglichen können.

Gefahr im Verzuge liegt vor, wenn der Erfolg der Beschlagnahme durch die Verzögerung, die die Erwirkung der richterlichen Entscheidung mit sich bringen würde, gefährdet wäre.

Abbildung 3.73: Schema zur Sicherstellung und Beschlagnahme von Beweismitteln (§ 94 Abs. 1, 2, § 98 StPO)

3. Teil • Eingriffsbefugnisse

1. Überblick

1110 § 94 Abs. 1, 2 StPO regelt die Sicherstellung von Beweismitteln, die wiederum der Verfahrenssicherung dient. Sicherstellung ist der Oberbegriff für die Begründung amtlicher Verwahrung. Befindet sich ein Gegenstand im Gewahrsam einer Person und wird nicht freiwillig herausgegeben, so bedarf es gemäß § 98 Abs. 2 StPO der Sicherstellung in der Rechtsform der förmlichen Beschlagnahme. Die Abgrenzung zur Beschlagnahme ist wichtig für die differenzierten Anordnungsbefugnisse.

1111 Kommt ein Beweisgegenstand zugleich auch als Einziehungs- oder Verfallsgegenstand in Betracht, so ist die Beschlagnahme nach § 94 StPO zwar ausreichend. Wegen des nur nach § 111c Abs. 5 StPO eintretenden Veräußerungsverbots empfiehlt sich aber die gleichzeitige Beschlagnahme als Einziehungsgegenstand nach §§ 111b, 111j StPO.[351]

1112 Postbeschlagnahme nach §§ 99, 100 StPO stellt eine besondere Form der Beschlagnahme zur Beweismittelsicherung dar, die im Ergebnis wesentlich engere Voraussetzungen als die allgemeine Beweismittelbeschlagnahme aufweist. Diese Vorschriften bauen nicht auf §§ 94, 98 StPO auf, sondern treten an deren Stelle.[352]

2. Grundrechtseingriffe

1113 Mit der Beschlagnahme wird grundsätzlich in das Grundrecht auf Eigentum nach Art. 14 GG eingegriffen, denn Art. 14 GG schützt auch Eingriffe in das Nutzungsrecht.[353] Soweit Gegenstände sichergestellt werden, die dem unmittelbar Betroffenen wegen eines Verstoßes gegen strafrechtliche Vorschriften zivilrechtlich nicht zustehen (vgl. §§ 134, 935 BGB), ist dessen Eigentumsgrundrecht schon mangels einer schutzfähigen Rechtsposition nicht berührt. Dies betrifft vor allem die Sicherstellung von Gegenständen, deren Besitz verboten ist, wie etwa Betäubungsmittel und verbotene Gegenstände nach dem Waffengesetz. Denn wegen des strafrechtlichen Verbots ist gemäß § 134 BGB neben dem schuldrechtlichen Verpflichtungsgeschäft zugleich die Übereignung der verbotenen Gegenstände unwirksam.[354] Unter den sachlichen Schutzbereich von Art. 14 GG Abs. 1 Satz 1 GG fallen nur vermögenswerte Rechte, die dem Berechtigten von der Rechtsordnung in der Weise zugeordnet sind, dass er die damit verbundene Befugnis nach eigenverantwortlicher Entscheidung zu seinem privaten Nutzen ausüben darf.[355] Dies ist aber bei Gegenständen, deren Besitz verboten ist, gerade nicht der Fall. In der Sicherstellung von Betäubungsmitteln und verbotenen Gegenständen nach dem Waffengesetz liegt daher lediglich ein Eingriff in das Grundrecht aus Art. 2 Abs. 1 GG.

1114 Nach dem Urteil des Bundesverfassungsgerichts von 2009 kann mit der Beschlagnahme nach § 94 StPO auch in das durch Art. 10 GG geschützte Fernmeldegeheimnis eingegriffen werden, was insbesondere relevant ist bei der Beschlagnahme von E-Mails bei Providern. Aufgrund der systematischen Stellung zu §§ 99, 100a StPO sei nicht der Schluss auf ein gesetzgeberisches Regelungskonzept zu ziehen, wonach nur aufgrund §§ 99, 100a, 100g StPO in das Grundrecht aus Art. 10 GG eingegriffen werden könne.[356]

---

[351] Meyer-Goßner/Schmitt, StPO, § 94 Rn. 2.
[352] Kramer, Rn. 197.
[353] Jarass/Pieroth, GG, Art. 14 Rn. 6.
[354] BVerfGE 110, 1.
[355] BVerfGE 83, 201.
[356] BVerfGE 124, 43.

Sicherstellung und Beschlagnahme von Beweismitteln (§ 94 Abs. 1, 2, § 98 StPO)

3. Tatbestandsvoraussetzungen

a) Tatbestandsvoraussetzungen des § 94 StPO

Grundvoraussetzung für die Anordnung der Maßnahme ist ein Tatverdacht. Der liegt i.S.v. § 152 Abs. 2 StPO vor, wenn zureichende tatsächliche Anhaltspunkte für die Begehung einer verfolgbaren Tat gegeben sind. Dies entspricht dem Anfangsverdacht i.S.v. § 152 Abs. 1 StPO. 1115

Zudem muss sich es sich bei dem betreffenden Gegenstand um ein mögliches Beweismittel handeln. Dies sind alle Gegenstände, die Rückschlüsse auf Tat, Täter oder Tatzusammenhänge zulassen können. Es genügt die nicht ganz fern liegende Möglichkeit, dass der Gegenstand für die Beweisfrage Bedeutung gewinnen kann. Entscheidend ist deren potenzielle Beweiseignung. 1116

> **Beispiele**
> Tatmesser, Zigarettenkippe, Blutanhaftungen, Handy, Kleidungsstücke, auch Räume, Gebäude (z.B. zu Ermittlungen bei einer Brandstiftung), Datenträger.

Die Entscheidung über die Beweiseignung hat der handelnde Beamte nach pflichtgemäßem Ermessen zu beurteilen.

Der Gegenstand muss für das Verfahren von Bedeutung sein. An der Beweiserheblichkeit fehlt es, wenn feststeht, dass das Verfahren nicht weitergeführt wird. 1117

Es dürfen keine Beweisverbote bestehen. 1118

b) Beschlagnahmeverbote aus §§ 96, 97 StPO

Beschlagnahmeverbote bei amtlichen Schriftstücken (§ 96 StPO): Die Vorschrift ergänzt das Erfordernis der Aussagegenehmigung für Beamte und Richter nach § 54 StGB. Mit einer begründeten Sperrerklärung können Akten aus Geheimhaltungsgründen der Beschlagnahme entzogen werden. Die Regelung ist nicht unproblematisch, weil sie der Verwaltung einen Einfluss auf den Gang der Strafverfolgung einräumen kann.[357] Zum Schutz vor Nachteilen für die Strafverfolgungsbehörden und ihrer Angehörigen ist sie aber zwingend erforderlich. 1119

Beschlagnahmeverbote bei zeugnisverweigerungsberechtigten Personen (§ 97 StPO): Beschlagnahmefrei sind Gegenstände, die zeugnisverweigerungsberechtige Personen betreffen und sich in ihrem Gewahrsam befinden. Die Vorschrift betrifft insbesondere Angehörige und Berufsgeheimnisträger wie Geistliche, Verteidiger und Abgeordnete. Die Vorschrift soll verhindern, dass die Zeugnisverweigerungsrechte durch Beschlagnahme von Gegenständen unterlaufen werden. § 97 StPO geht gemäß § 160a Abs. 5 StPO der allgemeinen Schutzvorschrift für zeugnisverweigerungsberechtigte Personen (§ 160a StPO) als lex specialis vor. 1120

Freiwillige Herausgabe der betreffenden Gegenstände ist durch die zeugnisverweigerungsberechtigte Person ohne Weiteres möglich, die Sicherstellung hindert § 97 StPO nicht. § 97 StPO ist auch nicht anwendbar auf zeugnisverweigerungsberechtigte Personen, die selbst beschuldigt sind. Erfasst sind insbesondere schriftliche Unterlagen. 1121

> **Beispiele**
> Ärztliche Unterlagen, Notizen.

Beschlagnahmeverbote aus dem allgemeinen Persönlichkeitsrecht: Nach h.M. besteht zum Schutz des Kernbereichs privater Lebensführung ein Beschlagnahmeverbot für höchstpersönliche Aufzeichnungen (Tagebücher, Liebes-, Abschiedsbriefe). 1122

---
357 Joecks, StPO, § 96 Rn. 1.

3. Teil • Eingriffsbefugnisse

4. Maßnahmenspezifische Verfahrensvorschriften

a) Anordnungskompetenz

1123 Hinsichtlich der Anordnungsbefugnis ist zwischen Sicherstellung und Beschlagnahme zu unterscheiden. Die Sicherstellung unterliegt keinen besonderen Beschränkungen, sie kann von jedem Staatsanwalt/Polizeibeamten angeordnet werden. Bei Beschlagnahme bedarf es gemäß § 98 Abs. 1 StPO grundsätzlich der richterlichen Anordnung. Bei Gefahr im Verzuge sind auch die Staatsanwaltschaft und ihre Ermittlungspersonen[358] anordnungsbefugt. Die Gültigkeit einer richterlichen Beschlagnahmeanordnung ist gesetzlich nicht geregelt. Sie ist bei Durchsuchungsbeschlüssen nach höchstrichterlicher Entscheidung auf sechs Monate begrenzt, da sich die rechtlichen Grundlagen der Maßnahme innerhalb eines halben Jahres verändert haben können und der Grundrechtsschutz durch den Richter anders nicht effektiv zu sichern ist. Es ist sachgerecht, hier ebenfalls die Sechsmonatsgrenze anzunehmen.[359]

1124 Differenziert werden muss auch bei den Verfahrensvorschriften hinsichtlich Sicherstellung und Beschlagnahme. Generell sind immer zu beachten:

b) Verzeichnis und Kenntlichmachung (§§ 107, 109 StPO)

1125 Dem Betroffenen ist auf Verlangen ein Verzeichnis der in Verwahrung genommenen Gegenstände auszuhändigen. Sie sind genau zu kennzeichnen.

c) Herausgabe (§§ 98 Abs. 4, 111n, 111o StPO)

1126 Wird der Gegenstand nicht mehr für das Verfahren benötigt, so ist er dem Gewahrsamsinhaber, dem der Besitz entzogen wurde, wieder auszuhändigen, wenn Ansprüche Dritter nicht entgegenstehen. Zuständig für die Entscheidung ist die Staatsanwaltschaft.

d) Weitere Verfahrensvorschriften

1127 Darüber hinaus sind bei der Beschlagnahme folgende Vorschriften zu beachten:

- Belehrungspflicht (§ 98 Abs. 2 Satz 5 StPO)

  Wenn ein Gegenstand ohne richterliche Anordnung beschlagnahmt wurde, so kann der Betroffene jederzeit eine richterliche Entscheidung beantragen. Auf dieses Recht ist er hinzuweisen.

- Beantragung einer richterlichen Entscheidung (§ 98 Abs. 2 Satz 1 StPO)

  War der Betroffene bei einer Beschlagnahme ohne richterliche Anordnung nicht anwesend oder erhob er ausdrücklich Widerspruch, so hat der Polizeibeamte binnen drei Tagen die richterliche Bestätigung der Maßnahme zu beantragen.

- Anzeigepflicht (§ 98 Abs. 3 StPO)

  Bei Beschlagnahme nach Klageerhebung ist dem zuständigen Gericht Anzeige zu machen.

- Sonderregelungen bei Beschlagnahme bei der Bundeswehr (§ 98 Abs. 4 StPO)

  Beschlagnahmen in Dienstgebäuden der Bundeswehr obliegen grundsätzlich der vorgesetzten Stelle der Bundeswehr.

1128 Ergänzende Vorschriften über die Behandlung amtlich verwahrter Gegenstände enthalten Nr. 74–76 der Richtlinien für das Strafverfahren und das Bußgeldverfahren (RiStBV).

---

358 Vgl. zu Ermittlungspersonen der Staatsanwaltschaft: § 152 GVG i.V.m. den jeweiligen landesrechtlichen Regelungen; z.B. NRW: § 1 Abs. 1 der Verordnung über die Ermittlungspersonen der Staatsanwaltschaft vom 30.4.1996, GV. NRW. S. 180, zuletzt geändert durch Verordnung vom 16.2.2016, GV. NRW. S. 120.
359 So auch Kramer, Rn. 190b mit Verweis auf BVerfG NJW 1997, 2165.

Sicherstellung und Beschlagnahme von Beweismitteln (§ 94 Abs. 1, 2, § 98 StPO)

5. Adressat

Die Maßnahme richtet sich gemäß § 95 StPO gegen den letzten Gewahrsamsinhaber. **1129**

6. Rechtsfolgen

a) Sicherstellung und Beschlagnahme

Das Gesetz unterscheidet die einfache Sicherstellung und die Sicherstellung in der Rechts- **1130** form der Beschlagnahme. Die Begründung des amtlichen Verwahrungsverhältnisses erfolgt durch Sicherstellung, wenn ein beweglicher Gegenstand entweder gewahrsamslos ist oder freiwillig herausgegeben wird. Dann bedarf es keiner richterlichen Anordnung nach § 98 Abs. 1 StPO.

> **Beispiel**
> Der Täter hat das Tatmesser auf der Flucht in ein Gebüsch geworfen (gewahrsamslos). Der Beschuldigte eines Internetbetruges übergibt den Beamten seinen Laptop (freiwillige Herausgabe).

Im Gegensatz dazu sind Gegenstände zu beschlagnahmen, wenn sie sich im Gewahrsam **1131** einer Person befinden und nicht freiwillig herausgegeben werden. Die Beschlagnahme steht unter Richtervorbehalt.

§ 95 StPO konstituiert über die bloße Duldungspflicht hinaus eine Herausgabepflicht. Sie **1132** kann nach § 95 Abs. 2 i.V.m. § 70 StPO zwangsweise durchgesetzt werden. Die Herausgabepflicht trifft aber wegen des Verbotes des Selbstbelastungszwanges nicht den Beschuldigten, bei zeugnisverweigerungsberechtigten Personen kann die Pflicht nicht erzwungen werden (§ 95 Abs. 2 Satz 2 StPO). Für Daten gelten grundsätzlich die §§ 94, 98 StPO analog, da es sich nicht um „Gegenstände" handelt.

Beim E-Mail-Verkehr ist nur die Übermittlung der Nachricht durch den Absender an den **1133** Mailserver und das Abrufen vom Mailserver des Providers durch den Empfänger von § 100a StPO erfasst, da es sich um Telekommunikationsvorgänge handelt. Befindet sich die E-Mail aber bereits auf dem Datenträger des Empfängers, ist der Telekommunikationsvorgang abgeschlossen; ein Eingriff in das Grundrecht aus Art. 10 GG liegt beim Überwachen dieser Nachrichten nicht vor. Diese Nachrichten können durch analoge Anwendung der §§ 94, 98 StPO sichergestellt werden. Ebenso ist nunmehr nach dem Bundesverfassungsgericht auch zu verfahren, wenn sich die Nachrichten noch auf dem Mailserver des Providers befinden, obwohl damit ein Eingriff in das Fernmeldegeheimnis (Art. 10 GG) verbunden ist.[360] Der Bundesgerichtshof hielt dagegen bislang eine Beschlagnahme von Nachrichten beim E-Mail-Server des Providers jedenfalls nach § 99 StPO für zulässig: „Die Beschlagnahme von E-Mails bei einem E-Mail-Provider, welche dort bis zu einem ersten oder weiteren Aufruf abgespeichert sind, auch unter Berücksichtigung des heutigen Kommunikationsverhaltens, sind in jeder Hinsicht vergleichbar mit der Beschlagnahme anderer Mitteilungen, welche sich zumindest vorübergehend bei einem Post- oder Telekommunikationsdienstleister befinden, bspw. von Telegrammen, welche gleichfalls auf dem Telekommunikationsweg dorthin übermittelt wurden. Daher können beim Provider gespeicherte, eingegangene oder zwischengespeicherte, E-Mails – auch ohne spezifische gesetzliche Regelung – jedenfalls unter den Voraussetzungen des § 99 StPO beschlagnahmt werden."[361] Aufgrund der Entscheidung des

---
[360] BVerfGE 127, 43.
[361] BGH StV 2009, 623.

Bundesverfassungsgerichts ist eine Beschlagnahme von E-Mail-Nachrichten beim Provider nach den §§ 94, 98 StPO zu behandeln.

1134 Bei der Beschlagnahme von E-Mail-Nachrichten ist jedoch der Verhältnismäßigkeitsgrundsatz besonders zu beachten. Die Beschlagnahme aller Nachrichten in einem Postfach wird regelmäßig gegen das Übermaßverbot verstoßen, mithin unverhältnismäßig sein.[362] Die Beschlagnahme ist daher zu begrenzen hinsichtlich tatrelevanter Zeiten des Mail-Eingangs oder bestimmter Adressaten. Ist das vor Ort nicht möglich, sind die Daten analog § 110 StPO durchzusehen und zurückzugeben, wenn sie für das Verfahren ohne Bedeutung sind.

1135 Beschlagnahme bedeutet zugleich Verstrickung der Sache: Wird sie behördlicher Verfügung entzogen, begründet dies eine Straftat nach § 136 StGB.

b) Beweisverwertung

1136 Der Verstoß gegen ein **Beschlagnahmeverbot** nach § 97 StPO führt zu einem Verwertungsverbot.[363] Eine rechtsfehlerhafte Durchsuchung steht der Verwertbarkeit der Beschlagnahme und deren Verwertung grundsätzlich nicht entgegen.[364] Der Fehler bei der Durchsuchung hat also grundsätzlich keine Fernwirkung, jedoch wird bei bewusster Missachtung der Anordnungskompetenz der Durchsuchung ein Verwertungsverbot auch hinsichtlich der beschlagnahmten Gegenstände zu bejahen sein.[365]

1137 Daten aus dem **Mauterfassungssystem** dürfen nach § 4 Abs. 2, § 7 Abs. 2 ABMG nur für die Durchführung der Mauterhebung verwendet werden. Eine Verwendung im Strafverfahren ist unzulässig.[366]

---

362 StV 2011, 73.
363 BGHSt 18, 227.
364 BGH NStZ 2004, 216.
365 Pieper, Kriminalistik 2008, 458.
366 Wessels/Beulke/Satzger, Rn. 253d.

Sicherstellung und Beschlagnahme von Führerscheinen (§ 94 Abs. 3, § 111a StPO)

II. Sicherstellung und Beschlagnahme von Führerscheinen (§ 94 Abs. 3, § 111a StPO)

- *Aufsatz-Literatur: Himmelreich/Halm, NStZ 2011, 440 (Überblick über neue Entscheidungen in Verkehrsstraf- und -bußgeldsachen); Backmann, SVR 2010, 281 (Ausnahmen vom Entzug der Fahrerlaubnis und vom Fahrverbot – Europarechtlicher Rahmen); Trupp, NZV 2004, 389 (Widersprüchliches zur Führerscheinbeschlagnahme durch die Staatsanwaltschaft und ihre Hilfsbeamten); Gramse, NZV 2002, 345 (Verkehrsstraftat, Führerscheinbeschlagnahme, Wohnungsdurchsuchung).*
- *Leitentscheidungen: BGHSt-GS 50, 93 (Notwendiger Zusammenhang zwischen Tat und Verkehrssicherheit bei der Entziehung der Fahrerlaubnis).*
- *Übungsfall: Bair, JA 2005, 37 („Alkoholgenuss, ein Unfall und die Folgen").*

Beschlagnahme von Führerscheinen (§ 94 Abs. 3, § 111a StPO)

1. **Tatbestandsvoraussetzungen**
   - Führerschein
   - unterliegt der Einziehung
   - dringende Gründe für die Entziehung der Fahrerlaubnis (§ 111a StPO)
   - Gründe ergeben sich aus § 69 StGB:
     - rechtswidrige Tat
     - bei/im Zusammenhang mit Führen Kfz
     - Ungeeignetheit zum Führen eines Kfz
2. **Maßnahmenspezifische Verfahrensvorschriften**
   - Anordnungskompetenz
     - bei Sicherstellung: StA/Polizeibeamte
     - bei Beschlagnahme: Gericht, bei GiV StA/ErmPers. (§ 98 StPO)
   - Bescheinigung (§ 107 Satz 2 StPO)
   - Herausgabe (§ 111a Abs. 5 StPO)
   - zusätzlich bei Beschlagnahme:
     - Belehrung über Recht auf Beantragung richterlicher Entscheidung (§ 98 Abs. 2 StPO)
     - Einholung richterlicher Bestätigung (§ 98 Abs. 2 StPO) bei Widerspruch
3. **Adressat**
   - Gewahrsamsinhaber
4. **Rechtsfolgen**
   - Herausgabeverlangen (§ 95 StPO)
   - Begründung amtlicher Verwahrung

Rechtswidrige Tat ist nur eine solche, die den Tatbestand eines Strafgesetzes verwirklicht (Legaldefinition § 11 Abs. 1 Nr. 5 StGB).

Führerschein ist die amtliche Bescheinigung, mit der die Fahrerlaubnis nachgewiesen wird (§ 4 Abs. 2 FeV).

Gefahr im Verzug liegt vor, wenn der Erfolg der Beschlagnahme durch die Verzögerung, die die Erwirkung der richterlichen Entscheidung mit sich bringen würde, gefährdet wäre.

Kraftfahrzeuge sind Landfahrzeuge, die durch Maschinenkraft bewegt werden, ohne an Bahngleise gebunden zu sein (vgl. § 1 Abs. 2 StVG).

Abbildung 3.74: Schema zur Sicherstellung und Beschlagnahme von Führerscheinen (§ 94 Abs. 3, § 111a StPO)

3. Teil • Eingriffsbefugnisse

1. Überblick

1138 Die Maßnahme dient der Vorbereitung der Einziehung des Führerscheins im Zusammenhang mit der Entziehung der Fahrerlaubnis durch richterliches Urteil. Nach § 94 Abs. 3 StPO finden § 94 Abs. 1 und 2 StPO entsprechend Anwendung für Führerscheine, die der Einziehung unterliegen. Es handelt sich um eine vollstreckungssichernde Maßnahme.

1139 Die Entziehung der Fahrerlaubnis dient nicht der Kriminalitätsbekämpfung, sondern der Sicherheit des Straßenverkehrs. Die strafgerichtliche Entziehung der Fahrerlaubnis stellt eine Maßregel der Besserung und Sicherung dar, die ihre Rechtfertigung aus dem Sicherungsbedürfnis der Verkehrsgemeinschaft bezieht. Dieses ist bedingt durch die hohen Risiken, die der Straßenverkehr infolge seiner Dynamik für Leben, Gesundheit und Eigentum der Verkehrsteilnehmer mit sich bringt. Diese Risiken werden durch körperlich, geistig, ebenso aber auch durch charakterlich ungeeignete Kraftfahrer verstärkt; dem soll durch den (zumindest zeitweiligen) Ausschluss des Betreffenden von der Teilnahme am motorisierten Straßenverkehr entgegengewirkt werden.[367]

2. Grundrechtseingriffe

1140 Mit der Beschlagnahme wird in das Grundrecht auf Eigentum nach Art. 14 GG eingegriffen, obwohl der Führerschein im Eigentum der öffentlichen Hand steht, denn Art. 14 GG schützt auch Eingriffe in das Nutzungsrecht.[368] Nach anderer Ansicht liegt lediglich ein Eingriff in Art. 2 Abs. 1 GG der allgemeinen Handlungsfreiheit vor.[369]

3. Tatbestandsvoraussetzungen

a) Führerschein

1141 Führerschein ist die amtliche Bescheinigung, mit der die Fahrerlaubnis nachgewiesen wird (§ 4 Abs. 2 FeV). Darunter fallen auch Erlaubnisse zum Führen bestimmter Fahrzeuge, wie etwa der Bundeswehrführerschein und ausländische Führerscheine, nicht jedoch die Mofa-Prüfbescheinigung nach § 5 FeV.

1142 § 111a Abs. 3 StPO stellt Führerscheine aus Mitgliedstaaten der Europäischen Union den deutschen Führerscheinen gleich, soweit der Inhaber einen festen Wohnsitz in Deutschland hat. Nach § 69b Abs. 2 StGB wird dieser Führerschein im Urteil eingezogen und der ausstellenden Behörde übersandt. Bei übrigen ausländischen Führerscheinen ist zu beachten, dass sie nach der Spezialnorm des § 111a Abs. 6 Satz 2 StPO beschlagnahmt werden. Hier gelten jedoch auch die Voraussetzungen der §§ 94, 98, 111a Abs. 1 StPO i.V.m. § 69b Abs. 1 StGB. Daher weicht diese Beschlagnahme in der Sache nicht von der Beschlagnahme deutscher Führerscheine ab. Zweck ist hier nicht die Einziehung des Führerscheins, sondern lediglich der Eintrag eines Vermerks über die Entziehung der Fahrerlaubnis in den Führerschein.

1143 Nach § 94 Abs. 3 StPO darf ein Führerschein in amtliche Verwahrung genommen werden, und zwar in der Rechtsform der Sicherstellung (§ 94 Abs. 1 StPO) oder der Beschlagnahme (§ 94 Abs. 2 StPO), wenn er der Einziehung unterliegt. Führerscheine unterliegen gemäß § 69 Abs. 3 Satz 2 StGB der Einziehung, wenn die Fahrerlaubnis durch das Gericht entzogen

---
367 BGHSt-GS 50, 93.
368 Jarass/Pieroth-Jarass, GG, Art. 14 Rn. 6.
369 Benfer/Bialon, 139.

Sicherstellung und Beschlagnahme von Führerscheinen (§ 94 Abs. 3, § 111a StPO)

wird. Die Fahrerlaubnis darf gemäß § 111a Abs. 1 StPO durch den Richter vorläufig entzogen werden, wenn dringende Gründe für die spätere endgültige Entziehung vorliegen. Entscheidend für die Frage der Beschlagnahme des Führerscheins ist folglich, ob dringende Gründe für die Entziehung der Fahrerlaubnis vorliegen. Die Voraussetzungen der Entziehung der Fahrerlaubnis ergeben sich aus § 69 Abs. 1, 2 StGB.

b) Rechtswidrige Tat

Es muss sich entsprechend § 11 Abs. 1 Nr. 5 StGB um eine Rechtsverletzung handeln, die den Tatbestand eines Strafgesetzes verwirklicht. Wegen einer Ordnungswidrigkeit kann die Fahrerlaubnis nicht entzogen werden. 1144

c) Bei oder im Zusammenhang mit dem Führen eine Kraftfahrzeuges

Vorausgesetzt wird zudem das Führen eines Kraftfahrzeuges. Entsprechend § 1 Abs. 2 StVG sind dies Landfahrzeuge, die durch Maschinenkraft bewegt werden, ohne an Bahngleise gebunden zu sein. Die Tat muss entweder beim Führen eines Kraftfahrzeuges (in der Regel handelt es sich dann um ein Verkehrsdelikt) oder im Zusammenhang damit erfolgen. Letzteres erfasst die Fälle, bei denen das Kraftfahrzeug zu kriminellen Taten gebraucht wird oder sie dabei erfolgen. 1145

> **Beispiele**
> A nutzt seinen Pkw regelmäßig zur unerlaubten Einfuhr von Betäubungsmitteln.
> B schlägt nach einem leichten Verkehrsunfall den Geschädigten krankenhausreif.

Schließlich kann die Tat auch unter Verletzung der Pflichten eines Kraftfahrzeugführers begangen worden sein. In Betracht kommen insbesondere Missachtungen von Sicherungspflichten, die dann zu einem Personenschaden führen. Damit macht sich der Betreffende einer fahrlässigen Körperverletzung durch Unterlassung gemäß §§ 229, 13 StGB schuldig. 1146

d) Ungeeignetheit zum Führen eines Kraftfahrzeuges

Der Täter muss zudem ungeeignet zum Führen eines Kraftfahrzeuges sein. Erforderlich ist eine Gesamtwürdigung von Tatumständen und Täterpersönlichkeit, die eine Beurteilung der Eignung zum Führen von Kraftfahrzeugen erlaubt.[370] Es muss dabei ein spezifischer Zusammenhang zwischen Anlasstat und Verkehrssicherheit bestehen.[371] 1147

Ungeeignetheit liegt gemäß § 69 Abs. 2 StGB in der Regel vor, wenn es sich um eine Verkehrsstraftat nach §§ 315c, 316 StGB handelt. Beim unerlaubten Entfernen vom Unfallort ist zudem die Kenntnis des Täters notwendig, dass ein Mensch getötet oder nicht unerheblich verletzt worden oder an fremden Sachen bedeutender Schaden entstanden ist. Bei welcher Höhe ein Schaden „bedeutend" ist, wurde gesetzlich nicht normiert. Die Rechtsprechung dazu ist uneinheitlich.[372] Die Wertgrenze dürfte dafür bei 1.300 € liegen.[373] 1148

Übrige Fälle der Ungeeignetheit müssen sich aus der Tat ergeben. „Aus der Tat" kann sich die charakterliche Ungeeignetheit des Täters zum Führen von Kraftfahrzeugen nur dann ergeben, wenn die Anlasstat selbst tragfähige Rückschlüsse darauf zulässt, dass der Täter bereit ist, die Sicherheit des Straßenverkehrs seinen eigenen kriminellen Zielen unterzuordnen. 1149

---

370 Fischer, StGB, § 44 Rn. 7.
371 Joecks, StPO, § 111a Rn. 4.
372 LG Berlin NZV 2006, 106 (1.100 €), LG Frankfurt NStZ-RR 2009, 215 (1.400 €); LG Düsseldorf DAR 2003, 103 (1.250 €).
373 Fischer, StGB, § 69 Rn. 29 mit Verweis auf OLG Jena NStZ-RR 2005, 183, OLG Dresden NZV 2006, 104, LG Berlin NStZ 2007, 281.

Dies kann insbesondere bei anderen als in § 69 Abs. 2 StGB genannten Verkehrsstraftaten in Betracht kommen. Hierzu zählen etwa die unter Benutzung des Kraftfahrzeugs begangenen Fälle der Nötigung und des gefährlichen Eingriffs in den Straßenverkehr, unter Umständen aber auch Fälle des räuberischen Angriffs auf Kraftfahrer, wenn der Angriff von dem Fahrer während der Fahrt gegen das mitfahrende Opfer verübt wird. Während in diesen Fällen des Pflichtenverstoßes im Sinne des § 69 Abs. 1 Satz 1 StGB die Beeinträchtigung der Verkehrssicherheit regelmäßig offen zutage tritt, bedarf dies bei den Zusammenhangstaten besonderer, die Umstände des Einzelfalls berücksichtigender Begründung. Dabei sind auch Umstände aus dem Vorleben des Täters oder seiner Tatvorbereitung in die Beurteilung einzubeziehen, sofern sich daraus tragfähige Schlüsse auf eine mögliche Gefährdung der Verkehrssicherheit im Zusammenhang mit der Anlasstat ziehen lassen. Die Voraussetzungen der Entziehung der Fahrerlaubnis nach § 69 StGB können bei Zusammenhangstaten beispielsweise danach erfüllt sein, wenn sich der Täter bei einer vergleichbaren früheren Straftat, etwa auf der Flucht, verkehrsgefährdend verhalten hat. Bei Banküberfällen dürfte die Anordnung nach §§ 69, 69a StGB regelmäßig in Betracht kommen, wenn aufgrund objektiver Umstände bei der Tat mit alsbaldiger Verfolgung und Flucht zu rechnen war und der Täter daher eine verkehrsgefährdende Verwendung des fluchtbereit tatortnah abgestellten Kraftfahrzeugs ersichtlich geplant hat oder mit einer solchen naheliegend rechnen musste. Ebenso dürfte jedenfalls in den Fällen gewaltsamer Entführung des Opfers im Kraftfahrzeug des Täters die Verkehrssicherheit regelmäßig gefährdet sein.[374]

4. Maßnahmenspezifische Verfahrensvorschriften

1150 Hinsichtlich der Anordnungsbefugnis ist zwischen Sicherstellung und Beschlagnahme zu unterscheiden. Die Sicherstellung unterliegt keinen besonderen Beschränkungen, sie kann von jedem Staatsanwalt/Polizeibeamten angeordnet werden. Bei Beschlagnahme des Führerscheins bedarf es gemäß § 98 Abs. 1 StPO grundsätzlich der richterlichen Anordnung. Bei Gefahr im Verzuge sind auch die Staatsanwaltschaft und ihre Ermittlungspersonen[375] anordnungsbefugt.

1151 Differenziert werden muss auch bei den Verfahrensvorschriften hinsichtlich Sicherstellung und Beschlagnahme. Generell sind immer zu beachten:
- Verzeichnis und Kenntlichmachung (§§ 107, 109 StPO)

   Dem Betroffenen ist auf Verlangen eine Bescheinigung über die Inverwahrungnahme auszustellen.
- Herausgabe (§ 111a Abs. 5 StPO)

   Lehnt der Richter die vorläufige Entziehung der Fahrerlaubnis ab, so ist der Führerschein wieder herauszugeben.
- Beantragung einer richterlichen Entscheidung (§ 98 Abs. 2 Satz 1 StPO)

   War der Betroffene bei einer Beschlagnahme ohne richterliche Anordnung nicht anwesend oder erhob er ausdrücklich Widerspruch, so hat der Polizeibeamte binnen drei Tagen die richterliche Bestätigung der Maßnahme zu beantragen. Gemäß § 111a Abs. 3 StPO

---

374 BGHSt-GS 50, 93.
375 Vgl. zu Ermittlungspersonen der Staatsanwaltschaft: § 152 GVG i.V.m. den jeweiligen landesrechtlichen Regelungen; z.B. NRW: § 1 Abs. 1 der Verordnung über die Ermittlungspersonen der Staatsanwaltschaft vom 30.4.1996, GV. NRW. S. 180, zuletzt geändert durch Verordnung vom 16.2.2016, GV. NRW. S. 120.

wirkt die vorläufige Entziehung der Fahrerlaubnis zugleich als Anordnung bzw. Bestätigung der Beschlagnahme des Führerscheins.
- Bei Beschlagnahme: Belehrungspflicht (§ 98 Abs. 2 Satz 5 StPO)

Wurde der Führerschein ohne richterliche Anordnung beschlagnahmt, kann der Betroffene jederzeit eine richterliche Entscheidung beantragen. Auf dieses Recht ist er hinzuweisen.

5. Adressat

Die Maßnahme richtet sich gemäß § 95 StPO gegen den letzten Gewahrsamsinhaber. 1152

6. Rechtsfolgen

Zulässige Rechtsfolge ist die Begründung eines amtlichen Verwahrungsverhältnisses von Führerscheinen. § 94 Abs. 2 StPO unterscheidet Sicherstellung und Beschlagnahme. Die Begründung des amtlichen Verwahrungsverhältnisses erfolgt durch Sicherstellung, wenn der Führerschein freiwillig herausgegeben wird. Dann bedarf es keiner richterlichen Anordnung nach § 98 Abs. 1 StPO. Der Beschlagnahme bedarf es, wenn der Führerschein nicht freiwillig herausgegeben wird. Die Beschlagnahme steht unter Richtervorbehalt. 1153

§ 95 StPO konstituiert über die bloße Duldungspflicht hinaus eine Herausgabepflicht. Sie kann nach § 95 Abs. 2 i.V.m. § 70 StPO zwangsweise durchgesetzt werden. Die Herausgabepflicht trifft aber wegen des Verbotes des Selbstbelastungszwanges nicht den Beschuldigten, bei zeugnisverweigerungsberechtigten Personen kann die Pflicht nicht erzwungen werden (§ 95 Abs. 2 Satz 2 StPO). Wird die Fahrerlaubnis nach § 111a StPO vorläufig durch das Gericht entzogen, bewirkt dies zugleich ein durch § 21 Abs. 1 Nr. 1 StVG strafbewehrtes Fahrverbot. 1154

III. Beschlagnahme von Einziehungsgegenständen (§§ 111b, 111j StPO)

- *Aufsatz-Literatur: Meyer, StV 2017, 343 (Die selbstständige Einziehung nach § 76a StGB-E, oder: Don't bring a knife to a gunfight); Gebauer ZRP 2016, 101 (Reform der strafrechtlichen Vermögensabschöpfung); Rönnau/Begemeier (Die neue erweiterte Einziehung gem. § 73a Abs. 1 StGB-E: mit Kanonen auch auf Spatzen?); Dittmann/Reichhart JA 2011, 540 (Die Sicherung von Arrest und Einziehung durch die §§ 111b StPO im Ermittlungsverfahren); Mitsch NStZ 2005, 534 (Einziehung von nicht im Eigentum des Angeklagten stehenden oder mit dinglichen Rechten Dritter belasteter Gegenstände); Malitz NStZ 2002, 337 (Die Berücksichtigung privater Interessen bei vorläufigen Maßnahmen gemäß §§ 111b StPO).*
- *Leitentscheidungen: BVerfGE 110, 1 (§ 73d StGB und dessen Anwendung und Auslegung durch den BGH mit GG vereinbar); BGHSt 40, 371 (Verfassungsrechtlich gebotene Auslegung des § 73d StGB, erweiterter Verfall); OLG Köln 2 Ws 559 – 560/09, 2 Ws 559/09, 2 Ws 560/06 – [juris] (Verhältnismäßigkeit der Sicherstellungen nach § 111b StPO).*
- *Übungsfall: Berning Kriminalistik 2010, 134 u. 199 (Staatsprüfungsklausur mit Lösung im Staatsrecht/Eingriffsrecht).*

3. Teil • Eingriffsbefugnisse

Beschlagnahme von Einziehungsgegenständen §§ 111b, 111j StPO

1. **Tatbestandsvoraussetzungen**
– Gründe für die Annahme des Vorliegens von Einziehungsvorausetzungen, § 111b I StPO
  – <u>Tatobjekte,</u> Voraussetzungen aus § 74 Abs. 1,2 StGB:
    → Gegenstand gehört dem Täter, steht ihm zu
    → Regeln aus speziellen Einziehungsvorschriften
  – <u>Tatprodukte, Tatmittel,</u> Voraussetzungen § 74 Abs. 1 StGB:
    → vorsätzliche Tat
    → Gegenstand gehört dem Täter, steht ihm zu oder: erweiterte Voraussetzungen § 74a StGB
  – <u>Taterträge,</u> Voraussetzungen aus §§ 73, 73a StGB:
    → rechtswiderige Tat
    → „etwas erlangt"
    → Sonderfall: selbstst. Einziehung, § 76a Abs. 4 StGB

2. **Maßnahmenspezifische Verfahrensvorschriften**
– Anordnungskompetenz
  – Gericht, bei GiV StA/ErmPers., § 111j StGB
  – Einschränkung bei Schriften; § 111q StPO
– Belehrung über Recht auf Beantragung richterlicher Entscheidung, § 111j II i.V.m. 98 II S. 5 analog StPO
– Bescheinigung, § 107 StPO
– Kennzeichnung, § 109 StPO
– Vollziehung: StA/ErmPers., § 111k
– Sonderregelung bei Bundeswehr, §§ 111k I, 98 IV StPO

3. **Adressat**
– Gewahrsamsinhaber, Dritte

4. **Rechtsfolge**
– Begründung amtlicher Verwahrung, § 111c I
– gesetzliches Veräußerungsverbot, § 111d I

5. **Ermessen**
eingeschränkt bei Vorliegen <u>dringender</u> Gründe für die Annahme der Einziehung (Regelfall Beschlagnahme)

6. **Verhältnismäßigkeit**

Gefahr im Verzuge liegt vor, wenn der Erfolg der Beschlagnahme durch die Verzögerung, die die Erwirkung der richterlichen Entscheidung mit sich bringen würde, gefährdet wäre.

Rechtswidrige Tat ist nur eine solche, die den Tatbestand eines Strafgesetzes verwirklicht (Legaldefinition § 11 StGB).

Gefahr im Verzuge liegt vor, wenn der Erfolg der Beschlagnahme durch die Verzögerung, die die Erwirkung der richterlichen Entscheidung mit sich bringen würde, gefährdet wäre.

Erlangen ist als faktischer Vorgang immer dann gegeben, wenn der Täter Verfügungsgewalt über den Gegenstand hat.

Abbildung 3.75: Schema zur Beschlagnahme von Einziehungsgegenständen (§§ 111b, 111j StPO)

Beschlagnahme von Einziehungsgegenständen (§§ 111b, 111j StPO)

1. Überblick

Mit dem „Gesetz zur Reform der strafrechtlichen Vermögensabschöpfung"[376] vom 13. April 2017 wurde mit Wirkung zum 1. Juli 2017 nicht nur die Vermögensabschöpfung, sondern auch die Einziehung von Tatmitteln und -produkten neu geordnet. Es soll erkannte Lücken der strafrechtlichen Vermögensabschöpfung schließen, sie vereinfachen, den Opferschutz erhöhen und damit zugleich die Richtlinie der Europäischen Union " … über die Sicherstellung und Einziehung von Tatwerkzeugen und Erträgen aus Straftaten in der Europäischen Union"[377] in innerstaatliches Recht umsetzen.

Der vorherige Verfall von Vermögenswerten erfolgt nunmehr auch im Rahmen des Rechtsinstitutes der Einziehung, womit man sich dem Sprachgebrauch in der Europäischen Union für Abschöpfungen (dort einheitlich „confiscation", Einziehung) angeglichen hat. Die Möglichkeit der Abschöpfung von Vermögenswerten wurde erweitert, das oft kritisierte Institut der Rückgewinnungshilfe abgeschafft. Die Ansprüche des Verletzten können nun einfacher geltend gemacht werde, damit sollen die Opferrechte gestärkt werden.

Bei der Beschlagnahme nach § 111b StGB wurde das freie Ermessen eingeschränkt, damit die vorläufige Sicherung von Vermögenswerten gestärkt. Nunmehr ist die Beschlagnahme der Regelfall, wenn dringende Gründe für die Annahme der Einziehungsvoraussetzungen vorliegen.

Die Vorschriften der sogenannten **erweiterten Einziehung** von Taterträgen (nunmehr § 73a StGB) wurde ausgeweitet, stehen daher auch in der Kritik.[378] Bei der erweiterten Einziehung muss der Einziehungsgegenstand nicht der Herkunftstat zugeordnet werden. Neu ist, dass nunmehr auf bestimmte Anlasstaten verzichtet wird; es reicht jede Straftat aus, um auch Gegenstände einzuziehen, die nicht mit dieser in Verbindung stehen, aber aus einer (anderen) rechtswidrigen Tat stammen.

Für den Bereich der Organisierten Kriminalität und des Terrorismus enthält § 76a Abs. 4 StGB mit der **selbstständigen Einziehung** ein rechtliches Abschöpfungsinstrument für die Fallgruppe der aus Straftaten herrührenden Vermögensgegenständen unabhängig vom Nachweis einer rechtswidrigen Tat. Somit können Vermögenswerte selbstständig schon dann eingezogen werden, wenn das Gericht von ihrer illegalen Herkunft überzeugt ist. Voraussetzung dafür ist aber, dass die Überzeugung besteht, dass sie aus einer der Katalogstraftaten aus § 76a StGB (Delikte der Organisierten Kriminalität und des Terrorismus) stammt. Ein weiterer Unterschied zur erweiterten Einziehung besteht darin, dass es keiner strafrechtlichen Verfolgung oder Verurteilung bedarf, die Einziehung kann selbstständig erfolgen.

Bei der Beschlagnahme von Einziehungsgegenständen ist nunmehr zu differenzieren zwischen den einzelnen Arten von Gegenständen: Handelt es sich um notwendige Gegenstände der Tat selbst (Tatobjekte, zum Beispiel Betäubungsmittel), richtet sich die Einziehung nach speziellen Vorschriften, wie z.B.: § 33 BtMG. Bei Tatprodukten und -mitteln ist § 111b StPO i.V.m. § 74 Abs. 1 StGB einschlägig.

Die einfache Einziehung von Taterträgen richtet sich nach § 111b StPO i.V.m. mit § 73 Abs. 1 StGB. Für die erweiterte Einziehung von Taterträgen ist § 111b StPO i.V.m. § 73a StGB ein-

---

376 BGBl. 2017 Teil I Nr. 22, S. 872.
377 Richtlinie 2014/42/EU, ABl. L 127, 39, berichtigt in ABl. L 138, 114.
378 Vgl. Rönnau/Begemeier, NZWiSt 2016, 260.

schlägig. Handelt es sich schließlich um die Beschlagnahme im Rahmen der selbstständigen Einziehung von Taterträgen, ist § 111b StPO i.V.m. § 76 StGB zu beachten.

1160 Die Beschlagnahme nach §§ 111b, j StPO dient in erster Linie als vollstreckungssichernde Maßnahme der Vorbereitung der Einziehung, welche nur durch das Gericht angeordnet werden kann. Mit der gerichtlichen Entscheidung über die Einziehung geht gemäß § 75 Abs. 1 StGB das Eigentum an der Sache auf den Staat über. Taterträge sind auch nach erfolgter Einziehung an den Verletzten gemäß § 459h StPO rückzuübertragen. Hat der Verletzte im laufenden Verfahren Ansprüche auf die Sache, so ist sie ihm herauszugeben, wenn sie für das Verfahren nicht mehr benötigt wird, § 111n StPO. Die Entscheidung hierüber trifft gemäß § 111o StPO die Staatsanwaltschaft.

1161 Die Beschlagnahme von Immobilien darf nicht durch die Polizei angeordnet werden, sie bleibt daher hier weitestgehend außer Betracht. Die Einziehung von Führerscheinen bestimmt sich nach § 94 Abs. 3 i.V.m. § 111a StPO, ist also von § 111b StPO nicht erfasst.

Die Begründung amtlichen Gewahrsams zum Zwecke der späteren Einziehung kann nach § 111b StPO nur in der Rechtsform der Beschlagnahme erfolgen.

2. Grundrechtseingriffe

1162 Mit der Beschlagnahme wird grundsätzlich in das Grundrecht auf Eigentum nach Art. 14 GG eingegriffen, denn Art. 14 GG schützt auch Eingriffe in das Nutzungsrecht. Im Übrigen siehe dazu Rn. 1113.

3. Tatbestandsvoraussetzungen

1163 Die Beschlagnahme kann gemäß § 111b StPO erfolgen, wenn Gründe für die Annahme bestehen, dass die Voraussetzungen der Einziehung vorliegen. Es muss also nicht die tatsächliche Einziehung prognostiziert werden, sondern es reicht die Wahrscheinlichkeit für das Vorliegen der bloßen Voraussetzungen. Liegen *dringende* Gründe vor, so soll die Beschlagnahme angeordnet werden. Das Ermessen ist also dann eingeschränkt. Das Adjektiv „dringende" kennzeichnet hier ein über den bloßen Anfangsverdacht hinausgehende, gesteigerte Wahrscheinlichkeit; vergleichbar mit dem dringenden Tatverdacht bei § 112 StPO (Voraussetzungen der Untersuchungshaft). Die gesteigerte Verpflichtung zur Beschlagnahme dient auch dem Opferschutz, damit Verletztenansprüche tatsächlich befriedigt weden können.

Zur Bestimmung, ob diese Gründe vorliegen, ist nach den zu beschlagnahmenden Gegenständen zu differenzieren:

a) Beschlagnahme von Tatobjekten (Beziehungsgegenständen)

1164 Tatobjekte i.d.S. sind Gegenstände, die nicht Werkzeuge oder Produkte der Tat sind, sondern notwendige Gegenstände der Tat selbst, sogenannte Beziehungsgegenstände.[379]

1165 In vielen Deliktsbereichen ist die Einziehung dieser Tatobjekte spezialgesetzlich vorgeschrieben bzw. zugelassen. Dabei kommen insbesondere in Betracht:
- § 30 VersG für das Versammlungswesen
- § 54 WaffG für das Waffenwesen
- § 33 BtMG für Betäubungsmittel
- § 21 Abs. 3 StVG für Kraftfahrzeuge bei Fahren ohne Fahrerlaubnis

---

379 vgl. BGHSt. 10, 28.

Beschlagnahme von Einziehungsgegenständen (§§ 111b, 111j StPO)

- § 22a Abs. 2 StVG für KFZ-Kennzeichen
- § 6 PflVersG bei Fahren ohne Versicherungsvertrag
- § 92b StGB für den Bereich der verfassungsfeindlichen Straftaten
- § 150 Abs. 2 StGB für falsche Geld- und Wertzeichen
- § 282 Abs. 2 StGB für den Bereich der Urkundendelikte
- § 40 BJagdG bei Straftat nach dem Bundesjagdgesetz

Gemäß § 111b StPO i.V.m. § 74 Abs. 2 StGB gestaltet sich die Einziehung in diesen Fällen nach den Spezialgesetzen. Zudem ist die Einziehung nur zulässig, wenn der Gegenstand zur Zeit der Entscheidung dem Tatverdächtigen oder Teilnehmer gehört oder zusteht, vgl. § 74 Abs. 3 S. 2 StGB. Dies bedeutet, dass bei Verdacht der Tatbegehung in diesen speziellen Deliktsbereichen per se Gründe für die Einziehung von Gegenständen bestehen, die dem Tatverdächtigen gehören bzw. die ihm zustehen. 1166

> **Beispiele**
> Nach langen Ermittlungen wird bekannt, dass ein Rauschgiftgeschäft auf einem Parkplatz stattfinden soll. Dort erfolgt der Zugriff: Bei D wird 1 kg Kokain aufgefunden.

Das Rauschgift wird gemäß § 111b StPO i.V.m. § 33 Abs. 2 BtMG beschlagnahmt. Da es sich nach den Ermittlungen ganz offensichtlich um ein Betäubungsmittel handelt und dieses gemäß § 33 BtMG eingezogen werden kann, liegen die in § 111b StPO geforderten Gründe für die Annahme der Einziehung vor. 1167

b) Beschlagnahme von Tatprodukten und Tatmitteln (§ 111b StPO i.V.m. § 74 StGB)

Ist die Einziehung nicht spezialgesetzlich vorgeschrieben oder möglich, ist zu prüfen, ob Gründe für die allgemeine Einziehung gemäß § 74 Abs. 1 StGB vorliegen. Diese Gründe können sich aus dem Verdacht des Vorliegens der Voraussetzungen ergeben, die nach § 74 StGB die Einziehung ermöglichen: 1168

aa) Vorsätzliche Tat

Zunächst muss eine Tat begangen worden sein. Entsprechend § 11 Abs. 1 Nr. 5 StGB ist dies eine Rechtsverletzung, die den Tatbestand eines Strafgesetzes verwirklicht. Diese muss vorsätzlich, also bewusst und gewollt verübt worden sein. Fahrlässigkeitstaten erlauben die Einziehung nicht, mangelnde Schuld gemäß § 74b Abs. 1 Nr. 1 StGB nur, wenn es sich um gefährliche Gegenstände handelt bzw. wenn die Gefahr weiterer Straftatenbegehung mit den Gegenständen besteht. 1169

bb) Tatprodukt oder Tatmittel

Gegenstand der Einziehung nach § 74 Abs. 1 StGB können Produkte und Instrumente der Tat sein. 1170

Produkte der Tat sind unmittelbar durch rechtswidriges Handeln hergestellte Gegenstände. Da diese Gegenstände jedoch in der Regel den speziellen Einziehungsvorschriften unterfallen, ist deren Beschlagnahme nicht auf § 111b i.V.m. § 74 StGB, sondern auf die spezielle Einziehungsvorschrift zu stützen. 1171

> **Beispiel**
> Bei dem Fälscher F wird ein Koffer voll Falschgeld beschlagnahmt.

Das Falschgeld ist als Produkt der Tat nach § 111b StPO i.V.m. § 150 Abs. 2 StGB zu beschlagnahmen. 1172

1173 Tatbeute ist kein Produkt der Tat, sie ist nicht durch die Tat unmittelbar hergestellt worden. Beute wird als Tatertrag eingezogen, vgl. Rn. 1183 ff.

1174 Weitaus größere Bedeutung hat die Einziehung von Instrumenten der Tat. Damit sind Gegenstände gemeint, die zur Tatbegehung oder zu ihrer Vorbereitung gebraucht wurden.

> **Beispiele**
> Tatmesser bei Totschlag, Computer bei Internetbetrügereien, Auto als Tatort bei Vergewaltigungen.

1175 Der Gegenstand darf jedoch nicht tatnotwendiges Mittel sein. Die Einziehung dieser sogenannten Beziehungsgegenstände richtet sind in aller Regel nach den speziellen Einziehungsvorschriften, vgl. oben Rn. 1164.

> **Beispiele**
> Heroin, Butterflymesser.

1176 Diese Gegenstände sind Beziehungsgegenstände, da ohne sie der entsprechende konkrete Verstoß gegen das Betäubungsmittelgesetz bzw. das Waffengesetz unmöglich wäre. Die Einziehung dieser Gegenstände richtet sich nach dem Betäubungsmittel- bzw. Waffengesetz.

cc) Gegenstand gehört dem Täter oder steht ihm zu

1177 Zur Einziehung als zusätzliche Strafe gemäß § 74 Abs. 1, 3 StGB können nur Gegenstände beschlagnahmt werden, bei denen der Verdacht besteht, dass sie dem Täter gehören oder ihm zustehen.

„Gehören" meint damit ein Eigentumsrecht, womit der Besitz des Gegenstandes eine Eigentumsvermutung dargstellt. Der Gegenstand steht dem Betroffenen zu, wenn er ein sonstiges Recht daran hat.

1178 Nach den erweiterten Voraussetzungen des § 74a StGB dürfen Gegenstände auch dann eingezogen werden, wenn sie nicht dem Täter gehören bzw. zustehen, aber nur, wenn ein Gesetz auf diese Vorschrift verweist.

1179 Die wesentlichsten Gesetzesverweise i.d.S. sind:
- § 92b StGB (für Straftaten des Friedensverrates, Hochverrates, Gefährdung des demokratischen Rechtsstaates)
- § 261 StGB (Geldwäsche)
- § 295 StGB (bei Jagd- und Fischwilderei)
- § 54 WaffG
- § 30 VersG
- § 33 BtMG
- §§ 40, 38 BJagdG
- § 22a StVG (bei missbräulichem Herstellen, Vertreiben oder Ausgeben von Kennzeichen)

1180 Zudem muss der Eigentümer/Rechtsinhaber entweder leichtfertig dazu beigetragen haben, dass die Gegenstände als Tatmittel verwendet worden oder Tatobjekt gewesen sind. Auch ist die Einziehung dieser Gegenstände möglich, wenn er in Kenntnis der Umstände, welche die Einziehung zugelassen hätten, die Gegenstände in verwerflicher Weise erworben hat.

1181 Zum Schutz von Gefahren erlaubt § 74b Abs. 1 StGB auch die Einziehung von Gegenständen, die nach ihrer Art und den Umständen die Allgemeinheit gefährden, wenn sie nicht dem

Beschlagnahme von Einziehungsgegenständen (§§ 111b, 111j StPO)

Täter gehören oder zustehen (sogenannte **Sicherungseinziehung**). Dann muss der Täter auch nicht schuldhaft gehandelt haben.

> **Beispiele**
> Gifte, Sprengstoffe.

Unter den gleichen erleichterten Voraussetzungen können Gegenstände nach § 74b Abs. 1 StGB eingezogen werden, wenn die individuelle Gefahr besteht, dass sie der Begehung rechtswidriger Taten dienen werden. **1182**

> **Beispiele**
> Einbruchswerkzeug, Messer, Nachschlüssel.

c) Beschlagnahme von Taterträgen (§§ 111b, j StPO i.V.m. § 73 ff. StGB)

Die Einziehung von Taterträgen dient der Abschöpfung von Vermögensvorteilen, Straftaten sollen sich nicht lohnen. Durch Anwendung des Bruttoprinzips, wonach für die Begehung der Tat gemachte Aufwendungen nicht abgezogen werden (§ 73d StGB), hat die Maßnahme auch Strafcharakter. Denn es geht nicht mehr nur um Gewinnabschöpfung, sondern um Einnahmeabschöpfung. Zu unterscheiden sind im Wesentlichen drei Arten der Einziehung von Taterträgen: Zunächst die hier beschriebene einfache Einziehung von Taterträgen gem. § 73 Abs. 1 StGB für unmittelbare Tatvorteile, Nutzungen und Surrogate. Darüber hinaus die erweiterte Einziehung nach § 73a StGB für Gegenstände, die keinen direkten Bezug zur Anlasstat aufweisen. Einen Sonderfall stellt schließlich die selbstständige Einziehung von Vermögenswerten nach § 76a StGB dar. **1183**

Kernstück der Reform der Vermögensabschöpfung von 2017 ist die grundlegende Neuregelung der Opferentschädigung. Die Ansprüche des Tatgeschädigten werden grundsätzlich im Strafvollstreckungsverfahren befriedigt. Ist der aus der Tat erlangte Gegenstand noch vorhanden, wird er im Urteil eingezogen und an den Geschädigten zurückübertragen bzw. herausgegeben, vgl. § 459h StPO. § 459h StPO stellt somit eine Anspruchsgrundlage für die Geschädigten dar. Funktionell zuständig dafür ist gemäß § 3 Nr. 4c, § 31 Abs. 2 S. 1 RPflG der Rechtsfleger bei der Staatsanwaltschaft. **1184**

Eine Erleichterung enthält § 111n Abs. 2 StPO: Wird die Sache für das Strafverfahren nicht mehr benötigt, so ist sie dem Verletzten zurückzugeben. Die Entscheidung darüber trifft gemäß § 111o StPO die Staatsanwaltschaft. Damit kann beispielsweise Diebesgut möglichst zeitnah an den Verletzten herausgegeben werden. Vor Herausgabe der Sache durch die Polizei muss die Entscheidung der Staatsanwaltschaft eingeholt werden. **1185**

Die Gründe für die Einziehung von Taterträgen ergeben sich in erster Linie aus § 73 StGB, der voraussetzt:

aa) Rechtswidrige Tat

Zunächst muss eine Tat begangen worden sein. Entsprechend § 11 Abs. 1 Nr. 5 StGB ist dies eine Rechtsverletzung, die den Tatbestand eines Strafgesetzes verwirklicht. Da lediglich Gründe für die Annahme der rechtswidrigen Tat gefordert werden, muss für die Beschlagnahme letztlich ein Anfangsverdacht bestehen. **1186**

bb) „Etwas erlangt"

Der Täter oder Teilnehmer der Tat muss durch oder für sie „etwas erlangt" haben, gemeint ist jeder unmittelbare wirtschaftliche Vermögenszuwachs. Damit ist das „Bruttoprinzip" vom **1187**

Gesetz angeordnet. Bruttoprinzip bedeutet, dass nicht bloß der Gewinn, sondern grundsätzlich alles, was der Täter für die Tat oder aus ihr erhalten hat, eingezogen wird. Bei der Berechnung des bei einem verbotenen „Verkauf" Erlangten ist deshalb vom gesamten Erlös ohne Abzug des Einkaufspreises und sonstiger Aufwendungen auszugehen. Insbesondere bei Betäubungsmitteldelikten „besteht kein rechtlich schützenswertes Vertrauen, aus dem verbotenen Geschäft erlangte Vermögensbestandteile behalten zu dürfen, die der Erlös strafbarer Geschäfte sind"[380]. Das Bruttoprinzip sollte die Anordnung der Einziehung nicht nur im Hinblick auf seine Berechnung praktikabler machen. Die Abschöpfung des über den Nettogewinn hinaus Erlangten verfolgt vielmehr primär einen Präventionszweck. Die dadurch angestrebte Folge, dass auch die Aufwendungen nutzlos sind, soll zur Verhinderung gewinnorientierter Straftaten – und insbesondere diese wollte der Gesetzgeber erfassen – beitragen. Müsste der Betroffene für den Fall der Entdeckung lediglich die Abschöpfung des Tatgewinns befürchten, so wäre die Tatbegehung unter finanziellen Gesichtspunkten weitgehend risikolos. Diesen Präventionszweck – der Betroffene soll das Risiko strafbaren Handelns tragen – hatte der Gesetzgeber im Auge, als er sich auf den Rechtsgedanken des § 817 S. 2 BGB bezog und darauf abhob, dass das in ein verbotenes Geschäft Investierte unwiederbringlich verloren sein soll.

Beispiel
Der Täter reist mit dem Zug nach München, um dort einen Betrug zu begehen. Alle beschlagnahmten Tatgegenstände unterliegen der Einziehung, Kosten für den Erwerb oder die Bahnfahrt können nicht in Abzug gebracht werden.

1188 Wirtschaftlich erlangt ist ein Gegenstand oder Wert im Sinne von § 73 Abs. 1 StGB, sobald dieser unmittelbar aus der Tat in die eigene Verfügungsgewalt des Täters übergegangen ist. Beim Erlangen im Sinne von § 73 Abs. 1 StGB handelt es sich um einen tatsächlichen Vorgang. Auch der einem Kurier ausgehändigte Kaufpreis unterliegt bei diesem in voller Höhe der Einziehung, unabhängig von den zivilrechtlichen Besitz- und Eigentumsverhältnissen zwischen den Tatbeteiligten.

1189 Das Gesetz unterscheidet Erlangtes „durch die Tat" (insbesondere Tatbeute, Gewinn) und „für die Tat" (insbesondere Lohn). Auch hier gilt: Aus der Forderung nach Gründen für die Annahme, dass etwas erlangt wurde, ist zu schließen, dass ein diesbezüglicher Verdacht für eine Beschlagnahme ausreicht.

1190 Neben dem unmittelbaren Tatvorteil i.S.v. § 73 Abs. 1 StGB sieht das Gesetz einen weiteren Vermögenszugriff für die Einziehung vor. Nach § 73 Abs. 2 StGB erstreckt sich die Einziehung auch auf mittelbare Tatvorteile, **gezogene Nutzungen**. Nutzungen sind gemäß § 100 BGB Früchte einer Sache oder eines Rechts, sowie die Vorteile, welche der Gebrauch der Sache oder des Rechts gewährt.

1191 Nach § 73 Abs. 3 StGB kann sich die Einziehung auch auf Gegenstände erstrecken, die der Täter oder Teilnehmer durch die Veräußerung eines erlangten Gegenstands oder als Ersatz für dessen Zerstörung, Beschädigung oder Entziehung oder aufgrund eines erlangten Rechts erworben hat. Damit erweitert sich die Einziehung auf **Surrogate**.

Beispiel
A hat ein Fahrrad gestohlen. Dieses Fahrrad verkauft er auf dem Trödelmarkt dem gutgläubigen X. Der Erlös unterliegt als mittelbarer Tatvorteil der Einziehung nach § 73 Abs. 2 StGB.

---
380 BGHSt 47, 369 (372).

Beschlagnahme von Einziehungsgegenständen (§§ 111b, 111j StPO)

Gemäß § 73c StGB unterliegt auch der Geldbetrag der Einziehung, der dem Wert der Sache entspricht, die eigentlich der Einziehung unterliegt. Die Abschöpfung des **Wertersatzes** ist nur zulässig, wenn der bestimmte Gegenstand nicht mehr erlangt werden kann.

1192

> **Beispiel**
> T erhielt von unbekannt gebliebenen Hintermännern insgesamt 67 kg Marihuana auf Kommission. Diese Betäubungsmittel verkaufte er an verschiedene Abnehmer weiter. Er erhielt dafür insgesamt 161.000 €, die er an seine Lieferanten unter Abzug seines Gewinnanteils von 12.500 € weitergab.

Der T hat – nach dem Bruttoprinzip – insgesamt 161.000 € i.S.v. § 73 StGB erlangt. Da das Geld nicht mehr zur Verfügung steht, unterliegt der Wertersatz nach § 73c StGB der Einziehung.

1193

Für die Fälle der Beschlagnahme des Wertersatzes ist die Polizei nicht anordnungsbefugt, vgl. § 111j StPO.

§ 73a StGB **erweitert die Einziehung** auf Gegenstände, bei denen nicht sicher ist, ob sie tatsächlich aus der in Rede stehenden Tat stammen. Es reichen Umstände, die darauf hindeuten, dass die Gegenstände für rechtswidrige Taten gebraucht oder aus ihnen erlangt wurden.

1194

> **Beispiel**
> Gegen A besteht der Verdacht des Bandendiebstahls von Flachbildschirmen. In seiner Garage wurden 50 Flachbildschirme und zudem 200 Handys beschlagnahmt, deren Herkunft nicht geklärt werden konnte. Bei Verurteilung wegen Bandendiebstahls hinsichtlich der Flachbildschirme richtet sich die Einziehung nach den allgemeinen Regeln des § 73 StGB. Nach § 73d StGB unterliegen jedoch auch die Handys der (erweiterten) Einziehung, obwohl diese Straftat nicht zweifelsfrei nachgewiesen wurde.

Die erweiterte Einziehung von Taterträgen ist verfassungsrechtlich bedenklich. Denn es handelt sich im Kern um ein Nachweisproblem: Nach dem Gesetzestext unterliegen bereits solche Gegenstände der Einziehung, wenn „die Umstände die Annahme rechtfertigen", dass sie für rechtswidrige Taten gebraucht oder aus ihnen erlangt wurden. Dies sollte bei der vorherigen Regelung (§ 73d StGB-alt) nach dem Willen des Gesetzgebers schon vorliegen, wenn sich rechtmäßige Quellen nicht feststellen lassen und sich die Herkunft aus rechtswidrigen Taten im Hinblick auf die Situation des Täters und sein Vorleben einem objektiven Betrachter geradezu aufdrängt.[381] Trotz dieser Einschränkung wurden die vorherigen Verfallsvorschriften somit ganz beträchtlich ausgeweitet. Der Bundesgerichtshof forderte daher eine verfassungskonforme Auslegung: Im Lichte der hier berührten Grundrechte seien erhöhte Anforderungen an den Nachweis der Herkunft von deliktsverdächtigen Vermögensgegenständen zu stellen. Für die den Schuldspruch tragenden Feststellungen ist in der Rechtsprechung anerkannt, dass selbst ein sehr hohes Maß an Wahrscheinlichkeit die notwendige tatrichterliche Überzeugung nicht ersetzen kann. Erforderlich für die Anordnung des erweiterten Verfalls ist eine „uneingeschränkte Überzeugung von der deliktischen Herkunft der Gegenstände"[382]. Nach Auffassung des Bundesverfassungsgerichts war die damalige Verfallsvorschrift § 73d StGB-alt bei dieser Auslegung mit dem Schuldgrundsatz vereinbar und insgesamt verfassungskonform.[383] Ob diese Rechtsprechung weiterhin auch für die neue Rechtslage des § 73a StGB gilt, ist fraglich. Denn mit der Gesetzesänderung zum 1. Juli 2017 wurde die erweiterte Einziehung nochmals erweitert: Nach dem neuen Recht besteht jetzt keine Beschränkung mehr hinsichtlich der Anlasstat. War zuvor die erweiterte

1195

---
381 Regierungsentwurf eines Strafrechtsänderungsgesetzes – Erweiterter Verfall – , BT-Drs. 11/ 6623, S. 7.
382 BGHSt 40, 371.
383 BVerfGE 110, 1.

Einziehung (damals noch „erweiterter Verfall") nur zulässig bei Verstoß gegen ein Delikt, bei denen gesetzlich auf die Vorschrift des damaligen erweiterten Verfalls verwiesen wurde (Anlasstat), ist die erweiterte Einziehung nunmehr bei allen rechtswidrigen (Anlass-)Straftaten möglich.[384]

1196 Für den Bereich der Organisierten Kriminalität und des Terrorismus enthält § 76a Abs. 4 StGB eine **selbstständige Einziehungsvariante** von Vermögenswerten. Selbstständig bedeutet in diesem Zusammenhang, dass die Einziehung unabgängig von einer strafrechtlichen Verurteilung und damit unabhängig vom Nachweis einer rechtswidrigen Tat erfolgen kann (als non-conviction-based-confiscation auch in anderen Rechtsordnungen enthalten, so etwa Italien oder USA). Demnach können Vermögenswerte schon dann eingezogen werden, wenn das Gericht von ihrer illegalen Herkunft überzeugt ist. Voraussetzung dafür ist aber, dass die Überzeugung besteht, dass sie aus einer der Katalogstraftaten des § 76a Abs. 4 StGB (Delikte der Organisierten Kriminalität und des Terrorismus) stammt. Bei der Entscheidung kann das Gericht seine Überzeugung von der illegalen Herkunft gemäß § 437 StPO insbesondere aus dem groben Missverhältnis zwischen dem Wert des Gegenstandes und den rechtmäßigen Einkünften des Betroffenen stützten. Darüber hinaus können u.a. auch die Auffindeumstände berücksichtigt werden. Auch diese Vorschrift ist großer verfassungsmäßiger Kritik ausgesetzt, die Vorschrift führe letztlich zu einer Beweislastumkehr, verstoße somit gegen die Unschuldsvermutung: Der Betroffene muss nachweisen, dass die in Rede stehenden Vermögenswerte legaler Natur sind, nicht umgekehrt.

4. Maßnahmenspezifische Verfahrensvorschriften

a) Anordnungskompetenz

1197 Zur Beschlagnahme von beweglichen Einziehungsgegenständen bedarf es gemäß § 111j Abs. 1 StPO grundsätzlich der richterlichen Anordnung. Bei Gefahr im Verzuge sind auch die Staatsanwaltschaft und ihre Ermittlungspersonen[385] anordnungsbefugt. Die Gültigkeit einer richterlichen Beschlagnahmeanordnung ist gesetzlich nicht geregelt. Sie ist bei Durchsuchungsbeschlüssen nach höchstrichterlicher Entscheidung auf 6 Monate begrenzt, da sich die rechtlichen Grundlagen der Maßnahme innerhalb eines halben Jahres verändert haben können und der Grundrechtsschutz durch den Richter anders nicht effektiv zu sichern ist. Es ist sachgerecht, hier ebenfalls die 6-Monats-Grenze anzunehmen.[386]

b) Weitere Verfahrensvorschriften

1198 Darüber hinaus sind folgende Verfahrensvorschriften zu beachten:

- **Belehrungspflicht (§ 111j Abs. 2 S. 3 StPO i.V.m. 98 Abs. 2 S. 5 StPO analog)**

  Anders als bei Beweismittelbeschlagnahmen ohne richterliche Anordnung durch die Polizei bedarf es bei Beschlagnahmen von Einziehungsgegenständen keiner richterlichen Bestätigung. Wurde ein Gegenstand beschlagnahmt, so kann der Betroffene aber jederzeit gemäß § 111j Abs. 2 S. 3 StPO eine richterliche Entscheidung beantragen. Die Belehrung über dieses Recht ist explizit für die Einziehung nicht vorgeschrieben. Auf dieses Recht ist

---

[384] Kritish dazu Rönnau/Begemeier NZWiSt 2016, 260.
[385] Vgl. zu Ermittlungspersonen der Staatsanwaltschaft: § 152 GVG i.V.m. den jeweiligen landesrechtlichen Regelungen; z.B. NRW: § 1 Abs. 1 der Verordnung über die Ermittlungspersonen der Staatsanwaltschaft vom 30.4.1996, GV. NRW. S. 180, zuletzt geändert durch Verordung vom 16.2.2016, GV. NRW. S. 120.
[386] So auch Kramer Rn. 190b mit Verweis auf BVerfG NJW 97, 2165.

Beschlagnahme von Einziehungsgegenständen (§§ 111b, 111j StPO)

er aber bei entsprechender Anwendung der für Beweismittelbeschlagnahmen maßgeblichen Vorschrift § 98 Abs. 2 S. 5 StPO hinzuweisen.[387]

- **Verzeichnis und Kenntlichmachung (§§ 107, 109 StPO)**

  Dem Betroffenen ist auf Verlangen eine Bescheinigung über die Verwahrungnahme auszustellen. Gegenstände sind hinreichend zu kennzeichnen, um Verwechselungen vorzubeugen.

- **Vollziehung (§ 111k Abs. 1 StPO)**

  Die Vollziehung (Durchführung) der Beschlagnahme obliegt der Staatsanwaltschaft und deren Ermittlungspersonen.

- **Sonderregelungen bei Beschlagnahme bei der Bundeswehr (§§ 111k, 98 Abs. 4 StPO)**

  Beschlagnahmen in Dienstgebäuden der Bundeswehr obliegen grundsätzlich der vorgesetzten Stelle der Bundeswehr.

Ergänzende Vorschriften über die Behandlung amtlich verwahrter Gegenstände enthalten die Nrn. 74–76 der Richtlinien für das Strafverfahren und das Bußgeldverfahren (RiStBV). Weitere Vorschriften über das (gerichtliche) Einziehungsverfahren enthalten die §§ 421–459o StPO. **1199**

Gemäß § 111b Abs. 2 gelten die §§ 102 bis 110 StPO entsprechend. Dies bedeutet, dass bei der Durchsuchung zur Auffindung von Einziehungsgegenständen die Verfahrensvorschriften für die Durchsuchungen beachtet werden müssen, vgl. dazu Rn. 933 ff . **1200**

5. Adressat

Die Einziehung richtet sich nach dem Wortlaut in den §§ 73, 74 StGB gegen den „Täter oder Teilnehmer", die Beschlagnahme als einziehungssichernde Maßnahme richtet sich gegen den Verdächtigten dieser Tat. Gemäß § 74 Abs. 3 StGB ist die Einziehung bei gefährlichen Gegenständen (§ 74 Abs. 2 Nr. 2 StGB) auch zulässig, wenn der Täter ohne Schuld gehandelt hat. Damit können als Sicherungsmaßnahme gefährliche Gegenstände auch bei Kindern beschlagnahmt werden.[388] **1201**

Nach § 73b StGB ist die Einziehung von Taterträgen auch bei Dritten zulässig. So kann nunmehr auch der Vertreter des eigentlichen Täters (§ 73b Abs. 1 Nr. 1 StGB) oder sein Erbe (§ 73b Abs. 1 Nr. 3 StGB) Adressat der Einziehung, somit auch der Beschlagnahme dazu sein. Schließlich können in diesem Zusammenhang auch Personen Adressat der Maßnahme sein, wenn der Gegenstand auf sie unentgeltlich bzw. bösgläubig übertragen wurde (Verschiebefälle), § 73b Abs. 1 Nr. 2 StGB. **1202**

6. Rechtsfolgen

Zulässige Rechtsfolge ist die Begründung eines amtlichen Herrschaftsverhältnisses durch Inverwahrungnahme (§ 111c Abs. 1 StPO) in der Form der Beschlagnahme. Die Beschlagnahme bewirkt gemäß § 111d Abs. 1 StPO zugleich ein gesetzliches Veräußerungsverbot i.S.d. § 136 BGB. Dies bedeutet, dass der Gegenstand nicht wirksam verkauft oder verpfändet werden kann. **1203**

---

387 Meyer-Goßner § 111e, Rn. 8.
388 Keller PSP 1/2012, 9 (12).

1204 Auch ein **Insolvenzverfahren** berührt die Wirksamkeit der Beschlagnahme nicht. Damit gewährleistet die Vorschrift den Bestand des Sicherungsrechts an dem inkriminierten Gegenstand im Fall der Eröffnung des Insolvenzverfahrens über das Vermögen der von der Beschlagnahmeanordnung betroffenen Person. Entgegen §§ 80, 88 InsO geht im Fall der Eröffnung des Insolvenzverfahrens das Recht des Schuldners, über die Sache zu verfügen, eben nicht auf den Insolvenzverwalter über. Die Sache bleibt beschlagnahmt.

	Tatbestand	Adressat	Anordnungsbefugnis	Verfahrensvorschriften
§§ 94, 98 StPO **Sicherstellung und Beschlagnahme von Beweismitteln**	Tatverdacht potenzielles Beweismittel potenzielle Verfahrensbedeutung bei Beschlagnahme: kein Beschlagnahmeverbot, §§ 96, 97, 148 StPO	Gewahrsamsinhaber	bei Sicherstellung: StA/Polizei bei Beschlagnahme: Gericht, bei GiV auch StA und ErmPers., (§ 98 StPO)	Bescheinigung (§ 107 StPO) Kennzeichnung (§ 109 StPO) Herausgabe (§ 111n StPO) zusätzlich bei Beschlagnahme: Belehrung über Beantragungsrecht richterl. Entscheidung (§ 98 Abs. 2 StPO) Einholung richterl. Bestätigung im Falle Beschlagnahme mit Widerspruch bei GiV Sonderregelungen bei Bundeswehr (§ 98 Abs. 4 StPO)
§§ 94 III, 111a StPO **Beschlagnahme von Führerscheinen**	Führerschein unterliegt der Einziehung: – dringende Gründe für die Entziehung der Fahrerlaubnis (§ 111a StPO) Gründe ergeben sich aus § 69 StGB: → rechtswidrige Tat → bei/im Zusammenhang mit Führen eines KFZ → Ungeeignetheit zum Führen eines KFZ	Gewahrsamsinhaber	bei Sicherstellung: StA/Polizei bei Beschlagnahme: Gericht, bei GiV auch StA und ErmPers., (§ 98 StPO)	Bescheinigung (§ 107 StPO) Herausgabe (§ 111a Abs. 5 StPO) zusätzlich bei Beschlagnahme: Belehrung über Beantragungsrecht richterl. Entscheidung (§ 98 II StPO) Einholung richterl. Bestätigung im Falle Beschlagnahme mit Widerspruch bei GiV (§ 98 Abs. 2 StPO)
§§ 111b, j StPO i.V.m. 73, 74 StGB **Beschlagnahme von Einziehungsgegenständen**	– Tatverdacht – Gründe für die Einziehung → bei Tatobjekten Gegenstand gehört dem Täter, steht ihm zu aus spez. Vorschriften → bei Tatprodukten, Tatmitteln aus § 74 StGB: vorsätzliche Tat Gegenstand gehört dem Täter, steht ihm zu → bei Taterträgen aus §§ 73, 73a StGB: rechtswidrige Tat etwas erlangt Sonderfall: § 76a IV StGB	Gewahrsamsinhaber oder Dritte	Gericht, bei GiV auch StA und ErmPers., (§ 111 j StPO) Einschränkungen bei Schriften (§ 111q StPO)	Bescheinigung (§ 107 StPO) Kennzeichnung (§ 109 StPO) Belehrung über Beantragungsrecht richterlicher Entscheidung (§ 111j Abs. 2, 98 II S. 5 analog StPO) Vollziehung: StA/ErmPers. (§ 111k StPO) Sonderregelung bei Bundeswehr (§ 111k, 98 Abs. 4 StPO)

Abbildung 3.76: Übersicht zur den Tatbeständen der strafprozessualen Sicherstellung und Beschlagnahme

IV. Sicherstellung (§ 43 PolG)

- *Aufsatz-Literatur: Braun/Keller, PSP 4/2016, 3 (Polizeiliche Sicherstellung und Beschlagnahme – Teil 6); Anders, Die Polizei 2016, 139 (Beschlagnahmeverfügung zur Bereitstellung von Wohnraum für Asylbewerber auf Grundlage der polizeilichen Generalklausel?); Bialon, Polizeiinfo 6/2015, 15 (Sicherstellung von Bargeld als präventiv polizeiliche Maßnahme).*
- *Leitentscheidungen: BVerfG NVwZ 2012, 239 (Eingriff in Art. 14 GG bei der Sicherstellung von Bargeld); BVerwGE 109, 203 (Sicherstellung von Film- und Fotoaufnahmen polizeilicher Maßnahmen); OVG Bautzen NJW 2016, 181 (Sicherstellung und Eigentümerinteresse); OVG Bremen NordÖR 2015, 26 (Bargeld als Gegenstand der Sicherstellung); VGH München NVwZ-RR 2014, 522 (dto.); OVG Lüneburg NdsVBl 2013, 172 (dto.); OVG Bremen NJW 2010, 168 (Sicherstellung eines Hundes wegen fortdauernder unzumutbarer Lärmbelästigung); OVG Bautzen SächsVBl 2008, 89 (Sicherstellung des Fotoapparats eines Pressefotografen bei Störung polizeilicher Amtsausübung).*
- *Übungsfälle: Keller, PSP 1/2014, 23 (Klausur Eingriffsrecht: Standardmaßnahmen, Zwang, Kunsturheberrechtsgesetz [KUG]).*

Sicherstellung (§ 43 PolG)

1. **Tatbestandsvoraussetzungen**
   - § 43 Abs. 1 Nr. 1 PolG: gegenwärtige Gefahr oder
   - § 43 Abs. 1 Nr. 2 PolG: um Eigentümer oder rechtmäßigen Inhaber der tatsächlichen Gewalt vor Verlust oder Beschädigung einer Sache zu schützen oder
   - § 43 Abs. 1 Nr. 3 PolG
     - Person wird nach PolG oder anderen Rechtsvorschriften festgehalten und
     - führt Sache mit, die verwendet werden kann,
       - sich zu töten oder zu verletzen (a)
       - Leben oder Gesundheit anderer zu schädigen (b)
       - fremde Sachen zu beschädigen (c)
       - die Flucht zu ermöglichen oder zu erleichtern (d)
2. **Maßnahmenspezifische Verfahrensvorschriften**
   - Durchführung durch jeden Polizeibeamten
   - Inverwahrungnahme (§ 44 Abs. 1 PolG)
   - Bescheinigung (§ 44 Abs. 2 PolG)
   - Verzeichnis und Kennzeichnung (§ 44 Abs. 4 PolG)
3. **Adressat**
   - Inhaber der tatsächlichen Gewalt
4. **Rechtsfolgen**
   - Sicherstellung
   - Inverwahrungnahme

Gefahr ist eine Sachlage, in der bei hinreichender Wahrscheinlichkeit ein Schaden an den geschützten Rechtsgütern eintreten wird.

Gegenwärtig ist eine Gefahr, wenn der Schaden bereits eingetreten (und noch nicht behoben) ist bzw. wenn der Schadenseintritt zeitlich unmittelbar bevorsteht.

Mit sich führt jemand eine Sache, wenn sie mit der Möglichkeit eines unmittelbaren Zugriffs am Körper oder in der am Körper getragenen Kleidung aufbewahrt wird.

Abbildung 3.77: Schema zur Sicherstellung (§ 43 PolG)

… 3. Teil • Eingriffsbefugnisse

1. Überblick

1205 § 43 PolG gestattet der Polizei die Sicherstellung einer beweglichen oder unbeweglichen Sache. Dabei entzieht die Polizei dem Inhaber der tatsächlichen Gewalt an einer Sache die unmittelbare Sachherrschaft und begründet eine eigene (Inverwahrungnahme). Zu beachten ist, dass die Begriffe im PolG und in der StPO unterschiedlich verwendet werden. Im Polizeigesetz ist lediglich von der Sicherstellung (§ 43 PolG) und der anschließenden Verwahrung (§ 44 PolG) die Rede; ob die Entziehung der Sachherrschaft ohne oder gegen den Willen des Berechtigten erfolgt, ist dabei unerheblich. Die StPO unterscheidet (z.B. in § 94 Abs. 1 und Abs. 2 StPO) zwischen der Sicherstellung als Oberbegriff und der Beschlagnahme als Entziehung gegen den Willen des (anwesenden) Berechtigten.

1206 Die Sicherstellung nach § 43 PolG muss stets mit der sog. Verwahrung nach § 44 PolG einhergehen. Damit erfolgt die Sicherstellung im Sinne einer Wegnahme einer Sache aufgrund von § 43 PolG (Aufhebung fremden Gewahrsams an einer Sache). Die anschließende Inverwahrungnahme wird auf § 44 PolG gestützt, auch wenn es sich dabei nicht um eine Ermächtigungsgrundlage im eigentlichen Sinne handelt. Das Zerstören einer gefährlichen Sache vor Ort ist daher keine Sicherstellung, weil eine anschließende Verwahrung nicht (mehr) in Betracht kommt. Die Verwahrung begründet ein sog. öffentlich-rechtliches (amtliches) Verwahrungsverhältnis, das entsprechend schuldrechtlichen Ansprüchen und Pflichtenstellungen aufgebaut ist. Dies bedeutet, dass das Land bei etwaigem Verlust oder Beschädigung bei unsorgsamer Behandlung auf Schadensersatz haftet. Das Verwahrungsverhältnis begründet mithin besondere Pflichten, die sich teilweise dem § 44 PolG unmittelbar entnehmen lassen.

1207 Die Sicherstellung ist daher nach der gesetzgeberischen Konzeption eine zweigliedrige Maßnahme, wobei sich die Rechtmäßigkeitsprüfung regelmäßig nur auf die eigentliche Sicherstellung bezieht. Ob die Verwahrung rechtmäßig durchgeführt wird, ist eine davon rechtlich zu trennende Frage. Ob die Sicherstellung als Verwaltungsakt einzuordnen ist, ist zweifelhaft. Nach herrschender Meinung ist zu unterscheiden, ob der Inhaber der tatsächlichen Gewalt anwesend ist (dann Herausgabeverlangen als Verwaltungsakt, sog. Sicherstellungsverfügung) oder ob er nicht anwesend ist bzw. kein Inhaber der tatsächlichen Gewalt ermittelbar ist (dann sog. adressatenneutrale Sicherstellung, die als Realakt eingeordnet wird, z.B. die Inverwahrungnahme eines herrenlosen Gepäckstücks am Bahnhof).

2. Grundrechtseingriffe

1208 Der Grundrechtseingriff ist umstritten. Teilweise wird lediglich die allgemeine Handlungsfreiheit nach Art. 2 Abs. 1 GG als beeinträchtigt betrachtet, weil die (jedenfalls vorübergehende) Sicherstellung lediglich die Verfügungsbefugnis berührt. Nach zutreffender Auffassung liegt aber im – nicht nur ganz vorübergehend erfolgenden – Entzug der Sache ein Eingriff in das Grundrecht auf Eigentum (Art. 14 Abs. 1 GG). Bei ersichtlich herrenlosen Sachen und Tieren liegt ein Grundrechtseingriff nicht vor. Ob die Sicherstellung und Versiegelung einer Wohnung in das Grundrecht aus Art. 13 Abs. 1 GG eingreift, kann nicht pauschal gesagt werden und ist im Einzelfall festzustellen; fehlt es an einer Beeinträchtigung der räumlichen Privatsphäre, ist das Grundrecht nicht betroffen.[389]

---

[389] VGH Mannheim DVBl. 1998, 96.

Sicherstellung (§ 43 PolG)

3. Tatbestandsvoraussetzungen

a) Abwehr einer gegenwärtigen Gefahr (§ 43 Abs. 1 Nr. 1 PolG)

§ 43 PolG enthält mehrere tatbestandliche Varianten. Eine Sache kann zunächst sichergestellt werden, um eine gegenwärtige Gefahr abzuwehren. Gegenwärtig ist eine Gefahr (zum Begriff Rn. 147 ff.), wenn der Schaden bereits eingetreten (und noch nicht behoben) ist bzw. wenn der Schadenseintritt zeitlich unmittelbar bevorsteht. 1209

Kontrovers diskutiert wird die Frage, ob der Tatbestand des § 43 Abs. 1 Nr. 1 PolG unter Einschränkung des Wortlauts so ausgelegt werden muss, dass die Gefahr von der sichergestellten Sache ausgehen oder ihr drohen muss. Nach verbreiteter Auffassung genügt jede Gefahr, also auch eine solche, die keinerlei Bezug zu der Sache aufweist. Diese Ansicht vermag deshalb nicht zu überzeugen, weil die nach § 44 PolG zwingend vorgeschriebene Inverwahrungnahme unnötig ist, wenn die Sache nicht gefährlich oder ihrerseits gefährdet ist. Dies spricht dafür, die Intention des Gesetzgebers so zu deuten, dass nicht jegliche Gefahrenlage zu einer Sicherstellung legitimieren soll. Dafür spricht auch, dass die Nummern 2 und 3 den Eigentümer bzw. berechtigten Inhaber der tatsächlichen Gewalt vor einem Verlust oder einer Beschädigung der Sache schützen (gefährdete Sache, Nr. 2) bzw. eine Sache, die zu den in Buchstaben a)–d) genannten Handlungen dienen kann, aus dem Verkehr ziehen soll (gefährliche Sache, Nr. 3). Andererseits wäre es für den Gesetzgeber ein Leichtes gewesen, diese Einschränkung in den Wortlaut Gesetz aufzunehmen. Ist also z.B. der Besitz einer Sache verboten, liegt dies meist daran, dass diese in irgendeiner Weise selbst gefährlich ist. Zu unterschiedlichen Ergebnissen kommt man im Zusammenhang mit diesem Streit, wenn es um die Sicherstellung von Fahrzeugschlüsseln bei alkoholisierten Fahrzeugführern geht. Da von den Schlüsseln selbst keine Gefahr ausgeht und ihnen auch keine Gefahr droht, wäre bei einschränkender Auslegung der Nummer 1 eine Sicherstellung auf der Grundlage dieser Norm nicht möglich. 1210

b) Schutz des Eigentümers bzw. des rechtmäßigen Inhabers der tatsächlichen Gewalt vor Verlust oder Beschädigung der Sache (§ 43 Abs. 1 Nr. 2 PolG)

Nach § 43 Abs. 1 Nr. 2 PolG ist eine Sicherstellung zulässig, um den Eigentümer oder rechtmäßigen Inhaber der tatsächlichen Gewalt vor Verlust oder Beschädigung der Sache zu schützen. Die Formulierung „um" deutet darauf hin, dass die Polizei bei der Sicherstellung dem wirklichen bzw. dem mutmaßlichen Willen des Eigentümers entsprechen muss; die Maßnahme muss also objektiv dazu geeignet sein, vor Verlust oder Beschädigung zu schützen. In der Praxis werden häufig abhanden gekommene Gegenstände nach dieser Variante sichergestellt, ebenso z.B. Kraftfahrzeuge nach Unfällen, Vandalismus oder sonstigen Unglücksfällen. 1211

> **Beispiel**
> Die Polizeibeamten P und Q treffen bei ihrem Streifengang auf ein Luxusauto, dessen Seitenscheibe eingeschlagen worden ist. Sie lassen das Fahrzeug abschleppen, um es vor weiteren Beschädigungen und einem drohenden Diebstahl zu schützen.[390]

Nach zutreffender Auffassung kommt auch eine Sicherstellung von Bargeld in Betracht, wenn mit einer hohen Wahrscheinlichkeit davon ausgegangen werden kann, dass es nicht dem gegenwärtigen Besitzer gehört, und sich Anhaltspunkte dafür finden lassen, wer der rechtmäßige Eigentümer ist. Ist davon auszugehen, dass dieser nicht gefunden werden kann, 1212

---
390 Vgl. OLG Hamm NZV 1998, 374.

liegt ein Fall der sog. präventiven Gewinnabschöpfung vor, deren rechtliche Zulässigkeit kontrovers diskutiert wird.[391]

c) Schutz vor einer missbräuchlichen Verwendung mitgeführter Sachen (§ 43 Abs. 1 Nr. 3 PolG)

1213 Nach § 43 Abs. 1 Nr. 3 PolG können bei einer Person, die von der Polizei festgehalten wird, Sachen sichergestellt werden, wenn diese von der Person mitgeführt werden und zu den in den Buchstaben a)–d) aufgezählten Handlungen verwendet werden können. Das Festhalten meint eine Freiheitsbeschränkung auf der Grundlage des PolG (z.B. § 35, § 10 Abs. 3, § 12 Abs. 2 Satz 3 PolG) oder einer anderen Rechtsvorschrift (z.B. § 127 Abs. 1 oder 2, § 163b StPO). Entgegen dem Wortlaut genügt es nicht, wenn die Person faktisch festgehalten wird. Sie muss auch festgehalten werden dürfen, so dass die Voraussetzungen der jeweiligen Ermächtigungsnorm erfüllt sein müssen. Das Festhaltendürfen reicht andererseits aber auch nicht aus; es muss bereits tatsächlich mit dem Festhalten begonnen worden sein. Mit sich führt jemand eine Sache, wenn sie mit der Möglichkeit eines unmittelbaren Zugriffs am Körper oder in der am Körper getragenen Kleidung aufbewahrt wird.

1214 Die mitgeführte Sache muss von der festgehaltenen Person verwendet werden können, sich zu verletzen oder zu töten (Nr. 3 Buchst. a), Leben oder Gesundheit anderer zu schädigen (Nr. 3 Buchst. b), fremde Sachen zu beschädigen (Nr. 3 Buchst. c) oder die Flucht zu ermöglichen oder zu erleichtern (Nr. 3 Buchst. d). Diese Varianten eröffnen ein breites Spektrum sicherstellungsfähiger Gegenstände: Waffen wie insbesondere Messer, gefährliche Werkzeuge, Feuerzeuge, Rasierklingen, Feilen, Scheren, Gürtel, Schnürsenkel, zu Stricken verarbeitbare Kleidungsstücke etc. Dass die Person bereits Anstalten macht, die Sache zu diesen Zwecken zu verwenden, ist nicht erforderlich; die abstrakte Eignung im konkreten Einzelfall genügt.

4. Maßnahmenspezifische Verfahrensvorschriften

1215 Die Sicherstellung (und die Inverwahrungnahme) können von jedem Polizeibeamten durchgeführt werden. Als Durchführungsbestimmungen sind die §§ 44 ff. PolG zu beachten. Dabei ist zu berücksichtigen, dass es sich bei den Vorschriften über die Verwahrung, Verwertung und Vernichtung um Bestimmungen handelt, die von den Polizeibehörden im Nachgang der Sicherstellung zu beachten sind. Die Rechtmäßigkeit der Sicherstellung beeinflusst die Beachtung dieser Normen mit wenigen Ausnahmen nicht. Als Verfahrensbestimmungen lassen sich nur einzelne Vorschriften ausmachen:

1216 Nach § 44 Abs. 1 Satz 1 PolG sind sichergestellte Sachen in Verwahrung zu nehmen. Dies kann bei der Polizei erfolgen (Asservatenkammer). Wenn die Beschaffenheit der Sachen dies nicht zulässt oder wenn die Verwahrung bei der Polizei unzweckmäßig erscheint, können die Sachen auch auf andere geeignete Weise aufbewahrt oder gesichert werden (Satz 2). Nach Satz 3 kann die Verwahrung auch einem Dritten übertragen werden.

> **Beispiel**
> Zur Abwehr einer von ihr ausgehenden Gefahr soll eine Wohnung sichergestellt werden; die Sicherstellung kann sich auf auch unbewegliche Sachen beziehen. Die Inverwahrungnahme erfolgt dann durch Verschluss und Versiegelung der Wohnung, ggf. durch den Einsatz einer Wache.

---

391 Vgl. OVG Lüneburg, Beschluss vom 8.2.2011, 11 LA 6/11; Söllner, NJW 2009, 3339; Hunsicker, NordÖR 2009, 62; offen gelassen in BVerfG NVwZ 2012, 239.

Sicherstellung (§ 43 PolG)

Nach § 44 Abs. 2 Satz 1 PolG ist der betroffenen Person eine Bescheinigung auszustellen, die den Grund der Sicherstellung erkennen lässt und die sichergestellten Sachen bezeichnet. Wenn eine solche Bescheinigung nach den Umständen des Einzelfalls nicht ausgestellt werden kann (weil etwa der Betroffene nicht anwesend ist), so muss die Polizei nach Satz 2 eine Niederschrift über die Sicherstellung aufnehmen, die auch erkennen lässt, warum eine Bescheinigung nicht ausgestellt worden ist. Nach Satz 3 ist der Eigentümer oder der rechtmäßige Inhaber der tatsächlichen Gewalt unverzüglich zu unterrichten.

1217

Verwahrte Sachen sind so aufzubewahren, dass einer Wertminderung vorgebeugt wird, sofern die Sache nicht durch einen Dritten auf Verlangen einer berechtigten Person verwahrt wird (§ 44 Abs. 3 PolG). Die Sachen sind nach Absatz 4 zu verzeichnen und so zu kennzeichnen, dass Verwechslungen vermieden werden.

1218

§ 45 PolG ist keine Verfahrensbestimmung für die Sicherstellung und die Inverwahrungnahme, sondern regelt Voraussetzungen und Verfahren für die Verwertung bzw. die Vernichtung der Sache. In § 46 PolG ist normiert, wann, unter welchen Voraussetzungen und auf welche Weise die verwahrten Sachen an den Berechtigten herauszugeben sind.

1219

5. Adressat

Die Sicherstellung und Inverwahrungnahme richten sich gegen den Eigentümer der Sache bzw. gegen den (berechtigten) Inhaber der tatsächlichen Gewalt. Bei herrenlosen Sachen fehlt es an einem Adressaten (adressatenneutrale Sicherstellung); im Regelfall liegt dann aber auch schon kein Grundrechtseingriff vor.

1220

6. Rechtsfolgen

Rechtsfolge der §§ 43, 44 PolG ist die Sicherstellung einer Sache, also die Beendigung des Gewahrsams des Eigentümers oder des berechtigten Inhabers der tatsächlichen Gewalt, unter Begründung neuen Gewahrsams der Polizei oder einer von ihr beauftragten Person. Die Sache darf damit nicht im Gewahrsam des Betroffenen verbleiben.[392] Die Vorschrift ermächtigt und verpflichtet die Polizei zudem dazu, die sichergestellten Sachen in Verwahrung zu nehmen bzw. auf andere Weise aufzubewahren bzw. aufbewahren zu lassen, mithin andere auf Dauer von jeder Zugriffs- und Einwirkungsmöglichkeit auf die Sache auszuschließen.

1221

---

[392] OVG Münster NVwZ-RR 1991, 556.

L. Festnahme und Vollstreckung von Haftbefehlen, Ingewahrsamnahme

- *Aufsatz-Literatur: Graf, JA 2012, 262 (Die Untersuchungshaft); Paeffgen, NStZ 2010, 257 (Übersicht über die [ober-]gerichtliche Rechtsprechung in Haft-Sachen – Teil 2).*
- *Leitentscheidungen: BVerfGE 19, 342 (Wencker-Beschluss zur Verhältnismäßigkeit bei Untersuchungshaft).*

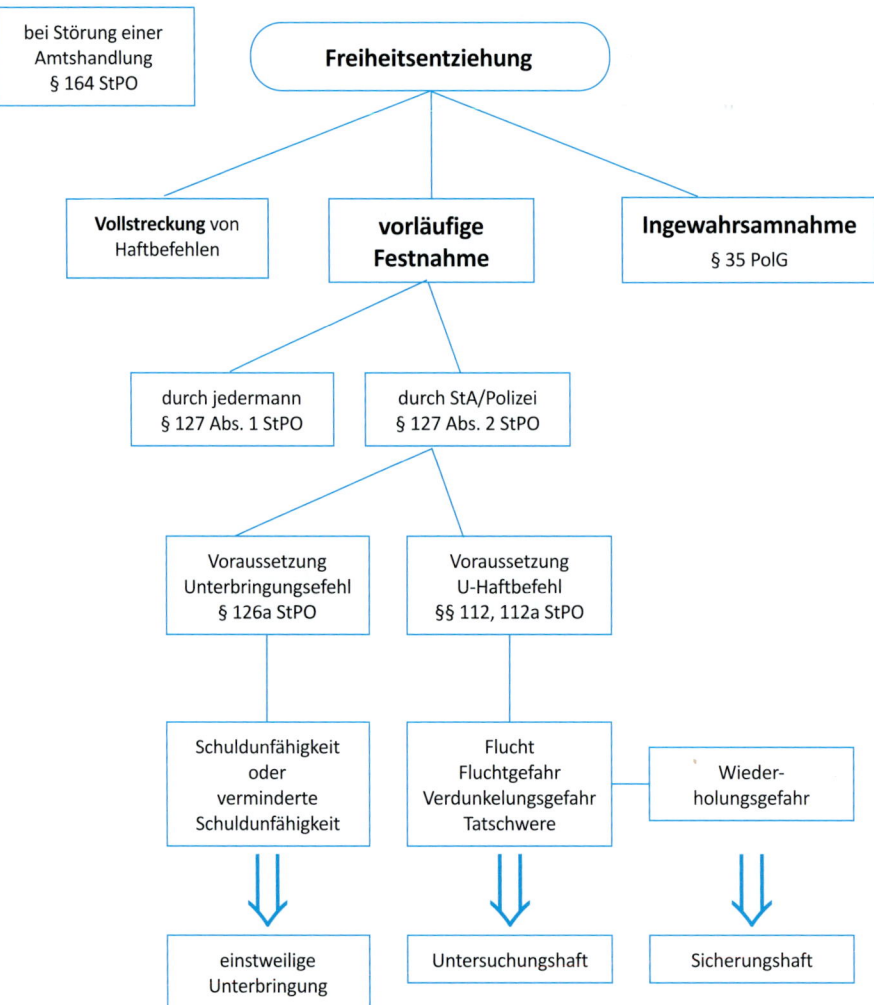

Abbildung 3.78: Übersicht zu den Formen der Freiheitsentziehung

1222 Bei Haftanordnungen muss stets zwischen dem Freiheitsanspruch des noch als unschuldig geltenden Beschuldigten und dem Erfordernis abgewogen werden, ihn im Interesse einer wirksamen Strafverfolgung vorläufig in Haft zu nehmen. Denn die Untersuchungshaft ist mit der durch Art. 6 Abs. 2 EMRK garantierten Unschuldsvermutung nur schwer in Einklang zu

Festnahme und Vollstreckung von Haftbefehlen, Ingewahrsamnahme

bringen. Ihre Verfassungsmäßigkeit ist zwar unbestritten, dem Verhältnismäßigkeitsgrundsatz kommt jedoch eine ganz besondere Bedeutung zu. In dem Rechtsinstitut der Untersuchungshaft wird das Spannungsverhältnis zwischen dem in Art. 2 Abs. 2 und Art. 104 GG gewährleisteten Recht des Einzelnen auf persönliche Freiheit und den unabweisbaren Bedürfnissen einer wirksamen Strafverfolgung deutlich sichtbar.[393]

1223 Die vorläufige Festnahme gemäß § 127 StPO dient der Herbeiführung eines Untersuchungshaft- bzw. Unterbringungsbefehls.

1224 Die Zahl der Untersuchungsgefangenen lag im Jahre 2000 bundesweit noch bei 17.524 Personen. Zum Stichtag 31.12.2019 lag die Zahl bei 13.016. In Bayern ist bundesweit die Zahl der U-Haftgefangenen am höchsten. Im Dezember 2019 waren dort 2.965 Personen in U-Haft, dicht gefolgt von NRW mit 2.734 U-Häftlingen.[394]

1225 Besteht bereits ein Haftbefehl, der nur noch vollstreckt werden muss, so wird der Betreffende bei Antreffen „verhaftet". Zuständig für die Vollstreckung von gerichtlichen Haftbefehlen ist gemäß § 36 Abs. 2 Satz 1 StPO die Staatsanwaltschaft, die sich dafür der Polizei bedient. Wird der Haftbefehl durch die Staatsanwaltschaft als Vollstreckungsbehörde erlassen, ist sie zuständig nach §§ 451, 457 Abs. 2 StPO.

---

393 Vgl. BVerfGE 19, 342.
394 Statistisches Bundesamt, Bestand der Gefangenen und Verwahrten in den deutschen Justizvollzugsanstalten, Stand: 7.4.2020; www.destatis.de, abgerufen am 8.4.2020.

3. Teil • Eingriffsbefugnisse

I. Vorläufige Festnahme durch jedermann (§ 127 Abs. 1 StPO)

- Aufsatz-Literatur: Paeffgen, NStZ 2010, 257 (Übersicht über die [ober-]gerichtliche Rechtsprechung in Haft-Sachen – Teil 2); Pewestorf, JA 2009, 43 (Die Berufung des Amtsträgers auf die Jedermannrechte); Meyer-Mews, JA 2006, 206 (Festnahmerecht – Ein Überblick); Kargl, NStZ 2000, 8 (Inhalt und Begründung der Festnahmebefugnis nach § 127 I StPO).
- Leitentscheidungen: BGH NStZ-RR 2007, 303 (Grenzen des Festnahmerechts); OLG Koblenz VR 2009, 32 (§ 127 Abs. 1 Satz 1 StPO gilt auch für Polizeibeamte während ihres Dienstes).
- Übungsfälle: Neubauer/Bachmann, JA 2010, 711 (Ein Jurastudent auf Verbrecherjagd); Hapkemeyer, Kriminalistik 2001, 367 (Klausur mit Lösung im Fach Eingriffsrecht).

Vorläufige Festnahme durch jedermann (§ 127 Abs. 1 StPO)	
1. Tatbestandsvoraussetzungen – auf frischer Tat betroffen *oder* – verfolgt und – Fluchtverdacht *oder* – IDF nicht sofort feststellbar **2. Maßnahmenspezifische Verfahrensvorschriften** – Anordnungskompetenz – jedermann, auch StA/Polizei in dienstlicher Funktion – Information über Beschuldigung und Gründe der Festnahme, Belehrung, Angehörigenverständigung (§ 127 Abs. 4 i.V.m. §§ 114a–114c StPO) – unverzügliche Richtervorführung (§ 128 StPO) – Festnahmedauer, Art. 104 Abs. 2 GG; max. bis zum Ende des nächsten Tages **3. Adressat** – Verdächtiger **4. Rechtsfolgen** – vorläufige Festnahme	**Tatverdacht** ist gegeben, wenn zureichende tatsächliche Anhaltspunkte auf eine verübte Straftat hindeuten. **Verdächtiger** ist derjenige, bei dem Anhaltspunkte bestehen, er könne Täter oder Teilnehmer einer verfolgbaren Straftat sein. **Auf frischer Tat betroffen** wird, wer bei Begehung einer rechtswidrigen Tat oder unmittelbar danach am Tatort oder in dessen unmittelbarer Nähe gestellt wird. **Verfolgung auf frischer Tat** liegt vor, wenn sich der Täter bereits vom Tatort entfernt hat, sichere Anhaltspunkte aber auf ihn als Täter hinweisen und seine Verfolgung zum Zwecke seiner Ergreifung aufgenommen wird. **Fluchtverdacht** liegt vor, wenn nach den erkennbaren Umständen des Falles die Annahme gerechtfertigt ist, der Betroffene werde sich der Verantwortung durch die Flucht entziehen, wenn er nicht alsbald festgenommen wird.

Abbildung 3.79: Schema zur vorläufigen Festnahme durch jedermann (§ 127 Abs. 1 StPO)

1. Überblick

1226 § 127 Abs. 1 StPO gibt jedem das Recht, eine Person vorläufig festzunehmen. In dieser Hinsicht ist die Vorschrift in erster Linie ein strafprozessualer Rechtfertigungsgrund für die strafbewehrte Freiheitsentziehung, § 239 StGB (Freiheitsberaubung). § 127 Abs. 1 StPO ist

Vorläufige Festnahme durch jedermann (§ 127 Abs. 1 StPO)

neben § 127 Abs. 2 StPO aber auch eine Eingriffsermächtigung für Polizeibeamte.[395] Die Vorschrift hat in dieser Hinsicht jedoch keine wesentliche eigenständige Bedeutung, da § 163b Abs. 1 StPO (für die Identitätsfeststellung) und § 127 Abs. 2 StPO (bei Fluchtgefahr) als leges speciales vorgehen.

Insofern gilt: Ist eine auf frischer Tat betroffene Person den Strafverfolgungsbeamten nicht bekannt, so richtet sich deren Ergreifen nach § 163b Abs. 1 StPO. Sind die Person und das Vorliegen von Haftgründen bekannt, so ist § 127 Abs. 2 StPO einschlägig. Damit kann § 127 Abs. 1 StPO als polizeiliche Eingriffsermächtigung nur bei bekannten Personen relevant sein, bei denen das Vorliegen von Haftgründen – noch – fraglich ist.

Da gegen Kinder kein Strafverfahren betrieben werden kann, kann deren Festnahme nach h.M. nicht durch § 127 Abs. 1 StPO gerechtfertigt werden (vgl. im Einzelnen Rn. 1234).

2. Grundrechtseingriffe

Durch Festnahmen wird in das durch Art. 2 Abs. 2 Satz 2 GG garantierte Recht auf Freiheit der Person eingegriffen.

3. Tatbestandsvoraussetzungen

a) Auf frischer Tat betroffen oder verfolgt

Erforderlich ist eine begangene oder versuchte Straftat, eine Ordnungswidrigkeit reicht nicht aus. Nach h.M. reicht der bloße Tatverdacht aus.[396] Nimmt der Festnehmende irrig an, es läge eine Straftat vor, ist er trotzdem gerechtfertigt.

> **Beispiel**
> Polizeikommissar A sieht den Jugendlichen J mit einem neu verpackten Handy aus einem Handyladen laufen. Er hält ihn fest, da er glaubt, J hätte das Handy entwendet. Tatsächlich hatte J ordnungsgemäß bezahlt und sich nur beeilt, um den nächsten Bus zu erreichen.

Nach h.M. ist A gemäß § 127 Abs. 1 StPO gerechtfertigt. Mangels rechtswidrigen Angriffs ist eine Notwehrhandlung des Jugendlichen nicht zulässig. Dieser Meinung nach ist § 127 Abs. 1 StPO ein starkes Recht, das Risiko der Falscheinschätzung hat also der Festgenommene zu tragen. Die Gegenmeinung hält einen Tatverdacht für nicht ausreichend, sondern fordert das tatsächliche Vorliegen einer rechtswidrigen Tat. Demnach wäre im Beispielsfall A zwar nicht gerechtfertigt, aber aufgrund seines Erlaubnistatumstandsirrtums (häufig auch unpräzise Erlaubnistatbestandsirrtum genannt) auch nicht strafbar. Nach dieser Ansicht wäre aber Notwehr des Jugendlichen zulässig, weil ein rechtswidriger gegenwärtiger Angriff vorliegt. Kriminalpolitische Erwägungen sprechen dafür, das Irrtumsrisiko dem Verdächtigen aufzubürden. Ansonsten besteht die Gefahr, dass aus Angst vor einer möglichen Strafbarkeit das Festnahmerecht nach § 127 Abs. 1 StPO leerläuft und der gesellschaftliche Solidaritätsgedanke weiter abnimmt.

b) Fluchtverdacht

Ausreichend sind nachvollziehbare Gründe, die dafür sprechen, dass sich der Betroffene der Verantwortung entziehen werde. Die engeren Voraussetzungen der Fluchtgefahr i.S.v. § 112 Abs. 2 Nr. 2 StPO müssen nicht vorliegen.[397]

---

[395] Meyer-Goßner/Schmitt, StPO, § 127 Rn. 1; Joecks, StPO, § 127 Rn. 5; a.A.: HdP-Frister, Kap. G Rn. 173 f.
[396] BGH NJW 1981, 745; a. A. Meyer-Goßner/Schmitt, StPO, § 127 Rn. 4.
[397] Meyer-Goßner/Schmitt, StPO, § 127 Rn. 10; Joecks, StPO, § 127 Rn. 7.

4. Maßnahmenspezifische Verfahrensvorschriften

1233 Anordnungsbefugt ist „jedermann", somit auch jeder Staatsanwalt/Polizeibeamte in dienstlicher Funktion. Dies ergibt sich aus dem Wortlaut der Vorschrift, indem in § 127 Abs. 2 StPO eine Erweiterung des Festnahmerechts („... auch dann ...") für die Staatsanwaltschaft und Beamte des Polizeidienstes normiert ist. Gemäß § 127 Abs. 4 StPO sind die §§ 114a–114c StPO entsprechend anwendbar.

5. Adressat

1234 Die Maßnahme richtet sich gegen den Tatverdächtigen. Da Kinder keine Tatverdächtige i.S.d. Strafprozessordnung sind, kann sich die Maßnahme nicht gegen sie richten.[398] Zwar wird zum Teil die Auffassung vertreten, dass Kinder festgenommen werden dürfen, um die Personalien der Aufsichtpflichtigen festzustellen und zu klären, ob sich Dritte als unmittelbare Täter strafbar gemacht haben. Hierbei wird aber übersehen, dass Zweck des § 127 StPO ist, dem Täter der Strafverfolgung zuzuführen, der bei Kindern nicht realisiert werden kann.[399]

6. Rechtsfolgen

1235 § 127 Abs. 1 StPO gestattet die Freiheitsentziehung der Person. Jedermann ist damit auch gestattet, den Festgenommenen vorübergehend in der Privatwohnung zu verwahren[400] oder ihn zur nächsten Polizeiwache zu bringen.[401] Zur Festnahme erforderliche körperliche Gewalt ist ebenfalls von der Rechtsfolge des § 127 StPO gedeckt.

---

398 Joecks, StPO, § 127 Rn. 2, KK-Boujong, StPO, § 127 Rn. 8; s. Rn 1085.
399 Ellbogen/Wichmann, Jus 2007, 114 m.w.N.; Pfeiffer, StPO, § 127 Rn. 2.
400 Joecks, StPO, § 127 Rn. 8 mit Hinweis auf KG JR 1971, 30.
401 Meyer-Goßner/Schmitt, StPO, § 127 Rn. 12.

II. Vorläufige Festnahme zur Untersuchungshaft (§ 127 Abs. 2 i.V.m. §§ 112, 112a StPO)

- *Aufsatz-Literatur: Graf, JA 2012, 262 (Die Untersuchungshaft); Nobis, StraFo 2012, 45 („U-Haft schafft Fakten" – Verteidigung gegen Untersuchungshaft); Köhne, JR 2011, 198 (Die gesetzliche Regelung des Untersuchungshaftvollzugs); Paeffgen, NStZ 2010, 200 (Übersicht über die [ober-] gerichtliche Rechtsprechung in Haft-Sachen); Huber, JuS 2009, 994 (Grundwissen – Strafprozessrecht: Die Anordnung von Untersuchungshaft); Melzer, JA 2009, 213 (Der Untersuchungshaftantrag in Klausur und Praxis); Grau, NStZ 2007, 10 (Der Haftgrund der Fluchtgefahr bei Beschuldigten mit ausländischem Wohnsitz).*
- *Leitentscheidungen: BVerfGE 19, 342 („Wencker-Beschluss": Verhältnismäßigkeit von Haftentscheidungen); KG Berlin StRR 2012, 155 (ausführlich zur Fluchtgefahr); OLG Thüringen StV 2009, 151 (Voraussetzungen des Haftgrundes der Wiederholungsgefahr).*
- *Übungsfälle: Keller/Braun, Kriminalistik 2012, 261 (Der praktische Fall: Heimliches Betreten von Wohnungen zwecks Risikominimierung vor einer Festnahme); Glossner, JuS 2012, 162 ([Original-] Assessorklausur – Strafrecht: Anwaltsklausur – Ein problematischer Bruder); Rackow, JA 2011, 23 („Die [folgenschwere] Harzreise"); Hellmann, JuS 1999, 264 (Der praktische Fall – Strafprozessrecht – Haftbefehle in Sachen G und K).*

Vorläufige Festnahme zur Untersuchungshaft (§ 127 Abs. 2, §§ 112, 112a StPO)

1. **Tatbestandsvoraussetzungen**
   - dringender Tatverdacht
   - Voraussetzungen eines Haftbefehls (§§ 112, 112a StPO)
     - dringender Tatverdacht
     - Haftgrund
     - Verhältnismäßigkeit
2. **Maßnahmenspezifische Verfahrensvorschriften**
   - Anordnungskompetenz
     - StA/Polizei bei GiV
   - Informationspflicht über Beschuldigung und Gründe der Festnahme (§ 127 Abs. 4 i.V.m. §§ 114a–114c StPO)
   - Belehrungspflichten über Richtervorführung, Beweisbeantragungen, Verteidigerkonsultation, Angehörigenbenachrichtigung, Dolmetscher, Konsulat, Angehörigenbenachrichtigung
   - Dauer (Art. 104 Abs. 2 GG)
   - unverzügliche Richtervorführung (§ 128 StPO)
3. **Adressat**
   - Beschuldigter
4. **Rechtsfolgen**
   - vorläufige Festnahme

Beschuldigter ist jede Person, gegen die im Rahmen eines Strafverfahrens wegen einer bestimmten Straftat ermittelt wird.

Gefahr im Verzuge liegt vor, wenn die Sicherung des Strafverfahrens durch Festnahme aufgrund der Verzögerung, die die Erwirkung der richterlichen Entscheidung mit sich bringen würde, gefährdet wäre.

Dringender Tatverdacht ist gegeben, wenn nach dem bisherigen Ermittlungsstand in seiner Gesamtheit eine große Wahrscheinlichkeit dafür besteht, dass der Beschuldigte als Täter oder Teilnehmer eine Straftat begangen hat.

Abbildung 3.80: Schema zur vorläufigen Festnahme zur Untersuchungshaft (§ 127 Abs. 2, §§ 112, 112a StPO)

3. Teil • Eingriffsbefugnisse

1. Überblick

1236 Die vorläufige Festnahme dient zur Ermöglichung der Untersuchungshaft und damit der Sicherstellung des Strafverfahrens.

2. Grundrechtseingriff

1237 Durch Festnahmen wird in das durch Art. 2 Abs. 2 Satz 2 i.V.m. Art. 104 GG garantierte Recht auf Freiheit der Person eingegriffen; es handelt sich um eine Freiheitsentziehung.

3. Tatbestandsvoraussetzungen

1238 Gemäß § 127 Abs. 2 StPO sind Grundvoraussetzung für die vorläufige Festnahme, dass dringender Tatverdacht besteht, die Voraussetzungen eines Haftbefehls vorliegen und die Anordnung verhältnismäßig ist.

a) Dringender Tatverdacht

1239 Zunächst muss dringender Tatverdacht bestehen. Dieser liegt vor, wenn nach dem bisherigen Ermittlungsergebnis in seiner Gesamtheit eine große Wahrscheinlichkeit dafür besteht, dass der Beschuldigte als Täter oder Teilnehmer eine Straftat begangen hat.[402] Der dringende Tatverdacht muss sich aus bestimmten Tatsachen herleiten, bloße Vermutungen reichen nicht aus. Der Unterschied zum hinreichenden Tatverdacht, der erforderlich ist für die Anklageerhebung, besteht in der Perspektive: Während der hinreichende Tatverdacht am Ende des Ermittlungsverfahrens steht, wird der dringende Tatverdacht regelmäßig im Rahmen des laufenden Strafverfahrens festzulegen sein.

b) Haftgründe (§§ 112, 112a StPO)

1240 Der Haftgrund der **Flucht** liegt vor, wenn der Beschuldigte flüchtig ist oder sich verborgen hält. Flüchtig ist derjenige, der seine Wohnung vor Tatbeginn, während oder nach der Tat aufgibt, ohne eine neue zu beziehen, oder sich in das Ausland mit der Folge absetzt, dass er für Ermittlungsbehörden und Gerichte unerreichbar und ihrem Zugriff auch hinsichtlich der zu erwartenden Strafvollstreckung entzogen ist.[403]

1241 **Fluchtgefahr** besteht, wenn es bei Würdigung der Umstände des Falles wahrscheinlicher ist, dass sich der Beschuldigte dem Strafverfahren entziehen wird, als dass er sich ihm zur Verfügung stellt.[404] Zur Beurteilung der Fluchtgefahr sind alle Umstände des Einzelfalls heranzuziehen. So können hohe Straferwartung, gute Fremdsprachenkenntnisse, fehlender fester Wohnsitz, fehlende familiäre oder berufliche Bindungen, Arbeitslosigkeit, Bezugspunkte in Ausland, unterschiedliche Staatsangehörigkeiten sowie Mittellosigkeit Indizien für Fluchtgefahr darstellen. Dagegen können besondere Krankheiten, Prominenz, hohes Alter und starke Bindungen sowie große Vermögenswerte gegen Fluchtgefahr sprechen.

1242 Bei der Prognoseentscheidung ist jede schematische Beurteilung anhand genereller Maßstäbe, insbesondere die Annahme, dass bei einer Straferwartung in bestimmter Höhe stets oder nie ein bedeutsamer Fluchtanreiz bestehe, unzulässig. Die zu erwartenden Rechtsfolgen allein können die Fluchtgefahr grundsätzlich nicht begründen; sie sind lediglich der Ausgangspunkt für die Erwägung, ob ein aus der Straferwartung folgender Fluchtanreiz unter Berücksichtigung aller sonstigen Umstände zu der Annahme führt, der Beschuldigte werde diesem

---
[402] BGH NJW 1992, 1975.
[403] Meyer-Goßner/Schmitt, StPO, § 127 Rn. 13.
[404] OLG Köln StV 1997, 647.

Vorläufige Festnahme zur Untersuchungshaft (§ 127 Abs. 2 i.V.m. §§ 112, 112a StPO)

wahrscheinlich nachgeben und flüchtig werden. Die Straferwartung beurteilt sich hierbei nicht ausschließlich nach der subjektiven Vorstellung des Beschuldigten. Ausgangspunkt ist vielmehr der Erwartungshorizont des Haftrichters, in dessen Prognoseentscheidung die subjektive Erwartung des Beschuldigten allerdings mit einzubeziehen ist. Auf dieser Grundlage sind die auf eine Flucht hindeutenden Umstände gegen diejenigen Tatsachen abzuwägen, die einer Flucht entgegenstehen. Je höher die konkrete Straferwartung ist, umso gewichtiger müssen die den Fluchtanreiz mindernden Gesichtspunkte sein.[405]

Verdunkelungsgefahr besteht, wenn das Verhalten des Beschuldigten den dringenden Verdacht begründet, er könne durch bestimmte Handlungen auf sachliche oder persönliche Beweismittel einwirken und dadurch die Ermittlung der Wahrheit erschweren.[406] Dieser Verdacht muss sich auf bestimmte Tatsachen im Verhalten des Beschuldigten begründen, die bloße Verdunkelungsmöglichkeit reicht nicht. **1243**

> Beispiele
> Zeuge Z gibt an, der Beschuldigte habe ihm für den Fall der belastenden Aussage Prügel angedroht.
> Der wegen Betruges beschuldigte B droht an, alle seine Firmenunterlagen zu verbrennen.

Hier sind ausreichende Tatsachen für Verdunkelungsgefahr gegeben.

Der **Haftgrund der schweren Straftat** lässt Haft bei bestimmten, die Öffentlichkeit besonders berührenden schweren Straftaten zu, wenn ein sonstiger Haftgrund nicht besteht. Diese Straftaten sind: **1244**

- § 6 Abs. 1 Nr. 1 des Völkerstrafgesetzbuches
- §§ 129a, 129b StGB (Bildung terroristischer Vereinigungen)
- §§ 211, 212 StGB (Mord, Totschlag)
- § 226 StGB (schwere Körperverletzung)
- §§ 306b, 306c StGB (besonders schwere Brandstiftung, Brandstiftung mit Todesfolge)
- § 308 Abs. 1–3 StGB (Herbeiführen einer Sprengstoffexplosion, wenn dadurch Gefahr für Leib oder Leben entstanden ist)

Nach der Grundsatzentscheidung des Bundesverfassungsgerichts ist § 112 Abs. 3 StPO verfassungskonform auszulegen. Der Haftgrund der schweren Straftat darf nur angenommen werden, wenn Umstände vorliegen, die die Gefahr begründen, dass ohne Festnahme des Beschuldigten die alsbaldige Aufklärung und Ahndung der Tat gefährdet sein könnte. Ausreichend kann schon die zwar nicht mit bestimmten Tatsachen belegbare, aber nach den Umständen des Falles doch nicht auszuschließende Flucht- oder Verdunkelungsgefahr sein.[407] Allein der Umstand, dass der Beschuldigte eine der schweren Taten verübt, darf U-Haft nicht begründen. **1245**

§ 112a StPO konstituiert die Sicherungshaft als subsidiärer Haftgrund bei Taten, denen **Wiederholungsgefahr** innewohnt bzw. bei denen sie sich durch fortgesetzte Begehung ergibt. Die sich aus § 112a Abs. 2 StPO ergebene Subsidiarität dieses Haftgrundes gebietet, immer zuerst die anderen Haftgründe zu prüfen. **1246**

Bei den in § 112a Abs. 1 Nr. 1 StPO genannten Taten (Sexualdelikte und schwere Fälle der Nachstellung) reicht schon die einmalige Begehung. In diese Kategorie erst 2007 aufgenom- **1247**

---
405 KG Berlin StRR 2012, 155.
406 Joecks, StPO, § 127 Rn. 21.
407 BVerfGE 19, 342.

men wurde die sog. Deeskalationshaft bei qualifizierten Fällen von Stalking nach § 238 Abs. 2 und 3 StGB, die ebenfalls dem vorbeugenden Opferschutz dient.

1248 Die in § 112a Abs. 1 Nr. 2 StPO genannten Taten müssen dagegen wiederholt oder fortgesetzt begangen werden, um eine Wiederholungsgefahr zu begründen. Zudem muss eine Freiheitsstrafe von mehr als einem Jahr zu erwarten sein. Dazu kommen müssen aber in jedem Fall Tatsachen, die die Gefahr begründen, dass Straftaten gleicher Art begangen werden.

c) Verhältnismäßigkeit

1249 Der Verhältnismäßigkeitsgrundsatz ist bereits im Tatbestand des § 112 Abs. 1 StPO genannt, deshalb bei einer Prüfung auch im Rahmen des Tatbestands zu behandeln.

1250 Eine Lösung des Konflikts zwischen dem Strafverfolgungsanspruch des Staates einerseits und der durch Art. 6 Abs. 1 EMRK garantierten Unschuldsvermutung andererseits lässt sich nur erreichen, wenn den vom Standpunkt der Strafverfolgung aus erforderlich und zweckmäßig erscheinenden Freiheitsbeschränkungen ständig der Freiheitsanspruch des noch nicht verurteilten Beschuldigten als Korrektiv entgegengehalten wird. Dies bedeutet: Die Untersuchungshaft muss in Anordnung und Vollzug von dem Grundsatz der Verhältnismäßigkeit beherrscht werden; der Eingriff in die Freiheit ist nur hinzunehmen, wenn und soweit einerseits wegen dringenden auf konkrete Anhaltspunkte gestützten Tatverdachts begründete Zweifel an der Unschuld des Verdächtigen bestehen, andererseits der legitime Anspruch der staatlichen Gemeinschaft auf vollständige Aufklärung der Tat und rasche Bestrafung des Täters nicht anders gesichert werden kann als dadurch, dass der Beschuldigte vorläufig in Haft genommen wird.[408]

1251 Eine Konkretisierung des Verhältnismäßigkeitsgrundsatzes stellt § 113 StPO für leichtere Taten dar. Demnach darf Untersuchungshaft wegen Verdunklungsgefahr nicht angeordnet werden, wenn die in Rede stehende Tat nur mit Freiheitsstrafe bis zu sechs Monaten oder mit Geldstrafe bis zu 180 Tagessätzen bedroht ist. Unter den gleichen Voraussetzungen ist Untersuchungshaft wegen Fluchtgefahr nur anzuordnen, wenn der Beschuldigte sich dem Verfahren bereits einmal durch Flucht entzogen oder Anstalten zur Flucht getroffen hat oder in Deutschland keinen festen Wohnsitz oder Aufenthalt hat oder sich nicht ausweisen kann. Für die Untersuchungshaft bei Jugendlichen verlangt § 72 JGG eine besondere Verhältnismäßigkeitsprüfung. Dabei sind auch die besonderen Belastungen des Vollzuges für Jugendliche zu berücksichtigen.

4. Maßnahmenspezifische Verfahrensvorschriften

1252 Gemäß § 127 Abs. 2 StPO obliegt die Anordnung der vorläufigen Festnahme der Staatsanwaltschaft und den Beamten des Polizeidienstes unter der Voraussetzung, dass Gefahr im Verzuge vorliegt. Dies ist der Fall, wenn mit der Einholung einer richterlichen Entscheidung ein solcher Zeitverzug eintreten würde, der den Erfolg der Festnahme gefährden würde.

1253 Gemäß § 127 Abs. 4 StPO sind die §§ 114a–114c StPO entsprechend anwendbar:
- Analog § 114a StPO ist dem Betroffenen in einer ihm verständlichen Sprache mitzuteilen, welches die Gründe für die Festnahme sind und welche Beschuldigungen gegen ihn erhoben werden.

---

[408] BVerfGE 19, 342

Vorläufige Festnahme zur Untersuchungshaft (§ 127 Abs. 2 i.V.m. §§ 112, 112a StPO)

- Gemäß § 127 Abs. 4 i.V.m. § 114b StPO ist der Festgehaltene unverzüglich schriftlich darüber zu belehren, dass er
  - unverzüglich einem Richter vorzuführen ist,
  - das Recht hat, sich zur Beschuldigung zu äußern oder nicht zur Sache auszusagen,
  - zu seiner Entlastung einzelne Beweiserhebungen beantragen kann,
  - jederzeit, auch schon vor seiner Vernehmung, einen von ihm zu wählenden Verteidiger verlangen kann,
  - einen Angehörigen oder eine Person seines Vertrauens benachrichtigen kann, soweit der Zweck der Untersuchung dadurch nicht gefährdet wird.
  - Der Beschuldigte, der der deutschen Sprache nicht hinreichend mächtig ist, ist darauf hinzuweisen, dass er im Verfahren die unentgeltliche Hinzuziehung eines Dolmetschers verlangen kann. Ein ausländischer Staatsangehöriger ist darüber zu belehren, dass er die Unterrichtung der konsularischen Vertretung seines Heimatstaates verlangen und dieser Mitteilungen zukommen lassen kann. Entsprechende Belehrungsvordrucke in verschiedenen Sprachen sind in den Informationssystemen der Polizeibehörden vorrätig.
- Zudem ist der Person gemäß § 127 Abs. 4 i.V.m. § 114c Abs. 1 StPO Gelegenheit zu geben, einen Angehörigen zu benachrichtigen.
- Gemäß § 128 StPO ist der Festgenommene unverzüglich, spätestens am Tage nach der Festnahme, dem zuständigen Richter vorzuführen.
- Die vorläufige Festnahme darf maximal bis zum Ende des auf die Festnahme folgenden Tages andauern (Art. 104 Abs. 2 GG).

5. Adressat

Die Maßnahme richtet sich nur gegen Beschuldigte. Beschuldigter ist jede Person, gegen die sich das Strafverfahren richtet.[409] Sie wird schon zum Beschuldigten, wenn die Strafverfolgungsbehörden Ermittlungsmaßnahmen ergreifen, die erkennbar darauf abzielen, gegen sie wegen einer Straftat strafrechtlich vorzugehen (vgl. dazu auch § 397 Abs. 1 AO für Steuerstrafverfahren). Insofern ist der Beschuldigtenbegriff formell zu verstehen: Eine Person wird erst durch entsprechenden Willensakt der Strafverfolgungsbehörde zum Beschuldigten.[410] Die Stärke des Tatverdachtes ist dabei nicht relevant. Auch werden keine besonderen Anforderungen an den nach außen tretenden Willensakt gestellt, es reicht bereits jede konkrete Ermittlungshandlung gegen eine Person mit dem Willen der konkreten Strafverfolgung. Wichtig ist, dass das subjektive Element des Willens zur konkreten Strafverfolgung zur Ermittlungshandlung treten muss, um die Beschuldigteneigenschaft zu konstituieren.

6. Rechtsfolgen

§ 127 Abs. 2 StPO ermächtigt zur vorläufigen Festnahme. Damit ist der Freiheitsentzug maximal bis zum Ende des nächsten Tages gemeint. Zur Festnahme erforderliche körperliche Gewalt ist ebenfalls von der Rechtsfolge des § 127 StPO gedeckt.

1254

1255

---
409 BGHSt 10, 8 (12).
410 BGHSt 34, 138 (140).

III. Vorläufige Festnahme zur einstweiligen Unterbringung (§ 127 Abs. 2 i.V.m. § 126a StPO)

- *Aufsatz-Literatur: Polläehne/Ernst, StV 2009, 705 (Einstweilige Unterbringung und Beschleunigungsgebot).*
- *Leitentscheidungen: BGH NStZ 2008, 529 (Fortdauer einstweiliger Unterbringung nach U-Haft).*
- *Übungsfall: Kinzig/Baur/Esperschidt, JuS 2011, 154 (Schwerpunktbereichsklausur – Strafrechtspflege und Kriminologie).*

Vorläufige Festnahme zur einstweiligen Unterbringung (§ 127 Abs. 2 i. V. m § 126a StPO)

1. Tatbestandsvoraussetzungen
- dringende Gründe (§ 126a StPO) für:
  - rechtswidrige Tat in schuldunfähigem oder bedingt schuldfähigem Zustand
  - für Anordnung der Unterbringung (§§ 63, 64 StGB)
- öffentliche Sicherheit erfordert die einstweilige Unterbringung

2. Maßnahmenspezifische Verfahrensvorschriften
- Anordnungskompetenz
  - StA/Polizei bei GiV
- Informationspflicht über Beschuldigung und Gründe der Festnahme, Belehrungspflichten über Richtervorführung, Beweisbeantragungen, Verteidigerkonsultation, Angehörigenbenachrichtigung, Dolmetscher, Konsulat Angehörigenbenachrichtigung (§ 127 Abs. 2 i.V.m. §§ 114a–114c StPO)
- Dauer (Art. 104 Abs. 2 GG)
- unverzügliche Richtervorführung (§ 128 StPO)

3. Adressat
- dringend Tatverdächtiger einer rechtswidrige Tat

4. Rechtsfolgen
- vorläufige Festnahme

Gefahr im Verzuge liegt vor, wenn die Sicherung des Strafverfahrens durch Festnahme aufgrund der Verzögerung, die die Erwirkung der richterlichen Entscheidung mit sich bringen würde, gefährdet wäre.

Dringender Tatverdacht ist gegeben, wenn nach dem bisherigen Ermittlungsstand in seiner Gesamtheit eine große Wahrscheinlichkeit dafür besteht, dass der Beschuldigte als Täter oder Teilnehmer eine Straftat begangen hat.

Abbildung 3.81: Schema zur vorläufigen Festnahme zur einstweiligen Unterbringung (§ 127 Abs. 2 i.V.m § 126a StPO)

Vorläufige Festnahme zur einstweiligen Unterbringung (§ 127 Abs. 2 i.V.m. § 126a StPO)

1. Überblick

Die Vorschrift dient dem Schutz vor gefährlichen psychisch Kranken. Bei Personen, die bedingt schuldfähig sind, gibt es eine Überschneidung mit der U-Haft. U-Haft ist dann nicht ausgeschlossen.

2. Grundrechtseingriffe

Durch Festnahmen wird in das durch Art. 2 Abs. 2 Satz 2 GG garantierte Recht auf Freiheit der Person eingegriffen.

3. Tatbestandsvoraussetzung

Es müssen die Voraussetzungen für die einstweilige Unterbringung des Beschuldigten, die durch das Gericht mittels Unterbringungsbefehl angeordnet wird, bestehen. Dringende Gründe müssen dafür sprechen, dass jemand eine rechtswidrige Tat in schuldunfähigem oder bedingt schuldfähigem Zustand verübt hat. Dies erfordert einen dringenden Tatverdacht und die Wahrscheinlichkeit, dass der Täter ohne Schuld handelte oder nur bedingt schuldfähig ist.

Zudem müssen dringende Gründe dafür sprechen, dass dadurch eine Unterbringung in einem psychiatrischen Krankenhaus oder einer Entziehungsanstalt angeordnet wird. Nach § 63 StGB erfolgt die Unterbringung in einem psychiatrischen Krankenhaus, wenn die Gesamtwürdigung des Täters und seiner Tat ergibt, dass von ihm infolge seines Zustandes erhebliche rechtswidrige Taten zu erwarten sind und er deshalb für die Allgemeinheit gefährlich ist.

> **Beispiel**
> A erwürgt seine 3-jährige Tochter und gibt anschließend an, dabei lediglich dem ständigen Befehl einer inneren Stimme gefolgt zu sein, der er nicht widerstehen konnte.

Die Gründe für die Unterbringung in einer Entziehungsanstalt ergeben sich aus § 64 StGB. Sie knüpfen an die Gefährlichkeit infolge des Genusses alkoholischer Getränke oder anderer berauschender Mittel an.

Schließlich muss die öffentliche Sicherheit die Unterbringung der Person erfordern. Dies ist letztlich der Ausdruck des Verhältnismäßigkeitsprinzips und dann der Fall, wenn die Wahrscheinlichkeit dafür spricht, der Beschuldigte werde weitere rechtswidrige Taten von solcher Schwere begehen, dass der Schutz der Allgemeinheit die einstweilige Unterbringung gebietet.[411]

4. Maßnahmenspezifische Verfahrensvorschriften, Rechtsfolge

Die übrigen Vorschriften entsprechen denen der vorläufigen Festnahme zur Untersuchungshaft (dazu Rn. 1252 ff).

5. Adressat

Die Maßnahme richtet sich gegen den dringend Tatverdächtigen der rechtswidrigen Tat.

---

411 Vgl. Meyer-Goßner/Schmitt, StPO, § 126a Rn. 5.

IV. Vorläufige Festnahme zur Hauptverhandlungshaft (§ 127b StPO)

- Aufsatz-Literatur: Wenske, NStZ 2009, 63 (10 Jahre Hauptverhandlungshaft [„127b II StPO"]); Keller, Kriminalistik 1998, 677 (Die Hauptverhandlungshaft).
- Leitentscheidungen: BVerfGE 19, 342 („Wencker-Beschluss": Verhältnismäßigkeit von Haftentscheidungen).

Vorläufige Festnahme zur Hauptverhandlungshaft (§ 127b StPO)

1. **Tatbestandsvoraussetzungen**
   - auf frischer Tat betroffen oder verfolgt
   - Voraussetzungen für Entscheidung im beschleunigten Verfahren wahrscheinlich; Hauptverhandlung binnen einer Woche zu erwarten
   - Befürchtung des Fernbleibens von der Hauptverhandlung
2. **Maßnahmenspezifische Verfahrensvorschriften**
   - Anordnungskompetenz
     - StA/Polizeibeamte
   - Informationspflicht über Beschuldigung, Belehrungspflichten über Richtervorführung, Beweisbeantragungen, Verteidigerkonsultation, Angehörigenbenachrichtigung, Dolmetscher, Konsulat, Angehörigenbenachrichtigung (§ 127 Abs. 2 i.V.m. §§ 114a–114c StPO)
   - Dauer (Art. 104 Abs. 2 GG)
   - unverzügliche Richtervorführung (§ 128 StPO)
3. **Adressat**
   - „Betroffener" = Beschuldigter
4. **Rechtsfolgen**
   - vorläufige Festnahme

Auf frischer Tat betroffen wird, wer bei Begehung einer rechtswidrigen Tat oder unmittelbar danach am Tatort oder in dessen unmittelbarer Nähe gestellt wird.

Verfolgung auf frischer Tat liegt vor, wenn sich der Täter bereits vom Tatort entfernt hat, sichere Anhaltspunkte aber auf ihn als Täter hinweisen und seine Verfolgung zum Zwecke seiner Ergreifung aufgenommen wird.

Beschuldigter ist jede Person, gegen die im Rahmen eines Strafverfahrens wegen einer bestimmten Straftat ermittelt wird.

Abbildung 3.82: Schema zur vorläufigen Festnahme zur Hauptverhandlungshaft (§ 127b StPO)

1. Überblick

1263 Die vorläufige Festnahme gemäß § 127b StPO dient zur Erwirkung der Hauptverhandlungshaft und damit der Sicherstellung des Strafverfahrens im beschleunigten Verfahren. Das Recht steht als eigenständige Festnahmebefugnis neben § 127 Abs. 2 i.V.m. §§ 112, 112a StPO.

1264 Da im beschleunigten Verfahren gemäß § 419 Abs. 1 StPO eine Freiheitsstrafe von maximal einem Jahr verhängt werden darf, kommt die Hauptverhandlungshaft nur in Fällen der kleineren und mittleren Kriminalität in Betracht. Ziel ist es, eine schnelle Entscheidung herbeizuführen. Dies ist insbesondere bei Großveranstaltungen praktikabel.

Vorläufige Festnahme zur Hauptverhandlungshaft (§ 127b StPO)

Beispiel
Bei einer großen Open-Air-Musikveranstaltung kommt es zu einer Schlägerei zwischen einigen Besuchern. Der geständige Pole A kann gemäß § 127b StPO in Haft genommen werden. Beim regulären Anklageverfahren besteht das Problem der Zustellung und der Gefahr, dass der Beschuldigte nicht erscheint. Ein U-Haftbefehl ist ggf. unverhältnismäßig.

2. Grundrechtseingriff

Durch Festnahmen wird in das durch Art. 2 Abs. 2 Satz 2 GG garantierte Recht auf Freiheit der Person eingegriffen. 1265

3. Tatbestandsvoraussetzungen

a) Auf frischer Tat betroffen oder verfolgt

Erforderlich ist eine begangene oder versuchte Straftat, eine Ordnungswidrigkeit reicht nicht aus. 1266

b) Entscheidung im beschleunigen Verfahren zu erwarten

Es muss zu erwarten sein, dass die Entscheidung im beschleunigten Verfahren gemäß §§ 417 ff. StPO ergeht. Dies setzt voraus, dass es sich um einen einfachen Sachverhalt oder um eine klare Beweislage handelt. Es muss dazu die Möglichkeit der sofortigen Verhandlung bestehen (Hauptverhandlung binnen einer Woche nach Festnahme), was eine entsprechende Gerichtsorganisation erfordert. Daher kommt die Anwendung des Verfahrens insbesondere in Großstädten bzw. bei besonderen Veranstaltungen in Betracht. 1267

c) Befürchtung des Fernbleibens von der Hauptverhandlung

Die Befürchtung des Fernbleibens von der Hauptverhandlung bedeutet, dass das Ausbleiben aufgrund bestimmter Tatsachen ernsthaft in Betracht kommt.[412] Solche Tatsachen können sein: kein fester Wohnsitz, ein Wohnsitz im Ausland oder früheres Fernbleiben. 1268

4. Maßnahmenspezifische Verfahrensvorschriften

Gemäß § 127 Abs. 2 StPO obliegt die Anordnung der vorläufigen Festnahme der Staatsanwaltschaft und den Beamten des Polizeidienstes. 1269

Gemäß § 127b Abs. 1 S. 2 StPO sind die §§ 114a–114c StPO entsprechend anwendbar (s. dazu Rn. 1253). 1270

5. Adressat

Beschuldigter ist jede Person, gegen die sich das Strafverfahren richtet.[413] Sie wird schon zum Beschuldigten, wenn die Strafverfolgungsbehörden Ermittlungsmaßnahmen ergreifen, die erkennbar darauf abzielen, gegen sie wegen einer Straftat strafrechtlich vorzugehen (vgl. dazu auch § 397 Abs. 1 AO für Steuerstrafverfahren). Insofern ist der Beschuldigtenbegriff formell zu verstehen: Eine Person wird erst durch entsprechenden Willensakt der Strafverfolgungsbehörde zum Beschuldigten.[414] 1271

---
412 Hellmann, NJW 2007, 2147.
413 BGHSt 10, 8 (12).
414 BGHSt 34, 138 (140).

6. Rechtsfolgen

1272 § 127b StPO ermächtigt zur vorläufigen Festnahme. Damit ist der Freiheitsentzug maximal bis zum Ende des nächsten Tages gemeint, um einen Hauptverhandlungshaftbefehl zu erwirken.

V. Festnahme bei Störung einer Amtshandlung (§ 164 StPO)

- Leitentscheidungen: OVG Lüneburg NJW 2012, 2057 (Verwaltungsrechtsweg); LG Frankfurt a. M. NJW 2008, 2201 (Für präventive Ingewahrsamnahme vor einer Durchsuchungsmaßnahme gibt es keine Rechtsgrundlage).
- Übungsfälle: Hartmann, JuS 2008, 984 (Semesterabschlussklausur – Öffentliches Recht: Polizei- und Ordnungsrecht – Warnung vor der Radarkontrolle).

Festnahme bei Störung einer Amtshandlung (§ 164 StPO)

1. Tatbestandsvoraussetzungen
   - strafprozessuale Amtshandlung
   - vorsätzliches Stören *oder*
   - Widersetzen der Anordnung
2. Maßnahmenspezifische Verfahrensvorschriften
   - Anordnungskompetenz
     - der die Amtshandlung leitende Beamte der StA/Polizei, Gericht
   - Dauer: bis zum Ende der Diensthandlung, max. bis zum Ende des nächsten Tages
3. Adressat
   - Störer
4. Rechtsfolgen
   - vorläufige Festnahme
   - Platzverweis als Mindermaßnahme

Störung i.S.v. § 164 StPO ist jedes strafprozessual rechtswidrige Verhalten.

Strafprozessuale Amtshandlung ist jede eingriffsrechtliche Maßnahme der Strafprozessordnung.

Abbildung 3.83: Schema zur Festnahme bei Störung einer Amtshandlung (§ 164 StPO)

1. Überblick

1273 § 164 StPO regelt das „amtliche Selbsthilferecht".[415] Praktisch relevant ist die Maßnahme insbesondere als strafprozessualer Platzverweis, der als Mindermaßnahme ebenfalls von der Rechtsfolge erfasst ist.

---

415 Meyer-Goßner/Schmitt, StPO, § 164 Rn. 1.

Festnahme bei Störung einer Amtshandlung (§ 164 StPO)

2. Grundrechtseingriffe

Durch Festnahmen wird in das durch Art. 2 Abs. 2 Satz 2 GG garantierte Recht auf Freiheit der Person eingegriffen. Der ebenfalls auf diese Vorschrift gestützte Platzverweis greift in die allgemeine Handlungsfreiheit ein. 1274

3. Tatbestandsvoraussetzungen

Strafprozessuale Amtshandlungen: Als erste Tatbestandsvoraussetzung ist die (gewollte) Vornahme einer strafprozessualen Maßnahme erforderlich. Bei der Gefahrenabwehr bestimmt sich die Maßnahme nach polizeirechtlichen Vorschriften. 1275

Vorsätzliches Stören oder Widersetzen der Anordnungen: Als weitere Tatbestandsvoraussetzung muss es zu einer vorsätzlichen Störung kommen bzw. sie muss unmittelbar bevorstehen. Ein Anwesenheitsrecht steht der Maßnahme nicht entgegen. 1276

> **Beispiel**
> Die Wohnung des A soll durchsucht werden. Er behindert die Maßnahme dadurch, dass er sich ständig provozierend in den Weg stellt. Trotz des Anwesenheitsrechts nach § 106 Abs. 1 StPO kann A des Ortes verwiesen werden.

4. Maßnahmenspezifische Verfahrensvorschriften

Die Anordnungsbefugnis obliegt dem leitenden Beamten oder Richter. Ermittlungsbeamteneigenschaft ist nicht erforderlich. Die Maßnahme darf nur bis zur Beendigung der Amtsverrichtung, längstens bis zum Ende des nächsten Tages dauern (§ 164 StPO). 1277

5. Adressat

Die Maßnahme richtet sich gegen denjenigen, der die Amtshandlung stört. 1278

6. Rechtsfolgen

§ 164 StPO ermächtigt nach dem Wortlaut zur Festnahme und zum Festhalten. Damit ist der Freiheitsentzug bis maximal zum Ende des nächsten Tages gemeint, um die Amtshandlung ungestört durchführen zu können. Der Verhältnismäßigkeitsgrundsatz gebietet aber die Anwendung weniger einschneidender Maßnahmen, wenn damit der Erfolg ebenso erzielt werden kann. In Betracht kommen daher als Mindermaßnahme insbesondere die Unterlassungsverfügung und der Platzverweis. 1279

VI. Vollstreckung von Haftbefehlen (§ 36 Abs. 2 i.V.m. §§ 161, 457 StPO)

- *Aufsatz-Literatur:* Böse, HRRS 2012, 19 (Der Grundsatz „ne bis in idem" und der Europäische Haftbefehl: europäischer ordre public vs. gegenseitige Anerkennung); Globke, GA 2011, 412 (Die Wirkung des Europäischen Haftbefehls); Kropp, JA 1998, 328 (Der Haftbefehl nach § 230 StPO).
- *Leitentscheidungen:* BVerfGE 113, 273 (Nichtigkeit des Europäischen Haftbefehlsgesetzes); KG Berlin NStZ 2012, 230 (Wirkung nicht vollzogener Haftbefehl nach Eintritt der Rechtskraft); EuGH NJW 2011, 285 (Europäischer Haftbefehl).
- *Übungsfälle:* Ambos/Bock, JuS 2012, 437 (Schwerpunktbereichsklausur – Kriminalwissenschaften: Haftbefehl und Jurisdiktionskonflikte – Grenzenlose Strafverfolgung); Polk, RpflStud 2006, 77 (Strafvollstreckungsübung).

Vollstreckung von Haftbefehlen (§ 36 Abs. 2 Satz 1 i.V.m. §§ 161, 457 StPO)

1. **Tatbestandsvoraussetzungen**
   - wirksamer Haftbefehl
2. **Maßnahmenspezifische Verfahrensvorschriften**
   - Anordnungskompetenz
     - Gericht
     - für Vollstreckungs-HB auch Vollstreckungsbehörde
   - §§ 114a–114c StPO:
     - Bekanntgabe des Haftbefehls
     - Belehrungspflichten über Richtervorführung, Beweisbeantragungen, Verteidigerkonsultation, Angehörigenbenachrichtigung, Dolmetscher, Konsulat
   - §§ 115, 115a StPO: bei allen richterlichen Haftbefehlen unverzügliche Richtervorführung
3. **Adressat**
   - Beschuldigter,
   - Angeklagter oder
   - Verurteilter
4. **Rechtsfolgen**
   - Verhaftung
   - als Begleitmaßnahmen auch IDF und Wohnungsdurchsuchung

Haftbefehl ist eine formelle schriftliche Anordnung der Freiheitsentziehung durch Gericht oder Staatsanwaltschaft.

Abbildung 3.84: Schema zur Vollstreckung von Haftbefehlen (§ 36 Abs. 2 Satz 1 i.V.m. §§ 161, 457 StPO)

1. Überblick

1280 Nach § 36 Abs. 2 Satz 2 StPO ist die Vollstreckung von Entscheidungen der Staatsanwaltschaft übertragen, die das Erforderliche veranlasst. Dazu zählt auch die Vollstreckung von

Vollstreckung von Haftbefehlen (§ 36 Abs. 2 i.V.m. §§ 161, 457 StPO)

Haftbefehlen, die von einem Gericht im Ermittlungs-, Haupt- oder Berufungsverfahren erlassen werden. Die Vollstreckung von Vollstreckungshaftbefehlen, die von der Staatsanwaltschaft erlassen werden, obliegt der Staatsanwaltschaft schon als Vollstreckungsbehörde. Die Staatsanwaltschaft bedient sich im Rahmen ihres Weisungsrechtes nach §§ 161, 457 Abs. 1 StPO, § 152 Abs. 1 GVG zur Durchführung der Verhaftung der Polizei.

2. Grundrechtseingriffe

Durch die Vollstreckung von Haftbefehlen wird in das durch Art. 2 Abs. 2 Satz 2 i.V.m. Art. 104 GG garantierte Recht auf Freiheit der Person eingegriffen. 1281

3. Tatbestandsvoraussetzungen

Es muss ein wirksamer Haftbefehl vorliegen. Dabei kommen insbesondere in Betracht: 1282
- Untersuchungshaftbefehl zur Sicherung des Strafverfahrens (§§ 112 ff. StPO).
- Unterbringungshaftbefehl zur Sicherung der Unterbringung in einem psychiatrischen Krankenhaus oder einer Entziehungsanstalt (§ 126a StPO).
- Haftbefehl gegen den bei der Hauptverhandlung ausbleibenden Angeklagten (§ 230 StPO).
- Haftbefehl zur Durchsetzung des persönlichen Erscheinens (§ 236 StPO).
- Haftbefehl bei Ausbleiben des Angeklagten in der Berufungsverhandlung (§ 329 Abs. 4 StPO).
- Sicherungshaftbefehl zur Sicherung der Durchsetzung des Bewährungswiderrufs (§ 453c StPO).
- Der Vollstreckungshaftbefehl zur Vollstreckung einer Freiheitsstrafe (§ 457 Abs. 2 StPO) oder zur Vollstreckung einer Ersatzfreiheitsstrafe (§ 459e StPO) wird im Gegensatz zu den anderen Haftbefehlen durch die Staatsanwaltschaft im Vollstreckungsverfahren erlassen.
- Erzwingungshaftbefehl wegen Nichtzahlung einer Geldbuße (§ 96 OWiG).

4. Maßnahmenspezifische Verfahrensvorschriften

Die Anordnung obliegt dem Gericht, bei den Vollstreckungshaftbefehlen der Vollstreckungsbehörde, in der Regel also nach § 451 StPO der Staatsanwaltschaft. Bei Jugendsachen ist auch das Jugendgericht Vollstreckungsbehörde (§§ 82 ff. JGG). Die Durchführung der Vollstreckung von Haftbefehlen obliegt jedem Polizeibeamten. 1283

Nach §§ 114a–114c StPO (bei Sicherungshaftbefehlen i.V.m. § 453c Abs. 3 StPO) sind zu beachten: 1284
- Gemäß § 114a StPO ist dem Verhafteten eine Abschrift des Haftbefehls auszuhändigen. Ihm ist in einer ihm verständlichen Sprache mitzuteilen, welches die Gründe für die Verhaftung sind und welche Beschuldigungen gegen ihn erhoben werden.
- Gemäß § 114b StPO ist der Verhaftete unverzüglich schriftlich darüber zu belehren, dass er
  - unverzüglich einem Richter vorzuführen ist,
  - das Recht hat, sich zur Beschuldigung zu äußern oder nicht zur Sache auszusagen,
  - zu seiner Entlastung einzelne Beweiserhebungen beantragen kann,

- jederzeit, auch schon vor seiner Vernehmung, einen von ihm zu wählenden Verteidiger verlangen kann,
  - einen Angehörigen oder eine Person seines Vertrauens benachrichtigen kann, soweit der Zweck der Untersuchung dadurch nicht gefährdet wird.
  - Der Beschuldigte, der der deutschen Sprache nicht hinreichend mächtig ist, ist darauf hinzuweisen, dass er im Verfahren die unentgeltliche Hinzuziehung eines Dolmetschers verlangen kann. Ein ausländischer Staatsangehöriger ist darüber zu belehren, dass er die Unterrichtung der konsularischen Vertretung seines Heimatstaates verlangen und dieser Mitteilungen zukommen lassen kann. Entsprechende Belehrungsvordrucke in verschiedenen Sprachen sind in den Informationssystemen der Polizeibehörden.
- Gemäß § 114c Abs. 1 StPO ist dem Verhafteten Gelegenheit zu geben, einen Angehörigen zu benachrichtigen.
- Gemäß § 115 StPO ist der Verhaftete unverzüglich dem zuständigen Gericht vorzuführen. Dies ist grundsätzlich das Gericht, das den Haftbefehl erlassen hat. Ist die Vorführung vor diesem Gericht nicht möglich, so ist der Beschuldigte dem nächsten Amtsgericht vorzuführen (§ 115a StPO). Dort muss er unverzüglich, spätestens am nächsten Tag, vernommen werden. Diese Regelungen gelten nur für richterliche Haftbefehle.

5. Adressat

1285 Die Vollstreckung des Haftbefehls richtet sich gegen den im Haftbefehl Genannten. Es kann sich demnach je nach Verfahrensstand um einen Beschuldigten, Betroffenen, Angeklagten oder Verurteilten handeln.

6. Rechtsfolgen

1286 Haftbefehle ermächtigen zur Vollstreckung, also der Freiheitsentziehung des Adressaten. Sie erlauben auch die Durchsuchung der Wohnung des Beschuldigten zwecks Ergreifung, ohne dass es dafür einer besonderen Anordnung bedarf.[416] Gleiches muss dann für den geringeren Grundrechtseingriff der Identitätsfeststellung gelten.

1287 Wurde der Haftbefehl gemäß § 457 StPO von der Staatsanwaltschaft als Vollstreckungsbehörde erlassen, hat sie im Vollstreckungsverfahren nach § 457 Abs. 3 StPO die gleichen Befugnisse wie die Staatsanwaltschaft als Strafverfolgungsbehörde. Damit sind Begleitmaßnahmen zur Vollstreckung der Vollstreckungshaftbefehle aufgrund § 457 StPO i.V.m. der jeweiligen Eingriffsbefugnis des Ermittlungsverfahrens zulässig.

VII. Ingewahrsamnahme (§ 35 PolG)

- *Aufsatz-Literatur: Reuter, DIE POLIZEI 2017, 344 („Dauergewahrsam" zur Durchsetzung einer Wohnungsverweisung oder eines Rückkehrverbots); Kubiciel, ZRP 2017, 57 (Grund und Grenzen des Präventivgewahrsams für Terrorverdächtige); Guckelberger, JA 2015, 926 (Der präventiv-polizeiliche Gewahrsam); Waechter, NVwZ 2014, 554 (Unterbringungsgewahrsam mit EMRK unvereinbar); Katzidis, PSP 1/2014, 10 (Die Rechtsproblematik längerfristiger Ingewahrsamnahmen in NRW); Opl, Die Polizei 2014, 81 (Genügt der polizeiliche Unterbringungsgewahrsam den völkerrechtlichen Direktiven?); Schaks, LKV 2014, 203 (Zur menschenrechtlichen Zulässigkeit des polizeirechtlichen Präventiv-*

---

416 OLG Düsseldorf NJW 1981, 2133; Meyer-Goßner/Schmitt, StPO, § 114 Rn. 20.

gewahrsams); Heidebach, NVwZ 2014, 554 (Genügt der polizeiliche Unterbringungsgewahrsam den völkerrechtlichen Direktiven?); Renzikowski/Schmidt-De Caluwe, JZ 2013, 289 (Menschenrechtliche Grenzen des polizeilichen Unterbindungsgewahrsams); Schucht, DÖV 2011, 553 (Der Verbringungsgewahrsam im Polizeirecht – Eine kritische Bestandsaufnahme nach mehr als 30 Jahren Polizeipraxis); Finger, NordÖR 2006, 423 (Der ‚Verbringungsgewahrsam' und der Streit um seine rechtliche Grundlage); Bramow, Die Polizei 2008, 252 (Schutzgewahrsam in der polizeilichen Praxis); Kappeler, DÖV 2000, 227 (Der Verbringungsgewahrsam im System vollzugspolizeilicher Eingriffsbefugnisse).

- Leitentscheidungen: EGMR NVwZ 2014, 43 (präventiv-polizeilicher Unterbindungsgewahrsam); EGMR EuGRZ 2012, 141 (mehrtägige Ingewahrsamnahme im Vorfeld einer Demonstration); BVerfG NJ 2012, 463 (mehrstündige Ingewahrsamnahme zur Identitätsfeststellung); BVerfG NVwZ 2006, 579 (Dauer der Ingewahrsamnahme); BVerfG NJW 2002, 3162 (unverzügliche richterliche Entscheidung zur Tagzeit); BayVGH BayVBl 2012, 657 (mehrstündiges Festhalten in Gefangenentransporter); OVG Bremen NordÖR 2015, 450 („Masseningewahrsamnahme"); OVG Bremen NordÖR 2015, 175 (zum Richtervorbehalt); OVG Lüneburg NVwZ-RR 2014, 552 (polizeilicher Präventivgewahrsam und EMRK).
- Übungsfälle: Keller, PSP 2/2014, 29 (Klausur Eingriffsrecht: Suizidversuch im Hotel); Keller/Braun, PSP 1/2013, 24 (Klausur Eingriffsrecht: Suizidversuch im Hotel); Braun/Keller, PSP 3/2012, 26 (Staatsrecht/Eingriffsrecht: „Der verhinderte Selbstmord"); Krüper/Kühl, ZJS 2012, 785 (Störung am Volkstrauertag).

Ingewahrsamnahme (§ 35 PolG)

1. Tatbestandsvoraussetzungen
- § 35 Abs. 1 Nr. 1 PolG
  - Gefahr für Leib oder Leben einer Person, insbesondere: Person erkennbar in einem die freie Willensbestimmung ausschließenden Zustand oder sonst in hilfloser Lage
  - Gewahrsam zum Schutz der Person erforderlich
- § 35 Abs. 1 Nr. 2 PolG
  - unmittelbar bevorstehende Begehung oder Fortsetzung einer Straftat oder einer Ordnungswidrigkeit von erheblicher Bedeutung für die Allgemeinheit
  - Gewahrsam unerlässlich, um Begehung oder Fortsetzung zu verhindern
- § 35 Abs. 1 Nr. 3 PolG
  - Platzverweis nach § 34 Abs. 1 oder 2 PolG
  - Gewahrsam zur Durchsetzung unerlässlich
- § 35 Abs. 1 Nr. 4 PolG
  - Wohnungsverweisung/Rückkehrverbot nach § 34a PolG
  - Gewahrsam zur Durchsetzung unerlässlich
- § 35 Abs. 1 Nr. 5 PolG
  - Festnahme und Vorführung der Person nach §§ 229, 230 Abs. 3 BGB zulässig
  - Schutz privater Rechte zulässig (§ 1 Abs. 2 PolG)
  - Gewahrsam unerlässlich zum Schutz privater Rechte

Gefahr ist eine Sachlage, in der bei hinreichender Wahrscheinlichkeit ein Schaden an den geschützten Rechtsgütern, hier Leib oder Leben einer Person, eintreten wird.

In einem **die freie Willensbestimmung ausschließenden Zustand** befindet sich eine Person, wenn sie nicht in der Lage ist, ihren Willen zu betätigen oder nach einem ihr noch möglichen freien Willensentschluss zu handeln.

In hilfloser Lage befindet sich eine Person, wenn sie sich trotz freier Willensbestimmung und unabhängig davon, ob sie diese Situation zu verantworten hat oder nicht, nicht selbst helfen kann.

Minderjähriger ist gemäß § 2 BGB, wer das 18. Lebensjahr noch nicht vollendet hat.

3. Teil • Eingriffsbefugnisse

- § 35 Abs. 1 Nr. 6 PolG
    - Aufenthaltsvorgabe, Kontaktverbot oder elektronische Aufenthaltsüberwachung
    - Gewahrsam zur Durchsetzung unerlässlich
- § 35 Abs. 2 PolG
    - Minderjähriger
    - der sich Obhut der Sorgeberechtigten entzogen hat
    - Zweck: Zuführung zum Sorgeberechtigten oder zum Jugendamt
- § 35 Abs. 3 PolG
    - Person ist aus Vollzug von Untersuchungshaft, Freiheitsstrafen oder freiheitsentziehenden Maßregeln der Besserung und Sicherung entwichen oder hält sich sonst ohne Erlaubnis außerhalb der Justizvollzugsanstalt auf
    - Zweck: Rückführung in die Anstalt
    - kein Amts- oder Vollzugshilfegesuch der Strafvollzugsbehörden
    - für alle: Gewahrsamsfähigkeit

2. Maßnahmenspezifische Verfahrensvorschriften
- Durchführung durch jeden Polizeibeamten
- nachträgliche richterliche Entscheidung (§ 36 Abs. 1 PolG; Ausnahme: Entscheidung ist erst nach Wegfall des Grundes für die Ingewahrsamnahme zu erwarten)
- Bekanntgabe des Grundes (§ 37 Abs. 1 PolG)
- Benachrichtigungsrecht (§ 37 Abs. 2 PolG)
- Anforderungen an die Unterbringung (§ 37 Abs. 3 PolG, PolGewO NRW)

3. Adressat
- § 35 Abs. 1 PolG
    - Nr. 1: gefährdete Person
    - Nr. 2: Person, die Tat begehen wird
    - Nr. 3, 4: Adressat der jeweiligen durchzusetzenden Maßnahme
    - Nr. 5: Person, die festgenommen und vorgeführt werden darf
    - Nr. 6: Adressat der jeweiligen durchzusetzenden Maßnahme
- § 35 Abs. 2 PolG: Minderjähriger
- § 35 Abs. 3 PolG: aus den genannten Einrichtungen Entkommener bzw. sich unerlaubt außerhalb der Justizvollzugsanstalt Aufhaltender

4. Rechtsfolgen
- Ingewahrsamnahme

Abbildung 3.85: Schema zur Ingewahrsamnahme (§ 35 PolG)

Ingewahrsamnahme (§ 35 PolG)

1. Überblick

§ 35 PolG ermächtigt die Polizei zur Ingewahrsamnahme von Personen, also zu einer Freiheitsentziehung zu präventiven Zwecken. Die Person wird dem „Gewahrsam" zugeführt. Dabei handelt es sich um ein mit hoheitlicher Gewalt hergestelltes Rechtsverhältnis, kraft dessen einer Person die Freiheit dergestalt entzogen wird, dass sie von der Polizei in einer dem polizeilichen Zweck entsprechenden Weise verwahrt, also daran gehindert wird, sich fortzubewegen. Die Ingewahrsamnahme bezeichnet die eigentliche Maßnahme, also den Vorgang, mittels dessen eine Person in den polizeilichen Gewahrsam gelangt. Da es sich um eine Freiheitsentziehung handelt, sind Maßnahmen, die den Betroffenen lediglich für einen vorübergehenden Zeitraum anhalten, keine Ingewahrsamnahme.

Die Ingewahrsamnahme selbst ist Realakt; sie kann allerdings von Verfügungen begleitet werden, etwa der Aufforderung, mitzuwirken bzw. mitzukommen. Teilweise wird – wie bei anderen als Realakte zu qualifizierenden Standardmaßnahmen – eine konkludente Duldungsanordnung konstruiert.[417]

2. Grundrechtseingriffe

Die Ingewahrsamnahme ist eine Freiheitsentziehung und damit ein Eingriff in das Grundrecht auf Freiheit der Person (Art. 2 Abs. 2 Satz 2, Art. 104 GG).

3. Tatbestandsvoraussetzungen

a) Schutz- oder Sicherungsgewahrsam (§ 35 Abs. 1 Nr. 1 PolG)

Nach § 35 Abs. 1 Nr. 1 PolG kann die Polizei eine Person in Gewahrsam nehmen, wenn das zum Schutz der Person gegen eine Gefahr für Leib oder Leben erforderlich ist, insbesondere weil die Person sich erkennbar in einem die freie Willensbestimmung ausschließenden Zustand oder sonst in hilfloser Lage befindet. Es muss mithin eine Gefahr für Leib oder Leben der in Gewahrsam genommenen Person vorliegen. Die nachfolgenden Merkmale stellen (wie anhand des Wortes „insbesondere" deutlich wird) indes sog. Regelbeispiele dar, die vorrangig zu prüfen sind. Nur wenn sie nicht gegeben sind, kann auf eine anderweitige Gefahrenlage abgestellt werden. Die betroffene Person befindet sich in einem die freie Willensbestimmung ausschließenden Zustand, wenn sie nicht in der Lage ist, ihren Willen zu betätigen oder nach einem ihr noch möglichen freien Willensentschluss zu handeln. Sonst in hilfloser Lage befindet sich eine Person, wenn sie sich trotz freier Willensbestimmung und unabhängig davon, ob sie diese Situation zu verantworten hat oder nicht, nicht selbst helfen kann. Die Situation muss für die handelnden Beamten erkennbar sein. Die Ingewahrsamnahme muss zum Schutz der Person erforderlich sein. Sie kann auch gegen den Willen des Betroffenen erfolgen,[418] etwa zur Verhinderung eines Suizids.

b) Unterbindungs- bzw. Präventivgewahrsam (§ 35 Abs. 1 Nr. 2 PolG)

Eine Person kann nach § 35 Abs. 1 Nr. 2 PolG ferner in Gewahrsam genommen werden, wenn das unerlässlich ist, um die unmittelbar bevorstehende Begehung oder Fortsetzung einer Straftat oder einer Ordnungswidrigkeit von erheblicher Bedeutung für die Allgemeinheit zu

---

417 Eingehend Thiel, § 10 Rn. 122.
418 Thiel, § 10 Rn. 134.

verhindern. Hinsichtlich der Vorschrift bestehen Bedenken im Hinblick auf ihre Vereinbarkeit mit Art. 5 Abs. 1 Satz 2 Buchst. b bzw. c EMRK.[419]

1293 Damit soll die Allgemeinheit vor der Begehung tatbestandsgemäßer und rechtswidriger Straftaten und qualifizierter Ordnungswidrigkeiten geschützt werden. Das Kriterium „von erheblicher Bedeutung für die Allgemeinheit" bezieht sich nur auf die Ordnungswidrigkeiten, nicht auf die Straftaten. Eine Ordnungswidrigkeit ist dann von erheblicher Bedeutung für die Allgemeinheit, wenn von ihrer Begehung eine erhebliche Gefahr ausgeht, also Rechtsgüter von besonderem Rang gefährdet werden oder eine Vielzahl von Personen betroffen ist; dass der Ordnungswidrigkeitentatbestand ein Bußgeld vorsieht, wurde gelegentlich als Indiz angesehen – diese rein formale Betrachtung überzeugt allerdings nicht. Die Höhe des angedrohten Bußgelds kann aber eine Rolle spielen.

1294 Eine Begehung oder Fortsetzung einer Straftat oder qualifizierten Ordnungswidrigkeit liegt vor, wenn sie bereits begangen ist und weitergeführt wird bzw. wenn die Begehung in zeitlicher Hinsicht unmittelbar zu erwarten ist.

1295 Die Ingewahrsamnahme muss unerlässlich sein, um die unmittelbar bevorstehende Begehung oder Fortsetzung zu verhindern; dies ist eine höhere Hürde als die Erforderlichkeit in § 35 Abs. 1 Nr. 1 PolG: Es dürfen keine anderen Maßnahmen in Betracht kommen, um die Tat zu verhindern (insbesondere dann, wenn sie bereits erfolglos angewandt worden sind), und ohne die Ingewahrsamnahme muss zu erwarten sein, dass die Tat begangen werden wird.

c) Durchsetzungsgewahrsam zur Durchsetzung eines Platzverweises (§ 35 Abs. 1 Nr. 3 PolG)

1296 Eine Gewahrsamnahme kann ferner erfolgen, wenn sie unerlässlich ist, um einen Platzverweis nach § 34 PolG durchzusetzen. § 35 Abs. 1 Nr. 3 PolG spricht von der Durchsetzung eines Platzverweises (was lediglich § 34 Abs. 1 PolG meinen könnte), verweist aber auf § 34 PolG insgesamt. Ob der Durchsetzungsgewahrsam zur Durchsetzung beider Varianten des § 34 PolG genutzt werden kann, ist umstritten.[420] Überzeugender erscheint es, auch das Aufenthaltsverbot unter § 35 Abs. 1 Nr. 3 PolG zu fassen, denn auch die Überschrift in § 34 PolG lautet lediglich „Platzverweis", obwohl die Norm Platzverweis und Aufenthaltsverbot regelt. Bei systematischer Auslegung bezieht sich die Ermächtigung in § 35 Abs. 1 Nr. 3 PolG auf beide Maßnahmen (zu Platzverweis und Aufenthaltsverbot Rn. 848 ff. bzw. Rn. 858 ff.).

1297 Es ist umstritten, ob der Platzverweis seinerseits rechtmäßig sein muss, damit er nach § 35 Abs. 1 Nr. 3 PolG durchgesetzt werden darf. Der Platzverweis ist Verwaltungsakt i.S.v. § 35 Satz 1 VwVfG. Verwaltungsakte wirken nach § 43 VwVfG, sobald sie bekanntgegeben wurden, sind zu befolgen und können vollstreckt werden, auch wenn sie rechtswidrig sind (anderes gilt, wenn sie nach § 44 VwVfG nichtig sind, also an einem besonders schweren und offenkundigen Fehler leiden). Dies spricht dafür, es auch für die Durchsetzung eines Platzverweises nach § 35 Abs. 1 Nr. 3 PolG nicht auf seine Rechtmäßigkeit ankommen zu lassen. Anderes dürfte nur dann gelten, wenn der Platzverweis ganz offenkundig willkürlich oder aus anderen Gründen nicht rechtmäßig ist. In diesem Fall ist die Thematik nochmals beim Ermessen zu problematisieren: Denn es dürfte ermessensfehlerhaft sein, wenn die Polizei einen ihr bekanntermaßen oder offenkundig rechtswidrigen Platzverweis dann auch noch mit Zwangsmitteln durchsetzt.

---

419 Eingehend Thiel, § 10 Rn. 139; vgl. EGMR NVwZ 2012, 1089.
420 S. Bialon/Springer, 20. Kap. Rn. 23.

Ingewahrsamnahme (§ 35 PolG)

Unerlässlich ist eine Ingewahrsamnahme, wenn der Platzverweis auf andere Weise nicht wirksam durchgesetzt werden kann, weil andere Maßnahmen erfolglos geblieben sind oder offenkundig erfolglos sein werden.

d) Durchsetzungsgewahrsam zur Durchsetzung einer Wohnungsverweisung und eines Rückkehrverbots (§ 35 Abs. 1 Nr. 4 PolG)

Eine Person kann in Gewahrsam genommen werden, wenn dies unerlässlich ist, um eine Wohnungsverweisung und ein Rückkehrverbot durchzusetzen (zu Wohnungsverweisung und Rückkehrverbot Rn. 885 ff., zur Frage, ob die durchzusetzende Maßnahme rechtmäßig sein muss, Rn. 1297 ff., zur Unerlässlichkeit Rn. 1298 ff.).

e) Ingewahrsamnahme zum Schutz privater Rechte (§ 35 Abs. 1 Nr. 5 PolG)

Nach § 35 Abs. 1 Nr. 5 PolG kann eine Person ferner in Gewahrsam genommen werden, wenn das unerlässlich ist, um private Rechte zu schützen, und eine Festnahme und Vorführung der Person nach den §§ 229, 230 Abs. 3 BGB zulässig ist (zum Schutz privater Rechte eingehend Rn. 139 ff.); die Voraussetzungen des § 1 Abs. 2 PolG müssen vorliegen, damit eine Ingewahrsamnahme nach § 35 Abs. 1 Nr. 5 PolG zulässig ist.[421]

Verletzt eine Person fortgesetzt und beharrlich die privaten Rechte einer anderen Person und ist gerichtliche Hilfe nicht oder nicht rechtzeitig zu erlangen, darf der Geschädigte die Selbsthilferechte des Zivilrechts in Anspruch nehmen (§§ 229 f. BGB). Unter gewissen Voraussetzungen darf er den Schädiger sogar festnehmen (§ 229 BGB), muss dann aber gemäß § 230 Abs. 3 BGB den persönlichen Sicherheitsarrest beantragen; der Festgenommene ist unverzüglich dem Gericht vorzuführen. Die Polizei darf nun unter denselben Voraussetzungen ihrerseits den Schädiger in Gewahrsam nehmen, um die Wahrnehmung der Selbsthilferechte zu vermeiden, vor allem aber, um dem Geschädigten die Durchsetzung seiner privaten Rechte auf andere Weise zu ermöglichen bzw. zu erleichtern. Es geht nicht um den Schutz des Schädigers, sondern um den Schutz der Rechte des Geschädigten.

f) Durchsetzungsgewahrsam zur Durchsetzung einer Aufenthaltsanordnung, eines Kontaktverbots oder der Anordnung einer elektronischen Aufenthaltsüberwachung (§ 35 Abs. 1 Nr. 6 PolG)

Gemäß § 35 Abs. 1 Nr. 6 PolG ist ein Durchsetzungsgewahrsam auch zulässig, um eine Aufenthaltsanordnung (gemeint ist die Aufenthaltsvorgabe) bzw. ein Kontaktverbot nach § 34c PolG durchzusetzen. Die Ingewahrsamnahme muss zur Durchsetzung unerlässlich sein. Gleiches gilt für den Gewahrsam zur Durchsetzung der Anordnung einer elektronischen Aufenthaltsüberwachung nach § 34c PolG.

g) Ingewahrsamnahme Minderjähriger zum Zweck der Zuführung an Sorgeberechtigte (Obhutsgewahrsam, § 35 Abs. 2 PolG)

§ 35 Abs. 2 PolG erlaubt es der Polizei, Minderjährige in Gewahrsam zu nehmen, die sich der Obhut der Sorgeberechtigten entzogen haben, um sie den Sorgeberechtigten oder dem Jugendamt zuzuführen. Im Vergleich mit den anderen tatbestandlichen Varianten handelt es sich um eine meist eher kurzzeitige Freiheitsentziehung. Eine konkrete Gefahr muss von dem Minderjährigen weder ausgehen, noch muss sie ihm drohen; bei Minderjährigen, die sich der Obhut entzogen haben, wird aber – insbesondere, wenn es sich um jüngere Personen handelt – eine abstrakte Gefahr zu bejahen sein.

---

[421] Bialon/Springer, 23. Kap. Rn. 22.

1304 Minderjährig ist gemäß § 2 BGB, wer das 18. Lebensjahr noch nicht vollendet hat. Ein Entzug aus der Obhut liegt dann vor, wenn den Sorgeberechtigten – im Regelfall die Eltern nach § 1626 BGB, ein gesetzlicher Vertreter nach § 1629 BGB oder ein Vormund nach § 1773 BGB – bzw. dem verantwortlichen Jugendamt der Aufenthaltsort des Minderjährigen nicht bekannt ist. Den Sorgeberechtigten kommt im Regelfall das Aufenthaltsbestimmungsrecht zu (vgl. § 1631 Abs. 1 BGB). Die Ingewahrsamnahme erfolgt dann zur Sicherung dieses Rechts.

h) Ingewahrsamnahme entwichener Personen (Anstaltsgewahrsam, § 35 Abs. 3 PolG)

1305 Die Polizei kann schließlich gemäß § 35 Abs. 3 PolG eine Person, die aus dem Vollzug von Untersuchungshaft, Freiheitsstrafen oder freiheitsentziehenden Maßregeln der Besserung und Sicherung entwichen ist oder sich sonst ohne Erlaubnis außerhalb der Justizvollzugsanstalt aufhält, in Gewahrsam nehmen und in die Anstalt zurückbringen. Ziel ist also die Rückführung in den Gewahrsam der Anstalt, wenn keine Erlaubnis bestanden hat, diese zu verlassen, bzw. wenn ein Verlassen generell nicht in Betracht kommt.[422] Eine Freiheitsentziehung nach dem PsychKG NRW ist von der Bestimmung nicht erfasst. Freiheitsentziehende Maßregeln der Besserung und Sicherung sind z.B. die Unterbringung in einem psychiatrischen Krankenhaus, in einer Entziehungsanstalt oder in der Sicherungsverwahrung (§§ 63 ff. StGB).

1306 Ungeschriebene Tatbestandsvoraussetzung ist, dass kein Ersuchen der zuständigen Strafvollzugsbehörde auf Amts- bzw. Vollzugshilfe vorliegt. Denn diesen Behörden kommen eigene Festnahmerechte zu (vgl. § 87 Abs. 1 StVollzG, § 457 Abs. 2 und 3 StPO). Hilft die Polizei ihnen lediglich bei der zwangsweisen Durchsetzung dieser Rechte, wird sie nicht originär tätig.

i) Gewahrsamsfähigkeit

1307 In § 35 PolG ungeschriebene Voraussetzung für die Ingewahrsamnahme in Form der Einlieferung in den „Polizeigewahrsam"[423] ist die Gewahrsamsfähigkeit des Adressaten. Dies ergibt sich auch aus § 5 Abs. 1 PolGewO NRW: „Grundsätzlich darf nur (in den Gewahrsam) aufgenommen werden, wer gewahrsamsfähig ist". Diese Voraussetzung wird nicht erst bei der Ankunft beim Polizeigewahrsam vorliegen müssen, sondern schon dann, wenn eine Person „vor Ort" in Gewahrsam genommen und im Einsatzfahrzeug transportiert wird. Gewahrsamsfähig ist insbesondere nicht, wer bewusstlos, orientierungslos, nicht ansprechbar ist oder sonst einer sofortigen ärztlichen Versorgung bedarf. Fehlt es an der Gewahrsamsfähigkeit, die im Zweifelsfall von der Polizei unverzüglich durch einen Arzt feststellen zu lassen ist (vgl. auch Nr. 35.11 VV PolG), kann ausnahmsweise eine vorübergehende Unterbringung im Gewahrsam erfolgen, wenn dies zum Schutz der Person oder der Allgemeinheit zwingend erforderlich ist, oder wenn die Einlieferung in ein Krankenhaus oder die Überstellung in häusliche Fürsorge etc. nicht möglich ist (vgl. § 5 Abs. 1 Sätze 2 und 3, Abs. 2 Satz 1 und 2 PolGewO NRW).

4. Maßnahmenspezifische Verfahrensvorschriften

1308 Bei freiheitsentziehenden Maßnahmen auf der Grundlage des § 35 PolG ist eine Vielzahl maßnahmenspezifischer Verfahrensvorschriften zu beachten, die sich aus den §§ 36–38

---

422 Bialon/Springer, 23. Kap. Rn. 44 f.
423 Gemäß § 1 Abs. 1 Satz 2 PolGewO NRW dienen Polizeigewahrsame „der kurzzeitigen, sicheren Unterbringung in Zellen und allen sonstigen für den Gewahrsamsbetrieb erforderlichen Räumen (Zugänge, Flure, Nebenräume)."

Ingewahrsamnahme (§ 35 PolG)

PolG, teilweise – namentlich was die Unterbringung angeht – auch aus der PolGewO NRW ergeben.

1309 Gemäß § 36 Abs. 1 PolG ist, wenn eine Person nach § 35 PolG (oder § 10 Abs. 3, § 12 Abs. 2 Satz 3 PolG) festgehalten wird, durch die Polizei unverzüglich eine richterliche Entscheidung über Zulässigkeit und Fortdauer der Freiheitsentziehung herbeizuführen. Zuständig ist nach Absatz 2 das Amtsgericht, in dessen Bezirk die Freiheitsentziehung herbeigeführt wurde; das Verfahren richtet sich nach den Vorschriften des FamFG. Die Bezeichnung dieser Anforderung als Richtervorbehalt erscheint missverständlich, da die Ingewahrsamnahme nicht durch einen Richter angeordnet werden muss; vielmehr ist nachträglich eine richterliche Entscheidung herbeizuführen, also wenn der Adressat sich bereits in Gewahrsam befindet.

1310 Der Richter kann entsprechend den Vorgaben des § 38 Abs. 2 PolG eine abweichende Frist des polizeilichen Gewahrsams bestimmen mit der Folge, dass eine Entlassung nicht schon spätestens bis zum Ende des Tages nach dem Ergreifen (§ 38 Abs. 1 Nr. 3 PolG) zu erfolgen hat (dazu Rn. 1315).

1311 Im Interesse des Adressaten und zur möglichst weitreichenden Reduzierung der Eingriffsintensität der Freiheitsentziehung kann von einer richterlichen Entscheidung abgesehen werden, wenn anzunehmen ist, dass die Entscheidung des Richters erst nach Wegfall des Grundes der polizeilichen Maßnahmen ergehen würde. Denn in diesem Fall ist die festgehaltene Person nach § 38 Abs. 1 Nr. 1 PolG zu entlassen. Hielte man sie gleichwohl weiter fest, weil sie erst später einem Richter vorgeführt werden kann, wäre dies ein schwerer wiegender Eingriff als die Entlassung ohne richterliche Entscheidung.

1312 Nach § 37 Abs. 1 PolG ist der festgehaltenen Person unverzüglich der Grund für die Freiheitsentziehung bekannt zu geben. Nach Absatz 2 Satz 1 ist ihr ferner unverzüglich Gelegenheit zu geben, einen Angehörigen oder eine Person ihres Vertrauens zu benachrichtigen, soweit dadurch der Zweck der Freiheitsentziehung nicht gefährdet wird. Die Benachrichtigung soll nach Satz 3 von der Polizei vorgenommen werden, wenn die festgehaltene Person nicht in der Lage ist, von ihrem Benachrichtigungsrecht Gebrauch zu machen. Da in diesen Fällen häufig unterstellt werden muss, dass die Person damit einverstanden ist, muss geprüft werden, ob die Benachrichtigung möglicherweise ihrem mutmaßlichen Willen widerspricht. Bei Minderjährigen und Betreuten ist der Sorgeberechtigte bzw. der Betreuer zu benachrichtigen (Satz 4).

1313 Gemäß § 37 Abs. 3 Satz 1 PolG soll die festgehaltene Person gesondert, insbesondere ohne ihre Einwilligung nicht in demselben Raum mit Straf- oder Untersuchungsgefangenen untergebracht werden. Nach Satz 2 sind Männer und Frauen getrennt unterzubringen. Die weiteren Sätze enthalten Regelungen zur Unterbringung und zur ausnahmsweise zulässigen offenen Beobachtung durch Bild- und Tonübertragung. § 37 Abs. 4 PolG regelt die Möglichkeit des Einsatzes von Personen, die keine Polizeivollzugsbeamten sind, zur Erfüllung von Aufgaben im Polizeigewahrsam. § 37a PolG trifft Sonderregelungen für die „Fixierung" im Gewahrsam, also die Fesselung sämtlicher Gliedmaßen.

1314 § 38 PolG trifft schließlich Regelungen zur Dauer der Freiheitsentziehung. Die festgehaltene Person ist nach § 38 Abs. 1 PolG zu entlassen, wenn und sobald die Voraussetzungen einer der Nummern 1–3 eintritt. Nach Nummer 3 ist die Person spätestens bis zum Ende des Tages nach dem Ergreifen zu entlassen, wenn nicht vorher die Fortdauer der Freiheitsentziehung aufgrund eines anderen Gesetzes durch richterliche Entscheidung angeordnet ist (z.B. Haftbefehl). Früher zu entlassen ist die festgehaltene Person, sobald der Grund für die Maßnahme der Polizei weggefallen ist (Nr. 1) bzw. wenn die Fortdauer der Freiheitsentziehung durch richterliche Entscheidung (nach § 36 PolG) für unzulässig erklärt wird.

1315 § 38 Abs. 2 PolG erlaubt es, dass durch die erforderliche richterliche Entscheidung eine „abweichende Frist des polizeilichen Gewahrsams" bestimmt werden kann. Gemeint ist die Dauer des Polizeigewahrsams in Abweichung von § 38 Abs. 1 Nr. 3 PolG, der aufgrund der verfassungsrechtlichen Vorgaben anordnet, dass die Person spätestens bis zum Ende des Tages nach dem Ergreifen zu entlassen ist. Die in Absatz 2 genannten Fristen differenzieren nach der Variante des Gewahrsams in § 35 Abs. 1 PolG. So kann etwa eine Person auf der Grundlage von § 35 Abs. 1 Nr. 2 PolG bei einem Verbrechen bis zu 14 Tagen in Gewahrsam gehalten werden; eine einmalige Verlängerung um bis zu weitere 14 Tage ist zulässig. Praktisch bedeutsam ist auch die Regelung in § 38 Abs. 1 Nr. 5 PolG. Ist eine Person zum Zwecke der Feststellung der Identität in Gewahrsam genommen worden, kann dieser bis zu insgesamt 12 Stunden dauern, sofern nicht vorher die Fortdauer der Freiheitsentziehung durch den Richter angeordnet wurde. Nach Satz 2 der Vorschrift kann die richterliche Entscheidung spätestens bis zum Ende des Tages nach dem Ergreifen herbeigeführt werden (der Richter kann, wie sich aus dem Verweis in Satz 3 auf Absatz 2 Satz 1 Nr. 2 ergibt, eine Gewahrsamsdauer von bis zu sieben Tagen anordnen), wenn Tatsachen die Annahme begründen, dass die Identitätsfeststellung innerhalb der Frist nach Satz 1 (zwölf Stunden) vorsätzlich durch den Adressaten verhindert worden ist.

5. Adressat

1316 Der zulässige Adressat ergibt sich aus der jeweiligen tatbestandlichen Variante. Wird nach § 35 Abs. 1 Nr. 1 PolG vorgegangen, ist die gefährdete Person Adressat, bei Nummer 2 die Person, von der die Gefahr der Begehung oder Fortsetzung der Straftat oder Ordnungswidrigkeit von erheblicher Bedeutung für die Allgemeinheit ausgeht, bei den Nummern 3 und 4 die Person, der gegenüber der Platzverweis bzw. die Wohnungsverweisung und das Rückkehrverbot ausgesprochen worden sind. Bei Nummer 5 ist Adressat die Person, die nach den §§ 229, 230 Abs. 3 BGB festgenommen bzw. vorgeführt werden darf. Bei Nummer 6 ist Adressat die Person, gegen die sich die Aufenthaltsvorgabe, das Kontaktverbot bzw. die Anordnung der elektronischen Aufenthaltsanordnung richtet. Bei einer Maßnahme nach Absatz 2 ist Adressat die minderjährige Person, die sich der Obhut der Sorgeberechtigten entzogen hat. Bei Absatz 3 richtet sich die Maßnahme zulässigerweise gegen die Person, die aus dem Vollzug von Untersuchungshaft, Freiheitsstrafen oder freiheitsentziehenden Maßregeln der Besserung und Sicherung entwichen ist oder sich sonst ohne Erlaubnis außerhalb der Justizvollzugsanstalt aufhält.

6. Rechtsfolgen

1317 Erlaubte Rechtsfolge ist die Ingewahrsamnahme, also die Herstellung polizeilichen Gewahrsams, einschließlich der damit verbundenen Freiheitsentziehung. Umstritten ist, ob § 35 PolG auch zu einem sog. Verbringungsgewahrsam ermächtigt. Dabei handelt es sich um eine Maßnahme, bei der eine Person im Einsatzfahrzeug an einen anderen Ort verbracht und dort wieder freigelassen wird.

> **Beispiel**
> Ein bekannter Fußball-Hooligan wird von der Polizei eine Stunde vor Beginn eines Spiels im Einsatzfahrzeug an einen Ort verbracht, der 20 km vom Heimatstadion seines Vereins entfernt ist, und dort „ausge-

Ingewahrsamnahme (§ 35 PolG)

setzt". – Bei einem Auswärtsspiel wird derselbe Hooligan in der Stadt, in der die Begegnung stattfinden soll, aufgegriffen und in seine Heimatstadt verbracht.

Die Verbringung wird häufig zur Durchsetzung eines Platzverweises in Betracht gezogen. **1318** Teilweise wird diskutiert, ob es sich überhaupt um eine Freiheitsentziehung handeln könne, weil die Verbringung, also der freiheitsbeschränkende Transport, nicht das eigentliche Ziel der Maßnahme sei. Im Ergebnis wird man aber aufgrund der grundrechtlichen Wirkung von einer Freiheitsentziehung ausgehen müssen, die die Anforderungen des § 35 PolG erfüllen muss.[424] Zu beachten ist im Zusammenhang mit solchen Verbringungsmaßnahmen insbesondere der Verhältnismäßigkeitsgrundsatz.[425] Häufig wird die Verbringung im Vergleich mit einer längeren Unterbringung im Polizeigewahrsam die mildere Maßnahme sein, weil die eigentliche Freiheitsentziehung kürzer währt.

Beispiel
Im vorgenannten Beispiel sind verschiedene Aspekte zu berücksichtigen: die Tageszeit, die Witterungsverhältnisse, Alter und Gesundheitszustand des Adressaten, Unwegsamkeit des Rückwegs usw.[426]

	Tatbestand	Adressat	Anordnungsbefugnis	Verfahrensvorschriften
§ 127 Abs. 1 StPO Vorläufige Festnahme durch jedermann	auf frischer Tat betroffen oder verfolgt Fluchtverdacht oder Identität nicht sofort feststellbar	Verdächtiger	jedermann	Information über Beschuldigung und Gründe der Festnahme (§ 127 Abs. 4 i.V.m. § 114a StPO) Belehrungspflichten (§ 127 Abs. 4 i.V.m. § 114b StPO)
§ 127 Abs. 2 i.V.m. §§ 112, 112a StPO	Voraussetzungen eines Haftbefehls (§§ 112, 112a StPO): → dringender Tatverdacht → Haftgrund → Verhältnismäßigkeit	Beschuldigter	StA/Polizeibeamte bei GiV	Angehörigenverständigung (§ 127 Abs. 4 i.V.m. § 114c StPO) unverzügliche Richtervorführung (§ 128 StPO) Festnahmedauer bis max. zum Ende des folgenden Tages (Art. 104 Abs. 2 GG)
§ 127 Abs. 2 i.V.m. § 126a StPO Vorläufige Festnahme zur einstweiligen Unterbringung	Voraussetzungen eines Unterbringungsbefehls (§ 127a StPO): dringende Gründe für – rechtswidrige Tat in schuldunfähigem oder bedingt schuldfähigem Zustand – Anordnung der Unterbringung nach §§ 63, 64 StGB	dringend Tatverdächtiger	StA/Polizeibeamte bei GiV	
§ 127b StPO Vorläufige Festnahme zur Hauptverhandlungshaft	auf frischer Tat betroffen oder verfolgt Voraussetzungen für Entscheidung im beschleunigten Verfahren wahrscheinlich: Hauptverhandlung Befürchtung des Fernbleibens von der Hauptverhandlung	„Betroffener"= Beschuldigter	StA/Polizeibeamte	
§ 164 StPO Festnahme bei Störung einer Amtshandlung	Strafprozessuale Amtshandlung vorsätzliches Stören oder Widersetzen der Anordnung	Störer	der die Amtshandlung leitende Beamte von StA/Polizei/Gericht	Dauer: bis zum Ende der Dienstverrichtung, max. bis zum Ende des nächsten Tages (§ 164 StPO)

---

424 Bialon/Springer, 23. Kap. Rn. 25.
425 Vgl. OVG Bremen NVwZ 1987, 235.
426 Bialon/Springer, 23. Kap. Rn. 27 ff.

3. Teil • Eingriffsbefugnisse

	Tatbestand	Adressat	Anordnungsbefugnis	Verfahrensvorschriften
Vollstreckung von Haftbefehlen	wirksamer Haftbefehl	im HB Genannter	Gericht und Vollstreckungsbehörde	Information über Beschuldigung und Gründe der Festnahme, Belehrungspflichten, Angehörigenverständigung, Richtervorführung (§§ 114a–114c, 115, 115a StPO)

Abbildung 3.86: Übersicht über die Tatbestände der Festnahme und Vollstreckung von Haftbefehlen

M. Sicherheitsleistung

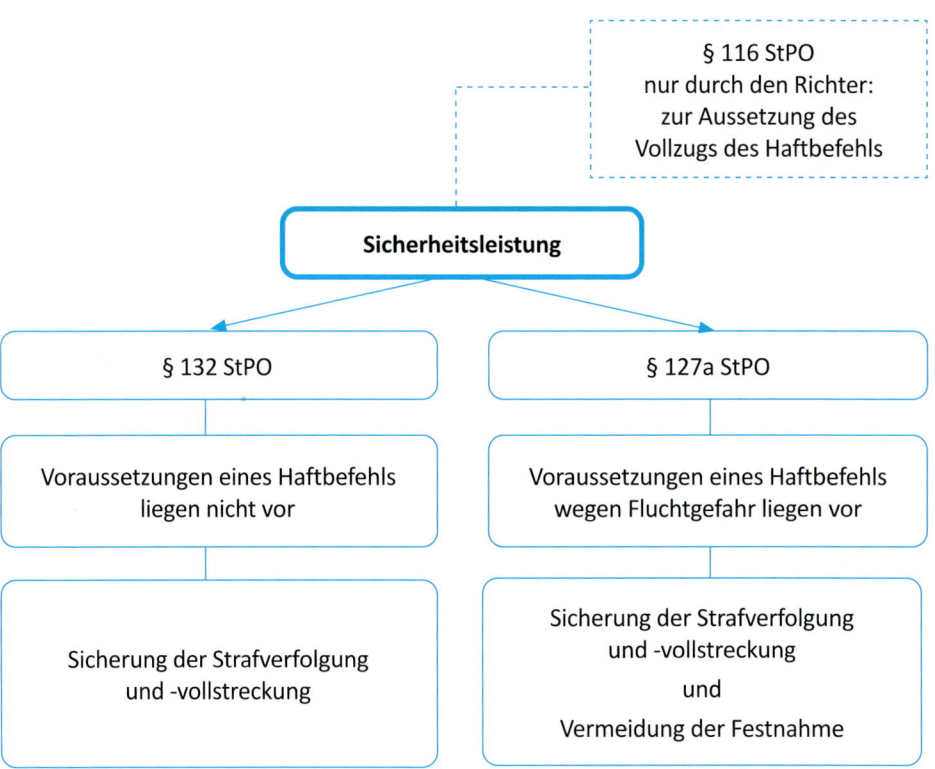

Abbildung 3.87: Übersicht über die Formen der Sicherheitsleistung

1319 Die Strafprozessordnung gewährt verschiedene Möglichkeiten zur Erhebung von Sicherheitsleistungen. Sie dienen in erster Linie der Sicherung von Strafverfolgung und -vollstreckung. Diesem Zweck dient insbesondere § 132 StPO. Bei der Sicherheitsleistung nach § 127a StPO hat sie zudem den Zweck, eine vorläufige Festnahme zu verhindern bzw. zu beenden.

1320 Gemäß § 116 StPO hat der Richter den Vollzug eines Haftbefehls auszusetzen, wenn weniger einschneidende Maßnahmen die Erwartung hinreichend begründen, dass der Zweck der Untersuchungshaft auch durch sie erreicht werden kann. Zu diesen Maßnahmen kommt gemäß § 116 Abs. 1 Nr. 4 StPO auch die Erhebung einer Sicherheitsleistung in Betracht.

I. Allgemeine Sicherheitsleistung (§ 132 StPO)

- Aufsatz-Literatur: Büttner, DRiZ 2007, 188 (Zustellungsbevollmächtigte – Zeitbomben im Strafverfahren?); Müllenbauch, NStZ 2001, 637 (Die Zulässigkeit einer Anordnung nach § 132 StPO gegen den ausgereisten Beschuldigten).
- Übungsfall: Hellmann, JuS 1999, 264 (Der praktische Fall – Strafprozessrecht – Haftbefehle in Sachen G und K).

Allgemeine Sicherheitsleistung (§ 132 StPO)

1. **Tatbestandsvoraussetzungen**
   - dringender Tatverdacht
   - ohne festen Wohnsitz in Deutschland
   - Voraussetzungen für Haftbefehl liegen nicht vor
   - bei Beschlagnahme:
     - Nichtbefolgen der Anordnung
     - Gegenstand wird mitgeführt
     - Gegenstand ist Eigentum des Beschuldigten
2. **Maßnahmenspezifische Verfahrensvorschriften**
   - Anordnungskompetenz
     - Gericht, bei GiV StA/ErmPers (§ 132 Abs. 2 StPO)
   - Hinterlegung von Bargeld, Pfandbestellung oder Bürgschaft (§ 116a Abs. 1 StPO)
   - Zustellungsbevollmächtigen ggf. Informationspflicht, wenn selbst keine Person benannt werden kann (§ 132 Abs. 1 Nr. 2 StPO:)
   - nach Erlass (NRW): Niederschrift fertigen
   - zusätzlich bei Beschlagnahme:
     - Belehrung über Recht auf Beantragung richterlicher Entscheidung (§ 98 Abs. 2 StPO)
     - Einholung richterlicher Bestätigung bei Widerspruch (§ 98 Abs. 2 StPO)
     - beschlagnahmefreie Gegenstände (§ 811 ZPO)
3. **Adressat**
   - Beschuldigter
4. **Rechtsfolgen**
   - Erhebung angemessener Sicherheit für die zu erwartende Strafe und Verfahrenskosten
   - Beschlagnahme von Gegenständen

Beschuldigter ist jede Person, gegen die im Rahmen eines Strafverfahrens wegen einer bestimmten Straftat ermittelt wird.

Dringender Tatverdacht ist gegeben, wenn nach dem bisherigen Ermittlungsstand in seiner Gesamtheit eine große Wahrscheinlichkeit dafür besteht, dass der Beschuldigte als Täter oder Teilnehmer eine Straftat begangen hat.

Gefahr im Verzug liegt vor, wenn die Sicherung des Strafverfahrens durch Erhebung der Sicherheitsleistung aufgrund der Verzögerung, die die Erwirkung der richterlichen Entscheidung mit sich bringen würde, gefährdet wäre.

Abbildung 3.88: Schema zur allgemeinen Sicherheitsleistung (§ 132 StPO)

3. Teil • Eingriffsbefugnisse

1. Überblick

1321 Die Erhebung der Sicherheitsleistung nach § 132 StPO dient der Sicherung der Strafverfolgung und -vollstreckung.

1322 Wird die Sicherheit geleistet, kann der Beschuldigte das Bundesgebiet verlassen. Gerichtliche Schreiben (Strafbefehl, Anklageschrift, Ladung zur Hauptverhandlung) ergehen an den Zustellungsbevollmächtigten. Die geleistete Sicherheit wird als Vorschuss für die Strafe und die Verfahrenskosten behandelt und später verrechnet. Überschüssige Beträge werden an den Zustellungsbevollmächtigten erstattet.

2. Grundrechtseingriffe

1323 Mit der Maßnahme wird in das Grundrecht auf Eigentum nach Art. 14 GG eingegriffen, denn Art. 14 GG schützt Eingriffe in das Nutzungsrecht.[427] Nach anderer Ansicht liegt lediglich ein Eingriff in das Grundrecht der allgemeinen Handlungsfreiheit (Art. 2 Abs. 1 GG) vor.[428]

3. Tatbestandsvoraussetzungen und Adressat

a) Beschuldigter ohne festen Wohnsitz in Deutschland

1324 Beschuldigter ist jede Person, gegen die sich das Strafverfahren richtet.[429] Sie wird schon zum Beschuldigten, wenn die Strafverfolgungsbehörden Ermittlungsmaßnahmen ergreifen, die erkennbar darauf abzielen, gegen sie wegen einer Straftat strafrechtlich vorzugehen (vgl. dazu auch § 397 Abs. 1 AO für Steuerstrafverfahren). Insofern ist der Beschuldigtenbegriff formell zu verstehen: Eine Person wird erst durch entsprechenden Willensakt der Strafverfolgungsbehörde zum Beschuldigten.[430] Vorausgesetzt wird zudem, dass der Beschuldigte in Deutschland keinen festen Wohnsitz hat.

b) Dringender Tatverdacht

1325 Zur Erhebung der Sicherheitsleistung muss dringender Tatverdacht bestehen. Dieser liegt vor, wenn nach dem bisherigen Ermittlungsergebnis in seiner Gesamtheit eine große Wahrscheinlichkeit dafür besteht, dass der Beschuldigte als Täter oder Teilnehmer eine Straftat begangen hat.[431] Der dringende Tatverdacht muss sich aus bestimmten Tatsachen herleiten, bloße Vermutungen reichen nicht aus. Der Unterschied zum hinreichenden Tatverdacht, der erforderlich ist für die Anklageerhebung, besteht in der Perspektive: Während der hinreichende Tatverdacht am Ende des Ermittlungsverfahrens steht, wird der dringende Tatverdacht regelmäßig im Rahmen des laufenden Strafverfahrens festzulegen sein.

c) Voraussetzungen eines Haftbefehls liegen nicht vor, lediglich Geldstrafe ist zu erwarten

1326 Die Maßnahme nach § 132 StPO ist nur anzuordnen, wenn Untersuchungshaft aus Verhältnismäßigkeitsgründen ausscheidet. Schließlich muss lediglich eine Geldstrafe zu erwarten sein. Es muss sich also um eine leichtere Straftat, wie etwa Verkehrsdelikte, einfache Diebstähle oder leichtere Körperverletzungen, handeln. Wenn die Einstellung gemäß § 153 StPO naheliegt, steht der Verhältnismäßigkeitsgrundsatz einer Anordnung entgegen.[432]

---

427 Jarass/Pieroth, GG, Art. 14 Rn. 6.
428 Benfer/Bialon, S. 139.
429 BGHSt 10, 8 (12).
430 BGHSt 34, 138 (140).
431 BGH NJW 1992, 1975.
432 Meyer-Goßner/Schmitt, StPO, § 132 Rn. 11.

Allgemeine Sicherheitsleistung (§ 132 StPO)

d) Zusätzliche Voraussetzungen bei Beschlagnahme (§ 132 Abs. 3 StPO)

Wenn der Beschuldigte die Zahlung der Sicherheitsleistung ablehnt, so können Beförderungsmittel und andere mitgeführte Gegenstände beschlagnahmt werden, die im Eigentum des Beschuldigten stehen. Bei der Beschlagnahme von Beförderungsmitteln ist insbesondere der Verhältnismäßigkeitsgrundsatz besonders zu beachten. Dies kann daher nur in Ausnahmefällen in Betracht kommen. Näheres regeln landesspezifische Erlasse.[433]

1327

4. Maßnahmenspezifische Verfahrensvorschriften

a) Anordnungskompetenz

Die Maßnahme bedarf gemäß § 132 Abs. 2 StPO grundsätzlich der richterlichen Anordnung. Bei Gefahr im Verzuge sind auch die Staatsanwaltschaft und ihre Ermittlungspersonen[434] anordnungsbefugt.

1328

b) Weitere Verfahrensvorschriften

Als Durchführungsbestimmungen sind zu beachten:

1329

- **Art der Sicherheitsleistung (§ 132 Abs. 2 i.V.m. § 116a Abs. 1 StPO)**

  Die Sicherheitsleistung kann in Bargeld, in Wertpapieren, durch Pfandbestellung oder durch Bürgschaft vom Beschuldigten oder einer anderen Person geleistet werden.

- **Bestellung eines Zustellungsbevollmächtigten (§ 132 Abs. 1 Nr. 2 StPO)**

  Der Beschuldigte hat eine im Bezirk des zuständigen Gerichts wohnende Person zum Empfang von Zustellungen zu bevollmächtigen. Diese kann jede Privatperson sein. Ist der Beschuldigte nicht in der Lage, eine Person zu benennen, so ist er gemäß Nr. 60 RiStBV darauf hinzuweisen, dass er einen Rechtsanwalt oder einen hierzu bereiten Beamten der Geschäftsstelle des zuständigen Amtsgerichtes bevollmächtigen kann.

- **Niederschrift**

  Nach landesrechtlichen Erlassen ist eine Niederschrift über die Sicherheitsleistung zu fertigen, die zugleich als Quittung gilt.

Bei der Beschlagnahme von Gegenständen ist zudem zu beachten:

1330

- **Belehrungspflicht (§ 98 Abs. 2 Satz 5 StPO)**

  Wenn ein Gegenstand ohne richterliche Anordnung beschlagnahmt wurde, so kann der Betroffene jederzeit eine richterliche Entscheidung beantragen. Auf dieses Recht ist er hinzuweisen.

- **Beantragung einer richterlichen Entscheidung (§ 98 Abs. 2 Satz 1 StPO)**

  War der Betroffene bei einer Beschlagnahme ohne richterliche Anordnung nicht anwesend oder erhob er ausdrücklich Widerspruch, so hat der Polizeibeamte binnen drei Tagen die richterliche Bestätigung der Maßnahme zu beantragen.

---

433 Vgl. für NRW: RdErl. des Ministeriums für Inneres und Kommunales vom 2.11.2010, MBl. NRW. S. 786, zuletzt geändert durch RdErl. v. 29.12.2015 (MBl. NRW. 2016 S. 50), zur Verfolgung von Verkehrsverstößen durch die Polizei und Erhebung von Sicherheitsleistungen bei Ordnungswidrigkeiten und Straftaten.

434 Vgl. zu Ermittlungspersonen der Staatsanwaltschaft: § 152 GVG i.V.m. den jeweiligen landesrechtlichen Regelungen; z.B. NRW: § 1 Abs. 1 der Verordnung über die Ermittlungspersonen der Staatsanwaltschaft vom 30.4.1996, GV. NRW S. 180, zuletzt geändert durch Verordnung vom 16.2.2016, GV. NRW. S. 120.

3. Teil • Eingriffsbefugnisse

- **Niederschrift, Kenntlichmachung (§ 109 StPO)**

  Nach landesrechtlichem Erlass NRW[435] ist eine Niederschrift über die Sicherheitsleistung zu fertigen, die zugleich als Quittung gilt. Die Gegenstände sind genau zu kennzeichnen.

- **Beschlagnahmefreie Gegenstände (§ 811 ZPO)**

  Nach den einschlägigen landesrechtlichen Erlassen sollen Gegenstände nicht beschlagnahmt werden, die gemäß § 811 ZPO unpfändbar sind. Dabei handelt es sich insbesondere um höchstpersönliche notwendige Gegenstände wie Kleidungsstücke, Nahrungsmittel, Gegenstände zur Lebens- und Haushaltsführung.

1331 Ergänzende Vorschriften über die Behandlung amtlich verwahrter Gegenstände enthalten Nr. 74–76 RiStBV.

5. Rechtsfolgen

1332 § 132 StPO ermächtigt zur Erhebung einer Sicherheitsleistung. Wird sie nicht freiwillig geleistet, können bewegliche Gegenstände beschlagnahmt werden. Das Recht zur Suche nach entsprechenden Gegenständen ist von der Befugnisnorm miterfasst.[436]

---

435 „Verfolgung von Verkehrsverstößen durch die Polizei und Erhebung von Sicherheitsleistungen bei Ordnungswidrigkeiten und Strafverfolgung; Verfolgung und Ahndung von Verkehrsordnungswidrigkeiten durch die Ordnungsbehörden", RdErl. d. Ministeriums für Inneres und Kommunales v. 2.11.2010, MBl. NRW. S. 786, zuletzt geändert durch RdErl. v. 29.12.2015 (MBl. NRW. 2016 S. 50).

436 Meyer-Goßner/Schmitt, StPO, § 132 Rn. 19.

II. Sicherheitsleistung zur Abwendung der Festnahme (§ 127a StPO)

Sicherheitsleistung zur Abwendung der Festnahme (§ 127b Abs. 1 StPO)

1. **Tatbestandsvoraussetzungen**
   - Beschuldigter ist ohne festen Wohnsitz in Deutschland
   - Voraussetzungen für Haftbefehl wegen Fluchtgefahr liegt vor:
     - dringender Tatverdacht
     - Fluchtgefahr
     - Freiheitsstrafe nicht zu erwarten
2. **Maßnahmenspezifische Verfahrensvorschriften**
   - Anordnungskompetenz
     - StA/Polizei
   - Hinterlegung von Bargeld, Pfandbestellung oder Bürgschaft (§ 116a Abs. 1 StPO)
   - Zustellungsbevollmächtigter (§ 116a Abs. 3 StPO), ggf. Informationspflicht, wenn selbst keine Person benannt werden kann
   - nach Erlass: Vordruck „Niederschrift Sicherheitsleistung" fertigen
3. **Adressat**
   - Beschuldigter
4. **Rechtsfolgen**
   - Erhebung angemessener Sicherheit für die zu erwartende Strafe und Verfahrenskosten
5. **Verhältnismäßigkeit**
   - insbesondere Höhe der Sicherheitsleistung: nach freiem Ermessen (§ 116a Abs. 2 StPO).

Beschuldigter ist jede Person, gegen die im Rahmen eines Strafverfahrens wegen einer bestimmten Straftat ermittelt wird.

Dringender Tatverdacht ist gegeben, wenn nach dem bisherigen Ermittlungsstand in seiner Gesamtheit eine große Wahrscheinlichkeit dafür besteht, dass der Beschuldigte als Täter oder Teilnehmer eine Straftat begangen hat.

Fluchtgefahr besteht, wenn es bei Würdigung der Umstände des Falles wahrscheinlicher ist, dass sich der Beschuldigte dem Strafverfahren entziehen wird, als dass er sich ihm zur Verfügung stellt.

Abbildung 3.89: Schema zur Sicherheitsleistung zur Abwendung der Festnahme (§ 127a Abs. 1 StPO)

1. Überblick

Die Erhebung der Sicherheitsleistung nach § 127a StPO dient zur Abwendung der Festnahme zum Zwecke der Untersuchungshaft, ist somit Ausdruck des Verhältnismäßigkeitsprinzips. Wird die Sicherheit geleistet, so ist von vorläufiger Festnahme abzusehen bzw. sie ist aufzuheben. Der Beschuldigte kann dann das Bundesgebiet verlassen. Gerichtliche Schreiben (Strafbefehl, Anklageschrift, Ladung zur Hauptverhandlung) ergehen an den Zustellungsbevollmächtigten. Die geleistete Sicherheit wird als Vorschuss für die Strafe und die Verfahrenskosten behandelt und später verrechnet. Überschüssige Beträge werden an den Zustellungsbevollmächtigten erstattet.

1333

2. Grundrechtseingriffe

1334 Mit der Maßnahme wird in das Grundrecht auf Eigentum nach Art. 14 GG eingegriffen, denn Art. 14 GG schützt Eingriffe in das Nutzungsrecht.[437] Nach anderer Ansicht liegt lediglich ein Eingriff in das Grundrecht der allgemeinen Handlungsfreiheit (Art. 2 Abs. 1 GG) vor.[438]

3. Tatbestandsvoraussetzungen und Adressat

a) Beschuldigter ohne festen Wohnsitz in Deutschland

1335 Beschuldigter ist jede Person, gegen die sich das Strafverfahren richtet.[439] Sie wird schon zum Beschuldigten, wenn die Strafverfolgungsbehörden Ermittlungsmaßnahmen ergreifen, die erkennbar darauf abzielen, gegen sie wegen einer Straftat strafrechtlich vorzugehen (vgl. dazu auch § 397 Abs. 1 AO für Steuerstrafverfahren). Insofern ist der Beschuldigtenbegriff formell zu verstehen: Eine Person wird erst durch entsprechenden Willensakt der Strafverfolgungsbehörde zum Beschuldigten.[440] Vorausgesetzt wird zudem, dass der Beschuldigte in Deutschland keinen festen Wohnsitz hat.

b) Voraussetzungen eines Haftbefehls wegen Fluchtverdachts

1336 Zur Anordnung der Sicherheitsleistung nach § 127a StPO müssen die Voraussetzungen eines Haftbefehls lediglich wegen Fluchtverdachts bestehen. Dies setzt gemäß § 112 StPO zunächst dringenden Tatverdacht voraus. Dieser liegt vor, wenn nach dem bisherigen Ermittlungsergebnis in seiner Gesamtheit eine große Wahrscheinlichkeit dafür besteht, dass der Beschuldigte als Täter oder Teilnehmer eine Straftat begangen hat.[441] Der dringende Tatverdacht muss sich aus bestimmten Tatsachen herleiten, bloße Vermutungen reichen nicht aus. Der Unterschied zum hinreichenden Tatverdacht, der erforderlich ist für die Anklageerhebung, besteht in der Perspektive: Während der hinreichende Tatverdacht am Ende des Ermittlungsverfahrens steht, wird der dringende Tatverdacht regelmäßig im Rahmen des laufenden Strafverfahrens festzulegen sein.

1337 Haftgründe sind in §§ 112, 112a StPO normiert. Fluchtgefahr nach § 112 Abs. 2 Nr. 2 StPO besteht, wenn es bei Würdigung der Umstände des Falles wahrscheinlicher ist, dass sich der Beschuldigte dem Strafverfahren entziehen wird, als dass er sich ihm zur Verfügung stellt.[442] Zur Beurteilung der Fluchtgefahr sind alle Umstände des Einzelfalls heranzuziehen. So können hohe Straferwartung, gute Fremdsprachenkenntnisse, fehlender fester Wohnsitz, fehlende familiäre oder berufliche Bindungen, Arbeitslosigkeit, Bezugspunkte in Ausland, unterschiedliche Staatsangehörigkeiten sowie Mittellosigkeit Indizien für Fluchtgefahr darstellen. Dagegen können besondere Krankheiten, Prominenz, hohes Alter und starke Bindungen sowie große Vermögenswerte gegen Fluchtgefahr sprechen.

c) Freiheitsstrafe nicht zu erwarten

1338 Schließlich darf eine Freiheitsstrafe nicht zu erwarten sein. Es muss sich also um eine leichtere Straftat, wie etwa Verkehrsdelikte, einfache Diebstähle oder leichtere Körperverletzungen, handeln.

---

[437] Jarass/Pieroth, GG, Art. 14 Rn. 6.
[438] Benfer/Bialon, S. 139.
[439] BGHSt 10, 8 (12).
[440] BGHSt 34, 138 (140).
[441] BGH NJW 1992, 1975.
[442] OLG Köln StV 1997, 647.

Sicherheitsleistung zur Abwendung der Festnahme (§ 127a StPO)

4. Maßnahmenspezifische Verfahrensvorschriften

a) Anordnungskompetenz

Mangels ausdrücklicher Regelung kann die Erhebung von Sicherheitsleistungen von jedem Polizeibeamten und der Staatsanwaltschaft angeordnet werden.   **1339**

b) Weitere Verfahrensvorschriften

Zu beachten sind: **1340**

- **Art der Sicherheitsleistung (§ 127a Abs. 2 i.V.m. § 116a Abs. 1 StPO)**

  Die Sicherheitsleistung kann in Bargeld, in Wertpapieren, durch Pfandbestellung oder durch Bürgschaft vom Beschuldigten oder einer anderen Person geleistet werden.

- **Bestellung eines Zustellungsbevollmächtigten**

  Der Beschuldigte hat eine im Bezirk des zuständigen Gerichts wohnende Person zum Empfang von Zustellungen zu bevollmächtigen. Diese kann jede Privatperson sein. Ist der Beschuldigte nicht in der Lage, eine Person zu benennen, so ist er gemäß Nr. 60 RiStBV darauf hinzuweisen, dass er einen Rechtsanwalt oder einen hierzu bereiten Beamten der Geschäftsstelle des zuständigen Amtsgerichtes bevollmächtigen kann.

- **Niederschrift**

  Nach landesrechtlichem Erlass in NRW ist eine Niederschrift über die Sicherheitsleistung zu fertigen, die zugleich als Quittung gilt.

5. Rechtsfolgen

§ 127a StPO bietet die Möglichkeit der Absehung von oder weiterem Vollzug der vorläufigen Festnahme durch Erhebung der Sicherheit. Ist die Sicherheit geleistet, ist die Person freizulassen.   **1341**

	Tatbestand	Adressat	Anordnungs-befugnis	Verfahrensvorschriften
§ 132 StPO Allgemeine Sicherheitsleistung	dringender Tatverdacht ohne festen Wohnsitz in Deutschland Voraussetzung eines Haftbefehls liegen nicht vor: zusätzlich bei Beschlagnahme: – Nichtbefolgen der Anordnung – Gegenstand wird mitgeführt – Gegenstand ist im Eigentum des Beschuldigten	Beschuldigter	Gericht bei GiV auch StA/ErmPers.	Hinterlegung von Bargeld, Pfandbestellung oder Bürgschaft (§ 116a StPO) Zustellungsbevollmächtigten benennen, ggf. Informationspflicht, wenn selbst keiner benannt werden kann nach Erlass (NRW): Niederschrift fertigen zusätzlich bei Beschlagnahme: – Belehrung über Recht auf Beantragung richterlicher Entscheidung (§ 98 Abs. 2 StPO) – Einholung richterlicher Bestätigung bei Widerspruch (§ 98 Abs. 2 StPO) – § 811 ZPO: beschlagnahmefreie Gegenstände
§ 127a StPO Sicherheitsleistung zur Abwendung der Festnahme	ohne festen Wohnsitz in Deutschland Voraussetzungen eines Haftbefehls wegen Fluchtgefahr liegen vor: – dringender Tatverdacht – Fluchtgefahr Freiheitsstrafe nicht zu erwarten	Beschuldigter	StA/Polizei	Hinterlegung von Bargeld, Pfandbestellung oder Bürgschaft (§ 116a StPO) Zustellungsbevollmächtigten benennen, ggf. Informationspflicht, wenn selbst keiner benannt werden kann nach Erlass (NRW): Niederschrift fertigen

Abbildung 3.90: Übersicht über die Tatbestände der Sicherheitsleistung

4. Teil

Zwangsweise Durchsetzung von Maßnahmen

4. Teil   Zwangsweise Durchsetzung von Maßnahmen

A. Zwangsanwendung bei gefahrenabwehrrechtlichen Maßnahmen

- Aufsatz-Literatur: *Gusy, JA 1990, 296 (Verwaltungsvollstreckungsrecht am Beispiel der Vollstreckung von Polizeiverfügungen); Plicht, NVwZ 2017, 863 (Schmerzzufügung als zulässiges Zwangsmittel?); Hyckel, LKV 2015, 300 und 342 (Grundlagen der Verwaltungsvollstreckung im Polizei- und Ordnungsrecht); Finger, JuS 2005, 116 (Polizeiliche Standardmaßnahmen und ihre zwangsweise Durchsetzung); Muckel, JA 2012, 272 (Verwaltungsvollstreckung in der Klausur).*
- Übungsfälle: *Vahle, DVP 2002, 378 (Zwischenfall in der Fußgängerzone).*

I. Einführung

1343 Polizeiliche Maßnahmen müssen in der Praxis häufig gegen den Willen des Adressaten getroffen bzw. durchgesetzt werden. So kann der Adressat eines konkreten Handlungsgebotes, beispielsweise: „Verlassen Sie diesen Ort!", etwa durch Anwendung von körperlicher Gewalt von dem fraglichen Ort entfernt werden (sog. unmittelbarer Zwang als Zwangsmittel).

1344 Jedenfalls bei präventiven Maßnahmen (zu den Besonderheiten bei repressivem Handeln Rn. 1421 ff.) liegt in der Anwendung von polizeilichem Zwang regelmäßig ein über die zwangsweise durchzusetzende Maßnahme hinausgehender Grundrechtseingriff.

> **Beispiel**
> An einer Unfallstelle blockieren Gaffer die Arbeit der Rettungskräfte. Der Polizeibeamte P erteilt einem der Gaffer (G) einen Platzverweis. Als G der Anordnung, sich zu entfernen, nicht Folge leistet, packt P ihn kräftig am Arm und zieht ihn einige Meter auf die Seite. Die Anwendung körperlicher Gewalt ist eine eigenständige, von der Anordnung, sich zu entfernen, zu unterscheidende Eingriffsmaßnahme, zumal G durch den festen Griff in seinem Grundrecht auf körperliche Unversehrtheit (Art. 2 Abs. 1 GG) beeinträchtigt wird.

1345 Für die Zwangsmittelanwendung bedarf es daher einer eigenständigen gesetzlichen Ermächtigungsgrundlage Unter Umständen kommt jedoch zur Abwehr einer gegenwärtigen Gefahr auch die Anwendung von Zwangsmitteln ohne eigenständige Grundmaßnahme (man spricht hier auch von einer Grundverfügung) in Betracht (zum sofortigen Vollzug Rn. 1378 ff.); auch in diesem Fall bedarf es für die Zwangsanwendung einer Ermächtigungsnorm.

1346 Für die Rechtmäßigkeitsprüfung des präventiven Einsatzes von Zwangsmitteln ergibt sich grundsätzlich das folgende Schema:

4. Teil • Zwangsweise Durchsetzung von Maßnahmen

Präventiver Zwangsmitteleinsatz (§§ 50 ff. PolG)

1. **Tatbestandliche Voraussetzungen der Ermächtigungsgrundlage**
- § 50 Abs. 1 PolG
    - wirksamer Verwaltungsakt
    - inhaltlich auf ein Handeln, Dulden oder Unterlassen gerichtet
    - Verwaltungsakt unanfechtbar, oder Rechtsmittel haben keine aufschiebende Wirkung (insb. § 80 Abs. 2 Satz 1 Nr. 2 VwGO)
    - Verwaltungsakt wird nicht befolgt oder:
- § 50 Abs. 2 PolG
    - im Regelfall: kein zugrundeliegender Verwaltungsakt
    - gegenwärtige Gefahr
    - Zwangsanwendung zur Abwehr dieser Gefahr notwendig
    - Handeln der Polizei innerhalb ihrer Befugnis (Rechtmäßigkeit eines hypothetischen Grundverwaltungsaktes)
2. **Tatbestandliche Voraussetzungen des konkret gewählten Zwangsmittels**
- Ersatzvornahme (§ 52 PolG)
    - vertretbare Handlung
    - keine Vornahme durch den Adressaten
- Zwangsgeld mit Ersatzzwangshaft (§§ 53, 54 PolG)
- unmittelbarer Zwang (§§ 55, 57, 58 ff. PolG)
    - andere Zwangsmittel kommen nicht in Betracht, sind nicht Erfolg versprechend oder unzweckmäßig, § 55 Abs. 1 PolG
- ggf. weitere Anforderungen bei Fesselung und Schusswaffengebrauch (§§ 62 ff. PolG)
3. **Ordnungsgemäße Anwendung des Zwangsmittels (Verfahrensbestimmungen)**
- Androhung (§ 56 bzw. § 61 PolG)
  (ggf. Besonderheiten bei Fesselung und Schusswaffengebrauch)
4. **Adressat**
5. **Rechtsfolgen**

Abbildung 4.1: Allgemeines Schema zum präventiven Zwangsmitteleinsatz (§§ 50 ff. PolG)

II. Zwangsmittel

1347 Das PolG nennt in § 51 Abs. 1 explizit drei Zwangsmittel:

> I. Ersatzvornahme,
> II. Zwangsgeld (mit Ersatzzwangshaft),
> III. unmittelbarer Zwang.

Zwangsmittel

Die Aufzählung ist abschließend; weitere, darüber hinausgehende Zwangsmittel sind nicht zulässig. Im Einzelfall kann es schwierig sein, die Zwangsmittel voneinander abzugrenzen. Dies gilt vor allem für die Ersatzvornahme und den unmittelbaren Zwang (dazu unten Rn. 1351 ff.). Bei den sog. Abschleppfällen (z.B. eines im Halteverbot abgestellten Kraftfahrzeugs) kommt zudem – je nach Sachverhaltskonstellation – auch eine Einordnung als Sicherstellung (§§ 43, 44 PolG) in Betracht (dazu Rn. 1413 ff.). Prüfungsstandort für diese Frage kann bei einer Rechtmäßigkeitsprüfung schon der Punkt „Ermächtigungsgrundlage" sein, namentlich, wenn eine Sicherstellung in Frage kommt. Sind allein Ersatzvornahme oder unmittelbarer Zwang denkbar, kann die Frage aber auch erst im Rahmen der materiellen Rechtmäßigkeit erörtert werden. 1348

1. Ersatzvornahme (§ 51 Abs. 1 Nr. 1, § 52 PolG)

- *Aufsatz-Literatur: Guldi, VBlBW 1995, 462 (Zwangsgeld oder Ersatzvornahme?).*
- *Übungsfälle: Puttler, JA 2001, 669; Werner, JA 2000, 902.*

Bei der Ersatzvornahme handelt es sich um die zwangsweise Vornahme einer (vertretbaren) Handlung durch die Polizei (Selbst-/Eigenvornahme) oder einen beauftragten Dritten (Fremdvornahme[442]). Ausgangspunkt ist die Überlegung, dass die angeordnete (bzw. im Rahmen des sofortigen Vollzugs hypothetisch anzuordnende) Handlung eigentlich aufgrund des entsprechenden Verwaltungsaktes (oder auch aufgrund einer unmittelbaren gesetzlichen Verpflichtung) vom Adressaten selbst ausgeführt werden müsste. Die Handlung wird jedoch nicht vorgenommen. Stattdessen wird die Handlung von der Polizei oder einem Dritten ausgeführt. Die Rechtsfolge ist u.a., dass vom Adressaten eine Erstattung der Kosten für die Ersatzvornahme verlangt werden kann. 1349

> **Beispiel**
> Auf einer innerstädtischen Straße hat ein Unfall stattgefunden, bei dem ein mit Schweinehälften beladener LKW umgekippt ist. Die Schweinehälften liegen über die gesamte Fahrbahn verstreut. Die Polizeibeamten P und Q fordern den Fahrer F auf, diese unverzüglich zu entfernen. Als F sich weigert, wird über die Leitstelle ein privates Unternehmen mit den Aufräumarbeiten beauftragt (Fremdvornahme).

> **Abwandlung**
> Da nur drei Schweinehälften über die Fahrbahn verstreut sind, entschließen sich P und Q, diese kurzerhand selbst auf die Seite zu schaffen, um die Fahrbahn wieder frei zu machen (Selbstvornahme).

Vertretbare Handlung ist eine aktive Handlung, die – ohne Änderung ihres Inhalts – auch von einer anderen Person vorgenommen werden kann (Gegenteil: unvertretbare, also höchstpersönliche Handlung, im Zivilrecht z.B. die Eheschließung; im Polizeirecht z.B. das Verlassen eines Fahrzeugs; vgl. Nr. 52.1 Satz 2 VV PolG). Die Ersatzvornahme kommt also nur dann in Betracht, wenn vom Adressaten ein aktives Tun verlangt wird. Zur Durchsetzung von Duldungs- und Unterlassungsanordnungen ist die Ersatzvornahme daher ungeeignet; hier wird im Regelfall auf das Zwangsgeld bzw. den unmittelbaren Zwang zurückzugreifen sein. 1350

Die Abgrenzung der Ersatzvornahme vom unmittelbaren Zwang ist nicht immer einfach. In der eingriffsrechtlichen Prüfung ist dies entweder bereits bei der Ermächtigungsgrundlage oder im Rahmen der materiellen Rechtmäßigkeitsprüfung zu erörtern. 1351

---

442 Die Befugnis zur Verpflichtung einer anderen Person zur Vornahme der Handlung ergibt sich nicht aus den Bestimmungen zum polizeilichen Zwang; entsprechende Anordnungen müssen ggf. auf § 8 Abs. 1 PolG gestützt werden und § 6 PolG berücksichtigen, vgl. Nr. 52.1 Satz 3 VV PolG.

Beispiel
Die Polizeibeamten P und Q werden zu einem Einsatz in einem Wohnhaus gerufen. Dort hat sich einer der Mieter (M) in seiner Wohnung eingeschlossen. Da er zuvor Freunden gegenüber angekündigt hat, er werde sich das Leben nehmen, und die Nachbarn im Treppenhaus einen deutlichen Gasgeruch wahrgenommen haben, ruft P vor der Wohnungstür des M „Öffnen Sie die Tür!". Als M nicht reagiert, tritt P mit einem kräftigen Fußtritt die Tür auf.

Abwandlung
P fordert, als M nicht reagiert, den ebenfalls im Treppenhaus anwesenden Hausmeister H auf, die Tür mit seinem Dienstschlüssel zu öffnen.

1352 Entscheidend für die Einordnung als Ersatzvornahme oder als unmittelbarer Zwang (Anwendung körperlicher Gewalt) ist die Frage, ob die angeordnete und die tatsächlich durch die Polizeibeamten vorgenommene Handlung identisch sind (dann Ersatzvornahme) oder nicht (dann unmittelbarer Zwang). Diese in Rechtsprechung und Schrifttum verbreitete Forderung nach der Handlungsidentität führt dazu, dass der Anwendungsbereich für die Ersatzvornahme relativ klein wird. Denn wenn exakt dieselbe Handlung vorgenommen werden muss, um eine Ersatzvornahme anzunehmen, wäre das gewaltfreie Öffnen der Tür mit einem Nachschlüssel bereits unmittelbarer Zwang, weil die Tür nicht von innen geöffnet wird. Dies erscheint nicht sachgerecht, zumal der unmittelbare Zwang gegenüber der Ersatzvornahme subsidiär ist (§ 55 Abs. 1 PolG), also nur zulässig ist, wenn diese nicht erfolgversprechend bzw. nicht zweckmäßig ist oder nicht in Betracht kommt. Stattdessen könnte man auf die weniger strikte Erfolgsidentität abstellen – die Tür ist nach dem Öffnen mit dem Nachschlüssel ebenso ohne eine Beschädigung (Substanzverletzung[443]) offen wie nach einem Öffnen durch den Mieter. Sachgerechter erscheint es, in einer wertenden Entscheidung auf den Gesamteindruck der Maßnahme abzustellen: Liegt eine Beschädigung vor, ist eher von unmittelbarem Zwang auszugehen. Gleiches gilt, wenn die von den Beamten vorgenommene Handlung den Eindruck einer Anwendung körperlicher Gewalt erweckt.

Ersatzvornahme (§ 52 Abs. 1 PolG)

Tatbestandliche Voraussetzungen
- Verpflichtung des Adressaten zu einer Handlung (z.B. durch Grundverwaltungsakt oder Gesetz)
- vertretbare Handlung (= Handlung kann von einem anderen vorgenommen werden)
- Handlung wird nicht vorgenommen

Abbildung 4.2: Schema zur Ersatzvornahme (§ 52 Abs. 1 PolG)

2. Zwangsgeld mit Ersatzzwangshaft (§ 51 Abs. 1 Nr. 2, §§ 53, 54 PolG)

1353 Das Zwangsgeld kann genutzt werden, um ein Handeln, Dulden oder Unterlassen zu erzwingen. Es wird dem Adressaten gegenüber angedroht (vgl. § 56 PolG, vor allem: § 56 Abs. 2 PolG – Androhung schon bei Erlass der zu befolgenden Grundverfügung) und im Falle eines Zuwiderhandelns erhoben. Das Zwangsgeld ist keine Sanktion bzw. Strafe, sondern ein Beugemittel, das dazu dienen soll, den Adressaten zum gewünschten Verhalten zu veranlassen. Daher ist meist schon die (erforderliche) Androhung des Zwangsmittels ausreichend, um

---
443   Vgl. Bialon/Springer, 36. Kap. Rn. 46, 59.

Zwangsmittel

das gewünschte Ziel zu erreichen. Insoweit unterscheidet sich das Zwangsgeld als Zwangsmittel deutlich von Ersatzvornahme und unmittelbarem Zwang; diese beiden führen das gewünschte Resultat mittels der Zwangsmittelanwendung unmittelbar herbei. Mit dem Zwangsgeld kann dies nicht erreicht werden – der Adressat kann lediglich infolge einer Wiederholung, ggf. Anhebung des Zwangsgelds dazu bewegt werden, das gewünschte Verhalten an den Tag zu legen. Der Zwangscharakter liegt beim Zwangsgeld also primär in der Androhung, nicht in der Ausführung. Dies hat zur Konsequenz, dass sich das Zwangsgeld als Zwangsmittel in „akuten" Gefahrenlagen nicht eignet, weil seine Androhung bzw. Erhebung allein nicht unmittelbar zur Gefahrenabwehr beitragen (Nr. 53.0 VV PolG).

> **Beispiel**
> Im Rahmen von Wohnungsverweisungen mit Rückkehrverboten nach § 34a PolG wird meist (zur „Verstärkung" der Anordnungen) ein Zwangsgeld in Höhe von 500 Euro für den Fall der Rückkehr in die Wohnung innerhalb der Geltungsdauer des laufenden Rückkehrverbotes angedroht und bei Zuwiderhandeln auch erhoben.

In der polizeilichen Praxis wird das Zwangsgeld als Zwangsmittel nur in ausgewählten Anwendungsbereichen eingesetzt. Häufig wird auf das Aufenthaltsverbot gemäß § 34 Abs. 2 PolG, die Meldeauflage und die Gefährderansprache – jeweils auf der Grundlage von § 8 Abs. 1 PolG – als denkbare Einsatzfelder für das Zwangsgeld hingewiesen.[444] **1354**

Die zulässige Höhe des Zwangsgelds beträgt 5 bis 2.500 Euro. § 53 Abs. 1 PolG regelt, dass das Zwangsgeld in dieser Höhe „schriftlich festgesetzt" wird. Daher darf es auch nur in diesem Rahmen angedroht werden (vgl. auch § 56 Abs. 5 PolG). Es muss in bestimmter Höhe festgesetzt werden (also nicht: „bis zu 300 Euro"; Nr. 53.1 Satz 1 VV PolG). In welcher Höhe das Zwangsgeld angedroht wird, ist eine im Einzelfall zu treffende Ermessensentscheidung und wird vor allem von der Bedeutung der Gefahrenlage, der wirtschaftlichen „Schmerzgrenze" des Adressaten mit Blick auf seine finanzielle Situation und von seinem Interesse, die fragliche Anordnung nicht zu befolgen, abhängen (Nr. 53.2 Satz 2 VV PolG). Gegebenenfalls kann auch ein Vorverhalten des Adressaten berücksichtigt werden, etwa eine kategorische Weigerung. **1355**

Zahlt der Adressat das Zwangsgeld nicht, obwohl er hierzu in der Lage wäre, erfolgt eine sog. Beitreibung des Zwangsgelds im Verwaltungszwangsverfahren (§ 53 Abs. 3 PolG), für das die Regelungen des Verwaltungsvollstreckungsgesetzes (VwVG) gelten. Gegebenenfalls wird beim Adressaten gepfändet. Gemäß § 53 Abs. 3 Satz 2 PolG unterbleibt die Beitreibung, sobald die betroffene Person die gebotene Handlung vornimmt oder die zu duldende Maßnahme gestattet. Eine Ausnahme – mit der Folge der Beitreibung – macht das Gesetz dann, wenn der Duldungs- oder Unterlassungspflicht zuwidergehandelt worden ist, deren Erfüllung durch die Androhung des Zwangsgeldes erreicht werden sollte (Satz 3). Würde die Beitreibung einen Härtefall darstellen und sind weitere Zuwiderhandlungen nicht zu befürchten, kann wiederum von der Beitreibung abgesehen werden. **1356**

Nur bei der sog. Uneinbringlichkeit des Zwangsgeldes – wenn also der Adressaten nicht zahlen kann und auch die Verwaltungsvollstreckung nicht zu einem verwertbaren Ergebnis geführt hat[445] – erfolgt ggf. die Anordnung einer Ersatzzwangshaft (§ 54 Abs. 1 PolG). Die Ersatzzwangshaft wird auf Antrag der Polizei durch das örtlich zuständige Verwaltungsgericht **1357**

---

444 Bialon/Springer, 36. Kap. Rn. 55.
445 Nr. 54.1 VV PolG: „Das Zwangsgeld ist dann uneinbringlich, wenn die Beitreibung ohne Erfolg versucht worden ist, oder wenn offensichtlich ist, dass sie keinen Erfolg haben wird".

angeordnet.⁴⁴⁶ Die Anordnung setzt allerdings voraus, dass die Polizei bei der Androhung des Zwangsgeldes auf die Möglichkeit der Ersatzzwangshaft hingewiesen hat (§ 54 Abs. 1 Satz 1 2. Hs. PolG). Nach § 54 Abs. 1 Satz 2 PolG beträgt die Ersatzzwangshaft mindestens einen Tag und höchstens zwei Wochen. Ist die Ersatzzwangshaft angeordnet, so ist sie nach § 54 Abs. 2 PolG von der Justizverwaltung auf Antrag der Polizei nach den Bestimmungen der §§ 901, 904–910 ZPO zu vollstrecken. Diese Vorschriften existieren nicht mehr; in der Parallelvorschrift für die Ordnungsbehörden (§ 61 Abs. 2 VwVG) wird zutreffend auf §§ 802g–802j ZPO verwiesen. Diese Vorschriften wird man daher auch bei einer von der Polizei beantragten Vollstreckung zu berücksichtigen haben.

Zwangsgeld (§ 53 Abs. 1 PolG)

Tatbestandliche Voraussetzungen
- bestimmte Höhe: 5–2.500 Euro

Abbildung 4.3:   Schema zum Zwangsgeld (§ 53 Abs. 1 PolG)

3. Unmittelbarer Zwang (§ 51 Abs. 1 Nr. 3, §§ 55, 57, 58 ff. PolG)

- *Aufsatz-Literatur: App, DVP 1997, 135 (Der unmittelbare Zwang); App, VR 1992, 326 (Ersatzvornahme und unmittelbarer Zwang – eine Gegenüberstellung); Baldarelli, DPolBl. 4/2017, 29 (Polizeilicher Umgang mit Schusswaffen im Lichte der Rechtsprechung! – Rechtsprechungsübersicht); Prondinzki, DPolBl. 4/2017, 25 (Schließt das Distanz-Elektro-Impuls-Gerät (DEIG) die Lücke zwischen Schusswaffe und Reizstoffsprühgerät?: „Schocken statt scharf schießen" – neue Waffen für die Polizei?).*

1358 Unmittelbarer Zwang ist die Einwirkung auf Personen oder Sachen durch körperliche Gewalt, ihre Hilfsmittel und durch Waffen (§ 58 Abs. 1 PolG). Die Aufzählung ist abschließend; andere Formen unmittelbaren Zwangs sind unzulässig (Nr. 58.1 VV PolG).

1359 Körperliche Gewalt ist gemäß § 58 Abs. 2 PolG jede unmittelbare körperliche Einwirkung auf Personen oder Sachen, insbesondere durch den Einsatz bestimmter Eingriffstechniken.

> **Beispiel**
> Bei einer Ingewahrsamnahme eines Randalierers versucht dieser zu flüchten. Die Polizeibeamten P und Q rufen ihm zu, er solle stehen bleiben. Als er dies nicht tut, greift P nach ihm, bringt ihn zu Boden und fixiert ihn dort mit einem entsprechenden Griff.

1360 Hilfsmittel der körperlichen Gewalt sind gemäß § 58 Abs. 3 PolG insbesondere Fesseln, Wasserwerfer, technische Sperren, Diensthunde, Dienstpferde, Dienstfahrzeuge, Reiz- und Betäubungsstoffe sowie zum Sprengen bestimmte explosionsfähige Stoffe (Sprengmittel). Die Aufzählung der Gegenstände in der Norm ist, wie sich aus dem Wort „insbesondere" ergibt, nicht abschließend. Als Hilfsmittel der körperlichen Gewalt kommen etwa auch Kabelbinder (soweit man diese nicht bereits als „Fesseln" qualifizieren will), Schutzschilde usw. in Betracht. Ihre Wirkung muss in einem angemessenen Verhältnis zu dem angestrebten Erfolg stehen (Nr. 58.31 VV PolG).⁴⁴⁷ Technische Sperren sind beispielsweise Fahrzeuge, Container, Sperrgitter, Sperrzäune, Seile, Stacheldraht und Nagelböden (Nr. 58.34 VV PolG). Für den Einsatz von Diensthunden gelten einschränkende Bestimmungen – sie müssen für ihre Verwendung besonders abgerichtet sein, und ihr Einsatz darf nur durch dafür ausgebildete Polizeivollzugsbeamte erfolgen (Nr. 58.35 VV PolG). Der Einsatz von Sprengmitteln darf nur

---

446   OVG Münster NJW 2000, 2569 f.
447   Damit wird die Bedeutung des Verhältnismäßigkeitsgrundsatzes betont; Bialon/Springer, 36. Kap. Rn. 68.

Zwangsmittel

gegen Sachen erfolgen; pyrotechnische Mittel zur Ablenkung von Störern (sog. Irritationsmittel) sind keine Sprengmittel in diesem Sinne und unterliegen daher nicht der Einschränkung des Einsatzes gegen Sachen (Nr. 58.32 VV PolG).

Als Waffen sind gemäß § 58 Abs. 4 PolG der Schlagstock und Distanzelektroimpusgeräte („Taser") zugelassen, als Schusswaffen, Pistole, Revolver, Gewehr und Maschinenpistole zugelassen. Diese Aufzählung ist – anders als diejenige in § 58 Abs. 3 PolG – abschließend (Nr. 58.41 VV PolG; dies wird sich nach der Einführung der Differenzierung zwischen „Waffen" und „Schusswaffen" auf beide Varianten beziehen lassen). Schläge mit dem Schlagstock sollen gegen Arme und Beine gerichtet werden, um schwerwiegende Verletzungen zu vermeiden (Nr. 58.42 VV PolG). Wird der Schlagstock nicht zum Schlagen eingesetzt, sondern etwa zur Unterstützung eines Personentransports, wird man ihn im Einzelfall nicht als Waffe, sondern als Hilfsmittel der körperlichen Gewalt einordnen können.[448] Für den Schusswaffengebrauch gelten besondere Anforderungen (vgl. §§ 63 ff. PolG, dazu Rn. 1393 ff.). **1361**

Der unmittelbare Zwang ist den anderen Zwangsmitteln gegenüber subsidiär. Er darf nur eingesetzt werden, wenn andere Zwangsmittel nicht in Betracht kommen oder keinen Erfolg versprechen oder unzweckmäßig sind, wie sich aus § 55 Abs. 1 PolG ergibt. Eine Zuordnung zu einer dieser drei Varianten ist bei der Prüfung nicht erforderlich. Allerdings sind andere Zwangsmittel insbesondere dann unzweckmäßig, wenn sie der betroffenen Person einen größeren Nachteil verursachen würden als die Anwendung unmittelbaren Zwangs (Nr. 55.12 VV PolG). Der unmittelbare Zwang ist damit Ultima Ratio des Zwangsmitteleinsatzes. Für die Androhung des unmittelbaren Zwangs, auch seiner besonderen Anwendungsformen wie etwa der Schusswaffengebrauch, gilt die Sondervorschrift des § 61 PolG anstelle des für die anderen Zwangsmittel anzuwendenden § 56 PolG (zu den Verfahrensanforderungen Rn. 1384 ff.). Barrikadebrechende pyrotechnische Mittel und Reizstoffwurfkörper unterliegen dagegen den Anforderungen an den Schusswaffengebrauch (Nr. 58.36 Satz 3 VV PolG). Reiz- und Betäubungsstoffe (wohl auch im Zusammenhang mit dem Einsatz von Wasserwerfern) dürfen nur gebraucht werden, wenn der Einsatz körperlicher Gewalt oder anderer Hilfsmittel keinen Erfolg verspricht und durch den Einsatz dieser Stoffe die Anwendung von Waffen vermieden werden kann (Nr. 58.36 Satz 1 VV PolG). **1362**

Beim (bzw. nach dem) Einsatz des unmittelbaren Zwangs ist § 60 PolG zu beachten, wonach Verletzten – soweit es nötig ist und die Lage es zulässt – Beistand zu leisten und ärztliche Hilfe zu verschaffen ist. Dabei müssen sich die handelnden Beamten nicht selbst in Gefahr bringen. Sonderfälle des unmittelbaren Zwangs sind die Fesselung (§ 62 PolG) und der Schusswaffengebrauch (§§ 63 ff. PolG). Für beide gelten besondere Bestimmungen. **1363**

Unmittelbarer Zwang (§ 55 Abs. 1 PolG)

Tatbestandliche Voraussetzungen
- andere Zwangsmittel kommen nicht in Betracht, sind nicht erfolgversprechend oder nicht zweckmäßig
- bei Fesselung: zusätzlich die Voraussetzungen des § 62 PolG beachten
- bei Schusswaffengebrauch: zusätzlich die Voraussetzungen der §§ 63 ff. PolG beachten

---

Abbildung 4.4: Schema zum unmittelbaren Zwang (§ 55 Abs. 1 PolG)

---

448 Bialon/Springer, 36. Kap. Rn. 50.

III. Anwendungsvarianten des polizeilichen Zwangs

1364 Der polizeiliche Zwang unter Verwendung der dargestellten Zwangsmittel kann in zwei Anwendungsvarianten erfolgen – zum einen im sog. gestreckten Verfahren gemäß § 50 Abs. 1 PolG (dazu Rn. 1365 ff.), zum anderen im sog. sofortigen Vollzug gemäß § 50 Abs. 2 PolG (dazu Rn. 1378 ff.). Die beiden Normen sind jeweils eigenständige, strikt voneinander zu trennende Ermächtigungsgrundlagen.

1. Gestrecktes Verfahren (§ 50 Abs. 1 PolG)

- *Aufsatz-Literatur: Haurand/Vahle, DVP 2016, 231 (Die Androhung); Brühl, JuS 1997, 926 und 1021, JuS 1998, 65 (Die Prüfung der Rechtmäßigkeit des Verwaltungszwangs im gestreckten Verfahren).*
- *Leitentscheidungen: BVerfG NVwZ 1999, 290 (Grundmaßnahme muss wirksam, nicht rechtmäßig sein).*

1365 Die Zwangsmittelanwendung im sog. gestreckten Verfahren setzt, wie sich aus der Ermächtigungsgrundlage in § 50 Abs. 1 PolG ergibt, zunächst einen Verwaltungsakt voraus, der inhaltlich auf eine Handlung, ein Dulden oder ein Unterlassen gerichtet ist (sog. HDU-Verfügung).

Beispiele

Die Polizeibeamten P und Q werden zu einer vor einer Gaststätte stattfindenden Messerstecherei gerufen. Sie treffen dort auf M und N. M hält ein Messer in der Hand. P ruft ihm zu: „Lassen Sie das Messer fallen!" (auf die Vornahme einer Handlung gerichteter Verwaltungsakt).

M gehorcht. P erklärt, dass er vorläufig festgenommen sei. M äußert Widerwillen. P erklärt daraufhin: „Wir werden Sie nun in den Streifenwagen setzen. Dulden Sie diese Maßnahme!" (auf eine Duldung gerichteter Verwaltungsakt; allerdings handelt es sich hier um eine repressive Maßnahme).

Während M in den Streifenwagen steigt, beginnt N mit wüsten Beleidigungen gegenüber M. Q ordnet N gegenüber an: „Hören Sie mit den Beleidigungen auf!" (auf ein Unterlassen gerichteter Verwaltungsakt).

1366 Die Ausübungsvariante des polizeilichen Zwangs wird als gestrecktes Verfahren bezeichnet, weil sie faktisch aus drei (ggf. zwei) Einzelschritten besteht:
1. Der Grundmaßnahme bzw. Grundverfügung, dem genannten Verwaltungsakt,
2. der Androhung des Zwangsmittels und
3. der konkreten Anwendung des Zwangsmittels.

1367 Der zugrundeliegende Verwaltungsakt muss wirksam i.S.v. § 43 VwVfG NW sein. Dies setzt voraus, dass er erlassen sowie dem Adressaten bekannt gegeben worden ist und nicht nichtig gemäß § 44 VwVfG NW ist. Die Bekanntgabe als Wirksamkeitsvoraussetzung erfolgt bei mündlich erteilten Anordnungen gegenüber einem Anwesenden praktisch gleichzeitig mit dem Erlass; Zweifel an der Bekanntgabe können hier allenfalls dann bestehen, wenn der Adressat den Verwaltungsakt nicht verstehen kann, etwa weil er der deutschen Sprache nicht mächtig ist. Bei schriftlichen Verwaltungsakten ist die Bekanntgabe rechtlich komplex geregelt; Einzelheiten müssen nicht bekannt sein.

1368 Der Verwaltungsakt darf ferner nicht nichtig sein. Nichtig ist ein Verwaltungsakt, wenn er unter einem besonders schwerwiegenden Fehler leidet und dies bei verständiger Würdigung aller in Betracht kommenden Umstände offensichtlich ist (§ 44 Abs. 1 VwVfG NW). § 44 Abs. 2 VwVfG NW nennt Fallgruppen, in denen unabhängig vom Vorliegen eines schwerwiegenden, offenkundigen Fehlers Nichtigkeit eintritt, z.B. wenn der Verwaltungsakt die erlassende Behörde nicht erkennen lässt (Nr. 1).

Anwendungsvarianten des polizeilichen Zwangs

Umstritten ist, ob es für die Rechtmäßigkeit der Zwangsmittelanwendung neben der Wirksamkeit auch auf die Rechtmäßigkeit des Verwaltungsaktes ankommt, ob also die Polizei auch eine rechtswidrige Grundverfügung mit Zwangsmitteln durchsetzen darf. Nach überwiegender Auffassung kommt es auf die Rechtmäßigkeit der Grundverfügung nicht an. Zum einen besitzt der Verwaltungsakt eine gewisse Bindungswirkung: Der Adressat kann klagen, wenn er ihn für rechtswidrig hält (sog. Anfechtungsklage zum Verwaltungsgericht), muss ihn aber zunächst befolgen, da rechtswidrige Verwaltungsakte dennoch wirksam sind und verpflichten. Zum anderen kann die Polizei Rechtswidrigkeitseinwände des Adressaten vor Ort gar nicht abschließend prüfen. Grundsätzlich gilt also: Die Grundverfügung muss lediglich wirksam sein, nicht rechtmäßig. Dementsprechend ist im Rahmen der Rechtmäßigkeitsprüfung der Zwangsmittelanwendung im gestreckten Verfahren keine Rechtmäßigkeitsprüfung der Grundverfügung „einzuschachteln". Häufig wird die Grundmaßnahme aber ohnehin gesondert als eigenständige polizeiliche Maßnahme zu prüfen sein. 1369

Eine Ausnahme von der Unerheblichkeit der Rechtmäßigkeit der Grundverfügung wird man zu machen haben, wenn diese ganz offenkundig rechtswidrig bzw. die Rechtswidrigkeit den handelnden Beamten bekannt ist. In diesen Fällen erscheint es willkürlich, eine ersichtlich oder bekanntermaßen rechtswidrige Grundverfügung zwangsweise durchzusetzen. Dies ist jedoch nicht im Rahmen der tatbestandlichen Voraussetzungen der Zwangsmittelanwendung im gestreckten Verfahren zu prüfen, sondern erst im Rahmen der Verhältnismäßigkeit. Die Zwangsmittelanwendung zur Durchsetzung eines offen bzw. bekanntermaßen rechtswidrigen Verwaltungsaktes ist unverhältnismäßig, da nicht erforderlich. 1370

Zudem muss der Verwaltungsakt entweder unanfechtbar sein, oder gegen ihn gerichtete Rechtsmittel müssen keine aufschiebende Wirkung haben. Unanfechtbar ist ein Verwaltungsakt, wenn er mit Rechtsmitteln nicht mehr angegriffen werden kann. Gegen einen Verwaltungsakt, den der Adressat für rechtswidrig hält, kann er im Regelfall gemäß § 42 VwGO mit der Anfechtungsklage vor dem Verwaltungsgericht vorgehen. Hält das Verwaltungsgericht den Verwaltungsakt ebenfalls für rechtswidrig, hebt es ihn auf (vgl. § 113 Abs. 1 VwGO). Für die Erhebung einer solchen Klage hat der Adressat jedoch nicht unbeschränkt Zeit. Vielmehr hat er eine Klagefrist gemäß § 74 Abs. 1 VwGO einzuhalten – im Regelfall ein Monat nach Bekanntgabe des Verwaltungsaktes. Lässt er diese Frist untätig verstreichen (und kommt nicht ausnahmsweise eine sog. Wiedereinsetzung in den vorigen Stand in Betracht, weil er die Frist z.B. schuldlos versäumt hat), so wird der Verwaltungsakt unanfechtbar, kann also nicht mehr mit einer Klage oder anderen Rechtsbehelfen angegriffen werden. Bei polizeilichen Verwaltungsakten ist dies eher ein seltener Fall. 1371

Die Klage gegen Verwaltungsakte hat (wie auch der in Nordrhein-Westfalen nur noch in wenigen Handlungsbereichen noch vorgesehene Widerspruch) gemäß § 80 Abs. 1 Satz 1 VwGO eine aufschiebende Wirkung. Dies bedeutet im Ergebnis, dass die Behörde den Verwaltungsakt nicht vollstrecken (etwa mit Zwangsmitteln durchsetzen) darf, solange noch nicht gerichtlich über die Klage entschieden ist. Denn wenn das Gericht zu Gunsten des klagenden Adressaten entscheidet, könnte durch eine zwischenzeitlich vorgenommene Vollstreckung bereits eine nicht mehr reversible Situation eingetreten sein. Davor soll der klagende Adressat bewahrt werden. 1372

Bei manchen Maßnahmen kann jedoch mit der Vollstreckung nicht gewartet werden, bis das Verwaltungsgericht entschieden hat – verwaltungsgerichtliche Klageverfahren nehmen im 1373

Regelfall viele Monate in Anspruch. In diesen Fällen kann die Behörde z.B. nach § 80 Abs. 2 Satz 1 Nr. 4 VwGO die sofortige Vollziehung des Verwaltungsaktes anordnen. Es entfällt dann die aufschiebende Wirkung. Für die Polizei greift allerdings im Regelfall auch schon § 80 Abs. 2 Satz 1 Nr. 2 VwGO, der Rechtsmitteln die aufschiebende Wirkung nimmt, ohne dass dies gesondert angeordnet werden müsste. Erforderlich ist, dass es sich um Rechtsmittel handelt, die sich gegen „unaufschiebbare Anordnungen und Maßnahmen von Polizeivollzugsbeamten" richten. Unaufschiebbar muss also die Grundverfügung sein. Sie ist es, wenn aufgrund der Gefahrenlage nicht gewartet werden kann, bis ein Gericht entschieden hat (dies entspricht den Kriterien der Gefahr im Verzug).

1374 Schließlich kann der Verwaltungszwang (selbstverständlich) nur eingesetzt werden, wenn der Adressat der Grundverfügung diese nicht befolgt (hat).

Gestrecktes Verfahren (§ 50 Abs. 1 PolG)

Tatbestandliche Voraussetzungen
- Verwaltungsakt, der auf ein Handeln, Dulden oder Unterlassen gerichtet ist
- Verwaltungsakt ist wirksam (bekannt gegeben, nicht nichtig) – hier auch Hinweis darauf, dass es auf die Rechtmäßigkeit des Verwaltungsakts nach h.M. nicht ankommt
- Verwaltungsakt ist unanfechtbar oder
- Rechtsmittel gegen den Verwaltungsakt haben keine aufschiebende Wirkung (für Polizeivollzugsbeamte meist § 80 Abs. 2 Nr. 2 VwGO: „unaufschiebbare Anordnungen und Maßnahmen von Polizeivollzugsbeamten")
- Verwaltungsakt wird nicht befolgt

Abbildung 4.5: Schema zum gestreckten Verfahren (§ 50 Abs. 1 PolG)

1375 Bei der Rechtmäßigkeitsprüfung des gestreckten Verfahrens ist bei der sachlichen Zuständigkeit zu beachten, dass für die Durchsetzung einer Grundverfügung im Regelfall diejenige Behörde zuständig ist, die diese Grundverfügung erlassen hat. Ausführungen zu § 1 PolG sind daher hier entbehrlich. Besonderheiten können sich bei den sog. Abschleppfällen ergeben (dazu Rn. 1413 ff., zu den Verfahrensbestimmungen Rn. 1384 ff.).

1376 Zulässiger Adressat der Zwangsmaßnahme ist regelmäßig der Adressat der Grundverfügung.

1377 Rechtsfolge ist der Einsatz eines der zulässigen Zwangsmittel. Bezüglich der Prüfung des Ermessens und der Verhältnismäßigkeit bestehen keine Besonderheiten.

2. Sofortiger Vollzug (§ 50 Abs. 2 PolG)

- *Aufsatz-Literatur: Haurand/Vahle, DVP 2000, 315 (Der sofortige Vollzug im Verwaltungsvollstreckungsrecht); Sadler, Die Polizei 2005, 185 („Sofortige Vollziehung" und „sofortiger Vollzug" in der Praxis); Kugelmann, DÖV 1997, 153 (Unmittelbare Ausführung von Maßnahmen und sofortige Anwendung von Verwaltungszwang durch die Polizei).*

1378 Gemäß § 50 Abs. 2 PolG können die Zwangsmittel (der Verwaltungszwang) auch ohne vorausgehenden Verwaltungsakt angewandt werden. Voraussetzung ist, dass dies zur Abwehr einer gegenwärtigen Gefahr notwendig (= erforderlich) ist. Die Frage der Notwendigkeit hat der Gesetzgeber durch ein Regelbeispiel („insbesondere") normiert: Notwendig ist die Zwangsmittelanwendung zur Abwehr einer gegenwärtigen Gefahr insbesondere dann, wenn

Anwendungsvarianten des polizeilichen Zwangs

Maßnahmen gegen die nach §§ 4–6 PolG Verantwortlichen (Störer bzw. Nichtstörer nach § 6 PolG) nicht (rechtzeitig) möglich sind oder keinen Erfolg versprechen.

Beispiel

Auf dem Parkplatz eines Baumarktes steht an einem Sommertag mit sehr hohen Temperaturen ein PKW ungeschützt in voller Sonneneinstrahlung. Auf dem Rücksitz ist ein Kleinkind in einem Kindersitz festgeschnallt und erscheint stark überhitzt. Die Polizeibeamten P und Q, die dies auf einem Streifengang entdecken, schlagen sofort die Fensterscheibe ein; in der unmittelbaren Umgebung des Fahrzeugs war der Fahrzeugführer nicht zu entdecken. Bei dieser Maßnahme kann eine Grundverfügung nicht erlassen werden; die Beamten setzen direkt den unmittelbaren Zwang zur Abwehr einer gegenwärtigen Gefahr für das Kleinkind ein.

Schließlich muss die Polizei „innerhalb ihrer Befugnisse" handeln. Dies bedeutet nicht (allein), dass die Polizei sachlich zuständig sein muss. Nach einhelliger Auffassung ist dieses nicht eindeutig gefasste Tatbestandsmerkmal so zu deuten, dass die Polizei eine hypothetische bzw. fiktive Grundverfügung erlassen dürfen muss, die nicht real existiert, die aber – wenn sie existierte – Grundlage für ein gestrecktes Verfahren nach § 50 Abs. 1 PolG sein könnte. Innerhalb ihrer Befugnisse handelt die Polizei beim Einsatz von Zwangsmitteln im sofortigen Vollzug also dann, wenn sie eine Grundverfügung erlassen dürfte, auf deren Grundlage und zu deren Durchsetzung sie dann das fragliche Zwangsmittel einsetzen könnte. 1379

Von entscheidender Bedeutung ist dabei, dass die Polizei nur im Rahmen ihrer Befugnisse handelt, wenn diese fiktive Grundverfügung rechtmäßig wäre. Anders als im gestreckten Verfahren, bei dem es nach h.M. nicht auf die Rechtmäßigkeit des zugrunde liegenden Verwaltungsakts ankommt, muss also die hypothetische Grundverfügung i.S.v. § 50 Abs. 2 PolG rechtmäßig sein. Dies ist nicht einfach zu verstehen: Weshalb sollte eine nicht existente Verfügung rechtmäßig sein müssen, der beim gestreckten Verfahren durchzusetzende, tatsächlich erlassene Verwaltungsakt aber nicht? Dies hängt mit der Überlegung zusammen, dass die Polizei beim sofortigen Vollzug Zwangsmittel einsetzt, ohne dass sie dem Adressaten gegenüber eine vollstreckbare Grundverfügung erlassen hätte. Um willkürlichen Zwangsmitteleinsatz zu vermeiden, ist die Anforderung gestellt, dass die Polizei eine solche Grundverfügung wenigstens erlassen **dürfte**, ihr Erlass also rechtmäßig wäre. 1380

Sofortiger Vollzug (§ 50 Abs. 2 PolG)

Tatbestandliche Voraussetzungen
- Vorliegen einer gegenwärtigen Gefahr
- Zwangsmittelanwendung zur Abwehr dieser Gefahr notwendig (= erforderlich)
  - zunächst ist das Regelbeispiel zu prüfen: sind Maßnahmen gegen Störer bzw. Nichtstörer nach §§ 4–6 PolG nicht (rechtzeitig) möglich bzw. nicht Erfolg versprechend?
- Polizei handelt innerhalb ihrer Befugnisse = Polizei dürfte eine rechtmäßige hypothetische bzw. fiktive Grundverfügung erlassen
- eingeschachtelt zu prüfen: Rechtmäßigkeit dieser „hypothetischen" Grundverfügung
  - Ermächtigungsgrundlage (häufig § 8 Abs. 1 PolG)
  - formelle Rechtmäßigkeit (nur Zuständigkeit)
  - materielle Rechtmäßigkeit (nur tatbestandliche Voraussetzungen, Adressat, Ermessen, Verhältnismäßigkeit)

Abbildung 4.6: Schema zum sofortigen Vollzug (§ 50 Abs. 2 PolG)

4. Teil • Zwangsweise Durchsetzung von Maßnahmen

1381 Im Rahmen der Rechtmäßigkeitsprüfung ist bei der formellen Rechtmäßigkeit unter dem Punkt „sachliche Zuständigkeit" im Regelfall nur festzustellen, dass die Polizei für die Gefahrenabwehr zuständig ist (§ 1 Abs. 1 Satz 1 PolG) und aufgrund der gegenwärtigen Gefahr ein Eilfall i.S.v. § 1 Abs. 1 Satz 3 PolG vorliegt (sofern nicht ohnehin ein Handeln zur Verhütung von Straftaten i.S.v. § 1 Abs. 1 Satz 2 PolG erfolgt (zu den Verfahrensbestimmungen Rn. 1384 ff.).

1382 Beim Prüfungspunkt „Adressat" ist zu erörtern, ob dieser „Störer" i.S.v. §§ 4 ff. PolG ist.

1383 Rechtsfolge ist der Einsatz eines der zulässigen Zwangsmittel, wobei im sofortigen Vollzug lediglich Ersatzvornahme und unmittelbarer Zwang in Betracht kommen. Bezüglich Ermessen und Verhältnismäßigkeit bestehen keine Besonderheiten.

3. Ordnungsgemäße Anwendung des Zwangsmittels (Verfahrensbestimmungen), insbesondere Androhung

1384 Die Anwendung von Zwangsmitteln ist in besonderen Verfahrensbestimmungen geregelt. Besonderheiten gelten insbesondere für den Schusswaffengebrauch (dazu Rn. 1393 ff.). Für alle Zwangsmittel gilt, dass sie vor ihrer Anwendung anzudrohen sind. Die Androhung ist nach h.M. ein eigenständiger Verwaltungsakt. Für die Ersatzvornahme und das Zwangsgeld gilt § 56 PolG. Nach dessen Absatz 1 sind Zwangsmittel „möglichst schriftlich anzudrohen"; eine angemessene Frist ist – bei der Verpflichtung zu einer Handlung – zu setzen. Gemäß Absatz 1 Satz 3 kann von der Androhung abgesehen werden, wenn die Umstände sie nicht zulassen, insbesondere wenn die sofortige Anwendung des Zwangsmittels zur Abwehr einer gegenwärtigen Gefahr notwendig ist. § 56 PolG enthält weitere Vorgaben für die Androhung: So ist das Zwangsgeld in bestimmter Höhe anzudrohen (Abs. 5). Es ist darauf hinzuweisen, dass bei Uneinbringlichkeit des Zwangsgelds das Verwaltungsgericht auf Antrag der Polizei Ersatzzwangshaft anordnen kann (Nr. 56.5 VV PolG). Bei der Androhung einer Ersatzvornahme sollen die voraussichtlichen Kosten angegeben werden (Abs. 4).

1385 Für den unmittelbaren Zwang gilt als speziellere Vorschrift für die Androhung der § 61 PolG. Nach Absatz 1 Satz 1 ist unmittelbarer Zwang vor seiner Anwendung anzudrohen. Er darf nur angedroht werden, wenn die Zulässigkeitsvoraussetzungen für seine Anwendung gegeben sind (Nr. 61.11 VV PolG); dies gilt insbesondere auch für den Schusswaffengebrauch. Gemäß Absatz 1 Satz 2 kann von der Androhung abgesehen werden, wenn die Umstände sie nicht zulassen, insbesondere wenn die sofortige Anwendung des Zwangsmittels zur Abwehr einer gegenwärtigen Gefahr notwendig ist. Für den Schusswaffengebrauch als besondere Anwendungsform des unmittelbaren Zwangs gelten Sonderregelungen (vgl. § 61 Abs. 1 Satz 3, Abs. 2, 3 PolG).

IV. Sonderfälle des unmittelbaren Zwangs

1. Fesselung (§ 62 PolG)

- Aufsatz-Literatur: Ellbogen/Saerbeck, Kriminalistik 2010, 419 (Rechtliche Probleme der Bauchlagenfesselung).

1386 § 62 PolG stellt zusätzliche Anforderungen an die Fesselung von Personen. Es handelt sich nicht um eine eigenständige Ermächtigungsgrundlage; vielmehr sind seine Voraussetzungen bei den tatbestandlichen Voraussetzungen des konkret gewählten Zwangsmittels zu untersuchen. Die Fesselung ist eine besondere Ausübungsvariante des unmittelbaren Zwangs, so dass dessen Voraussetzungen vorliegen müssen (insb. § 55 Abs. 1 PolG). Für eine Fesselung

Sonderfälle des unmittelbaren Zwangs

sämtlicher Gliedmaßen („Fixierung") im polizeilichen Gewahrsam trifft § 37a PolG Sonderregelungen.

Beispiel

Die Polizeibeamten P und Q beabsichtigen, den Randalierer R in Gewahrsam zu nehmen. Er wehrt sich heftig und wird von P und Q zunächst zu Boden gedrückt. Seine Hände werden auf dem Rücken mit einem Kabelbinder gefesselt.

§ 62 PolG setzt zunächst voraus, dass eine Person nach dem PolG oder anderen Rechtsvorschriften festgehalten wird (Satz 1; dies gilt insbesondere für ein Festhalten auf der Grundlage der StPO), oder dass sie nach anderen Rechtsvorschriften vorgeführt oder zur Durchführung einer Maßnahme an einen anderen Ort gebracht wird (Satz 2). Die Formulierung der Vorschriften suggeriert, dass lediglich faktisch ein Festhalten, Vorgeführtwerden oder Verbringen gefordert ist und es auf die jeweilige Rechtmäßigkeit dieser Grundmaßnahmen nicht ankommt. Eine „eingeschachtelte" Rechtmäßigkeitsprüfung ist damit entbehrlich. Anderes dürfte nur dann gelten, wenn die fragliche Grundmaßnahme offenkundig rechtswidrig ist bzw. dies den handelnden Polizeibeamten bekannt ist. **1387**

Zudem ist erforderlich, dass Tatsachen die Annahme rechtfertigen, dass die Person durch ihr Verhalten eine der in den Nummern 1–3 genannten tatbestandlichen Varianten erfüllen wird. Nach Nummer 1 ist eine Fesselung rechtlich zulässig, wenn Tatsachen die Annahme rechtfertigen, dass die zu fesselnde Person Polizeivollzugsbeamte oder Dritte angreifen, Widerstand leisten oder Sachen von nicht geringem Wert beschädigen wird. Es genügt, wenn diese Verhaltensweise mit hinreichender Wahrscheinlichkeit zu erwarten ist – ein Angriff etwa muss noch nicht begonnen haben. **1388**

Widerstand leistet, wer sich einer polizeilichen Anordnung aktiv widersetzt. Es genügt nicht, wenn die Person sich lediglich passiv verhält, also stehen bleibt oder sich fallen lässt (Nr. 62.01 VV PolG). Was Sachen „von nicht geringem Wert" sind, ist zweifelhaft. Gemeint ist allein der wirtschaftliche Wert; gelegentlich wird eine Wertgrenze angenommen (z.B. 1.000 Euro)[449], ab deren Überschreiten eine Sache nicht von nur geringem Wert sein soll. Dies erleichtert zwar die praktische Handhabung der Norm. Die Formulierung ist jedoch eher im Sinne eines (flexiblen) Bagatellvorbehalts zu verstehen; eine starre Wertgrenze erscheint daher nicht sachgerecht. Es hat eine Einzelfallentscheidung zu erfolgen. In der Praxis werden häufig Beschädigungen am Transportfahrzeug zu befürchten sein.[450] Nach Nummer 2 kann eine Fesselung auch dann erfolgen, wenn Tatsachen die Annahme rechtfertigen, dass die zu fesselnde Person fliehen, also sich dem Zugriff der Polizeivollzugsbeamten entziehen wird oder befreit werden soll. Schließlich erlaubt Nummer 3 eine Fesselung, wenn Tatsachen die Annahme rechtfertigen, dass die zu fesselnde Person sich töten oder verletzen wird. **1389**

Rechtsfolge ist die Fesselung, also das Fixieren mithilfe von Hilfsmitteln der körperlichen Gewalt. Es wird die Bewegungsfreiheit so eingeschränkt, dass die Nutzung von Armen und Beinen ganz oder teilweise verhindert wird. Ein bloßes Festhalten genügt nicht; vielmehr müssen Fesselungsgegenstände zum Einsatz kommen. Von besonderer praktischer Bedeutung ist dabei, dass die Fesselung nicht zu einer Gesundheitsgefährdung bei Gefesselten führen darf, etwa durch Blutstauungen oder infolge extremer Temperaturen (Nr. 62.02 Satz 2 PolG). Dies wird im Regelfall dazu zwingen, den Gefesselten unter ständiger Beobachtung **1390**

---
449 Bialon/Springer, 36. Kap. Rn. 87.
450 Bialon/Springer, 36. Kap. Rn. 87.

zu halten. Vor diesem Hintergrund begegnet auch die sog. Bauchlagenfesselung rechtlichen Bedenken, weil sie zu gesundheitlichen Beeinträchtigungen führen kann (etwa aufgrund vor Vorerkrankungen, Stress in der Einsatzlage, Substanzmissbrauch etc.). Regelmäßig wird zunächst eine Fesselung in Vorderstellung bzw. eine Fixierung an einem feststehenden Gegenstand zu erwägen sein. Führt dies nicht zu dem gewünschten Erfolg, kommt eine Fesselung der Hände hinter dem Rücken, eine Fesselung auch der Beine bzw. eine Ruhigstellung des Kopfes in Betracht.

1391 Bei der Fesselung können grundsätzlich auch mehrere Personen zusammengeschlossen werden. Dabei ist es zu vermeiden, Männer und Frauen zusammenzuschließen (Nr. 62.03 Satz 2 VV PolG). Zudem hat ein Zusammenschließen zu unterbleiben, wenn ein Nachteil für Ermittlungen in einer Strafsache zu befürchten ist (die Zusammengeschlossenen sich etwa verbal austauschen können), wenn durch die Zusammenschließung die Gesundheit eines der Betroffenen gefährdet wird oder dies eine erniedrigende Behandlung bedeutet (Nr. 62.03 Satz 1 VV PolG).

1392 Für die Fesselung sind die hierfür vorgesehenen Hilfsmittel der körperlichen Gewalt (z.B. Handschellen, Kabelbinder, aber auch Stricke, Gürtel usw.) zu verwenden. Nur wenn diese nicht vorhanden sind, können andere Maßnahmen getroffen werden, die eine ähnliche Behinderung wie Fesseln gewährleisten (Nr. 62.02 VV PolG).

Fesselung (§ 62 PolG)

- Rechtmäßigkeitsvoraussetzungen des unmittelbaren Zwangs
- Person wird auf der Grundlage des PolG oder einer anderen Rechtsnorm festgehalten oder
- Polizei wird nach anderen Rechtsvorschriften vorgeführt oder
- Person wird zur Durchführung einer Maßnahme an einen anderen Ort gebracht
- Tatsachen rechtfertigen die Annahme, dass die zu fesselnde Person
  - Polizeivollzugsbeamte oder Dritte angreifen, Widerstand leisten oder Sachen von nicht geringem Wert beschädigen wird (Nr. 1) oder
  - fliehen wird oder befreit werden soll (Nr. 2) oder
  - sich töten oder verletzen wird (Nr. 3)

Abbildung 4.7: Schema zur Fesselung (§ 62 PolG)

2. Polizeilicher Schusswaffengebrauch (§§ 63 ff. PolG)

- *Aufsatz-Literatur: Brenneisen, DPolBl 2005, 15 (Der polizeiliche Schusswaffengebrauch); Zöller, DVP 1997, 78 (Der gezielte Todesschuss); Planert, Die Polizei 2012, 334 (Signalschuss oder Warnschuss – eine rechtliche Betrachtung).*
- *Übungsfälle: Werner, VR 1999, 397 (Der praktische Fall – Lola rennt).*

Der Schusswaffengebrauch ist eine besondere Anwendungsvariante des unmittelbaren Zwangs. Neben den §§ 55, 57 ff. PolG gelten daher zusätzlich die §§ 63 ff. PolG. Die Vorschriften sind normsystematisch nicht gelungen. Sie werden durch die Vorgaben der VV PolG ergänzt.[451] So ist etwa im Zweifel von einem Schusswaffengebrauch abzusehen, wenn Zweifel am Vorliegen der Voraussetzungen in rechtlicher oder tatsächlicher Hinsicht bestehen (Nr. 63.11 Satz 3 VV PolG).

Unklarheiten bestehen hinsichtlich des Begriffs des Schusswaffengebrauchs. Denkbar wäre es, allein die Abgabe eines Schusses oder mehrerer Schüsse in Richtung einer Person oder Sache (bzw. das Werfen einer scharfen Handgranate) als einen solchen Gebrauch zu qualifizieren, der den besonderen Anforderungen der §§ 63 ff. PolG unterliegt. § 61 Abs. 1 Satz 3 PolG bezeichnet die Abgabe eines Warnschusses als Androhung des Schusswaffengebrauchs, was dafür spricht, dass dies noch nicht als Gebrauch einer Schusswaffe einzuordnen wäre. Andererseits darf eine solche Androhung nicht erfolgen, wenn die gesetzlichen Voraussetzungen für den Gebrauch nicht vorliegen (vgl. Nr. 61.11 VV PolG für den unmittelbaren Zwang). Dies ist überzeugend, weil auch schon dem Warnschuss eine gewisse Zwangswirkung zukommt. Das bloße In-die-Hand-Nehmen der Schusswaffe dürfte – ebenso wie die „aufmerksame Sicherungshaltung" – jedenfalls dann noch kein Gebrauch sein, wenn keine Zwangswirkungen entfaltet werden – insbesondere, weil keine anderen Personen anwesend sind. Problematisch ist die Einordnung des Umgangs mit der Schusswaffe, wenn solche Personen vor Ort sind. Wird die Waffe unmittelbar in entschlossener Schießhaltung direkt auf eine Person gerichtet, so liegt darin jedenfalls ein Schusswaffengebrauch, weil eine entsprechende Zwangswirkung entfaltet wird.

Die §§ 63–65 PolG enthalten Regelungen zum Schusswaffengebrauch im Allgemeinen, zum Schusswaffengebrauch gegen Personen sowie zum Schusswaffengebrauch gegen Personen in einer Menschenmenge. Es bietet sich an, diese Vorgaben in drei unterschiedlichen Prüfungsschemata anzuordnen:

a) Schusswaffengebrauch gegen Sachen,

b) Schusswaffengebrauch gegen Personen,

c) Schusswaffengebrauch gegen Personen in einer Menschenmenge.

---

451 Zu ihrer Verbindlichkeit Bialon/Springer, 36. Kap. Rn. 90.

4. Teil • Zwangsweise Durchsetzung von Maßnahmen

a) **Schusswaffengebrauch gegen Sachen (§ 63 Abs. 1 Satz 1, Abs. 4 PolG)**

Schusswaffengebrauch gegen Sachen (§ 63 Abs. 1 Satz 1, Abs. 4 PolG)

1. **Tatbestandliche Voraussetzungen der Ermächtigungsgrundlage**
2. **Tatbestandliche Voraussetzungen des konkret gewählten Zwangsmittels**
   - Voraussetzungen des unmittelbaren Zwangs (§ 55 Abs. 1 PolG)
   - Voraussetzungen des Schusswaffengebrauchs (§ 63 PolG)
     - Subsidiarität gegenüber anderen Formen des unmittelbaren Zwangs (§ 63 Abs. 1 Satz 1 PolG)
     - keine Gefährdung Unbeteiligter (§ 63 Abs. 4 PolG, mit Ausnahme in Satz 2)
3. **Ordnungsgemäße Anwendung des Zwangsmittels (Verfahrensbestimmungen)**
   - Androhung (§ 61 PolG)
     - Abgabe eines Warnschusses = Androhung (§ 61 Abs. 1 Satz 3 PolG)
   - Absehen von der Androhung nur bei gegenwärtiger Gefahr für Leib oder Leben (§ 61 Abs. 2 PolG)
4. **Adressat**
5. **Rechtsfolgen**

Die **Androhung von Zwangsmitteln** ist eine formelle Ankündigung seitens des handelnden Beamten, dass er von der Schusswaffe Gebrauch machen werde.

Abbildung 4.8: Schema zum Schusswaffengebrauch gegen Sachen (§ 63 Abs. 1 Satz 1, Abs. 4 PolG)

1396 Aus § 63 PolG ergeben sich verschiedene tatbestandliche Anforderungen für den Schusswaffengebrauch gegen Sachen. Neben den allgemeinen Voraussetzungen für den unmittelbaren Zwang (§ 55 Abs. 1 PolG) ist der Schusswaffengebrauch gegen Sachen gegenüber anderen Anwendungsformen des unmittelbaren Zwangs subsidiär (§ 63 Abs. 1 Satz 1 PolG): Nur, wenn diese erfolglos angewendet worden sind oder offensichtlich keinen Erfolg versprechen, darf von der Schusswaffe Gebrauch gemacht werden.

> **Beispiel**
>
> Die Polizeibeamten P und Q werden zu einem Verkehrsunfall mit einem Reitpferd gerufen. Das Pferd ist dabei so schwer verletzt worden, dass es offenkundig in Kürze unter Qualen verenden wird. Mit dem Einverständnis des anwesenden Eigentümers des Pferdes erschießt P es mit seiner Dienstwaffe. Da Tiere den Sachen rechtlich gleichgestellt sind (§ 90a Satz 3 BGB), handelt es sich um einen Schusswaffengebrauch gegen Sachen, der aber – da andere Varianten des unmittelbaren Zwangs hier nicht in Betracht kommen, um den tierschutzrechtswidrigen Zustand eines sich gravierend quälenden Wirbeltieres zu beenden – rechtlich zulässig ist. Gemäß Nr. 63.13 VV PolG ist der Schusswaffengebrauch gegen Tiere zulässig, wenn von ihnen eine Gefahr ausgeht und die Gefahr nicht auf andere Weise zu beseitigen ist. Verletzte oder kranke Tiere dürfen nur getötet werden, wenn die Befürchtung besteht, dass sie sonst unter Qualen verenden würden, und weder Eigentümer bzw. Tierhalter oder Jagdausübungsberechtigter kurzfristig zu erreichen sind. Hier ist zwar der Eigentümer zu erreichen, kann aber selbst nichts zur Beendigung der Qualen des Pferdes beitragen.

Sonderfälle des unmittelbaren Zwangs

Darüber hinaus verbietet § 63 Abs. 4 Satz 1 PolG den Schusswaffengebrauch, wenn für den handelnden Polizeivollzugsbeamten erkennbar Unbeteiligte mit hoher Wahrscheinlichkeit gefährdet werden. Hierzu regelt Satz 2 eine Ausnahme, wenn der Schusswaffengebrauch das einzige (wirksame) Mittel zur Abwehr einer gegenwärtigen Lebensgefahr ist. § 64 Abs. 4 Satz 1 PolG zwingt die handelnden Polizeibeamten insbesondere dazu, auf Fußgänger und fahrende und haltende Fahrzeuge mit Insassen, auf Wohnungen und Geschäfte zu achten (Nr. 63.4 Satz 2 VV PolG). Lässt sich die Schussrichtung nicht überblicken, sind besondere Vorsicht und Zurückhaltung geboten (Nr. 63.4 Satz 3 VV PolG).

1397

Auch der Schusswaffengebrauch gegen Sachen ist zurückhaltend zu handhaben und auf das erforderliche Mindestmaß zu beschränken (Nr. 63.12 Satz 1 VV PolG). Ferner ist die Abgrenzung zum Schusswaffengebrauch gegen Personen wichtig.

> **Beispiel**
> Um einen in einem Kraftfahrzeug flüchtenden Bankräuber, der noch bewaffnet ist und andere Personen gefährden könnte, zum Halten zu bringen, gibt der Polizeibeamte P nach Absetzen eines Warnschusses einen gezielten Schuss auf einen der Hinterreifen des Fahrzeugs ab.

Die Abgabe eines gezielten Schusses auf ein sich bewegendes Kraftfahrzeug mit Insassen ist kein Schusswaffengebrauch gegen Sachen, auch wenn er sich gegen den Reifen des Fahrzeugs richtet, sondern Schusswaffengebrauch gegen Personen; es sind daher die weiteren Voraussetzungen, insbesondere des § 64 PolG, zu berücksichtigen (Nr. 63.12 Satz 3 VV PolG).

1398

Beim Schusswaffengebrauch gegen Sachen gelten Besonderheiten hinsichtlich der Androhung. Gemäß § 61 Abs. 1 Satz 3 PolG gilt auch die Abgabe eines Warnschusses als Androhung des Schusswaffengebrauchs. Er ist von einem bloßen „Signalschuss" zu unterscheiden, der allein die Position des Schützen für andere erkennbar machen soll. Warnschüsse sind so abzugeben, dass Dritte (aber auch der den Schuss Abgebende und andere Einsatzkräfte) nicht gefährdet werden (Nr. 61.13 Satz 2 VV PolG). Die Abgabe des Warnschusses in die Luft wird daher häufig nicht sachgerecht sein; sinnvoller ist meist eine Abgabe in den Boden, wobei darauf zu achten ist, dass die Bodenbeschaffenheit die Aufnahme des Geschosses sicherstellt und nicht mit Querschlägern zu rechnen ist. Generell sind Warnschüsse nicht immer eine praktikable Vorgehensweise. Die Androhung muss unmissverständlich sein (Nr. 61.11 Satz 2 VV PolG), und ein Warnschuss ohne vorhergehende oder begleitende verbale Anordnung lässt für den Adressaten meist nicht erkennen, was von ihm erwartet wird. In der Regel sollte die Androhung daher mündlich erfolgen (Nr. 61.12 VV PolG), soweit damit zu rechnen ist, dass der Adressat sie vernehmen kann.

1399

Darüber hinaus gilt für das Absehen von einer Androhung die Sonderregelung in § 61 Abs. 2 PolG: Danach dürfen u.a. Schusswaffen nur dann ohne Androhung gebraucht werden, wenn das zur Abwehr einer gegenwärtigen Gefahr für Leib oder Leben erforderlich ist.

1400

4. Teil • Zwangsweise Durchsetzung von Maßnahmen

b) Schusswaffengebrauch gegen Personen (§§ 63, 64 PolG)

Schusswaffengebrauch gegen Personen (§§ 63, 64 PolG)

1. Tatbestandliche Voraussetzungen der Ermächtigungsgrundlage
2. Tatbestandliche Voraussetzungen des konkret gewählten Zwangsmittels
   - Voraussetzungen des unmittelbaren Zwangs (§ 55 Abs. 1 PolG)
   - Voraussetzungen des Schusswaffengebrauchs (§ 63 PolG)
     - Subsidiarität gegenüber anderen Formen des unmittelbaren Zwangs (§ 63 Abs. 1 Satz 1 PolG)
     - keine Gefährdung Unbeteiligter (§ 63 Abs. 4 PolG, mit Ausnahme in Satz 2)
   - Voraussetzungen des Schusswaffengebrauchs gegen Personen
     - Subsidiarität gegenüber Schusswaffengebrauch gegen Sachen (§ 63 Abs. 1 Satz 2 PolG)
     - Voraussetzungen des § 64 Abs. 1 PolG
     - kein Einsatz gegen Personen, die nach dem äußeren Eindruck noch keine 14 Jahre alt sind (§ 63 Abs. 3 PolG)
3. Ordnungsgemäße Anwendung des Zwangsmittels (Verfahrensbestimmungen)
   - Androhung (§ 61 PolG)
     - Abgabe eines Warnschusses = Androhung (§ 61 Abs. 1 Satz 3 PolG)
   - Absehen von der Androhung nur bei gegenwärtiger Gefahr für Leib oder Leben (§ 61 Abs. 2 PolG)
   - nur, um angriffs- oder fluchtunfähig zu machen (§ 63 Abs. 2 Satz 1 PolG)
4. Adressat
5. Rechtsfolgen

Die **Androhung von Zwangsmitteln** ist eine formelle Ankündigung seitens der Behörde, dass sie von der Schusswaffe Gebrauch machen werde.

Angriffsunfähig ist eine Person, wenn sie keine Angriffe auf Rechtsgüter der handelnden Polizeibeamten bzw. Dritter mehr unternehmen kann.

Fluchtunfähig ist eine Person, wenn sie sich nicht mehr fortbewegen und damit unerlaubt aus der Situation entfernen kann.

Abbildung 4.9: Schema zum Schusswaffengebrauch gegen Personen (§§ 63, 64 PolG)

1401 An den Schusswaffengebrauch gegen Personen sind zusätzlich zu den bereits dargestellten Anforderungen für den Schusswaffengebrauch allgemein weitere Voraussetzungen gestellt. Zunächst ist der Schusswaffengebrauch gegen Personen gemäß § 63 Abs. 1 Satz 2 PolG nur zulässig, wenn der Zweck nicht durch Schusswaffengebrauch gegen Sachen erreicht werden kann. Damit ist er „mehrfach subsidiär", was dem Verhältnismäßigkeitsgrundsatz Rechnung trägt.

Sonderfälle des unmittelbaren Zwangs

Darüber hinaus muss einer der in § 64 Abs. 1 PolG normierten Fälle vorliegen. Die Vorschrift enthält die eigentlichen tatbestandlichen Voraussetzungen für den Schusswaffengebrauch gegen Personen. Er kann erfolgen, um eine gegenwärtige Gefahr für Leib oder Leben abzuwehren (Nr. 1). Der Gebrauch ist ebenfalls zulässig, um die unmittelbar bevorstehende Begehung oder Fortsetzung eines Verbrechens oder eines Vergehens zu verhindern (sofern das Vergehen unter Anwendung oder Mitführung von Schusswaffen oder Explosivmitteln begangen wird, Nr. 2). Ferner kann von der Schusswaffe gegen eine Person Gebrauch gemacht werden, um diese anzuhalten, wenn sie sich der Festnahme oder Identitätsfeststellung durch Flucht zu entziehen versucht. Hinzutreten muss in dieser Fallkonstellation, dass die Person entweder eines Verbrechens oder aber eines Vergehens dringend verdächtig ist und Tatsachen die Annahme rechtfertigen, dass sie Schusswaffen oder Explosivmittel mit sich führt (Nr. 3). Auch zur Vereitelung der Flucht oder zur Ergreifung einer Person, die in amtlichem Gewahrsam zu halten oder ihm zuzuführen ist, darf von der Schusswaffe Gebrauch werden. Es bedarf dann allerdings einer richterlichen Entscheidung wegen eines Verbrechens oder auf Grund des dringenden Verdachts eines Verbrechens (Nr. 4 Buchst. a) oder einer richterlichen Entscheidung wegen eines Vergehens oder aufgrund des dringenden Verdachts eines Vergehens, sofern Tatsachen die Annahme rechtfertigen, dass die Person Schusswaffen oder Explosivmittel mit sich führt (Nr. 4 Buchst. b). Nach § 63 Abs. 2 PolG darf die Schusswaffe im Falle der Nummer 4 allerdings nicht gebraucht werden, wenn es sich um den Vollzug eines Jugendarrestes oder eines Strafarrestes handelt oder wenn die Flucht aus einer offenen Anstalt verhindert werden soll. Schließlich erlaubt Nummer 5 den Schusswaffengebrauch gegen eine Person, um deren gewaltsame Befreiung aus amtlichem Gewahrsam zu verhindern.

Beim Schusswaffengebrauch gegen Personen ist die Einschränkung des § 63 Abs. 3 Satz 1 PolG zu beachten. Nach dieser Vorschrift dürfen Schusswaffen gegen Personen, die dem äußeren Eindruck nach noch nicht 14 Jahre alt sind, nicht gebraucht werden. Zwar können auch Minderjährige grundsätzlich Adressaten gefahrenabwehrbehördlicher Maßnahmen sein; insbesondere kommt es für die Störereigenschaft auf Rechts-, Geschäfts- oder Schuldfähigkeit nicht an. Gleichwohl ist der Schusswaffengebrauch gegen Personen ein derart gravierender Eingriff, so dass eine Sonderregelung zum besonderen Schutz von Kindern erforderlich ist. Entscheidend ist der äußere Eindruck der handelnden Beamten, wobei zu prüfen ist, ob ein objektiver Dritter in deren Lage davon ausgehen konnte, dass es sich um eine noch nicht 14 Jahre alte Person handelt. Indizien sind naturgemäß Größe, Verhalten, Stimmlage, Sprechweise und Kleidungsstil. Bestehen Zweifel, hat der Schusswaffengebrauch zu unterbleiben (Nr. 63.3 VV PolG). Eine Ausnahme regelt Satz 2 der Vorschrift: Wenn der Schusswaffengebrauch gegen eine dem äußeren Eindruck nach noch nicht 14 Jahre alte Person das einzige Mittel zur Abwehr einer gegenwärtigen Gefahr für Leib oder Leben ist, kann von Schusswaffe auch ihr gegenüber Gebrauch gemacht werden.

Auch beim Schusswaffengebrauch gegen Personen gelten Besonderheiten hinsichtlich der Androhung (dazu Rn. 1384 f.). Gemäß § 63 Abs. 2 Satz 1 PolG dürfen Schusswaffen gegen Personen nur zu dem Zweck verwendet werden, diese angriffs- oder fluchtunfähig zu machen. Entscheidend ist die Intention des Schützen. Angriffsunfähig ist eine Person, wenn sie keine Angriffe auf Rechtsgüter der handelnden Polizeibeamten bzw. Dritter mehr unternehmen können. Fluchtunfähigkeit tritt ein, wenn sich der Adressat nicht mehr fortbewegen und sich damit unerlaubt aus der Situation entfernen kann. Meist ist angriffsunfähig, wer die Arme, fluchtunfähig, wer die Beine nicht mehr bewegen kann. Damit sind gezielte Schüsse auf den Rumpf oder gar auf den Kopf, soweit sie nicht unter den Voraussetzungen des „finalen Rettungsschusses" erfolgen, rechtlich untersagt.

c) Finaler Rettungsschuss (§ 63 Abs. 2 Satz 2 PolG)

1405 § 63 Abs. 2 Satz 2 PolG gestattet den sog. finalen Rettungsschuss als absolute Ultima Ratio des präventiven Zwangsmitteleinsatzes. Dabei handelt es sich um einen gezielten Schuss zur Tötung eines Menschen. Davon zu unterscheiden ist der sog. Deutschuss, der ein mehr oder weniger spontaner, ungezielter Schuss auf den Körper einer anderen Person ist und der Selbstverteidigung dient.

> **Beispiel**
> R hat bei einem Raubüberfall auf eine Bankfiliale zwei Geiseln genommen. Zuvor hat er bei Verhandlungen über die Freilassung der Geiseln unmissverständlich zum Ausdruck gebracht, dass er nicht vor einer Tötung beider Geiseln zurückschreckt, wenn ihm nicht ein Fluchtfahrzeug und freier Abzug gewährt würden. Als ihm die Bereitstellung des Fluchtfahrzeugs zu lange dauert, erschießt er eine der beiden Geiseln. Er hält der zweiten Geisel eine Schusswaffe an den Kopf und verlässt mit ihr das Bankgebäude. Mit einem gezielten Schuss auf den Kopf des R wird dieser durch einen polizeilichen Scharfschützen getötet.

1406 Die Einführung der Ermächtigungsnorm für den finalen Rettungsschuss im Jahre 2010 wurde äußerst kontrovers diskutiert. Im Ergebnis gilt sie aber nach überwiegender Auffassung als verfassungsrechtlich zulässig. Dem finalen Rettungsschuss stehen bei entsprechend restriktiver Ausgestaltung der Voraussetzungen weder die Menschenwürdegarantie gemäß Art. 1 Abs. 1 GG noch das Verbot der Todesstrafe gemäß Art. 102 GG entgegen. Der Adressat der Maßnahme wird nicht herabgewürdigt bzw. zum bloßen Objekt staatlichen Handelns gemacht, zumal er es selbst in der Hand hat, die von ihm ausgehende Gefährdungslage zu beenden. Auch ist der Rettungsschuss keine Strafe, sondern präventives Mittel zur Gefahrenabwehr. Der Eingriff in das Recht auf Leben gemäß Art. 2 Abs. 2 GG ist gerechtfertigt, weil der Rettungsschuss nur zur Abwehr einer gegenwärtigen Gefahr für das Leben eines anderen bzw. einer gegenwärtigen Gefahr einer schwerwiegenden Verletzung der körperlichen Unversehrtheit eingesetzt werden darf. Sofern diese Voraussetzungen vorliegen und der Rettungsschuss das einzige Mittel zur Abwehr der Gefahr ist, liegen die tatbestandlichen Anforderungen des § 63 Abs. 2 Satz 2 PolG vor. Sie müssen zu den Anforderungen an den unmittelbaren Zwang sowie den Schusswaffengebrauch gegen Personen hinzutreten, so dass sich folgendes Prüfungsschema ergibt:

Finaler Rettungsschuss (§ 63 Abs. 2 Satz 2 PolG)

- Vorliegen der Voraussetzungen des unmittelbaren Zwangs
- Vorliegen der Voraussetzungen des Schusswaffengebrauchs gegen Personen
- zusätzlich:
  - gegenwärtige Gefahr für das Leben oder
  - gegenwärtige Gefahr einer schwerwiegenden Verletzung der körperlichen Unversehrtheit
  - gezielt tödlicher Schuss einziges Mittel zur Abwehr der Gefahr

---

Abbildung 4.10: Schema zum finalen Rettungsschuss (§ 63 Abs. 2 Satz 2 PolG)

Sonderfälle des unmittelbaren Zwangs

d) Schusswaffengebrauch gegen Personen in einer Menschenmenge (§ 65 PolG)

Für den Schusswaffeneinsatz gegen Personen in einer Menschenmenge stellt § 65 PolG zusätzliche Anforderungen. Die praktische Bedeutung der Vorschrift ist äußerst gering.[452] Wichtig ist die Feststellung, dass die Vorschrift nicht zu einem Schusswaffengebrauch gegen die Menschenmenge selbst ermächtigt, sondern nur zum Gebrauch der Schusswaffe gegen eine oder mehrere Personen, die sich (gegenwärtig) in einer Menschenmenge befinden.

Was eine Menschenmenge ist, lässt das PolG offen. Nach einer verbreiteten Begriffsbestimmung handelt es sich um eine an einem Ort befindliche, der Anzahl nach nicht sofort überschaubare Personenvielzahl, so dass es auf das Hinzukommen oder Sich-Entfernen Einzelner nicht ankommt.[453] Teilweise wird auch auf §§ 124, 125 StGB zurückgegriffen. Eine weitere Auffassung stellt vorrangig auf die Frage ab, ob sich bei der Gruppe in typischer Weise massenpsychologische Beeinflussungen ergeben können.[454] Die Definitionsansätze zeigen, dass sich eine starre Mindestanzahl nicht festsetzen lässt, auch wenn der BGH z.B. für den Anwendungsbereich der §§ 124, 125 StGB eine Gruppengröße von 10 bis 15 Personen ausreichen lässt.[455] Das Vorliegen einer Menschenmenge ist im Einzelfall zu bestimmen, wobei auch die örtlichen Gegebenheiten zu berücksichtigen sind. Entscheidend ist, ob die Gruppengröße schon die spezifischen Gefahren befürchten lässt, die durch das Abfeuern einer Schusswaffe auf eine Person in der Gruppe für diese entstehen können.

Von der Menschenmenge oder aus ihr heraus müssen schwerwiegende Gewalttaten begangen werden, oder deren Begehung muss unmittelbar bevorstehen. Schwerwiegende Gewalttaten sind solche, die unter Anwendung von Gewalt begangen werden und die besonders hochwertige Rechtsgüter verletzen oder für die Allgemeinheit lebensnotwendige Einrichtungen zerstören (Nr. 65.1 VV PolG). Dazu gehören vor allem Tötungsdelikte, gefährliche und schwere Körperverletzungen, gemeingefährliche Straftaten oder die Nötigung von Verfassungsorganen unter Gewaltanwendung (Nr. 65.1 VV PolG).

Von der Menschenmenge gehen solche Gewalttaten aus, wenn die gesamte Menschenmenge sie begeht oder begehen wird. Aus der Menge heraus werden sie begangen, wenn nur einzelne Mitglieder tätig werden, wobei es sich nach des handelnden Beamten nicht um Einzeltäter handeln darf.

> **Beispiel**
> Nachdem die Polizei eine verbotene, aber gleichwohl stattfindende Versammlung aufgelöst hat, hält sich eine Gruppe von ca. 25 Personen noch am Versammlungsort auf und weigert sich, diesen zu verlassen. Die meisten der Anwesenden sind stark vermummt und tragen Holzlatten mit sich. Einige halten schwere Pflastersteine in der Hand. Nachdem die Polizeibeamten P und Q näher an die Menschenmenge herangetreten sind, schreien mehrere der Anwesenden: „Wir bringen Euch um!" und werfen mit gezielten Würfen Pflastersteine nach P und Q. In diesem Falle lägen die dargestellten Voraussetzungen für den Schusswaffengebrauch gegen Personen in einer Menschenmenge grundsätzlich vor; zunächst aber sind – aus Verhältnismäßigkeitsgründen – andere Möglichkeiten umfassend zu erwägen.

Schließlich dürfen andere Maßnahmen keinen Erfolg versprechen. Zu erwägen sind also andere Einsatzformen des unmittelbaren Zwangs (wie sich auch schon aus § 63 Abs. 1 Sätze 1

---

452 Vgl. Bialon/Springer, 36. Kap. Rn. 115.
453 HdP-Graulich, Kap. E Rn. 925.
454 Tegtmeyer/Vahle, PolG NRW, § 65 Rn. 4.
455 BGHSt 33, 306. – Die strafrechtliche Definition hat jedoch das Ziel, eine besondere Gefährlichkeit der Gruppe selbst feststellen zu können, während es im Gefahrenabwehrrecht darauf ankommt, ab welcher Größe die besonderen Gefährdungen eines Schusswaffengebrauchs gegen die Gruppe zur Entstehung kommen.

und 2 PolG für den Schusswaffengebrauch gegen Personen insgesamt ergibt). Denkbar sind Einkesselungen, der Einsatz von Dienstpferden oder von Wasserwerfern.

1412 Beim Schusswaffengebrauch gegen Personen in einer Menschenmenge gelten Besonderheiten hinsichtlich der Androhung. Gemäß § 61 Abs. 3 Satz 2 PolG ist er mehrfach anzudrohen, und zwar so rechtzeitig, dass sich Unbeteiligte rechtzeitig entfernen können. Dies trägt der Tatsache Rechnung, dass bei Menschenmengen, aus denen heraus schwerwiegende Gewalttaten begangen werden, nicht alle Zugehörigen an diesen Taten beteiligt sind. Daher ist ein Absehen von der Androhung auch ausgeschlossen (§ 61 Abs. 3 Satz 2 erster Halbsatz PolG). Bei der Androhung soll darauf hingewiesen werden, dass Unbeteiligte ihren Status als solche verlieren, wenn sie sich – obwohl ihnen das möglich ist – nicht aus der Menschenmenge entfernen (vgl. § 65 Abs. 2 PolG, Nr. 65.2 VV PolG). Die Androhung soll im Regelfall durch Verwendung eines Lautsprechers erfolgen (Nr. 65.32 Satz 1 VV PolG).

Schusswaffengebrauch gegen Personen in einer Menschenmenge (§ 65 PolG)

- Vorliegen der Voraussetzungen des unmittelbaren Zwangs
- Vorliegen der Voraussetzungen des Schusswaffengebrauchs gegen Personen
- zusätzlich:
  - Menschenmenge
  - von ihr oder aus ihr heraus werden schwerwiegende Gewalttaten begangen, oder Begehung steht unmittelbar bevor
  - andere Maßnahmen versprechen keinen Erfolg
- Besonderheiten bei der Androhung (Ordnungsgemäße Anwendung des Zwangsmittels):
  - Schusswaffengebrauch ist mehrfach anzudrohen (§ 61 Abs. 3 Satz 2 PolG
  - Unbeteiligte müssen die Möglichkeit haben, sich zu entfernen
  - tun sie dies nicht, sind sie gemäß § 65 Abs. 2 PolG keine Unbeteiligten i.S.v. § 63 Abs. 4 PolG (mehr); der Schusswaffengebrauch ist zulässig

Abbildung 4.11: Schema zum Schusswaffengebrauch gegen Personen in einer Menschenmenge (§ 65 PolG)

V. Polizeiliches Abschleppen von Kraftfahrzeugen

- *Aufsatz-Literatur: Vahle, DVP 2006, 373 (Das Abschleppen von Kraftfahrzeugen); Weber, NZV 2012, 212 (Abschleppen eines Fahrzeugs – Unmittelbare Ausführung oder Ersatzvornahme?); Wehser, DVP 2014, 96 (Polizeiliches Abschleppen verkehrszeichenwidrig in der Fußgängerzone geparkter KfZ); Koehl, VD 2016, 3 (Wichtige Rechtsprechung zum Thema Abschleppen; Ostermeier, NJW 2006, 3173 (Die telefonische Halterbenachrichtigung vor der Abschleppanordnung).*
- *Übungsfälle: Vahle/Haurand, DVP 2015, 417 (Die abgebrochene Abschleppmaßnahme).*

Handeln auf Anordnung (§ 59 PolG)

Beliebte Beispielfälle für die Zwangsmittelanwendung befassen sich mit dem Abschleppen von Kraftfahrzeugen durch die Gefahrenabwehrbehörden. Denkbar sind Konstellationen, in denen Kraftfahrzeuge im Halteverbot stehen, blockierend auf dem Gehweg abgestellt sind oder Feuerwehrzufahrten versperren. Häufig sind für Abschleppmaßnahmen die Ordnungsbehörden zuständig, die dann entweder im gestreckten Verfahren (z.B. mit einem Halteverbotsschild als Grundverfügung – Verkehrszeichen mit derartigen Regelungsinhalten sind Verwaltungsakte in Gestalt sog. Allgemeinverfügungen) oder im sofortigen Vollzug (z.B. bei blockierten Rettungswegen) tätig werden und im Regelfall das Fahrzeug durch private Abschleppunternehmer wegschaffen lassen (Ersatzvornahme in Form der Fremdvornahme). Vereinzelt wird das Abschleppen auch als unmittelbarer Zwang (körperliche Gewalt) eingeordnet. **1413**

Derartige Abschleppmaßnahmen können in Eilfällen allerdings auch durch Polizeibeamte vorgenommen werden. Hinsichtlich der Rechtmäßigkeitsprüfung ergeben sich dabei keine Besonderheiten. Gelegentlich wird die Polizei ferner tätig, um Fahrzeuge durch eine Abschleppmaßnahme zu sichern. **1414**

> **Beispiel**
> Die Polizeibeamten P und Q stoßen bei ihrer nächtlichen Streifenfahrt auf ein Kraftfahrzeug, das mit eingeschlagener Seitenscheibe in einer schlecht beleuchteten Seitenstraße abgestellt worden ist. In diesem Stadtviertel ist es bereits mehrfach in der Nacht zu Autodiebstählen gekommen. Der Versuch, den ermittelten Halter telefonisch zu erreichen, scheitert. P und Q bestellen daraufhin den Abschleppwagen eines privaten Unternehmers, der das Fahrzeug auf seinen Autohof verbringt.

In diesem Beispiel handelt es sich nicht um eine Zwangsmaßnahme, sondern um eine Sicherstellung mit Inverwahrungnahme durch einen Dritten gemäß §§ 43, 44 PolG. Das Fahrzeug wird in Verwahrung genommen, um Schaden von ihm abzuwenden. Als Alternativmaßnahme käme das Umsetzen des Fahrzeugs in Betracht. Dies ist aber im Regelfall nur in Sichtweite des ursprünglichen Stellplatzes zulässig, damit der Fahrzeugführer sein Fahrzeug wieder auffinden kann. Ein solches Umsetzen würde aber in der fraglichen Gegend die Gefahr nicht wirksam beseitigen. Sofern Versuche scheitern, den Halter zu erreichen bzw. die Fenster verlässlich und dauerhaft zu schließen, kommt allein die Sicherstellung in Betracht. **1415**

B. Handeln auf Anordnung (§ 59 PolG)

Gemäß § 59 Abs. 1 Satz 1 PolG sind die Polizeivollzugsbeamten dazu verpflichtet, unmittelbaren Zwang anzuwenden, wenn dieser von einem Weisungsberechtigten angeordnet wird. Dies gilt auch umgekehrt: Auf entsprechende Anordnung sind Maßnahmen des unmittelbaren Zwangs zu unterlassen. Anordnungsbefugt ist im Regelfall der Einsatzleiter bzw. die Einsatzleiterin (vgl. Nr. 59.11 VV PolG): Sie sind berechtigt, unmittelbaren Zwang anzuordnen, einzuschränken oder zu untersagen. Ist kein Einsatzleiter bestimmt oder ist dieser nicht verfügbar und ist keine Vertretungsregelung getroffen, so ist der Polizeivollzugsbeamte mit dem höchsten Dienstrang anordnungsbefugt. Ist der höchste Dienstrang nicht sofort feststellbar, darf jeder anwesende Polizeivollzugsbeamte die Führung einstweilen übernehmen (Nr. 59.11 Satz 3 VV PolG). Dieser Fall wird in der Praxis so gut wie nie eintreten, da nach Nr. 59.12 VV PolG vor Beginn eines Einsatzes alle Beamten über die sie betreffenden Weisungsverhältnisse zu unterrichten sind, namentlich über die Einsatzleitung, die Vertretung bzw. die sonst Weisungsbefugten. **1416**

1417 Bei einem Zusammentreffen von Polizeivollzugsbeamten und der Staatsanwaltschaft können entsprechende Anordnungsrechte kollidieren. VV PolG Nr. 59.13 verweist hierzu auf die Gemeinsamen Richtlinien der Justizminister/-senatoren und der Innenminister/-senatoren des Bundes und der Länder über die Anwendung unmittelbaren Zwanges durch Polizeibeamte auf Anordnung des Staatsanwalts (RiStBV Anlage 1). Nach Abschnitt III sind Staatsanwaltschaft und Polizei gleichermaßen zuständig, wenn sich bei einem einheitlichen Lebenssachverhalt gleichzeitig und unmittelbar Aufgaben der Strafverfolgung und der Gefahrenabwehr ergeben. Die Richtlinien schreiben für diesen Fall eine enge und vertrauensvolle Zusammenarbeit und eine gegenseitige Rücksichtnahme vor. Erfordert die Lage indes unverzüglich eine Entscheidung über die Anwendung unmittelbaren Zwanges und ist ein Einvernehmen darüber, welche Aufgabe in der konkreten Lage vorrangig vorzunehmen ist, nicht herzustellen, so entscheidet hierüber die Polizei; dieser kommt mithin eine Letztentscheidungskompetenz zu.

1418 Die Pflicht zur Befolgung von Anordnungen im Zusammenhang mit der Anwendung unmittelbaren Zwangs besteht nicht, wenn die Anordnung (genauer: ihre Befolgung) die Menschenwürde verletzt oder nicht zu dienstlichen Zwecken erteilt worden ist (§ 59 Abs. 1 Satz 2 PolG).

1419 Die Anordnungsempfänger dürfen die Anordnung ferner nach § 59 Abs. 2 Satz 1 PolG nicht befolgen, wenn dadurch eine Straftat begangen würde. Satz 2 der Vorschrift bestimmt, dass der Beamte bei einem Befolgen der Anordnung (und damit der Begehung der Straftat) nur schuldhaft handelt, wenn er erkennt oder es nach den ihm bekannten Umständen offensichtlich ist, dass eine Straftat begangen wird; es handelt sich um eine materielle strafrechtliche Bestimmung.

1420 Bestehen Bedenken desjenigen, der die Anordnung erhalten hat, so hat der Beamte diese Bedenken dem Anordnenden gegenüber vorzubringen (sog. Remonstrationspflicht). Diese Verpflichtung steht unter dem Vorbehalt, dass ein Vorbringen nach den Umständen möglich ist. § 36 Abs. 2 und 3 BeamtStG sind nach § 59 Abs. 4 PolG nicht anzuwenden; insoweit enthält § 59 Abs. 3 PolG eine speziellere Regelung.

C. Zwangsanwendung bei strafprozessualen Maßnahmen

1421 Wird eine strafprozessuale Maßnahme angeordnet, besteht für den Betroffenen eine Duldungspflicht. Aufgrund des Nemo-tenetur-Grundsatzes besteht keine Pflicht zur aktiven Teilnahme an der eigenen Strafverfolgung. Folgt der Betroffene den Anordnungen nicht, so besteht die Notwendigkeit der zwangsweisen Durchsetzung.

1422 Regelungen zur zwangsweisen Durchsetzung von Maßnahmen sind in der Strafprozessordnung nur rudimentär vorhanden. Die Ermächtigung dazu ergibt sich im Wesentlichen aus den Befugnisnormen selbst.

> **Beispiele**
> § 127 StPO regelt die vorläufige Festnahme. Von der Vorschrift ist auch die zwangsweise Durchsetzung der Festnahme erfasst.
> Von der Befugnis nach § 81a StPO ist nicht nur die Blutprobe, sondern auch deren zwangsweise Durchsetzung erfasst.

Zwangsanwendung bei strafprozessualen Maßnahmen

Als Zwangsart kommt bei strafprozessualen Maßnahmen aufgrund der Mitwirkungsfreiheit nur der unmittelbare Zwang in Betracht. Art und Weise der Zwangsanwendung sind durch länderspezifische Regelungen zur Anwendung von Zwang zu begrenzen. Daher ist für NRW auf das nordrhein-westfälische Polizeigesetz zurückzugreifen.[456] **1423**

Als „Brückennorm" zwischen Strafprozess- und Polizeirecht fungiert § 57 PolG: Ist die Polizei nach diesem Gesetz oder anderen Rechtsvorschriften zur Anwendung unmittelbaren Zwanges befugt, gelten für die Art und Weise der Anwendung die §§ 58 bis 66 PolG und, soweit sich aus diesen nichts Abweichendes ergibt, die übrigen Vorschriften dieses Gesetzes. Damit gilt: Die Zulässigkeit des unmittelbaren Zwanges ergibt sich aus der Befugnisnorm der Strafprozessordnung, die Art und Weise der Anwendung bestimmt sich nach dem Polizeirecht (dazu Rn. 1358 ff.). **1424**

Repressiver Zwangsmitteleinsatz (StPO-Befugnis i.V.m. §§ 58 ff. PolG)

1. Zulässigkeit des unmittelbaren Zwanges
   – aus der entsprechenden StPO-Befugnis, die zwangsweise durchgesetzt werden soll; Verweis auf Prüfung der Befugnisnorm
2. Qualifizierung des Handelns als unmittelbaren Zwang
   – § 58 PolG
3. Ordnungsgemäße Anwendung des Zwangsmittels (Verfahrensbestimmungen)
   – Androhung, § 61 PolG
   – ggf. Besonderheiten bei Fesselung, § 62 PolG und Schusswaffengebrauch, §§ 63–65 PolG)
4. Adressat
5. Rechtsfolgen

Unmittelbarer Zwang ist die Einwirkung auf Personen oder Sachen durch körperliche Gewalt, ihre Hilfsmittel und durch Waffen.

Androhung i.S.d. PolG ist das Inaussichtstellen der Anwendung eines Zwangsmittels.

---

456   Vgl. Rn. 1236 ff.

5. Teil

Spezialgesetzliche Eingriffsbefugnisse

5. Teil Spezialgesetzliche Eingriffsbefugnisse

Zu den Lehrinhalten des Eingriffsrechts gehören jeweils im Überblick auch das Versammlungsrecht, das Waffenrecht und verkehrsrechtliche Eingriffsbefugnisse. Die hier erforderlichen Kenntnisse lassen sich nicht vollständig durch die Darstellung einzelner Eingriffsbefugnisse und ihrer gesetzlichen Voraussetzungen ermitteln. Deshalb sind den nachfolgenden Abschnitten jeweils die wesentlichen Inhalte des Rechtsgebiets vorangestellt.

A. Versammlungsrechtliche Eingriffsbefugnisse

- *Aufsatz-Literatur: Papier, BayVBl 2010, 225 (Das Versammlungsrecht in der Rechtsprechung des Bundesverfassungsgerichts); Enders, Jura 2003, 34 und 103 (Der Schutz der Versammlungsfreiheit); Knape, Die Polizei 2008, 100 (Die Polizei als Garant der Versammlungsfreiheit); Bünnigmann, JuS 2016, 695 (Polizeifestigkeit im Versammlungsrecht); Anders/Cedra, SächsVBl 2012, 190 (Die Versammlungsfreiheit – ein Überblick zu Grundlagen und aktuellen Entwicklungen verwaltungsgerichtlicher Entscheidungen); Schwabe, VBlBW 2016, 106 (Das Versammlungsrecht in Theorie und Praxis); Trurnit, Christoph, JA 2019, 1252 (Polizeiliche Maßnahmen bei Versammlungen); Ullrich, DVBl 2012, 666 (Typische Rechtsfragen bei Demonstration und Gegendemonstration/Gegenaktion).*
- *Leitentscheidungen: BVerfGE 69, 315 (Brokdorf); BVerfGE 124, 300 (Wunsiedel); BVerfGE 128, 226 (Fraport); BVerfG NJW 2001, 2459 (Loveparade).*
- *Übungsfälle: Trurnit, Jura 2014, 486 (Grundfälle zum Versammlungsrecht); Braun/Kolpak, PSP 2016, 26 (Klausur Versammlungsrecht).*

I. Einführung

Das Versammlungsrecht gibt der Polizei als spezialgesetzliche Regelungsmaterie weitere Eingriffsbefugnisse an die Hand. Die Gesetzgebungskompetenz für dieses Rechtsgebiet ist im Zuge der Föderalismusreform an die Länder (zurück)gefallen. Einige Bundesländer haben bereits eigene (Landes-)Versammlungsgesetze erlassen. In Nordrhein-Westfalen ist demgegenüber – bis zum Erlass eines eigenen Versammlungsgesetzes des Landes – das Versammlungsgesetz des Bundes anwendbar, wie sich unmittelbar aus Art. 125a Abs. 1 GG ergibt. Damit sind die Rechtsgrundlagen für das Versammlungsrecht dem Gesetz über Versammlungen auf Aufzüge (Versammlungsgesetz – VersammlG) des Bundes zu entnehmen. Dass die Polizei zuständig ist, ergibt sich aus manchen Vorschriften des VersammlG unmittelbar. So kann die Polizei etwa ein Verbot öffentlicher Versammlungen in geschlossenen Räumen gemäß § 5 VersammlG aussprechen. In anderen Bestimmungen, so etwa in § 15 VersammlG, ist dagegen lediglich von der zuständigen Behörde die Rede. Gemäß § 1 der nordrhein-westfälischen Verordnung über Zuständigkeiten nach dem Versammlungsgesetz[457] ist zuständige Behörde nach § 2 Abs. 3, §§ 5, 14, 15 und 17a Abs. 3 und 4 VersammlG die Kreispolizeibehörde. Nach § 2 der Verordnung ist die Zuständigkeit für die Verfolgung und Ahndung von Ordnungswidrigkeiten nach § 29 VersammlG ebenfalls der Kreispolizeibehörde übertragen.

Das Versammlungsrecht ist nur im Überblick Gegenstand des Lehrplanes im Fach Eingriffsrecht. Die Grundbegriffe des Versammlungsrechts werden im Zusammenhang mit dem Prüfungsschema für ein Verbot bzw. eine Auflösung einer Versammlung unter freiem Himmel

---

[457] Nordrhein-Westfälische Verordnung über Zuständigkeiten nach dem Versammlungsgesetz vom 2.2.1987, GV. NRW. S 62, zuletzt geändert durch Art. 4 der Verordnung vom 9.9.2014, GV. NRW. S. 500.

1. Versammlungsfreiheit

1428 Art. 8 GG schützt das Recht, sich friedlich und ohne Waffen zu versammeln. Dieses Grundrecht der Versammlungsfreiheit ist ein sog. Deutschengrundrecht. Versammlungen von Personen ohne deutsche Staatsangehörigkeit werden aber über die Grundrechte aus Art. 5 Abs. 1 GG bzw. Art. 2 Abs. 1 GG geschützt, zudem können sich Nichtdeutsche auch auf die einfachgesetzlich geregelte Versammlungsfreiheit gemäß § 1 Abs. 1 VersammlG berufen. Vom Schutzbereich der Versammlungsfreiheit erfasst sind sowohl die Veranstalter als auch die Teilnehmer einer Versammlung.

2. Versammlungsbegriff

1429 Der Begriff der Versammlung ist damit zum einen für den sachlichen Schutzbereich des Grundrechts aus Art. 8 GG von Bedeutung, zum anderen für die Bestimmung des Geltungsbereiches des Versammlungsgesetzes. Nach § 1 VersammlG gilt das Versammlungsgesetz nur für öffentliche Versammlungen (soweit sich aus den Vorschriften des VersammlG nichts Abweichendes ergibt).

1430 Eine Versammlung ist eine körperliche Zusammenkunft mehrerer Personen an einem Ort zu einem gemeinsamen Zweck. Welche Anzahl an Personen zusammenkommen muss, ist dabei umstritten. Nach h.M. müssen dies mindestens drei Personen sein,[458] andere lassen zwei Personen ausreichen oder fordern eine größere Anzahl. Welche Anforderungen an den gemeinsamen Zweck zu stellen sind, wird ebenfalls nicht einheitlich beantwortet. Die hierzu vertretenen Positionen lassen sich in einen weiten, einen erweiterten und einen engen Versammlungsbegriff einteilen. Nach dem weiten Verständnis genügt jeder gemeinsame Zweck. Dem erweiterten Versammlungsbegriff zufolge muss der gemeinsame Zweck die kollektive Meinungskundgabe zu irgendeinem beliebigen Thema sein. Der enge Versammlungsbegriff fordert schließlich, dass der gemeinsame Zweck auf die kollektive Meinungskundgabe zu einem politischen Thema, also einem von öffentlichem Interesse sein müsse. Am überzeugendsten erscheint das auch von der Rechtsprechung favorisierte erweiterte Begriffsverständnis, da die Versammlungsfreiheit als Kommunikationsgrundrecht gilt und daher die gemeinsame Meinungskundgabe im Vordergrund stehen sollte. Das Bundesverfassungsgericht hat festgestellt, dass Art. 8 Abs. 1 GG die Freiheit schütze, „mit anderen Personen zum Zwecke einer gemeinschaftlichen, auf die Teilhabe an der öffentlichen Meinungsbildung gerichteten Erörterung oder Kundgebung örtlich zusammen zu kommen".[459]

3. Abgrenzung von der Ansammlung

1431 Handelt es sich nur um einen bloß zufällig gleichartigen Zweck der Teilnahme der Personen an der Zusammenkunft, liegt lediglich eine sog. Ansammlung vor.

---

458 Eingehend Thiel, § 18 Rn. 3; Kunig, in: v. Münch/Kunig, GG, Art. 8 Rn. 13.
459 BVerfGE 128, 226 ff.; BVerfGE 104, 92 (104); BVerfGE 111, 147 (154 f.).

Einführung

> **Beispiele**
> Gaffer an einer Unfallstelle verfolgen denselben Zweck der Befriedigung ihrer Sensationsgier. Ein „gemeinsamer" Zweck liegt dagegen nicht vor.
> Teilnehmer an einem Public Viewing eines Meisterschafts-Fußballspiel möchten zwar gemeinsam das Spiel ansehen, und anders als bei den Gaffern liegt der Reiz auch im gemeinschaftlichen Anschauen des Spiels; ein gemeinsamer Zweck im Sinne des gängigen erweiterten Versammlungsbegriffs ist gleichwohl nicht gegeben, weil es nicht um eine kollektive Meinungsäußerung geht, sondern um eine Spaßveranstaltung. Gleiches gilt für einen Autokorso mit Hupkonzert, mit dem ein Sieg der eigenen Mannschaft gefeiert werden soll.

Die Abgrenzung von Versammlung und Ansammlung ist im Einzelfall nicht immer einfach. **1432** Zu bewerten ist die jeweilige Veranstaltung nach dem Gesamteindruck. Im Zweifel ist jedoch eine Versammlung im Sinne des Art. 8 GG anzunehmen. Der Begriff der Veranstaltung wird ebenfalls u.a. im VersammlG verwendet und wird als Oberbegriff zu verstehen sein (Versammlungen und Ansammlungen, die jeweils öffentlichen Charakter haben).

Keine Versammlungen sind Volksfeste und Vergnügungsveranstaltungen sowie Veranstal- **1433** tungen, die lediglich dem Zur-Schau-Stellen und Ausdruck eines bestimmten (gemeinsamen) Lebensgefühls dienen. Dazu gehören z.B. Massenpartys wie die Loveparade. Dies gilt selbst dann, wenn mit dem Musik- oder Tanzereignis Kundgabezwecke etwa einer persönlichen Einstellung oder eines bestimmten Lifestyle verfolgt werden. Eine Versammlung liegt demgegenüber vor, wenn die kommunikativen Zwecke unter Einsatz von Musik und Tanz verfolgt werden, die im Fokus stehenden Inhalte also durch diese Medien übermittelt werden sowie auf die öffentliche Meinungsbildung eingewirkt werden soll.

Anderes gilt dagegen für Konzerte mit ausdrücklich politischer Botschaft und andere Kon- **1434** zertveranstaltungen, soweit es eine einheitliche Organisation gibt und das Ziel in der Einwirkung auf die öffentliche Meinung zu sehen ist.

> **Beispiel**
> Auf einem großen Wiesengrundstück soll ein Konzert „Rock gegen rechts!" veranstaltet werden. Auf einer Bühne werden Musikbeiträge mit politischen Texten und Redebeiträge gegen Rechtsextremismus vorgetragen. Es handelt sich um eine Versammlung.

Gleichermaßen sind denn auch Konzerte rechtsextremistischer „Skinhead"-Bands als Ver- **1435** sammlungen zu qualifizieren bzw. jedenfalls wie eine solche zu behandeln. Diese Konzerte dienen regelmäßig nicht allein dem Musikkonsum und der Unterhaltung, sondern zugleich der Rekrutierung neuer Anhänger bzw. deren ideologischer Festigung. So wenig man von diesen Veranstaltungen halten mag – den Schutz der Versammlungsfreiheit kann man ihnen aufgrund ihrer politischen Einstellung nicht verwehren, denn es kommt – in den Grenzen, die das Strafrecht setzt – auf die Qualität und Richtung der Meinungsäußerung nicht an.

Bei sog. Flash Mobs verabreden sich zahlreiche Personen meist im Internet zu einer gemein- **1436** samen Aktion mit Spaßcharakter. Dabei führt eine Vielzahl von Personen gleichzeitig eine abgesprochene Aktion durch. Der Flash Mob ist daher durch ein vermeintlich plötzliches Auftreten an öffentlichen Orten gekennzeichnet. Aufgrund des eher als Spaßveranstaltung zu bewertenden Charakters handelt es sich im Regelfall nicht um eine Versammlung. Anderes gilt demgegenüber für sog. Smart Mobs, bei denen die gemeinsame Aktion mit einer bestimmten politischen Aussage verbunden wird. Soweit kommunikative Elemente vorhanden sein, die eine Einordnung als Versammlung nahelegen, ist eine solche im Zweifel anzunehmen.

1437 Die Sitzblockade z.B. eines rechtsextremen Aufmarschs ist nach h.M. eine Versammlung, wenngleich das Ziel hier (allein) im Blockieren einer „Gegenveranstaltung" liegt, geht es doch um eine kollektive Meinungsbekundung und -äußerung.[460] Gleiches gilt nach der Rechtsprechung auch für „Blockadetrainings",[461] also das gemeinsame Einüben einer für einen späteren Zeitpunkt geplanten Sitzblockade, obwohl hier der Versammlungscharakter zweifelhaft ist.

4. Öffentliche und nichtöffentliche Versammlungen

1438 Das VersammlG gilt nach überwiegender Auffassung nur für öffentliche Versammlungen (vgl. § 1 Abs. 1 VersammlG). Öffentlich ist eine Versammlung, wenn sie jedenfalls grundsätzlich jedermann zugänglich ist, sie also nicht von vornherein nur für einen abgegrenzten Personenkreis veranstaltet wird. Nichtöffentlich ist eine Versammlung dagegen, wenn ihr Teilnehmerkreis von vornherein durch den Veranstalter festgelegt und begrenzt ist.

> **Beispiel**
> Für eine Veranstaltung, in deren Verlauf eine politische Debatte abgehalten werden soll, veräußert der Veranstalter im Vorfeld Einlasskarten zu einem Preis von 8 €. Es handelt sich gleichwohl um eine öffentliche Versammlung, da grundsätzlich jeder, der den Eintritt zu zahlen bereit ist, Zugang erlangen kann.

5. Versammlungen unter freiem Himmel und in geschlossenen Räumen, Aufzüge

1439 Der zweite Abschnitt des VersammlG (§§ 5–13) enthält Regelungen für Versammlungen in geschlossenen Räumen, der dritte Abschnitt (§§ 14 ff.) Bestimmungen zu Versammlungen unter freiem Himmel und zu Aufzügen. Die beiden Versammlungsarten müssen daher unterschieden werden, weil sich vor allem auch unterschiedliche Ermächtigungsgrundlagen für polizeiliche Maßnahmen ergeben. Unter freiem Himmel findet eine Versammlung statt, wenn der Versammlungsort nicht zu den Seiten hin begrenzt ist, so dass jederzeit weitere Teilnehmer hinzukommen können. Bei Versammlungen in geschlossenen Räumen ist der Versammlungsort nach außen seitlich begrenzt, so dass eine Zugangskontrolle (durch den Veranstalter) möglich ist. Der Grund für die Unterscheidung ist darin zu sehen, dass Versammlungen unter freiem Himmel im Regelfall gefahrenträchtiger sind als Versammlungen in geschlossenen Räumen. Denn ihr Teilnehmerkreis ist aufgrund der Zugangsmöglichkeiten nicht überschaubar und kann sich unvorhergesehen erweitern und verringern. Die räumliche Ausdehnung der Versammlung kann nur eingeschränkt beeinflusst werden. Der Veranstalter bzw. Leiter hat bei solchen Versammlungen zudem meist kein Hausrecht, so dass seine Einwirkungsmöglichkeiten weitaus geringer sind. Schließlich haben Versammlungen unter freiem Himmel regelmäßig eine größere Außenwirkung gegenüber Passanten, Zuschauern und der Öffentlichkeit insgesamt.

1440 Aufzüge sind bewegliche bzw. sich bewegende Versammlungen.

> **Beispiel**
> Es soll ein Trauermarsch für die Opfer des Ersten Weltkriegs stattfinden. Am Ende des Marschweges sollen sich die Teilnehmer auf einem innerstädtischen Platz versammeln; dort findet eine Abschlusskundgebung statt. Hierbei handelt es sich um eine zweigeteilte Versammlung: Der erste Teil ist als Aufzug zu qualifizieren, die Abschlusskundgebung ist eine stationäre Versammlung. Da jedoch beide Arten von

---

460 Vgl. etwa BVerfGE 104, 92 (104 f.); OVG Berlin-Brandenburg LKV 2016, 225.
461 OVG Münster NVwZ-RR 2013, 38.

Einführung

Versammlungen rechtlich in den §§ 14 ff. VersammlG geregelt sind und sich für Aufzüge lediglich einige Besonderheiten ergeben, ist die Einordnung nicht von praktischer Bedeutung.

6. Anmeldepflicht

Gemäß § 14 VersammlG sind Versammlungen unter freiem Himmel 48 Stunden vor ihrer Bekanntgabe anzumelden. Dies bedeutet, dass sie nicht etwa 48 Stunden vor dem geplanten Termin ihres Stattfindens, sondern 48 Stunden vor der Ankündigung bzw. Bewerbung der Versammlung bei der zuständigen Behörde anzumelden sind. Die Anmeldung hilft der Polizei dabei, eventuell im Vorfeld der Versammlung zu treffende Maßnahmen zu prüfen, zu koordinieren und anzuordnen, z.B. Auflagen gegenüber der Versammlung. 1441

Die Anmeldung ist formfrei, kann also grundsätzlich schriftlich, mündlich, telefonisch oder über ein zur Verfügung gestelltes Online-Formular erfolgen. Wesentliche Inhalte der Anmeldung sind der Gegenstand bzw. das Programm der Versammlung (§ 14 Abs. 1 VersammlG), Name und Anschrift der für die Versammlung verantwortlichen Person (§ 14 Abs. 2 VersammlG), der Name des Veranstalters (soweit er von der verantwortlichen Person abweicht, etwa ein Verein), Tag, Zeit und Ort, bei Aufzügen die „Marschroute" sowie der gegebenenfalls geplante Einsatz von Ordnern. 1442

Obwohl § 15 Abs. 3 VersammlG es u.a. ausdrücklich erlaubt, eine Versammlung (allein) deshalb aufzulösen, weil sie nicht (rechtzeitig) angemeldet wurde, ist dies nach der Rechtsprechung des BVerfG wegen der besonderen Bedeutung der Versammlungsfreiheit in Art. 8 Abs. 1 GG für die politische Meinungsbildung und damit für die Demokratie nicht zulässig. § 15 Abs. 3 VersammlG ist daher verfassungskonform restriktiv auszulegen. Diese Überlegung ist sachgerecht, da die unterbliebene Anmeldung ja im Regelfall ein Versäumnis des Veranstalters/Leiters, nicht aber der (ebenfalls) vom Versammlungsgrundrecht geschützten Teilnehmer ist. Verfassungsrechtlich geschützt werden also auch solche Versammlungen, die nicht rechtzeitig angemeldet wurden bzw. bei denen eine Anmeldung völlig unterblieben ist, weil sie sich spontan entwickelt haben (s.u. Rn. 1445 f.). 1443

Die unterbliebene Anmeldung kann zwar nicht dazu führen, dass die Versammlung wegen eines Verstoßes gegen die objektive Rechtsordnung verboten bzw. aufgelöst werden kann. Allerdings bleibt nach der Rechtsprechung des BVerfG die Strafbarkeit des Veranstalters gemäß § 26 Nr. 2 VersammlG erhalten, sofern eine Anmeldung möglich gewesen ist. 1444

7. Spontan- und Eilversammlungen

Damit sind verfassungsrechtlich auch sog. Spontan- und Eilversammlungen geschützt. Eine Spontanversammlung ist eine ungeplante, sich spontan bildende Versammlung ohne einen regelrechten Veranstalter, der eine Anmeldung abgeben könnte. Die Konsequenz ist, dass keine Anmeldung gemäß § 14 VersammlG erforderlich ist. 1445

> **Beispiel**
> Während der medialen Berichterstattung über den „Putsch" in der Türkei fassen die beiden deutschen Staatsangehörigen A und B den Entschluss, eine spontane Protestveranstaltung vor der türkischen Botschaft durchzuführen. Die Versammlung muss als Spontanversammlung nicht angemeldet werden, um am Schutz von Art. 8 Abs. 1 GG teilzuhaben.

Bei der Eilversammlung handelt es sich dagegen um eine geplante Versammlung mit einem Veranstalter, dessen Entschluss zur Versammlung so spät erfolgt, dass eine rechtzeitige An- 1446 meldung nicht mehr möglich ist. Eine Anmeldung kann hier also grundsätzlich erfolgen, aber nicht innerhalb der von § 14 VersammlG angeordneten Frist.

> **Beispiel**
> A und B aus dem vorstehenden Beispiel wollen ihre Protestveranstaltung in zwei Tagen durchführen und kündigen sie daher im Internet an. Die Versammlung kann angemeldet werden, allerdings nicht mehr 48 Stunden vor ihrer Bekanntgabe. Sie ist als Eilversammlung von Art. 8 Abs. 1 GG geschützt.

8. Eingriffsbefugnisse

a) Versammlungen unter freiem Himmel/Aufzüge

1447 Die wesentlichen polizeilichen Eingriffsbefugnisse für Maßnahmen gegenüber Versammlungen unter freiem Himmel bzw. gegenüber Aufzügen sind folgende Vorschriften des VersammlG:

§ 15 Abs. 1:	Verbot, Auflagen und „Minusmaßnahmen" vor Versammlung (bei unmittelbarer Gefahr für öffentliche Sicherheit/Ordnung)
§ 15 Abs. 2:	Verbot, Auflagen und „Minusmaßnahmen" (bei Versammlung an Gedenkorten für die Opfer des Nationalsozialismus bei zu besorgender Beeinträchtigung der Würde der Opfer)
§ 15 Abs. 3:	Auflösung (bei Vorliegen der Voraussetzungen eines Verbotes)
§ 15 Abs. 4:	Auflösung (bei Verstoß gegen bereits vorliegendes Verbot)
§ 17a Abs. 4:	Maßnahmen bei Verstößen gegen Schutzwaffen- und Vermummungsverbot (mit Ausschluss)
§ 18 Abs. 3:	Ausschluss von Teilnehmern (bei gröblicher Störung der Ordnung), für Aufzug: § 19 Abs. 4
§§ 19a, 12a:	Anfertigung von Bild- und Tonaufnahmen

1448 Die am schwersten wiegenden Maßnahmen sind das präventive Vollverbot auf der Grundlage von § 15 Abs. 1 VersammlG bzw. die Auflösung einer bereits laufenden Versammlung. Zu beachten ist, dass nach der Rechtsprechung des BVerfG ein Verbot einer Versammlung gemäß § 15 Abs. 1 VersammlG nicht allein wegen einer Gefahr für die öffentliche Ordnung ausgesprochen werden darf. Es muss eine Gefahr für die öffentliche Sicherheit hinzutreten oder ein Fall des § 15 Abs. 2 VersammlG gegeben sein. Einzelne unfriedliche Teilnehmer rechtfertigen dabei im Regelfall kein Verbot und keine Auflösung der gesamten Versammlung. Die friedlichen Teilnehmer sollen von ihren Grundrechten Gebrauch machen können. Eine Ausnahme gilt, wenn die Versammlung insgesamt einen unfriedlichen Verlauf nimmt oder der Veranstalter einen solchen Verlauf plant oder billigt.

1449 Die Polizei kann der Versammlung auch Auflagen erteilen. Es handelt sich um eigenständige Anordnungen, die als Verwaltungsakte an den Veranstalter gerichtet und von diesem gegenüber den Teilnehmern durchzusetzen sind. In der polizeilichen Praxis wird häufig auf die Auflage zurückgegriffen, weil sie gegenüber einem Verbot regelmäßig das mildere Mittel darstellt und somit das Stattfinden der Versammlung ermöglicht. Schon aus Verhältnismäßigkeitsgründen wird sie daher dem Verbot vorzuziehen sein, wenn dadurch ein gefahrloser Ablauf gewährleistet werden kann. Je kooperativer der Veranstalter sich gegenüber der

Polizei verhält, desto höher sind die Anforderungen des Verhältnismäßigkeitsgrundsatzes an Maßnahmen gegenüber der Versammlung, die einen Eingriff in die Versammlungsfreiheit darstellen (sog. Kooperationsgrundsatz).

Denkbar sind als Auflagen beispielsweise: 1450
- eine zeitliche oder örtliche Verlegung der Versammlung
- eine Verlegung der „Marschroute" bei Aufzügen
- die Festlegung eines verbindlichen zeitlichen Endes
- das Verbot des Mitführens von Fackeln, Trommeln und anderen Lärmquellen
- eine Begrenzung der Breite von Transparenten bzw. der Länge von Tragestangen für Transparente.

Nicht als Auflage erteilt werden müssen die sog. vertypten Verbote, die das VersammlG selbst regelt: 1451
- Waffenverbot (§ 2 Abs. 3)
- Uniformverbot (§ 3 Abs. 1); entscheidend ist, dass die Uniformen, Uniformteile und gleichartige Kleidungsstücke Ausdruck einer gemeinsamen politischen Gesinnung sind
- Verbot von Versammlungen in befriedeten Bannkreisen (§ 16)
- Verbot von Schutzwaffen (§ 17a Abs. 1)
- Vermummungsverbot (§ 17a Abs. 2); zu unterscheiden sind in Nr. 1 das eigentliche Verbot der Vermummung, in Nr. 2 das Verbot des Mitführens von Vermummungsgegenständen; nach § 27 Abs. 2 Nr. 2 ist der Verstoß gegen das Vermummungsverbot eine Straftat, nach § 29 Abs. 1 Nr. 1a ist der Verstoß gegen das Mitführverbot eine Ordnungswidrigkeit.

Diese Verbote sind gemäß §§ 21 ff. VersammlG straf- bzw. bußgeldbewehrt.

b) Versammlungen in geschlossenen Räumen

Im Hinblick auf Versammlungen in geschlossenen Räumen hat die Polizei die folgenden Eingriffsbefugnisse nach dem VersammlG: 1452

§ 5:	Verbot, ggf. Auflagen und „Minusmaßnahmen" vor Versammlung (bei Vorliegen einer der Fallgruppen in Nr. 1–4)
§ 9 Abs. 2 Satz 2:	Beschränkung der Zahl der Ordner
§ 12a:	Anfertigung von Bild- und Tonaufnahmen
§ 13 Abs. 1 Satz 1:	Auflösung (bei Vorliegen einer der Fallgruppen in Nr. 1–4, beachte: Abs. 2)
§ 13 Abs. 1 Satz 2:	„Mindermaßnahmen" gegenüber Auflösung, insbesondere Unterbrechung (bei Vorliegen einer der Fallgruppen in Abs. 1).

c) Polizeifestigkeit der Versammlung

Versammlungen gelten als „polizeifest". Dieser missverständliche Begriff bedeutet, dass versammlungsspezifische polizeiliche Maßnahmen – also solche, die sich gegen die Veranstalter bzw. Teilnehmer von Versammlungen richten – ausschließlich auf die Ermächtigungs- 1453 grundlagen des VersammlG gestützt werden können, sofern sie der Abwehr versammlungsspezifischer Gefahren dienen. Die Ermächtigungsgrundlagen des PolG können daher nicht herangezogen werden. Bei nicht versammlungsspezifischen Gefahren sind auf diese Normen gestützte Maßnahmen freilich möglich. Gleiches gilt für nichtöffentliche Versammlungen, für die die Ermächtigungsnormen des VersammlG weitestgehend keine Anwendung finden.

> **Beispiel**
>
> Die Polizei lässt einen Versammlungssaal auf der Grundlage von § 34 Abs. 1 PolG räumen, weil aufgrund der Bestuhlung und Ausstattung des Raums erhebliche Brandgefahren bestehen und der Boden das Gewicht der zu erwartenden Teilnehmer voraussichtlich nicht tragen kann. Solche bau- bzw. feuerpolizeilichen Gefahren können auf der Grundlage des allgemeinen Polizeirechts abgewehrt werden, auch wenn sie sich gegen die Teilnehmer einer Versammlung richten.

1454 Auch repressive Maßnahmen gegenüber Versammlungsteilnehmern sind rechtlich ohne weiteres zulässig. Ist die Versammlung beendet (oder aufgelöst), verlieren die bisherigen Teilnehmer ihren von Art. 8 Abs. 1 GG geschützten Status. Sofern sie sich nicht zu einer (weiteren) Spontanversammlung zusammenschließen, sind Maßnahmen auf der Grundlage des PolG ihnen gegenüber zulässig. Selbstverständlich können auch Eingriffe gegenüber Nichtteilnehmern über das PolG vorgenommen werden.

> **Beispiel**
>
> A steht am „Marschweg" einer Demonstration. Weil er gegen diese protestieren will, benutzt er unablässig eine Trillerpfeife. Als er offenkundig mit einem Stein nach den Demonstranten zu werfen ansetzt, schreiten die Polizeibeamten P und Q ein. A ist kein Teilnehmer der Versammlung, so dass er mit präventiven Maßnahmen auf der Grundlage des PolG belegt werden kann (Unterlassenanordnung, Identitätsfeststellung, Platzverweis, ggf. Ingewahrsamnahme).

1455 Problematisch sind sog. Vorfeldmaßnahmen, insbesondere Kontrollen auf dem Weg zum Versammlungsort. Solche können in Verkehrsmitteln, etwa Bussen oder Zügen, vorgenommen werden, aber auch an den unmittelbaren Zugangspunkten zu der Versammlung. Art. 8 GG schützt nach h.M. und nach der Rechtsprechung des BVerfG auch die Anreise zur Versammlung, so dass eigentlich aufgrund der Polizeifestigkeit die Ermächtigungsnormen des PolG für solche Vorfeldmaßnahmen gesperrt wären. Dies wirft das Problem auf, dass z.B. keine Identitätsfeststellungen von Personen getätigt werden dürften, die zur Versammlung anreisen. Das zur Lösung vertretene Meinungsspektrum ist relativ breit und inhomogen. Teilweise wird auf die Ermächtigungsnorm in § 17a Abs. 4 VersammlG zurückgegriffen, der die Polizei zu Anordnungen ermächtigt, um das Schutzwaffen- und das Vermummungsverbot durchzusetzen. Eine andere Auffassung sieht Vorfeldmaßnahmen als im Vergleich mit einem Verbot mildere Mittel an und hält § 15 Abs. 1 VersammlG für die richtige Ermächtigungsnorm (sog. Minusmaßnahmen). Wieder andere wollen mit unterschiedlichen Begründungen ausnahmsweise einen Rückgriff auf die Eingriffsbefugnisse des PolG zulassen. Die Auffassungen sind durchweg mit entsprechender Begründung vertretbar; vorzugswürdig erscheint der Rückgriff auf § 15 Abs. 1 VersammlG und die Annahme einer „Minusmaßnahme" gegenüber Verbot, Auflösung und Auflage.

1456 Gemäß § 30 VersG können Gegenstände, auf die sich eine Straftat nach § 27 oder § 28 VersG bezieht, eingezogen werden. Zur Beschlagnahme von Einziehungsgegenständen vgl. Rn. 1155 ff.

II. Verbot und Auflösung einer Versammlung unter freiem Himmel bzw. eines Aufzugs (§ 15 Abs. 1 und 3 VersammlG)

Verbot und Auflösung einer Versammlung unter freiem Himmel/eines Aufzugs (§ 15 Abs. 1 und 3 VersammlG)

I. Formelle Rechtmäßigkeit
- **Zuständigkeit**
  - Polizei (§ 1 Abs. 4 PolG i.V.m. § 1 ZustVO VersammlG NRW)

II. Materielle Rechtmäßigkeit

1. Tatbestandsvoraussetzungen
- öffentliche Versammlung unter freiem Himmel/Aufzug
- Gefahr für die öffentliche Sicherheit oder Ordnung bei Durchführung der Versammlung

2. Maßnahmenspezifische Verfahrensvorschriften
- Anordnungskompetenz
  - jeder Polizeibeamte

3. Adressat
- Veranstalter und Teilnehmer

4. Rechtsfolgen
- Vollverbot (§ 15 Abs. 1 VersammlG) oder
- Auflösung (§ 15 Abs. 3 VersammlG), beachte: nicht bei Gefahr allein für die öffentliche Ordnung
- Erteilung von Auflagen
- „Minusmaßnahmen" (Vorkontrollen etc.)

Versammlung ist eine körperliche Zusammenkunft an einem Ort von mindestens drei Personen zur gemeinsamen Meinungskundgabe.

Öffentlich ist eine Versammlung, wenn grundsätzlich jedermann Zugang zu ihr hat.

Unter **Gefahr** versteht man eine Sachlage, in der bei ungehindertem Fortgang der Ereignisse mit hinreichender Wahrscheinlichkeit ein Schaden an einem der durch die Ermächtigungsgrundlage geschützten Rechtsgüter eintreten wird.

Die **öffentliche Sicherheit** besteht aus der Unverletzlichkeit der objektiven Rechtsordnung, dem Bestand und der Funktionsfähigkeit des Staates und anderer Träger hoheitlicher Gewalt, ihrer Einrichtungen und Veranstaltungen, sowie den Individual- und Kollektivrechtsgütern.

Die **öffentliche Ordnung** ist die Gesamtheit der ungeschriebenen Sozialnormen für das Verhalten des Einzelnen in der Öffentlichkeit, deren Einhaltung von den jeweils herrschenden Anschauungen in der Bevölkerung als unerlässliche Voraussetzung für ein gedeihliches gesellschaftliches Zusammenleben betrachtet wird.

Abbildung 5.1: Schema zu Verbot und Auflösung einer Versammlung/eines Aufzugs unter freiem Himmel (§ 15 Abs. 1 und 3 VersammlG)

B. Waffenrechtliche Eingriffsbefugnisse

- *Aufsatz-Literatur: Keller/Kiehne, PSP 2015, 11 (Grundlagen des Waffenrechts); Gade, NJW 2015, 3542 (erlaubnisfreier Schusswaffentransport); Rott, VR 2015, 222 (Rechtsfragen der waffenrechtlichen Aufbewahrungskontrollen); Braun, GewA 2012, 52 (aktuelle Rechtsprechung zur waffenrechtlichen Zuverlässigkeit), Ullrich, Kriminalistik 2007, 537 (Straftaten und Ordnungswidrigkeiten im Waffengesetz).*
- *Übungsfälle: Dau/Mein, JuS 2016, 430 (Klausur zur Aufhebung waffenrechtlicher Erlaubnisse wegen Unzuverlässigkeit.*

I. Einführung

1457 Auch das Waffenrecht enthält als spezialgesetzliche Materie verschiedene Ermächtigungsgrundlagen für polizeiliche Maßnahmen. Rechtsgrundlagen für den Umgang mit Waffen und Munition finden sich namentlich im Waffengesetz (WaffG), in der Allgemeinen Waffengesetz-Verordnung[462] (AWaffV, beide bundesrechtlich) sowie in der Verordnung zur Durchführung des Waffengesetzes des Landes Nordrhein-Westfalen (DVO WaffG NRW). Da das Waffengesetz als Bundesgesetz gemäß Art. 83 GG von den Ländern als eigene Angelegenheit ausgeführt wird, dürfen diese u.a. darüber entscheiden, welche Behörde zuständig ist. Gemäß § 1 DVO WaffG NRW sind dies die Kreispolizeibehörden, die nach § 5 DVO WaffG NRW zudem nicht nur für Aufklärung, sondern auch für die Ahndung der waffenrechtlichen Ordnungswidrigkeiten zuständig sind. Weitere polizeirelevante waffenrechtliche Bestimmungen finden sich im Beschussgesetz (BeschG) sowie im Sprengstoffgesetz (SprengG). Vorgaben für den polizeilichen Schusswaffengebrauch ergeben sich dagegen aus den §§ 63 ff. PolG (dazu Rn. 1393 ff.). Gemäß § 55 Abs. 1 Nr. 3 WaffG ist das Gesetz (soweit nichts anderes bestimmt ist) auf die Polizeien des Bundes und der Länder nicht anwendbar.

1. Waffenbegriff

1458 § 1 Abs. 1 WaffG regelt „den Umgang mit Waffen oder Munition unter Berücksichtigung der Belange der öffentlichen Sicherheit und Ordnung." Für die Anwendbarkeit des WaffG und seiner Regelungen kommt es also entscheidend darauf an, ob ein Gegenstand als Waffe im Sinne des Gesetzes zu qualifizieren ist.

1459 „Waffen" sind nach § 1 Abs. 2 WaffG Schusswaffen oder ihnen gleichgestellte Gegenstände sowie tragbare Gegenstände, die ihrem Wesen nach dazu bestimmt sind, die Angriffs- oder Abwehrfähigkeit von Menschen zu beseitigen oder herabzusetzen, insbesondere Hieb- und Stoßwaffen. Waffen sind jedoch auch solche Gegenstände, die, ohne dazu bestimmt zu sein, insbesondere wegen ihrer Beschaffenheit, Handhabung oder Wirkungsweise geeignet sind, die Angriffs- oder Abwehrfähigkeit von Menschen zu beseitigen oder herabzusetzen, und die im WaffG genannt sind.

1460 Schusswaffen sind Gegenstände, die zum Angriff oder zur Verteidigung, zur Signalgebung, zur Jagd, zur Distanzinjektion, zur Markierung, zum Sport oder zum Spiel bestimmt sind und bei denen Geschosse durch einen Lauf getrieben werden (Anlage 1 Abschn. 1 Unterabschn. 1 Nr. 1.1 WaffG). Den Schusswaffen gleichgestellt sind tragbare Gegenstände, die zum Abschießen von Munition für die o. g. Zwecke bestimmt sind. Ferner sind Schusswaffen

---

[462] Dazu Heller/Soschinka, NVwZ 2012, 209.

Einführung

gleichgestellt solche tragbaren Gegenstände, bei denen bestimmungsgemäß feste Körper gezielt verschossen werden, deren Antriebsenergie durch Muskelkraft eingebracht und durch eine Sperrvorrichtung gespeichert werden kann (z.B. Armbrüste). Eine Ausnahme bilden feste Körper mit elastischen Geschossspitzen, z.B. Saugnäpfen aus Gummi; diese sind den Schusswaffen nicht gleichgestellt, sofern die Geschossspitzen nicht eine maximale Bewegungsenergie überschreiten. Gleichgestellt sind den Schusswaffen auch wesentliche Teile von Schusswaffen und Schalldämpfer; auch der Umgang mit „zusammenbaubaren" Elementen von Schusswaffen soll waffenrechtlich reglementiert werden. Solche wesentlichen Teile sind z.B. der Lauf, der Verschluss sowie das Patronenlager (s. im Detail Anlage 1 Abschn. 1 Unterabschn. 1 Nr. 1.2 WaffG).

Tragbare Gegenstände, die dazu bestimmt sind, die Angriffs- bzw. Abwehrfähigkeit zu beeinträchtigen oder herabzusetzen, sind beispielsweise Elektroimpulsgeräte, Reizstoffsprühgeräte, Drosselinstrumente etc. Es muss sich um Gegenstände handeln, die aufgrund ihres Einsatzzwecks und ihrer Funktionsweise dazu vorgesehen sind, auf die Angriffs- bzw. Abwehrfähigkeit von Menschen einzuwirken. Hieb- und Stoßwaffen, die als Beispiele für solche Gegenstände genannt werden, sind Gegenstände, die ihrem Wesen nach dazu bestimmt sind, unter unmittelbarer Ausnutzung der Muskelkraft durch Hieb, Stoß, Stich, Schlag oder Wurf Verletzungen beizubringen. **1461**

Waffen sind jedoch auch solche Gegenstände, die zwar nicht dazu bestimmt, aber jedenfalls dazu geeignet sind, die Angriffs- bzw. Abwehrfähigkeit von Menschen zu beeinträchtigen oder herabzusetzen. Diese Gegenstände müssen jedoch im WaffG explizit genannt werden. Dies erfolgt in Anlage 2 (Waffenliste) Nr. 1.3 und 1.4. Keine Waffen im Sinne des WaffG sind – da sie nicht in dieser Anlage aufgeführt sind – z.B. Baseball- und Golfschläger oder Fahrradketten. **1462**

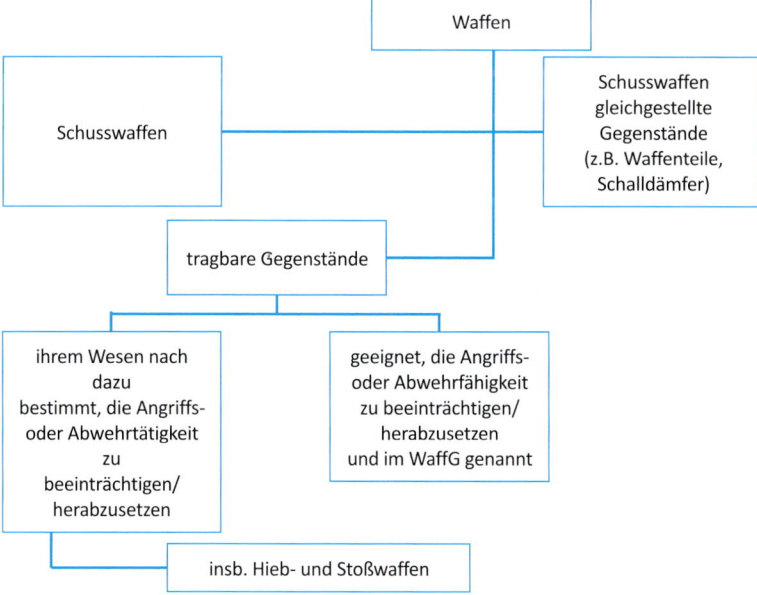

Abbildung 5.2: Übersicht zu den Arten von Waffen

5. Teil • Spezialgesetzliche Eingriffsbefugnisse

2. Waffenrechtliche Vorgaben zum Umgang mit Waffen

1463 Ist ein Gegenstand Waffe i.S.v. § 1 WaffG, greifen die Vorgaben der §§ 2 ff. WaffG. Nach § 2 Abs. 1 WaffG ist der Umgang mit Waffen oder Munition nur Personen gestattet, die das 18. Lebensjahr vollendet haben. Nach Absatz 2 bedarf der Umgang mit Waffen oder Munition, die in der Anlage 2 Abschn. 2 genannt sind, der Erlaubnis. Der Umgang mit Waffen oder Munition, die in der Anlage 2 Abschn. 1 genannt sind, ist verboten (Abs. 3).

1464 Mit dem Begriff des Umgangs wird eine Vielzahl von Tätigkeiten im Zusammenhang mit Waffen bezeichnet. § 1 Abs. 3 WaffG definiert, dass Umgang mit einer Waffe oder mit Munition hat, wer diese erwirbt, besitzt, überlässt, führt, verbringt, mitnimmt, damit schießt, herstellt, bearbeitet, instand setzt oder damit Handel treibt. Diese Handlungsweisen haben zahlreiche Überschneidungsbereiche. Eine Waffe führt, wer die tatsächliche Gewalt über sie ausübt und mit einer unmittelbaren Zugriffsmöglichkeit außerhalb der eigenen Wohnung bzw. des eigenen befriedeten Besitztums bei sich trägt.

> **Beispiel**
>
> Sportschütze S fährt an jedem Wochenende mit seinem Auto zum Schiessstand. Seine Schusswaffen hat er dabei in einem abschließbaren Metallkoffer verstaut, den er wiederum in seinen Kofferraum einschließt. Da er keine unmittelbare Zugriffsmöglichkeit hat, sondern erst Kofferraum und Koffer öffnen müsste, um an die Waffe zu gelangen, „führt" er sie nicht. Er führt sie lediglich mit sich bzw. nimmt sie mit. Umgang i.S.v. § 1 Abs. 3 WaffG ist dies jedoch ebenfalls, so dass eine Erlaubnispflicht besteht (vgl. aber § 12 Abs. 3 WaffG – Ausnahmen von der Erlaubnispflicht zum Führen von Waffen).

a) Verbotene Waffen (§ 2 Abs. 3 WaffG)

1465 Im Sinne des § 2 Abs. 3 WaffG verbotene Waffen, mit denen grundsätzlich nicht umgegangen werden darf, sind beispielsweise Wurfsterne, Faust- und Butterflymesser, Teleskopstangen, Schlagringe, Nun-Chakus, Koppelschlosswaffen, Präzisionsschleudern mit Armstützen usw. Die Gründe für das gesetzliche Umgangsverbot mit diesen Waffen variieren – bei vielen der Gegenstände liegen sie in ihrer geringen Größe und Verbergbarkeit (z.B. Schlagring, Faustmesser), in der Möglichkeit der Ausnutzung der Arglosigkeit des Opfers, in einer Tarnung als Alltagsgegenstand (z.B. eine Stichwaffe in einem Regenschirmstock), in der fehlenden hinreichenden Zielmöglichkeit (z.B. Wurfsterne) bzw. in der Eignung zur Hervorrufung besonders schwerer Verletzungen.

b) Erlaubnispflichtige Waffen (§ 10 WaffG)

1466 Der Umgang mit Waffen nach Anlage 2 Abschn. 2 WaffG bedarf der behördlichen Erlaubnis. Waffenrechtliche Erlaubnisse sind Verwaltungsakte. § 10 WaffG kennt vier Arten der Erlaubnisse, die unterschiedliche Verhaltensweisen im Umgang mit Waffen gestatten. §§ 13 ff. WaffG enthalten umfangreiche weitere Detailvorschriften für bestimmte Personengruppen (zu den Ausnahmen nach § 12 WaffG Rn. 1320). Die vier Erlaubnisarten des § 10 WaffG sind:

Waffenbesitzkarte, Abs. 1:	Erwerb und Besitz von Waffen
Waffenschein, Abs. 4 Satz 1:	Führen von Waffen
„Kleiner" Waffenschein, Abs. 4 Satz 3:	Führen von Schreckschuss-, Reizstoff und Signalwaffen
Erlaubnisschein, Abs. 5:	Schießen mit einer Schusswaffe

Einführung

Die Voraussetzungen für die Erlaubniserteilung regelt § 4 WaffG (mit Sondervorschriften in den §§ 13 ff. WaffG): **1467**

§ 4 Abs. 1 Nr. 1:	Vollendung des 18. Lebensjahrs (mit Ausnahmen)
§ 4 Abs. 1 Nr. 2, § 5:	Zuverlässigkeit (Anknüpfen an Verhalten – z.B. strafrechtliche Verurteilung mit anschließender Bewährungsfrist, prognostiziertes unzuverlässiges Verhalten im Umgang mit Waffen und Munition, Mitgliedschaft in verbotenen Vereinen etc.)
§ 4 Abs. 1 Nr. 2, § 6:	persönliche Eignung (Anknüpfen an persönliche Eigenschaften – z.B. Geschäftsunfähigkeit, Alkohol- oder Drogenabhängigkeit, Debilität)
§ 4 Abs. 1 Nr. 3, § 7:	erforderliche Sachkunde
§ 4 Abs. 1 Nr. 4, § 8:	Bedürfnis
§ 4 Abs. 1 Nr. 5:	Haftpflichtversicherungsnachweis (für Waffenschein und Schießerlaubnis)

Für die Aufhebung dieser Erlaubnisse gilt § 45 WaffG, der gegenüber §§ 48, 49 VwVfG NRW spezieller ist. § 45 Abs. 1 WaffG regelt die Rücknahme von Erlaubnissen, die von vornherein entsprechend der Regelungen des § 4 WaffG nicht hätten erteilt werden dürfen. Die Behörde erhält hier erst nachträglich Kenntnis von Versagungsgründen, die schon bei Erlaubniserteilung vorgelegen haben (Rücknahme = Aufhebung rechtswidriger Verwaltungsakte). § 45 Abs. 2 WaffG regelt den Widerruf von ursprünglich rechtmäßigen Erlaubnissen, wenn nachträglich Gründe eintreten, die zu einer Versagung der Erlaubnis nach § 4 WaffG führen würden. § 45 Abs. 1 und 2 WaffG sind Ermächtigungsgrundlagen für die Aufhebung eines begünstigenden Verwaltungsaktes (der Erlaubnis). Die Aufhebung ist ihrerseits ein Verwaltungsakt. Kenntnis erhält die Polizei von solchen Umständen, weil sie nach § 4 Abs. 3 und 4 WaffG zu regelmäßigen Kontrollen verpflichtet ist. **1468**

c) Ausnahmen von den Erlaubnispflichten (§ 12 WaffG)

§ 12 WaffG regelt eine Vielzahl von Ausnahmen von den gesetzlichen Erlaubnispflichten. Absatz 1 normiert Fälle, in denen eine Erlaubnis zum Erwerb und zum Besitz nicht erforderlich ist (z.B. der Transporteur von Waffen zum Käufer oder der Graveur von jagdlich genutzten Langwaffen, § 12 Abs. 1 Nr. 2 WaffG). Polizeilich relevant sind vor allem die Ausnahmen von der Erlaubnispflicht hinsichtlich des Führens in § 12 Abs. 3 WaffG. Dies gilt insbesondere für das Führen auf Privatgrundstücken (Abs. 3 Nr. 1), den nicht schussbereiten und nicht zugriffsbereiten Transport von einem Ort zum anderen (Abs. 3 Nr. 2), den Transport von nicht schussbereiten Langwaffen zu genehmigten Sportwettkämpfen (Abs. 3 Nr. 3) oder das Führen von Signalwaffen beim Bergsteigen (Abs. 3 Nr. 5 Alt. 1). Die Ausnahmen setzen jeweils voraus, dass die Waffe zur Erfüllung des vom waffenrechtlichen Bedürfnis (§ 8 WaffG) umfassten Zwecks bzw. im Zusammenhang damit geführt wird. **1469**

d) Verbot des Führens von Waffen bei öffentlichen Versammlungen (§ 42 WaffG)

Gemäß § 42 Abs. 1 WaffG ist das Führen von Waffen bei der Teilnahme an öffentlichen Vergnügungen, Volksfesten, Sportveranstaltungen, Messen, Ausstellungen, Märkten oder **1470** ähnlichen öffentlichen Veranstaltungen verboten. Die zuständige Behörde kann unter den Voraussetzungen des Absatzes 2 Ausnahmen zulassen; erforderlich ist dafür insbesondere, dass der Antragsteller nachgewiesen hat, dass er auf Waffen bei der öffentlichen Veranstaltung nicht verzichten kann. Nach Absatz 4 gilt das Verbot generell nicht für Mitwirkende von Theateraufführungen und diesen gleich zu achtenden Vorführungen, sofern die Waffen weitere Anforderungen erfüllen, für das Schießen in Schießstätten (vgl. § 27 WaffG), bei Vorliegen einer Schießerlaubnis nach § 10 Abs. 5 WaffG und für das gewerbliche Ausstellen der Waffen auf Messen und Ausstellungen.

e) Verbot des Führens von Anscheinswaffen und bestimmten tragbaren Gegenständen (§ 42a WaffG)

1471 § 42a WaffG verbietet das Führen bestimmter Gegenstände, u.a. sog. Anscheinswaffen. Dabei handelt es sich um Schusswaffen, die ihrer äußeren Form nach im Gesamterscheinungsbild den Anschein von Feuerwaffen hervorrufen und bei denen zum Antrieb der Geschosse keine heißen Gase verwendet werden, Nachbildungen von Schusswaffen mit dem Aussehen von Schusswaffen, sowie unbrauchbar gemachte Schusswaffen mit dem Aussehen von Schusswaffen (s. Anlage 1 zum WaffG Abschn. 1 Nr. 1.6). Ausnahmen für das Verbot des Führens solcher Anscheinswaffen regelt § 42a Abs. 2 WaffG, etwa soweit die Waffen für die Verwendung bei Foto-, Film- oder Fernsehaufnahmen oder bei Theateraufführungen vorgesehen sind.[463]

3. Praktisch bedeutsame Ermächtigungsgrundlagen

a) Standard-Ermächtigungsgrundlagen nach dem WaffG

1472 Das WaffG enthält zahlreiche Ermächtigungsgrundlagen für die zuständige Behörde, in NRW also die Kreispolizeibehörden. Diese Ermächtigungsgrundlagen dienen vor allem dazu, die Einhaltung der speziellen ordnungsrechtlichen Vorschriften des Waffengesetzes kontrollieren zu können. Wichtig ist, dass die waffenrechtlichen Befugnisnormen für ihren Anwendungsbereich gegenüber den Standardermächtigungen des PolG die spezielleren Vorschriften sind und daher vorrangig als Ermächtigungsgrundlage heranzuziehen sind.

1473 Es handelt sich im Wesentlichen um die folgenden Ermächtigungsnormen im WaffG (Auswahl):

- § 36 Abs. 3: Betreten, Nachschau (Kontrolle der Aufbewahrungspflichten) in Geschäfts-, Betriebs- und Wohnräumen (spezieller gegenüber § 41 PolG)
- § 37 Abs. 1 Satz 2 1. Var.: Sicherstellung nach Inbesitznahme von Waffen und Munition durch Erben, Finder, Insolvenzverwaltung, Gerichtsvollzieher etc. (spezieller gegenüber §§ 43, 44 PolG)
- § 37 Abs. 1 Satz 2 2. Var.: Anordnung, die Waffe(n)/Munition innerhalb einer bestimmten Frist unbrauchbar zu machen bzw. einem Berechtigten zu überlassen
- § 38 Abs. 2: Aufforderung zur Aushändigung waffenrechtlicher Erlaubnisse (Ausweispflicht des Waffenführers)
- § 39 Abs. 2: Nachschau bei Händlern, Herstellern, Schießstättenbetreibern etc. (spezieller gegenüber § 41 PolG)

---

463 Zum Umgang mit Anscheinswaffen bei politischem Straßentheater HessVGH DVBl 2011, 707.

Einführung

b) **Beschlagnahme von Waffen nach § 111b StPO, §§ 73, 74 StGB, § 54 WaffG**

Waffen können der Beschlagnahme als Einziehungsgegenstand unterliegen (s. auch Rn. 1155 ff.). Gemäß § 74 StGB wird bei einer vorsätzlichen Tat Einziehung für Gegenstände angeordnet, die dem Täter zum Zeitpunkt der Einziehungsentscheidung gehören oder ihm zustehen oder die nach ihrer Art und den Umständen die Allgemeinheit gefährden, oder wenn die Gefahr besteht, dass sie der Begehung rechtswidriger Taten dienen werden. Ferner müssen die Gegenstände durch die Tat hervorgebracht worden oder zu ihrer Begehung oder Vorbereitung gebraucht worden oder bestimmt gewesen sein. Dies wird häufig bei Tatwaffen der Fall sein. **1474**

§ 54 WaffG enthält eine Bestimmung, die die Einziehung nach § 74 StGB in waffenrechtlicher Hinsicht ergänzt. Ist eine spezifisch waffenrechtliche Straftat nach den §§ 51, 52 Abs. 1, 2 oder 3 Nr. 1, 2 oder 3 oder Abs. 5 WaffG begangen worden, so werden Gegenstände, auf die sich diese Straftat bezieht oder die durch sie hervorgebracht oder zu ihrer Begehung oder Vorbereitung gebraucht worden oder bestimmt gewesen sind, gemäß § 54 Abs. 1 WaffG eingezogen. Für die genannten Straftaten ist § 54 WaffG gegenüber § 74 StGB spezieller. Dies gilt auch für sonstige Straftaten nach § 52 WaffG oder Ordnungswidrigkeiten nach § 53 WaffG; bei einer Begehung dieser Verstöße können die in § 54 Abs. 1 WaffG genannten Gegenstände eingezogen werden. Bei den Straftaten in § 54 Abs. 1 WaffG erfolgt mithin zwingend eine Anordnung der Einziehung, bei Absatz 2 besteht Ermessen. **1475**

Kann ein Gericht die Einziehung nach § 54 Abs. 1 oder 2 WaffG anordnen, eröffnet sich für die Polizei die Möglichkeit einer Sicherstellung durch Beschlagnahme auf der Grundlage von § 111b Abs. 1 StPO. Nach dieser Vorschrift können Gegenstände durch Beschlagnahme nach § 111c StPO sichergestellt werden, wenn Gründe für die Annahme vorhanden sind, dass die Voraussetzungen für ihre Einziehung vorliegen. Zu beachten sind auch hier die Anforderungen hinsichtlich der Anordnungskompetenz in § 111j Abs. 1 Satz 3 StPO (Anordnung der Beschlagnahme einer beweglichen Sache bei Gefahr im Verzug auch durch Ermittlungspersonen der Staatsanwaltschaft). **1476**

5. Teil • Spezialgesetzliche Eingriffsbefugnisse

II. Aufforderung zur Aushändigung waffenrechtlicher Erlaubnisse (§ 38 Abs. 2 WaffG)

Aufforderung zur Aushändigung waffenrechtlicher Erlaubnisse (§ 38 Abs. 2 WaffG)

I. Formelle Rechtmäßigkeit
– Zuständigkeit
  – § 1 DVO WaffG NRW: Kreispolizeibehörde
II. Materielle Rechtmäßigkeit
1. Tatbestandsvoraussetzungen
– Führen einer Waffe
– Erfordernis einer Erlaubnis zum Erwerb bzw. zum Führen (§ 38 Satz 1 Nr. 1 Buchst. a WaffG) oder
– Schießen mit einer Schießerlaubnis (§ 38 Satz 1 Nr. 1 Buchst. h WaffG)
– die übrigen Fallgruppen des § 38 Satz 1 Nr. 1 Buchst. b–g betreffen Spezialfälle, etwa das Verbringen der Waffe aus einem Drittstaat oder einem Mitgliedstaat der EU
2. Maßnahmenspezifische Verfahrensvorschriften
– Anordnungskompetenz
  – jeder Polizeibeamte
3. Adressat
– derjenige, der die Waffe führt
– Inhaber der waffenrechtlichen Erlaubnis
4. Rechtsfolgen
– Aufforderung, Personalausweis, Pass und waffenrechtliche Erlaubnis zur Prüfung auszuhändigen (bzw. nach Nr. 2 den Jagdschein)

Waffen sind Schusswaffen oder ihnen gleichgestellte Gegenstände sowie tragbare Gegenstände, die ihrem Wesen nach dazu bestimmt sind, die Angriffs- oder Abwehrfähigkeit von Menschen zu beseitigen oder herabzusetzen, insbesondere Hieb- und Stoßwaffen. Waffen sind auch solche Gegenstände, die, ohne dazu bestimmt zu sein, insbesondere wegen ihrer Beschaffenheit, Handhabung oder Wirkungsweise geeignet sind, die Angriffs- oder Abwehrfähigkeit von Menschen zu beseitigen oder herabzusetzen, und die im WaffG genannt sind.

Eine Waffe **führt**, wer die tatsächliche Gewalt über sie ausübt und mit einer unmittelbaren Zugriffsmöglichkeit außerhalb der eigenen Wohnung bzw. des eigenen befriedeten Besitztums bei sich trägt.

Abbildung 5.3: Schema zur Aufforderung zur Aushändigung waffenrechtlicher Erlaubnisse (§ 38 Satz 1 WaffG)

C. Verkehrsrechtliche Eingriffsbefugnisse

- *Aufsatz-Literatur:* Ternig, DAR 2012, 730 („Allgemeine Verkehrskontrolle und konkreter Verdacht einer Ordnungswidrigkeit"); Barczak, NZV 2010, 598 („Habeas Corpus auf deutschen Straßen: Verfassungswidrigkeit freiheitsbeschränkender Verkehrskontrollen nach § 36 V StVO"); Albrecht, DAR 2003, 541 (Anhalterechte kommunaler Bediensteter zur Verfolgung von Verkehrsverstößen).
- *Leitentscheidungen:* BGHSt 25, 313 (Anhalten zur Verkehrskontrolle als Vollstreckungshandlung).

I. Einführung

Als Adressaten allgemeiner polizeirechtlicher Maßnahmen kommen selbstverständlich auch Verkehrsteilnehmer in Betracht. Gleiches gilt auch für strafprozessuale Maßnahmen.

> **Beispiele**
> Anhalten eines PKW-Fahrers, um vor einer Gefahrenstelle zu warnen oder um eine Ordnungswidrigkeit/Straftat zu verfolgen.

Es gelten also grundsätzlich die im 3. Teil dargestellten allgemeinen Eingriffsbefugnisse. Als solche allgemein-polizeilichen Anhalterechte im Straßenverkehr kommen in Betracht:

§ 8 PolG:	Anhalten zur Abwehr konkreter Gefahren
§ 12 Abs. 1 PolG:	Anhalten zur Identitätsfeststellung bei Abwehr konkreter Gefahren
§ 12 Abs. 1 Nr. 4 PolG:	Anhalten zur Identitätsfeststellung bei Aufenthalt an gefährdeten/gefährlichen Orten
§ 163b StPO:	Anhalten zur Identitätsfeststellung bei Verfolgung von Straftaten oder Ordnungswidrigkeiten
§ 111 Abs. 1 StPO:	Anhalten zur Identitätsfeststellung an Kontrollstellen
§ 127 Abs. 2 StPO:	Anhalten zur vorläufigen Festnahme
§§ 114, 457 StPO:	Anhalten zur Vollstreckung von Haftbefehlen

Polizeibeamte dürfen Verkehrsteilnehmer jedoch gemäß § 36 Abs. 5 StVO auch zur Verkehrskontrolle einschließlich der Kontrolle der Verkehrstüchtigkeit und der Verkehrserhebung anhalten. Dies stellt insofern eine zentrale verkehrsrechtliche spezialgesetzliche Eingriffsbefugnis dar.

Die weitergehenden Verpflichtungen, Führerschein und Fahrzeugschein, Erlaubnisse und Ausrüstungsgegenstände vorzuzeigen und auszuhändigen, ergeben sich aus den entsprechenden spezialgesetzlichen Bestimmungen:

§ 4 Abs. 2 FeV:	Führerschein
§ 5 Abs. 4 FeV:	Mofa-Prüfbescheinigung
§ 48 Abs. 3 FeV:	Führerschein zur Fahrgastbeförderung
§ 11 Abs. 6 FZV:	Zulassungsbescheinigung Teil I
§ 16 Abs. 2 FZV:	Fahrzeugscheinheft für rote Kennzeichen
§ 16a Abs. 3 FZV:	Fahrzeugschein für Kurzzeitkennzeichen
§ 26 Abs. 1 FZV:	Versicherungsbescheinigung
§ 47 Abs. 3 FZV:	Ausnahmegenehmigung
§ 70 Abs. 3a StVZO:	Ausnahmegenehmigung nach StVZO
§ 22a Abs. 4 StVZO:	Einzelbauartgenehmigung für Fahrzeugteile
§ 31b StVZO:	Mitzuführende Gegenstände (Feuerlöscher, Erste-Hilfe-Material, Unterlegkeile, Warndreiecke und Warnleuchten, Warnweste, Blinkleuchten).

Neben § 36 Abs. 5 StVO normiert auch der § 35 StVO Sonderrechte, die auch für die Angehörigen der Polizei gelten. Dies sind Befreiungsrechte von den Regeln der StVO, die an konkrete Einsatzsituationen gebunden sind. Schließlich wird dies komplettiert durch die in § 36 StVO genannten Wegerechte.

II. Anhalten zur Verkehrskontrolle und Verkehrserhebung (§ 36 Abs. 5 StVO)

> **Anhalten zur Verkehrskontrolle und Verkehrserhebung (§ 36 Abs. 5 StVO)**
>
> 1. Tatbestandsvoraussetzungen
> - Zweck: Verkehrskontrolle oder Verkehrserhebung
> 2. Maßnahmenspezifische Verfahrensvorschriften
> - Anordnungskompetenz
>   - StA
>   - Polizeibeamte
> - VV PolG 36.1: Polizeibeamte müssen als solche erkennbar sein.
> 3. Adressat
> - Verkehrsteilnehmer
> 4. Rechtsfolgen
> - Anhalte- und Überprüfungsrecht

Verkehrskontrollen sind solche zur Prüfung der Fahrtüchtigkeit der Führer oder der nach den Verkehrsvorschriften mitzuführenden Papiere als auch solche zur Prüfung des Zustandes, der Ausrüstung und der Beladung der Fahrzeuge (VV Nr. 7 zu § 36 StVO).

Abbildung 5.4: Schema zum Anhalten zur Verkehrskontrolle und -erhebung (§ 36 Abs. 5 StVO)

1. Überblick

1481 § 36 Abs. 5 StVO normiert ein anlassloses Anhalte- und Kontrollrecht. Die sachliche Zuständigkeit für diese Aufgabe folgt aus § 1 Abs. 4 PolG i.V.m. § 36 Abs. 5 StVO. Die Maßnahme dient dazu, vorbeugend die Sicherheit des Straßenverkehrs zu gewährleisten.

1482 Polizeiliche Anhaltezeichen sind vollstreckbare Verfügungen. Handelt der Verkehrsteilnehmer dem zuwider, so kann Widerstand gegen eine Vollstreckungshandlung i.S.v. § 113 StGB vorliegen, wenn diese Weigerung mit Gewalt geschieht.

> **Beispiel**
> Pkw-Fahrer A hat erheblich Alkohol konsumiert. Er soll von einer uniformierten Polizeibeamtin angehalten werden. Um der Kontrolle zu entgehen, fährt A auf sie zu. Nur durch einen Sprung zur Seite kann die Beamtin den Zusammenstoß verhindern.

1483 A hat sich nach § 113 StGB (Widerstand gegen Vollstreckungsbeamte), je nach Vorsatz auch nach § 315b StGB (gefährlicher Eingriff in den Straßenverkehr), §§ 212, 22, 23 StGB (versuchter Totschlag) strafbar gemacht. Nach der Rechtsprechung liegt eine Straftat nach § 113 StGB schon vor, wenn der Fahrzeugführer zur Verhinderung der Kontrolle von innen die Tür verriegelt.[464] Jedenfalls ist das Nichtbefolgen der Anweisungen gemäß § 24 StVG i.V.m § 49 Abs. 3 Nr. 1 StVO bußgeldbewehrt.

---

464 OLG Düsseldorf NZV 1996, 458.

Anhalten zur Verkehrskontrolle und Verkehrserhebung (§ 36 Abs. 5 StVO)

2. Grundrechtseingriffe

Nach ganz herrschender Meinung ist aufgrund der geringfügigen Belastung nur ein Eingriff in das Grundrecht auf allgemeine Handlungsfreiheit (Art. 2 Abs. 1 GG) anzunehmen.[465]

1484

3. Tatbestandsvoraussetzungen

Das anlasslose Anhalten darf nur zum Zwecke der Verkehrskontrolle oder der Verkehrserhebung erfolgen.

1485

4. Maßnahmenspezifische Verfahrensvorschriften

Die Anordnung obliegt jedem Polizeibeamten. Als Verfahrensbestimmung ist zu beachten, dass erkennbar ein Polizeibeamter die Maßnahme durchführt. Der Verfügung zum Anhalten kann durch geeignete technische Einrichtungen am Einsatzfahrzeug, Winkerkelle oder eine rote Leuchte gegeben werden. So kann auch ein vorausfahrender Verkehrsteilnehmer angehalten werden.

1486

5. Adressat

Adressat ist jeder Verkehrsteilnehmer, insbesondere also Personen, die öffentliche Wege im Rahmen des Gemeingebrauchs benutzen. Der Begriff der Verkehrsteilnahme ist weiter als derjenige des Fahrzeugführens und ist schon erfüllt, wenn in Fahrabsicht Maßnahmen getroffen werden, um das Fahrzeug in Gang zu setzen. So etwa durch Lösen der Handbremse und durch Starten des Motors.[466]

1487

6. Rechtsfolgen

Die Rechtsfolge ist in erster Linie das Anhalten. Auch weitere Weisungen, die unmittelbar mit der Kontrolle zusammenhängen, sind zulässige Rechtsfolgen nach § 36 Abs. 5 StVO, wonach Anweisungen der Polizeibeamten zu befolgen sind.

1488

> **Beispiel**
> PK A weist einen Fahrzeugführer an, Beleuchtungseinrichtungen zu betätigen, zur Kontrolle auszusteigen und den Kofferraum zu öffnen.

Auch die Kontrolle der Fahrtüchtigkeit des Fahrers ist von § 36 Abs. 5 StVO gedeckt.[467]

Die Maßnahme nach § 36 Abs. 5 StVO erlaubt lediglich das Anhalten zur Verkehrskontrolle bzw. zur Verkehrserhebung. Dient das Anhalten anderen Zwecken, so müssen die Voraussetzungen der entsprechenden Ermächtigungsgrundlage vorliegen. Auch weitergehende Weisungen als die zum Anhalten und die unmittelbar mit der Durchführung der Kontrolle zusammenhängen, sind nicht aufgrund § 36 Abs. 5 StVO zulässig.[468] Darüber hinaus ist insbesondere auch die Durchsuchung des Fahrzeugs keine zulässige Rechtsfolge, dies bedarf der entsprechenden gefahrenabwehrenden bzw. strafprozessualen Rechtsgrundlage.

1489

---

[465] Hentschel/König/Dauer, StVO, § 36 Rn. 24.
[466] Hentschel/König/Dauer, StVO, § 1 Rn. 17.
[467] Janker/Hühnermann, in: Burmann, § 36 StVO Rn. 12; Hentschel/König/Dauer, StVO, § 36 Rn. 24.
[468] Hentschel/König/Dauer, StVO, § 36 Rn. 24.

5. Teil • Spezialgesetzliche Eingriffsbefugnisse

1490 Die Verpflichtung zur Aushändigung von Führerschein und Fahrzeugpapieren sowie weiteren Ausrüstungsgegenständen ergibt sich aus den entsprechenden spezialgesetzlichen Bestimmungen (dazu oben Rn. 1479)

1491 Eine Verpflichtung zur Teilnahme am Atemalkoholtest besteht nicht, da sich dies als Mindermaßnahme gegenüber einer Blutprobe darstellt und diesbezüglich keine Mitwirkungspflicht besteht. Daher ist auf die Freiwilligkeit der Maßnahme gesondert hinzuweisen.

Abbildungsverzeichnis

Abbildung 1.1:	Übersicht zur Gesetzmäßigkeit der Verwaltung	41
Abbildung 1.2:	Übersicht zum Grundrechtseingriff	42
Abbildung 1.3:	Übersicht Tatverdachtsgrade	48
Abbildung 1.4:	Übersicht zum Beschuldigtenbegriff	49
Abbildung 1.5:	Übersicht zu den Beweismitteln	59
Abbildung 1.6:	Übersicht Verhaltensregeln für Polizeibeamte als Zeugen vor Gericht	65
Abbildung 1.7:	Übersicht zu Beweisverboten	67
Abbildung 1.8:	Übersicht zum Ordnungswidrigkeitenverfahren	71
Abbildung 1.9:	Schwere des Grundrechtseingriffs	90
Abbildung 2.1:	Übersicht zur Prüfungsreihenfolge	95
Abbildung 2.2:	Prüfungsschema Eingriffsmaßnahme	102
Abbildung 3.1:	Überblick zur Prüfung der Ermittlungsgeneralklausel	107
Abbildung 3.2:	Schema zur Prüfung der gefahrenabwehrrechtlichen Generalklausel (§ 8 Abs. 1 PolG)	110
Abbildung 3.3:	Übersicht zur offenen Datenerhebung	113
Abbildung 3.4:	Schema zur Identitätsfeststellung beim Verdächtigen (§ 163b Abs. 1 StPO)	114
Abbildung 3.5:	Schema zur Identitätsfeststellung beim Unverdächtigen (§ 163b Abs. 2 StPO)	118
Abbildung 3.6:	Schema zur Einrichtung einer Kontrollstelle (§ 111 StPO)	120
Abbildung 3.7:	Schema zur Identitätsfeststellung zur Gefahrenabwehr (§ 12 Abs. 1, 2 PolG)	123
Abbildung 3.8:	Schema zur polizeilichen Anhalte- und Sichtkontrolle (§ 12a PolG)	128
Abbildung 3.9:	Schema zur Beschuldigtenvernehmung (§ 163a Abs. 1, 4 Satz 1 i.V.m. § 136 StPO)	132
Abbildung 3.10:	Schema zur Zeugenvernehmung (§ 163 Abs. 3 StPO)	139
Abbildung 3.11:	Schema zur Befragung (§ 9 Abs. 2 PolG)	145
Abbildung 3.12:	Schema zum Prüfen von Berechtigungsscheinen (§ 13 PolG)	147
Abbildung 3.13:	Schema zur erkennungsdienstlichen Behandlung nach der StPO (§ 81b StPO)	148
Abbildung 3.14:	Übersicht zur offenen strafprozessualen Datenerhebung	152
Abbildung 3.15:	Schema zu erkennungsdienstlichen Maßnahmen (§ 14 PolG)	153
Abbildung 3.16:	Schema zur Datenerhebung bei öffentlichen Veranstaltungen und Ansammlungen (§ 15 PolG)	156

Abbildungsverzeichnis

Abbildung 3.17: Schema zur Datenerhebung durch den offenen Einsatz optisch-technischer Mittel (§ 15a PolG) 159
Abbildung 3.18: Schema zur Datenerhebung zur Eigensicherung (§ 15b PolG) 162
Abbildung 3.19: Schema zur Datenerhebung durch den Einsatz körpernah getragener Aufnahmegeräte (§ 15c PolG) 164
Abbildung 3.20: Übersicht zu den Formen verdeckter Datenerhebung 168
Abbildung 3.21: Schema zur akustischen Wohnraumüberwachung (§ 100c StPO) 169
Abbildung 3.22: Schema zum verdeckten Einsatz technischer Mittel in oder aus Wohnungen (§ 18 PolG) 174
Abbildung 3.23: Schema zur akustischen Überwachung außerhalb von Wohnungen (§ 100f StPO) 177
Abbildung 3.24: Schema zum verdeckten Einsatz technischer Mittel (§ 17 PolG) 181
Abbildung 3.25: Schema zur Telekommunikationsüberwachung (§§ 100a, 100b StPO) 184
Abbildung 3.26: Schema zur Datenerhebung durch die Überwachung der laufenden Telekommunikation (§ 20c PolG) 191
Abbildung 3.27: Schema zum Einsatz technischer Mittel bei Mobilfunkendgeräten (§ 20b PolG) 194
Abbildung 3.28: Schema zur Erhebung von Verkehrsdaten (§ 100g StPO) 196
Abbildung 3.29: Schema zur Abfrage von Telekommunikations- und Telemediendaten (§ 20a PolG) 202
Abbildung 3.30: Schema zu technischen Ermittlungsmaßnahmen bei Mobilfunkendgeräten (§ 100i StPO) 205
Abbildung 3.31: Schema zur polizeilichen Beobachtung (§ 163e StPO) 209
Abbildung 3.32: Schema zur polizeilichen Beobachtung (§ 21 PolG) 212
Abbildung 3.33: Schema zur Rasterfahndung (§§ 98a, 98b StPO) 214
Abbildung 3.34: Schema zur Rasterfahndung (§ 31 PolG) 217
Abbildung 3.35: Schema zur Netzfahndung (§ 163d StPO) 220
Abbildung 3.36: Schema zum Einsatz verdeckter Ermittler (§§ 110a–110c StPO) 224
Abbildung 3.37: Schema zum Einsatz verdeckter Ermittler (§ 20 PolG) 230
Abbildung 3.38: Schema zum Einsatz von V-Personen (§ 21 PolG) 233
Abbildung 3.39: Übersicht zur verdeckten repressiven Datenerhebung 236
Abbildung 3.40: Übersicht zu Ermittlungsmaßnahmen zur Datenerhebung 237
Abbildung 3.41: Übersicht zur offenen und verdeckten Datenerhebung 238
Abbildung 3.42: Schema zur kurzfristigen Observation (§ 16a Abs. 4 PolG) 238
Abbildung 3.43: Schema zur längerfristigen Observation (§ 163f StPO) 241
Abbildung 3.44: Schema zum Einsatz technischer Mittel zu Observationszwecken (§ 100h StPO) 246

Abbildungsverzeichnis

Abbildung 3.45: Schema zur längerfristigen Observation (§ 16a Abs. 1–3 PolG) 250
Abbildung 3.46: Schema zum Datenabgleich (§ 98c StPO) 253
Abbildung 3.47: Schema zum Datenabgleich (§ 25 PolG) 254
Abbildung 3.48: Schema zur Vorladung und Vorführung (§ 10 PolG) 258
Abbildung 3.49: Schema zum Platzverweis (§ 34 Abs. 1 PolG) 261
Abbildung 3.50: Schema zum Aufenthaltsverbot (§ 34 Abs. 2 PolG) 264
Abbildung 3.51: Schema zur Aufenthaltsvorgabe (§ 34b Abs. 1 Satz 1 PolG) 267
Abbildung 3.52: Schema zum Kontaktverbot (§ 34b Abs. 1 Satz 2 PolG) 269
Abbildung 3.53: Schema zu Wohnungsverweisung und Rückkehrverbot
(§ 34a PolG) 271
Abbildung 3.54: Schema zur elektronischen Aufenthaltsüberwachung
(§ 34c PolG) 277
Abbildung 3.55: Übersicht zu den einzelnen Durchsuchungsfällen 281
Abbildung 3.56: Schema zur Durchsuchung beim Verdächtigen
(§§ 102, 105 StPO) 282
Abbildung 3.57: Schema zur Durchsuchung beim Unverdächtigen
(§§ 103, 105 StPO) 287
Abbildung 3.58: Übersicht zu den Formen der repressiven Durchsuchung 290
Abbildung 3.59: Schema zur Durchsuchung von Personen (§ 39 PolG) 292
Abbildung 3.60: Schema zur Durchsuchung von Sachen (§ 40 PolG) 296
Abbildung 3.61: Schema zum Betreten und zur Durchsuchung von Wohnungen
(§§ 41 ff. PolG) 302
Abbildung 3.62: Übersicht zu den Formen der körperlichen Untersuchung 309
Abbildung 3.63: Schema zur körperlichen Untersuchung des Beschuldigten
(§ 81a StPO) 310
Abbildung 3.64: Schema zur körperlichen Untersuchung anderer Personen
(§ 81c StPO) 315
Abbildung 3.65: Übersicht zu den Tatbeständen der körperlichen Untersuchung 318
Abbildung 3.66: Übersicht über die Formen molekulargenetischer
Untersuchungen 318
Abbildung 3.67: Schema zur DNA-Analyse zur Straftatenaufklärung
(§§ 81e, 81f StPO) 320
Abbildung 3.68: Schema zur DNA-Analyse zu erkennungsdienstlichen
Zwecken (§ 81g StPO) 323
Abbildung 3.69: Schema zur DNA-Reihenuntersuchung (§ 81h StPO) 326
Abbildung 3.70: Übersicht zu den Tatbeständen der strafprozessualen
molekulargenetischen Untersuchung 329
Abbildung 3.71: Schema zur identitätsfeststellenden DNA-Untersuchung
(§ 14a PolG) 330

Abbildungsverzeichnis

Abbildung 3.72:	Übersicht über die Formen der Sicherstellung und Beschlagnahme	334
Abbildung 3.73:	Schema zur Sicherstellung und Beschlagnahme von Beweismitteln (§ 94 Abs. 1, 2, § 98 StPO)	335
Abbildung 3.74:	Schema zur Sicherstellung und Beschlagnahme von Führerscheinen (§ 94 Abs. 3, § 111a StPO)	341
Abbildung 3.75:	Schema zur Beschlagnahme von Einziehungsgegenständen (§§ 111b, 111j StPO)	346
Abbildung 3.76:	Übersicht zur den Tatbeständen der strafprozessualen Sicherstellung und Beschlagnahme	356
Abbildung 3.77:	Schema zur Sicherstellung (§ 43 PolG)	357
Abbildung 3.78:	Übersicht zu den Formen der Freiheitsentziehung	362
Abbildung 3.79:	Schema zur vorläufigen Festnahme durch jedermann (§ 127 Abs. 1 StPO)	364
Abbildung 3.80:	Schema zur vorläufigen Festnahme zur Untersuchungshaft (§ 127 Abs. 2, §§ 112, 112a StPO)	367
Abbildung 3.81:	Schema zur vorläufigen Festnahme zur einstweiligen Unterbringung (§ 127 Abs. 2 i.V.m § 126a StPO)	372
Abbildung 3.82:	Schema zur vorläufigen Festnahme zur Hauptverhandlungshaft (§ 127b StPO)	374
Abbildung 3.83:	Schema zur Festnahme bei Störung einer Amtshandlung (§ 164 StPO)	376
Abbildung 3.84:	Schema zur Vollstreckung von Haftbefehlen (§ 36 Abs. 2 Satz 1 i.V.m. §§ 161, 457 StPO)	378
Abbildung 3.85:	Schema zur Ingewahrsamnahme (§ 35 PolG)	382
Abbildung 3.86:	Übersicht über die Tatbestände der Festnahme und Vollstreckung von Haftbefehlen	389
Abbildung 3.87:	Übersicht über die Formen der Sicherheitsleistung	390
Abbildung 3.88:	Schema zur allgemeinen Sicherheitsleistung (§ 132 StPO)	391
Abbildung 3.89:	Schema zur Sicherheitsleistung zur Abwendung der Festnahme (§ 127a Abs. 1 StPO)	395
Abbildung 3.90:	Übersicht über die Tatbestände der Sicherheitsleistung	397
Abbildung 4.1:	Allgemeines Schema zum präventiven Zwangsmitteleinsatz (§§ 50 ff. PolG)	402
Abbildung 4.2:	Schema zur Ersatzvornahme (§ 52 Abs. 1 PolG)	404
Abbildung 4.3:	Schema zum Zwangsgeld (§ 53 Abs. 1 PolG)	406
Abbildung 4.4:	Schema zum unmittelbaren Zwang (§ 55 Abs. 1 PolG)	407
Abbildung 4.5:	Schema zum gestreckten Verfahren (§ 50 Abs. 1 PolG)	410

Abbildungsverzeichnis

Abbildung 4.6:	Schema zum sofortigen Vollzug (§ 50 Abs. 2 PolG)	411
Abbildung 4.7:	Schema zur Fesselung (§ 62 PolG)	414
Abbildung 4.8:	Schema zum Schusswaffengebrauch gegen Sachen (§ 63 Abs. 1 Satz 1, Abs. 4 PolG)	416
Abbildung 4.9:	Schema zum Schusswaffengebrauch gegen Personen (§§ 63, 64 PolG)	418
Abbildung 4.10:	Schema zum finalen Rettungsschuss (§ 63 Abs. 2 Satz 2 PolG)	420
Abbildung 4.11:	Schema zum Schusswaffengebrauch gegen Personen in einer Menschenmenge (§ 65 PolG)	422
Abbildung 5.1:	Schema zu Verbot und Auflösung einer Versammlung/eines Aufzugs unter freiem Himmel (§ 15 Abs. 1 und 3 VersammlG)	437
Abbildung 5.2:	Übersicht zu den Arten von Waffen	439
Abbildung 5.3:	Schema zur Aufforderung zur Aushändigung waffenrechtlicher Erlaubnisse (§ 38 Satz 1 WaffG)	444
Abbildung 5.4:	Schema zum Anhalten zur Verkehrskontrolle und -erhebung (§ 36 Abs. 5 StVO)	446

Stichwortverzeichnis

A

Abstammungsuntersuchung, *S. 316*, Rn. 1055
Adressatenauswahlermessen, *S. 87*, Rn. 190
Adressat, *S. 84*, Rn. 175, *S. 84*, Rn. 176, *S. 101*, Rn. 235
Agent Provocateur, *S. 226*, Rn. 717
Akustische Überwachung außerhalb von Wohnungen, *S. 177*, Rn. 510
Akustische Wohnraumüberwachung, *S. 170*, Rn. 471
Amtstracht, *S. 57*, Rn. 66
Amtswalter, *S. 97*, Rn. 222
Androhung, *S. 404*, Rn. 1353, *S. 412*, Rn. 1384, *S. 412*, Rn. 1385, *S. 417*, Rn. 1399, *S. 419*, Rn. 1404, *S. 422*, Rn. 1412
Anfangsverdacht, *S. 48*
Anfertigung von Bildaufnahmen und -aufzeichnungen, *S. 162*, Rn. 450
Angriffsunfähig, *S. 419*, Rn. 1404
Anhalten eines PKW, *S. 445*, Rn. 1477
Anmeldung, *S. 433*, Rn. 1441, *S. 433*, Rn. 1442
Anordnungskompetenz, *S. 99*, Rn. 231, *S. 99*, Rn. 232
Ansammlung, *S. 430*, Rn. 1431
Anscheinsgefahr, *S. 81*, Rn. 165
Anscheinswaffe, *S. 442*, Rn. 1471
Anstaltsgewahrsam, *S. 386*, Rn. 1304
Antragsdelikte, *S. 51*, Rn. 42
Arbeitsräume, *S. 305*, Rn. 1012, *S. 307*, Rn. 1022
Arzt, *S. 332*, Rn. 1104
Aufenthaltsrechtliche Strafvorschriften, *S. 125*, Rn. 303
Aufenthaltsverbot, *S. 262*, Rn. 850, *S. 264*, Rn. 858, *S. 384*, Rn. 1296, *S. 405*, Rn. 1354
Aufhebung, *S. 441*, Rn. 1468
Auflage, *S. 434*, Rn. 1449
Auflösung, *S. 434*, Rn. 1448
Aufschiebende Wirkung, *S. 409*, Rn. 1372
Aufzeichnen und Abhören des nichtöffentlich gesprochenen Wortes, *S. 173*, Rn. 487
Aufzeichnung auf Bild-Ton-Träger, *S. 142*, Rn. 376
Aufzüge, *S. 432*, Rn. 1439
Augenschein, *S. 66*
Augenscheinsobjekte, *S. 66*
Auskunftsersuchen, *S. 109*, Rn. 250
Auskunftsverweigerungsrecht, *S. 61*, Rn. 79, *S. 142*, Rn. 371
Aussagegenehmigung, *S. 63*, Rn. 84, *S. 65*
Aussagegenehmigungspflicht, *S. 61*, Rn. 78, *S. 143*, Rn. 382
Aussagepflicht, *S. 60*, Rn. 78
Auswahlermessen, *S. 87*, Rn. 187

B

Bargeld, *S. 359*, Rn. 1212
Bauchlagenfesselung, *S. 414*, Rn. 1390
Befragung, *S. 124*, Rn. 296, *S. 145*, Rn. 394
Begleitperson, *S. 101*, Rn. 235, *S. 252*, Rn. 809
Begleitverfügung, *S. 308*, Rn. 1027
Behördenleiter, *S. 175*, Rn. 498, *S. 175*, Rn. 500, *S. 182*, Rn. 536, *S. 251*, Rn. 803
Beitreibung, *S. 405*, Rn. 1356
Bekanntgabe, *S. 408*, Rn. 1367
Belauschen, *S. 240*, Rn. 761, *S. 252*, Rn. 812
Beobachtung, *S. 240*, Rn. 761
Berechtigungsschein, *S. 147*, Rn. 402
Berufsgeheimnisträger, *S. 176*, Rn. 502
Bescheinigung, *S. 361*, Rn. 1217
Beschlagnahme, *S. 334*, Rn. 1107, *S. 358*, Rn. 1205
Beschlagnahmeverbot, *S. 337*, Rn. 1118
Beschuldigter, *S. 48*, Rn. 33, *S. 101*, Rn. 235

Stichwortverzeichnis

Bestandsdaten, *S. 197*, Rn. 601, *S. 204*, Rn. 637
Bestand und Funktionsfähigkeit von Hoheitsträgern, *S. 79*, Rn. 152
Betäubungsstoff, *S. 406*, Rn. 1360
Betreten, *S. 302*, Rn. 1000, *S. 305*, Rn. 1012, *S. 308*, Rn. 1025
Betriebsräume, *S. 305*, Rn. 1012, *S. 307*, Rn. 1022
Bevollmächtigte, *S. 275*, Rn. 902
Beweisaufnahme, *S. 58*, Rn. 69
Beweiserhebungsverbote, *S. 67*
Beweismethodenverbote, *S. 67*
Beweismittelverbote, *S. 67*
Beweisthemenverbote, *S. 67*
Beweisverbote, *S. 67*, Rn. 97
Beweisverwertungsverbote, *S. 67*
Beziehungsgegenstände, *S. 348*, Rn. 1163
Bildaufnahme, *S. 109*, Rn. 254, *S. 182*, Rn. 532, *S. 248*, Rn. 795
Bildaufzeichnung, *S. 182*, Rn. 532
Bild- und Tonaufzeichnung, *S. 156*, Rn. 428
Blockadetrainings, *S. 432*, Rn. 1437
Blutprobe, *S. 314*, Rn. 1044, *S. 316*, Rn. 1055
Bundesgerichtshof, *S. 55*, Rn. 58
Bußgeldbescheid, *S. 74*, Rn. 126

D

Datenabgleich, *S. 253*, Rn. 813, *S. 255*, Rn. 820
Datenerhebung, *S. 256*, Rn. 834
– offene, *S. 113*, Rn. 262
– verdeckte, *S. 167, 168*
Datenspeicherung, *S. 256*, Rn. 834
Datenträger, *S. 286*, Rn. 947
Datenübermittlung, *S. 222*, Rn. 706
Deutschuss, *S. 420*, Rn. 1405
Diensteanbieter, *S. 203*, Rn. 635
Dienstfahrzeuge, *S. 406*, Rn. 1360
Diensthunde, *S. 406*, Rn. 1360
Dienstpferd, *S. 406*, Rn. 1360, *S. 422*, Rn. 1411
DNA-Analyse, *S. 331*, Rn. 1096

DNA-Reihenuntersuchung, *S. 326*, Rn. 1083
Doppelfunktionale Maßnahmen, *S. 88*, Rn. 190
Durchführungsbestimmung, *S. 100*, Rn. 233, *S. 100*, Rn. 234
Durchsetzungsgewahrsam, *S. 384*, Rn. 1295
Durchsuchung, *S. 281*, Rn. 925, *S. 302*, Rn. 1000, *S. 308*, Rn. 1024
– körperliche, *S. 286*, Rn. 946
Durchsuchung von Personen, *S. 292*, Rn. 966
Durchsuchung von Sachen, *S. 297*, Rn. 986

E

Eigensicherung, *S. 162*, Rn. 448, *S. 293*, Rn. 971, *S. 294*, Rn. 979
Eigentümer, *S. 85*, Rn. 181
Eigentum, *S. 358*, Rn. 1208
Einrichtungen, *S. 79*, Rn. 154
Einsatzleiter, *S. 423*, Rn. 1416
Einsatz optisch-technischer Mittel in Fahrzeugen, *S. 162*, Rn. 448
Einsatz, *S. 174*, Rn. 492
Einsatz technischer Mittel zu Observationszwecken, *S. 246*, Rn. 781
Einsatz verdeckter Ermittler, *S. 229*, Rn. 733
Einstellung mangels Verfolgbarkeit, *S. 53*, Rn. 54
Einstellung wegen Abwesenheit des Beschuldigten, *S. 53*, Rn. 54
Einstellung wegen Geringfügigkeit, *S. 53*, Rn. 54
Einstellung wegen Verweisung auf den Privatklageweg, *S. 53*, Rn. 54
Einstweilige Unterbringung, *S. 372*, Rn. 1255, *S. 373*, Rn. 1258
Einwilligung, *S. 322*, Rn. 1071
Einziehung
– erweiterte, *S. 347*, Rn. 1157
– selbstständige, *S. 347*, Rn. 1157
Einziehungsgegenstände, *S. 345*, Rn. 1154

Stichwortverzeichnis

Einziehungsvariante, selbstständige, S. 354, Rn. 1196
E-Mail-Verkehr, S. 189, Rn. 575
Entschließungsermessen, S. 87, Rn. 187
Erfolgstatsache, S. 288, Rn. 955
Erfolgsvermutung, S. 283, Rn. 932
Erkennungsdienstliche Behandlung, S. 148, Rn. 407, S. 153, Rn. 418
Erkennungsdienstliche Maßnahmen, S. 153, Rn. 418
Ermächtigungsgrundlage, S. 96, Rn. 213
Ermessen, S. 44, Rn. 12, S. 87, Rn. 186, S. 101, Rn. 238
Ermessensüberschreitung, S. 87, Rn. 188
Ermessensfehler, S. 87, Rn. 188, S. 101, Rn. 239
Ermessensfehlgebrauch, S. 87, Rn. 188
Ermessensnichtgebrauch, S. 87, Rn. 188
Ermittlungen jeder Art, S. 109, Rn. 250
Ermittlungsverfahren, S. 50, Rn. 38
Ermüdung, S. 136, Rn. 345
Ersatzvornahme, S. 403, Rn. 1349
Ersatzzwangshaft, S. 405, Rn. 1357, S. 412, Rn. 1384
Erscheinenspflicht, S. 60, Rn. 78
Etwas erlangte, S. 351, Rn. 1186
Europäische Menschenrechtskonvention, S. 43, Rn. 6
Europäische Union, S. 43, Rn. 8
Ex-ante-Prognose, S. 273, Rn. 891
Ex-ante-Sicht, S. 81, Rn. 164
Explosivmittel, S. 294, Rn. 978

F
Fahndungsbestand, S. 255, Rn. 823
Fernglas, S. 249, Rn. 797
Fernwirkung der Beweisverbote, S. 69, Rn. 103
Fessel, S. 406, Rn. 1360, S. 412, Rn. 1386
Festhalten, S. 360, Rn. 1213
Festnahme, S. 362, Rn. 1221
Finaler Rettungsschuss, S. 420, Rn. 1405
Finanzielle Entschädigung, S. 61, Rn. 79
Fingerabdruck, S. 154, Rn. 418, S. 331, Rn. 1096

Flash Mob, S. 431, Rn. 1436
Flucht, S. 368, Rn. 1240
Fluchtgefahr, S. 368, Rn. 1241
Fluchtunfähig, S. 420, Rn. 1404
Formelle Rechtmäßigkeit, S. 95, Rdn. 206, S. 96, Rdn. 215
Form, S. 98, Rn. 224
Freie Willensbildung ausschließender Zustand, S. 293, Rn. 975
Freiheitsentziehung, S. 362, Rn. 1153, S. 383, Rn. 1288
Freizügigkeit, S. 265, Rn. 860
Fruit-of-the-poisonous-tree, S. 69, Rn. 105
Führerschein, S. 445, Rn. 1479
Funkzellenabfrage, S. 197, Rn. 601, S. 201, Rn. 621

G
G 10, S. 69, Rn. 105
Gebäudedurchsuchung, S. 288, Rn. 957
Gefahr, S. 77, Rdn. 147, S. 111, 258
 – dringende, S. 82, Rn. 171, S. 304, Rn. 1010
 – erhebliche, S. 82, Rn. 170
 – gegenwärtige, S. 82, Rn. 169, S. 359, Rn. 1210
 – gemeine, S. 203, Rn. 631
Gefahr im Verzug, S. 83, Rn. 173, S. 98, Rn. 226
Gefährderanschreiben, S. 112, Rn. 261
Gefährderansprache, S. 112, Rn. 261, S. 405, Rn. 1354
Gefahrenabwehr, S. 74, Rn. 132
Gefahrenverdacht, S. 82, Rn. 167
Gefährlicher Ort, S. 125, Rn. 301
Gefährliche Werkzeuge, S. 294, Rn. 978
Gefahr, S. 77, Rn. 147, S. 111, Rn. 258
Gegenstände des persönlichen Bedarfs, S. 275, Rn. 901
Gegenüberstellung, S. 142, Rn. 375
Gegenwärtige Gefahr, S. 359, Rn. 1209
Gemengelage, S. 88, Rn. 190
Generalklausel, S. 111, Rn. 256
Genetischer Fingerabdruck, S. 331, Rn. 1096

Stichwortverzeichnis

Gerätenummer, *S. 194*, Rn. 591
Geschäftsräume, *S. 305*, Rn. 1012, *S. 307*, Rn. 1022
Gesetzmäßigkeit der Verwaltung, *S. 41*
Gesetzmäßigkeitsprinzip, *S. 42*, Rn. 4
Gewahrsam, *S. 383*, Rn. 1288
Gewahrsamsfähigkeit, *S. 386*, Rn. 1307
Gewalt, körperliche, S. 406, Rdn. 1359
Gewalttat, schwerwiegende, S. 421, Rn. 1409
Gewinnabschöpfung, *S. 360*, Rn. 1212
GPS, *S. 249*, Rn. 797
Große Strafkammer, *S. 55*, Rn. 58
Grundrechtseingriffe, *S. 95*
Grundsatz der freien richterlichen Beweiswürdigung, *S. 57*, Rn. 63
Grundsatz der Unmittelbarkeit, *S. 56*, Rn. 63
Grundsatz des rechtlichen Gehörs, *S. 57*, Rn. 63

H

Haftbefehl, *S. 362*, Rn. 1221
  – Vollstreckung, *S. 378,* Rdn. 1280
Haftgrund der schweren Straftat, *S. 369*, Rn. 1244
Haftgründe, *S. 368*, Rn. 1239
Halterfeststellung, *S. 117*, Rn. 278
Handeln auf Anordnung, *S. 423*, Rn. 1415
Handflächenabdruck, *S. 154*, Rn. 418
Handlungsstörer, *S. 84*, Rn. 177
Hauptverfahren, *S. 56*, Rn. 60
Hauptverhandlung, *S. 58*, Rn. 68
  – Fernbleiben, S. 375, Rdn. 1268
Hauptverhandlungshaft, *S. 374*, Rn. 1262
Häusliche Gemeinschaft, *S. 274*, Rn. 895
Häusliche Gewalt, *S. 272*, Rn. 885
Hausrecht, *S. 432*, Rn. 1439
HDU-Verfügung, *S. 408*, Rn. 1365
Herrenlose Sachen, *S. 358*, Rn. 1208
Herstellung von Bildaufnahmen, *S. 247*, Rn. 784
Hieb- und Stoßwaffen, *S. 439*, Rn. 1461
Hiebwaffen, *S. 439*, Rn. 1461

Hilflos, *S. 298*, Rn. 991
Hilflose Lage, *S. 331*, Rn. 1098
Hilflose Person, *S. 331*, Rn. 1096
Hilfsmittel der körperlichen Gewalt, *S. 406*, Rn. 1360
Hinreichende Wahrscheinlichkeit, *S. 80*, Rn. 162
Homezone-Verfahren, *S. 187*, Rn. 561
Hörfallen-Entscheidung, *S. 109*, Rn. 255

I

Identitätsfeststellung, *S. 115*, Rn. 263, *S. 124*, Rn. 296, *S. 146*, Rn. 394, *S. 154*, Rn. 420
IMEI, *S. 205*, Rn. 639
IMEI-Nummer, *S. 201*, Rn. 625
Immission, *S. 304*, Rn. 1005
IMSI, *S. 205*, Rn. 639
IMSI-Catcher, *S. 194*, Rn. 591
Inanspruchnahme Nichtverantwortlicher, *S. 86*, Rn. 183
Individualrechtsgüter, *S. 79*, Rn. 155
Informant, *S. 109*, Rn. 254, *S. 226*, Rn. 714
Informatorische Befragung, *S. 137*, Rn. 347
Ingewahrsamnahme, *S. 383*, Rn. 1288
Inhaber der tatsächlichen Gewalt, *S. 85*, Rn. 181, *S. 358*, Rn. 1205
Inhaltsdaten, *S. 197*, Rn. 601
Insolvenzverfahren, *S. 356*, Rn. 1204
Instanzielle Zuständigkeit, *S. 97*, Rn. 219
Internationaler Pakt über bürgerliche und politische Rechte, *S. 43*, Rn. 7, *S. 135*, Rn. 341
Internet, *S. 109*, Rn. 254
Inverwahrungnahme, *S. 423*, Rn. 1415
IP-Adresse, *S. 204*, Rn. 637

J

Jedermann, *S. 366*, Rn. 1235
Jugendamt, *S. 385*, Rn. 1303
Jugendkammer, *S. 55*, Rn. 58
Jugendliche, *S. 134*, Rn. 338
Jugendrichter, *S. 55*, Rn. 58
Jugendschöffengericht, *S. 55*, Rn. 58

Stichwortverzeichnis

K
Kartennummer, *S. 194*, Rn. 591
Katalogstraftat, *S. 170*, Rn. 473
Kenntlichmachung, *S. 338*, Rn. 1124
Kernbereich privater Lebensführung, *S. 170*, Rn. 471
Kernbereich privater Lebensgestaltung, *S. 176*, Rn. 502
Kinder, *S. 115*, Rn. 266, *S. 119*, Rn. 283, *S. 134*, Rn. 337
Kleidungsstück, *S. 292*, Rn. 966
Kollektivrechtsgüter, *S. 80*, Rn. 157
Kommunikationsdaten, *S. 197*, Rn. 601
Kontaktperson, *S. 101*, Rn. 235, *S. 179*, Rn. 517, *S. 251*, Rn. 808
Kontrollstelle, *S. 120*, Rn. 285, *S. 126*, Rn. 307
Kooperationsgrundsatz, *S. 435*, Rn. 1449
Köperöffnung, *S. 292*, Rn. 966
Kreispolizeibehörde, *S. 97*, Rn. 221
Kriminalitätsbrennpunkte, *S. 160*, Rn. 436

L
Landesamt für Ausbildung, Fortbildung und Personalangelegenheiten der Polizei, *S. 97*, Rn. 221
Landeskriminalamt, *S. 97*, Rn. 221
Landrätinnen und Landräte, *S. 97*, Rn. 221
Legalitätsprinzip, *S. 46*, Rn. 23
Legende, *S. 231*, Rn. 736, *S. 232*, Rn. 741
Leichenteile, *S. 331*, Rn. 1098
Leiche, *S. 331*, Rn. 1096, *S. 331*, Rn. 1098
Lichtbilder, *S. 154*, Rn. 418
Lichtbildvorlage, *S. 109*, Rn. 254
Lockspitzel, *S. 226*, Rn. 717

M
Magenaushebung, *S. 314*, Rn. 1044
Massenscreening, *S. 327*, Rn. 1084
Materielle Rechtmäßigkeit, *S. 95, 99*
Mauterfassungssystem, *S. 340*, Rn. 1137
Meldeauflage, *S. 111*, Rn. 260, *S. 405*, Rn. 1354
Menschenmenge, *S. 421*, Rn. 1408

Messungen, *S. 154*, Rn. 418
Minderjährige, *S. 385*, Rn. 1303, *S. 419*, Rn. 1403
Minderjährige als Zeugen, *S. 143*, Rn. 380
Misshandlung, *S. 136*, Rn. 345
Mobilfunkendgerät, *S. 194*, Rn. 591
Mofa-Prüfbescheinigung, *S. 445*, Rn. 1479
Molekulargenetische Untersuchung, *S. 319*, Rn. 1062, *S. 331*, Rn. 1096
Mündlichkeitsgrundsatz, *S. 56*, Rn. 63
Munition, *S. 440*, Rn. 1463

N
Nachrichtenmittler, *S. 188*, Rn. 569, *S. 200*, Rn. 617
Nachtsichtgeräte, *S. 249*, Rn. 797
Nachtzeit, *S. 304*, Rn. 1009, *S. 306*, Rn. 1019
Naturkatastrophe, *S. 331*, Rn. 1098
Nebenräume, *S. 307*, Rn. 1023
Nemo-tenetur-Grundsatz, *S. 50*, Rn. 36
Nemo tenetur se ipsum accusare, *S. 134*, Rn. 341
Netzfahndung, *S. 220*, Rn. 696
Nichtigkeit, *S. 408*, Rn. 1368
Nichtstörer, *S. 86*, Rn. 185
Niederschrift, *S. 306*, Rn. 1017, *S. 361*, Rn. 1217
NoeP, *S. 109*, Rn. 254, *S. 225*, Rn. 711
Nutzungen, *S. 352*, Rn. 1190
Nutzungsdaten, *S. 204*, Rn. 637

O
Oberlandesgericht, *S. 55*, Rn. 58
Obhutsgewahrsam, *S. 385*, Rn. 1302
Objektive Rechtsordnung, *S. 78*, Rn. 150
Observation, S. 239, Rdn. 750
 – kurzfristige, *S. 239*, Rn. 750
 – längerfristige, *S. 239*, Rn. 751, *S. 241*, Rn. 761
 – verdeckte kurzfristige, *S. 109*, Rn. 254
Öffentliche Ordnung, *S. 111*, Rn. 258
Öffentliche Sicherheit, *S. 78*, Rn. 148, *S. 111*, Rn. 258

Stichwortverzeichnis

Öffentliche Veranstaltungen oder Ansammlungen, S. 156, Rn. 428
Öffentliche Versammlungen, S. 432, Rn. 1438
Öffentlichkeitsgrundsatz, S. 57, Rn. 63
Öffentlich-rechtliches Verwahrungsverhältnis, S. 358, Rn. 1206
Online-Durchsuchung, S. 286, Rn. 948
Opportunitätsgrundsatz, S. 87, Rn. 186
Ordnungswidrigkeitenverfahren, S. 71, 73, Rn. 114
Ordnungswidrigkeit, S. 71, Rn. 116
Organ der Rechtspflege, S. 63, Rn. 88

P

PDV 382, S. 143, Rn. 381
Peilsender, S. 249, Rn. 797
Personalbeweis, S. 59, Rn. 74
Personenbezogene Daten, S. 256, Rn. 834
Pflicht zur Eidesleistung, S. 60, Rn. 78
Platzverweis, S. 262, Rn. 848, S. 384, Rn. 1296
Polizeibeamte als Zeugen vor Gericht, S. 62, Rn. 82
Polizeifestigkeit, S. 435, Rn. 1452
Polizeigesetz, S. 44, Rn. 11
Polizeiorganisationsgesetz, S. 44, Rn. 12
Polizeipräsidien, S. 97, Rn. 221
Positionsmeldungen, S. 189, Rn. 574
Präventivgewahrsam, S. 383, Rn. 1291
Psychisch Kranke, S. 373, Rn. 1256

Q

Quälerei, S. 136, Rn. 345
Qualifizierte Belehrung, S. 138, Rn. 357

R

Rasterfahndung, S. 214, Rn. 675, S. 217, Rn. 688
Rechtliches Gehör, S. 50, Rn. 36
Rechtsgrundlage, S. 95
Rechtspfleger, S. 47, Rn. 27
Rechtsquellen, S. 43, Rn. 4
Rechtsstaatsprinzip, S. 44, Rn. 11
Regeln der ärztlichen Kunst, S. 332, Rn. 1104
Reizstoffe, S. 406, Rn. 1360
Remonstrationspflicht, S. 424, Rn. 1420
Recht auf unabhängigen, gesetzlichen Richter, S. 57, Rn. 63
Richtervorbehalt, S. 332, Rn. 1101
Röntgenaufnahme, S. 314, Rn. 1044
Rückkehrverbot, S. 272, Rn. 885, S. 272, Rn. 886
Rücknahme, S. 441, Rn. 1468

S

Sachbeweis, S. 66
Sachen von bedeutendem Wert, S. 304, Rn. 1008
Sachherrschaft, S. 358, Rn. 1205
Sachliche Zuständigkeit, S. 96, Rn. 215
Sachverständige, S. 59, Rn. 74, S. 61, Rn. 79
Scheingefahr, S. 81, Rn. 166
Scheinkäufer, S. 109, Rn. 254
Schießhaltung, entschlossene, S. 415, Rn. 1394
Schöffengericht, S. 55, Rn. 58
Schusswaffen, S. 438, Rn. 1459, S. 438, Rn. 1460
Schusswaffengebrauch, S. 407, Rn. 1361, S. 412, Rn. 1385, S. 415, Rn. 1393, S. 415, Rn. 1394
Schusswaffengebrauch gegen Personen, S. 419, Rn. 1402
Schusswaffengebrauch gegen Sachen, S. 417, Rn. 1397
Schusswaffengebrauch gegen Personen in einer Menschenmenge, S. 421, Rn. 1406
Schutz des Kernbereichs privater Lebensführung, S. 171, Rn. 478
Schutz gefährdeter Polizeizeugen, S. 63
Schutz privater Rechte, S. 76, Rn. 139, S. 385, Rn. 1300
Schutz von Berufsgeheimnisträgern, S. 172, Rn. 480, S. 180, Rn. 522
Schutzwaffe, S. 435, Rn. 1451

Stichwortverzeichnis

Schweigerecht, *S. 50*, Rn. 36
Schwurgericht, *S. 55*, Rn. 58
Sicherheitsleistung, *S. 395*, Rn. 1332
Sicherstellung, *S. 334*, Rn. 1107, *S. 358*, Rn. 1205, *S. 423*, Rn. 1415
Sicherstellung des Wohnungsschlüssels, *S. 272*, Rn. 889
Sicherungseinziehung, *S. 351*, Rn. 1181
Sicherungsgewahrsam, *S. 383*, Rn. 1290
Sicherungshaltung, aufmerksame, *S. 415*, Rn. 1394
Signalschuss, *S. 417*, Rn. 1399
Silent SMS, *S. 189*, Rn. 576
SIM-Karte, *S. 194*, Rn. 591, *S. 208*, Rn. 652
Sitzblockade, *S. 432*, Rn. 1437
Smart Mob, *S. 431*, Rn. 1436
Sofortige Vollziehung, *S. 410*, Rn. 1373
Sorgeberechtigte, *S. 385*, Rn. 1303
Speichelprobe, *S. 317*, Rn. 1061
Spermaspuren, *S. 317*, Rn. 1061
Spontanäußerung, *S. 137*, Rn. 347
Spontanversammlung, *S. 433*, Rn. 1445
Sprengmittel, *S. 406*, Rn. 1360
Staatsanwaltschaft, *S. 45*, Rn. 16
Stalking, *S. 370*, Rn. 1247
Standortbestimmung, *S. 189*, Rn. 574
Standortdaten, *S. 201*, Rn. 622
Stealth Ping, *S. 189*, Rn. 576
Stille SMS, *S. 189*, Rn. 576
Störung einer Amtshandlung, *S. 376*, Rn. 1272
Stoßwaffen, *S. 439*, Rn. 1461
Strafrichter, *S. 55*, Rn. 58
Strafsenat, *S. 55*, Rn. 58
Straftäter, gesuchter, *S. 126,* Rdn. 304
Straftaten
  – Verhütung, *S. 75*, Rn. 135
  – von erheblicher Bedeutung, *S. 125*, Rn. 302
  – vorbeugende Bekämpfung, *S. 75*, Rn. 136
Strafverfolgungszwang, *S. 51*, Rn. 45
Subsidiaritätsklausel, *S. 171*, Rn. 475
Surrogate, *S. 352*, Rn. 1191

T
Tatbestandsvoraussetzung, *S. 99*, Rn. 229
Taterträge, *S. 351*, Rn. 1182
Tatmittel, *S. 349*, Rn. 1167
Tatobjekt, *S. 348*, Rn. 1163
Tatprodukt, *S. 349*, Rn. 1167
Tatsächliche Sachherrschaft, *S. 86*, Rn. 183
Tatverdacht
  – dringender, *S. 48*, Rn. 31, *S. 368*, Rn. 1239, *S. 392*, Rn. 1325
  – hinreichender, *S. 48*, Rn. 31
  – konkretisierter, *S. 48*
Täuschung, *S. 136*, Rn. 345
Technische Mittel in oder aus Wohnungen, *S. 174*, Rn. 492
Technische Sperren, *S. 406*, Rn. 1360
Telekommunikation, *S. 203*, Rn. 629
Telekommunikationsdienste, *S. 203*, Rn. 635
Telekommunikationsüberwachung, *S. 184*, Rn. 547
Telemedien, *S. 203*, Rn. 635
Telemediendaten, *S. 203*, Rn. 629
Theorie der unmittelbaren Verursachung, *S. 84*, Rn. 178

U
Übermittlung von Daten, *S. 212*, Rn. 666
Umschau, *S. 308*, Rn. 1025
Unanfechtbarkeit, *S. 409*, Rn. 1371
Undercoveragent, *S. 226*, Rn. 715
Unglücksfall, *S. 331*, Rn. 1098
Uniformverbot, *S. 435*, Rn. 1451
Unmittelbarer Zwang, *S. 401*, Rn. 1343, *S. 406*, Rn. 1358, *S. 415*, Rn. 1393
Unschuldsvermutung, *S. 370*, Rn. 1250
Unterbringungsbefehl, *S. 373*, Rn. 1258
Untersuchungshaft, *S. 367*, Rn. 1235
Unverdächtiger, *S. 101*, Rn. 235
Urinprobe, *S. 314*, Rn. 1044
Urkunden, *S. 66*, *S. 232*, Rn. 741

V
Verabreichung von Mitteln, *S. 136*, Rn. 345
Veranstaltungen, *S. 79*, Rn. 154

Stichwortverzeichnis

Verbot, *S. 434*, Rn. 1448
Verbringungsgewahrsam, *S. 388*, Rn. 1317
Verdächtiger, *S. 48*, Rn. 32, *S. 101*, Rn. 235
Verdachtsgrade, *S. 47*, Rn. 29
Verdeckter Ermittler, *S. 231*, Rn. 736
Verdunkelung, *S. 47*, Rn. 29
Verdunkelungsgefahr, *S. 369*, Rn. 1243
Verhaltensstörer, *S. 84*, Rn. 177
Verhältnismäßigkeit, *S. 44*, Rn. 12, *S. 102*, Rn. 239
Verkehrsdaten, *S. 196*, Rn. 599, *S. 197*, Rn. 601, *S. 204*, Rn. 637
Verkehrsrechtliche Eingriffsbefugnisse, *S. 444*, Rn. 1476
Vermisste Person, *S. 331*, Rn. 1096, *S. 331*, Rn. 1098
Vermummungsverbot, *S. 435*, Rn. 1451
Vernehmung, getrennte, *S. 61*, Rn. 79
Vernehmungsmethoden, verbotene, *S. 136*, Rn. 344, *S. 260*, Rn. 844
Versammlung, *S. 430*, Rn. 1429, *S. 430*, Rn. 1430
Versammlungen in geschlossenen Räumen, *S. 432*, Rn. 1439
Versammlungsfreiheit, *S. 430*, Rn. 1428
Versammlungsgesetz, *S. 429*, Rn. 1426
Versammlungsrecht, *S. 429*, Rn. 1426
Verteidigerstrategie, *S. 63*, Rn. 87, *S. 65*
Vertrauensperson, *S. 109*, Rn. 254, *S. 225*, Rn. 714
Vertretbare Handlung, *S. 403*, Rn. 1350
Verbot, *S. 435*, Rn. 1451
Verurteilter, *S. 49*, Rn. 35
Verwahrung, *S. 358*, Rn. 1205, *S. 358*, Rn. 1206, *S. 360*, Rn. 1215, *S. 360*, Rn. 1216
Verwahrungsverhältnis, *S. 358*, Rn. 1206
Verwaltungsakt, *S. 98*, Rn. 225
Verwaltungsverfahrensgesetz, *S. 98*, Rn. 225
Verwarnungsverfahren, *S. 73*, Rn. 125
Verwertungsverbote
 – selbstständige, *S. 67*
 – unselbstständige, *S. 67*
Videobeobachtung, *S. 160*, Rn. 436

Videografieren, *S. 162*, Rn. 448
V-Leute, *S. 234*, Rn. 742
Vollstreckungsverfahren, *S. 70*, Rn. 108
Vollzugshilfe, *S. 76*, Rn. 143
Vorbehalt des Gesetzes, *S. 41*
Vorbereitungen für die Hilfeleistung und das Handeln in Gefahrenfällen, *S. 75*, Rn. 137
Vorfeldmaßnahme, *S. 436*, Rn. 1455
Vorführung, *S. 259*, Rn. 837, *S. 259*, Rn. 840
Vorladung, *S. 259*, Rn. 836, *S. 259*, Rn. 839
Vorläufige Festnahme durch jedermann, *S. 364*, Rn. 1225
Vorrang des Gesetzes, *S. 41*
V-Person, *S. 225*, Rn. 714
VP, *S. 109*, Rn. 254, *S. 225*, Rn. 713

W

Waffen, *S. 294*, Rn. 978, *S. 407*, Rn. 1361, *S. 438*, Rn. 1459
 – Umgang, *S. 440*, Rn. 1463
 – verbotene, *S. 440*, Rn. 1465
Waffengesetz, *S. 438*, Rn. 1457
Waffenrecht, *S. 438*, Rn. 1457
Waffenrechtliche Erlaubnisse, *S. 440*, Rn. 1466
Waffenverbot, *S. 435*, Rn. 1451
Wahrheitspflicht, *S. 60*, Rn. 78, *S. 142*, Rn. 373
Wahrnehmung berechtigter Interessen, *S. 265*, Rn. 864
Warnschuss, *S. 415*, Rn. 1394, *S. 417*, Rn. 1399
Wasserwerfer, *S. 406*, Rn. 1360, *S. 422*, Rn. 1411
Weisungsrecht, *S. 47*, Rn. 28
Wertersatz, *S. 353*, Rn. 1192
Widerruf, *S. 441*, Rn. 1468
Widerspruchslösung, *S. 138*, Rn. 354
Widerstand, *S. 413*, Rn. 1389
Wiederholungsgefahr, *S. 369*, Rn. 1246
Wohnsitz
 – fester, *S. 396*, Rn. 1335
 – ohne festen, *S. 392*, Rn. 1324

Stichwortverzeichnis

Wohnung, *S. 231*, Rn. 737, *S. 232*, Rn. 742, *S. 265*, Rn. 863, *S. 302*, Rn. 1000, *S. 307*, Rn. 1022
Wohnungsverweisung, *S. 272*, Rn. 885, *S. 272*, Rn. 886

Z

Zeugenbeistand, *S. 61*, Rn. 79, *S. 65*, *S. 143*, Rn. 379
Zeuge, *S. 59*, Rn. 74, *S. 101*, Rn. 235
Zeugenvernehmung, *S. 139*, Rn. 359
Zeugnisverweigerungsrecht, *S. 61*, Rn. 79, *S. 141*, Rn. 369

Zielrichtung, *S. 95*, Rn. 207
Zulassungsbescheinigung Teil I, *S. 445*, Rn. 1479
Zuständige Behörde, *S. 429*, Rn. 1426
Zustandsstörer, *S. 85*, Rn. 181
Zustellungsbevollmächtigter, *S. 397*, Rn. 1340
Zwangsgeld, *S. 272*, Rn. 888, *S. 404*, Rn. 1353
Zwangsmaßnahme, *S. 308*, Rn. 1027
Zweckbindung, *S. 257*, Rn. 835
Zweckveranlasser, *S. 85*, Rn. 179
Zwischenverfahren, *S. 54*, Rn. 54